아산재단 연구총서 第325집

# 캐나다 복지국가 연구

조 영 훈

집문당

# 머리말

이 책은 캐나다 복지국가에 대한 본격적인 연구서로서는 한국 최초의 것이다. 그동안 캐나다 복지국가에 대한 연구들이 없었던 것은 아니지만, 그것들은 주로 캐나다의 특정 사회보장 프로그램들을 소개하는 정도에 그쳤다. 이에 반해서, 이 책은 캐나다의 사회보장제도의 현황과 역사를 전반적으로 소개할 뿐 아니라 캐나다 복지국가와 관련된 핵심적인 주제들을 이론적으로나 경험적으로 심도 있게 다루고 있다.

이 책은 『변화하는 세계, 변화하는 복지국가』와 『일본 복지국가의 어제와 오늘』에 이어 내가 구상하고 있는 '복지국가의 사회학 프로젝트'의 세 번째 작업에 해당한다. 복지국가를 둘러싼 거시사회학적 쟁점들을 중심으로 구성된 프로젝트의 성격상 이 책도 캐나다 복지국가에 대한 소개보다는 캐나다 사례를 중심으로 복지국가 이론들을 검토하는 데 초점이 있다. 이 책에서는 복지국가 발달에 대한 문화주의적 해석의 문제점, 복지국가 발달에 있어서 자유주의와 사회민주주의의 역할, 노동운동과 국가복지, 보편주의 사회프로그램과 자유주의 복지유형의 관계 등의 이슈들이 다루어진다.

이 책에 대한 구상은 2005년 9월부터 1년간 토론토대학교 아시아연구소(Asian Institute)에서 방문교수로 체류하는 동안 시작되었다. 사실 그때까지 나는 캐나다에 대해 아는 바가 많지 않았고, 특히 캐나다 학계에 대해서는 거의 무지하였다. 미국과 문화적으로 유사할 것이라는 선입견으로 인해서 왠지 캐나다는 미국의 아류 정도로 생각되었고, 특별히 관심을 갖고 연구해야 할 독자적인 실체라는 느낌이 없었다. 또한, 그때까지 알고 있던 캐나다 학자라고는 사회이론분야의 Irving Zeitlin, 정치학의 Leo Panitch, 사회정책분야의 John Myles와 Ramesh Mishra 등 국내외에 잘 알려진 학자들뿐이었으며, 캐나다 복지국가에 대한 캐나다 학자들의 연구 동향에 대해서는 전혀 알지 못했다.

나의 이런 무지와 오만은 캐나다 복지국가에 대한 연구를 본격적으로 진행하면서 산산이 부서졌다. 캐나다 복지체제는 미국과 비슷하면서도 매우 달랐고, 캐나다의 복지국가 연구자들은 오랜 기간 동안 훌륭한 연구들을 끊임없이 산출해 왔다. 캐나다의 복지국가 및 사회보장제도에 대해서는 수백 권의 서적들이 출간되었고, 1978년까지 간행된 관련 논문들만 해도 이미 3,300편에 이르렀다. 우리 학계에는 잘 알려지지 않았지만, 캐나다의 복지국가 연구자들은 자신의 전문분야에 대해 매우 깊이 있는 연구들을 발표해 왔다. 이들 가운데서 이 책은 특히 Keith Banting, Alvin Finkel, Dennis Guest, Allan Moscovitch, James Struthers의 연구로부터 많은 도움을 받았다.

토론토대학교에서 안식년을 보내지 않았다면 캐나다 복지국가에 대한 학문적 관심이 일어나지 않았을 것이고, 이 책도 출간될 수 없었을 것이다. 이런 점에서 나에게 안식년의 기회를 제공한 동의대학교와 나를 방문교수로 초청해 준 토론토대학교 사회학과의 존 마일즈 교수와 이토 펭 교수께 감사의 말씀을 전한다. 이 책의 출간과 관련하여 아산사회복지재단은 2008년 7월부터 2년간 소중한 연구비를 지원하여 귀중한 자료들을 얻을 수 있도록 도와주었고, 집문당의 김진경 선생은 몇 차례에 걸친 교정 작업을 성실하게 수행하여 이 책의 품격을 높여 주었다. 언제나처럼 나의 반려 조은경은 이 책을 쓰는 동안 가장 좋은 벗이자 지지자가 되어 주었고, 민아와 동근은 매우 지루할 수도 있었을 나의 일상에 청량제가 되어 주었다. 많은 시간을 같이하지 못했던 마음의 빚을 갚는다는 뜻에서 나의 두 아이의 이름을 제일 마지막에 적는다.

캐나다 복지국가는 일반적으로 생각하는 것보다 훨씬 독특하며, 연구하면 할수록 더욱 많은 학문적 호기심을 불러일으키는 매우 흥미로운 사례이다. 또한, 사회보장지출의 차이가 매우 크다는 점에서 스웨덴을 비롯한 서유럽 복지국가가 한국이 도달하기에는 너무 먼 곳인데 반해서, 캐나다는 한국 복지국가의 실현 가능한 미래가 될 수 있다. 현재의 공공복지수준은 캐나다가 한국에 비해 훨씬 높지만, 두 국가는 서유럽 국가들과 비교해 본다면 사회보장지출이나 복지유형상의 특징의 측면에서 상대적으로 유사하기 때문이다. 이 책이 독자들로 하여금 캐나다 복지국가에 대해 더욱 궁금해 하고 한국 복지국가의 미래를 고민하도록 만드는 자극제가 되기를 기대한다.

2011년 10월

조영훈

## | 차 례 |

## 제1장 서 론



## 제2장 캐나다의 사회보장제도

## 제9장 캐나다 복지국가의 비교와 전망

## | 표 차례 |

제1장

# 서 론

1. 문제 제기
2. 연구주제들
3. 이 책의 구성과 내용
4. 비교 관점에서 본 캐나다 복지국가

# 제1장 서 론

## 1. 문제 제기

복지국가 연구에서 캐나다는 언제나 변방에 머물러 왔다. 캐나다 학자들의 연구를 제외한다면 캐나다 복지국가에 대한 독자적인 연구서나 본격적인 학술논문이 별로 없으며, 비교연구에서도 캐나다는 소홀히 다루어져 온 것이다. 이와 같이 복지국가 연구자들이 캐나다 복지국가에 깊은 관심을 갖지 않는 데에는 그럴만한 이유가 있다.

우선, 복지국가 연구자들에게 캐나다 복지국가는 매우 평범한 사례처럼 보인다. 캐나다는 스웨덴을 비롯한 북구국가들처럼 세계의 복지국가를 선도했던 적이 없었고, 독일과 같은 대륙유럽 국가들처럼 극심한 계급대립을 겪지 않았으며, 미국이나 영국처럼 단기간의 복지확대와 복지축소를 경험하지 않았다. 또한, 캐나다는 일본을 비롯한 동아시아 국가들처럼 서구에는 존재하지 않는 특수한 요인들의 작용으로 인해서 서구와는 다른 복지국가의 궤적을 밟아왔다는 의심을 받지도 않았다. 요컨대 캐나다는 복지국가 연구자들의 학문적 호기심을 불러일으킬 만한 대상이 아니었던 것이다.

이와 함께, 캐나다는 문화적으로나 사회제도적으로 자신과 매우 비슷해 보이는 미국과 이웃해 있다. 두 국가는 영어를 공용어로 하는 앵글로색슨 국가이자 이민자로 구성된 다민족 사회이며, 연방제라는 독특한 정치체제를 공유한다. 이런 가운데 외교 · 국방 · 경제의 모든 측면에서 미국의 국력이 캐나다를 압도하기 때문에 학계의 관심은 당연히 미국에 집중되게 마련이다. 복지국가의 측면에서 캐나다와 미국은 낮은 사회보장지출수준 및 민영보험과 기업복지의 발달이라는 특징을 공유하고 있다. 이에 따라서 복지국가 비교연구에서 캐나다는 미국의 아류 정도로 취급될 뿐 독자적인 실체로 연구되지 않는다. 모든 면에서 비슷한 것으로 간주되는 국가들 가운데서 규모나 영향력이 작은 국가를 배제하는 것이 연구의 경제성 차원에서 유리하기 때문이다.

그러나 위에 서술한 두 가지 이유는 매우 그럴듯해 보이기는 하지만 캐나다 복지국가에 대한 정확한 평가와는 거리가 있다. 첫째, 캐나다 복지국가는 그렇게 평범한 사례가 아니다. 캐나다는 복지수준이 낮은 자유주의 복지국가임에도 불구하고 복지욕구를 지닌 모든 시민들에게 동일한 급여를 제공하는 보편주의 사회프로그램이 발달해 있다. 캐나다에는 사회보험연금이나 의료보험과 같은 핵심적인 사회보장 프로그램조차 없었던 1940년대 초의 복지국가 초입단계에서 가족수당이라는 보편주의 사회프로그램이 도입되었다. 게다가, 사회보장의 핵심 분야인 연금과 의료부문에 보편주의 사회프로그램들이 도입됨으로써 1980년대의 캐나다는 복지 최선진국 스웨덴에 버금갈 정도로 보편주의가 발달하였다.

일반적으로 복지국가 연구자들은 소득심사에 기초하는 공공부조나 기여를 전제로 하는 사회보험보다 보편주의 사회프로그램을 더 선진화된 형태의 사회보장 프로그램으로 평가한다. 그것은 보편주의 사회프로그램이 평등주의와 사회통합이라는 복지정책의 목표를 실현하는 데 유리하고, 대부분의 국가에서 공공부조와 사회보험이 어느 정도 갖추어진 다음에 도입되기 때문이다. 그리고 일부 연구자들은 북구에서 보편주의 사회프로그램이 지배적으로 된 것은 강력한 노동조합과 사회민주주의 정당의 장기집권이 있었기 때문이었다고 주장한다. 말하자면, 보편주의 프로그램이 지배적인 사회민주주의 복지국가는 사회민주주의 세력의 정치적 승리의 결과라는 것이다. 그러나 캐나다 사례는 이상과 같은 주장을 뒤엎는 반증을 제공한다. 캐나다의 노동운동은 전통적으로 미약했으며, 사회민주주의 정당도 적어도 연방 차원에서는 정권에 참여한 적도 없는 소수정당의 지위에 머물러왔기 때문이다. 그렇다면, 북구와는 전혀 다른 정치적·사회적 환경을 지닌 캐나다에서 가장 선진적인 형태의 사회보장 프로그램이 지배적으로 되었다는 사실은 쉽게 이해하기 어려운 일이다.

잔여적 유형 혹은 자유주의 복지국가로 평가받는 캐나다에서 복지 최선진국 스웨덴과 같은 사회민주주의 복지국가의 특징이 나타난다는 사실은 복지국가 연구자들에게 매우 어려운 수수께끼를 던져준다. 캐나다와 스웨덴의 보편주의 사회프로그램은 동일한 성격의 것인가? 사회민주당의 장기집권 이외에 보편주의 사회프로그램의 발달을 초래할 만한 요인들은 무엇인가? 보편주의 사회프로그램이 지배적인 국가를 잔여적 유형 혹은 자유주의 복지국가로 분류할 수 있는가? 혹은, 복지국가의 유형 분류에서 사회보장제도의 구성비율(사회보장지출에서 차지하는 공공부조, 사회보험, 보편주의 사회프로그램의 비중)이라는 기준은 어느 정도로 중요한 것인가? 이와 같이 캐나다 사례는 기존의 복지국가 연구에서 별다른 의심 없이 수용되던 주장들을 다시 끄집어내어 진지하게 검토하도록 요구한다.

둘째, 캐나다는 복지국가의 몇 가지 측면에서 미국과 다르다. 우선, 위에 서술한 대로 캐나다는 보편주의 사회프로그램이 발달해 있으며, 기여를 전제로 하는 사회보험의 비중이 매우 낮다. 이에 반해서 미국에는 보편주의 사회프로그램이 거의 존재하지 않으며, 현대 복지국가의 핵심 제도인 사회보험의 비중이 지배적이다. 사회복지지출수준이 낮고 공공부조가 발달했다는 공통점을 지니고 있기는 하지만, 캐나다와 미국은 사회보장제도 구성 비율의 측면에서 매우 다른 특징을 보이고 있는 것이다.

또한, 캐나다와 미국은 사회보장제도의 도입과 축소의 과정에 커다란 차이가 있다. 미국은 복지확대와 축소의 과정이 비교적 급진적이었다. 미국의 핵심적인 사회보장제도들은 세계대공황의 여파로 1935년에 만들어진 사회보장법에 그 근원이 있고, 미국 복지국가는 1970년대 후반 이른바 레이거노믹스로 대표되는 신자유주의의 공세를 받으면서 크게 위축되었다. 이에 반해서 캐나다의 사회보장제도들은 현대국가의 발전과정에서 점차적으로 도입되었으며, 신자유주의의 이데올로기적 대공세에 시달리지도 않았다. 사회보장제도의 형성 과정에서 미국이 빅뱅의 특징을 지녔던 데 반해 캐나다는 조각보(patchwork)의 특징을 보였고, 미국이 급진적인 복지축소를 경험했던 데 반하여 캐나다에서는 은밀한 정책 변경, 혹은 끊임없는 점진주의의 방법으로 복지삭감이 이루어졌던 것이다.1)

---

1) 미국의 사회보장제도 도입과정을 빅뱅이라고 표현한 데 대해서는 (Kudrle and Marmor, 1981)을, 그리고 캐나다 복지국가를 조각보로 표현한 데 대해서는 (Blake and Keshen, 2006)을 참조하시오. 또한, 은밀한 정책 변경(policy change by stealth)이나 끊임없는 점진주의(relentless incrementalism)는 1970−1980년대 복지국가 위기시대에 캐나다 정부가 복지삭감에 대한 대중의 대규모 저항을 회피하기 위해 선택한 방법이었다. 이에 대해서는 (Battle, 2001: 50)을 보시오.

캐나다와 미국의 또 다른 차이는 사회보장 영역에서의 연방정부와 주정부의 권한에서도 발견된다. 두 국가가 모두 연방제 국가이고 사회정책의 일부 분야에서 주정부의 자율성이 인정되는 것은 동일하다. 그렇지만, 미국에서는 공공부조 프로그램과 사회복지 서비스를 제외한 사회보장 영역에서는 연방정부가 결정권을 지니는 반면에, 캐나다는 '두 갈래의 복지국가'(bifurcated welfare state)라는 용어가 나타내듯이 사회보장 영역에서 주정부의 자율성이 훨씬 크다. 산재보험, 공공부조 프로그램, 사회복지 서비스뿐 아니라 캐나다 사회보장제도 가운데 가장 큰 비중을 차지하는 의료서비스도 주정부 관할이며, 연방정부는 새로운 사회보장 프로그램을 도입할 때마다 주정부의 동의를 얻어야만 하는 것이다.[2] 이와 같이 주정부의 사회정책 관할권이 크기 때문에 캐나다에서는 사회민주주의 정당이 주정부를 통치할 경우 주정부 차원에서 혁신적인 사회정책을 시행할 가능성이 열려 있다.

기존의 복지유형론에서 잔여적 유형 또는 자유주의 복지국가라는

2) '두 갈래의 복지국가'라는 용어는 캐나다에서 사회보장제도의 관할이 프로그램에 따라 연방정부나 주정부에게 주어진다는 것을 의미한다. 예를 들어서, 기초노령연금이나 실업보험은 연방정부의 관할인 반면 의료서비스나 공공부조는 주정부 관할이다. 주정부 관할 사회보장 프로그램은 주정부가 독자적으로 운영하기도 하지만 많은 경우 연방정부의 재정 지원에 의존한다.(Banting, 1987) 이와 같이 사회보장 프로그램의 운영이 두 갈래로 나뉜 것은 원래 주정부가 보유했던 사회정책의 관할권을 1900년대 중반 이후 연방정부가 나누어 가지게 된 역사적 경험에서 유래한다. 다음 장에서 보다 상세하게 서술하겠지만, 1982년까지 캐나다의 헌법은 1867년에 제정된 영국 북미조례(British North America Act)였으며, 이 법은 캐나다의 사회복지정책을 주정부의 고유권한으로 규정하였다. 1950년대 이후 기초노령연금과 같은 전국 수준의 사회보장 프로그램들을 도입하려고 시도할 때마다 연방정부는 주정부들의 동의를 얻어야만 했다. 주정부는 사회복지정책의 관할권을 보유했기는 했지만 재정적으로 빈약했기 때문에 자신들의 독자적인 사회보장 프로그램을 도입하기 어려웠으며, 많은 경우 조세권을 거의 독점한 연방정부의 재정적 지원에 의존할 수밖에 없었다.

동일한 범주로 분류되는 캐나다와 미국이 사회보장제도의 구성이나 역사적 발달과정에서 커다란 차이를 보인다는 사실은 캐나다를 막연하게 미국의 아류로 취급해서는 안 된다는 것을 말해준다. 더 나아가서 사회생활의 거의 모든 측면에서 매우 비슷해 보이는 두 국가가 복지국가의 일부 측면에서 서로 다른 특징을 보인다는 사실은 과연 두 국가의 차이가 근본적인 것인지, 혹은 그러한 차이가 왜 발생했는지 하는 질문을 던져준다. 캐나다 복지국가는 독자적인 실체로 연구될 가치가 충분할 뿐 아니라 기존의 복지국가 이론들에 심각한 고민을 던져주는 중요한 사례인 것이다.

## 2. 연구주제들

이상과 같은 문제 제기를 바탕으로 할 때 캐나다 복지국가에 대한 연구주제들은 다음과 같이 정리될 수 있다. 첫째는 캐나다의 복지유형을 어떻게 분류할 것인가 하는 것이다. 일부 캐나다 학자들은 보편주의 프로그램의 발달을 근거로 캐나다를 미국과는 다른 유형의 복지국가로 분류하고자 한다. 이에 반해서 에스핑-안데르센(Esping-Andersen)을 비롯한 기존의 복지유형론자들은 공공부조가 뚜렷하게 발달해 있다는 점에서 캐나다를 자유주의 복지유형으로 분류한다. 캐나다에서의 보편주의 프로그램의 발달은 예외적인 것으로서 복지유형의 결정요인이 될 수 없다는 것이다.

캐나다의 복지유형을 어떻게 분류할 것인가에 대한 견해는 다르지만 서로 대립하는 이상의 두 관점은 캐나다의 복지유형 분류에 있어서 보편주의 사회프로그램이나 공공부조의 발달과 같은 사회보장제도의 구성비율을 중시한다는 공통점을 지닌다. 그렇지만, 그 어느 쪽도 특정 사회보장 프로그램이 어느 정도로 발달되어야 특정 복지유형으로 분류되는지, 혹은 특정 복지유형의 사회보장제도 구성비율이 어떤지에 대해서는 말해주지 않는다. 단지 자유주의 복지국가에서는 공공부조가, 보수주의 복지국가에서는 사회보험이, 그리고 사회민주주의 복지국가에서는 보편주의 사회프로그램이 지배적이라는 에스핑-안데르센의 주장을 그대로 받아들이고 있을 뿐이다.

더 나아가서 그들은 복지유형의 분류에 있어서 사회보장제도의 구성비율이 얼마나 핵심적인 요소인가에 대해서도 진지하게 논의하지 않는다. 복지유형이 다양한 요소들의 복합적인 상호작용의 결과라는 점에서 특정 국가의 복지유형은 다양한 기준들을 고려하여 분류되어야 한다. 그렇다면, 그 다양한 기준들 가운데서 사회보장제도의 구성비율은 과연 어느 정도로 핵심적인 요소인 것인가? 사회보장제도의 구성비율이 복지유형 분류의 절대적인 기준이 될 수 있을 것인가? 캐나다의 사회보장 구성비율은 전형적인 자유주의 복지국가인 미국 및 전형적인 사회민주주의 복지국가인 스웨덴과 비교할 때 어느 정도의 유사성과 차별성을 지니고 있는가?

두 번째 연구주제는 자유주의 복지국가 캐나다에서 보편주의 사회프로그램이 발달한 배경에 관한 것이다. 복지국가 연구에서 보편주의 사회프로그램의 발달 배경에 관한 설명은 주로 권력자원이론에서 제공된다. 이 이론에 따르면, 노동계급을 기반으로 하는 사회민주주의 정당은 전통적인 노동계급의 수적 열세로 인해서 집권을 위해서는 화이트칼라나 자영업자 등의 중간층을 대변하는 정당들과의 연대가 필수적이었으며, 이를 위해 모든 시민들에게 균등한 혜택을 제공하는 보편주의 사회프로그램들을 도입하고 확대할 필요가 있었다고 한다. 보편주의 사회프로그램의 발달은 사회민주주의 정당의 승리의 결과라는 것이다. 이러한 주장은 보편주의 사회프로그램이 스웨덴 등 사회민주주의 정당이 오랜 기간에 걸쳐 집권했던 국가에서 잘 발달되었다는 사실에 비추어 그 타당성을 인정받을 수 있다.

반면에, 캐나다는 가족수당(아동수당), 기초노령연금, 의료서비스 등 사회보장의 핵심부문에서 보편주의 사회프로그램을 다수 갖추고 있기는 하지만 사회민주주의 정당이 집권한 적은 한번도 없었다. 캐나다의 사회민주주의 정당들은 연방 차원에서는 언제나 제3당의 지위에 머물렀으며, 캐나다의 복지국가는 자유당에 의해 건설되고 확대되어 온 것이다. 그렇다면, 자유주의 정치세력이 지배했던 국가에서 왜 사회민주당의 정치적 지배의 산물인 보편주의 사회프로그램의 발달이라는 현상이 나타나게 되었는가?[3] 캐나다에서는 자유주의 정당이 보편주의 프로그램들을 채택해야 할 피치 못할 이유가 있었는가?

자유주의 정당은 가족수당이나 의료서비스와 같은 보편주의 사회프로그램의 도입을 꺼려한다. 사회보장제도 가운데서 시장과 시민생활에 대한 국가의 개입정도가 가장 큰 보편주의 사회프로그램은 자유주의 정당의 정치적 이데올로기에 반하는 것이기 때문이다. 자유당은 어떤 이유가 있었기 때문에 (스스로가 원하지 않는) 보편주의 사회프로그램을 확대할 수밖에 없었을 것이다. 혹시 자유당은 보수당과의 집

---

3) 보편주의 프로그램이 발달한 자유주의 복지국가라는 캐나다의 특징을 그대로 보여주는 나라는 영국이다. 두 국가 모두 의료서비스나 아동수당과 같은 보편주의 프로그램을 보유하고 있다. 그렇지만, 영국에서는 보편주의 사회프로그램의 발달이 사회민주주의 정당인 노동당의 집권과 관련이 있는 반면에, 캐나다에서는 그러한 연관성이 없다. 이런 점에서 캐나다는 자유주의 복지국가 진영에서 매우 독특한 사례라고 할 수 있다.

권경쟁에서 승리하기 위해 사회민주당과 타협했거나 아니면 정치적 위기의 타개를 위해 사회민주당의 사회정책을 선취한 것은 아닐까? 사회민주주의 정당은 비록 소수당이기는 하지만 자유주의 정부들에 대해서 사회민주주의적 사회정책을 채택하도록 압박할 방도를 갖고 있지 않았을까? 혹은, 연방 차원에서는 허약했던 사회민주주의 정당이 일부 주정부에 대한 통치를 통해 주정부 차원에서 사회민주주의 프로젝트를 실행했던 것은 아닐까?

세 번째 연구주제는 복지국가의 측면에서 캐나다와 미국이 어느 정도나 다르고, 그 차이의 원인이 무엇인가 하는 것이다. 캐나다와 미국은 선진 산업국가들 가운데서 사회보장지출수준이 가장 낮고 자유주의 복지유형의 대표적인 사례로 간주된다. 이런 점에서 복지국가의 측면에서 두 국가에 현격한 차별성이 있다고 보기는 어렵다. 반면에, 보편주의 프로그램이 거의 없는 미국과 달리 캐나다에는 보편주의 사회프로그램이 발달해 있다는 점에서 두 국가는 사회보장제도의 구성상에 커다란 차이가 있다고 할 수 있다. 또한 최근 들어 그 차이가 줄어들기는 했지만 캐나다의 사회보장지출수준이 미국에 비해 줄곧 일정 정도 더 높았다는 점에서 두 국가의 차별성을 전혀 무시할 수는 없을 것이다.

그렇다면, 이상과 같은 캐나다 복지국가와 미국 복지국가의 차이는 어떻게 설명할 수 있을 것인가? 이에 대한 학계의 지배적인 견해는 두 국가의 지배적인 가치관의 차이에 주목하는 문화주의적 해석이다. 이 견해에 따르면, 두 국가가 외양상으로는 비슷해 보이지만 실제로는 캐나다가 미국에 비해 보다 더 집단주의적이고 더 보수적이기 때문에 캐나다 복지국가가 더 발달하게 되었다고 한다. 개인과 시장의 자유를 일정 정도 제한하는 복지국가는 사회연대성 혹은 사회적 가부장주의의 산물이기 때문이다.

과연 캐나다와 미국의 지배적인 가치관이 그렇게 뚜렷하게 대립적인 것인가 하는 것도 문제이지만, 더욱 문제가 되는 것은 지배적 가치관의 차이가 복지수준의 차이를 가져온다는 것을 어떻게 알 수 있는가 하는 것이다. 일반적으로 복지국가 발달의 차이를 가져오는 요인으로 지적되는 것은 노동운동이나 사회민주주의 정당의 파워, 네오코포라티즘, 국가의 형태나 관료집단의 성격, 산업화의 정도 등으로 다양하다. 지배적 가치관은 설사 복지수준의 차이를 초래하는 요인이 될 수 있을지라도 다양한 요인들 가운데 하나일 뿐이다. 게다가 지배적 가치관을 강조하는 견해는 모순되는 주장을 내놓기도 한다. 예를 들어서, 어떤 문화주의자들은 이태리 등의 남유럽 국가들과 동아시아 국가들에서 복지국가가 발달하지 않은 이유를 가부장주의나 가족의 존주의에서 찾는다. 문화주의자들은 전통적인 가치관이 이들 국가에서는 복지국가의 발달을 저해하는 반면에 캐나다에서는 복지수준 향상에 기여했다고 주장하고 있는 것이다.

지배적 가치관의 차이가 복지국가 발달의 차이를 가져온 요인이라는 것을 주장하려면 두 변수를 단순하게 병치시킬 것이 아니라 복지국가 발달의 차이에 영향을 미치는 것으로 간주되는 다른 요인들의 영향력이 없거나 지배적 가치관에 비해 적다는 사실을 증명해야 한다. 그렇지만, 대부분의 문화주의자들은 자신들의 주장을 이런 식으로 증명하는 데에는 관심이 없다. 지배적 가치관이 캐나다와 미국의 복지수준의 차이를 설명하는 데 있어서 가장 중요한 요인이라는 주장이 증명될 수 있을 것인가? 보수주의 이데올로기가 캐나다 복지국가의 확대에 기여했다는 문화주의적 해석은 현실적으로 어느 정도나 타당한 것일까? 지배적 가치관의 차이라는 요인은 비슷한 정치적, 경제적 환경을 지니고 있는 선진 산업국가들의 복지수준의 차이를 어느 정도나 잘 설명할 수 있을 것인가?

네 번째 연구 주제는 캐나다의 복지수준이 서구국가들에 비해 낮은 원인에 관한 것이다. 비록 보편주의 사회프로그램이라는 선진적인 형태의 사회보장제도가 발달해 있기는 하지만 캐나다는 여전히 자유주의 복지국가 혹은 잔여적 유형의 복지국가이다. 이것은 사회보장 지출수준이 낮고, 시민생활에서 기업복지와 민영보험을 비롯한 시장의 역할이 크다는 사실에서 잘 나타난다.

미국을 비롯한 자유주의 복지국가의 저성장 요인에 대해서는 몇 가지 분석이 제시된 바 있다. 위에 서술한 문화주의적 해석에 따르면, 개인주의와 자유주의가 발달한 곳에서는 사회연대성이 미약하고 시장과 개인생활에 대한 국가의 개입에 대해 저항이 크기 때문에 강력한 개입주의 복지국가가 나타나지 않는다는 것이다. 이러한 해석의 문제점은 개인주의의 발달과 개입주의 복지국가 간의 상관관계를 체계적으로 증명하지 않는다는 것이다. 실제로, 강력한 개입주의 복지국가의 표본인 스웨덴은 미국이나 캐나다 못지않게 개인주의와 자유주의가 발달해 있는 반면에, 미국 및 캐나다와 더불어서 선진 산업국가들 가운데 사회보장지출수준이 가장 낮은 일본은 비교 대상 국가들 가운데서 가장 집단주의적이다.

개인주의 이외에 캐나다 복지국가의 저성장을 설명할 수 있는 잠재적인 요인들로는 연방제나 이민자 사회 등이 제기된다. 연방제국가는 중앙집권제 국가에 비해 전국 통일적인 사회정책을 시행하기 어렵고, 이민자 사회는 이질적인 집단들의 복합체라는 점에서 복지국가 확대의 사회적 지지기반이 미약하다는 특징을 지닌다. 일정 정도의 설명력을 지니고 있음에도 불구하고 이러한 요인들은 캐나다 사회의 특수성에 초점을 둔 것으로서 일반적인 복지국가 발전이론들과는 거리가 있다.

캐나다 복지국가의 저성장을 보다 보편적인 관점에서 설명하기 위해서는 노동운동의 파워에 주목할 필요가 있다. 노동운동은 복지국가의 확대에 직접적인 이해관계를 가지며, 자본에 대한 압력을 통해 노동—자본—국가의 타협체제인 네오 코포라티즘을 만들어내기 때문이다. 이차대전 직후 형성된 네오 코포라티즘 체제가 서구 복지국가의 동시적이고 비약적인 확대를 가져왔다는 것은 복지국가 연구에서 상식처럼 되어 있다. 캐나다에 네오 코포라티즘이 형성되지 않은 것은 캐나다의 노동운동이 허약하고 분열되어 있기 때문이 아닐까? 기업별 협상이 지배적이었기 때문에 캐나다의 노동운동은 노동계급 전체를 대상으로 하는 사회보장제도가 아니라 특정 기업의 종업원들을 위한 기업복지의 확대에 매진한 것이 아닐까? 캐나다, 미국, 일본과 같이 서로 다른 지배적 가치관을 지닌 국가들은 모두 노동운동이 허약하고 분열되었기 때문에 네오 코포라티즘의 부재와 복지국가의 저성장이라는 공통점을 지니게 된 것이 아닐까?

## 3. 이 책의 구성과 내용

이상과 같은 연구주제들을 검토하기 위해 이 책은 다음과 같은 내용으로 구성된다. 우선, 제2장에서는 캐나다의 사회보장제도를 소개한다. 대상이 되는 프로그램들은 현대 복지국가의 핵심이라고 할 수 있는 연금, 의료보장, 공공부조 및 아동급여, 노동보험이다. 이 가운데 연금에서는 공공부조, 보편주의 사회프로그램, 사회보험의 세 가지 형태의 공적연금들의 특징과 함께 민영연금을 살펴본다. 의료보장에서는 보편주의 사회프로그램인 캐나다 의료보장제도(메디케어)의 연혁과 운영원칙 및 재정 등에 초점을 둔다. 공공부조와 아동급여에서는 각각의 간단한 연혁과 운영원리 및 주별 급여액 등을 소개한다. 마지막으로, 노동보험에서는 산재보험과 실업보험의 보험료와 급여액 및 재정을 중심으로 서술한다. 이상의 네 가지 핵심 분야에 대한 서술은 주로 캐나다의 사회보장 담당부처인 HRSDC(Human Resources and Skills Development Canada)와 사회보장제도 소개를 담당하는 Service Canada 및 사회보장관련 통계자료를 제공하는 Statistics Canada의 최신 자료들에 기초했다.

제3장 '복지국가의 역사'에서는 17세기 초반부터 1970년대 중반까지의 캐나다 복지국가의 발달과정을 서술한다. 이 시기는 크게 세 단계로 나뉘는데, 그 첫 단계는 17세기 초반 프랑스와 영국의 식민지 시대부터 1867년 연방정부가 수립되기 전까지로서 사회복지정책의 주요 담당자가 종교단체 등의 민간단체와 지역사회였다는 특징을 지닌다. 두 번째 단계는 1867년에서 2차 대전의 발발 시기까지이며, 이 기간 동안 급속한 산업화와 도시화, 그리고 1차 세계대전과 세계대공황 등의 여파로 기본적인 사회보장제도들이 도입되면서 캐나다는 초보적인 복지국가의 형태를 갖추어갔다. 세 번째 단계는 이차대전부터 1970년대 중반까지의 시기로서 서구 복지국가의 황금기에 해당하며, 캐나다에서도 핵심적인 사회보장 프로그램들이 도입되고 확대되었다.

제4장 '복지국가의 최근 동향'에서는 1970년대 중반 복지국가의 위기시대부터 최근까지의 캐나다의 복지축소 과정을 서술한다. 캐나다

는 미국이나 영국과 같은 신자유주의의 대공세를 경험하지는 않았지만 세계화의 강력한 영향하에서 점진적인 복지축소의 과정을 밟아 나갔다. 특히 캐나다 복지국가의 건설을 담당했던 자유당의 장기집권이 끝나면서 보수당에 의한 직접적인 복지삭감 조치들이 시행되었다. 사회보험연금 및 의료서비스와 같은 사회보장제도의 핵심 프로그램들은 커다란 변화를 겪지 않았지만 가족수당과 기초노령연금은 부분적인 환수조치를 통해 보편주의적 요소가 줄어들었고, 1970년대 동안 크게 확대되었던 실업급여와 사회부조도 대규모 삭감 조치의 희생양이 되었다. 이와 함께 워크페어로 대표되는 근로강화정책이 채택되고 분권화의 명목으로 사회복지의 책임이 연방정부에서 주정부로 점차 이전되면서 캐나다 복지국가는 근본적인 변화의 소용돌이에 휩싸였다.

제5장 '지배적 가치관과 캐나다 복지국가'에서는 미국과 캐나다의 복지수준의 차이를 지배적인 가치관의 차이로 설명하는 미국의 사회학자 립셋(Seymour Martin Lipset)의 견해를 소개하고 평가한다. 립셋의 견해는 이론적인 측면에서뿐 아니라 미국 및 캐나다와 서구국가들과의 비교를 통해 검토한다. 비교론적 관점에서의 실증적인 연구의 결과 캐나다와 미국의 지배적인 가치관에 근본적인 차이가 있다고 인정할 수 없으며, 지배적 가치관과 복지수준의 차이 간에는 의미 있는 연관성이 없는 것으로 드러났다. 문화적 요소들과 복지수준 간의 관계에 대한 립셋의 가정은 결코 일반화될 수 없으며, 복지국가 발달에 대한 문화주의적 해석은 이론적으로나 경험적으로 근거가 매우 취약하다. 캐나다와 미국의 복지수준에 차이가 있다면 그것은 일반적인 복지국가 발전이론들이 주목하는 요인들을 가지고 설명해야 한다.

제6장 '자유당, 사회민주당, 캐나다 복지국가'에서는 이차대전 직전

에 도입된 보편주의 사회프로그램인 가족수당 사례를 중심으로 하여 왜 자유주의 정당이 사회민주주의 정당의 프로젝트를 시행하게 되었는가를 분석한다. 여기서는 기존 연구에서 가족수당의 도입 배경으로 제기된 사회민주주의 정당의 계급동원 전략, 집권 정당의 복지확대 노력, 전시 경제하의 임금통제와 노동계급의 급진화의 세 가지 요인들의 문제점을 지적하고 집권 정당의 정치적 위기를 강조한다. 사회주의 이데올로기가 유행하고 급진적인 사회운동이 활성화된 이차대전 시기에 사회민주주의 정당의 대중적 인기가 높아지면서 선거 패배의 위기에 직면한 집권 자유당이 사회민주주의 정당의 핵심 정책이었던 가족수당을 선취했던 것이다. 이차대전 후 1960년대까지 사회민주주의 정당의 인기가 크게 줄어들면서 정치적 위기를 벗어난 집권 자유당이 가족수당의 삭감 정책을 지속했던 것은 이러한 주장의 방증이 된다.

제7장 '노동운동과 기업복지의 발달'에서는 기업복지의 발달과 국가복지의 저성장이라는 캐나다 복지국가의 특징을 노동운동의 분열을 가지고 설명한다. 노동운동이 직능이나 지역별로 분열되어 있고 노사 간 단체협상이 기업 차원에서 이루어지면서 캐나다의 노동운동은 사회정책에 대한 영향력을 행사할 수 없을 뿐 아니라 노동계급 전체를 대상으로 하는 사회보장제도가 아니라 특정 기업의 종업원을 대상으로 하는 기업복지의 발달에 관심을 가져왔다. 바로 이러한 이유 때문에 캐나다에는 이차대전 이후 서구 복지국가 확대의 기반이 되었던 네오 코포라티즘이 형성되지 않았고, 그 대신에 기업복지가 발달하게 되었던 것이다. 노동운동의 분열과 네오 코포라티즘의 결여, 그리고 이에 따른 국가복지의 저성장과 기업복지의 발달이라는 현상은 미국뿐 아니라 문화적 배경이 전혀 다른 일본에서도 동일하게 나타나며, 이런 점에서 복지국가의 발달 혹은 저성장의 요인은 지배적 가치

관의 차이가 아니라 노동운동의 파워에서 찾아야 한다.

제8장 '캐나다 복지국가의 유형'에서는 보편주의 사회프로그램의 발달이라는 특징에도 불구하고 캐나다가 왜 자유주의 복지국가로 분류되어야 하는가에 대해 서술한다. 여기서의 핵심적인 주장은 복지유형의 분류에 있어서 특정 사회보장 프로그램의 발달이라는 요소가 중요하긴 하지만 다른 요소들보다 더 중요한 것은 아니며, 복지유형은 다양한 요소들을 복합적으로 고려하여 분류해야 한다는 것이다. 비록 보편주의 사회프로그램이 발달했더라도 시민생활에 대한 국가의 역할이 최소화되어 있다면 그 국가는 잔여적 유형 혹은 자유주의 복지국가로 분류되어야 한다는 것이다. 이러한 주장을 위해서 사회보장제도 구성비율의 측면에서 캐나다와 미국 및 스웨덴을 비교하여 서로의 차이점과 유사점을 밝히고, 탈상품화나 민영부문의 비중과 같은 기존의 복지유형 분류 기준들뿐 아니라 사회보장지출이나 완전고용정책의 채택 여부와 같은 새로운 기준들을 적용하여 캐나다의 복지유형을 결정할 것이다.

마지막으로 제9장 '캐나다 복지국가의 비교와 전망'에서는 크게 세 가지 주제를 다룬다. 첫째는 캐나다와 한국의 비교이다. 여기서는 사회보장지출수준이나 사회보장제도 구성비율 등 복지국가의 핵심적인 차원에서 두 국가를 비교하여 양자의 차이와 유사점을 드러내고, 캐나다가 한국 복지국가의 모델이 될 수 있는지를 검토한다. 둘째는 사회민주주의 정당이 캐나다 복지국가의 확대에 어떤 영향을 미쳤는가 하는 것이다. 연방 차원에서의 영향에 대해서는 이미 6장에서 다루었기 때문에 여기서는 주로 주정부 차원에서의 영향에 대해 논의한다. 셋째는 캐나다 복지국가에 대한 전망이다. 2006년 이래의 두 번의 선거에서 보수당이 승리함으로써 캐나다 복지국가는 중대한 기로에 들어섰다. 특히 현재의 집권 보수당이 과거의 보수당들과는 달리 재정건전성과 시장효율성을 중시하는 신자유주의 이데올로기를 본격적으로 추종함에 따라서 앞으로 캐나다 복지국가는 보다 급진적으로 축소될 가능성이 높다.

## 4. 비교 관점에서 본 캐나다 복지국가

### 1) 사회보장지출

〈표 1-1〉에는 OECD에 속하는 선진 산업국가들의 사회지출 추이가 제시되어 있다. 이에 따르면, 1980년 캐나다의 사회보장지출은 13.7%로서 OECD 평균치에 비해 2.3% 포인트 낮았으며, 1985년에는 17.0%로서 OECD 평균치보다 불과 0.7% 포인트 낮았다. 1990년에는 캐나다의 사회보장지출이 18.1%로서 OECD의 평균치에 도달하여 포르투갈, 스위스, 호주, 미국 등의 전통적인 복지 후진국들에 비해 4−5% 포인트 높았고, 영국의 수치를 추월하였다. 영국의 대처 정부하에서 그랬던 것처럼 대부분의 서구국가들이 1970년대 중후반 이래의 복지국가의 위기 시대 동안 국가복지의 부분적인 축소 과정을 밟아나갔던 데 반해서, 캐나다에서는 1966년에 도입된 소득비례연금인 CPP(Canada Pension Plan: 캐나다 국민연금)로 인해 공적연금수급자들의 수가 크게 증가하였고 1984년에 메디케어(Medicare)가 본격 출범하면서 의료부문의 지출도 늘어났던 것이다.

그렇지만, 1990년 이후부터 캐나다의 사회보장지출수준은 다시 하

〈표 1-1〉 선진 산업국가들의 공공사회지출 추이(GDP 시장가격 기준) (단위: %)

| 국 가 | 1980 | 1985 | 1990 | 1995 | 2000 | 2005 |
|---|---|---|---|---|---|---|
| 스웨덴 | 27.1 | 29.4 | 30.2 | 32.1 | 28.5 | 29.4 |
| 프랑스 | 20.8 | 26.0 | 25.1 | 28.6 | 27.9 | 29.2 |
| 덴마크 | 24.8 | 23.2 | 25.2 | 28.9 | 25.6 | 26.9 |
| 독 일 | 22.7 | 23.2 | 22.3 | 26.5 | 26.2 | 26.7 |
| 핀란드 | 18.0 | 22.5 | 24.2 | 30.9 | 24.3 | 26.1 |
| 이태리 | 18.0 | 20.8 | 19.9 | 19.9 | 23.3 | 25.0 |
| 포르투갈 | 10.2 | 10.4 | 12.9 | 17.0 | 19.6 | 23.1 |
| 노르웨이 | 16.9 | 17.8 | 22.3 | 23.3 | 21.3 | 21.6 |
| 영 국 | 16.7 | 19.8 | 17.0 | 20.2 | 19.2 | 21.3 |
| 스페인 | 15.5 | 17.8 | 19.9 | 21.4 | 20.3 | 21.2 |
| 네덜란드 | 24.8 | 25.3 | 25.6 | 23.8 | 19.8 | 20.9 |
| 스위스 | 13.5 | 14.5 | 13.4 | 17.5 | 17.9 | 20.3 |
| 일 본 | 10.6 | 11.4 | 11.4 | 14.3 | 16.5 | 18.6 |
| 호 주 | 10.6 | 12.5 | 13.6 | 16.6 | 17.8 | 17.1 |
| 캐나다 | 13.7 | 17.0 | 18.1 | 18.9 | 16.5 | 16.5 |
| 미 국 | 13.1 | 13.1 | 13.4 | 15.3 | 14.5 | 15.9 |
| OECD 평균 | 16.0 | 17.7 | 18.1 | 19.9 | 19.3 | 20.5 |

주1) 사회지출에 포함되는 항목은 노령, 유족, 장애 및 재해, 가족, 적극적 노동시장, 실업, 주거 등의 사회보장 프로그램이다.

주2) 2005년 OECD 30개국 가운데 캐나다의 순위는 26위였다. 캐나다보다 낮은 수준을 보인 국가는 미국, 터키, 멕시코, 한국이었다.

자료: OECD, 2009.

락의 경향을 보이고 있다. 1995년 캐나다의 사회지출은 18.9%로서 1990년에 비해 약간 증가하기는 했지만 OECD 평균치에 비해서는 1.0% 포인트 낮아졌다. 2000년이 되면 캐나다의 사회지출은 16.5%로 크게 감소하고 OECD 평균치와의 격차도 거의 3% 포인트로 벌어졌다. 이러한 경향은 2005년에는 더욱 강화되어서 캐나다에서는 사회보장지출이 16.5%로 변화가 없었던 데 반해서 OECD 평균치는 1.2% 포인트 높아져서 양자의 차이가 4% 포인트에 이르렀다. 특히, 2005년 캐나다의 사회보장지출은 포르투갈, 스페인, 스위스, 호주 등 과거 캐나다보다 지출수준이 낮았던 국가들에 비해서도 낮아졌고, 미국을 제외하고는 선진 산업국가들 가운데 최저치를 기록했다. 이것은 이 책의 제4장에서 서술하듯이 1984년에서 1993년 사이에 보수당 정부가 단행한 각종 형태의 사회보장 축소 조치들이 1990년대 중후반 이후 영향력을 발휘하게 되었고, 그 이후 집권한 자유당 정부가 전임 정부의 사회개혁 정책을 그대로 답습했기 때문이었다. 말하자면, 캐나다의 복지국가의 위기는 서구국가들에 비해 10년 정도 늦게 도래한 것이다.

이상에서 서술한 대로, 전통적으로 캐나다의 사회보장지출은 선진 산업국가들 가운데서 매우 낮은 수준이었다. 시기에 따라 지출수준이 다소 높아졌던 적도 있지만 전반적으로 볼 때 캐나다의 사회보장지출 수준은 하위권에 머물렀다. 특히 2000년 이후 국가복지의 축소가 본격화되면서 2005년에는 미국과 더불어 선진 산업국가들 가운데 가장 낮은 지출수준을 보였다. 한때 사회복지지출수준이 중하위권에 속했던 캐나다는 이제 최하위권의 국가로 전락하고 있다.

### 2) 사회보장분야별 지출

〈표 1-2〉에서 보듯이 2005년 캐나다의 사회보장지출은 NNI(National Income: 국민순소득) 대비 19.3%였다. 이 가운데서 공적연금에 대한 지출은 NNI의 4.8%로서 사회보장지출의 24.9%였고, 근로연령층에 대한 현금급여는 사회보장지출의 16%, 혹은 NNI의 3.1%였다. 이에 반해서 의료에 대한 지출은 NNI 대비 8.0%로서 사회보장지출총액의 41.4%를 차지했고, 사회서비스에 대한 지출은 NNI 대비 3.0%였다.

다른 선진 산업국가들과 비교해 볼 때 드러나는 캐나다의 특징은 의료지출의 비중이 매우 높은 반면에 연금지출은 상대적으로 낮다는

〈표 1-2〉 사회보장지출의 분야별 비율(2005년) (단위: %)

| 국 가 | 지출총액 | 분야별 | | | | 형태별 | | |
|---|---|---|---|---|---|---|---|---|
| | | 연금 | 근로연령 현금급여 | 의료 | 사회 서비스 | 현금 | 현물 | ALM |
| 캐나다 | 19.3 | 4.8 | 3.1 | 8.0 | 3.0 | 7.9 | 11.0 | 0.3 |
| 미 국 | 18.1 | 6.8 | 2.2 | 7.9 | 1.0 | 9.0 | 8.9 | 0.1 |
| 영 국 | 23.3 | 6.2 | 5.0 | 7.7 | 3.8 | 11.2 | 11.5 | 0.6 |
| 호 주 | 21.2 | 4.3 | 5.7 | 7.3 | 3.4 | 10.0 | 10.7 | 0.5 |
| 독 일 | 31.1 | 13.2 | 5.2 | 8.9 | 2.6 | 18.5 | 11.5 | 1.1 |
| 프랑스 | 33.2 | 14.0 | 5.8 | 8.9 | 3.3 | 19.9 | 12.3 | 1.0 |
| 이태리 | 29.7 | 16.6 | 3.2 | 8.1 | 1.1 | 19.8 | 9.2 | 0.7 |
| 네덜란드 | 24.3 | 5.8 | 7.1 | 6.9 | 3.0 | 12.9 | 9.9 | 1.6 |
| 스웨덴 | 33.6 | 8.8 | 7.8 | 7.7 | 7.8 | 16.5 | 15.6 | 1.5 |
| 노르웨이 | 24.6 | 5.5 | 6.8 | 6.6 | 4.9 | 12.3 | 11.4 | 0.8 |
| 덴마크 | 31.5 | 6.4 | 9.6 | 6.9 | 6.7 | 15.9 | 13.5 | 2.0 |
| 핀란드 | 30.5 | 9.9 | 8.0 | 7.3 | 4.4 | 17.8 | 11.6 | 1.0 |
| 일 본 | 22.9 | 10.7 | 1.9 | 7.8 | 2.2 | 12.6 | 10.0 | 0.3 |
| OECD-30 | 24.4 | 8.5 | 5.3 | 7.3 | 2.6 | 13.8 | 9.9 | 0.7 |

주1) 각 수치는 NNI(국민순소득) 대비.

주2) 근로연령현금급여: 실업급여, 산재급여, 아동수당 등 근로연령층에게 현금으로 지급되는 사회보장급여.

주3) ALM: Active Labor Market Programmes

자료: Society at a Glance 2009-OECD Social Indicators: 97.

것이다. 캐나다의 의료지출은 독일과 프랑스 등 대륙유럽 국가들에 비해서만 약간 적고 대부분의 선진 산업국가들보다 높다. 미국과 더불어 사회보장지출총액이 가장 적은 캐나다가 의료부문에 대한 지출에서만큼은 여타 선진 산업국가들을 선도하고 있는 것이다. 캐나다의 사회보장지출 가운데서 의료지출이 차지하는 비중은 41.4%로서 미국을 제외한 모든 선진 산업국가들보다 높으며, OECD의 평균치 29.9%에 비해 10% 포인트 이상 많았다. 캐나다와 마찬가지로 보편적 의료서비스를 제공하고 있는 북구국가들과 영국에 비해서 의료지출이 많다는 것은 이 국가들과는 달리 캐나다의 의료서비스가 주로 민영병원에 의해 제공되는 것과 관련이 있을 것이다.

캐나다의 연금지출비율은 4.8%로서 호주와 더불어 가장 낮은 수준이며, OECD 평균치에 비해 3.7% 포인트 낮았다. 연금지출을 많이 하는 독일, 프랑스, 이태리에 비해 캐나다의 수치는 1/3 수준에 그치고 있다. 사회보장지출에 대한 연금지출의 비율에서도 캐나다는 24.9%로서 OECD의 평균치인 34.8%에 비해 10% 포인트 낮았으며, 호주・덴마크・노르웨이를 제외한 모든 비교 대상 국가들에 비해 낮았다. 캐나다는 보편주의 성격을 지닌 OAS(Old Age Security: 기초노령연금)를 보유하고 있기는 하지만 대부분의 선진 산업국가들과는 달리 소득비례연금인 CPP의 급여수준이 매우 낮기 때문에 전체적으로 연금에 대한 지출이 낮게 나타났다.[4)]

이상과 같이 의료지출이 많은 대신에 연금지출이 적기 때문에 캐나다의 사회지출은 현물급여 중심이다. 사회보장지출에서 차지하는 현물급여의 비중이 57.0%로서 현금급여의 비중 40.9%를 크게 앞서고 있는 것이다. 캐나다의 현물급여 비중은 OECD의 평균치 40.6%보다 16% 포인트 이상 높으며, 그 어느 비교 대상 국가들보다도 높다. 일반적으로 의료서비스와 사회서비스가 발달한 것으로 평가되는 북구국가들에서도 현물급여의 비중은 38.0%(핀란드)에서 46.4%(스웨덴)에 그치고 있는 것이다.

---

4) 2005년 캐나다의 공적연금에 대한 지출은 GDP 대비 4.1%로서 호주에 이어 선진 산업국가들 가운데 가장 낮았다. 이 수치는 1990년의 4.2%에 비해 약간 줄어든 것으로서 OECD의 평균치가 1990년의 6.2%에서 2005년 7.2%로 16.7% 증가한 것과 대비된다. 이와 같이 캐나다의 공적연금은 사회보장제도에서 차지하는 비중이 낮고 미세하게나마 감소하고 있다는 특징을 보이고 있다.(Pensions at a Glance 2009: Retirement-Income Systems in OECD Countries, Part 2 "Indicators of Pensions Policies". Paris: OECD)

### 3) 사회지출에서의 공사분담

〈표 1-3〉에는 평균 임금소득자를 기준으로 하여 법정연금과 비법정연금이 어느 정도의 소득보장을 제공하는가가 제시되어 있다. OECD가 작성한 이 표에서 법정연금은 국가나 지방정부가 관장하는 공적연금(사회보험연금, 공공부조연금, 보편연금)뿐 아니라 국가에 의해 법으로 강제되는 기업연금 등의 민영연금까지 포함한다. 이에 반해서, 비법정연금은 가입자의 자유의사에 따른 기업연금과 개인연금으로만 구성되며, 진정한 의미의 사적연금이라고 할 수 있다. 법으로 강제되는 기업연금의 경우 운영은 민영기관이 하더라도 가입이 법으로 강제된다는 점에서 넓게 보면 공적연금에 해당한다는 것이다. 또한, 소득대체율은 연금급여를 대상기간 동안의 월평균 소득으로 나눈 비율을 말한다.

〈표 1-3〉 법정연금과 비법정연금의 소득대체율(평균 임금소득자 기준, 2005년)

(단위: %)

| 국 가 | 합계(A) | 법정연금 | | | | 비법정연금 | |
|---|---|---|---|---|---|---|---|
| | | 공적연금 | 민영연금 | 소계(B) | B/A | 소계(C) | C/A |
| 캐나다 | 58.7 | 44.5 | - | 44.5 | 75.8 | 14.2 | 24.2 |
| 미 국 | 78.8 | 38.7 | - | 38.7 | 49.1 | 40.1 | 61.3 |
| 영 국 | 70.0 | 30.8 | - | 30.8 | 44.0 | 39.2 | 56.0 |
| 호 주 | 41.6 | 14.6 | 26.9 | 41.6 | 100.0 | 0.0 | 0.0 |
| 독 일 | 61.3 | 43.0 | - | 43.0 | 70.1 | 18.3 | 30.0 |
| 프랑스 | 53.3 | 53.3 | - | 53.3 | 100.0 | 0.0 | 0.0 |
| 이태리 | 95.6 | 67.9 | - | 67.9 | 71.0 | 27.7 | 29.0 |
| 네덜란드 | 88.3 | 30.2 | 58.1 | 88.3 | 100.0 | 0.0 | 0.0 |
| 스웨덴 | 61.5 | 37.8 | 23.7 | 61.5 | 100.0 | 0.0 | 0.0 |
| 노르웨이 | 72.1 | 51.9 | 7.4 | 59.3 | 82.2 | 12.8 | 17.8 |
| 덴마크 | 80.3 | 22.9 | 57.4 | 80.3 | 100.0 | 0.0 | 0.0 |
| 핀란드 | 56.2 | 56.2 | - | 56.2 | 100.0 | 0.0 | 0.0 |
| 일 본 | 33.9 | 33.9 | - | 33.9 | 100.0 | 0.0 | 0.0 |
| OECD | 68.4 | 45.7 | 13.3 | 59.0 | 86.3 | 9.4 | 13.7 |

자료: Pension at a Glance 2009-Retirement Income Systems in OECD Countries: Part 2 "Indicators of pension policies".

공적연금과 사적연금을 모두 합칠 경우 캐나다 연금총액의 소득대체율은 58.7%로서 OECD의 평균치 68.4%에 비해 10% 포인트 가까이 낮으며, 이태리(95.6%), 네덜란드(88.3%), 덴마크(80.3%)에 비해서는 20−40% 포인트나 낮다. 그렇지만, 캐나다 연금총액의 소득대체율은 호주나 일본과 같은 복지 후진국뿐 아니라 프랑스와 핀란드 같은 복지 선진국에 비해서도 높으며, 독일(61.3%)이나 스웨덴(61.5%)에 견줄 만한 수준이다. 캐나다의 경우 법정연금의 수준은 낮지만 임의적 성격의 비법정연금이 활성화되어 있기 때문에 연금총액의 소득대체율이 일정 수준을 유지하고 있다.

캐나다에는 민영연금 형태의 법정연금이 없으며, 공적연금으로만 구성된 법정연금의 소득대체율은 44.5%이다. 이 수치는 미국이나 영국 등 앵글로색슨 국가들에 비해서는 높지만 대부분의 서구국가들에 비해서는 낮으며, OECD의 평균치 59.0%에 비해 15% 포인트 낮다. 그 대신에 캐나다에는 임의로 적용되는 비법정연금이 14.2%의 소득대체율을 제공하면서 법정연금을 보충하고 있다. 비법정연금은 연금총액의 24.2%를 차지하고 있으며, 이 수치는 영국 및 미국과 같은 앵글로색슨 국가들과 일부 서구국가들에 비해서는 낮지만 OECD 평균치에 비해서는 10% 포인트 이상 높은 것이다.[5] 전반적으로 볼 때, 캐나다에서 비법정연금은 다른 대부분의 서구국가들에 비해 노후소득의 보장에 있어서 훨씬 중요한 역할을 수행한다.

다음에, 의료부문에서의 공사분담에 대해 살펴보겠다. 우선, 몇 가지 의료관련 지표들에 대해 언급해 두겠다. 〈표 1-4〉에서 보듯이 캐

5) 사회보험의 천국이라 할 수 있는 독일과 이태리에서 비법정연금의 비율이 높은 것은 일부 기업연금의 경우 고용주의 자발적인 의사에 따라 설치되거나(독일) 고용주가 자발적으로 제공하는 퇴적연금(이태리의 TFR)이 존재하기 때문이다.

〈표 1-4〉 의료부문의 공사분담(2007년)

(단위: 달러, %)

| 국 가 | 일 인당 의료비 | GDP 대비 의료비 | | | 공공부문 | | | 민간부문 | | |
|---|---|---|---|---|---|---|---|---|---|---|
| | | 총액 | 공공 | 민간 | 비중 | 사회 보험 | 일반 조세 | 비중 | 본인 부담 | 민영 보험 |
| 캐나다 | 3,895 | 10.1 | 7.1 | 3.0 | 70.0 | 1.4 | 68.6 | 30.0 | 14.9 | 12.8 |
| 미 국 | 7,290 | 16.0 | 7.3 | 8.7 | 45.4 | 12.7 | 32.7 | 54.6 | 12.2 | 35.2 |
| 영 국 | 2,992 | 8.4 | 6.9 | 1.5 | 81.7 | 0 | 81.7 | 18.3 | 11.4 | 1.1 |
| 호 주 | 3,137 | 8.7 | 5.9 | 2.8 | 67.7 | 0 | 67.7 | 32.3 | 18.2 | 7.5 |
| 독 일 | 3,588 | 10.4 | 8.0 | 2.4 | 76.9 | 67.9 | 9.0 | 23.1 | 13.1 | 9.3 |
| 프랑스 | 3,601 | 11.0 | 8.7 | 2.3 | 79.0 | 73.8 | 5.2 | 21.0 | 6.8 | 13.4 |
| 이태리 | 2,686 | 8.7 | 6.7 | 2.0 | 76.5 | 0.1 | 76.4 | 23.5 | 20.2 | 0.9 |
| 네덜란드 | 3,837 | 9.8 | 7.3 | 1.7 | 74.8 | 69.5 | 5.3 | 25.2 | 5.5 | 5.7 |
| 스웨덴 | 3,323 | 9.1 | 7.4 | 1.7 | 81.7 | 0 | 81.7 | 18.3 | 15.9 | 0.2 |
| 노르웨이 | 4,763 | 8.9 | 7.5 | 1.4 | 84.1 | 12.0 | 72.1 | 15.9 | 15.1 | 0 |
| 덴마크 | 3,512 | 9.8 | 8.2 | 1.5 | 84.5 | 0 | 84.5 | 15.5 | 13.8 | 1.6 |
| 핀란드 | 2,840 | 8.2 | 6.1 | 2.1 | 74.6 | 14.5 | 60.1 | 25.4 | 18.9 | 2.1 |
| 일 본 | 2,581 | 8.1 | 6.6 | 1.5 | 81.3 | 65.9 | 15.4 | 18.7 | 15.1 | 2.6 |

자료: Health at a Glance 2009-OECD Indicators: 7장.

나다의 일 인당 연간 의료비는 3,895달러로서 비교 대상 국가들 가운데 미국(7,290달러)과 노르웨이(4,763달러)에 이어 3위이며, GDP 대비 의료비는 10.1%로서 미국(16.0%), 프랑스(10.4%), 독일(10.4%)에 이어 4위이다. 캐나다는 비슷한 형태의 의료보장제도를 지니고 있는 영국 및 북구국가들에 비해 의료비를 다소 많이 지출하고 있다.

캐나다의 의료비 가운데서 공공부문의 재정 부담은 GDP 대비 7.1%로서 전체 의료비의 70%를 차지한다. 공공의료비의 대부분은 일반조세이며, 2% 정도만이 의료보험료로 충당된다.6) 비슷한 형태의 의료보장제도를 지니고 있는 영국, 스웨덴, 덴마크의 경우에는 일반조세가 공공부문 재정의 100%를 차지한다.

캐나다의 민간부문의 의료비 지출은 GDP 대비 3.0%로서 비교

6) 캐나다의 의료보험료는 일정 소득 이상의 주민들에 대해 주정부가 부과하는 목적세로서 모든 자격 있는 가입자에게 소득의 일정 비율로 부과되는 일반적인 의료보험료와는 차이가 있다.

대상 국가들 가운데 미국에 이어 두 번째이다. 똑같이 보편적 의료서비스를 제공하고 있음에도 불구하고 캐나다는 영국 및 북구국가들에 비해 민간부문의 비중이 다소 높은 편이다. 의료비에서 차지하는 민간부문의 비중이 캐나다는 30.0%로서 미국 및 호주에 이어 3위이며, 영국(11.4%), 스웨덴(18.3%), 노르웨이(15.9%), 덴마크(15.5%)뿐 아니라 사회보험 중심의 대륙유럽 국가들에 비해서도 높다. 민간부문의 재정부담분 가운데서 이용자가 직접 지출하는 본인 부담이 거의 50%인 14.9%이고 민영보험은 43% 정도인 12.8%이다.

전반적으로 볼 때 선진 산업국가들 가운데서 캐나다는 사회보장지출수준이 낮고, 현물급여의 비중이 높으며, 민영부문의 역할이 크다는 특징을 지닌다. 논쟁의 여지가 있기는 하지만 사회보장지출비율은 한 국가의 복지노력을 가장 압축적으로 보여주는 지표이다. 캐나다가 사회보장지출이 가장 낮은 수준이라는 것은 시민생활에 대한 국가의 개입정도가 매우 낮고 시민들의 시장의존도가 매우 높다는 것을 의미한다. 또한, 보편주의 의료제도를 보유하고 있음에도 불구하고 캐나다는 연금과 의료부문에서 개인의 부담이 높다. 전반적으로 볼 때 캐나다는 선진 산업국가들 가운데서 가장 시장 자유주의적이고 개인주의적인 사회로 평가될 수 있는 것이다.

제2장

# 캐나다의 사회보장제도

# 제2장 캐나다의 사회보장제도

대부분의 다른 국가들과 마찬가지로 캐나다의 사회보장제도 가운데 가장 먼저 도입된 것은 산재보험이었다. 그 뒤를 이어 모성수당(Mothers' Allowance)과 공공부조식의 노령연금(Old Age Pensions)이 도입되었는데, 초기에 도입된 세 프로그램들은 모두 주정부에 의해 운영되는 것이었다. 연방정부가 관장하는 최초의 사회보장 프로그램은 1941년에 시행된 실업보험이었다. 대부분의 국가들에서 실업보험은 사회보험연금과 의료보험의 도입 이후에야 시행된다는 점에서 캐나다는 독특한 사례를 제공한다. 실업보험에 이어서 가족수당 및 보편연금과 같은 보편주의 사회프로그램이 도입되었고 사회보험연금은 주요 사회보장 프로그램들 가운데 가장 늦게 1966년에야 도입되었다.

이하에서는 캐나다의 대표적인 사회보장 프로그램들을 소개하겠다. 1절에서는 보편연금과 공공부조연금, 사회보험연금 등의 공적연금과 함께 기업연금과 같은 민영연금에 대해 소개한다. 제2절에서는 근로자 대상의 노동보험에 속하는 산재보험과 실업보험(고용보험)의 연혁과 특징들을 서술하겠다. 3절에서는 사회부조 프로그램들과 아동급여의 특징과 최근 현황을 소개하며, 마지막으로 4절에서는 보편 프로그램인 의료서비스(메디케어)의 연혁과 특징을 서술한다.

## 1. 연금

캐나다의 연금은 3층 구조(three tiers)로 이루어져 있다. 보편연금과 공공부조연금이 1층, 소득비례적인 사회보험연금이 2층, 그리고 기업연금 등의 민영연금이 3층을 차지하고 있는 것이다. 이하에서는 각각의 특징에 대해 서술한다.

### 1) 보편연금과 공공부조연금

캐나다의 공적연금은 1927년에 연방정부에 의해 제정된 노령연금법안(Old Age Pensions Act)에서 시작한다. 이 연금은 연방정부와 주정부의 재정분담에 기초하여 일정 소득 이하의 저소득 노인에게만 급여를 제공했는데, 수급기준이 지나치게 까다롭다는 문제가 있었다. 1951년에는 노령보장연금법안(Old Age Security Act)이 통과되어 기존의 노령연금을 대체하게 되었다. 이 법안에 의해 도입된 OAS(Old Age Security: 노령보장연금)는 20년 이상 캐나다에 거주한 70세 이상의 모든 캐나다 시민에게 적용되는 보편연금으로서 연방정부가 관리운영을 담당하였다.

1967년에는 OAS 수급자 가운데 일정 소득 이하의 사람을 대상으로 하는 GIS(Guaranteed Income Supplement: 소득보충급여)가 도입되었고, 1975년에는 SA(Spouse's Allowance: 배우자수당)가 도입되어 OAS 수급자의 배우자 가운데 연령에 미달하여 일체의 연금을 받지 못하는 사람들에게 제공되었다. 1989년에는 연방정부가 조세제도를 통해 일정 소득 이상의 노인들에게 OAS의 급여를 삭감하는 정책을 시행하게 되었으며, 이로 인해 OAS의 보편주의가 부분적으로나마 약화되었다. (Battle and Tamagno, 2007: 4; Clark, 1998; 71-73; McGilly, 1990: 124-130; Service Canada, 2009a)

위에 서술한 대로 OAS는 모든 노인들에게 제공되는 기초연금의 성격을 지니며 18세 이후 캐나다에서 10년 이상 거주한 65세의 캐나다 시민을 대상으로 한다. 해외에 거주하는 65세 이상 캐나다 시민은 20년 이상 캐나다에 거주했을 때에만 OAS의 수급자격을 가진다. OAS는 캐나다에 40년 이상 거주했을 때 완전연금을 지급하며, 40년에서 모자라는 햇수만큼 연금급여액이 삭감된다. 예를 들어서, 18세 이후에 캐나다에서 30년을 거주하였을 경우 OAS의 연금급여액은 완전연금의 75%가 되는 것이다.

OAS의 수급자 가운데서 소득수준이 낮은 사람에 대해서는 소득심사를 거쳐 GIS가 주어진다. GIS의 수급자격은 OAS의 수급자이면서 캐나다에 거주하는 저소득 노인이다. 급여액은 결혼 여부와 배우자의 연령, 그리고 가구 소득수준에 따라 달라진다. 저소득 노인가구의 생활 지원을 위해 연방정부가 제공하는 GIS는 주정부가 저소득 노인층에게 제공하는 다양한 공공부조급여들(소득지원금, 난방보조금, 처방약지원금, 재택간병지원프로그램 등)의 수급자격을 얻기 위한 기본조건이 되기도 한다.

OAS와 GIS를 수급하는 노인의 배우자(또는 동성반려자를 포함하여 12개월 이상 동거한 사실상의 배우자, 60−64세일 경우)에 대해서는 소득심사를 거쳐 SA가 제공된다. 수급조건은 18세 이후 캐나다에 10년 이상 거주한 캐나다 시민 혹은 영주권자이다. 이와 함께, 배우자가 사망한 60−64세의 저소득 계층에 대해서는 유족수당(Allowance for the Survivor)이 제공된다. 수급조건은 생활수당과 같다. 생활수당과 유족

〈표 2-1〉 보편연금과 공공부조연금의 일 인당 월 급여액 (2009년 3월 현재)

(단위: 캐나다 달러)

| 급여의 종류 | 수급자 구분 | 평균급여액 | 최대급여액 | 소득기준(연) |
|---|---|---|---|---|
| OAS | 전 체 | 489.83 | 516.96 | 66,335/107,692 |
| GIS | 독신<br>연금수급자의 배우자<br>연금비수급자의 배우자<br>생활수당수급자의 배우자 | 452.04<br>284.18<br>445.44<br>372.18 | 652.51<br>430.90<br>652.51<br>430.90 | 15,672<br>20,688<br>37,584<br>37,584 |
| SA | 전 체 | 391.54 | 947.86 | 28,992 |
| 유족수당 | 전 체 | 587.79 | 1,050,68 | 21,120 |

자료: Service Canada, 2009b.

수당의 급여액은 소득수준에 따라 변화한다.

〈표 2-1〉에는 OAS와 공공부조연금들의 일 인당 월 급여액이 제시되어 있다. OAS의 월 최대급여액(40년 이상 캐나다에 거주한 경우에 제공되는 완전연금)은 516.96달러이고, 월평균 급여액은 489.83달러로 커다란 차이가 없다. 대부분의 OAS 수급자들이 완전연금을 수령하고 있는 것이다. 완전연금을 수급하는 부부 가구는 OAS로부터 매월 최대 1,033.92달러의 소득을 얻게 된다.

OAS 급여액을 포함한 총소득이 일정 수준(2009년 66,335달러) 이상인 사람에 대해서는 OAS 급여액이 삭감된다. OAS 수급자 가운데 5% 정도가 이 규정으로 인해 OAS 급여 삭감을 받았으며, 소득수준이 매우 높은(2009년의 107,692달러 이상) 상위 2%는 OAS 급여를 전혀 받지 못했다.(Battle and Tamagno, 2007: 4) 이와 같이 소득기준이 설정되어 있기는 하지만 소득수준이 매우 높은 일부를 제외하고 90% 이상의 노인들에게 동일한 급여를 제공한다는 점에서 OAS는 공공부조라기보다는 보편급여라고 해야 할 것이다.

GIS의 급여액은 수급자의 혼인상의 지위와 가구 소득수준에 따라서 달라진다. 독신인 경우에는 가구소득이 15,672달러 이하라면 최대 월 652.51달러를 받을 수 있다. 만일 OAS 급여 이외에 다른 소득이 없는 독신노인이라면 OAS 급여 516.96달러와 GIS 급여 652.51달러의 합계인 1,169.47달러를 받을 수 있는 것이다.

부부가 OAS 수급자이면서 가구소득이 연 20,688달러 이하일 경우에는 OAS 급여액에 더하여 최대 861.80달러(430.90달러×2명)를 GIS 급여액으로 수급할 수 있다. OAS와 GIS에서 모두 최대급여액을 받는다면 이 부부는 월 1,895.72달러(1,033.92달러+861.80달러) 혹은 연 22,748.64달러를 수급할 수 있다. 배우자가 OAS와 생활수당 등을 받지 않는(즉, 60세 미만인) OAS 수급자는 GIS 급여로 최대 652.51달러를 받을 수 있고, 배우자가 SA를 받는 OAS 수급자는 최대 430.90달러의 GIS 급여를 받을 수 있다. 이 두 경우에 있어서 소득기준은 모두 연 37,584달러이다.

SA는 OAS와 GIS를 수급하는 노인의 60−64세의 배우자에게 제공된다. SA의 최대급여액은 947.86달러이지만 실제의 평균급여액은 월 391.54달러이다. 이는 소득기준이 28,992달러로 다소 높기도 하고, 다른 한편으로는 생활수당의 수급대상이 되는 60−64세의 사람들이 어느 정도의 근로소득이 있기 때문이다. 유족수당은 비교적 소득기준이 낮은 반면에 최대급여액은 1,050.68달러로 가장 크다. 월평균 급여액도 587.79달러로 공공부조연금 가운데서 최고치를 기록하고 있다.

캐나다 노인들의 소득의 26%는 OAS 급여로 충당되며, 특히 여성노인의 경우에는 그 비율이 34%에 달한다. 캐나다 노인 가운데 36%가 GIS를 받고 있으며, 노인 인구의 약 4%인 17만 명에게 있어서는 OAS 급여만이 유일한 소득원이다. 이와 같이 정부가 제공하는 연금

은 캐나다 노인들의 생활 유지에 매우 중요하며, 캐나다 노인들의 낮은 빈곤율에 기여하고 있다.[1)]

OAS와 공공부조연금들은 1월부터 매 3개월마다 물가 상승률을 반영하여 조정된다. OAS는 과세대상인 반면에 공공부조연금들은 비과세 소득이다. 2008년 3월 현재의 수급자 수는 OAS 444만 명, GIS 162만 명, SA 10만 명이었다. 급여액은 OAS 249.9억 달러, GIS 74.1억 달러, SA 5.2억 달러였으며, 정부 예산으로만 지원되는 이들 연금들의 급여총액은 329.2억 달러였다.(HRSDC, 2008b: 153-156)

## 2) 사회보험연금

캐나다의 사회보험연금은 CPP(Canada Pension Plan: 캐나다 국민연금)로 불린다.[2)] 이 프로그램은 1966년 1월부터 시행되었으며, 일정 소득 이상을 버는 18세 이상의 모든 캐나다 시민들에게 강제 적용된다. OAS가 보편급여로서 65세 이상의 모든 노인에게 정액급여를 제공하는 반면에, CPP는 기여금(연금보험료)을 납부한 기간 동안의 평균소득 수준에 따라 달라지는 일종의 소득비례연금이다. CPP의 재정은 순수하게 가입자와 고용주가 납부하는 기여금으로만 충당된다.

CPP는 소득비례연금이기는 하지만 기여금 대상소득의 최저액과 최고액이 설정되어 있다. 즉, 연소득이 최저소득에 미치지 못하는 사

1) 2000년대 중반 현재 캐나다 노인들의 빈곤율은 7%로서 OECD의 평균치 14%의 절반에 불과하다. 반면에, 한국 노인의 빈곤율은 49%로서 OECD 가운데 가장 높다.(Pension at a Glance 2009: 62)

2) 퀘벡은 QPP(Quebec Pension Plan)라는 독자적인 소득비례연금체계를 운영하고 있다. QPP는 기여금이나 급여수준 등이 CPP와 동일하기 때문에 여기서는 캐나다의 소득비례연금으로 CPP만을 다루겠다.

람은 CPP의 가입대상이 될 수 없고, 최고소득 이상의 소득에 대해서는 기여금을 내지 않는 것이다. 최고소득은 YMPE(Yearly Maximum Pensionable Earnings: 연금대상 최고소득)라고 불린다. YMPE는 원래는 그것이 처음 만들어졌을 때의 캐나다 평균임금이었으며 그 후 임금상승률에 연동하여 증가해왔다. 최저소득은 YBE(Year's Basic Exemption: 연기초공제액)라고 하며, 원래는 YMPE의 10% 수준으로 설정되었다가 1998년에 시행된 연금개혁에서 1996년의 수치인 3,500달러로 고정되었다. 2009년 현재 최저소득은 연 3,500달러이고, 최고소득은 연 46,300달러이다.

CPP의 기여금은 YMPE에서 YBE를 뺀 수치인 YMCE(Yearly Maximum Contributory Earnings: 기여대상 최대소득)의 9.90%이며, 피용자의 기여금은 가입자와 고용주가 4.95%씩 부담하고 자영업자의 것은 본인이 전액 부담한다. 2009년에는 YMCE가 42,800달러이기 때문에 최대 기여금은 4,237.2달러이며, YMPE와 YBE 및 YMCE는 매년 공시된다.

참고로, CPP가 1966년 처음 만들어졌을 때 기여금은 YMCE의 3.60%였다. 그 이후 기여금은 1990년의 4.40%에서 1995년 5.40%, 2000년 7.80%로 급속하게 높아지다가 2003년 이후에는 9.90%로 고정되었다. 이것은 1997년의 연금개혁에 의해 CPP의 재정운용방식이 부과식(pay-as-you-go)에서 부분 적립식(partially funded)으로 변경되면서 일정 기간 동안 가입자의 기여금을 크게 늘렸기 때문이다. 기여금은 2030년까지 9.90%로 유지될 예정이다.

CPP의 퇴직연금(노령연금) 급여는 기여금을 1년 이상 납부한 65세 이상의 가입자에게 지급되며, 급여액은 가입자가 낸 기여금에 기초하여 제공된다. 즉, CPP 급여액은 가입자의 소득수준과 기여금 납부기간

〈표 2-2〉 CPP 기여금 관련 지표들 (단위: 캐나다 달러)

| 연 도 | YMPE | YBE | YMCE | 보험료율 | 최대기여금 |
|---|---|---|---|---|---|
| 2009 | 46,300 | 3,500 | 42,820 | 9.90 | 4,237.20 |
| 2008 | 44,900 | 3,500 | 41,400 | 9.90 | 4,098.60 |
| 2007 | 43,700 | 3,500 | 40,200 | 9.90 | 3,979.80 |
| 2006 | 42,100 | 3,500 | 38,600 | 9.90 | 3,821.40 |
| 2005 | 41,100 | 3,500 | 37,600 | 9.90 | 3,722.40 |
| 2000 | 37,600 | 3,500 | 34,100 | 7.80 | 2,373.00 |
| 1995 | 34,900 | 3,400 | 31,500 | 5.40 | 1,701.00 |
| 1990 | 28,900 | 2,800 | 26,100 | 4.40 | 1,148.40 |
| 1985 | 23,400 | 2,300 | 21,100 | 3.60 | 759,00 |

자료: (CRA, 2009) 및 (Service Canada, 2008a)에서 재구성.

에 따라 달라지는 것이다. CPP의 퇴직급여액의 최대치는 기여금을 납부한 기간 동안의 평균 기여대상 소득의 25%이다. 단, 전체 납부기간 가운데서 소득수준이 특히 나빴던 15%의 기간과 7세 미만의 아동을 양육했던 기간은 연금급여 산정에서 제외된다. 만일 근로기간 동안의 소득이 계속해서 기여대상 최대소득을 넘었다면, 퇴직연금 급여액은 근로기간 동안의 기여대상 최대소득의 평균치의 25%가 된다.

퇴직연금의 급여는 65세부터 제공된다. 그렇지만, 가입자의 선택에 따라 연금급여를 최대 5년까지 일찍 혹은 늦게 받을 수도 있다. 조기 퇴직연금을 받으려면 60세 이상으로 더 이상 근로하지 않거나 일정 이하의 소득만이 있어야 한다. 연금급여를 일찍 받으면 65세에 받을 수 있는 연금급여액에서 매월 0.5%씩 삭감된 액수가 지급되고, 연금급여를 늦게 받으면 65세에 받을 수 있는 연금급여액에서 매월 0.5%씩 증액된 액수가 지급된다. 예를 들어서, 64세가 된 달부터 연금급여를 받으면 자신이 65세에 받을 수 있는 연금급여액에서 6%(0.5%×12

개월)가 삭감된 액수가 사망할 때까지 지급되고, 70세가 된 달부터 연금급여를 받으면 자신이 65세에 받을 수 있는 연금급여액에서 30%(0.5%×12개월×5년)가 증액된 급여를 받게 되는 것이다.

CPP에는 퇴직연금 이외에 장애연금과 유족급여가 포함된다. 장애연금은 심각하고 영구적인 장애를 입어 적절한 직업을 가질 수 없는 시민에게 제공된다. 단, 대상자가 연 4,100달러의 근로소득을 얻는 것은 허용된다. 수급자격은 65세 미만으로 장애를 입기 전 6년 동안의 4년 이상 CPP에 YMPE의 10% 이상을 기여금으로 납부한 사람에 한한다. 65세 이상인 사람은 CPP의 퇴직연금을 받도록 되어 있다.

CPP 장애연금의 급여액은 정액부분(2009년 424.43달러)과 가입자의 소득 및 기여금 납부기간에 따라 결정되는 소득비례부분으로 구성된다. 소득비례부분은 가입자가 65세에 받을 퇴직연금 급여액의 75%이다. 장애연금을 받는 부모의 자녀들은 아동급여를 받으며, 부모 모두가 장애연금을 받을 경우, 혹은 부모 중 한 사람은 장애연금을 받고 다른 한 사람은 사망한 경우에는 자녀 일 인당 두 사람분의 아동급여를 받을 수 있다.

유족급여는 CPP의 가입자가 사망했을 때 유족에게 지급되며, 가입자가 3년 이상 기여금을 납부한 것을 조건으로 한다. 유족급여에는 다음의 세 종류가 있다. 우선, 사망급여(death benefit)는 CPP의 가입자가 사망했을 때 그 유족에게 일시금으로 제공된다. 다음에, 유족연금(survivor's pension)은 가입자의 배우자에게 매월 지급된다. 마지막으로, 아동급여(children's benefit)는 가입자의 18세 미만(풀타임 학생일 경우에는 25세 미만)의 자녀에게 매월 제공된다.

정액으로 제공되는 아동급여 이외의 유족급여액은 퇴직연금과 마찬가지로 가입자가 어느 정도의 기여금을 얼마 동안 납부했는가에 달려 있다. 사망급여는 가입자가 65세에 받을 것으로 예상되는 퇴직연금 급여액의 6개월분(2,500달러 한도)이다. 유족연금은 배우자의 연령에 따라 달라진다. 예를 들어서, 배우자가 65세 이상이고 여타의 CPP 급여를 받지 않는다면 유족연금의 급여액은 가입자의 퇴직연금 급여액의 60%이다. 만일 배우자가 45세에서 64세이거나 45세 이하이면서 장애가 있거나 아동을 부양한다면, 유족연금의 급여액은 일정액수의 정액분(2009년 165.6달러)에 가입자의 퇴직연금 급여액의 37.5%를 더한 것이 된다. 배우자가 45세 미만인 경우에는 (45세에서 64세의 유가족이 받는 급여액)−{(45세에서 64세의 유가족이 받는 급여액)×(45세 미달 월수×1/120)}이다.

〈표 2-3〉에는 CPP 급여액들의 현황이 제시되어 있다. 우선, 퇴직연금의 월 최고액은 908.75달러이다. 그렇지만 월평균액은 489.72달러로 최고액과 차이가 크며, 이것은 CPP 퇴직연금의 수급자 가운데서 완전연금을 받는 사람의 비율이 낮다는 것을 의미한다. 장애연금은 최대 월 1,105.99달러, 월평균 798.02달러로 퇴직연금에 비해 많으며, 최대액과 월평균치 간의 차이가 더 좁다. 유족연금은 퇴직연금과 장애연금에 비해 작으며, 최대액에서는 65세 이상인 배우자가 545.25달러로 65세 미만의 배우자에 비해 많지만 월평균액에서는 오히려 더 적었다. 그것은 65세 이상 배우자의 경우 자신의 퇴직연금을 별도로 받기 때문이다.

장애연금의 수급자와 유족연금의 수급자에게 제공되는 아동급여는 일 인당 최대액 213.99달러, 월평균액 208.77달러로 두 수치들 간에 커다란 차이가 없다. 사망급여 역시 최대치와 평균치 간의 차이가 많지 않았다. 한 가구에서 유족연금과 퇴직연금을 동시에 수급할 경우 월 최대치는 908.75달러로서 퇴직연금의 최대치와 같다. 즉, 유족연

〈표 2-3〉 CPP 급여액(2009년) (단위: 캐나다 달러)

| 구 분 | 퇴직연금 (65세) | 장애연금 | 유족연금 (65세 미만) | 유족연금 (65세 이상) | 아동급여 (장애/유족) | 유족/퇴직 연금의 합산액 | 유족/장애 연금의 합산액 | 사망급여 (일시금) |
|---|---|---|---|---|---|---|---|---|
| 월평균 | 489.72 | 798.02 | 358.62 | 292.25 | 208.77 | 696.63 | 937.30 | 2,243.44 |
| 최고액 | 908.75 | 1,105.99 | 506.38 | 545.25 | 213.99 | 908.75 | 1,105.99 | 2,300.00 |

자료: Service Canada, 2009c.

금과 퇴직연금의 합산 최대치는 퇴직연금의 최대치인 것이다. 또한 유족연금과 장애연금의 최대치는 1,105.99달러이며, 이것은 장애연금의 최대치와 일치한다.

〈표 2-3〉에 제시되어 있는 CPP의 급여액들은 사망급여를 제외하면 매년 1월 1일에 지난해 물가 상승률을 완전히 반영하여 조정된다. 물가가 상승했을 때에는 연금급여액을 그 인상분만큼 증액하지만, 물가가 하락했을 때는 급여액을 조정하지 않는다.

2006년 현재 약 1,220만 명이 CPP에 기여금을 납부하였으며, 2007/2008 회계연도의 기여금 총액은 353억 달러였다. 이 기간 동안 CPP의 수급자는 모두 505만 명이었으며 급여총액은 275.4억 달러였다. 이 가운데 358만 명이 퇴직연금을 받았고, 31만 명이 장애연금을 받았으며, 77만 명은 유족연금을 받았다. 수입에서 지출 281.4억 달러(급여 275.4억 달러, 관리운영비 6억 달러)를 빼면 2007/2008 회계연도의 CPP 당기순익은 69.5억 달러의 흑자였다.

수급자 수(505만 명)를 가입자 수(1,220만 명)로 나누면 CPP의 부양률은 0.414가 된다. 이 비율은 다른 서구국가들의 공적연금의 부양률에 비해 크게 낮은 것으로서 캐나다 공적연금의 장기적인 재정 상태는 비교적 양호할 것으로 평가된다. 2008년 8월 현재 CPP의 기금 총액은 1,314.7억 달러로서 CPP 연간급여 총액의 4.77배였다. 1996

년 이후 크게 늘어난 기여금 수입과 적립금에 대한 수익금으로 인해서 CPP의 자산은 지속적으로 증가할 것으로 예상된다.(HRSDC, 2008b: 153; Service Canada, 2009d)

### 3) 민영연금(Private Pensions)[3)]

캐나다 연금체계의 최고 단계는 민영연금이다. 민영연금은 OAS와 CPP 같은 공적연금이 제공하는 퇴직급여를 보충하여 보다 여유 있는 노후생활을 보장하기 위해 도입되었다. 정부의 인준을 받아 운영하는 민영연금들은 공적연금과 마찬가지로 기여금에 대한 세금공제와 투자수익에 대한 세금 면제와 같은 각종 세제혜택이 주어진다. 민영연금에는 크게 두 가지 종류가 있다.

우선, EPP(Employer Pension Plans: 고용주연금플랜)가 있다. 과거에 RRPs(Registered Pension Plan: 공인연금플랜)로 불린 EPP는 고용주가 자신의 종업원을 위해 설정한 것으로서, 기여금은 플랜별로 다르지만 대체로 고용주가 절반 이상을 부담한다. 대기업은 독자적인 EPP를 설정하지만, 중소기업의 경우에는 복수의 고용주들이 연합하여, 혹은 노동조합과의 협조를 통해서 EPP를 운용한다. 종업원은 입사 후 2년 이내에 EPP에 가입하도록 요청되지만 기업에 따라서 EPP 가입은 강제가 아니라 선택이다.

EPP에는 두 가지 형태가 있다. 하나는 확정급여형(defined benefit plan)으로서 미래에 받을 연금급여액(소득대체율)을 미리 확정해 둔 것

3) 이 부분은 (HRSDC, 2007b; McGilly, 1990: 135-138; NUPGE, 2008; OSFI, 2008; Statistics Canada, 2008a; Statistics Canada, 2008b)에 기초하여 서술하였다.

이다. 급여총액은 플랜의 소득대체율, 근무기간, 소득수준에 달려있다. 소득대체율은 플랜에 따라 다르며, 근속 1년당 평균소득의 2%가 최고 한도이다. 2005년 현재 근속 1년당 연금급여액의 최고 한도는 연 1,722달러이고, 한 사람이 받을 수 있는 연금급여액의 최고 한도는 연 64,155달러이다. 확정급여형을 취하는 EPP 가운데 일부는 연금급여액을 CPP의 급여액과 조정한다. 통합플랜이라고 불리는 이러한 EPP는 CPP 급여액의 전액 혹은 상당 부분을 연금급여액에서 삭감한다. 소득대체율로 정해진 연금급여액을 지불하는 것은 고용주의 책임이며, 고용주는 높은 수익을 얻기 위해 적립된 기여금을 적절하게 투자하여야 한다.

다른 하나는 확정기여형(defined contribution plan)으로서 연금기여금(보험료)만 확정되어 있고 연금급여액은 확정되어 있지 않은 것이다. 이 형태에서는 최종적인 연금급여액이 적립금에 대한 투자수익에 따라 달라진다. 현재 기여금은 소득의 18%를 한도로 하며, 금액으로는 2008년 현재 최고 20,000달러로 한정되어 있다. 두 형태 가운데 확정급여형이 지배적이다.

EPP의 퇴직급여는 보통 퇴직연령인 65세부터 지급된다. 그러나 개인의 사정에 따라서 최고 10년 일찍부터 조기퇴직연금을 지급받을 수도 있다. 이 경우 연금급여액은 65세에 받을 급여액에 비해 감액된다. 반대로, 개인의 사정에 따라서 연금급여의 지급을 최고 69세까지 연기할 수도 있다. 이 경우에는 연금급여액은 65세에 받는 급여액에 비해 증액된다. EPP에서 제공되는 연금급여액은 물가에 완전히 혹은 부분적으로 연동되어 있는 경우도 있지만, 많은 경우 물가인상분을 전혀 반영하지 않는다.

종업원이 고용주가 설립한 EPP에 2년 이상 가입하면 EPP의 연금급여를 받을 자격이 생긴다. 정년 전에 직장을 옮길 경우에는 자신의 기여금과 그에 대한 수익금을 그대로 두었다가 정년이 되어 연금급여를 받거나, 자신의 기여금과 그에 대한 수익금을 새로운 직장의 EPP나 다른 형태의 민영연금으로 옮길 수 있다.

민영연금의 두 번째 형태는 RRSPs(Registered Retirement Savings Plans: 공인 퇴직저축플랜)이다. RRSPs는 EPP에 가입하지 않았거나 EPP에 가입했더라도 보다 많은 노후소득을 원하는 사람들을 대상으로 하며, 개인저축과 비슷한 형태이다. 일반적인 개인저축과 다른 점은 RRSPs의 경우 EPP와 마찬가지로 각종 세제혜택을 받으며, 기여금 한도액이 설정되어 있다는 것이다. RRSPs는 은행, 보험회사, 상호신용금고, 신탁회사 등 다양한 금융기관을 통해 가입할 수 있으며, 기여금 운용은 본인이 직접 하거나 가입한 금융기관에 위탁하거나 할 수 있다.

개인이 RRSPs에 납부할 수 있는 최대 기여금은 전년도 소득의 18%, 혹은 2008년 현재 20,000달러이다. EPP 가입자의 경우에는 기여금 한도액이 줄어든다. 만일 특정 연도에 기여금 한도액만큼 기여금을 내지 않았다면 그 차액은 미래의 원하는 연도에 자신의 기여금 한도액을 늘리는 데 사용할 수 있다.

RRSPs의 급여액은 퇴직할 때까지 납부한 기여금과 적립금에 대한 투자수익에 의해 결정된다. RRSPs는 노후소득을 제공하는 것을 목표로 하지만, 가입자의 필요에 따라 언제든지 인출이 가능하다. 다만 이 경우 인출된 금액에 대해서는 세금이 부과된다. 가입자는 69세까지 RRSP에 기여금을 납부할 수 있으며, 이 연령에 이르기까지 언제든지 자신의 계좌에 있는 적립금을 RRIF(Registered Retirement Income Fund: 공인 퇴직소득펀드)로 전환하거나 일시금으로 인출할 수 있다.

2008년 2분기 현재 EPP의 가입자는 피고용자의 38%인 560만 명이며, 이 수치는 1977년의 46% 및 1991년의 45%에 비해 크게 감소한 것이다. EPP의 연간기여금은 228억 달러였으며, 기금은 모두 9,589억 달러였다. RRSPs의 가입자는 2007년 말 현재 630만 명이었으며, 기여금은 341억 달러였다.

2003년 말 현재 캐나다의 공적연금과 민영연금들의 자산은 모두 1조 3천억 달러에 이른다. 이 수치는 물가 상승률을 감안하더라도 1990년에 비해 두 배 증가한 것이다. 이 가운데 약 63%는 EPP의 것이고 30%는 RRSP의 것이며, 나머지 6%는 공적연금(CPP)의 것이다. 공적연금의 비율이 이같이 낮은 이유는 민영연금들은 설립 당시부터 완전 적립식으로 운용되었던 반면에 CPP는 최근에 들어서야 부분 적립식으로 전환되었기 때문이다.

## 2. 노동보험

일반적으로 주로 근로자들을 대상으로 하는 사회보장 프로그램을 노동보험이라고 하며, 여기에는 실업보험과 산재보험이 포함된다. 캐나다에서는 실업보험이 고용보험으로 불리며 연방정부에서 관리한다. 이에 반하여 캐나다에서 가장 먼저 도입된 사회보장 프로그램인 산재보험은 주정부가 독자적으로 운영한다.

### 1) 고용보험(Employment Insurance)

#### (1) 연혁[4)]

캐나다에서는 1930년대 초 세계대공황기에 연방정부가 실업보험을 도입하려고 시도했으나 실패로 끝났고, 1935년에는 고용 및 사회보험법안(The Employment and Social Insurance Act)이 통과되었으나 사회보험의 창설과 운영은 연방정부의 고유권한이 아니라는 법원의 판결에 따라 실업보험의 도입이 유예되었다. 결국, 1940년이 되어서야 실업보험법안(Unemployment Insurance Act)이 통과되었고 1941년부터 실업보험이 시행되었다.

초기의 실업보험은 사회보험의 원칙에 따라 저소득 실업자에게 보다 많은 급여를 제공하기는 했지만 재정문제로 인해서 주로 제조업과 상업에 종사하는 도시 근로자를 대상으로 하였고, 공공서비스 등 실업의 위험이 낮거나 계절 산업 등 실업이 반복되는 산업들은 적용대상에서 제외하였다. 그 결과 전체 노동인구 가운데 절반 이하만이 적용대상이 되었다. 이후 적용대상이 점차 확대되었으며, 1971년의 개혁을 통해 공공부문 근로자, 계절 근로자, 주당 근무시간 20시간 이상인 근로자 등 실제로 모든 노동인구를 포괄하게 되었다. 또한, 급여수준과 수급기간도 크게 향상되었고, 실업급여 이외에 모성급여, 부모급여, 질병급여가 새롭게 도입되었다.

1970년대 중반에는 세계경제불황의 여파로 실업이 급증하였다. 이에 따라서 실업보험의 급여수준이 하향 조정되고, 수급자격이 강화되

---

4) 이 부분에 대한 서술은 (Clark, 1998: 47-49; McGilly, 1990: 81-85; Service Canada, 2009e)에 기초하였다.

었으며, 근로동기 향상을 위한 몇 가지 조치들이 도입되었다. 실업보험의 가입 연령도 과거의 최고 70세에서 65세로 낮아졌다. 이러한 실업보험의 축소 조치는 그 후로도 계속되어 1990년에는 실업보험에 대한 연방정부의 재정 지원이 중단되었고, 수급 대기기간이 연장되었으며, 수급기간이 단축되었다. 1996년에는 실업보험이 고용보험(Employment Insurance)으로 대체되어 실업급여의 제공만이 아니라 고용의 유지 및 창출을 지원하는 제도로 변경되었다.

### (2) 급여[5)]

고용보험은 크게 소득급여(income benefits)와 고용급여 및 지원책(Employment Benefits and Support Measures)의 두 부분으로 구성된다. 전자는 일반급여인 실업급여와 모성급여, 부모급여, 질병급여를 포함하고, 후자는 취업에 필요한 기술 및 직업훈련, 구직 서비스, 특정 계층 임금보조금 지급, 자영업 창업지원 등의 내용을 담고 있다. 이하에서는 소득급여를 중심으로 캐나다 고용보험에 대해 소개하겠다.

고용보험의 급여대상은 다음과 같은 조건을 충족하는 실직자이다. 첫째, 비자발적 실업자여야 한다. 둘째, 연속 7일간 실직 상태에 있었어야 한다. 셋째, 실직 직전의 52주 동안 고용보험 가입 사업장에서 일정 기간 이상 근로해야 한다. 이것을 수급자격 기간(qualifying period)이라고 하는데, 대체로 연간 420-700시간으로 설정되어 있다. 수급자격 기간은 실직자가 거주하는 지역의 실업률에 따라 상이한데, 실업률이 13.1% 이상일 경우에는 최단시간인 420시간이고, 0-6%일

5) 이 부분은 (McGilly, 1990: 72-78; Service Canada, 2009e)에 기초하여 서술하였다.

경우에는 최장시간인 700시간이다. 단, 지역에 관계없이 신규 근로자이거나 2년 이상 근로하지 않고 재취업한 경우에는 수급자격 기간이 910시간 이상이다.

고용보험의 소득급여에는 다음과 같은 형태가 있다. 우선, 실업급여인 일반급여(regular benefit)가 있다. 일반급여는 지원자가 거주하는 지역의 실업률과 수급자격 기간 동안의 근로시간에 따라 14주에서 45주까지 지급되며, 수급자의 개인 사정에 따라 최대 104주까지 연장할 수 있다(단, 실제 수급할 수 있는 기간은 최대 45주). 급여수준은 근로기간 평균소득의 55%이고, 최고액은 2009년 현재 주당 447달러로 제한되어있다. 일반급여의 수급자는 수급기간 동안 주당 75달러 혹은 주당 실업급여의 40%까지의 소득을 실업급여의 삭감 없이 획득할 수 있다.

일반급여에는 이상과 같은 기초급여 이외에 가족보충급여(Family Supplement)가 포함되어 있는데, 이것은 순소득이 연간 25,921달러 이하이고 아동급여(CCTB)를 수급하는 저소득 근로자에게 제공된다. 대상자의 순소득이 20,921달러 이하일 경우에는 기초급여 55%에 더하여 가족보충급여로 25%가 더 주어지며, 소득이 많아질수록 가족보충급여의 소득대체율은 줄어든다.

다음에, 부가급여 성격의 모성급여(maternity benefit)와 부모급여(parent benefit) 및 질병급여(sickness benefit)가 있다. 이 세 급여는 근로자가 출산이나 양육, 혹은 질병으로 인해서 주당 소득이 40% 이상 감소하고 수급자격 기간 동안 최소한 600시간 근무했을 때 주어진다. 이 세 급여의 소득대체율은 일반급여와 마찬가지로 근로기간 평균소득의 55%이다. 이상의 세 급여와 일반급여를 합쳐서 동일한 근로자에게 지급되는 소득급여는 최대 50주로 한정되어 있다.

모성급여는 출산 여성근로자에게 최대 15주까지 지급되며, 출산 전 8주부터 출산 후 17주 사이에 수급할 수 있다. 부모급여는 출산(혹은 입양)아동의 양육을 위해 출산(입양) 후 52주까지의 기간 동안 최대 35주 지급되며, 부모 중 어느 한 쪽이나 양자 모두에게 지급될 수 있다. 질병급여는 질병이나 상해로 인해 일할 수 없는 근로자에게 최대 15주 동안 지급된다. 모성급여와 질병급여의 경우에는 소득이 있는 만큼 급여액이 삭감되지만, 부모급여의 경우에는 일반급여와 마찬가지로 급여액의 삭감 없이 일정 정도의 소득을 획득할 수 있다.

마지막으로, 소득급여에는 특별배려요양급여(compassionate care benefit)가 포함된다. 이 급여는 아프거나 쇠약하여 사망할 가능성이 있는 가족을 돌보고자 하는 근로자를 대상으로 신청 후 26주 동안 최대 6주간 지급된다. 수급조건과 급여수준은 모성급여 등과 동일하며, 동일 인물에 대해 그 가족들이 분할해서 사용할 수 있다. 특별배려요양급여가 제공되는 가족의 범주에는 부모, 형제(배우자 포함), 조부모, 조손 및 그 배우자, 삼촌 및 조카(배우자 포함), 배우자, 배우자의 부모 및 형제, 과거 및 현재의 후견인 등이 포함된다.

### (3) 보험료와 재정[6)]

고용보험의 가입자는 2005년 말 현재 1,680만 명이며, 급여지급 건수는 2006/2007 회계연도에 180만 건이었다. 이 수치는 전년도에 비해 5만 명(2.7%) 감소한 것이다. 지급된 소득급여액은 모두 123.9억 달러였으며, 이 가운데 실업급여로 80.7억 달러(65.1%), 부모급여로

6) 이 부분에 대한 서술은 (McGilly, 1990: 78-80; HRSDC, 2009a; HRSDC, 2008a; HRSDC, 2008b: 152; Service Canada, 2009b)에 기초하였다.

19.6억 달러(15.8%), 모성급여로 7.7억 달러(6.2%), 그리고 질병급여로 9.2억 달러(7.4%)가 지출되었다. 전국적으로 볼 때 고용보험 수급자 일 인당 평균급여액은 주당 333달러였으며, 주별로는 매니토바가 319달러로 최저였고 앨버타가 353달러로 최고였다.

고용보험료는 매년 정부에 의해 고시되는데, 2009년 1월 현재 근로자의 고용보험료는 2008년과 동일하게 1.73%이고 퀘벡에서는 1.38%이다. 고용주의 분담금은 근로자 부담분의 1.4배인 2.42%이다. 결국, 퀘벡을 제외한 다른 주의 고용보험료율은 근로자 부담분과 고용주 분담금을 합쳐 4.15%가 된다. 캐나다의 고용보험료율은 꾸준히 낮아져왔다. 예를 들어서, 1994년의 고용보험료율은 7.37%(근로자 3.07%, 고용주 4.3%)이었던 것이다. 고용보험료율은 보험대상 최고소득(Maximum Insurable Earings: MIE) 이내의 소득에 대해서만 적용되며, 2009년 현재 MIE는 42,300달러이다. 여기에 고용보험료율을 곱하면 고용보험의 최대기여금은 731.79달러가 된다.

고용보험의 2007/2008년 지출액은 모두 160.6억 달러였으며, 이 가운데 142.9억 달러는 급여에 사용되었고 26.5억 달러는 관리운영비였다. 급여 142.9억 달러 가운데 122.0억 달러는 소득급여에, 그리고 21억 달러는 고용급여 및 지원책에 지출되었다. 이 기간 동안 고용보험료 수입은 169.4억 달러로서 당기 9억 달러의 흑자를 기록했으며, 2008년 3월 말 현재 고용보험의 적립금은 570억 달러이다.

## 2) 산재보험

### (1) 특징과 연혁

연방정부에 의해 운영되는 고용보험과는 달리 산재보험은 주정부에 의해 운영된다. 10개에 달하는 캐나다의 각 주들은 독자적으로 산재보험을 운영하기 때문에 산재보험료율이나 산재급여의 수준 등은 주마다 차이가 있다. 다만 모든 주에서 농업 등의 소규모 자영업은 적용대상이 아니며, 이 부문의 근로자들은 임의 가입대상이다. 각 주에는 WCB(Workers' Compensation Board)가 설치되어 산재보험을 관리한다.

산재보험은 1909년에 퀘벡에서 처음 도입되었는데, 이것은 사회보험으로서는 캐나다 최초의 것이었다. 이후 1930년까지 대부분의 주에서 산재보험을 도입하였다. 다만, 프린스 에드워드 아일랜드와 뉴펀들랜드는 각각 1949년과 1950년에 산재보험을 시행하였다.(Clark, 1998: 61-63; McGilly, 1990: 107-111)

### (2) 급여와 보험료

〈표 2-4〉에는 캐나다 10개 주(3개의 준주 가운데 누나붓과 유콘에도 산재보험이 있지만 규모가 매우 작기 때문에 여기서는 제외)의 산재급여와 산재보험료 관련 지표들이 제시되어 있다. 산재급여의 소득대체율은 일반적으로 산재발생 직전의 순소득 대비 90%이지만, 뉴펀들랜드는 80%, 온타리오는 85%의 소득대체율을 보이고 있다. 또한 노바스코샤는 첫 26주간은 이전 순소득의 75%를 제공하다가 그 후에는 85%

〈표 2-4〉 산재보험의 급여와 보험료(2008년)

| 주 | 소득대체율(%) | 보험대상 최고소득(달러) | 산재보험료(%) |
|---|---|---|---|
| 앨버타 | 90 | 68,500 | 1.32 |
| BC | 90 | 66,500 | 1.56 |
| 매니토바 | 90 | 제한 없음 | 1.60 |
| 뉴브런즈윅 | 85 | 54,200 | 2.05 |
| 뉴펀들랜드 | 80 | 49,295 | 2.75 |
| 노바스코샤 | 75(첫 26주), 85 | 48,400 | 2.65 |
| 온타리오 | 85 | 73,300 | 2.26 |
| PEI | 80(첫 38주), 85 | 45,400 | 2.15 |
| 퀘 벡 | 90 | 60,500 | 2.14 |
| 서스캐처원 | 90 | 55,000 | 1.69 |

주) BC-브리티시 콜롬비아, PEI-프린스 에드워드 아일랜드.
자료: AWCBC, 2009; AWCBC, 2008a.

를 제공하고, 프린스 에드워드 아일랜드는 첫 38주간은 80%를 지급하고 이후부터는 85%를 지급한다.

고용보험과 마찬가지로 산재보험도 보험대상 최고소득이 설정되어 있다. 다만, 고용보험이 연방정부에 의해 운영되기 때문에 보험대상 최고소득이 전국적으로 동일한 데 반해서, 산재보험은 보험대상 최고소득이 주마다 다르게 설정되어 있다. 단, 매니토바의 경우에는 보험대상 최고소득이 설정되어 있지 않다. 보험대상 최고소득은 온타리오에서 73,300달러로 가장 높고, PEI가 45,400달러로 가장 낮다. 상위 3개 주인 온타리오, 앨버타, 브리티시 콜롬비아는 캐나다에서 가장 부유한 주로 손꼽힌다.

산재보험료는 회계연도 시작할 때 과거의 기록을 바탕으로 잠정적으로 정해 놓았다가 일 년이 지난 후 정산한다. 〈표 2-4〉에는 2008년 3월의 잠정 산재보험료가 제시되어 있다. 뉴펀들랜드가 2.75%로 가장 높고 노바스코샤가 2.65%로 그 다음을 이었다. 이에 반해서 앨버타와 브리티시 콜롬비아는 각각 1.32% 및 1.56%로 가장 낮았다.

### (3) 재정

〈표 2-5〉에는 각 주별 가입자 및 수입 지출 현황이 제시되어 있다. 여기에서 보듯이 뉴펀들랜드는 근로자 22만 명 가운데 97.0%, PEI는 근로자 7만 명 가운데 96.2%, 그리고 뉴브런즈윅은 근로자 22만 명 가운데 93.9%가 산재보험에 가입해 있었다. 이에 반해서 659만 명으로 근로자 수가 가장 많은 온타리오는 72.6%로 가입률이 가장 낮은 집단에 속했다. 근로자 규모가 작은 노바스코샤와 서스캐처원은 가입률이 70%대로 낮고, 근로자 규모가 큰 퀘벡이나 BC의 가입률이 90% 이상을 보이고 있다는 점에서 가입률의 차이는 근로자 규모가 아닌 다른 요인에 따른 것이다.

산재사고 접수 건수는 전국적으로 97만 3천여 건이었지만 산재보상 건수는 31만 7,524건이었다. 퀘벡은 산재보상건수가 87,186건으로 전국에서 가장 많았고 그 뒤를 이어 온타리오(80,863건), 브리티시 콜롬비아(63,718건)의 순이었다. 퀘벡은 산재사고율이 2.43%(산재보상 87,186건/산재보험 가입근로자 359만 명)로 높은 편이었고, 브리티시 콜롬비아도 3.06%로 매우 높았다. 반면에, 온타리오는 1.53%로 프린스 에드워드 아일랜드(1.37%)와 함께 가장 낮았고, 캐나다 전국적으로는 산재사고율이 2.26%인 것으로 조사되었다.

2007년 한 해 동안 산재보험은 전국적으로 모두 101.28억 달러가 지출되었다. 이 가운데 68.88억 달러는 산재급여에 쓰였고, 19.34억 달러는 의료 및 재활서비스에 사용되었다. 관리운영비는 13.06억 달

〈표 2-5〉 산재보험의 수입 및 지출 현황(2007년) (단위: 억 달러)

| 주 | 가입률(근로자 수) | 산재보상건수 | 수입보험료 | 지 출 | | |
|---|---|---|---|---|---|---|
| | | | | 급여 | 의료/재활 | 운영비 |
| 앨버타 | 89.7%(196만) | 35,082 | 9.7 | 5.43 | 2.46 | 1.42 |
| BC | 93.1%(227만) | 63,718 | 10.8 | 9.33 | 2.83 | 2.24 |
| 매니토바 | 69.5%(60만) | 17,318 | 2.2 | 1.49 | 0.42 | 0.41 |
| 뉴브런즈윅 | 93.9%(36만) | 4,480 | 1.9 | 1.05 | 0.32 | 0.20 |
| 뉴펀들랜드 | 97.0%(22만) | 4,365 | 1.4 | 1.11 | 0.32 | 0.23 |
| 노바스코샤 | 72.6%(45만) | 8,289 | 2.5 | 2.04 | 0.59 | 0.32 |
| 온타리오 | 72.6%(659만) | 80,863 | 35.2 | 29.03 | 7.47 | 4.77 |
| PEI | 96.2%(7만) | 870 | 0.3 | 0.16 | 0.04 | 0.05 |
| 퀘 벡 | 93.3%(385만) | 87,186 | n.a. | 17.18 | 4.24 | 2.83 |
| 서스캐처원 | 74.1%(50만) | 13,856 | 2.4 | 1.70 | 0.56 | 0.34 |
| 전 국 | - | 317,524 | 67.2 | 68.88 | 19.34 | 13.06 |

주) 퀘벡의 가입률은 2006년 자료.
자료: AWCBC, 2008b, 2008c.

러로 급여 대비 15%에 달했다. 다른 사회보험에 비해 산재보험의 관리운영비가 더 많이 드는 것은 사실이지만, 캐나다 산재보험의 관리운영비 비율은 다른 나라에 비해서도 다소 높은 편에 속한다.

산재보험의 보험료는 전국적으로 67.2억 달러가 걷혔는데, 자료가 제시되지 않은 퀘벡의 수입보험료를 더하면 90억 달러가 넘을 것으로 추산된다. 그렇다고 하더라도 여전히 산재보험은 수입에 비해 지출이 더 많다. 앨버타와 몇몇 소규모 주를 뺀 모든 주들이 당기수지 적자를 보이고 있는 것이다. 온타리오는 수입 35.2억 달러와 지출 41.3억 달러로 6.1억 달러의 적자를 기록했고, 브리티시 콜롬비아도 수입 10.8억 달러와 지출 14.4억 달러로 3.6억 달러의 적자를 보였다. 이로 인해 앞으로 산재보험료가 높아질 수도 있을 것이다.

## 3. 사회부조와 아동급여

### 1) 사회부조(Social Assistance)[7)]

캐나다에서 체계적이고 포괄적인 사회부조 프로그램이 정착한 것은 1966년의 일이다. 연방정부에 의해 도입된 CAP(Canada Assistance Plan: 캐나다 부조플랜)은 기존의 사회부조 프로그램들을 하나의 포괄적인 틀 속으로 통합시켰고, 빈곤의 원인에 관계없이 일정 소득 이하 저소득층의 생계보장을 목적으로 하였다. CAP는 연방정부의 재정분담에 기초하여 주정부가 운영하였다.

1970년대의 세계경제불황으로 인해 실업자가 늘어나면서 CAP 수급자는 1980년대 초반 인구의 6%에서 1990년대 초반에는 10%로 증가하였고, 생활향상에 따라 CAP 급여수준도 높아지게 되었다. CAP 지출액이 2배 이상 급증하는 상황에서 연방정부는 1990년부터 CAP 상한액을 도입하였다. 이 조치에 따라 가장 부유한 세 주(온타리오, 앨버타, 브리티시 콜롬비아)에 대한 연방정부의 CAP 지원금의 증가비율이 연 5%로 제한되었고, 그 결과 이들 주에서는 연방정부의 지원금이 CAP 전체비용의 50%를 크게 밑돌게 되었다.

캐나다 사회부조체계는 1996년에 커다란 변화를 겪었다. 연방정부가 CAP와 EPF(Established Programs Financing: 의료 및 고등교육에 대한 연방지원금)를 통합하여 CHST(Canada Health and Social Transfer: 캐나다 의료 및 사회 이전)를 만든 것이다. CHST에서는 CAP의 세 가지 기준

---

7) 이 부분에 대한 서술은 (Clark, 1998: 23-46; McGilly, 1990: 148-183; HRSDC, 2009; NCW, 2008)에 기초하였다.

들 가운데 이동권 보장만이 유지되었고, CAP의 비용분담 대신에 포괄적 교부금(block funding)이 채택되었으며, 공공부조 급여 가운데 현금비중이 크게 축소되었다.

2004년에는 CHST가 CHT(Canada Health Transfer)와 CST(Canada Social Transfer)로 분리되었다. 사회부조는 CST에 속하며, 현재 캐나다 사회부조체계의 핵심은 CST이다. CST의 운영은 주정부가 맡고 있으며, 연방정부는 CST의 운영을 위해 재정 지원을 하고 있다. 사회부조를 주정부가 운영하기 때문에 캐나다에는 13개의 사회부조제도(10개 주와 3개 준주)가 존재한다고 할 수 있다. 주에 따라서는 사회부조 프로그램별로 주정부와 지방자치단체가 운영을 맡지만, 온타리오의 경우에는 모든 사회부조 프로그램을 지방자치단체가 전담한다.

각 주별로 수급자격이나 급여수준이 상이하기는 하지만 몇 가지 공통점이 있기도 하다. 우선, 수급연령은 대체로 18세에서 65세 사이로 규정되어 있다. 또한 수급대상자의 범주가 노인, 장애인, 한부모가정, 실업자의 네 부분으로 구분되어 있고, 근로할 여건을 지닌 지원자에 대해서는 직업훈련, 상담, 구직, 지역서비스 활동 등에 종사하는 것을 전제로 해서 사회부조 급여를 제공한다. 특히, 근로능력이 있는 실업자에 대한 규제가 상대적으로 까다로운데, 보통 일정 정도의 대기기간이 존재하고(온타리오에서는 3개월), 앨버타에서는 실업자에게 사회부조 급여를 제공하지 않는다.

사회부조는 그 특성상 자산조사 과정을 거치게 되는데, 캐나다의 모든 주에서는 주거지와 개인차량, 그리고 사업이나 취업과 관련하여 필수적인 재산과 장비들은 심사대상에서 제외된다. 최근으로 올수록 자산면제 기준이 점차 엄격해지는 추세이며, 투자 및 저축과 같은 금융자산에 대해서는 특히 더 까다로워지고 있다. 2007년 현재 4인 가구를 기준으로 할 때 현금, 예금, 주식, 채권 등의 유동자산의 면제액은 온타리오 2,084달러, 브리티시 콜롬비아 2,500달러, 서스캐처원 4,000달러, 노바스코샤 1,000달러, 퀘벡 2,969달러 등이다. 지원자가 이 기준 이상의 유동자산을 보유할 경우에는 수급자격이 주어지지 않는다. 참고로, 소득기준에는 각종 형태의 공공부조를 뺀 모든 급여(시장소득, 연금, 실업급여, 산재급여 등)가 포함된다.

사회부조는 크게 보아 기초부조(basic assistance)와 부가부조(special assistance)로 구성된다. 기초부조는 식품, 의류, 주거에 필요한 생계비용을 충당한다. 부가부조는 교통수당, 아동양육, 의약품 및 비급여 의료서비스, 장애인 부가급여, 계절적 급여(겨울의복, 학용품) 등을 지원한다. 사회부조 급여액은 가구원 수, 아동의 연령, 수급자의 취업가능성 등에 따라 차이가 있다.

이와 함께, 2007년부터 캐나다에는 WITB(Working Income Tax Benefit: 근로장려급여)가 시행되고 있다. 저소득 가구의 노동시장 참여를 장려하기 위해 만들어진 이 제도는 1인 단독가구일 경우 소득수준에 따라 최대 5,550달러에서 9,681달러를, 그리고, 4인가족의 경우에는 최대 8,095달러에서 14,776달러를 제공한다. WITB 급여는 소득이 높아질수록 줄어들어 4인가족의 경우 가구순소득이 14,776달러가 되면 소멸된다.

### 2) 아동급여(Child Benefits)[8)]

캐나다에서 아동부양을 위한 세금공제가 실시된 것은 1919년이었

---

8) 이 부분은 (Clark, 1998; HRSDC, 2008b; NCW, 2008)을 참조하여 서술하였다.

다. 1920년대에는 아동부양 가족에 대한 직접적인 소득지원에 대한 사회적 논의가 활발했고, 1940년대 초반에는 가족수당이 이슈화되기도 했다. 결국, 1945년에 연방정부는 보편주의에 기초한 가족수당을 도입하여 모든 아동부양 가족에게 일정 금액을 지급하게 되었다.

가족수당은 캐나다 복지국가의 새로운 지주라는 평가를 받았고 대중의 광범한 지지를 받기도 했지만 연방정부에 대해 막대한 재정압박을 가한다는 문제가 있었다. 1972년에는 가족수당을 저소득층 및 중산층 가족만을 대상으로 하는 소득심사 프로그램으로 변경하려는 연방정부의 시도가 있었지만 대중의 반대로 무산된 바 있었다. 그러나 캐나다 경제가 깊은 불황에 빠지면서 1989년에 연방정부는 가족수당에 대한 독자적인 세금을 부과하여 고소득 가족의 가족수당을 전액 회수하게 되었고, 이로 인해 가족수당의 보편주의는 부분적으로나마 훼손되었다.

1993년에는 가족수당과 각종 형태의 아동세금크레딧(child tax credit)들이 소득심사에 근거한 CTB(Child Tax Benefit: 아동세금급여)로 대체되었다. CTB는 18세 미만 아동의 일차 부양자(주로 아동과 동거하는 어머니)에게 매월 지급되며, 국세청(Revenue Canada)에서 급여전달을 담당하였다. 1997년을 기준으로 할 때 연 소득 25,921달러 이하인 가족에게 최고액이 지급되며, 소득이 높아질수록 점차 감소하여 66,721달러가 되면 급여가 소멸되었다. 최고액은 아동 일 인당 월 85달러(연 1,020달러)였으며, 셋째 이후에는 일 인당 월 6달러가 추가되었다. 이와 함께 WIS(Working Income Supplement, 근로소득보조)도 도입하였는데, 이 프로그램은 신생아가 있는 저소득 근로자를 대상으로 하였다. WIS 최고액은 연소득 10,000－20,921달러 가구에 대해 첫째 자녀 월 50달러(연 605달러), 둘째 자녀 34달러(연 405달러), 이후 자녀들

1인당 28달러(연 330달러)였다. 연 소득 3,750달러 이하 가구와 25,921달러 이상 가구는 WIS를 받을 수 없었다.

1998년에는 아동급여체계가 다시 한 번 커다란 변화를 겪는다. 연방정부는 CTB와 WIS를 통합하여 CCTB(Canada Child Tax Benefit: 캐나다 아동세금급여)를 만들었는데, 이 프로그램에 따라서 연방정부는 18세 미만의 아동을 부양하는 중산층 이하의 가족에게 기초급여를 제공하고, 주정부는 보충급여를 제공하게 되었다(단, 퀘벡은 연방정부와는 별도의 독자적인 아동급여시스템을 도입). 이 프로그램이 처음 만들어진 1998년의 경우 연소득 20,921달러 이하의 가구에게 CCTB 기초급여의 최고액이 지급되었는데, 그 액수는 아동 1인 가족 1,625달러, 아동 2인 가족 3,050달러, 아동 3인 가족 4,475달러, 아동 4인 가족 5,900달러 등이었다. 2007년 7월 현재 가구순소득이 37,178달러 이하일 경우 CCTB 기초급여의 최고액이 지급되며, 소득증가에 따라 기초급여가 감소하여 101,328달러가 되면 소멸된다.

CCTB와 함께 NCBS(National Child Benefit Supplement: 국가아동급여보조)도 도입되었다. 이 급여는 부모 중 한 명 이상이 노동시장에 참여하는 저소득 가구에 대해 부가적인 아동급여를 제공한다. 대부분의 주정부는 NCBS와 CCTB의 기초급여를 받는 가구의 공공부조급여를 그 액수만큼 전액 삭감한다. 1998년 현재 NCBS의 최고액은 가구순소득이 20,883달러 이하일 경우 지급되며, 소득한도는 37,178달러였다.

캐나다 아동급여의 마지막 형태는 UCCB(Universal Child Care Benefit: 보편 아동부양급여)이다. 2006년 7월에 도입된 이 프로그램은 기존의 CCTB의 일부급여(7세 미만 아동에 대한 보충급여)를 대체하는 것으로서 가족의 소득과 관계없이 6세 이하 아동에게 매월 일정액을 지급한다. 2009년 현재 UCCB는 매월 1인당 100달러로 되어 있다. UCCB는

가족 중 소득이 가장 낮은 사람의 소득으로 간주되어 과세된다.[9)]

이상과 같은 연방정부 제공의 아동급여 이외에 주정부가 제공하는 아동급여도 있다. 현재 6개 주에서 자체적인 사회부조와는 별도로 아동급여를 제공한다. 주정부 아동급여(Provincial and Territorial Child Benefits)는 주정부가 재정을 부담하기는 하지만, 연방정부가 주정부를 대신해서 관리하며 CCTB에 포함되어 지급된다.

뉴펀들랜드는 1999년에 아동급여를 도입했으며, 그 최고액은 2006년 7월 현재 월 21.41달러(둘째 자녀 27.91달러)이다. 노바스코샤는 1988년 7월에 도입된 아동급여 프로그램을 통해 월 37.08달러(두 명일 경우 53.75달러)를 지급한다. 퀘벡은 2005년 1월에 기존의 가족수당, 부양아동세금환급, 가족조세감면 등을 대체하는 아동급여를 도입하였으며, 그 최고액은 아동 1인 가구 월 170.75달러, 아동 2인 가구 월 261.33달러이다. 온타리오는 2007년 7월부터 온타리오 아동급여 프로그램을 시행하였으며, 순소득 2만 달러 이하인 가구에 대해 18세 이하 아동 1인당 연 250달러를 지급한다. 순소득 2만 달러가 넘는 가구에 대해서는 아동급여 최대액에서 2만 달러를 넘는 액수의 3.4%만큼 삭감하여 지급한다.

### 3) 사회부조와 아동급여 현황

캐나다의 사회부조는 연방정부의 재정 지원을 받아 주정부가 운영

9) 2000년대 동안 캐나다 사회에서는 공공보육시설을 대폭적으로 확대해야 한다는 논의가 활발했었다. 2006년에 출범한 보수당 정부는 비용이 많이 드는 공공보육시설보다는 연간 1,200달러의 양육비 보조를 선호하였다. 이에 대해서, UCCB는 기혼여성의 취업 장려가 아니라 가사노동의 전담을 장려하는 사회적 보수주의의 산물이라는 비판이 있다.(Valiani, 2007: 8)

하는 프로그램들과 주정부가 독자적으로 운영하는 프로그램으로 나뉜다. 아동급여는 연방정부가 운영하는 CCTB와 UCCB를 중심으로 각 주정부가 독자적으로 운영하는 프로그램들로 구성된다. 주정부가 제공하는 아동급여 프로그램은 주로 저소득층을 대상으로 하기 때문에 공공부조에 속한다. 반면에, 연방정부가 운영하는 아동급여는 UCCB와 같은 보편적 프로그램은 물론이고 CCTB도 중산층까지 포괄하고 있기 때문에 전통적 의미의 공공부조 프로그램과는 거리가 있다. 그럼에도 불구하고 연방정부가 운영하는 아동급여는 소득심사 과정을 거치고 소득이 많아질수록 급여가 줄어들도록 설계되어 있다는 점에서 공공부조의 일부로 간주된다.

〈표 2-6〉에는 캐나다 10개 주 가운데 대표적인 3개 주(온타리오, 브리티시 콜롬비아, 퀘벡)와 공공부조 급여수준이 가장 낮은 주(뉴브런즈윅) 및 가장 높은 주(서스캐처원)의 2007년도 공공부조 급여액 추정치(최고액 기준)가 제시되어 있다. 사회부조와 아동급여를 합친 공공부조 급여총액(표의 제일 마지막 칸)은 서스캐처원이 단신 취업가능자 가구 9,105달러, 부부 가구 22,544달러로 가장 많았고, 뉴브런즈윅은 각각 3,574달러 및 18,849달러로 가장 적었다. 장애인 가구는 온타리오가 12,382달러로 가장 많았고, 한부모 가구는 퀘벡이 17,068달러로 가장 많았다.

가구형태별로 볼 때, 공공부조 급여총액은 어느 주에서나 단신취업가능 가구가 가장 적고, 장애인 가구, 아동 1인을 부양하는 한부모 가구, 아동 2인을 부양하는 부부 가구의 순으로 많아진다. 사회부조 기초급여도 공공부조 급여총액과 비슷한 양상을 보이지만 퀘벡의 경우에는 장애인 가구의 급여액이 한부모 가구의 급여액보다 많다는 특징을 지닌다.

〈표 2-6〉 가구형태별 연간 공공부조 급여액 추정치(2007년, 최고액 기준)

(단위: 캐나다 달러)

| 주 가구형태 | 사회 부조 (기초) | 사회 부조 (부기) | 연방 아동세금 급여 | 주정부 아동 급여 | GST 급여 | 주정부 세금 급여 | 급여 총액 |
|---|---|---|---|---|---|---|---|
| **온타리오** | | | | | | | |
| 단신 취업가능자 | 6,587 | - | - | - | 235 | 382 | 7,204 |
| 장애인 | 11,768 | - | - | - | 312 | 302 | 12,382 |
| 한부모, 아동1인 | 10,654 | 111 | 4,435 | 250 | 593 | 397 | 16,439 |
| 부부, 아동2인 | 12,645 | 429 | 6,244 | 500 | 716 | 524 | 21,058 |
| **브리티시콜롬비아** | | | | | | | |
| 단신 취업가능자 | 7,020 | 35 | - | - | 235 | 75 | 7,365 |
| 장애인 | 10,727 | 35 | - | - | 288 | 75 | 11,125 |
| 한부모, 아동1인 | 11,047 | 80 | 4,435 | 0 | 593 | 75 | 16,230 |
| 부부, 아동2인 | 12,883 | 290 | 6,244 | 0 | 716 | 150 | 20,283 |
| **퀘 벡** | | | | | | | |
| 단신 취업가능자 | 6,865 | - | - | - | 235 | - | 7,099 |
| 장애인 | 10,225 | - | - | - | 275 | - | 10,500 |
| 한부모, 아동1인 | 8,257 | 960 | 4,435 | 2,823 | 593 | - | 17,068 |
| 부부, 아동2인 | 10,635 | 1,159 | 6,244 | 3,136 | 716 | - | 21,890 |
| **뉴브런즈윅** | | | | | | | |
| 단신 취업가능자 | 3,339 | - | - | - | 235 | | 3,574 |
| 장애인 | 7,038 | 1,000 | - | - | 237 | - | 8,275 |
| 한부모, 아동1인 | 9,213 | 960 | 4,435 | 250 | 593 | - | 15,451 |
| 부부, 아동2인 | 10,329 | 1,000 | 6,244 | 500 | 716 | - | 18,849 |
| **서스캐처원** | | | | | | | |
| 단신 취업가능자 | 8,765 | 0 | - | - | 240 | 101 | 9,105 |
| 장애인 | 8,570 | 840 | - | - | 257 | 105 | 9,772 |
| 한부모, 아동1인 | 11,307 | 0 | 4,435 | 0 | 593 | 210 | 16,545 |
| 부부, 아동2인 | 15,001 | 215 | 6,244 | 0 | 716 | 368 | 22,544 |

주1) 연방아동세금급여(Federal Child Tax Benefit): CCTB 기초급여, NCBS, UCCB.

주2) GST 급여(GST Credit): 연방정부가 소비세(Goods and Services Tax) 중 일부를 환급하는 것으로서 지난 2년간의 가구순소득에 기초하여 1년에 4회 지급.

주3) 주정부 세금급여(Provincial Tax Credits): 주정부가 주 소비세(Provincial Sales Tax)의 일부를 환급하는 것.

자료: (NCW, 2008: 23-24)에서 재구성.

공공부조급여를 구성하는 여섯 개 항목들 가운데서 사회부조 기초급여의 비중이 가장 높았다. 온타리오에서는 사회부조 기초급여의 비중이 단신취업 가능자 가구의 경우 91%, 장애인 가구의 경우 95%

등으로 압도적이었고, 한부모 가구에서는 64%, 부부 가구에서는 60%로 다소 줄어들었다. 이러한 경향은 거의 모든 주에서 마찬가지지만, 퀘벡에서는 사회부조 기초급여의 비중이 한부모 가구와 부부 가구 모두 48%로 다소 낮은 편이었다.

사회부조 부가급여는 온타리오와 브리티시 콜롬비아에서는 기초급여에 비해 1-3%로 매우 낮지만, 그 이외의 주에서는 비교적 높았다. 퀘벡에서는 한부모 가구와 부부가구의 경우 11-12%였으며, 뉴브런즈윅에서도 한부모 가구와 부부 가구의 경우 10%에 달했다. 뉴브런즈윅과 서스캐처원에서는 특히 장애인 가구에 대한 사회부조 특별급여 수준이 높았는데, 뉴브런즈윅에서는 1,000달러로 기초급여의 14%를 넘었고, 서스캐처원에서는 840달러로 기초급여의 10%에 달했다.

연방정부가 제공하는 아동세금급여는 모든 주에서 같은 액수였으며, 연방정부가 소비세 일부를 저소득층에게 환급해주는 GST 급여 역시 모든 주에서 동일하였다. 주정부 아동급여는 온타리오, 퀘벡, 뉴브런즈윅에서만 실제로 지급되었다. 이 가운데 온타리오와 뉴브런즈윅의 경우 주정부 아동급여 수준이 공공부조 급여총액의 3% 미만에 불과했지만, 퀘벡에서는 한부모 가구 2,823달러(급여총액의 16%), 부부가구 3,136달러(급여총액의 14%)로 많은 편이었다. 이것은 위에서 밝힌 대로 퀘벡에서는 주정부 아동급여가 과거의 가족수당과 부양아동세금환급 및 가족조세감면을 대체하는 프로그램으로 만들어졌기 때문이다.

〈표 2-7〉에는 온타리오의 4인 가구(아동 2인, 부부)를 중심으로 1990년부터 2007년까지의 공공부조 급여액의 추이와 공공부조재정에서 차지하는 연방정부와 주정부의 부담비율이 제시되어 있다. 공공

〈표 2-7〉 공공부조 급여액 추이(4인 가구 기준, 온타리오) (단위: 캐나다 달러)

| | 1990 | 1992 | 1994 | 1996 | 1998 | 2000 | 2002 | 2004 | 2006 | 2007 |
|---|---|---|---|---|---|---|---|---|---|---|
| 연방정부 | 3,273 | 3,469 | 3,445 | 3,318 | 3,853 | 5,026 | 5,859 | 6,188 | 7,032 | 6,960 |
| 주정부 | 24,732 | 25,738 | 25,450 | 19,332 | 18,261 | 16,269 | 14,659 | 13,892 | 13,573 | 14,098 |
| 합계 | 28,005 | 29,207 | 28,894 | 22,650 | 22,114 | 21,295 | 20,518 | 20,080 | 20,605 | 21,058 |

자료: NCW, 2008: 100-101.

부조 최대급여액은 1990년 28,005달러에서 2000년 21,295달러로 크게 줄었고, 그 이후로 점차 감소하는 추세를 보이다가 2007년에는 21,058달러로 약간 회복하였다. 공공부조 급여액은 절대액이 줄어들었으며 물가 상승까지 고려한다면 현저하게 감소했다고 할 수 있다. 1970년대 말부터 시작된 복지축소의 흐름 속에서 특히 공공부조의 축소가 두드러졌던 것이다.

전체 공공부조 급여액 가운데서 연방정부가 차지하는 비중은 비교적 적었다. 1990년의 경우 총급여 28,005달러 가운데서 88%인 24,732달러가 주정부 부담분이었고 연방정부 부담분은 12%에 불과했다. 주정부들은 공공부조의 독자적인 운영권을 가질 뿐 아니라 재정의 대부분을 책임지고 있는 것이다. 다만, 최근으로 올수록 연방정부의 부담분이 점차 증가하여 2007년에는 1990년에 비해 두 배 이상 늘어났다. 급여액이 줄어드는 가운데 연방정부의 재정 부담분이 증가하게 됨으로써 급여총액에서 차지하는 연방정부 부담분은 1990년의 3배에 가까운 33%가 되었다.

〈표 2-6〉에서 보듯이 2007년 현재 캐나다 시민들에게 주어지는 공공부조 급여액은 가구형태별로 사회부조와 아동급여들을 합쳐서

〈표 2-8〉 중위소득(세후)에 대한 공공부조 급여총액의 비율(2007년) (단위: %)

| 가구형태 | 온타리오 | BC | 퀘 벡 | 서스캐처원 | 뉴브런즈윅 |
|---|---|---|---|---|---|
| 단신 취업가능자 | 33 | 32 | 35 | 41 | 18 |
| 장애인 | 57 | 49 | 52 | 44 | 42 |
| 한부모, 아동1인 | 49 | 49 | 53 | 56 | 56 |
| 부부, 아동2인 | 28 | 28 | 30 | 29 | 26 |

자료: (NCW, 2008: 62)에서 재구성.

연간 3,574달러－22,544달러의 범위에 있다. 그렇다면 공공부조 급여액은 사회적으로 어느 정도의 수준인가? 〈표 2-8〉에는 각 주의 가구형태별 중위소득(세후소득 기준)에 대비한 공공부조 급여액의 비율이 제시되어 있다.

우선, 모든 가구형태들 가운데서 어느 주에서나 취업가능한 단신가구와 아동 2인을 부양하는 4인 가구에 대한 공공부조 급여액의 비율이 낮다는 점이 눈에 띈다. 일할 능력이 있고 아동을 양육하지 않는 단신가구의 경우에는 공공부조 급여액 자체가 매우 낮게 억제되어 있기 때문에 공공부조 급여액의 비율이 낮았다. 이에 반해서, 4인 가구의 경우에는 급여액은 대체로 2만 달러 선으로 높은 편이지만 비교대상이 되는 중위소득의 수준이 높기 때문에 공공부조 급여액의 비율이 26－30%로 낮게 나타났다.

반면 어느 주에서나 장애인과 한부모 가족의 공공부조 급여액 비율은 비교적 높았다. 온타리오의 경우 장애인 가구에 대한 공공부조 급여액의 비율은 57%로 매우 높았으며, 퀘벡에서도 52%로 일반적인 상대 빈곤선 수준(서구의 경우 50%)을 넘고 있다. 반면에 뉴브런즈윅과 서스캐처원에서는 그 비율이 40%를 조금 넘는 데 그쳤다. 아동 1인을 부양하는 한부모 가구의 경우에는 퀘벡, 서스캐처원, 뉴브런즈윅이 모두 53－56%로 매우 높았고, 온타리오와 브리티시 콜롬비아

〈표 2-9〉 공공부조 수급자 추이 (단위: 만 명)

| 1995 | 1996 | 1997 | 1998 | 1999 | 2000 | 2001 | 2002 | 2003 | 2004 | 2005 |
|---|---|---|---|---|---|---|---|---|---|---|
| 307 | 294 | 277 | 258 | 228 | 209 | 191 | 184 | 175 | 171 | 168 |

자료: NCW, 2006: Fact Sheet #9.

도 49%로 상대 빈곤선에 근접하였다. 대체적으로 각 주의 공공부조 제도는 근로능력이 있는 단신세대에 대해서는 엄격한 제약을 가하는 반면에, 아동을 부양하는 한부모 가족에게는 비교적 관대한 양상을 보이고 있다.

마지막으로 캐나다 전체적으로 공공부조 수급자가 어떤 추이를 보이는가를 살펴보겠다. 〈표 2-9〉에 제시되어 있는 대로 공공부조 수급자는 1995년 307만 명으로서 캐나다 전체인구의 10%를 넘었다. 그 이후 경제가 안정되고 공공부조 수급기준이 엄격해지면서 수급자 수는 불과 5년 만에 100만 명이 감소하여 2000년에는 209만 명이 되었다. 이후로도 감소 추세는 계속되어 2005년에는 168만 명으로 10년 전에 비해 거의 절반 수준으로 떨어졌다. 공공부조 최대급여액이 줄어드는 가운데 공공부조 수급기준은 더 엄격해짐으로써 캐나다 빈곤층의 생활은 더욱 불안정해지고 있다.

## 4. 의료보장제도[10)]

### 1) 연혁 및 특징

연방정부는 1940년대 중반부터 전국민을 대상으로 하는 의료보장제도의 도입을 심도 있게 논의하였다. 그렇지만 주정부들과 의사 및 병원을 비롯한 일부 사회집단의 강력한 반대에 부딪혀 논의는 현실화되지 못했다. 그러다가 마침내 1957년에 병원보험 및 진단서비스 법안(Hospital Insurance and Diagnostic Services Act)이 제정되었다. 이 법안은 보편적 적용이라든가 이용자부담 부과 금지 등의 기준을 준수하는 주정부에 대해 연방정부가 병원의료비용의 일부를 부담한다는 것과 주정부는 원할 경우에만 연방정부의 지원을 받아 병원보험을 도입한다는 내용을 담고 있었다. 1961년에 이르러서야 보편적 성격의 병원보험이 캐나다 전역에서 시행되었다.

다른 한편, 일부 주정부들은 외래진료를 보장하는 의료보험(medical care insurance)을 독자적으로 도입하였다. 서스캐처원은 1961년에 전국 최초로 의료보험을 시행하였고, 뒤를 이어 1963년 앨버타, 1965년 온타리오, 1967년 브리티시 콜롬비아의 순으로 의료보험이 제정되었다. 1971년 뉴브런즈윅에서 의료보험이 시행됨으로써 캐나다의 모든 주들은 의료보험을 갖게 되었다. 연방정부는 1968년에 제정된 의료보장법안(Medical Care Act)을 통해 의료보험에 대한 재정분담 방안을 확정하였다.

---

10) 특별한 언급이 없으면 이 부분에 대한 서술은 (CIHI, 2008; CIHI, 2006; Contandriopoulus et al, 1995; McGilly, 1990: 7장—8장; Marchildon, 2005)에 기초하였다.

이상과 같이 병원의 서비스 비용을 보장하는 병원보험과 의사의 서비스 비용을 보장하는 의료보험은 각각 독자적으로 발전했으며, 모두 주정부가 운영하고 연방정부가 비용의 일부를 부담한다는 공통점을 지녔다. 이 두 보험은 1984년의 캐나다 의료법안(Canada Health Act)의 제정을 통해 하나로 통합되었으며, 이에 따라 메디케어(Medicare)라는 종합적 성격의 의료보장제도가 만들어졌다.

캐나다의 의료보장제도인 메디케어는 주정부가 운영하며, 주정부와 연방정부의 일반조세를 재원으로 한다. 퀘벡의 경우에는 고용주에 대해 건강보험세가 부과되기도 하고, 대부분의 주에서는 가족단위로 건강보험세를 부과하기도 한다. 그렇지만 이러한 목적세는 전체 의료지출에서 매우 제한적인 비중만을 차지한다.

모든 캐나다 시민들(영주권자 포함)은 필요시 의료서비스를 받을 수 있으며, 메디케어가 보장하는 의료 항목들(급여대상 의료항목들)에 대해서는 원칙적으로 이용자 부담금을 내지 않는다. 이런 점에서 캐나다의 공적 의료제도는 보편급여이다. 다만, 비슷한 방식으로 의료보장제도를 운영하는 스웨덴이나 영국과는 달리 캐나다의 의료공급자들은 주로 민영병원이나 민간부문의 의사들이며, 이들은 지역의료당국(Regional Health Authorities: RHA)과의 계약을 통해 주로 의료서비스 건당 수수료를 받는 단위수가방식(fee-for-service)으로 보상을 받는다.

### 2) 의료보장제도의 운영기관과 원칙

캐나다의 공공의료제도의 운영과 전달체계는 매우 분권화되어 있다. 주정부는 조세를 통해 의료보장제도의 재원을 마련하고, 주민들에게 제공된 의료서비스에 대해 급여를 지급한다. 또한 주정부는 의료서비스 제공자와의 협상을 통해 의료서비스에 대한 보상금 수준을 결정하며, 특수병원이나 공공보건시설들을 직접 운영하기도 한다.

이와 같이 의료보장제도가 지방정부에 의해 운영되고 있는 것은 공공의료제도가 처음에 각 주의 주도로 만들어졌다는 역사적 배경 때문이다. 중앙정부는 그 이후 일부 재정 부담을 통해 각 주의 의료보장제도에 개입해왔다. 1968년의 의료보장법안(Medical Care Act)에 따르면, 모든 주들은 연방정부로부터 재정 보조를 받는 대신에 연방정부가 의료보장제도의 운영방침으로 설정한 4개의 원칙을 준수하게끔 되었다. 1984년 캐나다 의료법안의 제정과 함께 한 항목이 더 추가된 의료보장제도의 운영원칙은 다음과 같다.

첫째는 공적운영(public administration)으로서 의료보장제도가 공적기관에 의해 비영리를 원칙으로 운영되어야 한다는 것이다. 둘째는 포괄성(comprehensiveness)으로서 의료보장제도는 병원이나 의사 등이 제공하는 모든 의료서비스를 의료급여로 보장해야 한다는 것이다. 셋째는 보편성(universality)으로서 의료보장제도는 모든 시민에게 동일한 조건의 급여대상 의료서비스를 제공해야 한다는 것이다. 넷째는 이동성(portability)으로서 각 주의 의료보장제도는 거주민이 다른 주에서 의료서비스를 받을 때에도 똑같은 보장을 제공해야 한다는 것이다. 다섯째는 접근성(accessibility)으로서 의료보장제도는 시민들이 의료서비스에 접근하는 것을 최대한 보장하기 위해 이용자부담 등을 부과해서는 안 된다는 것이다.

### 3) 급여대상 의료항목

메디케어의 급여대상은 병원과 의사에 의해 제공되는 진단과 처방, 각종 검사, 입원, 수술, 재활 등의 의료서비스이다. 캐나다 의료보장제도는 의학적으로 필수적인 의료행위를 보장하며, 이에 대해서 이용자부담을 부과하지 않는다. 캐나다 의료법안(Canada Health Act)에 따라서 모든 캐나다 주민들은 메디케어에서 보장하는 의료항목을 무료로 이용할 수 있는 것이다. 이외에도, 메디케어는 재택간병, 지역간병, 장기간병시설에 대해서도 부분적으로 급여를 제공한다.

의료보장제도의 급여대상에 포함되지 않는 대표적인 의료항목들은 다음과 같다. 우선 처방약과 일반약품이 있다. 처방약의 경우에는 각 주마다 설립되어 있는 처방약보험플랜을 통해 급여가 제공되기도 하지만 대체로 처방약 비용의 54%는 개인부담이다. 그리고 일반약품들은 모두 자비로 부담한다. 참고로, 2001년 현재, 3명으로 구성된 일반적인 캐나다 가정의 경우 한 번에 40달러 정도 하는 처방약을 일 인당 10번 정도 구입하여 한 해 동안 1,200달러를 처방약 구입에 지출한 것으로 조사되었다.

치과 서비스의 경우 수술 등의 정해진 항목은 급여를 제공하지만 그 외에 보철 등에 대한 급여는 제공하지 않는다. 따라서 치과비용의 95%가 개인부담으로 되어 있다. 또한, 일반적인 안과 치료는 메디케어의 급여대상이지만 안경이나 콘택트렌즈 등의 각종 시력보호 장치들은 92%가 개인부담이다. 물리치료, 심리치료, 자연요법, 대체요법(침, 접골 등)과 대체약품 등도 의료보장제도의 급여대상 항목이 아니며, 재택간병이나 장기간병시설 비용(주거비와 식사비 등)은 부분적으로 개인이 부담한다. 재활시설에서는 개인부담이 전체비용의 7%인데 반해서 장기간병시설의 경우에는 개인부담이 22%였다.

### 4) 재정

캐나다의 연간 의료비는 2006년 현재 1,513억 달러이며 이는 GDP의 10.0%이다. 이 수치는 미국(15.3%)이나 프랑스(11.1%), 독일(10.6%)에 비해 낮고, 스웨덴(9.2%), 일본(8.2%), 한국(6.4%)에 비해서는 높은 것이다. 캐나다의 일 인당 의료비는 2006년 3,678달러로 미국(6,714달러)이나 노르웨이(4,520달러)에 비해서는 낮고, 프랑스(3,449달러), 독일(3,371달러), 스웨덴(3,202달러), 일본(2,474달러), 한국(1,480달러)에 비해서는 높다.

공공부문의 의료비 지출액은 2006년 현재 1,058억 달러로 전체 의료비의 70%를 차지한다. 전체 의료비에서 차지하는 공공부문의 비율은 1975년 76.2%에서 점차 감소하여 1996년 70.7%가 되었으며 그 이후로는 약간의 등락을 거듭하고 있다. 다른 OECD 국가들은 노르웨이 83.6%, 일본 82.7%, 스웨덴 81.7%, 프랑스 79.7%, 독일 76.9% 등으로 캐나다에 비해 높았으며, 한국(55.1%)과 미국(45.8%)은 캐나다보다 낮았다.(OECD, 2008)

캐나다 의료보장제도의 주된 재원은 주정부와 연방정부의 일반조세이며, 이 가운데 주정부의 부담분이 지배적이다. 2006년 주정부 지출액은 971억 달러로서 공적의료보장 지출액 1,058달러의 92%였으며, 국민의료비 1,513억 달러의 64%에 달했다. 공적의료보장 지출액과 국민의료비에서 차지하는 주정부 지출액의 비중은 1975년의 93.6% 및 71.1%에서 점진적으로 감소되었다.(CIHI, 2008b: 10, 100) 연방정부의 부담비율이 국민의료비의 3−4%에 그치고 있기는 하지만, 주정부의 부담금 가운데 33% 정도는 연방정부의 현금 이전(cash transfer) 및 과세 이전(tax transfer)이었으며, 이것들과 연방정부 직접보조금을 합칠 경우 국민의료비 가운데 연방정부가 부담하는 비율은 약 25%에 이른다.

주정부의 의료보장제도 지원금 가운데서 일부는 일반조세가 아니라 목적세(건강보험료)에 기초하고 있다. 이러한 특수목적세의 부과방식과 액수는 주에 따라서 차이가 크다. 예를 들어서, 앨버타와 브리티시 콜롬비아에서는 일 인당 혹은 한 가족당 정액보험료를 부과한다. 액수는 2004년을 기준으로 할 때 앨버타의 경우 일 인당 연 538달러 및 가족당 1,056달러이고, 브리티시 콜롬비아는 일 인당 648달러 및 가족당 1,152달러이다. 반면에, 온타리오에서는 소득수준에 따라 건강보험세를 차등적으로 부과한다. 건강보험세액은 연소득 20,000달러는 면제, 연소득 25,000−36,000달러는 300달러, 그리고 200,600달러 이상은 900달러이다. 주정부의 의료보장제도 지원금에서 이러한 목적세가 차지하는 비중은 그다지 높지 않다. 한 연구에 의하면, 2000년대 초 앨버타에서 건강보험료가 주정부의 의료보장제도 지원금 총액에서 차지하는 비율은 13%라고 한다.

전체 의료비 가운데 30%(455억 달러)는 민간부문의 지출이다. 민간지출은 주로 민영의료보험(40.0%)이나 이용자부담(48.6%)으로 충당되었다. 민간지출비용 가운데서 33.2%는 전문서비스(치과, 안과, 물리치료 등)에, 34.3%는 의약품(처방 및 비처방)의 구입에 사용되었다. 17.2%는 메디케어의 적용에서 제외되는 병원 및 기타 의료시설의 서비스 이용에 쓰였고, 운영비 6.2%, 의료 시설 및 장비에 대한 투자 4.5% 등의 순이었다.

제3장

# 캐나다 복지국가의 역사

1. 식민지시대
2. 복지국가 형성기
3. 복지국가 확대기

# 제3장 캐나다 복지국가의 역사

캐나다는 17세기 초반 프랑스와 영국의 식민지로 건설되었다. 캐나다의 사회복지정책은 1867년 연방정부가 수립되기 전까지는 주로 종교단체 등의 민간단체와 지역사회 내지는 기초자치단체(local government)에 의해 수립되고 시행되었다. 연방정부의 수립 이후에도 사회복지정책들의 최종 결정권은 주정부에 있었으며, 이에 따라 캐나다에서는 전국 수준의 통일적인 사회보장제도를 건설하는 일이 매우 어려웠다. 20세기 중반에 들어서야 연방정부는 주정부들과의 몇 차례에 걸친 타협을 거쳐 연금이나 의료보장제도와 같은 현대 복지국가의 핵심 지주들을 캐나다에 도입할 수 있었다. 근대국가의 형성이 늦은 데다가 주정부의 자치권을 보장하는 연방제의 특성으로 인해 캐나다는 선진 산업국가들 가운데서 복지국가의 발전이 가장 더딘 나라에 속한다.

캐나다 복지국가의 발전은 크게 4단계로 나뉠 수 있다. 첫 단계는 17세기 초반에서 캐나다 자치국가의 탄생 직전까지의 식민지시대로서 복지국가가 탄생하기 이전의 시기였다. 다음에, 1867년에서 1940년에 걸친 복지국가 형성기에는 급속한 산업화와 도시화, 1차 세계대전, 세계대공황 등의 여파로 기본적인 형태의 사회보장제도들이 도입되었다. 셋째 단계인 복지국가 확대기는 이차대전 발발 직후부터 1970년대 중반까지로 서구 복지국가의 황금기에 해당하며 핵심적인 사회보장 프로그램들이 도입되고 확대되었다. 마지막으로, 1970년대 중반 이후는 복지국가의 재구성기로서 경제불황과 세계화 등의 요인들에 의해 복지축소의 압력을 받으면서 복지수준이 정체되고 복지제도가 재구성되고 있다.

이 장에서는 첫 단계인 식민지시대부터 셋째 단계인 복지국가의 확대기까지 서술한다. 이 시기는 17세기 초반 식민지가 건설되었을 때부터 복지국가가 일대 전환점에 봉착한 1970년대 중반에 해당한다. 넷째 단계인 복지국가의 재구성기에 대해서는 '복지국가의 최근 동향'이라는 제목으로 다음 장에서 서술하겠다.

## 1. 식민지시대(17세기 초반–캐나다 자치국가의 성립)

캐나다의 역사는 미국과 마찬가지로 프랑스와 영국의 식민지로 시작하였다. 캐나다에 프랑스의 이주민들이 유입된 것은 17세기 초반으로 이들은 주로 어업과 모피 무역에 종사하였다.[1] 18세기 중반 영국은 몇 차례에 걸친 전쟁 끝에 1763년의 파리조약을 통해 프랑스를 캐나다에서 몰아내고 캐나다에 대한 독점적인 영유권을 갖게 되었다. 영국은 1840년에 상부 캐나다(Upper Canada, 현재의 온타리오)와 하부 캐나다(Lower Canada, 현재의 퀘벡)를 합병하여 캐나다 통합주(Providence

1) 캐나다는 원래 프랑스가 통치했던 북미지역의 명칭으로 주로 현재의 퀘벡지역에 해당한다.

of Canada)를 만들었고, 한동안 캐나다 통합주를 비롯한 노바스코샤, 뉴브런즈윅, 프린스 에드워드 아일랜드, 뉴펀들랜드 등의 영국령 북미 식민지들은 독자적으로 성장해갔다.

이와 같이 서로 다른 정치세력들에 의해 통치되었기 때문에 이 시기의 사회복지는 지역과 시기에 따라 크게 세 가지로 나뉠 수 있다. 첫째, 프랑스가 점령했던 하부 캐나다에서는 사회복지 부문에서 가톨릭 교회의 역할이 매우 컸다. 둘째, 영국이 지배했던 노바스코샤와 뉴브런즈윅에서는 영국식의 구빈법적 복지제공의 전통이 확립되었다. 셋째, 영국 통치하의 상부 캐나다에서는 구빈법이 시행되지 않고 민간자선단체의 역할이 강조되었다.

### 1) 프랑스 점령기[2)]

서구 이주민들이 가장 먼저 사회를 건설한 곳은 프랑스 식민지였던 뉴프랑스 지역이었다.[3)] 이민 초기인 17세기부터 프랑스가 캐나다에서 물러난 19세기 중반까지 번성했던 뉴프랑스 지역에는 종주국 프랑스의 봉건적 사회체제를 본받아 영주제도와 엄격한 사회계층이 거의 그대로 이식되었고, 가톨릭 교회의 영향력이 절대적이었다. 1760년까지 캐나다 인구의 3/4은 농촌지역에 거주했고, 어업과 모피무역의 발달로 인해 도시지역 거주자들이 점차 증가하는 추세였다. 농촌에는 자신의 농토를 갖지 못한 빈농들이 다수 발생하였고, 이들이 도시지역으로 밀집하여 도시의 실업자들과 합세하면서 많은 사회문제

---

2) 이 부분에 대한 서술은 주로 (Finkel, 2006: 27-37)에 기초하였다.

3) 뉴프랑스는 현재의 퀘벡에 해당하는 캐나다와 북동 대서양 해안 지역에 해당하는 아카디아로 구성되었다.

를 불러일으켰다.

가톨릭 교회는 이주 초기부터 대규모의 자선사업을 시행하였다. 가톨릭 성직자들과 신자들은 극빈층(특히 고아, 매춘부, 무의탁 노인)에게 주거지를 제공하거나 양육 및 보육, 교육, 간병 등의 서비스를 제공하였다. 더 나아가 이들은 병원을 지어 부랑자들에게 의료서비스를 제공하기도 하였다. 그 대표적인 사례는 1639년 뉴 프랑스 지역에 지어진 최초의 병원 Hôtel-Dieu de Québec과 1642년에 건립된 Hôtel-Dieu de Ville Marie이다.[4] 1663년에 Hôtel-Dieu de Québec에서는 17명의 수녀가 모두 1,976명의 환자를 돌보았고, 1689년에서 1698년 사이에는 남성 3,297명과 여성 1,765명 등 모두 5,062명이 수용되었다.

이와 함께, 극빈자들에게 의식주를 제공하는 빈민수용소도 건립되었다. 1692년에 생-발리에(Saint-Vallier) 주교에 의해 퀘벡에 여성노인부랑인을 위한 빈민수용소가 지어졌고, 1693년에는 주로 노인과 병자 중심의 남성극빈자를 위한 빈민수용소인 Hôspital-Général de Québec이 만들어졌다. 후자는 1725년부터 여성도 수용했으며, 1721년에는 정신이상자를 위한 건물을 새로 마련하였다. 이러한 수용소에서 생활하려면 노동능력이 있는 사람들은 작업장이나 농장에서 일을 하거나 병자를 간호해야만 했다.

뉴프랑스 지역에서는 주로 가톨릭 교회를 중심으로 자선활동이 진행되었다. 그렇지만, 정부의 역할도 적지 않았다. 식민지 행정관과 최고평의회(Sovereign Council)는 1677년에 퀘벡시에서의 구걸활동을 금지하는 법령을 포고하는 것을 시작으로 사회정책에 개입하였다. 이

4) Ville Marie는 나중에 Montreal로 개명되었다.

당시 인구 2,000명 이하이던 퀘벡시에는 300명의 부랑자가 있었던 것으로 추정된다. 한동안 극빈자에게 국가가 줄 수 있는 유일한 도움은 구걸면허를 주는 것이었지만, 1688년이 되면 국가의 개입 영역은 보다 넓어진다.

우선, 식민지 정부는 빈민 사무소(bureaux des pauvres)의 설치를 통해 자선기금을 모으고, 일할 수 있는 빈자들을 위해 일자리를 찾았으며, 실업자에게 자선기금을 분배하였다. 민간단체나 개인이 제공하는 자선기금의 액수가 경제상황에 따라 크게 변동했던 데 반해서, 정부가 제공하는 지원금은 안정적일 뿐 아니라 금액 차원에서도 매우 중요했다. 특히 정부는 고아의 보육에 관심을 가졌다. 1736년까지 390명의 고아가 정부지원금으로 양육되었다. 또한 정부는 신생아와 산모를 보호하기 위해 산파에게 급여를 지급하기도 하였다. 프랑스 정부도 가톨릭 교회에 보조금을 지급함으로써 간접적으로나마 자선사업에 기여하였다. 아카디아의 Louisbourg에서는 교회가 운영하는 기관을 비롯한 모든 자선활동을 위한 기금이 주로 정부에서 출연한 것이었다.

### 2) 영국 점령기

뉴프랑스 지역은 점차 영국의 지배하에 놓이게 되었다. 1713년에는 아카디아가, 그리고 1760년에는 캐나다가 영국에 정복되었다. 이와 함께 18세기에 건설된 식민지인 노바스코샤, 뉴브런즈윅, 상부 캐나다(현재의 온타리오지역)에는 영국식의 사회정책이 도입되었다. 그 대표적인 것이 구빈법이다. 1834년에 영국 의회는 극빈자들이 국가의 도움을 받기 위해서는 엄격한 규율을 적용하는 작업장(workhouse)에 수용되어야 한다는 내용의 개정 구빈법을 통과시켰으며, 북미 식민지 가운데 일부는 이를 받아들였다.

구빈법 형태의 빈곤구제는 1758년 노바스코샤에서 처음 도입되었고, 1786년에는 뉴브런즈윅으로 확대되었다.[5] 이에 반해서 상부 캐나다는 구빈법을 제정하지 않고 민간자선단체의 구호활동을 장려하였다. 프랑스 이민자 지역인 하부 캐나다(현재의 퀘벡지역)에서는 주로 가톨릭 교회를 중심으로 한 구호활동들이 이루어졌으며, 구빈법은 시행되지 않았다.

이 시기의 구빈법적 빈곤구제는 두 가지 형태로 나타났다. 우선, 구빈원(poorhouse)을 통한 시설구호(indoor relief)가 있다. 시정부나 기초자치단체에 의해 운영되었던 구빈원은 극빈자에게 거주할 곳과 음식을 제공했으며, 수용자들은 그 대가로 근로를 해야 했다. 극빈자가 구빈원에 들어가려면 일반인들이 하기 싫어하는 힘든 일을 하는 등의 일정한 심사를 거쳐야했다. 1830년대에는 구빈법의 시행 여부와는 관계없이 대부분의 주요 도시에 House of Industry라는 이름의 구빈원이 개소되었다.[6]

다음에, 자신의 주거지에 사는 극빈층에 대해 기초자치단체나 민간

---

5) 1601년에 제정된 엘리자베스 구빈법의 핵심은 극빈층에 대한 빈곤구제활동을 민간이 아니라 정부가 담당하기는 하되 그 운영은 중앙정부나 주정부와 같은 광역단체가 아니라 시정부나 기초자치단체와 같은 최소행정구역의 정부가 맡도록 하는 데 있었다. 구빈법을 시행한 노바스코샤와 뉴브런즈윅에서도 지역(town)단위의 정부가 제도의 운영을 담당하였다. 주정부는 대형화재나 전염병 등의 예기치 못한 재난이 닥쳤을 때 부분적으로 재정 지원을 하였다.(Guest, 1997: 11-13)

6) 예를 들어서, 구빈법을 시행하지 않았던 상부 캐나다(현재의 온타리오)도 1837년에는 House of Industry 법안이 통과되어 토론토와 킹스턴 등에 구빈원이 설치되었고, 몬트리올과 퀘벡에도 구빈원이 개소되었다. 노바스코샤와 뉴브런즈윅의 경우에는 구빈원이 정부가 제공하는 유일한 빈곤구제 활동이었으며, 이 상태는 1950년대까지 지속되었다. 구빈원들은 지방자치단체나 식민지 지역정부의 재정 지원을 받아 운영되었다. 그렇지만 겨울에는 적지 않은 수용자들이 얼어 죽는 등 생활조건이 매우 열악하였다.(Finkel, 2006: 48-51)

자선단체가 필요한 물자를 제공하는 시설 외 구호(outdoor relief)가 있다. 시설 외 구호의 수급자들도 구빈원 수용자와 마찬가지로 힘들고 어려운 일을 하도록 요구되었다. 19세기 후반 들어서는 시설 외 구호가 시설구호보다 선호되었다. 수많은 극빈층을 수용하는 대규모 시설을 도시에 건립하는 것이 쉽지 않았고, 구빈원 수용자들을 위한 힘들고 어려운 일을 찾는 데도 한계가 있었기 때문이었다.(Guest, 1997: 38; Hick, 2006: 33-34)[7)]

18세기 중후반부터 영국이 통치하게 된 북미 지역에서는 구빈법적 구호 이외에 국가는 사회복지 부문에 개입하지 않았다. 그것은 영국이 프랑스에 비해 훨씬 더 개인주의적인 사회였고 영국 통치하에 있던 북미 식민지들의 지배적인 가치가 개척정신을 반영하는 자립과 개인주의였기 때문이다. 이 시기의 이주민들은 각자 자신의 생활 향상에 대해 스스로 책임을 지는 것을 당연하게 생각했고, 빈곤을 개인의 잘못으로 간주했으며, 국가나 주정부가 빈곤한 사람들을 돌보아 줄 필요가 없다고 생각하였다.[8)]

따라서 이 시기에는 국가나 주정부 차원의 복지프로그램은 존재하지 않았고, 사회복지는 기초자치단체가 운영하는 구빈법에 따른 시설을 제외한다면 극빈층에 대해 가족이나 개신교 교회(특히 성공회) 등의 민간단체가 제공하는 구휼활동 일색이었다. 다만, 주정부는 민간자선

7) 예를 들어서, 1888년까지 온타리오의 지방자치단체들 가운데 130개가 시설 외 구호 프로그램을 운영하였고, 약 5천 명의 빈곤층이 국가가 제공하는 사회부조 급여를 수급하였다.(Finkel, 2006: 68)

8) 역사학자 Louis Hartz에 따르면, 신생국 캐나다의 지배적인 가치는 크게 두 가지 근원을 가지고 있다고 한다. 첫째는 프랑스와 가톨릭에서 연유한 봉건적 요소로서 유기적이고 위계적인 공동체적 가치들을 반영하며 뉴프랑스 지역에 이식되었다. 둘째는 영국의 자유주의적 개인주의를 반영하는 부르주아적 요소로서 영국령 캐나다에 이식되었다.(Guest, 1997: 18-9)

단체들에 대해 일정 정도의 재정 지원을 함으로써 사회복지 부문에 간접적으로 개입했고, 19세기 중후반이 되면서 주정부의 역할은 보다 증대되었다.(Guest, 1997: 15-6)

민간자선단체는 주로 개신교 계열과 가톨릭 계열로 양분되어 있었다. 이 가운데 개신교단체들은 특히 고아나 성매매여성을 위한 보호소를 건립하는 데 관심이 많았다. 뉴프랑스 지역에는 Protestant Orphan Asylum in Montreal(1822년), Female Orphan Asylum in Quebec City(1830년), Protestant Home for Women in Quebec(1859년) 등이 있었고, 상부 캐나다에는 Orphans' Home in Kingston(1857년), Home of the Friendless in Hamilton(1859년), Girls' Home in Hamilton(1862년), Orphans' Home of the City of Ottawa(1865년), Working Boys' Home in Toronto(1867년) 등이 잘 알려져 있다.

가톨릭 교회는 영국 통치 이후에도 뉴프랑스 지역에서 가장 중요한 자선단체로 기능하였다. 특히 1837년과 1838년의 반란 사태 이후 뉴프랑스 지역 주민들의 민심을 안정시키기 위해서 영국은 가톨릭 교회의 자선활동을 장려하였으며, 이를 위해 가톨릭 자선단체에 재정을 지원하였다. 예를 들어서, 1800년에서 1823년 사이에 병자와 부랑자를 돌보는 가톨릭 자선단체에서 일하는 수녀들은 모두 17,103파운드의 지원금을 받았다. 이 기관 가운데 Hôtel-Dieu de Québec은 1823년에 485명의 개신교인과 367명의 가톨릭 교인을 치료하였다고 한다.

가톨릭계 자선단체들은 과거와 같이 빈민수용소나 고아원 혹은 병원 등의 사업을 지속하면서 보육사업을 새롭게 시작하였다. 1858년에 한 수녀회가 영국령 북미 최초의 보육원을 개소했는데, 이 보육원은 어머니가 일하거나 질병에 걸린 아동들을 수용하였다. 이 보육원은 몬트리올과 퀘벡의 노동자 주거지역 등에 세워졌으며, 19세기 말까지 수 만 명의 아동을 돌본 것으로 기록되어 있다.

식민지 정부는 민간 사회복지단체들에 대해 재정 보조를 제공하였다. 상부 캐나다에서는 1828년부터 정부가 Emigrant Temporary Asylum에 대해 보조금을 지원했고, 빈곤층을 고용하는 도로건설 사업자에게는 임금보조금을 제공하였다. 연방정부가 수립된 1867년까지 캐나다 통합주(상부 캐나다와 하부 캐나다) 정부는 초등학교(개신교계, 가톨릭계), 감옥, 양로원, 정신병원 등으로 재정 보조를 확대하였다. 이에 반해 북동 대서양 지역의 식민지 정부들은 주로 작업장(workhouse) 중심의 빈곤구제 활동에 전념하였다.(Finkel, 2006: 43-50)

## 2. 복지국가 형성기(1867－1941년)

이 시기는 캐나다가 연방정부의 수립을 통해 독립국가로서의 기반을 확립하고 급속한 산업화를 통해 자국의 경제적 기반을 닦아나간 도약기라고 할 수 있다. 이와 함께, 이 시기는 캐나다가 제1차 세계대전과 세계대공황을 겪으면서 산재보험, 연금, 모성수당과 같은 기본적인 사회보장제도를 도입하였다는 점에서 캐나다 복지국가의 형성기에 해당한다. 연방정부의 수립, 산업화, 세계대전, 경제대공황의 네 가지 사건들의 복합적인 상호작용의 결과 사회복지 부문에서 정부의 역할이 증대되고 복지국가에 대한 사회적 지지기반이 확대되어 갔다.

캐나다가 영국자치령의 형태로나마 국가의 모습을 갖추게 된 것은

1867년 영국 북미조례(British North America Act)에 따라 연방정부가 수립된 이후이다. 1865년 미국이 시민전쟁을 끝내고 강력한 통일국가로 부상함에 따라 영국은 그에 대한 대응책으로 영국령 북미 식민지들의 통합을 추진하였고, 결국 1867년 7월 1일에 캐나다(퀘벡, 온타리오), 노바스코샤, 뉴브런즈윅이 영국 북미조례의 선포와 함께 영연방 캐나다 자치령(Dominion of Canada)으로 통합되었다. 영국령 캐나다의 공식 국가원수는 영국 국왕이고, 정부는 국왕의 지명을 받은 총독(Governor)과 행정부 및 상하원으로 구성되었다. 캐나다 연방의회는 세금이나 국방과 같은 국가적 관심사에 대해 입법권을 갖게 되었지만 소유권, 시민권, 교육 등의 특수한 문제들에 대한 입법권은 각 주정부에게 남겨졌다.9)

그러나 연방정부가 수립되었다고 하더라도 사회정책 영역에서 주정부들이 기존에 누렸던 독자적인 결정권이 크게 훼손된 것은 아니었다. 통합 이전에 이미 각 주들은 자체적인 복지프로그램을 보유하고 있었고, 당시 캐나다의 헌법인 영국 북미조례에 따르면 사회정책의 결정권은 연방정부가 아니라 주정부에 있었기 때문이었다. 그럼에도 불구하고, 연방정부 수립에 따라 모든 시민을 대상으로 하는 전국적으로 통일된 사회보장제도가 제공될 기반이 마련된 것은 사실이다.

식민지시대 동안 농업, 어업 등의 1차 산업이 중심이었던 캐나다는 연방정부의 수립 이후 급속하게 산업화하였다. 이 시기 산업화의

9) 현재 캐나다에는 10개 주(province)와 3개 준주(territory)가 있는데, 본문에 언급된 4개 주 이외에 다른 주들의 연방가입 시기는 다음과 같다: 매니토바-1870년, 브리티시 콜롬비아-1871년, 프린스 에드워드 아일랜드-1873년, 앨버타-1905년, 서스캐처원-1905년, 뉴펀들랜드-1949년. 준주들의 연방가입 시기는 다음과 같다: 노스웨스트 테리토리-1870년, 유콘-1898년, 누나붓-1999년.

동력은 관세장벽에 의해 보호되었던 제조업과 대륙 간 철도건설이었으며, 제조업의 발달에 따라 광업 또한 발달하였다. 이 시기 캐나다의 산업화는 토론토와 몬트리올을 잇는 지역들을 중심으로 이루어졌으며, 그 외의 지역에서는 여전히 1차 산업이 지배적이었다.[10)]

산업화는 도시인구의 급증과 그에 따른 심각한 사회문제들을 불러일으켰을 뿐 아니라 공장노동자의 대량발생과 노동운동의 급진화를 가져왔다. 캐나다 연방정부의 수립과 함께 부분적으로나마 남성선거권이 부여된 것도 노동운동의 활성화에 기여했다. 노동조합은 아직 약체이기는 했지만 수시로 파업을 일으켰고, 사회주의 계열의 정당들도 점차 성장하고 있었다.[11)] 이와 함께, 1917년의 러시아 혁명과 연이은 사회주의 블록의 확대는 캐나다의 노동운동과 사회주의 정당의 성장을 촉진했다.(Hick, 2007: 36)

1914년에서 1918년까지 진행된 제1차 세계대전은 크게 두 가지 차원에서 캐나다 복지국가의 기반을 확대하는 데 기여했다. 우선, 대규모 전쟁으로 인해 수많은 참전군인들이 사망하거나 장애를 입었고,

10) 1870년에서 1890년 사이에 제조업체 수는 38,898개소에서 69,716개소로 크게 늘었고, 제조업의 총생산액은 8,700만 달러에서 1억 8,900달러로 2배 이상 증가하였다. 그렇지만 이 시기는 여전히 농업과 어업이 주력 산업이었고 인구의 1/4 이하만이 도시에 거주하였다.(Moscovitch and Drover, 1987: 16)

11) 1872년에 노동조합법(Canada Trade Unions Act)이 통과되면서 노동조합이 합법화되었다. 1873년에는 최초의 노동조합인 Canadian Labor Union(CLU)이 창립되었고, 1883년에는 캐나다의 노동조합본부인 Trades and Labour Congress (TLC)가 설립되었다. 노동조합의 파업은 1891년에서 1900년 사이에 530건이 있었고, 1900년대의 10년 동안에는 1,498건, 1910년대에는 2,401건 등으로 늘어났다. 파업 건당 참여자 수도 매년 늘어나 1910년대가 되면 286명이 되었다. 이와 함께 20세기 초에는 CCF(Co-operative Commonwealth Federation)가 결성되었는데, 이 정당은 현재의 신민주당(New Democratic Party)의 전신으로서 사회주의 이념을 표방하였다.(Finkel, 2006: 82-3; Kealey, 1989: 127-9; Moscovitch and Drover, 1987: 16-7)

사회적 혼란기를 틈타 가족해체 현상이 증가하면서 어머니가 홀로 자식을 부양하는 모자가정이 급증하였다. 이러한 새로운 사회문제의 발생은 국가가 개인의 생활을 보장해야 할 필요성을 증대시켰다. 다음에, 대규모 전쟁의 수행을 위해 국가는 임금을 통제하거나 민영기업과 물자를 수용하는 등 시장에 대한 개입을 강화하였고, 이러한 경험은 전쟁 이후에도 지속되었다. 시장과 시민생활에 대한 국가의 개입능력의 강화라는 복지국가의 전제가 이 시기에 만들어진 것이다.

복지국가 형성기에 캐나다가 경험한 거대한 사건들 중 제일 마지막은 1929년에 시작된 세계대공황이다. 서구국가들이나 이웃한 미국과는 달리 캐나다는 세계대공황에 대해 체계적인 대응책을 마련하지는 않았다. 그렇지만 대량으로 발생한 실업자들이 산발적인 시위와 폭동을 전개하고 노동운동이 급진화되면서 국가와 자본은 부분적으로나마 사회개혁의 필요성을 공감하게 되었다. 이와 함께, 유효수요의 창출을 통해 경제위기를 극복해야 한다는 케인스의 주장이 사회적으로 널리 받아들여지면서 사회보장 프로그램의 도입 가능성이 더욱 높아졌다.

### 1) 산재보험(Workers' Compensation Act)

산업화에 따른 노동운동의 확산에 대응하여 도입된 최초의 사회보장제도는 산재보험이었다. 산재보험은 캐나다 역사상 가장 먼저 도입된 사회보험이다.[12] 이 당시 산업화 초기단계에 있었던 캐나다는 산

12) 캐나다에서 가장 먼저 도입된 사회보험 형태의 사회보장제도는 1908년에 발효된 정부연금(Government Annuities)이었다. 이미 20세기 초부터 캐나다의 노동조합은 독일이나 덴마크식의 임금 근로자를 위한 공적연금의 도입을 주장했

업재해가 빈발했고, 산업재해를 당한 노동자에 대한 보상이 적절하게 제공되지 않았다. 1890년대에서 1910년대 동안 각 주에 도입되었던 고용주배상책임법(Employers' Liability Law)을 통해 산재사고를 당한 노동자들이 보상받을 길이 있기는 했지만, 이 경우에도 법정에서 고용주의 과실을 입증해야만 했고 설사 소송에서 이긴다고 해도 회사의 재정상의 문제 등으로 보상을 전혀 받지 못하는 경우도 있었다.

이런 상황이었기 때문에 노동운동진영은 정부에 대해 산재사고를 당한 근로자와 그 가족의 생계보장을 위한 보다 적절한 보상체계를 수립할 것을 강력하게 요구하였고, 주정부들은 점차 극렬화하는 노동운동을 진정시키기 위한 방안을 마련해야만 했다. 1897년에 영국에서 고용주배상법을 대체하는 산업재해보상법안(Workmen's Compensation Act)이 제정되면서 캐나다의 각 주정부들도 산재보험의 도입에 관심을 갖게 되었다. 다른 한편, 일부 고용주들도 산재보험의 도입을 지지하였다. 그것은 고용주들이 빈번한 법적 소송 과정에서 많은 시간과 비용을 써야 했고 소송에서 패할 경우 고용주배상책임법에 의해 때로는 기업이 도산할 정도의 많은 보상을 해주어야 했기 때문이다.

캐나다에서 사회보험을 비롯한 사회정책은 주정부의 관할하에 있었으며, 산재보상제도도 각 주정부가 독자적으로 도입하였다. 캐나다에서 가장 먼저 산재보상법을 제정한 주는 퀘벡이었다. 그 당시 산재사고를 당한 근로자와 그 가족은 고용주로부터 보상을 받지 않는 한

---

다. 이에 대해 연방정부는 일반시민을 위한 연금을 사회주의적인 실험으로 규정하면서 반대하였다. 그 대신에 정부는 정부연금을 설치하였다. 이 연금은 정부가 운영하는 임의적 성격의 프로그램으로서 소수의 사람들만이 가입하였다. 1908년에서 1927년까지 가입건수는 7,713건에 불과했다고 한다.(Guest, 1997: 36) 이와 같이 소수의 사람들이 임의적으로 가입했다는 점에서 정부연금은 제대로 된 사회보장제도로 간주될 수 없다.

민간 사회복지단체의 도움에 기대어 연명할 수밖에 없었다. 19세기 후반 이래로 몬트리올을 중심으로 산업화가 급진전되면서 산재근로자도 민간 사회복지단체가 수용할 수 없을 정도로 크게 늘어났다. 이에 따라 주정부 공장 감독관인 루이 기용(Louis Guyon)을 중심으로 산재보상법의 도입이 추진되었으며, 노동조합과 일부 고용주 단체도 이에 합세하였다. 그 결과 1909년에 캐나다 최초의 산재보상제도가 퀘벡에 도입되었다. 그렇지만 이 시기 퀘벡에 도입된 산재보상제도는 강제적인 것이 아니라 임의적인 것이었다. 퀘벡에는 1931년이 되어서야 강제가입식 산재보험이 도입되었다.(Finkel, 2006: 81-2; Guest, 1997: 42-3; McGilly, 1990: 112)

강제가입 형태의 산재보험을 가장 먼저 도입한 주정부는 제조업이 발달한 온타리오였다. 온타리오에서는 이미 오래 전부터 노동조합이 산재보험의 도입을 강력하게 요구해 왔고, 고용주 단체인 캐나다 제조업 협회(Canadian Manufacturers Association)도 1910년대에 들어서 산재사고에 대한 고용주의 법적·재정적 책임면제의 측면에서 산재보험의 도입을 지지하였다. 1910년에 주정부는 윌리암 메레디스(William Meredith)를 산재보험 도입방안을 연구하는 왕립위원회(Royal Commission)의 책임자로 임명하였고, 1913년에 이른바 메레디스 보고서를 출간하였다. 이를 바탕으로 해서 1914년에 온타리오 주정부는 사회보험 형태의 산재보험을 시행하였다.

당시 노동조합과 경영자단체는 근로자가 산재보험의 보험료를 일부 부담하는 문제를 놓고 첨예하게 대립하고 있었다. 온타리오 산재보상법안은 산재보험의 보험료를 고용주가 전담하도록 규정함으로써 노동조합의 요구에 부응하였다. 그러나 일주일 동안의 대기기간을 설정하고 산재급여의 소득대체율을 산재근로자의 평균소득의 55%로 낮게 설정하는 등 경영자단체의 요구도 반영하고 있다. 이런 점에서 온타리오의 산재보상법안은 노동과 자본의 타협적 산물이라고 할 수 있다.(Babcock, 1995: 116; Guest, 1997: 45-6)

이후 산재보험은 1915년에 브리티시 콜롬비아와 노바스코샤로 확대되었고 1916년에는 매니토바에서 시행되었다. 뉴브런즈윅에는 1918년에 도입되었는데, 주의회 선거에서 노동조합이 산재보험의 시행을 조건으로 해서 자유당을 지지한 것이 주효하였다. 급속하게 번져가던 산재보험 도입 움직임은 한동안 잠잠하다가 1930년에 서스캐처원에서 되살아났고, 1949년에 프린스 에드워드 아일랜드, 그리고 1950년에는 뉴펀들랜드에 산재보험이 도입됨으로써 캐나다의 모든 주들은 산재보험을 구비하게 되었다.(Finkel, 2006: 82-3; Hick, 2007: 37)

이 당시 캐나다의 노동운동은 19세기 말 사회보험 탄생의 배경이 되었던 독일 등 서구의 노동운동에 비해서는 약체였다. 그렇지만 1883년에 캐나다의 노동조합본부인 TLC(Trades and Labour Congress)가 설립되었고, 이어서 Industrial Workers of the World와 같은 급진적인 노동조합이 만들어졌다. 이들은 합법적인 로비활동과 함께 수시로 파업을 감행하여 정부와 고용주들을 압박하였고, 때로는 급진적인 사회주의의 색채를 띠면서 국가와 자본에 심각한 위협이 되기도 했다. 산재보험은 이러한 사회적 위기를 벗어나고자 하는 정부의 대응책의 일부였으며, 이런 점에서 캐나다의 산재보험과 독일 비스마르크 시대의 사회보험은 비슷한 맥락에서 이해될 수 있다.

### 2) 공공부조연금(Old Age Pensions)

급진적인 노동운동과 사회주의 정당의 약진을 배경으로 탄생한 또 다른 사회보장 프로그램은 1927년에 제정된 공공부조식의 노령연금이다. 산재보험이 주정부들에 의해 독자적으로 도입되었던 것에 반해서, 노령연금은 연방정부가 사회보장부문에 본격적으로 개입한 최초의 프로그램이라는 점에서 의의가 깊다.

이 당시 캐나다에서는 노인의 부양을 가족의 책임으로 간주하였다. 실제로 1921년에 제정된 온타리오의 부모부양법안(Parents' Maintenance Act)에 따르면 주지사는 빈곤한 부모의 부양을 위해 자식이 매주 일정 금액을 부담하도록 강제할 수 있었다. 그럼에도 불구하고, 많은 노인이 적절한 부양을 받지 못한 채 빈곤상태에 빠져있었으며, 각 주의 빈민구호소에는 빈곤 노인들이 적정 인원을 훨씬 넘어 수용되어 있었다.(Finkel, 2006: 104)

노령연금 도입의 시발점은 1차 대전 직후에 매우 불안해진 노사관계에 있었다. 노동조합은 이미 오래 전부터 노령연금의 도입을 주장했었고,[13] 정부의 몇몇 문건에서는 급진화한 노동운동을 안정시키기 위해서 노령연금을 도입해야 한다는 주장이 자주 제기되었다.(Hick, 2007: 37) 그렇지만 무엇보다도 노령연금의 도입에 보다 직접적인 도화선이 된 것은 사회민주주의 정당의 약진이었다. 1921년 연방선거에서는 노동진영을 대표하는 세 후보가 의원으로 당선되었고, 사회적으로도 진보적 성향의 정당에 대한 지지도가 높아졌던 것이다. 이런 가운데 1925년의 연방선거에서 보수당에 패배한 자유당은 1926년 선거에서 진보진영과의 동맹을 통해 집권을 모색하게 되었다.

---

13) 대표적인 노동조합단체인 TLC는 1905년과 1907년에 노령법안의 제정을 공식적으로 요청했으며, 1910년에는 연방의회 수상과 의원들에게 청원서를 제출하였다. 또한 연방정부에 대해서도 1922년과 1925년에 구체적인 노령연금안을 제안한 바 있다.(Rice and Prince, 2000: 45)

자유당도 1921년 선거에서 노령연금과 실업보험 및 의료보험 등의 사회보험을 전국 수준에서 도입한다는 방침을 세우기는 했다. 그렇지만, 보수당과 마찬가지로 자유당도 세금인상을 극히 꺼려했기 때문에 그러한 방침을 현실화할 수 없었다. 결국, 1926년 선거에서 자유당은 노령연금법안의 통과를 조건으로 해서 우즈워스(J. S. Woodsworth) 의원이 영도하는 사회민주주의 계열의 CCF[14]의 지지를 얻어 집권하게 되었다.(Hick, 2007: 37; Moscovitch and Drover, 1987: 24) 이런 점에서, 이 당시 제정된 노령연금은 자유당의 집권 전략의 핵심이었으며, 자유주의 세력과 사회민주주의 세력 간의 타협의 산물이라고 할 수 있다.[15]

노령연금은 연방정부의 재정 지원을 받는 최저소득보장 프로그램이기는 하지만 그 적용은 개별 주정부들의 결정권에 달려있었다. 연방정부는 자신이 제시하는 조건을 충족하는 주정부에 대해 노령연금 재정의 절반을 부담했는데, 그 조건은 주정부가 70세 이상의 저소득 노인들을 대상으로 사격심사를 통해 최대 월 20달러의 연금급여를 지급한다는 것이었다. 1930년에 온타리오 주민의 3.5%와 서부 네 개 주 주민의 1.5%만이 70세를 넘었다. 또한 연방정부가 제시한 노

14) CCF는 Co-operative Commonwealth Federation의 약자이며, 현재의 신민주당(New Democratic Party: NDP)의 전신이다.

15) 이 당시 연방정부는 기여식 사회보험연금과 비기여식 공공부조연금 중 하나를 선택하기 위해 검토했으며, 최종적으로는 비기여식 공공부조연금을 시행하게 되었다. 그 이유는 기여식 사회보험연금을 도입하려면 헌법인 영국 북미조례를 수정해야 하는 등 복잡한 행정절차를 거쳐야만 하고 전국 수준의 사회프로그램 제정에 대해 퀘벡 주정부의 반대가 매우 컸기 때문이었다.(Guest, 1997: 75) 사회프로그램의 제정에 대한 주정부의 고유권한을 침범하지 않기 위해서 연방정부는 일정 조건들을 충족한 주정부에 대해서만 보조금을 지급하는 방식으로 노령연금을 제정했으며, 이런 점에서 노령연금은 주정부의 책임과 연방정부의 주도권과의 교묘한 타협의 결과라는 평가도 있다.(Bryden, 1974: 77)

령연금 수급을 위한 소득기준은 연 125달러(연금급여액을 합산하여 365달러) 이하였고, 연금급여는 재산정도에 따라 감소하였다. 이와 함께, 자식들의 부양능력도 수급자격의 기준 가운데 하나였다.(Finkel, 2006: 105-6; Guest, 1997: 77) 이처럼 수급조건이 매우 까다로웠기 때문에 캐나다 전역에서 실제로 노령연금을 받을 수 있었던 노인의 수는 매우 한정되어 있었다.

가장 먼저 노령연금을 도입한 것은 브리티시 콜롬비아였다. 브리티시 콜롬비아는 노령연금법안이 통과된 직후인 1927년 9월에 노령연금법안에 서명하였다. 1929년까지 앨버타, 매니토바, 서스캐처원, 온타리오에 주정부 연금프로그램이 도입되었다. 대서양 연안의 주들과 퀘벡은 연방정부가 연금재정의 부담비율을 50%에서 75%로 높인 1931년 이후에야 주정부 프로그램을 도입하였고, 1936년까지 다른 모든 주들도 노령연금법안을 통과시켰다.(Finkel, 2006: 106; Guest, 1997: 77)

노령연금은 소득심사에만 기초하여 수급자격을 결정했고 연금수급을 사회적 자선이 아니라 국민의 권리로 만들었다는 점에서 전통적인 빈곤구제정책으로부터 탈피하여 공공부조의 새로운 지평을 열었다는 평가를 받는다. 또한, 노령연금은 주정부 간에 소득심사 기준 등에 차이가 있기는 하지만 전국적으로 거의 동일한 기준에 기초하여 급여를 제공하는 최초의 통일적인 사회보장 프로그램이었다. 노령연금은 전국적인 차원에서 이슈화된 최초의 사회복지 프로그램이며, 연방정부가 사회복지분야에 본격적으로 개입한 첫 사례이기도 하다.(Guest, 1997: 77; Struthers, 1996: 71-2)

### 3) 모성수당(Mothers' Allowance)

1914년에서 1918년에 걸쳐 발발한 1차 세계대전은 캐나다 복지국가의 형성에 커다란 영향을 미쳤다. 캐나다는 1차 세계대전에 모두 62만 명을 참전시켰는데 그 가운데 67,000명이 사망하고 173,000명이 부상당했다. 그 당시 캐나다 인구가 8백만 명 정도였던 것을 감안하면 1차 대전에서 치른 캐나다 국민의 희생이 어느 정도였는지 알 수 있다. 많은 가족이 가장의 사망이나 장애로 인해 생활상의 어려움에 빠졌으며, 그렇지 않은 가족들 중 상당수도 적절한 직업을 갖지 못해 빈곤한 생활을 영위했다.

1차 대전 기간 동안 연방정부는 사망한 참전군인의 가족에 대해 보훈연금 등을 제공했지만 일반시민에 대한 생계비 지원에는 반대하였다. 이에 대해 여성에 대한 선거권 확대 이후 주요한 사회세력으로 부상한 여성계와 모자가정 대상의 구호사업을 전개했던 사회복지단체들은 남성가장이 없는 가족을 위한 생계보장 방안을 요구하였다. 노동단체들도 모성수당의 도입에 깊은 관심을 갖고 있었다.16)

이와 함께, 사망군인 가족에 대해서는 연방정부가 연금을 지급하고 있었고 산재사고로 사망한 근로자 가족에 대해서는 주정부가 산재보

16) 예를 들어, 온타리오에서는 20세기 초반부터 모성수당의 도입을 위해 각종 사회단체들이 활발하게 움직였다. 대표적인 단체들로는 Children's Aid Society, Committee on Mothers' Allowances(여성단체, 사회복지단체, 노동단체 등의 연합체), Local Council of Women 등을 들 수 있다. 노동조합은 근로자 가족의 생활보장과 적정임금의 유지라는 차원에서 모성수당의 도입을 주장했고 Committee on Mothers' Allowances에 세 명의 대표를 파견했다.(Struthers, 1994: 20-5) 매니토바에서는 1910년부터 Mother's Association of Winnipeg과 Associated Charities of Manitoba's Capital 등의 단체가 모성수당의 도입을 주장했다. (Strong-Boag, 1979)

험을 통해 생계비를 지급하고 있었다는 사실도 그들과 비슷한 경제적 어려움에 처해있는 일반 모자가정에 대해 어떤 식으로든 보호조치가 마련되어야 한다는 공감대 형성에 기여했다.(Guest, 1947: 52) 결국, 각 주정부들은 남편이 가장으로서 경제적 기여를 하지 못하는 모자가정의 생활을 보장하기 위한 조치를 모색하게 되었다. 모성수당, 혹은 모성연금(Mothers' Pension)은 이러한 사회적 배경의 산물이었다.

모성수당을 가장 먼저 도입한 곳은 중서부 지역이었다. 이 지역은 여성에 대한 선거권이 가장 먼저 보장된 곳이기도 하다.17) 여성참정권이 최초로 보장된 매니토바가 1916년에 자체적인 모성수당을 도입했고, 1917년에 서스캐처원, 1919년에 앨버타, 그리고 1920년에 브리티시 콜롬비아와 온타리오로 모성수당이 확대되었다. 이에 반해서 대서양 연안의 주정부들은 모성수당의 도입에 소극적이었다. 1930년이 되어서야 노바스코샤에 모성수당이 도입되었고, 1937년 퀘벡, 1943년 뉴브런즈윅, 그리고 1949년 프린스 에드워드 아일랜드와 뉴펀들랜드의 순으로 모성수당이 시행되었다.

주정부가 독자적으로 운영하는 모성수당은 각 주별로 수급조건이나 급여액이 달랐다. 아동 2명 이상을 부양하는 빈곤층 모자가정은 모든 주에서 수급자격을 가졌던 반면에, 수감자나 정신이상자의 아내는 주에 따라서 수급자격을 달리 하였다. 1929년 기준으로 모성수당의 급여수준은 매니토바, 앨버타, 브리티시 콜롬비아, 온타리오, 퀘벡, 노바스코샤, 서스캐처원의 순서였다. 4인 모자가정의 경우 매니토바

17) 여성의 선거권이 보장된 시기는 다음과 같다. 1916년: 매니토바, 서스캐처원, 앨버타; 1917년: 브리티시 콜롬비아, 온타리오; 1918년: 노바스코샤, 캐나다연방; 1919년: 뉴브런즈윅; 1922년: 프린스 에드워드 아일랜드; 1925년: 뉴펀들랜드; 1940년: 퀘벡.(Hick. 2007: 38)

에서는 월 최고 74달러가 지급되었지만 서스캐처원에서는 30달러가 최고액이었다.(Strong-Boag, 1979)

1943년이 되어서도 사정은 별로 달라지지 않았다. 모자 2인 가족에 대한 앨버타와 브리티시 콜롬비아에서의 모성수당의 월 최고액은 각각 47.5달러 및 42.5달러였던 데 반해서 노바스코샤는 15달러, 서스캐처원은 10달러에 불과했다. 대서양 연안의 주들은 다른 주들에 비해 경제불황이 심각하여 주정부의 재원이 불충분한 반면 수급대상자는 상대적으로 많았기 때문에 급여수준이 낮아질 수밖에 없었다. 경제사정이 상대적으로 좋았던 온타리오에서는 모성수당의 월 최고액이 도시지역에서는 35달러였지만 농촌지역에서는 25달러였으며, 아동 1인 증가 시 5달러가 추가로 지급되었다. 브리티시 콜롬비아는 아동 1인 증가 시 7.5달러를 추가하여 지급하였다.(Guest, 1997: 62)

모성수당은 저소득 모자가정에 제공되는 공공부조였으며, 대체로 500달러 이하의 재산을 지닌 여성에게 지급되었다. 이러한 재산심사 이외에 대부분의 주에서는 모성수당의 수급조건으로 가부장주의에 기초한 도덕성 심사를 적용하기도 하였다. 이에 따라, 미혼모 가정은 대부분 수급대상에서 제외되었다. 퀘벡 주정부는 1937년 모성수당의 도입과 함께 미혼모 가정에 대해 시정부가 제공하는 빈곤구제 사업을 중단하도록 조처하기도 했다. 또한 대부분의 주들은 지원자의 적합성 여부를 결정하기 위해서 두 통의 추천서를 요구하고 지원자의 지역사회에서의 평판을 조사하기도 하였다.(Finkel, 2006: 102-3; Guest, 1997: 60)

주정부의 재정상황에 따라 급여수준이 다르고 소득심사 이외에 지원자의 도덕성 심사를 적용하는 등의 문제점을 지니고 있음에도 불구하고 모성수당은 주정부가 자체예산에 기초하여 제공한 최초의 사회보장급여라는 점에 의의가 있다. 또한 아동을 부양하는 어머니를 특별한 도움이 필요한 '자격 있는 빈자'로 분류하여 사회부조에 대한 권리를 보장했다는 점에서 모성수당은 빈곤구제에 있어서 일대 진보로 간주되기도 한다. 대부분의 학자들이 모성수당을 1차 세계대전 동안 발생했던 가장결손가정에 대한 주정부 차원의 보호 노력의 결과라는 것에 동의하는 데 반해서, 어떤 연구자들은 모성수당을 종전 후 여성노동력을 가정으로 복귀시키려는 노력의 결과라거나 1910년대 들어 활발하게 전개되었던 여성운동의 압력의 결과라고 해석하기도 한다.(Hick, 2007: 37; Moscovitch and Drover, 1987: 24; Struthers, 1996: 71)

### 4) 실업보험

복지국가 형성기에 캐나다가 경험했던 거시사회적 사건들 중 제일 마지막은 1929년에 시작된 세계대공황이었다. 1929년에서 1933년 사이에 캐나다의 국민총생산은 40% 감소하였고 실업률도 1933년에 27%에 달했다. 이웃해 있는 미국의 국민총생산이 37% 감소하고 실업률이 25%였던 것에 비해 볼 때 캐나다의 경제적 타격이 보다 심각했던 것을 알 수 있다. 이와 같은 전대미문의 경제불황에 맥켄지 킹(Mackenzie King) 수상이 영도하는 자유당 정부와 R. B. 베넷 수상의 보수당 정부(1930년부터 집권)는 시장의 자연 복원력을 기대하면서 연방정부 차원에서 심각하게 대응하지 않았다.

이 시기에 실직당한 시민들의 생계보장은 연방정부나 주정부가 아니라 시정부에게 그 책임이 맡겨져 있었다. 보수당 정부는 집권 이후 5년간 시정부의 재정 지원을 위해 주정부에 2억 달러 이상을 지원했다. 1932년에 근로가능자 가운데 1/3이 정부의 구호를 받았고, 1933년에는 약 143만 명이 정부의 구호를 받았는데 이들은 전체 실업자의 반 정도에 해당했다. 1935년에는 연방–주–시 등 모든 수준의 정부들이 구호활동에 쓴 비용은 1억 7,300만 달러였지만, 실직가정의 기본적인 생활보장과는 거리가 멀었다.(Finkel, 2006: 110)

이러한 구호활동과는 별도로 보수당 정부는 1932년에 각 주정부에 구호자금을 지원하는 구호법안(Relief Act)을 통과시켰고, 일자리 창출 프로그램을 대신하여 실업자 수용소(unemployment relief camp)를 건설하였다. 실업자 수용소는 당시 사회 불안정의 주범으로 간주되었던 독신 무주택 남성 실업자만을 수용하여 생계에 필요한 최소한의 물자를 제공했으며, 수용자들은 그 대가로 도로나 정부건물 건설, 나무심기 등의 공공근로에 종사해야만 했다. 공공근로의 임금은 하루 25센트로 매우 낮았으며, 실업자 수용소의 관리는 보건복지나 노동관계부처가 아니라 국방부가 맡았다. 이런 점에서 실업자 수용소는 실업자들의 복지향상이나 유효수요 창출을 통한 경제위기의 극복이 아니라 대량실업이 초래할 수 있는 사회적 불안정을 막기 위한 것으로 해석될 수 있다.[18]

연방정부 차원에서 특단의 조치가 내려지지 않는 가운데 시민들의 불만을 쌓여갔으며, 특히 실업자 수용소의 수용자들은 자신들이 받는 비인간적인 처우에 지속적으로 항의하였다. 이들은 공산당 계열의 실업자 수용소 노동조합(Relief Camp Workers Union: RCWU)을 중심으로 적정 임금 획득을 위한 저항을 전개했으며, 1935년에는 '오타와로의 고행'(Onto Ottawa Trek)과 '리자이나 폭동'(Regina Riot)을 일으켰다. 이 두 사건은 실업자 수용소에서의 적절한 대우와 임금보장을 요구하

18) 이 당시에는 대규모 정치적 시위가 자주 발생했으며, 그 주력부대는 독신 남성 근로자였다. 정치적 시위 가운데는 공산당 등 급진단체가 조직한 것들도 있었다.(Finkel, 2006: 111; McGilly, 1990: 82)

는 수용자들의 행진에 대해 정부가 무력으로 대응하면서 발생한 것이었다.

이러한 사회적 불안에 대해 보수당이 지배하는 연방정부는 고용 및 사회보험법안(Employment and Social Insurance Act of 1935)을 도입하였다. 당시 수상의 이름을 따서 이른바 베넷 뉴딜(Bennett New Deal)로 불린 이 법안은 미국의 사회보장법안(Social Security Act of 1935)과 영국의 1935년도 법안을 본뜬 것이다. 다만, 보수당 정부는 공공근로를 위한 막대한 지출은 꺼려하였고, 미국의 사회보장법안 가운데서 주로 실업보험에 초점을 두었다. 그러나 보수당 정부의 실업보험 제정노력은 실패로 끝났다. 그것은 영국 북미조례(British North America Act)의 규정에 따라[19] 사회보장법안의 제정 결정권이 연방정부가 아니라 주정부에 있었기 때문이다.(Guest, 1997: 88; Hick, 2007: 39; McGilly, 1990: 83)

실업보험이 다시 정치적인 조명을 받기 시작한 것은 1930년대 말에 집권한 자유당 정부가 연방정부와 주정부 간의 역할 재설정을 위한 왕립위원회(Royal Commission of Dominion-Provincial Relations)를 설

---

19) 영국 북미조례는 1982년에 헌법(Constitution Act)이 제정되기 이전까지는 캐나다의 헌법이었다. 1867년에 영국 의회에 의해 제정된 이 조례의 92조에 따르면, 사회복지정책은 주정부의 고유권한이었다. 따라서 연방정부가 사회복지분야에서 모든 시민들에게 강제적으로 적용되는 전국 수준의 프로그램을 도입하려면 모든 주정부들의 동의를 얻어 영국 의회에 이 조항의 수정을 요청하여 승인받아야만 했다. 실업보험은 전국 수준의 사회보장 프로그램이었기 때문에 92항의 수정을 거쳐야 했다. 뒤에 서술하듯이 1951년에 제정된 OAS(Old Age Security: 노령보장연금)와 1966년에 제정된 CPP(Canada Pension Plan: 캐나다 국민연금)도 이러한 과정을 밟았다. 이처럼 사회정책의 결정권이 조세권을 거의 독점한 연방정부가 아니라 재정적으로 빈약한 주정부에 맡겨져 있었기 때문에 캐나다 사회보장제도의 발전이 지체되었다는 견해도 있다.(Guest, 1997: 7-10; McGilly, 1990: 27-29)

치한 이후이다. 이 위원회는 주정부가 노인, 장애인, 한부모 등 취업가능성이 없는 실업자에 대한 책임을 유지하고, 연방정부는 취업가능성이 있는 실업자에 대해 책임을 져야 한다는 결론을 내렸다. 1940년 7월에 연방정부에 실업보험법안 제정에 관한 독점적 관할권이 부여되도록 영국 북미조례가 수정되었고, 1941년 7월에 실업보험법안이 시행되었다.

이와 같이 캐나다에서 실업보험이 실행된 것은 2차 세계대전의 발발로 인해 고용이 크게 호전된 이후였다는 점에서 실업보험과 세계대공황 간에 직접적인 관련이 없는 것처럼 보일 수도 있다.[20] 그렇지만, 베넷 뉴딜법안이 나오는 등 사회적으로 실업보험이 핵심 이슈가 된 것은 세계대공황에 따른 실업률 급증과 사회 불안정을 배경으로 한다. 특히, 실업자들의 급진화와 공산당이 주도하는 각종 형태의 정치적 시위 및 실업보험 도입을 위한 각종 청원활동 등은 실업보험을 위한 직접적인 도화선이 된 것으로 평가된다.[21]

캐나다에 도입된 초기의 실업보험은 주로 도시 근로자를 대상으로 했다는 점에서 불완전한 것이었다. 또한 실직 전 2년 동안 180일 이상의 취업을 수급자격조건으로 설정함으로써 계절적 근로자나 여성 근로자 등 실업에 취약한 계층을 제외했다는 한계가 있다. 실업보험

---

20) 실업보험의 급여를 신청한 사람은 1943년에 36,600명이고 1944년에는 77,127명이었다. 이것은 실업보험 가입자 250만 명의 3%에 불과한 것이었다.(Guest, 1987: 210)

21) 노동조합들은 실업보험의 형태에 대해서 서로 다른 견해를 갖고 있었다. Trades and Labour Congress는 기여식 사회보험의 형태를 주장했던 반면에, 공산당이 주도했던 Workers' Unity League는 비기여식 실업보험의 도입을 위해 전국적으로 수 십만 명의 서명을 얻었다. 사회민주주의 계열의 CCF에 속한 의원들도 비기여식 실업보험의 제정을 위해 정부에 대해 압력을 행사했다고 한다.(Finkel, 2006: 113; Tudiver, 1987: 196)

은 임금 근로자의 75%를 적용대상으로 삼았지만 실제로는 42%에 대해서만 강제 적용되었다.(Ismael, 2006: 26; Pal, 1988: 39) 그럼에도 불구하고, 이 당시 제정된 실업보험은 가입자의 권리에 기초한 소득비례 급여(소득대체율 약 50%)를 제공하였다는 점과 연방정부가 관장하는 최초의 사회보험이라는 점에서 의의가 크다. 또한, 이른바 제2세대 사회보장제도인 실업보험이 사회보험연금이나 의료보장제도와 같은 기본적인 프로그램보다 먼저 도입되었다는 사실은 캐나다 복지국가의 중요한 특징으로 기록될 만하다.

### 5) 정리와 평가

1867년 연방정부의 수립에서부터 1941년 실업보험의 도입에 이르는 이 시기는 캐나다 국민국가의 형성기임과 동시에 복지국가의 초석이 마련된 시기이다. 산업화, 1차 세계대전, 세계대공황 등의 거대한 사건들을 겪으면서 새로운 사회문제들이 속출하였고, 그것들에 대응할 수 있는 정부의 능력도 대폭 증가하였다. 그 결과 사회복지의 제공이 과거 민간부문 중심에서 공공부문 중심으로 변화하였고, 공공부문의 사회복지 공급주체는 기초자치단체에서 주정부나 연방정부로 이동하였다.

이 시기에 주정부들의 주도로 산재보험과 모성수당이 만들어지고, 연방정부의 주도로 공공부조식 노령연금과 실업보험이 창설됨으로써 캐나다는 복지국가로서의 첫 발을 내디뎠다. 이러한 사회복지 프로그램들의 도입과 함께 복지에 대한 사회적 견해가 변화하였다. 과거 식민지시대에는 개인주의와 자유방임주의가 지배적이었지만 산업화를 비롯한 대규모 사건들을 겪으면서 개인생활에 대한 국가의 책임과 개입을 허용 내지는 요구하는 견해가 점차 부상하게 된 것이다.[22] 19세기 말엽에서 20세기 초반에 복지국가의 틀을 마련했던 서구국가들에 비해서 늦기는 했지만 신생국가 캐나다는 세계사적인 격변기를 거치면서 점차 복지국가의 모습을 갖추어 가게 되었다.

사회복지에서 공공부문의 역할이 크게 늘어났다는 것은 이 기간 동안의 사회보장지출 추이의 검토를 통해 잘 알 수 있다. 〈표 3-1〉에는 사회보장과 의료에 대한 연방정부를 비롯한 각급 정부의 지출 추이가 제시되어 있다. 여기에서 보듯이 캐나다 연방이 탄생하기 직전인 1866년의 사회보장지출은 모두 50만 달러로서 정부지출의 3.2% 및 GNP의 0.12%에 불과하였다. 사회보장지출은 30년 뒤인 1896년에는 240만 달러로 늘어나 정부지출의 12.5%를 차지했다. 그렇지만 GNP 대비 0.23%로 여전히 미미한 수준이었다.

캐나다에서 사회보장지출이 유의미한 수준에 도달한 것은 급속한 산업화와 1차 세계대전 및 경제대공황을 경험한 후인 1933년이 되어서였다. 이 시기의 사회보장지출액은 정부지출의 24.7%에 달했고 GNP 대비 6.6%를 기록했다. 복지국가 형성기의 마지막 시기인 1939년이 되면 사회보장지출은 3억 달러를 넘었고 정부지출의 27.1%, 그리고 GNP의 5.6%가 되었다. 사회보장지출의 측면에서 캐나다 복지국가

---

22) 어떤 연구자는 "도시의 성장과 더불어 경제 및 산업부문에서의 국가의 개입행위가 증가하게 된 것은 자연스러운 결과이고, … 1876년 이후로는 경제 및 사회문제에 대해 정부가 개입하는 것이 더 이상 부적절한 것으로 간주되지 않는다"고 하면서 "캐나다에서 사회복지국가의 기원은 연방정부 수립 이후의 30년 동안에 있다"고 주장한다.(Wallace, 1950) 다른 나라와 마찬가지로 캐나다 복지국가의 형성에 있어서도 산업화와 그에 따른 도시화의 영향력이 큰 것은 사실이지만, 산재보험을 제외한 다른 기본적인 사회보장 프로그램들의 도입은 세계대전과 세계대공황을 기다려야만 했다. 이런 점에서 캐나다 복지국가의 기원은 이 글에서 주장했던 대로 1941년까지의 시기를 포함해야 한다.

〈표 3-1〉 공공복지 지출액 추이

| 연 도 | 공공복지 지출액 (백만 달러) | 정부지출에 대한 비율 (%) | GNP에 대한 비율 (%) |
|---|---|---|---|
| 1866 | .5 | 3.2 | .12 |
| 1874 | .9 | 3.1 | .18 |
| 1896 | 2.4 | 12.5 | .23 |
| 1913 | 15.1 | 20.7 | .44 |
| 1926 | 99.0 | 12.5 | 1.90 |
| 1933 | 230.5 | 24.7 | 6.60 |
| 1939 | 317.2 | 27.1 | 5.60 |

주) 공공복지: 모든 정부(연방, 주, 시)들의 의료 및 소득보장 프로그램.
자료: Goffman, 1965: 30.

는 1920년대까지 매우 점진적으로 성장하다가 1930년대가 되어 그 속도가 매우 빨라진 것이다. 전체적으로 볼 때 1866년에서 1939년까지 사회보장지출은 금액상으로는 6,344배, 정부지출 대비로는 8.5배, 그리고 GNP 대비로는 46.7배가 증가하였다. 산재보험의 도입기인 1913년과 비교해도 1939년의 수치는 정부지출 대비로는 6.4% 포인트, GNP 대비로는 5.1% 포인트가 높아지는 등 급속한 성장을 보였다.

이상과 같은 성과에도 불구하고, 이 시기 동안 캐나다 복지국가는 여전히 초보적인 수준에 머물렀다. 실업보험과 같은 전국 수준의 보편적 프로그램이 도입되기는 했지만, 전국민을 대상으로 하는 노령연금이나 의료보장제도가 없었으며, 사회보장부문에서 공공부조식 노령연금과 모성수당을 비롯하여 주정부가 운영하는 공공부조 프로그램이 주를 이뤘기 때문이다. 대부분의 사회보장 프로그램들은 시장자유주의를 신봉하는 정부들이 사회적 상황이나 일부 사회집단의 강력한 요구에 떠밀려 어쩔 수 없이 도입하게 된 것들이며, 일반시민들의 기본적인 생활보장이나 사회적 형평성의 확보와는 거리가 있었다. 이런 점에서 이 시기의 캐나다 복지국가의 특징을 '마지못한 복지주의'(reluctant welfarism)(Moscovitch and Drover, 1987: 26-7), 혹은 '잔여적 틀의 유지'로(Guest, 1997: 102) 묘사한 것은 지극히 정당한 평가였다.

## 3. 복지국가 확대기(1942–1974년)

이 시기는 2차 세계대전(1939–1945년)의 발발과 마쉬 보고서(Marsh Report)의 발간으로 시작되었다. 1차 세계대전과 세계대공황을 거치면서 연방정부는 시장과 시민생활에 개입하는 능력을 더욱 높여나갔다. 2차 세계대전을 겪으면서 연방정부는 전쟁수행을 위해 이전에는 생각할 수도 없는 정도로 막대한 조세를 걷었고, 군수품 생산을 위해 다수의 민영기업들을 동원했으며, 스스로가 최대의 고용주로서 노사관계의 조정자가 되었다. 이와 같이 국가의 개입능력이 크게 확대되는 가운데 2차 세계대전의 여파로 생활에 어려움을 겪는 시민들이 다수 발생하면서 사회적으로는 시민생활보장을 위해 국가의 역할이 증대되어야 한다는 기대감이 높아졌다. 자유주의 시장경제가 지배적이었던 캐나다에서도 복지국가 확대의 기반이 마련된 것이다. 이처럼 2차 세계대전은 캐나다 복지국가의 확대를 위한 환경을 제공했다. (Guest, 1987: 205)

이와 함께 2차 세계대전 기간 동안 캐나다에서는 복지국가에 대한 관심과 사회주의에 대한 지지가 높아졌다. 한 여론 조사에 따르면 응답자의 80%가 일반조세에 기초한 포괄적인 의료보험제도와 60세 또는 65세 이상 노인을 위한 보편연금을 지지했다고 한다. 또한, 1943

년 9월의 갤럽 조사에 따르면, 연방의회 선거에서 보수당과 자유당을 지지하겠다는 응답이 28%였던 데 반해서 사회주의계열인 CCF에게 투표하겠다는 응답자는 29%였다. 실제로, 1943년의 온타리오 주의회 선거에서 CCF는 34석을 얻어 간발의 차이로 2위가 되었고, 1944년의 서스캐처원 주의회 선거에서는 CCF가 52석 가운데 47석을 얻기도 했다.(Finkel, 2006: 125-7; Guest, 1997: 119) 노동조합 가입률은 1930년대 초반 14.5%(28만 명)에서 1942년에는 18%(백만 명)로 늘었고 1949년에는 29.5%로 급증하였다.[23](Tudiver, 1987: 194)

이러한 상황이었기 때문에 보수당과 자유당은 사회민주주의 정당인 CCF의 민영기업 국유화와 같은 주장에 반대하면서도 그보다는 덜 급진적인 사회보장개혁의 주장을 선취할 필요가 있었다. 실제로, 1942년 9월에 개최된 보수당 전당대회에서는 국민건강보험, 보편연금, 사회주택 등과 같은 사회보장정책의 채택이 주장되었다. 자유당도 사회보장개혁에 대해 비슷한 태도를 취했으며, 1941년에는 전후 캐나다 사회의 전반적인 개혁을 위한 자문위원단을 구성하기도 했다. 이 자문위원단 가운데 한 위원회가 사회보장부문에서의 개혁방안을 제시했고, 그것은 이른바 마쉬 보고서로 발표되었다.(Finkel, 2006: 127-9; Moscovitch and Drover, 1987: 27-8)

마쉬 보고서는 1943년 3월에 연방정부의 의뢰를 받아 맥길대학교 교수인 러나드 마쉬(Leonard Marsh)가 발간한 「캐나다 사회보장 보고서」(The Report on Social Security for Canada)를 말한다.[24] 이 보고서는

---

23) 또 다른 조사에 따르면, 노동조합원 수는 1945년 711,000명에서 1960년 1,459,200명, 그리고 1971년 220만명으로 크게 늘어나는 추세였다. 노동조합 가입률은 비농업 부문의 경우 1946년 28%에서 1971년 33%로 점진적으로 증가하였다.(Bothwel et al, 1989: 291)

24) 마쉬는 League for Social Reconstruction의 회원이었는데, 이 단체는 영국의 페

1942년 12월에 영국에서 발간된 베버리지 보고서와 비슷하게 캐나다가 보편적이고 포괄적인 사회보장제도를 도입해야 한다는 내용을 담고 있다.[25] 이 보고서에서 강조되었던 것은 국가가 사회적 최저기준(social minimum)을 설정하여 사회적 약자들을 적극적으로 보호해야 하고, 시민들의 바람직한 최저생계수입(desirable living minimum income)을 보장해야 한다는 것이다. 이러한 목적을 위해 국가가 연금이나 실업보험 등의 다양한 사회보험과 의료보험 및 보편적인 가족수당을 도입하고, 전국 수준의 완전고용 및 직업훈련 프로그램을 실행하도록 강조되었다.(Battle and Tamagno, 2007: 2; Guest, 1997: 109-12; Hick, 2007: 43-4)

이 보고서의 발간 이후 캐나다 복지국가의 개혁에 대해 사회적으로나 정치적으로 광범한 논의들이 뒤를 이었다.[26] 일부 사람들은 시민생활에 대한 정부의 책임과 시민권에 기초한 복지급여제공에 대해 긍정적으로 반응했던 반면에, 다른 사람들은 과다한 정부지출과 강제적인 사회보험의 적용을 사회주의적인 것으로 반대하며 선별주의적인 공공부조 프로그램을 강조하기도 하였다. 연방정부도 초기에는 막대한 재정지출을 요구하는 마쉬 보고서의 주장에 별다른 관심을 보이지 않았다. 그렇지만 지속적인 사회적 논의를 거치면서 마쉬 보고서

---

이비안 소사이어티를 모델로 하여 캐나다 사회의 사회민주주의적 개혁을 목표로 하였고, 사회민주주의 정당인 CCF와 밀접한 관계를 유지했다.(Irving, 1981)

25) 마쉬 보고서는 베버리지 보고서와는 달리 전후 캐나다의 사회보장개혁을 위한 청사진이 아니라 예비적인 성격의 평가서였다. 실제로 마쉬 보고서에 대해 연방정부는 그다지 많은 관심을 보이지 않았다고 한다.(Rice and Prince, 2000: 60)

26) 마쉬 보고서와 함께 사회보장의 개혁과 관련하여 두 편의 보고서가 더 나왔다. 이 가운데 헤거티 보고서(Heagerty Report)는 보편적이고 포괄적인 의료보험의 도입방안을 제시했고, 커티스 보고서(Curtis Report)는 주거비용 감소를 위한 각종 주거 프로그램 및 정책들을 제시했다.(Guest, 1987: 214-6)

에서 개진된 제안들은 점차 정부정책으로 채택되었다.27)

### 1) 가족수당(Family Allowance)28)

1945년에 시행된 가족수당은 마쉬 보고서에서 제시된 여러 프로그램 가운데 하나이다. 가족수당은 아동을 부양하는 모든 어머니에게 소득수준과 관계없이 일정 금액을 지급하는 보편급여이며, 일반조세를 기반으로 하여 연방정부가 운영하는 것으로 설계되었다. 가족수당은 캐나다에 도입된 최초의 보편주의 사회프로그램이었던 것이다. 가족수당은 3년 이상의 거주를 조건으로 하여 캐나다에서 태어난 16세 미만의 아동에게 지급되며, 급여액은 아동의 연령에 따라 6달러에서 8달러 사이였다. 1946년의 경우 가족수당급여액은 가족당 평균 14.18달러이고 아동 1인당 평균 5.94달러였다.29)(Finkel, 2006: 131; Guest, 1997: 125; Ismael, 2006: 26)

사실 캐나다 사회에서 가족수당에 대한 논의는 이미 오래 전부터 있어왔다. 1919년에 노동성 장관이 가족수당의 찬반론에 대해 언급한 바 있으며, 1929년 2월에는 연방의회가 가족수당에 대해 논의하기도 했다.(Kitchen, 1987: 227-34) 이와 함께 다양한 사회집단들이 가족수당에 대한 견해를 피력하며 대립하기도 했다. 우선, 임금수준의 획기적

---

27) 이런 점에서 마쉬 보고서가 캐나다 복지국가의 초석을 놓았다는 평가도 있다.(Ismael, 2006: 25)

28) 가족수당에 대해서는 이 책의 5장에 보다 상세하게 서술되어 있다.

29) 이 당시 지급된 가족수당의 수준에 대해서 몇 가지 추정치가 있다. 어떤 연구자에 따르면, 아동 1인당 급여액은 제조업 평균임금의 8% 정도였다고 한다.(Kitchen, 1987: 237) 다른 연구자에 따르면, 가족수당급여액은 서스캐처원 농촌지역이나 대서양 지역에서 아동 3－5명을 부양하는 가족의 가구소득의 15－20%였다고 한다.(Struthers, 1996: 80-1)

인 향상을 주장했던 급진적인 노동조합은 가족수당에 반대하였다. 가족수당이 자신들의 요구를 회피하기 위한 수단이라는 이유에서였다. 여성계 및 사회복지계는 출산율을 높인다는 이유로 반대하였다. 반면에, 경영자단체는 연방정부의 재정에 기초하여 임금인상을 억제할 수 있다는 점을 들어 가족수당의 도입을 지지하였다. 가톨릭 교회도 다산가정을 보호하고 장려한다는 차원에서 가족수당의 도입을 적극 지지하였다. 연방정부는 시행 첫 해에 2억 달러가 드는 등 막대한 재정 부담 때문에 제도 도입에 난색을 표명하였다.

그렇지만, 시간이 지남에 따라서 각 이해당사자들의 입장이 점차 변화하기 시작하였다. 우선, 노동조합들은 처음의 태도를 바꿔 가족수당을 승인하기 시작했다. 가족수당이 노동자 가족의 부가적인 수입원이 된다는 점에서 노동자에게 이득이 된다는 이유에서였다. 경영자단체와 보수정당은 미래세대의 보호와 구매력 유지라는 차원에서 가족수당의 필요성을 인정하였다. 자유당 정부는 노사관계의 안정이나 전시에 동원된 여성노동력의 가정 복귀라는 정책목표의 달성을 위해 가족수당의 도입이 필요한 것으로 인식하였다. 이런 가운데 그 당시 정치적으로 급부상하고 있었던 사회민주주의 정당 CCF가 가족수당을 적극적으로 지지하면서 자유당 정부는 1944년에 의회에 가족수당 법안을 제출하였고, 이 법안은 유례가 드물게도 만장일치로 통과되었다.(Guest, 1997: 123-4)

### 2) 보편연금

1945년 7월의 연방의회 선거 직후 맥켄지 킹 수상의 자유당 정부는 『캐나다 정부의 제안』(*Proposals of the Government of Canada*)이라는 제목이 붙은 그린북(Green Book)을 발간하였다. 이 책자에는 전국규모의 보편적인 의료보험, 65세 이상 노인을 위한 보편연금, 실업보험의 확대, 공공근로에 대한 지원 확대 등이 포함되어 있었다. 재정은 의료보험의 경우 주정부와 연방정부가 분담하고 보편연금의 경우에는 연방정부가 부담하는 것으로 되어 있다. 이러한 계획은 매우 야심찬 것이었으나 공공지출의 확대를 꺼려하는 자유당 정부와 연방정부의 조세독점에 반대하는 주정부들의 반대로 몇 년 동안 실행되지 못했다. 2차 세계대전 이후 사회주의 정당이 약화되었던 것도 포괄적인 사회보장개혁을 실행하지 않은 원인으로 작용했다.(Finkel, 2006: 135-42)

이러한 가운데 사회적으로는 보편연금을 도입하자는 움직임이 활발하게 전개되었다. 그 배경은 다음과 같다. 2차 세계대전 직후 많은 노인들이 빈곤에 허덕였고, 이들은 생존을 위해 주정부가 제공하는 공공부조식 노령연금에 더욱더 의존하게 되었다. 이에 따라 주정부들은 노령연금의 급여를 거의 최대한으로 제공했을 뿐 아니라 주정부의 자체적인 연금보조금도 지급하였다. 1940년대 말까지 주정부 자체의 연금보조금을 지급하지 않은 주는 온타리오, 프린스 에드워드 아일랜드, 뉴브런즈윅뿐이었다. 이렇게 되면서 공공부조식 노령연금의 존재이유가 줄어들었다. 이와 함께, 수급자격이 까다롭고 수급자를 차별하는 공공부조식 노령연금에 대한 사회적 반감이 높아지면서 노령연금을 대체하는 새로운 형태의 연금을 도입하자는 사회적 압력이 높아졌다.(Struthers, 1996: 82-3)

보편연금의 도입을 주장한 단체들은 다양했다. 우선, 이미 1930년대 초반부터 각 주에서 조직되기 시작한 연금수급자단체들은 1940년대 중후반에는 보편연금 도입을 위한 서명운동을 전개했다. CCF와 CCL(Canadian Congress of Labour) 같은 진보진영도 기존 노령연금의 소득기준을 제거한 보편적 형태의 연금의 도입을 강력하게 요구하였다. 또한 경영자단체인 캐나다 상공회의소(Canadian Chamber of Commerces)는 일부 경영자들의 반대를 무릅쓰고 70세 이상 노인에게 월 30달러를 지급하는 보편연금의 도입을 요구하기도 했다. 이와 같이 보편연금에 대한 사회적인 동의가 마련되면서 연방정부가 보편연금의 도입을 추진하게 되었다.

노령연금의 개혁과 관련하여 연방정부가 원래 염두에 두었던 것은 기여식 사회보험연금이었다. 그것은 1935년에 제정된 미국의 사회보험연금의 영향이 컸던 데다가 보수당과 경영계가 기여식 연금을 선호했기 때문이었다. 그렇지만, 몇 가지 이유에서 기여식 사회보험연금의 도입은 배제되었다. 우선, 기여식 연금의 경우 유지 관리가 매우 복잡하고 비용이 많이 드는 것이 문제였다. 그 당시 조사에 따르면 5천 명의 공무원이 필요할 것으로 추정되었다. 둘째, 기여식 연금은 이미 광범하게 존재하고 있었던 민영연금의 성장을 저해할 가능성이 있었다. 보편연금은 기여식 연금과는 달리 최소한의 급여를 제공함으로써 개인이나 고용주의 부가연금체제를 강화하고 막대한 연금자산을 적립할 필요가 없기 때문에 민간투자를 위협하지 않았던 것이다. 이와 함께, 기여식 사회보험연금의 경우에는 주정부들과의 협의를 거쳐 영국 북미조약을 수정해야 하는 번거로움이 있기도 했다.(Johnson, 1987: 34; Struthers, 1996: 89-90)

결국 1951년에 연방정부는 보편연금인 OAS(Old Age Security)의 시행을 공표하였다. 이 연금은 20년 이상 캐나다에 거주한 70세 이상의 모든 캐나다 시민에게 월 40달러 정액으로 제공되는 보편연금이며, 연방정부가 관리운영을 담당하였다.[30] OAS의 시행과 함께

30) 1966년부터 OAS의 수급연령이 1년당 1세씩 낮아져서 1970년에는 65세로 정

1927년에 제정되어 개별 주정부들이 연방정부의 재정 지원을 받아 운영했던 공공부조식 노령연금(Old Age Pensions)은 폐지되었다.

가족수당에 이어 OAS가 시행됨으로써 캐나다는 보편주의적인 사회수당(demogrant)을 완비하게 되었다. 사회보험연금이나 의료보험 등의 기본적인 사회보장 프로그램이 갖추어져 있지 않은 복지국가의 초기 단계에서 벗어나 가장 선진적인 형태의 사회보장 프로그램을 두 가지나 도입하였으며, 이것은 앞으로의 캐나다 복지국가의 발전에 있어서 매우 중요한 의미를 지닌다.

### 3) 병원보험(Hospital Insurance)과 의료보장(Medical Care)

마쉬 보고서에서 제안되었고 자유당의 그린북에서도 제시된 또 하나의 거대한 사회보장 프로젝트는 전국민을 대상으로 하는 의료보장제도였다. 자유당 정부는 1940년대 중반 이래로 보편적 성격의 의료보험제도 도입 방안을 심도 있게 검토하였지만, 이 문제를 둘러싼 당 내부의 분열이 지속되면서 구체적인 정책방안을 내놓지 못하였다. 전국민 의료보장제도에 대한 일부 주정부들과 의사 및 병원을 비롯한 일부 사회집단의 강력한 반대도 연방정부의 정책결정을 늦추는 요인이 되었다.

그렇지만, 1940년대 중후반 캐나다의 열악한 의료현실에 대한 사회적 비판이 높아지고 80% 이상의 시민들이 전국민 의료보장제도를 지지하는 것으로 조사되면서 어떤 식으로든 연방정부 차원에서의 조

---

착되었다. 이와 함께 완전연금의 수급자격이 거주기간 20년에서 40년으로 늘어났고, 1968년부터는 연금급여액이 소비자 물가에 연동되었다.(Rice and Prince, 2000: 75)

치가 필요하게 되었다. 특히, 몇몇 주정부들이 자체적인 의료보험을 마련하여 연방정부의 재정 지원을 요구함에 따라 연방정부 차원의 전국민 의료보장제도를 창설할 필요성이 더욱 높아졌다.

이러한 흐름에 앞장 선 주정부는 서스캐처원이었다. 1944년에 집권한 사회민주주의 계열의 CCF 주정부는 1947년에 보편주의적인 병원보험을 시행하였다. 병원에서 제공하는 각종 의료서비스를 보장하는 병원보험은 주정부의 일반조세와 각 세대에 부과된 보험료를 재원으로 하며, 모든 주민에게 본인 부담금 없이 의료서비스를 제공하는 것이었다. 1949년에는 브리티시 콜롬비아가 보험료와 일반조세(소비세)를 재원으로 하는 보편적인 병원보험 프로그램을 시행하였다. 단, 이 보험은 본인 부담금을 부과했다는 점에서 서스캐처원의 것과는 차이가 있었다. 이 외에도 1949년에는 매니토바, 뉴펀들랜드에 임의적 성격의 병원보험이 만들어졌고, 1950년에는 앨버타에 시정부와 주정부의 지원과 가입자의 보험료를 재원으로 하는 임의적 성격의 병원보험이 만들어졌다. 주정부 병원보험을 독자적으로 창설한 이들 다섯 주정부들은 연방정부에 재정 지원을 적극적으로 요청했다.(Finkel, 2006: 8장; Health Canada, 2005; Vayda and Deber, 1992)

이러한 상황하에서 자유당 정부는 1955년에 개최된 연방정부와 주정부의 연석회의에서 연방 차원의 병원보험의 도입을 약속하게 되었고, 마침내 1957년에 병원보험 및 진단서비스 법안(Hospital Insurance and Diagnostic Services Act)을 제정하였다. 1958년 1월부터 시행된 이 법안은 보편적 적용이라든가 이용자부담 부과 금지 등의 기준을 준수하는 주정부에 대해 연방정부가 병원의료비용의 절반을 부담한다는 것과 주정부는 스스로가 원할 경우에만 연방정부의 지원을 받아 병원보험을 도입한다는 내용을 담고 있다. 단, 병원보험은 정신병원이나 결핵환자 요양소, 요양원 및 노인주거시설 등에는 적용되지 않았다.

병원보험 및 진단서비스 법안의 통과 직후인 1958년에 매니토바, 뉴펀들랜드, 앨버타, 브리티시 콜롬비아의 네 개 주는 연방정부의 재정 지원을 받는 병원보험을 창설했고, 서스캐처원은 기존의 병원보험을 연방정부의 재정 지원을 받는 것으로 변경하였다. 병원보험은 1959년에 온타리오, 뉴브런즈윅, 노바스코샤, 프린스 에드워드 아일랜드에 도입되었고, 1961년에 퀘벡으로 확대되었다. 그 결과 1963년 3월 말까지 캐나다 인구의 98.8%가 병원보험에 가입하였다.(Guest, 1997: 140)

병원에서 제공하는 의료서비스를 보장하는 병원보험이 정착되면서 외래진료를 보장하기 위한 의료보험의 도입 움직임도 활발해졌다. 이 움직임도 CCF가 지배하는 서스캐처원 주정부가 주도했다. 서스캐처원은 1962년에 병원보험과 비슷한 방식으로 주정부 일반예산을 기초로 해서 주정부 자체의 의료보험을 도입한 것이다. 브리티시 콜롬비아도 1965년에 독자적인 의료보험을 도입했는데 그것은 서스캐처원과는 달리 임의적 성격의 것이었다. 이 외에도 몇몇 주정부들이 자체적인 의료보험을 준비하고 있었다.

피어슨(Lester B. Pearson) 수상의 자유당 연방정부는 주정부들로부터 의료보험 확산에 대한 압력을 받았을 뿐 아니라 자신의 집권에 협력한 사회민주주의 계열의 NDP(New Democratic Party)의[31] 의료보험 도입 요구에 직면하였다. CLC(Canadian Labour Congress)와 같은 노동조합을 필두로 캐나다 사회복지사협회, 농업연맹, 개신교연합 등의 사회단체들도 연방 차원의 의료보험의 제정을 강력하게 주장하였다.

---

31) NDP는 1961년에 CCF와 CLC의 주도에 의해 새로 결성된 캐나다의 사회민주주의 정당이다.

결국, 연방정부는 민영보험사를 비롯한 경영자단체와 의사협회 등 이익단체의 반대를 무릅쓰고 1966년에 의료보장법안(Medical Care Act)을 제정하여 1968년부터 시행하였다. 이 법안은 의료보험의 운영에 있어서 보편성, 포괄성, 공적운영, 이동성의 기준을 지키는 주정부에 필요한 재정의 50%를 연방정부가 부담한다는 내용을 담고 있다. 이 법의 시행과 함께 서스캐처원과 브리티시 콜롬비아는 연방정부의 재정 지원을 받는 의료보험제도를 만들었고, 뉴펀들랜드, 노바스코샤, 매니토바, 앨버타, 온타리오는 1969년에 같은 형태의 의료보험제도를 도입하였다. 1970년에는 퀘벡과 프린스 에드워드 아일랜드에, 그리고 마지막으로 1971년에는 뉴브런즈윅으로 의료보험이 확산되었다.(Finkel, 2006: 8장; McGilly, 1990: 7장-8장)

이상과 같이 병원의 의료서비스를 보장하는 병원보험과 외래진료를 보장하는 의료보장(혹은 의료보험)은 독자적으로 발전하기는 했지만 모두 주정부가 운영하고 연방정부가 비용의 일부를 부담한다는 공통점을 지녔다. 이 프로그램들은 비록 보험이라는 용어가 붙어 있기는 하지만 일반적인 사회보험과는 달리 재정에서 차지하는 보험료의 비율이 매우 낮고, 보험료의 납부 여부에 관계없이 의료서비스를 이용할 수 있도록 허용하였다. 이런 점에서 병원보험과 의료보험은 보편주의 사회프로그램에 가까웠다.[32)]

1984년에는 자유당 정부하에서 캐나다 의료법안(Canada Health Act)

---

32) 병원보험이 처음 도입되었을 때 온타리오와 매니토바는 일정 정도의 보험료를 부과했고 브리티시 콜롬비아와 앨버타는 환자 본인 부담을 부과했었다. 그렇지만 시간이 지날수록 보험료는 거의 유명무실하게 되었고 병원보험의 재정은 주로 일반조세에 기초하게 되었다.(Guest, 1997: 140) 다만, 본인 부담과 초과비용징수로 인해 병원보험과 의료보험의 접근성이 제한된다는 비판이 자주 제기되어 왔다.

이 시행되었다. 이 법안에 따라서 병원보험과 의료보험은 메디케어(Medicare)라는 하나의 틀 속에 통합되었다. 이 법안의 내용은 메디케어의 운영에 있어서 보편성, 포괄성, 공적운영, 이동성, 접근성이라는 다섯 가지 기준을 충족시키는 주정부에게 연방정부가 메디케어 재정의 절반을 제공한다는 것이다. 특히, 이 법안은 주정부들에 의해 부분적으로 용인되어 왔던 급여대상 의료서비스에 대한 초과비용 징수 및 본인 부담 부과를 금지함으로써 의료서비스의 접근성을 높이는 데 그 목적이 있었다.33)

### 4) 사회보험연금

마쉬 보고서에서 강조되었던 또 다른 프로그램은 노후생활을 보장하는 연금이었다. 이미 1952년부터 보편연금인 OAS가 시행되기는 했지만 그 프로그램은 연방정부의 일반조세에 기초하고 있었기 때문에 급여수준에 한계가 있었다. 1957년부터 몇 년 동안 보수당 정부에 의해 가입자와 고용주의 기여금에 기초한 사회보험연금 방안이 준비되고 논의되었지만 별다른 성과는 없었다. 소득비례적인 사회보험연금은 1962년과 1963년의 연방선거에서 핵심 쟁점이 되었고, 빠른

33) 본인 부담(user charges)과 초과비용징수(extra billing)는 주정부 의료보험이 지급하는 수준 이상의 금액을 환자에게 징수하는 것을 말하며, 병원에서는 본인 부담으로, 외래진료에서는 초과비용징수로 불린다.(Vayda and Deber, 1992) 연방정부는 본인 부담금의 부과를 용인하는 주정부에 대해 부과된 본인 부담금 액수만큼 메디케어 지원금을 삭감하였다. 뉴펀들랜드, 프린스 에드워드 아일랜드, 노바스코샤는 이 법안의 발효 직후 본인 부담 및 초과비용징수를 금지하였고, 나머지 주들도 3년 이내에 그것들을 금지하였다. 또한, 이 법안은 온타리오, 앨버타, 브리티시 콜롬비아와 같이 의료보험료를 부과하는 주에서도 주민들이 보험료 납부와 관계없이 의료서비스를 동등하게 이용할 수 있도록 규정하였다.(Guest, 1997: 212)

시일 내에 사회보험연금을 도입하겠다고 공약한 피어슨 영도하의 자유당이 승리함으로써 실현 가능성이 높아졌다.

연방정부 수준의 사회보험연금을 도입하는 데에는 많은 난관이 놓여 있었다. 우선 일부 주정부들이 OAS 이외의 또 다른 연방 사회프로그램을 도입하는 것에 대해 반대하였다. 특히, 프랑스 전통이 강한 퀘벡은 연방정부의 사회보험 방안이 구체화되기 전에 QPP(Quebec Pension Plan)라는 독자적인 연금을 마련해 두었다. 대규모 보험사들이 몰려있는 온타리오는 연방정부가 계획하는 사회보험연금이 RRSP(Registered Retirement Savings Plan)를 비롯한 기존의 민영연금의 영역을 침범하지 않도록 낮은 급여를 제공하도록 압박했다. 이와 함께, 경영자단체는 막대한 재원을 정부가 걷어감으로써 투자를 약화시킨다는 명분을 들어 사회보험연금의 도입에 반대하였다.

이에 반해 사회적으로는 적절한 노후생활의 보장을 위해서 소득비례적인 사회보험연금의 도입이 필요하다는 인식이 지배적이었다. 한 여론조사에 따르면, 응답자 중 70% 이상이 전국 수준의 소득비례 사회보험연금에 찬성하였다고 한다.(Finkel, 2006: 160) 게다가, 한동안 지지부진 했던 캐나다의 좌파가 노동조합과 진보주의적 자유주의자들을 규합하여 NDP(New Democratic Party)라는 새로운 사회민주주의 정당을 결성하고 자유당의 집권에 협력함에 따라서 자유당 정부로서는 사회보험연금의 도입을 추진할 수밖에 없었다.

집권 자유당은 1964년에 주정부들과의 타협을 통해 영국 북미조약을 수정하여 1966년 1월부터 CPP(Canada Pension Plan)라는 이름의 소득비례 사회보험연금을 시행하였다. 주정부들은 전국적인 사회보험연금을 도입하는 것에 동의하는 대신 새로 도입되는 연금의 범위 및 재정 등에 대한 통제권을 가지며, 필요한 경우 CPP를 대신하는 자신의 독자적인 사회보험연금을 만들 수도 있게 되었다. 그 결과 퀘벡은 CPP 대신에 QPP(Quebec Pension Plan)를 설치하여 운영하였다.

처음 제정되었을 때 CPP의 보험료는 가입자 1.8%와 고용주 1.8%로 모두 3.6%였고, 연소득 600달러(자영업자는 800달러) 이상인 사람에만 해당되었다. 연금지급 개시연령은 70세였으며, 필요한 경우 65세부터 조기퇴직연금을 받을 수 있었다. CPP 급여의 소득대체율은 연금가능 소득의 25%로 비교적 낮게 정해졌다. 이것은 사회보험연금이 민영연금의 영역을 침해해서는 안 된다는 온타리오 주정부와 경영자단체의 요청을 받아들인 결과이다. 사회보험연금은 다양한 이해관계자들과의 타협 과정을 거치다 보니 노인들의 건전한 생활보장이라는 소득비례연금의 기능을 충실하게 수행할 수 없었다. 그럼에도 불구하고, 어떤 이들은 보편적 성격의 CPP를 도입함으로써[34] 자유당의 정책 중점이 경제부흥에서 시민들의 복리 향상으로 전환하였다는 평가를 내리기도 한다.(Bryden, 1997: 122)

### 5) 개정 실업보험

1940년에 도입된 실업보험은 약간의 가족급여를 제공하기는 했지만 기본적으로는 실업급여액이 보험료 납부기간과 실직 전 소득에 연계되어 있었다. 또한, 노동시장에서 지위가 낮은 계절근로자나 임시직과 같은 저임금 근로자를 적용대상에서 배제하였고, 교사나 공무원과 같이 고용이 안정된 사람들과 노동시장에서 지위가 높은 고임금 근로자도 배제하였다. 이에 따라 실업급여가 가장 필요한 사람들이

34) CPP와 QPP는 전체노동력의 92%에 적용되었다.(Guest, 1997: 143)

실업급여를 받지 못하게 되고 사회구성원 간의 소득재분배가 뚜렷하지 않은 문제점을 지니고 있었다.

이러한 문제들을 해결하기 위해 실업보험은 1954년까지 여섯 차례의 개정을 거쳤고, 1955년에는 새로운 실업보험법안이 제정되었으며, 1959년에는 다시 개정되었다. 이런 과정을 거치면서 보험료율과 소득상한선이 높아졌고, 경찰이나 농업 근로자 등이 적용대상에 포함되었다.(Rice and Prince, 2000: 67-8)

그렇지만, 전면적인 개정은 1971년 트뤼도(Pierre Elliott Trudeau) 수상의 자유당 정부하에서 이루어졌다. 공정한 사회(just society)를 공약으로 내세운 트뤼도 수상은 이전의 피어슨 정부와 마찬가지로 실업보험의 개정 방안에 대해 깊은 관심을 갖고 있었고, 우호적인 경제상황에 힘입어 막대한 재정지출을 필요로 하는 실업보험 개정안을 선포하게 되었다. 1970년에 「1970년대의 실업보험」(Unemployment Insurance in the 70's)이라는 백서로 발표되어 1971년에 개정된 실업보험은 다음과 같은 특성을 지닌다.[35)]

첫째, 급여수준이 대폭 높아졌다. 1965년 당시 실업급여의 최고액은 주당 36달러였고, 수급자의 평균급여액은 24.55달러였다. 이 당시 4인 가족의 빈곤선이 주당 58달러였다는 점을 감안하면 실업급여액은 지나치게 낮은 것이었다. 개정안의 시행에 따라 실업급여의 최고액은 주당 100달러가 되었으며, 이것은 1970년의 4인 가족 빈곤선 85달러를 크게 넘는 것이었다. 소득대체율의 측면에서 실업급여액은 이전의 수급자의 평균소득의 43%에서 66.6%-75%(부양가족 부가급여 포함시)가 되어 과거에 비해 최고 50%까지 높아졌다. 이와

---

35) 특별한 언급이 없으면, 이 부분은 (Lund, 1994; Pal, 1988)에 기초하여 서술하였다.

함께, 최고 15주의 질병급여와 모성급여가 추가됨으로써 실업급여 수급자의 생활상의 욕구를 더 잘 반영하게 되었다. 이와 함께, 출산급여, 질병급여, 퇴직급여와 같이 실직자의 특정욕구를 감안한 부가급여들이 설치되었다.(Johson, 1987: 53)

둘째, 실업보험의 적용대상이 대폭 확대되었다. 실업 위험이 높은 저임금 근로자들과 고용이 안정된 고임금 근로자들이 강제 적용대상에 포함되었으며, 이로 인해 실업보험의 적용대상이 1967년 근로자의 60%와 도입 직전의 80%에서 1971년에는 96.3%로 크게 늘어났다. 이와 함께, 실업급여의 수급조건이 완화되었다. 과거에는 실업급여를 받기 위해 실직 전 2년 동안 30주 이상 실업보험료를 납부했었어야만 했다. 실업보험의 개정으로 인해 실업보험료 납부기간이 실직 전 1년 동안 8주 이상으로 크게 축소되었으며, 이에 따라 고용상태가 불안정했던 주변적 근로자들이 실업보험의 혜택을 입을 가능성이 높아졌다.

마지막으로, 실업보험에 대한 연방정부의 재정 부담이 확대되었다. 과거에 연방정부는 실업보험재정의 20%를 지원했다. 그러나 실업보험의 개정으로 인해 연방정부는 과거의 부담분에 더하여 실업률 4%(지난 10년간의 평균 실업률)가 넘는 부분의 실업급여 및 부가급여를 전액 부담하게 되었다. 이에 따라서 실업보험에 대한 연방정부의 지원금이 1969년의 8,700만 달러에서 1972년에는 12억 5백만 달러로 급증하였다. 이것을 실업급여 총액에 대한 비율로 표시하면 1969년의 17%에서 1972년에는 64%로 4배 가까이 늘어난 것이다.

1940년에 처음 제정된 실업보험은 30년이 지난 1971년에 대대적인 개정을 겪었다. 그 주요내용은 실업보험의 적용대상과 실질적인 수급자를 대폭 확대하고, 실직자의 실질적인 생활보장이 가능하도록 실업급여를 조정하며, 실업보험 재정에 대한 국가의 부담을 증대하는 것이다. 임금 근로자 거의 전부를 대상으로 하고 재정의 과반수 이상을 일반조세에 기초했다는 점에서 개정된 실업보험은 일반적인 사회보험에 비해 보편적인 성격이 크게 강화된 것으로 평가할 수 있다. 이와 같은 특징들에 주목하여 어떤 연구자는 "캐나다의 포괄적인 사회보장체제를 위한 일차적인 과제가 1971년의 실업보험 개정안의 도입과 함께 완성되었다"는 평가를 내리기도 한다.(Splane, 1987: 246)

### 6) 사회부조

마쉬 보고서는 아동수당이나 사회보험과 같은 보편적 사회보장 프로그램과 더불어 일반적인 저소득층을 대상으로 한 전국적인 차원의 체계적인 사회부조의 도입을 제시하였다. 이러한 주장을 반영한 최초의 사회부조 프로그램은 1952년에 도입된 노령연금부조(Old Age Assistance)이다. 같은 해 시행된 보편연금인 OAS가 70세 이상의 모든 시민을 대상으로 하는 데 반해서 노령연금부조는 65－69세의 저소득 노인들에 대해서만 소득심사를 통해 최고 월 40달러의 급여를 지급했다. 노령연금부조의 재정은 연방정부와 주정부가 반씩 부담하였고, 관리운영은 주정부가 전담하였다.(Guest, 1997: 137)

1956년에는 실업부조법안(Unemployment Assistance Act)이 연방정부를 통과하였다. 이 법안은 주정부들과의 협의를 거쳐 만들어졌으며, 실업부조는 실업보험 급여를 받을 수 없거나 급여수급 기간이 지난 사람들에게 소득심사가 아니라 욕구심사(Needs Test)를 통해 제공되었다. 1940년에 시행된 실업보험은 임금 근로자의 42%에 대해서만 적용되었고 실업의 위험이 높은 저임금 근로자들을 제외함으로써 실업자 가운데 단 1/4만이 실업급여를 받을 수 있었다. 주정부나 시정부의 지원책이 거의 없는 가운데 실업급여를 받을 수 없는 실업자들은 민간자선단체에 의존할 수밖에 없었다. 그러나 1950년대 중반 실업 증대로 인해 민간자원이 한계를 노출한 가운데 연방정부는 그들을 대상으로 하는 사회보장 프로그램을 시행하게 되었다.(Struthers, 1987: 12-5)

실업부조의 재정은 연금부조와 마찬가지로 연방정부와 주정부가 반씩 부담하며, 운영은 주정부에게 맡겨졌다. 이에 따라서 주별로 급여수준에 커다란 차이가 있다. 시행 초기에 뉴펀들랜드에서는 월 최고액이 11.21달러였던 데 반해서 브리티시 콜롬비아에서는 32.02달러였던 것이다.(Struthers, 1987: 22) 실업부조 급여액은 지원자의 욕구와 가용자원(소득 등) 간의 간격을 메우는 선에서 결정되었다. 이런 점에서 실업부조는 연금부조 등의 다른 공공부조 프로그램에 비해 보다 높은 급여를 제공할 가능성을 열어두었다.(Guest, 1997: 138-9; Moscovitch, 1988)

이 시기 도입된 실업부조는 노동능력이 있는 저소득층에 대한 정부의 구호책임을 입법화한 최초의 법안이라는 점에서 의의가 크다.(Moscovitch and Drover, 1987: 29; Struthers, 1987: 4) 또한, 주정부들이 독자적으로 운영했던 기존의 사회부조들이 각 주마다 다양한 형태로 존재했던 데 반해서, 연방정부가 마련한 실업부조는 각 주정부들로 하여금 비슷한 형태의 사회부조를 운영하도록 하는 계기를 제공했다는 평가를 받는다. 주정부마다 잡동사니(patchwork)처럼 뿔뿔이 흩어져 있었던 캐나다 사회부조 프로그램들이 실업부조의 도입 이후에는 통합의 경향을 보이게 된 것이다.(Boychuk, 1998: 44-5)

온타리오, 퀘벡, 앨버타, 노바스코샤의 네 개 주는 실업부조 프로그램에 즉각적으로 참여하지 않았다. 주정부의 재정분담 비율에 불만이 있었기 때문이다. 1958년에 재정분담 비율이 조정되고 나서야 퀘벡을 제외한 다른 세 주가 실업부조를 시행하였다.(Struthers, 1987: 21) 실업부조의 시행과 함께 기존의 사회부조체계에 몇 가지 변화가 생겼다. 예를 들어서 노바스코샤와 뉴브런즈윅은 연방정부가 제공하는 실업부조 지원금을 받기 위해 구빈법을 폐지하였다. 또한, 1959년에서 1962년 사이에 실업자가 급증함에 따라 주정부들은 사회부조의 지원자들을 근로가능한 사람으로 판정하여 실업부조의 대상자로 만들었고, 이를 통해 자신의 재정 부담을 줄이고자 하였다.(Moscovitch, 1988)

이상과 같은 새로운 사회부조 프로그램들의 도입에도 불구하고 각 주별로 수급자격이나 급여수준이 크게 달랐기 때문에 저소득층의 생활보장에 어려움이 많았다. 이에 따라 1958년부터 캐나다 복지위원회(Canadian Welfare Council)를 중심으로 새로운 공공부조 프로그램을 도입해야 한다는 보고서들이 제출되었고, 1962년에는 주정부의 복지 자관들과 복시기관 대표들로 구성된 전국복지위원회(National Council of Welfare)가 사회부조 프로그램들에 대한 연방정부의 재정부담 확대를 주장하였다. 이와 함께, 1964년 미국의 린든 존슨 대통령이 빈곤에 대한 전쟁(war on poverty)을 선포하여 공공부조의 대대적인 개혁을 단행한 것도 큰 영향을 미쳤다. 결국 피어슨 영도하의 자유당 소수정부는 1966년에 CAP(Canada Assistance Plan, 캐나다 부조플랜)를 만들어 시행하였다. CAP는 비슷한 시기에 만들어진 CPP(Canada Pension Plan)를 보완한다는 의미를 지니고 있다.(Dyck, 1979; Ismael, 2006; Moscovitch, 1988; Osborne, 1985)

CAP는 연방정부의 재정 지원에 기초하여 주정부가 운영하였다. 다만 연방정부는 CAP의 운영에 있어서 주정부가 다음과 같은 국가

기준을 지킬 것을 조건으로 하였다. 첫째, 사회부조는 소득심사를 통해 모든 빈곤층에게 제공되어야 한다. 둘째, 빈곤층은 자신의 거주지역과 관계없이 사회부조를 신청할 수 있다(이동권 보장). 셋째, 지원자는 사회부조 신청에 대한 결정에 이의를 제기할 기회를 갖는다. 이러한 세 가지 기준을 지키는 한 연방정부는 액수에 제한 없이 주정부 CAP 지출의 절반을 부담하였다.

CAP는 노령연금부조, 시각장애인부조, 장애인부조, 실업부조 등 연방정부의 재정 분담을 바탕으로 해서 주정부가 운영했던 기존의 범주적 부조들을 비범주적인 하나의 틀 속에 통합시켰다. 또한, CAP는 주정부가 독자적으로 운영했던 모성수당과 저소득층을 위한 각종 사회서비스도 자신의 틀 속에 포함하여 연방정부의 재정 지원이 가능하도록 하였다. 이와 함께, CAP는 수급자격의 기준에서 거주기간을 제외함으로써 수급자들의 권리를 향상시켰고 연방정부의 주도에 따라 급여수준이나 수급자격의 차원에서 주정부 사회부조들이 수렴하도록 만들었다고 평가된다.(Boychuk, 1998: 45-8)

### 7) 정리와 평가

2차 세계대전의 발발과 마쉬 보고서의 발간을 출발점으로 한 이 시기는 1970년대 중반 갑작스러운 세계경제불황의 도래와 함께 끝이 났다. 약 30년에 걸친 이 시기 동안 캐나다 복지국가는 질적·양적인 성장을 거듭하였다. 가족수당, 보편연금(OAS), 병원보험 및 의료보장 같은 보편급여 프로그램들이 탄생하였고, 사회보험연금(CPP)이 만들어졌으며, 실업보험의 보편적인 성격이 강화되도록 개정되었다. 이와 함께, 전국 수준의 공공부조 프로그램인 CAP를 통해 다양한 형태로 존재했던 기존의 사회부조 프로그램들이 통합되기도 했다.

이 시기 캐나다 복지국가의 특징은 다음과 같이 정리할 수 있다. 우선, 사회보장 프로그램의 보편적인 성격이 크게 강화되었다. 가족수당과 보편연금은 연방정부의 일반조세에 기초하여 일정 연령 기준을 충족한 모든 시민에게 정액으로 지급되는 현금 형태의 보편급여(데모그란트)이다. 반면 병원보험과 의료보장은 연방정부와 주정부의 조세에 기초하여 질병이나 상해를 입은 모든 시민에게 보험료 납부 여부나 소득조사 등의 조건 없이 의료서비스를 제공하는 현물형태의 보편급여(공공서비스)이다. 비록 가족수당과 보편연금의 급여액이 비교적 낮은 수준이기는 했지만, 세 가지 보편급여 프로그램에 대한 지출은 전체 사회보장지출액의 절반에 가까웠다.

다음에, 위와 비슷한 맥락이기는 하지만, 선별주의적인 공공부조의 비중이 크게 줄어들었다. 이전 단계에서의 주요한 사회보장 프로그램은 산재보험, 노령연금, 모성수당, 실업보험이었다. 이 가운데 산재보험과 실업보험은 사회보험이고, 노령연금과 모성수당은 공공부조였다. 이 시기에는 앞에 서술한 보편급여 프로그램들 이외에도 사회보험연금이 새로 도입됨으로써 공공부조가 전체 사회보장제도에서 차지하는 비중이 크게 감소하였다. 사회보험연금의 경우 급여지급의 조건으로 보험료의 납부를 전제로 한다는 점에서 가족수당에 비해서는 보편적 성격이 미약하지만, 적어도 이론적으로는 모든 시민을 대상으로 자선이 아니라 권리에 기초하여 급여를 제공한다는 점에서 공공부조의 선별주의와는 커다란 차이가 있다.

마지막으로, 연방정부의 역할이 강화되었다. 기존의 사회보장 프로그램 가운데 산재보험과 모성수당은 주정부의 독자적인 프로그램이었고, 노령연금은 연방정부의 지원을 받아 주정부가 운영하였다. 실업보험만이 연방정부의 관할에 속하는 사회보장 프로그램이었다. 이에 반해서, 이 시기에 도입된 사회보장 프로그램들 가운데 가족수당, 보편연금, 사회보험연금은 연방정부의 관할에 속하고, 병원보험 및 의료보장은 연방정부의 가이드라인 하에서 연방정부의 재정 지원을 받아 주정부가 운영했다. 공공부조의 영역에서는 과거 주정부가 독자적으로 운영했던 다양한 사회부조 프로그램들이 연방정부의 가이드라인을 적용받는 하나의 사회부조 프로그램(CAP)으로 통합되었다. 이 시기 동안 연방정부는 주도적으로 새로운 사회보장 프로그램을 도입했을 뿐 아니라 재정 지원을 조건으로 하여 과거 주정부의 독자성이 발휘되었던 사회정책영역에 개입하기까지 하였다.

이상과 같이 복지국가의 핵심 분야들이 모두 갖추어지면서 사회복지지출이 크게 증가하였다. 한 연구에 따르면, GDP 대비 사회지출(복지, 의료, 교육)의 비율이 1946년의 4%에서 30년 뒤인 1976년에는 15%로 네 배 가까이 늘었다고 한다. 이와 함께, 그 연구는 1970년대 중반이 되면 사회복지 프로그램이 대다수 시민들의 일상생활에서 일정 정도의 역할을 한다는 점에서 캐나다는 발전된 복지국가로 간주될 수 있다고 한다.(Moscovitch and Drover, 1987: 36) 이와 비슷한 맥락에서 어떤 연구자는 이 시기 들어서 캐나다의 사회보장제도가 잔여적인 것에서 제도적인 것으로 변화하기 시작하였다는 평가를 하기도 한다.(Guest, 1997: 5)

이 시기 동안 캐나다 복지국가는 보편성과 포괄성의 측면에서 괄목할 만한 성과를 이루었고, 사회보장지출의 측면에서 급속한 성장을 거듭하였다. 〈표 3-2〉에서 보듯이 캐나다의 사회보장지출비율은 1950년의 5.7%에서 1965년 9.4%, 1975년 13.8% 등으로 크게 늘어났다. 1950년에서 1975년의 25년 사이에 사회보장지출비율이 2.4

〈표 3-2〉 선진 산업국가들의 사회보장지출 추이(GDP 대비) (단위: %)

| | 1950 | 1965 | 1970 | 1975 |
|---|---|---|---|---|
| 덴마크 | 7.9 | 12.2 | 14.8 | 20.2 |
| 독 일 | 14.8 | 16.6 | 17.1 | 23.7 |
| 미 국 | 3.5 | 7.0 | 9.3 | 12.8 |
| 스웨덴 | 9.7 | 13.8 | 18.6 | 25.0 |
| 영 국 | 9.6 | 11.7 | 13.7 | 17.1 |
| 오스트레일리아 | 5.4 | 8.3 | 8.0 | 10.3 |
| 캐나다 | 5.7 | 9.4 | 14.4 | 13.8 |
| 프랑스 | 11.5 | 15.8 | 15.1 | 23.9 |

자료: ILO, 1961; ILO, 1988; Flora, 1985.

배 이상 증가한 것이다. 그렇다면, 이와 같은 사실을 근거로 해서 캐나다가 발전된 복지국가가 되었다거나 제도적 유형이 되었다고 평가할 수 있을 것인가? '발전된'이라든가 '제도적'이라는 수식어는 다른 국가들과의 비교를 통해서 붙일 수 있는 용어이다. 1975년의 사회보장지출비율을 기준으로 할 때 캐나다는 오스트레일리아 및 미국에 비해서 약간 높지만 독일, 프랑스, 스웨덴 등의 서유럽국가들에 비해서는 크게 떨어진다. 결국, 이 시기에 시민생활에 대한 국가의 개입 정도가 높아진 것은 분명하지만, 캐나다는 서구 복지국가들에 비해서는 여전히 '덜 발전된' '잔여적인' 복지국가에 머물러 있는 것이다.

제4장

# 캐나다 복지국가의 최근 동향

# 제4장 캐나다 복지국가의 최근 동향

2차 대전 이후부터 눈부신 성장을 거듭하여 1960년대에 복지국가의 황금기를 맞았던 서구 복지국가들은 1970년대 들어 석유파동에 이은 세계경제 불황에 직면하여 이른바 '복지국가의 위기 시대'를 맞았다. 그리고 1990년대 이래로는 세계화와 탈산업화 등의 거시사회적인 요소의 영향에 따라 서구국가들은 복지지출을 일정 수준에서 통제할 수밖에 없으며 과거와 같은 보편주의적인 형태의 케인스주의 복지국가를 그대로 유지하기기 점차 어려워지고 있다. 과거 1990년대에 복지국가 비관론자들이 예상했던 바와 같은 복지국가의 급속한 쇠퇴는 목격되지 않지만, 전반적으로 볼 때 복지국가 재구성 내지는 재편성 과정이 진행되고 있는 것이다.

캐나다는 복지수준이 서구 복지국가들에 비해 전반적으로 낮기는 하지만 복지국가의 성장과 쇠퇴의 과정이 서구와 비슷한 양상을 보이고 있다. 제3장에서 보았듯이 캐나다 복지국가는 2차 대전 이후 크게 확대되었다가 1970년대 중반부터는 복지국가의 축소 내지 정체의 과정을 밟고 있는 것이다. 이하에서는 1970년대 중반부터 현재까지 캐나다 복지국가의 변화를 복지국가의 위기 시기(1990년대 초반까지)와 복지국가의 정체기로 나누어 서술하겠다.

## 1. 복지국가의 위기 시기(1970년대 중반–1990년대 초반)

### 1) 사회 및 정치 상황

2차 대전 이후부터 1960년대까지 줄곧 확대일로의 길을 걸어왔던 캐나다 복지국가는 세계경제의 불황이 깊어졌던 1970년대 중반 이후 커다란 도전에 직면했다. 무엇보다도, 실업 증가와 물가 상승에 따라 긴축재정 정책이 도입되는 한편, 시민들 사이에서는 경제적 이기주의가 팽배하게 되었다. 그 결과, 복지국가의 확대기에는 거의 금기되다시피 했던 복지국가에 대한 노골적인 비판들이 제기되었고, 중산층을 중심으로 복지국가에 대한 사회적 지지기반에 균열이 생기기 시작했다. 이와 함께, 캐나다 복지국가 건설의 주역으로서 1936년 이래 40여 년 동안 단 6년을 제외하고는 집권에 성공했던 자유당이 1979년 선거에서 패배했을 뿐 아니라, 1984년에서 1993년에 이르는 긴 시간 동안 야당의 위치에 머물기도 하였다.

캐나다는 미국이나 영국과 같이 신자유주의 이데올로기가 지배적이지 않았고, 대처나 레이건과 같은 노골적인 신자유주의 정치세력의 통치를 경험하지도 않았다. 반면에, 이 시기 들어서 정치·사회 전반적으로 복지국가 확대에 대한 동의와 믿음이 무너졌으며, 사회복지정책의 담론에서 우경화의 색채가 뚜렷해졌다. 캐나다 연방정부가 사회보장급여를 삭감하고 수급조건을 까다롭게 하는 등의 긴축적인 조치들을 본격적으로 시행한 것은 이러한 사회적 변화를 반영한 것이다.

우선, 이 당시의 경제상황을 살펴보면, 2차 대전 이래로 경제적 번영을 구가했던 캐나다는 1970년대 중반 들어서는 경제성장률이 크게 줄어들었다. 1970년대 초반 5–7%에 달했던 GDP 성장률이 1975

년에 2%선으로 낮아졌고, 1982년에는 -3%선까지 떨어졌던 것이다. 게다가, 경제불황에 따라 실업률이 급증함에도 불구하고 물가는 상승하는 스태그플레이션 현상이 나타나기도 하였다. 캐나다의 실업률은 1970년대 초반 5－6%에서 1975년 6.9%, 1980년 7.5%, 1982년 11.0%, 1983년 11.9% 등으로 높아져갔다. 이런 가운데 물가 상승률은 1971년의 2.9%에서 1975년 10.8%로 크게 높아진 이후 1980년 10.2%, 1982년 10.8% 등으로 높게 유지되었다.

이러한 경제적 곤경을 배경으로 하여 복지국가에 대한 우파진영의 광범위한 공격이 시작되었다. 그 선봉에 섰던 것은 이 시기 들어 설립되기 시작한 신자유주의 내지는 보수주의 진영의 연구소들이다. 그것들 가운데 대표적인 것으로 프레이저 연구소(Fraser Institute)를 들 수 있는데, 경영자단체의 지원을 받아 운영된 이 연구소는 시장자유주의에 입각한 사회건설을 목표로 내걸고 복지국가에 대한 노골적인 비판을 서슴지 않았다. 그 대표인 워커(Michael Walker)는 국가가 부나 경제적 산물을 산출하지 않는다는 점에서 캐나다 복지국가는 허구이고, 복지국가는 경제적으로 비효율적일 뿐만 아니라 소득재분배라는 자신의 목적을 제대로 실행하지도 못한다고 비판했다. 또 다른 연구소인 하우이 연구소(C. D. Howe Institute)의 토마스 쿠어첸(Thomas Courchene)은 가족이나 지역사회와 같은 전통적인 지지기제를 해체시킨다는 점에서 복지국가에 반대하였고, 그 대안으로 시장이나 시민사회, 혹은 가족 등의 민간부문의 역할 증대를 제안하였다.(Rise and Prince, 2000: 90-95)

다음에, 집권 정당인 자유당의 사회정책 기조가 크게 변화하였다. 복지국가의 위기가 발생했던 1970년대 중반부터 1984년까지의 10년 가운데 단 1년 동안의 보수당 소수정부의 통치를 제외하면 자유당은 여전히 집권 정당으로서의 지위를 유지하였다. 이런 점에서 캐나다는

1970년대 후반 대처의 보수당과 레이건의 공화당이 집권했던 영국 및 미국과는 사뭇 달랐다. 그렇지만, 트뤼도(Pierre Elliott Trudeau) 수상 영도하의 집권 자유당은 영국과 미국의 신자유주의 정치세력들과 마찬가지로 긴축재정 정책을 채택하여 1976－1977년 회계연도의 지출예산을 150억 달러 삭감하였고, 사회보장분야를 주요 삭감대상으로 지목하였다. 또한, 저소득층과 일반시민들의 생활보장을 위해 과거에는 수요중심의 정책이 강조되었던 데 반해서 이 시기에는 일자리 창출과 같은 공급중심의 정책이 지배적으로 되었다.(Finkel, 2006: 287; Guest, 1997: 180-1; Pal, 1987: 50-1)

마지막으로, 1936년 이래 약 50년 동안 6－7년간을 제외하고는 줄곧 집권에 성공했던 자유당이 1984년 선거에서 크게 패배하고, 이후 1993년까지의 10년 동안 보수당이 장기집권을 하게 되었다. 주정부 선거에서도 점차 보수적인 정치세력이 승리하게 되어 1980년대 중반이 되면 온타리오와 퀘벡을 제외한 모든 주에서 보수당 내지는 보수적 성향의 정당이 집권하게 되었다. 특히, 브리티시 콜롬비아에서는 보수당의 베넷(Bennett) 주지사가 대처리즘 내지는 레이거노믹스에 기초한 탈규제 정책들을 다수 발표하여 복지국가에 대한 공격을 주도하였다.(Pal, 1987: 33)

캐나다의 연방보수당은 영국이나 미국의 보수주의 정당들에 비해 신자유주의적 성향이 약하기는 했지만 트뤼도의 자유당에서 시작된 복지축소정책을 보다 강화하였다. 보수당 정부는 멀로니(Brian Mulroney) 수상의 선거구호가 "Jobs, Jobs, Jobs"이었던 데서 알 수 있듯이 정책 기조를 공급중심으로 바꾸었으며, 당면한 경제적 곤경의 탈출을 위해 탈규제를 통한 시장경제의 활성화와 정부지출 삭감에 주력하였다.

멀로니 정부 사회정책의 핵심은 1984년 11월에 재무장관 윌슨(Michael Wilson)이 발표한 「경제회생 아젠다」(Agenda for Economic Renewal)에서 잘 나타난다. 여기서 윌슨은 정부의 직접적인 목표는 조세증가가 아니라 지출삭감을 통해 재정적자를 줄이는 것이고, 최고의 소득보장책은 직업이라는 점에서 정부지출은 즉각적인 고용기회의 확대를 위해 쓰여야 하며, 비용이 많이 드는 보편적 사회프로그램 대신에 선별주의적 사회프로그램들을 확대해야 한다고 주장했다.(Evans, 1994; Johson, 1987: 64; Prince, 1987: 249; Ternowetsky, 1987: 377)

보다 구체적으로 캐나다의 사회보장제도에 대해서 다음과 같은 네 가지 문제를 지적하고 있다. 우선 사회지출수준이 과도하게 높고, 프로그램들이 도움을 가장 많이 필요로 하는 사람들에게 집중되어 있지 않으며, 공공부조가 시장소득의 대체물이 되고 있고, 소득보장 프로그램이 근로동기와 자조를 약화시키고 있다. 이러한 문제들의 해결을 위해 사회지출을 삭감하고, 연방정부의 예산적자를 축소하며, 일상생활에서 정부의 역할을 축소하고, 보다 경쟁적인 노동시장에 대한 시민들의 적응이 필요하다고 강조하였다. 이와 함께, 사회보장개혁의 주된 원칙으로 사회보장급여의 연동제 약화, 소득계층에 따른 보편급여의 환수, 소득세 프로그램과 소득이전 프로그램의 합병(기존의 소득이전 프로그램을 약화시키고 그 대신에 소득세 감면혜택 제공) 등을 제시하였다.(Guest, 1997: 220)

선거운동 당시 멀로니 수상은 보편적 사회프로그램을 정부의 신성한 의무(sacred trust)라고 부르면서 사회프로그램에 대한 대규모 삭감이 없을 것이라고 약속한 바 있다.(Finkel, 2006: 288; Guest, 1997: 213) 그렇지만, 취임과 함께 당면한 경제적 곤경의 극복을 위해 시장경제의 활성화, 재정적자 해소 및 정부지출의 축소, 일자리 창출 등과 같은 신자유주의적 방안을 채택함으로써 멀로니 정부는 자신의 약속을 지킬 수 없게 되었다. 트뤼도 수상의 자유당 정부에서 시작된 복지축소의 정치가 멀로니의 보수당 정부에 들어와서는 더욱 확대되고 심화된 것이다.

### 2) 사회보장제도의 변화

#### (1) 사회부조

이 당시 캐나다의 대표적인 사회부조 프로그램은 1966년에 연방정부에 의해 도입된 CAP(Canada Assistance Plan)였다. 이 프로그램은 빈곤의 원인에 관계없이 일정 소득 이하 저소득층의 생계보장을 목적으로 하며, 각 주정부가 총비용의 50%를 연방정부의 재정 지원을 받아 운영하였다. 그러나 1970년대 중후반 경제사정이 악화되면서 CAP 수급자가 늘어났고, 이에 따라 연방정부와 주정부의 재정 부담이 크게 증가하였다. 그렇지만, 자유당 통치기간 동안에는 CAP에 대한 별다른 조치가 시행되지 않았다.

CAP 축소 조치가 본격적으로 시작된 것은 보수당 집권기인 1990년부터이다. 이 시기의 CAP 지출액이 1980년대 초반에 비해 2배 이상 높아졌을 뿐 아니라 위에서 서술했듯이 보수당 정부 사회보장개혁의 핵심 과제가 사회부조 프로그램의 축소였기 때문이다. 보수당 정부는 1990년 2월에 작성된 연방예산에서 CAP에 대한 연방지원금이 1985년에서 1990년 사이에 연평균 6.5%씩 증가했다는 점을 지적하면서 CAP에 대한 지속적인 삭감계획을 제시하였다.

이 계획에 따라 캐나다의 가장 부유한 세 주인 온타리오, 브리티시 콜롬비아 및 앨버타에 대해서는 연방정부의 CAP 지원금이 일정 수준 이하로 제한되었다. CAP 지원금에 대한 상한제(cap)를 설정한 것인데, 그 구체적인 방안은 1990-1991 회계연도에서 1994-1995 회계연도까지 CAP 지원금의 연 증가율을 최대 5%로 제한하는 것이었다. 앞에 서술했듯이 1985년에서 1990년 사이에 연방정부의 CAP 지원금이 연평균 6.5%씩 증가했던 것을 감안하면 온타리오, 브리티시 콜롬비아 및 앨버타의 주정부들은 사회부조에 대한 비용부담이 훨씬 더 커지게 되었다.

CAP에 대한 상한제 도입으로 인해서 연방정부의 재정 부담은 줄어들었다. 1990-1991 회계연도에서 1992-1993 회계연도까지의 2년 동안 연방정부는 약 6억 달러의 절감효과를 보았다고 한다. 반면에, 각 주정부들의 사회부조 비용부담은 크게 증가하였다. 온타리오의 경우 1989년에서 1991년 사이에 경제사정의 악화에 따라 CAP 수급자가 31% 급증하면서 총지출이 25억 달러에서 51억 달러로 증가하였고 1992-1993 회계연도에는 62억 달러가 되었지만, 이 가운데 연방정부 지원금 비율은 28%에 불과했다고 한다.(Battle, 1998: 328-9; Guest, 1997: 232; NCW, 1992)

### (2) 실업보험과 고용정책

1971년 트뤼도 자유당 정부하에서 실업보험의 대대적인 개정이 이루어졌다. 그 결과 급여수준이 향상되고, 적용대상이 확대되었으며, 연방정부의 재정 부담이 증가하였다. 그렇지만, 경제불황에 따라 실업자가 크게 늘어나면서 트뤼도 자유당 정부는 실업보험 축소정책을 시행하게 되었다.

트뤼도 자유당 정부는 1975년과 1977년의 두 차례에 걸쳐 실업보험을 개정하였다. 이에 따라서 부양가족 지원금이 폐지되고, 실업급여의 수급자격 상실 기간이 최대 3주에서 6주로 연장되었으며, 실업급여의 수급자격을 위한 보험가입 최저기간이 지역 실업률에 따라 10－14주로 늘어났다. 또한, 실업보험계정이 일자리 창출과 일자리 나누기 사업을 위한 재원으로 사용될 수 있도록 변경되었다.(Pal, 1988: 45-6)

1978년 9월에 발표된 실업보험 개정안에는 보다 포괄적인 조치들이 포함되었다. 첫째, 총수입이 실업급여를 포함하여 연봉 2만 2천 달러 이상일 경우 실업급여의 일부를 환수한다. 둘째, 실업급여 수급자격을 위한 보험료 납입기간을 노동시장 신규참여자 및 장기실업자의 경우 실직 전 2년간 40주로 연장한다. 이것은 개정 전의 실직 전 1년간 8주 이상이나 1970년의 실직 전 2년간 30주 이상에 비해 매우 불리한 것이다. 셋째, 실업급여액의 소득대체율을 67%에서 60%로 삭감한다.

이러한 실업보험 개정으로 인해 연방정부는 1979－1980 회계연도에는 6억 5,500만 달러, 그리고 1980－1981 회계연도에는 9억 3,500만 달러를 절감할 것으로 예상되었다. 이렇게 하여 절감된 비용은 일자리 만들기 프로그램에 사용되었다. 반면에, 실업급여의 수급자격이 보다 엄격해지면서 다수의 실업자들이 실업급여를 받지 못하는 사태가 발생하였다. 한 추계에 따르면, 1980－1981 회계연도까지 263,000명의 수급자격이 박탈되었다고 한다. 또한 실업급여를 수급할 수 없게 된 실업자들이 CAP를 신청함으로써 주정부의 사회부조지출이 1979－1980 회계연도에 2억 5,500만 달러, 그리고 1980－1981 회계연도에 4억 3,400만 달러씩 추가적으로 증가하게 되었다.(Guest, 1997:

184; Johnson, 1985)

실업보험은 자유당 정부에 의해 부분적인 축소 조치를 받은 이후 멀로니 보수당 정부의 출범과 함께 더욱 심각한 도전을 받게 되었다. 시장자유주의 이데올로기를 신봉하는 정치세력의 입장에서는 시장의 자유와 경제효율성을 저해하는 것으로 판단되는 관대한 성격의 실업보험에 반대할 수밖에 없었다. 실제로, 보수당 집권 직후인 1985년에 발표된 맥도날드 위원회(MacDonald Commision)의 보고서는[1] 당면 경제문제의 해결을 위해 시장개입을 축소하고 시장메커니즘의 활성화를 주문하는 방안 중 하나로 노동시장의 유연성을 방해하는 실업보험의 대폭적인 축소를 제안하였다. 이와 함께, 연방정부는 1985년 7월에 실업보험의 개혁을 위해 포겟 위원회(Forget Commission)를 구성하였고, 이 위원회의 보고서를 중심으로 실업보험의 체계적이고 대규모적인 축소 조치들을 시행하였다.(Finkel, 2006: 295; Guest, 1997: 218-9)

먼저, 1989년 6월의 개정안은 다음과 같은 조치들을 포함하였다. 첫째, 자발적인 실업자와 해고자에 대해서는 실업급여의 신청자격을 3개월간 박탈한다. 이 조치로 인해서 전국적으로 실업급여 수급자가 15만 5천 명 감소할 것으로 추산되었다. 둘째, 1989년에서 1992년까지 실업보험료율을 50% 이상 인상한다. 셋째, 실업급여 지출액 가운데 8억 달러를 직업훈련비용으로 전용한다.(Guest, 1997: 228-231; Pal, 1988: 46-7)

1990년대 들어서도 보수당 정부의 실업보험 축소 노력은 지속되었다. 그중 대표적인 것은 1990년 11월에 이루어진 개정이다. 그 주

1) 원래의 명칭은 Royal Commission on the Economic Union and the Development Prospects for Canada이지만 위원장의 이름을 따서 맥도날드 위원회로 불렸으며, 1982년 트뤼도 자유당 정부하에서 구성되었다.

요 내용은 다음과 같다. 첫째, 실업급여 수급을 위한 최저 고용기간 기준이 지역실업률에 따라 과거의 10−14주에서 10−20주로 늘어나는 반면에, 급여수급 최대기간은 과거의 46−50주에서 35−50주로 축소된다. 예를 들어서, 몬트리올과 같이 실업률이 높은 지역에서는 최저 고용기간 기준이 과거 10주 이상에서 16주 이상 고용으로 연장되었고, 최저 고용기간만을 충족한 실업자에 대한 급여수급 최대기간은 과거의 32주에서 27주로 줄어들었다. 둘째, 실업보험에 대한 연방정부의 지원금이 대폭 삭감된다. 1990년 개정에 의해 실업보험에 대한 연방정부 지원금이 20억 달러 삭감되었는데, 이 가운데 8억 달러만이 직업훈련 비용으로 사용되었다.(Battle, 2001: 23; Evans, 1994; Finkel, 2006: 295; Guest, 1997: 228-231; Pal, 1988: 46-7)

1993년에는 보수당 정부의 마지막 실업보험 개정안이 제정되었다. 그 주요 내용은 다음과 같다. 첫째, 모든 신규 신청자에 대해 실업급여의 소득대체율을 60%에서 57%로 낮춘다. 이것은 1971년 개정에 의해 설정된 최대 소득대체율 75%에 비해 25%나 삭감된 것이다. 둘째, 자발적 실업자와 해고자의 경우 실업급여의 수급자격을 박탈한다. 이상과 같은 보수당 정부의 조치들에 따라서 실업급여 수준이 크게 낮아진데다가 적지 않은 실업자들이 몇 개월 동안 혹은 전혀 실업급여를 받지 못하는 사태가 벌어졌다. CLC(Canada Labour Congress)의 조사에 따르면, 실업자 가운데 실업급여를 수급하는 사람의 비율이 1989년에는 83%였지만 1998년에는 45%로 반 가까이 줄어들었다고 한다.(Battle, 2001: 23-4; Evans, 1994; Finkel, 2006: 296)

실업보험의 지속적인 축소와 함께 연방정부는 일자리 창출 사업을 확대하였다. 1976년 자유당 정부는 실업보험에서 절감된 예산을 재원으로 하여 향후 5년간의 고용전략을 발표하였다. 그 핵심은 실업자와 노동시장 신규참여자의 고용을 촉진하기 위해 Canada Works and Young Canada Works Programs를 설치하는 것이었다. 1980년대 들어서는 일자리 창출 정책을 더욱 확대하여 1980년에 CCDP(Canada Community Development Projects), CCSP(Canada Community Services Projects), LEDA(Local Economic Development Assistance Program), NTEP (New Technology Employment Program)를 만들었고, 1981년에는 PED (Program for the Employment-Disadvantaged)를, 그리고 1982년에는 NEED (New Employment Expansion and Development Program, 1982)를 제공하였다. 1983년에서 1984년 사이에 연방정부는 12개에 이르는 일자리 창출 프로그램들을 정리하여 Canada Works, Local Employment Assistance and Development, Career Access, Job Corps의 네 가지로 통합하였다. 1983−1984 회계연도의 정부추계에 따르면, 이상과 같은 사업들에 모두 11억 달러가 지출되어 연간 88,100개의 일자리가 창출되었다고 한다.(Pal, 1987: 50-3)

일자리 창출 사업은 연방의회 선거에서 "Jobs, Jobs, Jobs"라는 구호를 내건 보수당 정부하에서 더욱 확대되었다. 멀로니 수상은 1985년 2월에 고용창출정책에 20억 달러를 지출한다는 선언을 발표하였다. 이와 함께, 기존의 직업훈련 및 일자리 창출 프로그램들을 6개 범주로 다시 정비하였다. 이 가운데 Job Development에 7억 달러, 그리고 Job Entry에 3억 5천만 달러를 사용하였다.(Pal, 1987: 53) 이와 같이 다소 적극적인 고용확대정책을 시행하여 실제로 일자리들이 만들어지기는 했지만, 보수당 정부하에서 만들어진 직업의 대다수는 주로 파트타임이나 임시직과 같은 비정규직과 저임금 단순노동이었다.(Guest, 1997: 219)

### (3) 가족수당

보편주의를 기초로 한다는 점에서 가족수당은 캐나다 복지국가의 상징처럼 간주되어왔다. 그렇지만 재정지출을 줄이려는 연방정부의 방침에 따라 가족수당도 커다란 변화를 겪게 되었다. 우선, 1978년 7월에 발표된 자유당 정부의 사회보장개혁 방안에서 가족수당의 급여수준이 삭감되었다. 1인당 아동수당의 월평균 급여액이 25.86달러에서 1979년에는 월 20달러로 줄어든 것이다. 원래대로라면 물가연동에 따라 1979년 1월의 급여액은 약 28달러였다는 점에서 삭감비율은 약 30%에 달했다. 이와 함께, 16세 및 17세 부양아동에 대한 세금 감면액이 연 780달러에서 460달러로 줄었다. 단, 삭감에 따른 절감액은 환불가능 아동세금크레딧(refundable child tax credit)을 통해 저소득층에게 할당되었다.(Guest, 1997: 183; Johnson, 1985)

보수당의 집권 직후인 1985년에 가족수당 급여액의 연간증가율이 완전연동제에서 부분연동제로 변경되어 1986년부터는 물가 상승분 가운데 3%를 넘는 부분만이 가족수당의 인상분에 반영되었다. 이러한 연동제의 변경은 장기적으로 급여수준을 크게 떨어뜨리는 효과를 갖는다. 이와 함께, 연방정부는 중산층 이하를 대상으로 환불가능 아동세금크레딧(refundable child tax credit)을 크게 인상하고, 아동부양가족에 대한 세금감면혜택을 축소하였다.

이와 같은 조치들은 전반적으로 역진적인 것이었다. 예를 들어서, 1986－1990년에 2인 아동을 부양하는 4인가족의 경우 세금이 가장 많이 늘어난 계층은 연소득 35,000달러의 중간계층(세금 증가액 3,452달러)이고, 두 번째로 많이 늘어난 계층은 15,000달러의 저소득층(1,879달러)인 반면에, 가장 적게 늘어난 계층은 80,000달러 이상의

고소득층(1,125달러)이었다고 한다.(Evans, 1994; Guest, 1997: 221-2)

여기서 더 나아가 보수당 정부는 1989년에 가족수당에 대한 환수 조치를 시행하였다. 이에 따라 연 5만 달러가 넘는 개인순소득 부분에 대해 15%의 비율로 가족수당이 환수되었다. 이러한 환수조치로 인해 일부계층이 급여대상에서 제외됨으로써 가족수당의 보편주의는 크게 훼손되었다.(Blake, 2006: 214-5; Evans, 1994; Guest, 1997: 225; Prince, 1991: 308; Struthers, 1996: 70)

1993년에는 보수당 정부하의 마지막 가족수당 개정안이 통과되었다. 그 주요 내용은 가족수당과 환급가능 아동크레딧, 비환급 아동크레딧, 아동부양세금공제 등으로 복잡하게 구성된 아동급여를 CTB (Child Tax Benefit)로 대체하는 것이었다. CTB는 소득심사를 통해 18세 미만 아동의 일차 부양자에게 매월 지급되며, 국세청(Revenue Canada)이 급여전달을 담당하였다. 이와 같이 매달 지급된다는 점에서 CTB는 이전의 가족수당과 비슷하다. 또한, 기초금액 1,020달러는 과거의 가족수당(419달러)과 환급가능 아동크레딧(601달러)의 합계와 비슷하며, 중산층에 대해 비환급 아동크레딧을 제공하지 않게 된 것은 CTB가 비과세인 반면에 가족수당은 과세대상이라는 사실에 의해 상쇄되기도 한다. 그렇지만, 소득 2－3만 달러의 가족이 가장 많은 급여를 수급한다는 점에서 CTB는 최하위 소득계층보다는 중하층으로의 소득이전을 목표로 하고 있으며, 급여가 가장 많이 늘어난 소득계층이 4－5만 달러의 중산층이라는 점에서 빈곤해소라는 목표에는 그다지 효과적이지 않다는 평가를 받는다.(Woolley et al., 1996)

### (4) 연금과 의료

1970년대 중반 당시 캐나다의 공적연금은 크게 사회보험인 CPP(Canada Pension Plan), 보편연금인 OAS(Old Age Security), 그리고 공공부조인 GIS(Guaranteed Income Supplement)로 구성되어 있었다. 이 가운데 CPP와 GIS에 대해서는 복지국가의 위기시대 동안 별다른 조치가 취해지지 않았던 반면, 보편연금 OAS에 보수당 정부의 축소 압력이 집중되었다. 위에 서술한 가족수당의 경우에서와 마찬가지로 보수당 정부는 재정 부담 축소와 수직적 소득재분배의 향상이라는 명목하에 보편주의 사회프로그램을 대폭 축소하고자 했던 것이다.

OAS에 대한 보수당 정부의 공격은 가족수당의 경우와 마찬가지로 1985년과 1989년 두 차례에 걸쳐 이루어졌다. 1985년에는 재무장관이 OAS 급여의 연간 인상률의 기준을 물가 완전연동에서 부분연동으로 변경한다고 발표하였다. 그렇지만, 이에 대해 노인과 연금수급자 단체 및 다양한 사회단체들이 격렬하게 저항하면서 OAS에 대한 연동제 변경 조치는 결국 취소되었다.[2] 이를 두고 몇몇 연구자들은 노인집단의 파워가 급성장한 결과라고 평가하기도 한다.(Finkel, 2006: 289; Johson, 1987: 65)

반면에, OAS도 1989년의 급여환수 조치를 비껴가지는 못했다. 가족수당의 경우와 마찬가지로 연간 5만 달러가 넘는 개인순소득 부분에 대해 15%의 비율로 OAS 급여가 환수되었던 것이다. 급여환수 조치에 대해 노인단체들의 반발이 거셌지만, 보수당 정부는 재정적자의 심각성에 대한 시민들의 동의를 획득함으로써 자신의 정책을 관철

2) 단, OAS 급여에 대한 연동제는 1989년 부분연동제로 변경되었다가 2000년에 완전연동제로 복귀하였다.(Battle, 2001: 22)

시켰다.(Battle, 1998: 333) 연금수급자는 가족수당의 수급자인 근로세대에 비해 연소득이 적기 때문에 OAS의 급여환수 조치로 인해 영향을 받는 사람들은 가족수당의 경우에 비해 적었다.[3] 그럼에도 불구하고 가족수당과 OAS에 대한 급여환수 조치는 캐나다 복지국가의 보편주의적 기조를 뒤흔드는 결과를 가져왔다고 할 수 있다.

다음에, 의료부문을 살펴보면, 이 당시에는 보편주의에 기초한 병원보험과 의료보험이 확립되어 있었다. 의료비용의 급속한 증가에 따라 연방정부의 재정 부담이 크게 늘어나기는 했지만, 자유당 정부시절에는 의료부문에 대한 직접적인 대규모 공세는 없었다. 다만, 주정부에 대한 연방정부의 지원금을 줄이는 조치는 시행되었다. 그것은 1977년에 도입된 EPF 법안(Established Programs Financing Act)이었다. 이 조치의 핵심은 병원보험과 의료보험 및 대학교육에 대한 세 개의 조건부 보조금들(grants)을 하나의 블록그랜트로 통합하고, 주정부에 대한 연방정부의 지원금을 총비용의 50%에서 매년 개인소득세와 기업소득세의 증가율만큼만 늘리는 것이었다. 과거에 세 개의 조건부 보조금들의 비용증가율이 물가 상승률이나 임금 상승률보다 높았기 때문에 EPF의 시행으로 인해 각 주정부는 병원보험과 의료보험에 대한 재정부담이 더 커졌고, 이로 인해서 의료서비스의 향상에 소극적인 태도를 취할 가능성이 높아졌다.(Guest, 1997: 209; Johson, 1987: 63)[4]

보수당 정부하에서는 EPF에 대한 축소압력이 보다 높아졌다. 우선,

---

3) 예를 들어서, 이 당시 가족수당 수급자 가운데서 전액 환급해야 하는 사람은 전체의 2.9%였던 데 반해서, OAS 수급자중 전액 환급하는 사람은 0.9%에 그쳤다.(Guest, 1997: 225)

4) 이러한 축소 조치와는 달리 자유당 정부는 1984년에 병원보험과 의료보험을 통합하여 메디케어를 만들었다. 이 제도의 성립과 함께 본인 부담 완전폐지를 전제로 하여 연방정부가 주정부 메디케어 재정의 절반을 부담하게 되었다.

1986년의 2차 예산에서는 EPF에 대한 연방정부 지원금의 증가율을 GNP 증가율에서 2%를 뺀 수치에 연동하였고, 1989년 예산에서는 GNP 증가율에서 3%를 뺀 수치에 연동하였다. 나아가서, 1990년에는 연동제를 중단하여 1991−1992 회계연도까지 EPF에 대한 연방정부 지원금을 1990년 수준으로 동결했으며, 이 조치는 1994−1995 회계연도까지 연장되었다. 그 결과, 1995년에는 연방정부의 일 인당 EPF 지출액이 EPF가 처음 만들어졌던 1977년에 비해서도 줄어들게 되었고, 국민의료비에서 차지하는 연방정부의 부담비율이 1984년의 33%에서 21%로 크게 줄어들었다.(Battle, 1998: 328-9; Evans, 1994; Guest, 1997: 232-3; Finkel, 2006: 289)[5)]

### (5) 평가

세계적으로 복지국가의 위기 시대인 1970년대 중반 이래로 캐나다 복지국가도 축소 과정을 경험하였다. 과거 캐나다 복지국가 건설의 주역이었던 자유당 정부에서 시작된 복지국가에 대한 축소 압력은 1984년 이후 신자유주의 성향의 보수당이 집권한 10년 동안 더욱 강화되었다. 보수당 정부는 경제위기를 배경으로 재정적자의 심각성을 호소하였고, 시민들로부터 사회보장제도의 축소가 필요하다는 공감대를 얻어냈다. 이를 바탕으로 보수당 정부는 보다 과감한 복지삭감 정책을 추진하였다. 1970년대 중후반부터 심각한 복지후퇴를 경

5) 연방정부의 지원금이 줄어들면서 주정부들은 의료서비스 중 일부를 급여대상에서 제외하였다. 예를 들어, 아동 치과프로그램이나 눈 검사 등이 그것이다. 이와 함께, 이용자부담이 증가하였고, 1980년대에서 1990년대 사이에 전국 병원의 병상이 1/3 감소하였으며, 그 대신 총비용의 4%만을 공공부문에서 지원하는 재가서비스가 급증하였다.(Evans, 2002: 84)

험했던 서구의 다른 국가들에 비해 다소 늦기는 했지만 캐나다 복지국가도 쇠퇴의 길에 동참하게 된 것이다.

그렇지만, 복지국가의 축소가 전방위적으로 이루어진 것은 아니다. 위에 서술한 대로 가장 큰 타격을 입은 분야는 사회부조와 실업보험이었다. 양자 모두 사회보장제도 가운데서 근로동기의 약화 문제를 가장 크게 일으키는 것으로 어느 나라에서나 경제불황 시에는 중산층 중심의 시민적 축소 요구에 직면하는 프로그램들이다. 정부도 경제 활성화와 재정 안정화를 명목으로 이 프로그램들을 축소하고자 한다. 이에 반해서, 사회보험연금에 대해서는 아무런 조치가 취해지지 않았으며, 의료서비스의 경우에는 특히 보수당 정부 통치기간 동안 연방정부의 지원금을 일부 삭감하는 정도의 조치가 시행되었다. 사회보험연금은 보험료 납부를 전제로 한 수급자의 권리이고, 의료서비스는 시민권에 기초한 권리로서 모든 시민들에게 보장된 것이기 때문이다.

이 시기 동안 캐나다 복지국가에서 발생한 변화들 가운데 특기할 것은 보수당 정부하에서 시행된 급여 환수조치로 인해서 가족수당과 OAS의 보편적 성격이 다소 약화되었다는 사실이다. 여전히 대상자의 대부분에 대해 균일급여가 제공되기는 하지만, 복지국가 확대기의 캐나다 복지국가를 대표했던 보편주의 프로그램들이 부분적으로나마 선별주의적 성격을 지니게 됨으로써 캐나다 복지국가는 잔여적 내지는 자유주의 유형의 성격을 보다 뚜렷하게 지니게 되었다.

전반적으로 볼 때, 1970년대 중반 이후의 20년 동안 캐나다 복지국가는 급격한 후퇴를 보이지 않았다. 그것은 이 기간의 반 정도는 자유당이 집권하고 있었고, 보수당도 미국이나 영국의 자매정당들과 같이 그렇게 노골적인 신자유주의 세력이 아니었기 때문이다. 일부 연구자들이 지적하는 바와 같이 캐나다에는 복지국가의 위기 시대 동

〈표 4-1〉 캐나다 사회보장지출 추이 (단위: %)

| 회계연도 | 사회보장 지출(억 $) | 일 인당 지출($) | GDP 대비 사회보장지출 | | | 정부지출대비 사회보장지출 |
|---|---|---|---|---|---|---|
| | | | 합계 | 복지 | 의료 | |
| 1970－1971 | 99.5 | 467 | 11.0 | 6.2 | 4.8 | 31.9 |
| 1975－1976 | 250.3 | 1,079 | 14.1 | 8.6 | 5.5 | 35.5 |
| 1980－1981 | 456.8 | 1,852 | 14.2 | 8.7 | 5.5 | 35.0 |
| 1985－1986 | 833.0 | 3,194 | 17.1 | 10.8 | 6.3 | 36.9 |
| 1990－1991 | 1,248.0 | 4,392 | 18.6 | 11.7 | 6.9 | 38.6 |
| 1992－1993 | 1,462.9 | 5,224 | 21.0 | 14.6 | 6.4 | 40.9 |

주1) 해당연도의 시장가격에 기초.
주2) 사회보장지출액은 연방정부와 주정부 사회보장지출의 합계.
자료: (HRSDC, 2005a: Table 1, Table 2; HRSDC, 2005b: Table 1, Table2)에서 재구성. 단, 원자료에는 사회보장지출에 교육이 포함되어 있으나 이 표에서는 교육을 제외하고 다시 계산했다.

안 복지국가에 대한 이데올로기적 공격이나 대처리즘 및 레이거노믹스 정도로 강력한 뉴라이트 운동이 존재하지 않았고, 집권 보수당이 사회보장제도의 광범한 민영화와 같은 복지국가의 재구성을 시도하지 않았던 것이다.(Evans, 1994; Smardon, 1991: 357)[6)]

〈표 4-1〉은 1970－1971 회계연도에서 1992－1993 회계연도까지 22년간 캐나다 사회보장지출이 어떤 변화를 겪었는지를 보여준다. 이에 따르면, 사회보장지출액은 1975－1976 회계연도의 250억 달러에서 1992－1993 회계연도에는 1,463억 달러로 6배 가까이 증가했고, 일 인당 사회보장지출비도 같은 기간 동안 1,079달러에서 5,224달러로 5배 가까이 늘어났다. GDP 대비 사회보장지출비율은 1975－1976년도의 14.1%에서 1980－1981년까지 14.2%로 정체하였다.

6) 어떤 연구자들에 따르면, 캐나다에는 작은 정부에 대한 이데올로기적인 주장이 광범하게 유포되어 있지 않고, 선택적 민영화와 일부 사회서비스의 축소는 재정적인 관점에서 주장되었다고 한다. 그들은 캐나다에서 신자유주의는 이데올로기적 차원에서 승리를 거둔 것이 아니며, 캐나다 복지국가에 있어서는 신자유주의의 이데올로기적 공격보다는 경제시장의 논리(세계적 경쟁과 세계시장의 압력)가 더 큰 위협이 된다고 주장한다.(Lightman and Irving, 1991: 82-3)

그 이후 이 비율은 1985－1986년에 17.1％로 크게 늘어났다가 1990－1991년까지 점진적으로 증가한 후 1992－1993년도에는 다시 21.0％로 급증하는 추세를 보였다. 정부지출 대비 사회보장지출비율도 1975－1976년의 35.5％에서 1992－1993년 40.9％로 점진적이지만 뚜렷한 증가 추세를 보였다. 다른 서구 복지국가들과 마찬가지로 캐나다에서도 복지국가의 위기 기간 동안 사회보장지출이 경제성장이나 정부지출에 비추어 늘어났던 것이다.

복지삭감의 기조가 20년 가까이 지속되었음에도 불구하고 사회보장지출이 뚜렷하게 증가한 것은 크게 두 가지 이유 때문이다. 첫째, 복지삭감이 사회부조 및 실업보험과 같은 다소 비중이 낮은 사회보장 프로그램에 집중되었다. 연금과 같이 비중이 큰 사회보장 프로그램들에 대해서는 거의 아무런 조치가 취해지지 않거나(CPP) 환수조치처럼 직접적인 영향력이 작은 삭감(OAS)만이 시행되었다. 둘째, 경제불황에 따라 실업자와 저소득층이 급증하면서 사회부조와 실업보험에 대한 지출이 늘었으며, 인구고령화에 따라 연금지출도 크게 늘었다.

사회보장지출이 늘었다고 해서 캐나다 복지국가가 건재하다고 할 수는 없다. 앞에 서술했듯이, 보수당은 1980년대 들어 신자유주의적 성향을 드러내었고 사회정책의 기조를 우경화의 방향으로 확립하였던 것이다. 특히, 보수당 정부가 경제위기의 극복과 경제성장의 달성을 사회의 공동선으로 제시하고 중산층의 지지를 끌어들이는 과정에서 경제적 개인주의가 캐나다 사회를 더욱 지배하게 되었고, 복지국가에 대한 사회적 동의와 지지기반은 점차 허물어졌다. 보수당 집권 10년 동안 복지삭감이 대규모로 시행되지는 않았을지라도 국가개입에 대한 신뢰가 무너졌고, 사회복지 부문에서 시장과 시민사회 및 가족의 역할을 강조하는 흐름이 뚜렷해졌다.7)

## 2. 복지국가의 정체기(1990년대 초반－현재)

### 1) 사회적 배경

1960년대와 같은 복지확대주의가 종말을 고했다는 점에서 1970년대 중후반에 시작된 서구 복지국가의 위기시대는 지금까지도 지속되고 있다고 할 수도 있다. 반면 1970－1980년대 복지국가의 위기시대를 특징지었던 대규모 복지삭감, 복지국가에 대한 중산층의 지지 이탈, 사회민주주의 정당의 패배 등과 같은 현상들이 1990년대 들어서는 진정되었다는 점에서 최근의 서구 복지국가는 새로운 국면에 접어들었다고도 할 수 있다. 특히, 1970년대에는 세계경제불황으로 인해 복지국가의 위기가 초래되었지만 최근에는 경제적 안정에도 불구하고 세계화나 탈산업화와 같은 거시사회적인 변화로 인해 복지국가가 축소 내지는 정체된다는 특징을 지닌다.

1984년에서 1993년까지 캐나다를 통치했던 보수당은 1993년 연방의회 선거에서 참패를 당했다. 169석이었던 의석이 단 2석으로 줄어든 것이다. 이에 반하여, 크레띠앙(Jean Chrétien) 영도하의 자유당은 179석으로 다수당 정부를 구성하였고 이후 2006년까지 장기집권에 성공한다. 미국에서 1992년 빌 클린턴 민주당 정부가 출범하고 영국에서 1996년 토니 블레어 영도하의 노동당 정부가 집권한 것과 비슷

---

7) 민간사회복지가 다시금 각광을 받게 되었다는 좋은 증거는 푸드뱅크(Food Bank)의 난립이다. 캐나다에서 푸드뱅크가 처음 설립된 것은 1981년 앨버타의 에드먼튼에서였으며, 1984년까지 전국적으로 75개의 푸드뱅크 조직이 만들어졌다. 이러한 푸드뱅크의 증가는 공적 사회안전망이 붕괴하고 극빈층 보호의 책임이 민간부문으로 전가되었다는 증거이다.(Riches, 1987: 126-8; Rise and Prince, 2000: 127)

하게 캐나다에서도 장기간에 걸친 보수정당의 지배가 종말을 고한 것이다.

그렇지만, 1960－1970년대 캐나다를 풍미했던 복지확대의 정치는 더 이상 가능하지 않게 되었다. 무엇보다도 집권 자유당 정부가 국가개입주의를 줄이고 시장의 자유를 보장하는 쪽으로 자신의 정책기조를 확립하였기 때문이다. 자유당은 전통적으로 사회개혁을 강조하는 좌파와 시장자유주의를 우선하는 우파가 균형을 이루고 있었지만, 이 시기 들어와서는 우파가 지배적으로 되었다. 예를 들어서, 1993년에서 2006년까지 자유당 정부의 수반은 장 크레띠앙과 폴 마틴이었는데, 이들은 모두 자유당 우파의 인물이었다.

이와 함께, 전통적으로 자유당으로 하여금 복지확대정책을 추진하도록 자극한 사회민주주의 정당 NDP(New Democratic Party)가 1990년대 들어 급속하게 쇠퇴하였다. 1960－1980년대 동안 10% 중후반대의 득표율을 기록했던 NDP는 1993년 선거에서 직전의 43석에서 9석만을 얻는데 그쳤다. 중도적 입장의 자유당이 복지국가 확대기의 주역이 될 수 있었던 이유 중 가장 중요한 것은 중하층 투표권자들의 지지를 둘러싸고 자유당과 중도좌파 정당들(CCF 및 NDP) 사이에 치열한 경쟁이 있었기 때문이다. 자유당은 중도좌파 정당들의 정책을 선점하거나 정국안정의 도모를 위해 중도좌파 정당들과의 정책적 연대를 추구했으며, 이 과정에서 진보적인 사회프로그램들을 채택했던 것이다. 그렇지만, NDP가 약화됨에 따라서 자유당은 자신의 본래적인 정치적 입장에 충실할 수 있게 되었다.

다른 한편, 우파 정당인 보수당과 중도좌파 정당인 NDP의 몰락에 대신하여 신생정당인 퀘벡 독립당(Bloc Québécois)과 개혁당(Reform Party)이 약진하였다. 전자는 54석으로 제1야당이 되었고, 후자는 52

석으로 제2야당이 된 것이다. 이 새로운 거대 야당들은 보수적이거나 신자유주의적인 성향을 지니고 있었으며, 복지확대에 무관심하거나 적극적으로 반대하는 입장이었다. 좌파 정당이 쇠퇴하는 가운데 기존 보수당보다 더 시장자유주의적인 개혁당을 상대하면서 자유당 정부의 사회정책은 우경화의 압박을 받게 되었다.

이 시기 캐나다 사회의 또 다른 특징은 세계화의 압력을 강하게 받게 되었다는 사실이다. 이미 1989년에 미국과 FTA(Free Trade Agreement)를 체결한 캐나다는 1994년 미국 및 멕시코와 함께 NAFTA (North American Free Trade Agreement)를 출범시켰다. 자유당 정부는 집권 이전에 NAFTA에 반대했고 크레띠앙 수상의 선거공약 중에도 NAFTA 재협상이 포함되어 있었지만, 두 가지 보충안을 추가하는 선에서 빌 클린턴의 민주당 정부와 NAFTA를 체결하였다. 미국과의 FTA 이후 GDP의 25%에서 40%까지 늘어났던 캐나다의 수출액은 NAFTA 체결 이후인 2000년에는 거의 50%에 달하였다고 한다. 그렇지 않아도 온타리오를 중심으로 미국 기업들의 지사들과 하청공장들의 경제활동 비율이 높았던 캐나다가 NAFTA 이후에는 미국의 직접적인 영향을 더욱 많이 받게 되었으며, 사회정책 부문에서도 미국의 영향을 무시하기 어렵게 되었다.

1993－2006년까지의 집권기간 동안 자유당 정부의 사회정책은 이전 보수당 정부의 것과 크게 다르지 않았다. 여전히 시장경제의 활성화를 위해 근로가 강조되고, 사회부조와 실업급여의 삭감 조치들이 추진되었으며, 사회보장연금에 대해서도 축소 조치가 시행되었다. 자유당의 사회정책 기조를 핵심적으로 보여주는 자료는 다음의 두 가지이다. 첫째, 1993년 연방선거 강령인 Red Book에서 자유당은 개인들이 자신의 생활을 위해 복지가 아니라 근로에 의존할 것을 강조하

고, 특히 사회부조에 의존하는 한부모의 노동시장 참여를 위한 현실적인 방안을 모색하였다.(Bashevkin, 2001: 8) 둘째, 1994년 12월에 발표된 Green Paper에서는 정부의 최대 목표로 기업환경 개선, 정부재정통제, 취업을 위한 훈련 지원의 세 가지가 제시되었다. 사회지출의 확대나 급여 향상을 통해서가 아니라 시장기제의 활성화와 개인의 노동시장참여를 통해서 생활향상을 이루겠다는 신자유주의적인 사고가 노골적으로 표출된 것이다.(Guest, 1997: 253)

### 2) 사회보장제도의 변화

#### (1) 사회부조

앞 절에 서술했듯이 캐나다의 사회부조인 CAP와 의료서비스는 1970년대 말 이래로 커다란 변화를 겪었다. CAP에 대해서는 부유한 세 주에 한정하여 주정부에 대한 연방정부 지원금의 상한제가 만들어져서 주정부의 사회부조 재정 부담이 급속하게 늘어났고, 의료의 경우에도 EPF(Established Programs Financing Act)의 도입과 연방정부 지원금의 점진적인 삭감으로 인해 주정부의 재정 부담이 늘어났다. 이러한 주정부 관할의 사회보장 프로그램에 대한 재정 부담 증가로 인해서 사회부조와 의료서비스 부문을 축소하려는 주정부의 의지가 점차 강화되었다.

1994년의 연방예산에서 재무장관 폴 마틴은 연방정부의 사회보장 예산 축소 방안을 발표하였다. 그 가운데 대표적인 것은 CAP와 EPF를 폐지하고, 1996년 4월부터 그것들을 CHST(Canada Health and Social Transfer, 캐나다 의료 및 사회 이전)라는 포괄적 교부금으로 대체한다는 것이다. 이에 따라서 과거 사회부조에 대한 연방정부 지원금이 메디케어 및 고등교육과 통합되어 제공되고, 주정부들은 각자의 실정에 따라 연방정부의 지원금을 어떤 비율로 각 부문에 지출할지를 결정할 수 있게 되었다.

CHST는 단순하게 사회복지행정상의 변화만을 의미하지는 않는다. 우선, CHST 법안은 과거 CAP에 제공되었던 연방정부 지원금의 광범한 삭감을 포함하고 있다. 과거 CAP에서는 온타리오 등 부유한 세 주를 제외한 모든 주에 대해서 연방정부가 주정부 사회부조예산의 50%를 지원했지만, 앞으로 5년 동안은 그 주들에 대해서도 사회부조 지원금을 대폭 축소하여 두 집단 간의 지원액 차이를 반 정도로 축소할 예정이다. 이에 따라 연방정부의 주정부 이전액이 1997−1998 회계연도까지 모두 70억 달러(연방 이전지출의 40%) 줄어들게 되었다. (Finkel, 2006: 292; Guest, 1997: 277-8)[8)]

다음에, CHST의 탄생으로 인해서 사회부조 분야에서의 연방정부의 역할이 근본적으로 변화하였다.(Battle, 1998: 330; English and Young, 2006: 59-60; Hick, 2007: 49; Rise and Prince, 2000: 125) CAP는 과거 주정부가 독점했던 사회부조 분야에 연방정부가 개입하여 전국적으로 통일적인 급여자격을 설정하였다는 특징을 지닌다. 비록 각 주정부가 독자적인 사회부조 프로그램을 운영하기는 했지만 적어도 수급

---

8) 1996−1997 회계연도에 CHST는 주정부들에 대해 25억 달러가 줄어든 269억 달러를 이전하고, 1997−1998년에는 45억 달러가 감소한 251억 달러를 이전할 계획이었다. 이러한 삭감액은 CHST 도입 이전에 원래 계획했던 이전 지출의 8.5% (1996−1997년) 및 15.2%(1997−1998년)에 해당한다.(Battle, 1998: 331) 또 다른 연구에 따르면, CAP의 마지막 해인 1995년에는 지출이 전년도에 비해 1% 감소했지만, CHST의 도입으로 인해 이전지출이 3% 감소했으며, 인구 증가 및 물가 상승의 효과를 감안하면 사회프로그램에 대한 연방이전지출은 1993년에서 1997년 사이에 1인당 40%나 감소했다고 한다.(Evans, 2002: 83)

자격은 전국적으로 동일했던 것이다. 그렇지만, CHST는 사회부조 분야를 다시 주정부의 독점적 관할권에 속하는 것으로 만들었다. 빈곤문제는 더 이상 연방정부가 아니라 주정부의 책임이 된 것이다.

마지막으로, 기본적인 생활보장이 더 이상 시민의 권리가 되지 않게 되었다. CAP하에서는 연방정부가 재정 지원을 조건으로 다음과 같은 통일적인 조건을 내걸었다. 첫째, 사회부조는 소득심사를 통해 모든 빈곤층에게 제공되어야 한다. 둘째, 빈곤층은 자신의 거주지역과 관계없이 사회부조를 신청할 수 있다(이동권 보장). 셋째, 지원자는 사회부조 신청 결정에 이의를 제기할 기회를 갖는다. 이러한 세 가지 기준들 가운데 CHST는 이동권 보장만을 유지하였다. 이와 같이 니즈를 가진 사람들이 소득지원을 받을 권리를 지닌다는 CAP 가이드라인이 배제됨으로써 CHST에서는 부조수급의 조건으로 근로를 요구하는 일이 가능해졌다. 연방정부 차원에서 워크페어를 금지했던 조항이 제거됨에 따라 주정부들은 1996년부터 다양한 방식의 워크페어 프로그램들을 도입하게 되었다.(Bashevkin, 2001: 9; Pulkingham and Ternowetsky, 1998: 86)

### (2) 워크페어

앞에서 서술한 대로 크레띠앙 자유당 정부 사회정책의 핵심은 재정지출 통제를 위한 사회지출의 축소와 근로를 통한 생활보장에 있었다. 그리고 CAP의 개혁과정에서 빈곤층의 기본생활보장의 권리를 인정하지 않고 사회부조의 수급조건으로 워크페어를 인정함으로써 자유당 정부는 사회부조의 축소와 빈곤층의 노동시장 참여라는 자신의 두 가지 목적을 한 번에 달성할 수 있는 길을 열게 되었다. 사실,

이전에도 앨버타와 퀘벡에서는 워크페어와 비슷한 프로그램들이 몇 년간 시행된 적이 있기는 하다. 그렇지만, 그것은 연방정부 차원에서는 불법적인 것이었으며, 강제적 성격의 근로연계 프로그램들이 광범하게 시행된 것은 1996년 이후부터였다.(Peck, 2001: 218)

가장 먼저 미국식의 전형적인 워크페어 프로그램을 본격적으로 도입한 것은 온타리오였다. 1995년 주정부 선거에서 승리한 마이크 해리스(Mike Harris) 보수당 정부는 집권 직후 사회부조 급여를 21.6%나 삭감하고, 1997년에는 사회부조 프로그램들을 노동능력이 있는 빈곤층을 대상으로 하는 Ontario Work와 노동능력을 상실한 빈곤층을 대상으로 하는 Ontario Disability Supports Program으로 대체하였다.

이 가운데 후자는 노동능력을 상실한 빈곤층을 대상으로 하는 것으로서 과거처럼 소득심사에 기초하여 사회부조급여를 지불한 반면에, 전자는 노동능력이 있는 빈곤층을 대상으로 한 것으로서 근로를 전제로 하여 기초생활을 보장했다. Ontario Work는 크게 참여자의 구직을 돕기 위한 기본 서비스를 제공하는 Employment Support와 임금지원을 통해 민간부문에의 취업을 장려하는 Employment Placement로 구성되었다.(Crisp and Fletcher, 2008: 13) Ontario Work와 같은 워크페어의 시행은 온타리오 주정부가 빈곤층을 자격 있는 빈자와 자격 없는 빈자로 나누어 차별적인 대우를 하는 전통적인 사회부조 운영방식으로 돌아갔음을 의미하며, 온타리오의 빈곤층은 적어도 2차 대전 이후 처음으로 사회부조급여를 받기 위해 근로나 지역봉사를 하도록 강제되었다.(Battle, 2001: 26-7; Kneebone and White, 2008: 10-11; Qquaid, 2002: 12; Rise and Prince, 2000: 112-3)

1992년 말에 집권한 클라인(Ralph Klein) 영도하의 앨버타 보수당 주정부도 워크페어를 적극적으로 시행하였다. 보수당 주정부는 1993

년에 앞으로 5년간 정부지출을 20% 삭감한다는 목표를 세웠고, 이를 위해 사회부조 프로그램을 근본적으로 재구성했다. 그 기본방향은 수급자격을 강화하고 급여를 축소하며, 사회부조 프로그램인 SFI(Supports for Independence)를 사회부조 수급자의 자립과 고용가능성을 높이기 위한 자격심사 프로그램으로 전환하는 것이었다. 실제로, 1993년에서 1997년까지의 4년간 앨버타의 사회부조 수급자는 57%가 감소했고, 1993년에서 2003년 사이에는 71%나 감소했다. 보수당 주정부는 2003년에는 노동능력이 있는 빈곤층에 대해서는 취업이나 직업훈련을 받는 것을 전제로 하여 사회부조급여를 제공하도록 SFI를 개정하였다.(Gazso and Krahn, 2008: 156-60; Peck, 2001: 218)

위에 소개한 온타리오와 앨버타 이외에도 캐나다의 모든 주에 사회부조에 대한 의존을 줄이고 근로를 통한 경제적 자립을 조장하는 조치들이 도입되었다. 예를 들어, 브리티시 콜롬비아에서는 1996년부터 기존의 사회부조 프로그램인 GAIN(Guaranteed Available Income for Need)을 대신하여 근로연계적 성격의 BC Benefits가 도입되었고, 뉴브런즈윅에는 Learnfare 및 Job Corps, 뉴펀들랜드에는 Supports to Employment Program, 매니토바에는 Employment First, 그리고 서스캐처원에는 Training Strategy가 도입되었다.(Battle, 2001: 26-7; Graham et al. 2009; Kneebone and White, 2008: 10-11)

이상에서 서술한 대로 CPA의 폐지와 함께 워크페어 프로그램들이 캐나다 전역에서 광범하게 도입되었다. 그렇지만, 근로참여를 통해 빈곤층의 생활을 향상시킨다는 워크페어의 목적이 실제로 어느 정도나 성취되었는가에 대해서는 의문이 크다. 예를 들어, 온타리오의 경우 Ontario Work에 포함된 빈곤층은 1999년 7월 현재 6,000명에 불과했으며, 1998−1999년 사이에는 사회부조 수급자의 2−5%만이 실제로 워크페어에 배치되었다고 한다. 또 다른 조사에 따르면, 1997년에서 2000년까지의 3년 동안 모두 69,000명만이 워크페어에 참여했다고 한다. 이와 같이 워크페어 참여자는 소수였던 반면에, 사회부조 수급자 수는 1998년의 152,555명에서 2004년에는 70,107명으로 54%나 감소하였다.(Crisp and Fletcher, 2008: 13-14; Peck, 2001: 248) 워크페어 프로그램은 빈곤층에 대해 적절한 직업훈련이나 일자리를 제공하지도 않으면서 근로강제의 조건을 통해 사회부조지출을 줄이는 효과만을 갖는 것이었다.9)

### (3) 실업보험

1994년의 연방예산 발표 시에 재무장관 폴 마틴은 사회부조의 개혁과 함께 실업보험의 개정안을 발표하였다. 주요 내용은 다음과 같다. 첫째, 실업급여의 소득대체율이 57%에서 55%로 낮아졌다. 이것은 1993년의 60%에 비해 5% 포인트 낮은 것이다. 둘째, 실업급여의 수급자격 기준기간이 연장되고 연방정부의 지원금이 축소되었다. 이러한 개정으로 인해서 1994－1995 회계연도에는 7억 2,500만 달러가 절감되고, 그 이후 매년 25억 달러가 절감될 것으로 예상되었다.(Finkel, 2006: 296; Guest, 1997: 250-1; Hick, 2007: 48-9)

1996년에는 고용보험법안(Employment Insurance Act)이 인준되었다.

---

9) 1989년부터 자체적인 워크페어 프로그램들을 운영했던 퀘벡에서도 비슷한 조사 결과가 나왔다. 1989년에서 1994년 사이에 사회부조 수급자 가운데 80%가 근로능력이 있는 것으로 간주되었으며, 이 가운데 15%만이 워크페어 프로그램에 참여하였다. 그리고 워크페어에 참여한 사람들 가운데 12% 이하만이 실제로 안정적인 직업을 가질 수 있었다. 이와 같이 근로참여 효과는 미미한 반면에, 워크페어 프로그램은 막대한 행정비용을 초래했다.(CCPA Monitor, 1996)

기존의 실업보험을 고용보험으로 대체하는 이 법안에 대해서는 사회적 논란이 컸으며, 하원에서는 보수적인 개혁당과 퀘벡당의 반대에도 불구하고 찬성 123 대 반대 80으로 통과되었다. 1996년 7월과 1997년 1월의 두 단계로 진행된 고용보험법안은 임금보조, 자영업 지원, 직업창출 파트너십 등의 실업자의 취업을 장려하는 프로그램들을 도입하기도 했지만, 다른 한편으로는 실업급여를 줄이고 수급자격을 까다롭게 함으로서 실업급여지출을 줄이는 데 목적이 있었다.

우선, 1997년 1월부터 보험기간의 산출단위가 주에서 시간으로 변경되었다. 이에 따라 정부추계로 50만 명의 파트타임 근로자들에게 고용보험이 적용되기는 했지만, 신규 근로자의 경우 수급자격 기준이 900시간으로 설정됨으로써 실업급여의 수급이 더욱 어려워졌다. 신규 근로자 이외의 일반 근로자의 경우에는 지역의 실업률에 따라서 수급자격 기준시간이 420－700시간이었다. 둘째, 실업급여의 환수 소득기준선이 63,570달러에서 47,750달러로 낮아졌다. 이에 따라서 보다 많은 실직자들이 자신이 수급한 실업급여의 일부 혹은 전부를 돌려주게 되었다. 셋째, 실업급여의 급여대상 소득 상한선이 42,380달러에서 39,000달러로(20주 이상 실업급여 수급의 경우) 낮아졌다. 이에 따라서 실업급여의 상한이 주당 448달러에서 413달러로 하락했으며, 이러한 수준은 2001년까지 유지되었다. 넷째, 실업급여의 최대 수급기간이 50주에서 45주로 축소되었다.[10] 다섯째, 20주 동안의 실업급여를 20주 동안 수급한 이후부터는 매 20주마다 실업급여의 소득대체율이 1%씩 하락하도록 변경되었다.(Battle, 2001: 23-29; Guest, 1997:

10) 실업보험의 대규모 삭감에 따라 1997년 연방선거에서 자유당은 의석을 잃었으며, 이를 회복하기 위해 2001년에 자유당 정부는 소득기준선을 순소득 48,750달러로 인상하였다.(Battle, 2001: 29)

280-1)

이상과 같은 대폭적인 삭감의 결과 실업자 가운데 실업급여를 수급하는 사람들의 비율이 1989년의 87.3%에서 1997년 41.7%로 반 이상 감소했으며, 주당 평균급여도 1997년 불변가격으로 1992년의 272.05달러에서 1997년에는 249.72달러로 22달러 이상 줄어들었다. 이에 반해서 실업급여 지출액은 1992년의 217억 달러에서 1998년 125억 달러로 크게 줄어들었으며, 고용보험 재정은 1992년의 60억 달러 적자에서 1995년에 10억 달러 흑자로 돌아선 후 1997년까지 90억 달러의 흑자를 기록할 것으로 예상되었다.(Battle, 1998: 332; Battle, 2001: 7; Finkel, 2006: 294; Guest, 1997: 280-1)

### (4) 연금

1996년 예산 설명회에서 재무장관은 새로운 연금안인 Senior Benefit을 발표하였다. 이 방안의 핵심은 OAS를 폐지하고 그 대신에 소득심사에 기초한 비과세 연금을 창설하는 것이다. 이러한 개혁을 통해 정부는 제도가 시행되는 첫해인 2001년에 2억 달러를 절감하고, 2011년에는 한 해 210억 달러를 절감하며, 이후 2030년까지는 매해 82억 달러씩 절감할 것으로 예상했다.(Guest, 1997: 285) 일정 소득 이상의 노인들에 대해 OAS 급여를 환수하는 조치를 시행함으로써 캐나다 복지국가의 보편주의를 약화시켰던 캐나다 정부가 이제는 보편주의 프로그램을 완전히 제거하려는 시도를 하게 된 것이다. 그렇지만, Senior Benefit은 현실화되지 못했고, 캐나다 공적연금체계의 기본 프로그램들인 OAS와 GIS는 그대로 유지되었다.

이와 함께, 사회보험연금인 CPP의 개혁방안도 제시되었다. 원래의 계획에 따르면, 적립성 강화를 위해 기여를 소득의 10%로 일정하게 유지하고, 노령연금의 소득대체율을 25%에서 22.5%로 낮추며, 연금 지급개시연령을 65세에서 67세로 상향 조정하고, 유족급여의 폐지와 장애연금 수급조건 강화, 그리고 완전노령연금 수급자격을 위한 최소 기간의 연장 등을 시행할 예정이었다.(Guest, 1997: 288)

그렇지만, 사회 각계각층의 저항에 부딪혀서 현실적으로는 다음과 같은 조치들이 시행되었다. 첫째, 노령연금급여를 계산하는 기준 소득액을 퇴직 전 마지막 3년의 YMPE(Year's Maximum Pensionable Earnings) 평균치에서 마지막 5년의 평균치로 변경되었다. 대체로 퇴직연령에 가까울수록 급여가 많아진다는 점에서 이러한 변경으로 인해 노령연금의 급여수준이 하락하게 되었다. 둘째, 재정운영방식을 완전 부과식에서 부분 적립식으로 변경하였다. 이를 위해 기여금을 1997년의 5.85%에서 2003년까지 9.9%로 인상하고(그 후로는 고정), YBE(Year's Basic Exemption, 연기초공제액)를 동결하였다. YBE가 고정되면 연금기여금 납부 면제를 받는 사람의 숫자가 줄게 되어 기여금 수입이 늘어나는 효과가 있다. 셋째, 사망급여의 최대액이 3,580달러(임금연동)에서 2,500달러(연동제 중단)로 삭감되었다.(Battle, 2001: 30-1, 43; Pesando, 2001: 137-8)

### (5) SUFA

이 시기 사회복지정책의 특징은 연방정부의 역할이 점차 줄어들었다는 것이다. CHST의 형성과 함께 사회부조와 메디케어 부문에서 주정부의 역할이 크게 늘어났고, 실업보험에서도 연방정부의 지원금이 지속적으로 감소했던 것이다. 사회보장부문에서의 연방정부의 역할

감소 추세를 잘 보여주는 것은 1999년에 체결된 SUFA(Social Union Framework Agreement)이다. 이 협정은 1996년에 시행된 CHST의 차질 없는 실행을 위해 연방정부와 퀘벡을 제외한 주정부들 간에 맺은 것으로서 기본적으로는 OAS, CPP, 고용보험 등의 연방정부 관할 사회보장 프로그램 이외의 분야에서 주정부의 독점적 관할권을 인정하는 것이었다.

보다 구체적으로, 이 협정에 따르면 이들 분야의 정책 실행에 있어서 주정부들은 가능한 한 연방정부와 협조하기는 하지만, 특별한 문제가 없는 한 연방정부는 주정부 프로그램에 대해 개입할 수 없게 된다. 또한 과반수 주정부들의 지지를 얻지 않는 한 연방정부는 사회보장 프로그램을 도입할 수 없게 된다. 이 협정은 시민생활에 대한 책임의 분권을 명목으로 사회보장 부문에서 연방정부의 책임을 약화시키고 전국적으로 통일적인 기준을 제시하지 못하는 결과를 가져왔다. 또한, 이 조치는 각 주별로 재정상황에 따라 차별적인 사회서비스를 제공하도록 조장하기도 한다.(Battle, 2001: 17-8; Evans, 2002: 84; Finkel, 2006: 293; Rise and Prince, 2000: 120-1)

### (6) 평가

1970년대 중반 복지국가의 위기 시대에서 시작된 캐나다 복지국가의 축소 경향은 최근까지도 지속되고 있다. 복지국가의 위기 시대 동안 캐나다는 미국이나 영국에 비해 신자유주의의 공세를 덜 받기는 했지만, 1980년대에서 1990년대에 걸친 보수당의 통치와 1990년대 이후의 세계화의 압박을 거치면서 캐나다 복지국가는 크게 변모하였다.

무엇보다도 사회 전체적으로 경제효율성을 우선시하는 분위기가 확립되었고, 시민들 사이에 경제적 이기주의가 팽배하게 되었다. 그 결과 복지국가에 대한 지지가 과거에 비해 약화되었고, 시장자유주의를 지지하는 정당들이 연방 차원에서뿐 아니라 주정부 차원에서도 더욱 강력해졌다. 1990년대 들어 자유당이 다시 집권했지만 과거 복지국가 확대기를 주도했던 바로 그 정당도 전임 보수당 정부의 축소지향적 사회정책의 기조를 계승 발전시켰다. 게다가, 2006년 이후로는 보수당이 다시 집권하면서 복지축소의 흐름이 더욱 강화되고 있다.

이 시기의 캐나다 복지국가의 특징은 크게 다섯 가지로 요약된다. 첫째, 사회부조 및 실업보험의 축소와 워크페어의 광범한 시행에서 보듯이 빈곤층의 복지의존을 줄이고 근로를 강조하는 경향이 뚜렷했다. 둘째, 노령연금과 사망급여의 부분적 삭감 등에서 보듯이 사회보험연금인 CPP에 대한 축소 조치가 처음으로 시행되었다. 셋째, 전반적으로 복지축소정치의 주요 목표물은 근로동기를 약화시키고 소비적 성향이 강한 것으로 평가되는 사회보장 프로그램들이었다. 넷째, CHST의 형성에서 시작된 복지책임의 분권화 경향이 SUFA의 체결과 함께 더욱 강화되어 시민생활에 대한 연방정부의 역할이 크게 줄어들었다. 다섯째, 이상과 같은 복지축소와 분권화의 경향이 강화하는 가운데 사회보장제도의 민영화는 별로 시도되지 않았다.

전반적으로 볼 때 1990년대부터 현재에 이르는 복지국가의 정체기 동안 캐나다의 사회보장제도들은 여전히 건재해 있다고도 할 수 있다. 실업보험과 사회부조의 경우 심각하게 삭감되기는 했지만 기본적인 틀이 유지되고 있고, 연금 및 의료와 같은 비중이 큰 사회보장 프로그램들은 부분적인 축소만을 경험했기 때문이다. 게다가 연금을 비롯한 사회보험들의 민영화 주장이 본격적으로 제기된 바도 없고, 연금과 의료 부문에서의 민영보험의 활성화를 위한 조치들도 거의 시행되지 않았다. 1980년대 보수당 정부 시절부터 국가복지의 축소를 대신해서 시민사회와 시장을 중심으로 한 민간복지가 강조되기는 했지만 실제적인 정책으로 연결되지는 않았던 것이다.

그럼에도 불구하고, 다른 서구 복지국가들과 비교할 때 이 시기 동안 캐나다 복지국가는 심각한 축소의 과정을 밟고 있는 것으로 평가된다. 이 책 제1장의 〈표 1-1〉에서 보듯이 대부분의 비교 대상 국가들에서 사회보장지출은 1995년도까지 지속적으로 증가하다가 2000년에 하락하였다. 이것은 캐나다도 마찬가지였다. 그렇지만, 그 이후의 추세는 나라마다 달랐다. 우선 프랑스, 독일, 이태리, 영국, 일본, 오스트레일리아, 미국의 7개국은 2005년까지 사회보장지출수준이 지속적으로 증가했거나 2000년의 일시적인 하락에서 반전하여 1995년도의 수치를 넘어섰다. 스웨덴, 덴마크, 네덜란드의 3개국은 2000년에 10% 이상의 복지삭감을 경험한 후 2005년까지 사회보장지출을 다시 늘리기는 했지만 1995년도의 수치에는 못 미쳤다. 마지막으로, 캐나다와 노르웨이는 1995년에서 2000년 사이에 사회보장지출이 큰 폭으로 떨어진 후 2005년까지 그 상태를 그대로 유지하고 있다. 특히 캐나다는 1995년도에 18.9%로 최고점에 달했던 사회보장지출이 2005년까지 1985년의 수치에 못 미치는 16.5%에 머무르고 있다. 비교 대상 국가들 가운데서 2005년의 수치가 1985년의 것보다 작은 나라는 캐나다뿐인 것이다.

OECD 회원국 전체적으로 보더라도 사회보장지출은 1995년까지 지속적으로 증가한 다음 잠시 후퇴했다가 2005년에는 다시 증가하여 전 고점을 돌파하였다. 복지국가의 위기시대 이후 각국이 복지축소 노력을 기울이기는 했지만 복지지출의 측면에서 정체 내지는 점증의 경향을 보이고 있는 데 반해서, 유독 캐나다만이 지속적인 축소의 양상을 보이고 있다. 대부분의 복지국가가 복지재편기 내지는 재구성기에 들어서 있는 데 반해서 캐나다는 복지축소기의 연장선상에 남아있는 것이다.[11)]

캐나다에는 영국이나 미국식의 강력한 신자유주의 정치세력이나 담론이 부재했고, 실제로 복지국가 위기시대 이래로 대규모의 복지삭감이나 민영화 조치들이 취해지지 않았다는 점에서 최근에 보이는 캐나다 복지국가의 지속적인 축소는 선뜻 이해하기 어렵다. 그 해결의 실마리 중 하나는 캐나다가 1989년과 1994년에 미국과 자유무역협정을 체결했다는 사실이다. 과거에도 사회경제적으로 미국의 영향을 많이 받았던 캐나다는 자유무역협정 체결 이후 더욱더 미국의 영향을 받게 되었고, 미국과 경쟁하는 가운데 조세 감축과 사회보장지출 삭감이라는 미국식의 사회정책을 닮아가도록 압박받은 것이다.(Evans, 2002: 77)

이러한 세계화 관점에서의 설명이 어느 정도 설득력이 있는 것은 사실이다. 그렇지만, EU의 형성을 통해 세계화의 압력을 더욱 강력하게 받고 있는 대부분의 서구국가들이 최근 들어 사회보장지출을 오히려 늘리는 경향을 보이고 있다는 점에서 캐나다 복지지출의 지속적인 삭감에 대해서는 또 다른 설명이 필요하다.

복지국가 위기시대 이래의 캐나다 사회정책의 특징은 정책변경이 은밀하게 이루어졌다는 것이다. 실업보험을 제외한다면 이 시기 동안 연방정부의 직접적인 대규모 삭감 조치가 내려진 사회보장 프로그램

11) 서구 복지국가들은 1990년대 이후 재구성기에 돌입했다고 할 수 있다. 그 핵심은 복지지출을 일정 수준으로 유지하는 가운데 사회보장제도의 비중을 사회보험 중심으로부터 사회서비스 중심으로 변경하는 것이다. 1990년대의 신자유주의자들과 세계화론자들이 복지국가의 종말이나 급격한 쇠퇴를 예견했었지만, 그들의 예상과는 달리 복지국가는 재편성 내지는 재구성의 과정을 밟고 있는 것이다. 이에 대해서는 (조영훈, 2004: 10장)을 참조하시오.

은 거의 없었다. 예를 들어서, 2차 대전 이후 형성된 캐나다 복지국가에 대한 가장 커다란 도전으로 간주된 가족수당과 OAS 개혁조치는 급여인상의 기준을 완전연동제에서 부분연동제로 변경했거나 급여환수를 통해 급여대상에서 일부 상류층을 배제한 것이었다. 사회부조와 의료서비스에 대한 개혁에서도 CHST의 도입에서 보듯이 연방정부는 직접적인 급여 삭감보다는 복지책임의 분권화라는 방법을 채택하였다.

복지국가 위기 시대를 통해 복지국가에 대한 사회적 합의와 신뢰가 약화된 가운데 캐나다 복지국가가 선택한 은밀한 정책 변경(policy change by stealth), 또는 끊임없는 점진주의(relentless incrementalism)는 복지삭감 정책에 대한 대중의 대규모 저항을 불러일으키지 않으면서도 장기적으로는 실질적인 복지삭감을 가져온 것이다.(Battle, 2001: 50) 이런 점에서 캐나다 복지국가가 여전히 건재하다는 것은 부분적으로만 사실이며, 캐나다 복지국가는 커다란 변화의 과정 속에 놓여 있다고 할 수 있다.[12)]

12) 한 연구자에 따르면, 캐나다는 보편주의 복지국가로부터 탈복지국가(post-welfare state)로 이행하고 있다고 한다. 여기서 탈복지국가란 실업보험과 사회부조 등 비효율적이고 비용이 많이 들며 사회적 비판이 높은 사회프로그램들을 대규모로 삭감하고 일부 보편주의적인 요소들을 유지하는 형태의 복지국가를 말한다. 보편주의가 약화되기는 하지만 신자유주의의 주장처럼 복지국가에 대한 집단적 헌신이 붕괴되는 것은 아니라는 것이다.(Battle, 2001: 12-18)

제5장

# 지배적 가치관과 캐나다 복지국가

1. 립셋의 문화주의적 해석
2. 립셋에 대한 평가
3. 맺음말

# 第5장 지배적 가치관과 캐나다 복지국가

3장과 4장에서 서술했듯이 캐나다 복지국가는 2차 대전 이후 급속한 발전을 이루었다. 서구 복지국가들에 비해서는 국가복지의 수준이 떨어지지만 캐나다는 시민생활의 거의 모든 영역을 포괄하는 사회보장제도들을 구비하였다. 특히, 이웃나라인 미국에 비해 캐나다의 국가복지수준은 월등하다고 할 수 있다. 전국민 의료보험조차도 없는 미국과는 달리 캐나다에는 보편적인 의료서비스가 존재할 뿐 아니라 보편적 성격의 아동급여와 기초노령연금이 존재하고 있는 것이다.

그렇다면, 정치·경제·사회적으로 비슷하게 보이는 두 국가의 사회복지 수준에 차이가 발생한 이유는 무엇인가? 이러한 질문에 대해서는 다양한 관점에서의 답변이 가능할 것이지만, 이 장에서는 두 국가의 지배적인 가치관의 차이에 주목하는 미국의 사회학자 립셋(Seymour Martin Lipset)의 문화주의적 해석을 소개하고 평가하고자 한다. 미국과 캐나다의 비교를 통해 복지국가 발전에 대한 지배적 가치관의 독자적이고 절대적인 영향력을 주장함으로써 립셋은 경제성장, 사회민주주의 정당 및 노동조합의 세력 정도, 국가의 구조 및 관료집단의 능력 등에 초점을 두었던 기존의 복지국가 발전이론들에 심각한 도전을 제기하고 있다.

이하에서는 미국과 캐나다의 복지 발달의 차별성에 대한 립셋의 문화주의적 해석을 소개하겠다. 이어서, 립셋의 문화주의적 해석에 대한 기존의 평가들을 소개한 다음, 지배적 종교의 형태와 국가복지 발달의 연관성에 대한 립셋의 주장을 비교론적 관점에서 실증적으로 검토하겠다.

## 1. 립셋의 문화주의적 해석

1950년에 출간된 『농업 사회주의』(*Agrarian Socialism*)에서 캐나다 사회를 심도 있게 분석했던 립셋은 이후에도 미국과 캐나다라는 매우 비슷해 보이는 두 사회의 특징과 차이점을 드러내는 작업을 지속하였다. 1968년에 출간된 『혁명과 반혁명』(*Revolution and Counterrevolution*)에서 제시된 그의 주장은 1990년의 『대륙의 분할』(*Continental Divide*)과 1996년의 『미국 예외주의』(*American Exceptionalism*) 등의 저작을 통해 보다 정밀화되고 확대되었다.

그의 주장을 요약하면 다음과 같다. 미국과 캐나다는 한때 영국 식민지라는 동일한 정치단위의 일부였지만 동일한 사건을 통해 서로 다른 사회로 성장했다.[1)] 미국은 개인주의와 자유주의가 지배적이고 시

1) 립셋은 미국과 캐나다를 동질적인 사회로 보는 견해를 비판하였다. 그중 대표적인 것은 하르츠의 견해였다. 하르츠에 따르면, 이민 국가들에는 송출국의 문화 중 일부분만이 이식된다고 한다. 예를 들어서, 미국과 영국령 캐나다에는 자유주의적인 부르주아 분파의 문화가 지배적이고, 라틴아메리카와 프랑스령 캐나다(퀘벡)는 봉건적 분파의 문화가 지배적이며, 오스트레일리아는 급진적 분파(19세기 초 영국 노동계급의 비사회주의적 급진주의)의 문화가 주로 도입되었다는 것

민생활에 대한 국가의 개입이 최대한 억제되고 있는 반면에, 캐나다는 미국에 비하면 보수적이고 집단주의적이며 복지국가가 발달되어 있는 것이다. 이러한 차이를 가져온 근본적인 원인은 1776년의 독립혁명에서 미국은 영국에 저항했던 반면에 캐나다는 지배세력인 영국의 편에 섰고, 이러한 역사적 경험으로 인해 미국에는 진취적이고 개인주의적인 가치관이 지배적이 되었던 반면에 캐나다에는 체제 순응적이고 집단주의적인 가치관이 우세해졌던 데 있다.

립셋 연구의 원래 목적은 미국과 캐나다가 왜 서로 다른 복지국가의 길을 밟아나갔는가를 밝히는 데 있지는 않았다. 그는 두 국가의 사회체제상의 차이라는 보다 거시적인 현상의 규명에 관심을 두었던 것이다. 그럼에도 불구하고, 립셋의 연구는 문화주의적 관점에서 미국과 캐나다에서의 복지국가 발달상의 차이에 대해 가장 체계적으로 설명하고 있는 것으로 평가된다. 이하에서는 립셋의 견해를 보다 상세하게 소개하겠다.

### 1) 미국과 캐나다의 지배적 가치관의 차이

베버주의자답게 립셋은 미국과 캐나다가 본질적으로 다른 사회라는 주장을 하는데 있어서 가치관의 차이에 주목한다. 사회구조와 가치체계가 상호작용의 관계에 있기는 하지만, 사회의 성격을 결정하는 핵심요소는 후자라는 것이다. 그에 따르면, 일련의 역사적 경험에서 파생된 가치체계는 종교체제와 가족구조, 계급관계, 교육 등에 제도

---

이다. 여기에서 보듯이, 하르츠는 캐나다와 미국을 동질적인 사회로 간주한다. 그는 캐나다가 미국과 달리 토리주의와 사회주의의 영향을 받았다는 점을 인정하였지만, 그 차이가 그다지 크지 않은 것으로 간주하였다.(Hartz, 1964)

화되고, 이를 통해 사회와 경제 변동의 방향과 내용에 영향을 미친다고 한다.(Lipset, 1990: 63)

미국과 캐나다의 가치관의 차이를 분석하는 데 있어서 립셋은 탈코트 파슨스(Talcott Parsons)의 유형변수(pattern-variables)를 사용한다. 사회적 행동과 역할을 지배하는 가치들을 이분법적으로 구분한 다섯 개의 유형변수들 가운데서 립셋은 세 개의 변수—성취와 귀속, 보편주의와 특수주의, 자기지향과 집단지향—를 선택한 다음에 자신이 만든 평등주의—엘리트주의라는 변수를 추가하여 네 개의 유형변수를 사용하였다. 그에 따르면, 미국에는 성취, 보편주의, 자기지향, 평등주의의 가치가 지배적인 반면에, 캐나다에는 귀속, 특수주의, 집단지향, 엘리트주의가 지배적이라는 것이다.(Lipset, 1968: 32) 실제로는 유형변수의 개념 그대로 미국과 캐나다가 그렇게 완전하게 대립적인 성격을 지니고 있지는 않겠지만, 유형변수의 개념을 통해 립셋은 두 사회가 서로 다른 가치관이 지배하는 상이한 사회라고 주장한다.

립셋에 따르면, 미국과 캐나다가 서로 다른 가치관에 기초해 있다는 것은 다음과 같은 사실들에 의해 입증된다고 한다. 첫째, 미국에는 공교육이 발달하여 대중의 교육수준이 높은 반면에, 캐나다에는 상대적으로 적은 사람들이 고등교육을 이수하는 데서 알 수 있듯이 교육은 주로 특수계층의 전유물이다. 이러한 사실이 보여주는 것은 교육을 통해 개인의 사회적 지위가 결정될 수 있다는 점에서 미국에서는 개인적인 성취와 평등주의(기회의 평등) 및 보편주의가 지배적인 데 반해서, 캐나다에서는 개인의 사회적 지위가 귀속적 요인에 의해 결정되고, 사회가 소수의 엘리트에 의해 지배되며, 사회제도가 특수한 집단을 바탕으로 구성되어 있다는 것이다.

둘째, 똑같은 이민자 사회이면서도 미국사회의 구성 원리는 이른바 용광로(melting pot)인 반면에, 캐나다는 모자이크이다. 여기서 용광로라는 것은 자신의 인종적·민족적 배경에 관계없이 모든 개인들이 사회적으로 동일한 조건하에서(평등주의 및 보편주의) 자신의 노력 여하에 따라(개인주의) 자신의 사회적 지위를 성취할 수 있다는 것을 시사한다(성취지향). 이에 반하여 캐나다의 모자이크는 다양성을 보장한다는 명분하에 개인들의 인종적·민족적 특수성을 온존시키며 개인의 사회적 지위가 인종집단이라는 자신의 귀속적 요인에 연계되도록 한다. 이와 같이 기회의 평등이라는 조건이 마련되지 않기 때문에 캐나다는 미국에 비해 불평등한 사회로 간주되는 것이다.

셋째, 미국에는 공화당과 민주당 이외에는 사회적 영향력을 지닌 제3의 정당이 존재하지 않았던 반면에, 캐나다에는 사회주의계열의 CCF나 NDP, 혹은 보수주의 계열의 Social Credit과 같은 제3의 정당들이 강력한 영향력을 행사해 왔다. 이것은 보편주의가 지배적인 미국에서는 시민사회의 이해를 대변하는 데 공화당과 민주당으로 충분한 반면에, 특수주의가 발달한 캐나다에서는 다양한 사회집단들의 이익을 대변하는 특수정당들이 출현하기 쉽기 때문이다.(Lipset, 1968: 34-47)

그렇다면, 영국 식민지라는 동일한 역사적 경험을 공유한 이웃한 두 국가가 서로 다른 지배적 가치관을 갖게 된 것은 어떤 이유 때문일까? 이에 대해서 립셋은 일차적으로 정치체제 및 국가정체성의 기원의 차이를 들고 있다. 1776년의 미국독립혁명에서 미국은 자신의 종주국인 영국에 반기를 들면서 혁명에 성공하였다. 이것은 미국에서는 혁명적 이데올로기의 승리임과 동시에 보수주의 내지는 토리주의(torism)의 패배를 의미했던 반면에, 영국의 편에 서서 미국과 싸웠던 캐나다에서는 영국과 국왕에 대해 충성하는 왕당파(Loyalists) 내지는 토리주의가 더욱 힘을 얻게 되었음을 의미한다. 미국에서는 독립혁명 기간 동안 출현했던 유토피아적이고 개인주의적인 이데올로기가 사회의 지배적인 가치관으로 자리 잡게 되었던 데 반해서, 캐나다에서는 개혁과 변화를 거부하는 보수적·집단적 이데올로기와 영국식의 귀속적이고 엘리트주의적인 가치유형이 지배적으로 되었다는 것이다.

게다가 혁명 성공 이후 미국과 캐나다 간에는 대규모의 인적 이동이 있었다. 영국에 충성하여 미국혁명에 반대했던 미국 내의 왕당파들이 캐나다로 이주했던 반면에 캐나다의 진보세력들은 미국으로 이주했던 것이다. 이로 인해 미국은 보다 더 민주주의적이고 자유주의적인 사회가 되었고 캐나다는 더욱 보수적이고 엄격한 계층사회로 변화하였다. 결국, 혁명과 반혁명이라는 역사적 사건이 미국과 캐나다의 기본적인 가치체계와 사회구조를 형성하였고 이에 따라 두 국가의 제도적 특성들이 결정되었다. 그 이후의 역사적 사건들은 미국에서는 진보적인 좌파(leftist)의 가치를 강화했던 반면에 캐나다에서는 보수적인 우파의 가치를 강화하는 쪽으로 작용하였다.(Lipset, 1968; 47-51; Lipset, 1990: 41-43)

미국과 캐나다의 가치관의 차이를 가져온 또 다른 중요한 요소는 종교이다. 미국에는 침례교와 같이 복음주의적이고 반국가적이며 자발적인 성격의 기독교 분파들이 발달해 있는데, 이들은 사회적으로 자기지향성, 평등주의, 보편주의, 성취 등의 가치관을 강화하는 데 기여하였다. 반면에, 캐나다에는 영국 성공회와 프랑스 지배의 산물인 가톨릭이 발달해 있는데, 교회주의 중심의 이들 종교적 분파들은 위계적으로 조직되어 반민주적인 경향을 강화하고, 전통을 존중하며, 개인주의와 자유주의 및 평등주의를 억제하는 사회적 효과를 갖는다. 또한 이러한 종교적 분파들은 교세 확장이나 사회적 활동을 위해서 국가에 의존하는 경향이 있으며, 이런 점에서 사회적으로 국가주의를 강화할 뿐만 아니라 기존의 정치질서와 사회질서를 강력하게 지지하기도 한다.(Lipset, 1968: 47-48; Lipset, 1990: 53)

### 2) 지배적 가치관과 복지국가

미국과 캐나다의 복지제도에 대한 체계적인 비교를 시도하지는 않았지만, 립셋은 두 국가의 복지지출의 차이에 기초하여 캐나다의 복지국가가 미국에 비해 더 발달된 것으로 간주한다. 또한, 그는 두 국가의 복지수준의 차이는 위에서 서술한 대로 두 국가의 지배적인 가치관의 차이에서 연유한다고 주장한다. 미국에서는 개인주의/능력주의/반국가주의/평등주의가 복지국가의 발달을 통제했던 반면에, 캐나다에서는 집단주의/보수주의/국가주의/엘리트주의가 복지국가를 성장시켰다는 것이다.

미국에서 복지국가의 발달이 지체된 것은 다음과 같이 설명된다. 미국에는 독립혁명으로부터 파생되었고 프로테스탄트 종파들에 의해 강화된 개인주의와 반국가주의가 발달해 있다. 이런 사회에서는 집단주의에 기초하여 시민의 개인생활에 대한 국가의 개입을 최대화하는 체제인 복지국가가 받아들여질 여지가 줄어든다. 물론, 미국에도 국가가 건설한 복지제도가 일정 정도 갖추어져 있는 것은 사실이다. 그렇지만, 미국의 사회보장 프로그램들은 세계경제대공황이라든가 2차 세계대전 등의 거대한 사건들에 의해 불가피하게 도입된 것으로서 장기간에 걸쳐 체계적으로 복지제도를 도입한 서구의 경우와는 다르다.(Lipset, 1996: 112-4)

미국은 개인의 자발성과 성취를 중시하는 사회이기 때문에 국가복지가 발달하지 않은 대신에 개인들의 자발적 기부의 수준이 매우 높다. 복지국가가 국가주의를 바탕으로 하여 사회적 자선과 박애주의를 강제로 제도화한 것이라면, 자발적 기부는 국가의 개입 없이 개인의 자발성에 기초하여 사회적 자선을 실천하는 것으로서 개인주의를 특징으로 하는 미국사회의 성격과 잘 부합된다.(Lipset, 1990: 143-4)

그렇다면 미국에서는 시민생활에 대한 국가개입이 언제나 거부되는가? 립셋은 그렇지 않다고 대답한다. 그에 따르면, 미국에서의 국가개입은 기회의 평등과 능력주의, 그리고 개인의 성취와 같은 지배적인 가치들을 실천하는 방향으로 이루어지며, 이것은 미국정부가 대중들을 위한 공교육 투자에 적극적이라는 것을 의미한다. 실제로 미국은 집단주의가 발달한 서구에 비해 복지에 대한 투자는 적지만 공교육에 대한 투자는 더 앞서고 있다.(Lipset, 1996: 112)

이에 반하여, 캐나다에는 경쟁을 통한 개인적 성취보다는 집단의 복리를 중시하는 가치가 지배적이고, 그러한 목적을 위해 국가가 개입하는 것을 허용하는 사회적 분위기가 농후하다. 캐나다 정부는 미국에 비해 복지부문에 더 많은 지출을 하고 있는데, 이것은 캐나다인들이 미국인들에 비해 소득격차의 축소에 더 많은 지지를 보내고 국가개입에 더 호의적이기 때문인 것이다.(Lipset, 1968: 126)

이와 함께, 캐나다에서는 서구와 비슷하게 권력과 사회적 지위를 독점한 지배엘리트가 사회질서의 유지를 위해 하층민들을 위한 복지투자에 관심을 갖는다. 서구의 경우 공공주택, 국가고용, 국가의료보험, 실업수당, 가족수당, 노령연금 등의 사회프로그램들이 발달해 있는데, 이것은 집단주의와 보수적 엘리트주의의 산물이다. 영국과 독일에서의 복지국가의 기초가 디즈레일리와 비스마르크와 같은 보수주의자들에 의해 세워졌다는 사실이 이것을 잘 말해준다.(Lipset, 1996: 112-3)

이상과 같은 사회적 배경이 있기 때문에 캐나다의 정당들은 미국의 정당들에 비해서 복지확대에 더 적극적이다. 예를 들어서, 미국의 보수주의는 휘그주의와 전통적인 반국가주의, 그리고 자유주의의 후손이다. 따라서 보수주의를 대변하는 정치세력인 공화당은 주로 시장자유주의를 지향한다. 반면에, 캐나다의 보수주의는 토리주의와 군주적 국가주의의 후손이며, 강한 국가, 공동체주의, 집단적인 연대, 엘리트주의를 지지한다. 따라서 캐나다의 보수정당은 엄격한 시장자유주의를 회피하며 사회적 가부장주의에 기초한 사회통합에 관심을 가진다. 캐나다의 보수정당은 미국의 공화당뿐 아니라 민주당에 비해서도 복지국가를 더 지지하고 있는 것이다.(Lipset, 1990: 141; Lipset, 1996: 124-6)

보수당에 맞서는 캐나다 자유당은 당연하게도 미국의 민주당보다 더 개혁적이며, 제3정당인 사회민주주의 계열의 NDP는 보수당과 자유당에 비해 복지국가의 확대에 더 적극적이다. 이와 같이 캐나다의 대표 정당들은 미국의 민주당보다 더 좌파에 속하며, 이로 인해 전반적으로 캐나다의 정치적 정체성은 사회민주주의의 색채가 농후하다. 보수당과 자유당이 미국의 공화당과 민주당에 비해 복지국가를 더 강력하게 지지하고 미국에서는 세력이 미약한 사회민주주의 정당이 캐나다에서는 일정 지분을 차지하고 있는 것은 집단주의와 보수주의가 캐나다 사회에 깊이 뿌리박혀 있기 때문이다.(Lipset, 1990: 141-9) 반혁명의 역사적 경험에서 유래된 지배적인 가치체계가 캐나다 복지국가의 상대적 발달을 초래한 것이다.2)

---

2) 미국에는 사회주의가 미약하고 캐나다에서는 사회민주주의가 발달한 이유에 대해서 립셋은 다음과 같이 말한다: 미국은 로크적 자유주의의 전통으로 인해 진정한 의미의 개인주의가 발달했고 이로 인해 사회주의가 출현할 수 없었던 반면에, 캐나다의 토리주의-국가주의는 사회주의를 활성화시키는 토양이 되었다.(Lipset, 1990: 149) 이와 같이 립셋은 집단주의와 국가주의를 공유한다는 점에서 사회주의와 보수주의의 뿌리가 같은 것으로 간주한다.

결국, 립셋에 따르면, 미국과 캐나다 및 서구국가들의 복지수준에서의 차이는 사회의 지배적인 가치관의 차이에서 연유한다. 가장 개인주의적인 미국에서 복지국가의 발달이 가장 더딘 반면에, 가장 집단주의적인 서구에서 복지국가가 가장 발달되어 있는 것이다. 캐나다는 집단주의와 보수주의의 측면에서 미국과 서구의 중간이며, 당연하게도 복지국가 발달의 정도도 두 집단의 중간에 위치하고 있다. "영국 및 서구국가들과 비교할 때 캐나다는 보다 휘그적이며 복지지향성이나 계급의식의 측면에서 상대적으로 약하다. 그렇지만, 미국과 비교할 때는 캐나다가 더 집단지향적이며 더 국가주의적이고 더 공동체주의적이다".(Lipset, 1968: 150)

## 2. 립셋에 대한 평가

미국 독립혁명의 경험에서 연유한 미국과 캐나다의 지배적 가치관의 차이를 바탕으로 해서 두 국가의 차이를 설명하려는 시도는 립셋 이전에도 부분적으로나마 이루어진 바 있다. 예를 들어서, 캐나다의 정치학자 호로위츠는 1966년에 발표한 "Conservatism, Liberalism and Socialism in Canada: An Interpretation"이라는 논문에서 다음과 같이 주장하였다. 첫째, 왕당파에 의해 건설된 영국령 캐나다에는 토리적 이데올로기가 강력했다. 둘째, 캐나다에서 토리주의는 사회주의와 밀접한 관련이 있으며, 미국에 비해 캐나다에서 사회주의가 상대적으로 강한 것은 그러한 토리주의의 발달과 관련이 있다. 셋째, 캐나다의 보수주의에는 시장자유주의의 요소뿐 아니라 전통적인 토리주의의 요소와 토리적 민주주의의 요소(국민생활에 대한 가부장적 관심)도 포함된다. 또한, 캐나다의 보수당은 미국의 공화당과는 달리 전통주의, 엘리트주의, 강력한 국가를 강조하며, 미국과 같은 엄격한 자유주의와 개인주의를 추구하지 않는다.(Horowitz, 1966: 172-81)

립셋은 이상과 같은 호로위츠의 주장을 그대로 수용하였다. 다만, 그는 호로위츠의 주장을 보다 확대하여 독립혁명과 두 국가의 지배적 가치관의 관계라든가 지배적 가치관이 초래한 두 국가의 사회체제상의 차이에 대해 보다 체계적으로 설명하였다. 특히, 립셋은 호로위츠가 관심을 두지 않았던 두 국가의 복지수준의 차이와 같은 사회체제상의 차이를 가치관의 차이에 기초하여 설명함으로써 미국과 캐나다의 비교연구를 통해 사회변동에 대한 문화주의적 해석을 제시했다는 평가를 받는다.

립셋의 주장은 미국과 캐나다의 비교연구, 혹은 캐나다 사회의 연구에 깊은 영향력을 행사하고 있다. 많은 학자들은 미국과의 비교를 통해 캐나다 사회의 특징을 제시하는 데 있어서 립셋의 견해를 거의 그대로 수용한다.(Guest, 1997: 18-9; Kudrle and Marmor, 1981) 일부 학자들은 캐나다의 지배 이데올로기의 특징으로 토리주의의 색채를 띠는 자유주의와 토리주의와 관련된 사회주의 등을 지적하면서 토리적 보수주의의 요소로 인해 캐나다가 미국과 크게 구별된다고 주장하기도 한다. 이들에 따르면, 이러한 토리적 보수주의의 특징으로 캐나다의 정당들은 이데올로기적으로 순수하지 않고 복합적이며,[3] 사회

3) 예를 들어, 자유당의 이데올로기는 비즈니스 자유주의와 복지자유주의의 혼합물이고, 보수당의 것은 비즈니스 자유주의와 토리주의의 혼합물이며, 사회주의계열의 NDP는 복지자유주의와 사회주의가 혼합된 이데올로기에 기초한다고 한다.(Christian and Campbell, 1983: 8-9)

전반적으로 복지자유주의의 경향이 강하다고 한다.(Christian and Campbell, 1983; Wiseman and Isitt, 2007)

립셋의 연구는 이와 같이 수많은 지지자를 확보하고 있기는 하지만 심각한 문제들이 내재되어 있다. 이하에서는 미국과 캐나다의 지배적 가치관이 실제로 어느 정도나 차이가 나는지를 검토하고, 지배적 가치관이 복지수준에 어떤 영향을 미치는지를 평가한 다음, 지배종교의 형태와 복지수준의 관련성에 대해 검토하도록 하겠다.

### 1) 미국과 캐나다의 가치관의 차이

이제까지 학계에서 립셋의 연구와 관련하여 가장 큰 논란의 대상이 된 것은 과연 미국과 캐나다의 지배적인 가치관이 그렇게 뚜렷하게 구분되는가 하는 것이다. 립셋의 비판자들에 따르면, 두 나라는 영국의 식민지로서 동일한 문화적 뿌리에 기초해 있고, 현재도 세계적으로 대표적인 시장자유주의 사회의 면모를 보이고 있다고 한다. 비록 캐나다에 프랑스의 전통이 남아있고 캐나다인들이 보다 집단주의적 성향을 보일지는 몰라도 두 국가는 기본적으로 비슷한 가치관을 공유하고 있다는 것이다.

어떤 연구자들에 따르면, 캐나다 사회가 보수주의를 근간으로 하고 있다는 립셋의 주장과는 달리, 대부분의 캐나다인들은 영어권과 프랑스어권의 구별에 관계없이 자유 민주주의의 핵심가치인 개인의 자유, 권리의 평등, 제한적인 정부, 시장경제에 대한 신념을 공유한다고 한다. 캐나다와 미국은 국가개입에 대한 견해에 차이가 있기는 하지만 지배적인 가치관의 측면에서는 커다란 차이를 보이지 않는 것이다. (Brooks, 1998; Perlin, 1997)

또 다른 연구자에 따르면, 캐나다에는 진정한 의미의 토리적 보수주의가 존재하지 않는다고 한다. 보수주의의 거장인 버크가 정리한 보수주의의 요소들은 잘 정돈된 위계적 사회에의 믿음, 경제 및 사회문제의 관리를 위한 계급들 간의 공동체적 관계에 대한 의존, 종교기관들의 강력한 영향력, 사회적 상층부의 사회적 책임(노블레스 오블리주) 등인데, 캐나다의 보수주의에는 그러한 것들이 거의 포함되지 않는다는 것이다. 무엇보다도 캐나다에는 귀족계급이 거의 존재하지 않았다고 한다.(Mcgilly, 1996)

미국과 캐나다의 지배적 가치관의 차이에 대한 립셋의 주장을 경험적인 자료에 기초하여 비판한 연구들도 있다. 그랩과 커디스는 World Values Survey의 조사결과를 인용하여 1980년대 초반 미국인들이 캐나다인에 비해 기성권위를 더 존중한다는 것을 보여주었다. 또한 그들은 미국과 캐나다의 전국조사자료(1990－1991년)로부터 미국인보다는 캐나다인이 전통적인 제도적 권위를 부정하는 경향이 있다는 사실도 밝혀내었다. 이러한 조사결과들에 기초하여, 그랩과 커티스는 미국과 캐나다의 국민들 사이에는 행동과 신념에 있어서 일반적으로 약간의 차이만이 발견되며, 두 국가는 개인적 자유와 시민의 자유라는 비슷한 원칙에 기초하고 있다고 결론지었다.(Grabb and Curtis, 2002)

EVS(European Values Survey, 1990)에 기초하여 미국과 캐나다 및 서구국가들의 지배적인 가치관에 대해 보다 체계적이고 광범하게 비교한 연구도 있다. 〈표 5-1〉에 따르면, 미국은 '평등보다 자유를 선호'와 '빈곤은 개인의 책임'이라는 두 항목에서 가장 높은 점수를 얻었다. 이런 점에서 미국은 캐나다를 포함한 모든 비교국가들에 비해 개인주의와 자유주의의 가치가 더 지배적인 사회라고 할 수 있다. 반면에, '권위보다 개인 강조'의 항목에서는 미국은 보통 수준으로서 캐

〈표 5-1〉 개인주의 지표들에 대한 찬성도 비교(EVS 1990 Data)

| | 평등보다 자유* | 빈곤은 개인의 책임 | 권위보다 개인 강조 | 경제적 개인주의 | 도덕의 절대적 기준 부재* | 상관지시의 정당성 의심* |
|---|---|---|---|---|---|---|
| 미 국 | 71 | 1.97 | 2.00 | 3.12 | 45 | 23 |
| 캐나다 | 61 | 1.84 | 2.06 | 3.08 | 62 | 29 |
| 프랑스 | 53 | 1.46 | 2.03 | 3.29 | 68 | 48 |
| 영 국 | 65 | 1.72 | 1.87 | 3.24 | 62 | 43 |
| 독 일 | 66 | 1.62 | 2.31 | 3.06 | 64 | 24 |
| 이태리 | 46 | 1.84 | 2.07 | 3.25 | 51 | 46 |
| 스페인 | 48 | 1.69 | 1.98 | 3.38 | 65 | 48 |
| 스웨덴 | 67 | 1.46 | 2.47 | 3.62 | 76 | 41 |

주1) * 찬성비율(%), 나머지는 1－5점 척도의 평균점수.

주2) 경제적 개인주의: 정부가 개인들에게 보다 많은 자유를 허용한다면 국가경제가 더욱 좋아질 것이라는 질문에 대한 찬성도.

자료: (van Elteren, 1996: 224)에서 재구성.

나다에 비해서도 미세하게나마 낮았고, '경제적 개인주의'에서는 캐나다에 비해서는 약간 높았지만 대부분의 서구국가들에 비해서는 낮았다. 미국은 개인주의의 또 다른 측면에서는 비교 대상 국가들보다 더 낮은 점수를 보이고 있는 것이다. 게다가, '도덕의 절대적 기준'과 '상관지시의 정당성 의심'의 항목에서는 미국은 캐나다를 비롯한 모든 비교 대상 국가들에 비해 낮은 점수를 보이고 있다.(van Elteren, 1996: 224)

이상과 같이 미국이 캐나다에 비해서 더 개인주의적이거나 자유주의적이고, 캐나다가 미국에 비해서 더 권위주의적이거나 엘리트주의적이라는 립셋의 주장은 현실적으로 근거가 희박하다. 미국은 어떤 측면에서는 개인주의와 자유주의가 가장 발달한 면모를 보이지만 다른 측면에서는 개인주의의 속성이 적으며, 오히려 캐나다와 서구국가들에 비해 권위주의와 보수주의가 더 강력하다는 특징을 보이고 있는 것이다. 따라서 미국과 캐나다는 기본적인 가치관의 측면에서 커다란 차이가 없다고 보는 것이 상식에도 맞을 뿐 아니라 경험적 조사들의 결과와도 일치한다.

### 2) 가치관과 복지국가의 성장

#### (1) 문화환원론

미국과 캐나다의 복지수준에서의 차이에 대한 립셋의 설명을 요약하면 다음과 같다. 독립혁명 이후 미국에는 개인주의, 성취, 평등주의의 가치관이 지배적이 되어 개인들 간의 경쟁이나 개인생활에 국가가 개입하는 것에 반대하는 사회적 분위기가 조성되었고, 이에 따라 국가복지가 발달하지 않게 되었다. 이에 더하여 건국 초기부터 개인의 자발성을 강조하는 복지주의 기독교 종파들이 지배적이었다는 사실도 반국가주의적 사회분위기를 조성함으로써 국가복지의 발달을 통제하였다. 반면에, 독립혁명 이후 캐나다에는 집단주의, 귀속, 특수주의, 엘리트주의의 가치관이 지배적이 되어 집단의 안녕과 복리를 중시하는 사회적 분위기가 조성된 데다가 정당들도 토리적 보수주의의 영향을 강력하게 받았기 때문에 국가복지가 상대적으로 발달하였다. 권위적 위계질서와 집단주의를 강조하는 성공회와 가톨릭이 지배종교였던 것도 시민생활에 대한 국가개입을 허용하는 사회적 분위기의 형성에 기여하였다.

두 국가의 지배적 가치관의 차이에 대한 경험적 검토를 생략한 것과 마찬가지로 립셋은 지배적 가치관의 차이가 복지수준의 차이를 낳았다는 주장에 대해서도 별다른 논증을 제시하지 않는다. 그는 두 국가의 가치관이 상이하다는 가정과 두 국가의 복지수준이 다르다는 사실을 단순히 병치하고 있을 따름이다. 일반적으로 복지국가의 발달을 초래하는 요인은 경제성장, 사회민주주의 세력, 국가구조 및 관료의 성격, 문화와 가치관, 경제개방의 정도 등 다양하다. 이렇게 경쟁하는 요인들 가운데 어느 한 가지를 가장 중요한 요인으로 내세우려면 객관적인 증거에 기초하여 그 요인과 복지국가의 발달 간의 관계에 대한 체계적인 논증을 제시해야만 한다. 이와 같이 반증 가능성(falsifiability)을 제공하고 있지 않다는 점에서 립셋의 주장은 객관성에 기초한 사회과학적인 주장으로 간주되기는 어렵다. 립셋이 했던 것처럼 가치관이 복지수준의 차이를 설명하는 독립적으로 중요한 요인이라고 가정할 이유는 없는 것이다.(Larsen, 2006: 18; Olsen and Brym, 1996: 263)

립셋은 복지국가의 차이를 비롯한 미국과 캐나다의 사회체제상의 차이를 설명하는 데 있어서 200여년 전에 발생한 역사적 사건과 그로부터 파생되는 가치관의 차이에만 초점을 두고 있다. 독립혁명 이후 발생한 사건들이나 사회구조상의 변화 등이 복지국가의 형성과 발달에 영향을 미칠 수 있는 요인으로 간주될 수 있음에도 불구하고 그것들을 별로 중요하지 않거나 지배적인 가치관의 파생물로 간주할 따름이다.

예를 들어서, 립셋은 캐나다에는 CCF 및 NDP와 같은 사회민주주의 정당과 노동운동이 일정 정도 발달해 있는 데 반해서 미국에는 사회민주주의 정당이 거의 존재하지 않고 노동운동이 미약하다고 지적한다. 복지국가 발달이론 가운데 사회민주주의이론에 따르면, 그러한 사회민주주의 세력의 강도의 차이가 두 국가의 복지수준의 차이를 가져오는 것으로 설명된다. 반면에, 립셋은 그러한 사회민주주의 세력의 강도의 차이는 두 국가의 지배적인 가치관의 차이에서 연유하는 것으로 간주한다. 두 국가의 문화적 가치의 차이가 사회민주주의 세력의 강약도의 차이를 낳았고, 이에 따라서 복지국가 수준에 차이가 발생했다는 것이다

이상과 같이 립셋은 지배적 가치관이 두 국가 간의 복지수준의 차이를 낳았다는 주장을 논증하고 있지 않을 뿐 아니라 국가들 간의 사회체제상의 차이를 지배적 가치관의 차이로만 설명하는 문화결정론 내지는 문화환원론의 입장을 취하고 있다. 한 사회의 지배적 가치관이 사회구성원의 의식과 행동뿐 아니라 복지제도를 비롯한 사회제도의 형성에 일정 정도 영향을 미치는 것은 분명하다. 그렇지만, 지배적 가치관을 복지수준을 비롯한 모든 사회현상의 발생에 있어서 가장 중요한 요인으로 간주하는 것은 과학적인 엄밀성과 객관성이 결여된 가정에 불과하다.

### (2) 지배적 가치관과 복지국가

지배적 가치관의 차이가 미국과 캐나다의 복지수준의 차이를 초래했다는 립셋의 주장에는 몇 가지 문제가 있다. 우선, 립셋에 따르면, 미국에 비해 캐나다는 집단주의적이고 보수적이며 이로 인해서 복지수준이 더 높아졌다고 한다. 지배적 가치관이 보수적이면 보수적일수록 그 사회의 복지수준은 높아진다는 것이다. 이를 뒷받침하기 위해 립셋은 캐나다 사회의 보수성의 특징으로 엘리트주의를 지적한다. 지배층의 사회적 가부장주의가 복지확대의 원동력이 된다는 것이다.

립셋이 지적한 대로 독일의 비스마르크나 영국의 디즈레일리와 같은 보수주의자들에 의해 복지국가가 건설된 사례가 있기도 하고 실제로 서구국가들의 복지 발달의 한 요인으로 사회적 보수주의를 지적하

는 학자들이 있기도 하다. 그렇지만, 단순히 집단주의와 보수주의가 발달할수록 복지국가가 더 발달할 것이라고 단언할 수는 없다. 복지국가는 사회적 · 경제적 · 정치적 측면의 다양한 요인들의 복합적 결과이기 때문이다. 예를 들어서, 독일과 영국에서 보수주의자들에 의해 복지국가가 건설된 것은 단순하게 지배층의 노블레스 오블리주 때문이 아니라 노동계급의 급진화에 대한 보수주의자들의 선제 조치였다고 해석될 수도 있다. 또한, 사회적 보수주의가 발달한 것으로 간주되는 대륙유럽 국가들의 경우에도 네오 코포라티즘과 같은 사회적 타협체제가 있었기 때문에 2차 대전 이후 복지국가의 급속한 성장이 가능했다.

비교사적으로 보더라도 집단주의 · 보수주의와 복지국가의 발달 관계는 언제나 명확하지 않다. 예를 들어서, 일본의 경우 미국이나 캐나다에 비해서는 물론이고 서구에 비해서도 더 집단주의적이고 보수주의적인 사회로 평가되고 있음에도 불구하고 복지수준은 선진 산업국가들 가운데 최하위권에 속한다. 최근에 OECD에 편입된 한국, 멕시코, 터키 등도 서국국가들을 비롯한 기존 회원국에 비해 훨씬 집단주의적이고 보수주의적이지만 복지수준은 훨씬 낮다. 이와 반대로, 〈표 5-1〉에서 보듯이 복지 최선진국으로 평가받는 스웨덴 등의 북구국가들은 사회적으로 개인주의가 발달했음에도 불구하고 이태리나 스페인을 비롯한 거의 모든 대륙유럽 국가들에 비해 복지수준이 높다.

결국, 다른 조건들이 동일하다면 집단주의적이고 보수적인 사회가 개인주의적인 사회에 비해서 복지수준이 높아질 가능성이 있을지는 몰라도 립셋이 가정했던 것처럼 집단주의와 보수주의가 직접적으로 복지 발달을 초래했다는 증거는 없다. 립셋이 무시했던 다른 조건들에 대한 충분한 고려가 있을 때에만 집단주의 등의 지배적 가치관과 복지 발달 사이의 관계가 분명하게 드러날 것이다.

다음에, 토리주의 및 보수주의와 복지국가의 발달에 대한 립셋의 주장을 검토해 보겠다. 독일의 비스마르크와 영국의 디즈레일리의 사례를 언급하면서 립셋은 캐나다에는 토리주의에서 비롯된 보수주의가 지배적이었기 때문에 미국에 비해 국가복지가 발달했다고 주장한다. 이러한 주장에는 캐나다 복지국가를 건설하고 확대한 세력이 보수주의 정치세력이었다는, 혹은 보수주의 정치세력이 복지국가의 확대에 적극적이었다는 가정이 내포되어 있다. 그렇다면, 이러한 가정은 어느 정도나 타당한 것인가?

캐나다 복지국가가 발달하기 시작한 1920년부터 복지국가의 전성기인 1970년대 말까지 60년간의 정당별 집권기간을 보면 보수당이 14년이고 자유당은 46년이다. 또한, 캐나다 복지국가가 본격적으로 확대되었던 이차대전 이후부터 1970년대 중반까지의 30년 동안에는 1957년에서 1963년까지의 6년을 제외하고는 자유당이 집권하였다. 보편연금인 OAS와 소득비례연금인 CPP 등의 연금프로그램들과 메디케어로 대표되는 의료서비스, 실업보험, 아동수당, 각종 공공부조 등의 사회보장 프로그램들이 모두 자유당 통치하에서 도입되고 확대되었던 것이다.

이에 반해서 보수당은 집권기간이 짧았던 데다가 집권 시에 복지 확대에 그다지 적극적이지 않았다. 이 책의 3장에 서술했듯이 1930년에서 1936년까지 통치했던 베넷(R. B. Bennett) 보수당 정부는 세계대공황으로 인한 경제파탄과 사회불안정의 상황에서도 연방 차원의 시장 개입을 크게 고려하지 않았다. 보수당 정부는 1935년에 미국의 사회보장법안(Social Security Act)을 모방하여 고용 및 사회보험법안(Employment and Social Insurance Act)을 도입하려고 했지만 여러 문제로 인하여 결국 도입하지 못했다. 캐나다의 실업보험은 1940년대 초반 자유당 정부가 들어서고 나서야 도입되었다.(Guest, 1997: 88; Hick, 2007: 39)

그 이후의 보수당 정부들도 복지확대와는 관계가 없었다. 1957년에서 1963년까지 집권했던 디펜베이커(John Diefenbaker) 보수당 정부는 실업보험의 일부 확대를 제외하고는 사회보장 분야에서 별다른 성과를 내지 못했다. 특히, 1984년에서 1993년까지 집권했던 멀로니(Brian Mulroney) 정부는 사회보장 삭감정책을 꾸준하게 추진하였다. 예를 들어, 캐나다의 대표적 사회부조 프로그램인 CAP(Canada Assistance Plan)에 대한 연방정부의 재정 지원을 축소했고, 실업보험의 급여와 수급기간을 줄이고 수급조건을 엄격하게 하였으며, 가족수당과 보편연금(OAS)에 소득심사를 도입하여 보편적 성격을 약화시켰고, 의료서비스에 대한 연방정부의 지원을 줄였다. 멀로니 정부는 캐나다 복지국가의 근간을 뒤흔들어 놓았던 것이다.

이와 같이 캐나다에서는 토리주의를 직접적으로 계승한 보수당은 복지축소의 입장을 견지한 반면에 휘그주의를 따르는 자유당은 복지확대를 추구해 왔다. 설사 립셋의 주장대로 캐나다 자유당의 이데올로기가 토리주의라는 지배적인 가치관에 의해 부분적으로나마 채색되었다고 하더라도 자유당은 보수당에 비해서는 덜 보수적일 수밖에 없으며, 이런 점에서 토리주의에서 비롯된 보수주의를 캐나다 복지국가의 발달 요인으로 설정하려 한 립셋의 시도는 적절하지 않았다.

### 3) 지배종교와 복지국가

지배적 가치관이 국가복지의 수준을 결정한다는 립셋의 주장에서 특별히 주목할 만한 것은 지배종교의 형태와 복지수준 간의 관계에 관한 것이다. 그에 따르면, 침례교 등의 캘빈주의 종파들이 지배적인 미국은 개인주의가 발달하여 복지국가가 발달하지 않은 반면에, 성공회가 지배적인 캐나다는 집단주의가 발달한 결과 복지수준이 높아졌다고 한다. 립셋이 생각하는 것처럼 과연 성공회가 캐나다의 지배종교의 위치에 있는가 하는 문제는 일단 접어두고,[4] 기존의 복지국가 연구에서는 종교의 역할에 대한 관심이 별로 없었다는 점에서 립셋의 주장은 검토할 만한 값어치가 있다.[5]

문화나 종교는 사회구성원들의 가치관과 행동양식을 규정하고 사회체제상의 특징을 만들어내는 데 기여한다. 예를 들어서, 어떤 종교는 국가복지를 지지하는 반면에 어떤 종교는 민간기구의 자발적 복지를 선호하며, 어떤 문화는 사회복지에 관대한 반면에 어떤 문화는 자조와 자립을 강조하는 것이다. 이런 점에서 종교가 복지국가의 성격이나 복지수준에 일정 정도의 영향을 미친다는 주장은 크게 잘못된

4) 2001년 현재 캐나다 인구의 77%가 기독교인이며, 이 가운데 로만 가톨릭이 43.6%로 절대다수를 차지하고 있다. 로만 가톨릭 신자의 53%가 전통적인 가톨릭 지역인 퀘벡 이외에 거주한다는 점에서 로만 가톨릭은 캐나다를 대표하는 종교이다. 개신교는 전체 인구의 29.2%이며, 이 가운데 United Church of Canada(장로교, 감리교 등 4개의 개신교 분파들의 연합체)가 9.6%로 제일 많고 성공회 6.9%, 침례교 2.5%, 루터교 2.0%, 장로교 1.4% 등의 분포를 보이고 있다.(O'Toole, 1996; Religion in Canada-Wikipedia 2009) 여기에서 보듯이 성공회는 개신교에서도 소수분파일 정도로 교세가 크지 않다. 립셋이 관심을 두고 있는 미국독립혁명 시기에는 성공회가 영국정부의 주도 하에 캐나다의 지배적인 종교로 자리 잡았다. 그렇지만, 교세분포에서는 감리교, 침례교, 장로교 등의 분파가 더욱 우세하여 19세기 초반 성공회 신자는 퀘벡을 제외한 영국령 캐나다 전체 교인의 12분의 1정도에 그쳤고, 1860년까지 개신교도의 80%는 성공회를 제외한 다른 개신교 분파의 신도들이었다.(Wallace, 1948)

5) 다만, 유교주의와 복지국가의 관련성에 대해서는 동아시아 복지유형론을 주장하는 연구자들이 제기한 바 있다. 이에 대해서는 (Goodman and Peng, 1996; Jones, 1993)을 보시오.

것은 아닐 것이다. 그렇지만, 한 사회의 복지수준에 대해 종교가 가장 중요한 영향을 미친다거나, 지배종교의 형태에 따라 복지수준 내지는 복지유형에 차이가 난다고 하는 주장은 문화환원론 내지는 문화결정론을 따르는 것으로서 그 타당성 여부에 대한 경험적인 검토가 필요하다.6)

립셋의 주장에 따르면, 가톨릭과 성공회가 지배적일 경우 복지수준이 높고, 캘빈주의 개신교가 지배적일 경우 복지수준이 낮다고 한다. 그 이유는 가톨릭과 성공회는 집단주의, 보수주의, 엘리트주의, 국가주의의 특징을 갖는 반면에, 캘빈주의 종파들은 개인주의, 평등주의, 반국가주의의 가치관을 조장하기 때문이라는 것이다. 가톨릭이 지배적인 퀘벡이 성공회 등의 개신교가 우세한 캐나다의 다른 지역들에 비해 공공복지가 더 발달해 있다는 언급에서 나타나듯이, 립셋은 가톨릭과 성공회 가운데 전자가 국가복지의 성장에 더 기여하는 것으로 간주한다. 결국, 립셋은 가톨릭, 성공회, 캘빈교의 순으로 국가복지의 발달에 유리한 환경을 제공한다고 생각한다.

립셋과 마찬가지로 복지국가의 발달에 대한 가톨릭의 영향력을 강조하는 연구자들이 다수 존재한다. 문화주의자는 아니지만 에스핑-안데르센은 대륙유럽에 산재해 있는 보수주의 유형의 복지국가들이 시장과 사회주의에 반대하고 전통적인 가족과 사회통합을 강조하는 가톨릭 교회의 영향을 강하게 받았다고 주장한다.(Esping-Andersen 1990: 27, 40; Esping-Andersen 1999: 81) 복지국가의 발달을 설명하는 데 있

6) 예를 들어서, 어떤 학자는 에스핑-안데르센의 복지유형론을 종교별로 캘빈주의 개신교의 앵글로색슨 국가들(자유주의 유형), 가톨릭의 대륙유럽국가들(보수주의 유형), 그리고 루터교의 북구국가들(사회민주주의 유형)로 재분류하기도 한다. (Larsen, 2006: 18)

어서 노동운동에 초점을 두는 캐슬스도 가톨릭 국가들의 사회지출이 다른 OECD 국가들에 비해 높다는 점을 지적하면서 종교적 요소의 영향력을 인정한다(Castles, 1994)

또한, 복지국가의 발달 요인으로 이데올로기의 역할을 배제하는 윌렌스키는 종교로서의 가톨릭이 아니라 정당세력으로서의 가톨릭의 역할을 중시한다. 그에 따르면, 모든 계급들을 정치적 기반으로 하고 있는 가톨릭 정당은 사회통합을 위해 조합주의적 타협체제를 선호하며 이러한 체제를 통해 복지국가의 확대를 가져온다고 한다. 특히 중요한 것은 좌파 정당과의 경쟁도가 높을수록 자신의 정치적 기반 확대를 위해 가톨릭 집권 정당은 사회지출을 늘린다는 것이다. 그 좋은 예는 네덜란드, 벨기에, 이태리로서 이들 국가에서는 가톨릭 정당이 충분히 힘을 갖고 나서야 복지수준의 향상이 가능했다고 한다.(Wilensky, 1981: 354, 368; Wilensky et al, 1987: 404-5, 410)

그렇다면, 립셋과 일부 학자들이 주장했던 대로 가톨릭은 다른 종교들에 비해서 국가복지의 발달에 더욱 유리한 사회적 조건을 제공하는가? 개인주의를 조장하는 개신교가 국가복지의 발달을 억제하는 반면에, 가톨릭은 집단주의, 사회적 보수주의, 사회통합의 지향을 통해 국가복지의 발달을 초래하는가?

우선, 이론적으로 보면, 가톨릭의 사회정책에는 보충성의 원칙(principle of subsidiarity)이 있다. 이 원칙은 사회복지의 제공자는 가족이나 가톨릭 교회과 같은 민간조직이어야 하고 국가는 그러한 민간조직의 능력과 자원이 고갈된 연후에야 비로소 개입할 수 있다는 것이다.(Esping-Andersen, 1990: 27; Hornsby-Smith, 1999: 178)[7] 이와 같이 원

7) 한 예로 1891년에 발표된 교황 레오 13세의 사회칙령은 자본에 대한 노동의 우위, 인간개인의 존엄, 가족생계를 위해 충분한 정당한 임금, 자녀교육에 대한 부

칙적으로 가톨릭은 사회복지 혹은 사회적 자선에 대한 교회나 카리타스(Caritas) 혹은 지역사회의 역할을 강조하면서 국가개입의 최소화를 주장하였다. 이태리나 스페인 등의 가톨릭 국가들에서 20세기 중반 이후에야 공공부조 프로그램을 도입했던 것은 결코 우연이 아니었던 것이다.(Kahl, 2005: 99-101) 윌렌스키가 지적하는 바와 같이 가톨릭은 사회통합과 공동체주의를 강조하면서 조합주의적 타협을 선호하여 공공복지의 발달에 기여하기는 했지만, 다른 한편으로는 보충성의 원칙에 따라 개인생활에 대한 국가의 개입을 제한함으로써 국가복지의 발달을 제약하기도 했던 것이다.8)

다음에, 립셋의 주장을 실증적으로 검토해 보겠다. 〈표 5-2〉에는 지배종교의 형태별로 분류된 국가들의 사회보장지출 추이가 제시되어 있다. 비교 대상 국가는 가톨릭 7개 국가, 개신교(루터교) 4개 국가, 개신교(캘빈교) 1개 국가, 성공회 3개 국가, 가톨릭과 루터교 혼합 1개 국가, 그리고 가톨릭과 캘빈교 혼합 2개 국가이다.9) 이 표에서는

---

모의 권리 등과 함께 보충성의 원리를 강조하였다.(Hornsby-Smith, 1999: 177)

8) 다른 한편, 가톨릭 정당들의 복지노력에 대해서도 사회민주당에 비해 기독민주당들은 시장에 대한 복지국가의 적절한 역할에 대해 보다 제한적인 개념을 갖고 있으며, 기독민주당이 주도한 복지국가는 분열되어 있고 사회불평등을 재생산한다는 비판도 있다.(Huber et al, 1993: 740)

9) 영국, 오스트레일리아, 캐나다는 성공회로 묶여 있지만 종교적 분포에 다소 차이가 있다. 2001년을 기준으로 할 때, 영국은 성공회 20.9%, 가톨릭 9.0%, 기타개신교 7.4%, 기독교인 10.3%로 성공회가 비교적 다수를 차지하지만, 오스트레일리아는 가톨릭 26.6%, 성공회 20.7%, 기타 개신교 17.0%로 가톨릭이 다소 우위이고, 캐나다는 가톨릭 43.6%, 성공회 6.9%, 기타 개신교 22.3%로 가톨릭의 비중이 압도적인 가운데 일반개신교에 비해 성공회의 비중이 낮다. 그럼에도 불구하고 캐나다가 성공회 국가로 분류된 것은 성공회가 오랫동안 캐나다의 지배종교의 위치에 있었기 때문이다. 미국은 캘빈교(침례교, 감리교, 장로교 등) 36.6%, 가톨릭 24.5%, 성공회 1.7%, 루터교 4.6%로 캘빈교의 비중이 가장 높다. 독일에서는 가톨릭과 개신교(루터교)의 비율이 31%와 32%로 거의 같으며, 스위스와 네덜란드에서는 가톨릭과 개신교(캘빈교)의 비율이 각각 46%

〈표 5-2〉 종교형태별 사회보장지출 추이

| 종교 집단 | 국 가 | 1950 | 1975 | 1996 |
|---|---|---|---|---|
| 가톨릭 | 벨기에 | 15.3 | 24.0 | 27.1 |
| | 스페인 | n.a | 11.7 | 22.0 |
| | 아일랜드 | 8.0 | 19.0 | 17.8 |
| | 오스트리아 | 15.4 | 20.2 | 26.2 |
| | 이태리 | 10.7 | 19.2 | 23.7 |
| | 포르투갈 | 5.2 | 11.1 | 19.0 |
| | 프랑스 | 15.9 | 23.9 | 30.1 |
| | 평 균 | 11.8 | 18.4 | 23.7 |
| 개신교(루터교) | 스웨덴 | 10.4 | 25.0 | 34.7 |
| | 덴마크 | 9.5 | 20.2 | 33.0 |
| | 노르웨이 | 6.9 | 18.5 | 28.5 |
| | 핀란드 | 8.9 | 15.7 | 32.3 |
| | 평 균 | 8.9 | 19.8 | 32.1 |
| 개신교(캘빈교) | 미 국 | 4.3 | 12.8 | 16.5 |
| 성공회 | 영 국 | 12.0 | 17.1 | 22.8 |
| | 오스트레일리아 | 6.7 | 10.3 | 15.7 |
| | 캐나다 | 7.1 | 13.8 | 17.7 |
| | 평 균 | 8.6 | 13.7 | 18.7 |
| 가톨릭+루터교 | 독 일 | 20.3 | 23.7 | 29.7 |
| 가톨릭+캘빈교 | 네덜란드 | 9.8 | 25.5 | 26.7 |
| | 스위스 | 6.6 | 15.1 | 25.9 |
| | 평 균 | 8.2 | 20.3 | 26.3 |

주) 일반적으로 사회보장지출은 국내총생산(GDP)에 대한 사회보장지출총액의 비율로 표기되지만, 1950년의 것은 국민소득(National Income)에 대한 비율이다. 국민소득이 국내총생산에 비해 적다는 점에서 국민총생산에 대비할 경우 1950년의 수치는 위의 표에 제시된 것보다 약간 낮아질 것이다.

자료: ILO, 1961; ILO, 1991; ILO, 2000.

개신교 국가들을 루터교와 캘빈교를 분리하였는데, 그 이유는 똑같이 개신교에 속하기는 하지만 립셋의 관심대상인 캘빈교와는 달리 루터교는 국가주의적 경향을 나타내기 때문이다. 사회보장지출은 1950년,

와 40% 및 27%와 17%로 가톨릭이 약간 높다. 이상의 수치들은 Wikipedia-the Free Encylopedia에 있는 "Religion in Switzerland", "Religion in Netherlands", "Religion in Germany", "Religion in Canada", "Religion in UK", "Religion in Australia", "Religion in USA"의 것들이다.

1975년, 1996년의 세 시점의 것이다. 1950년은 현대 서구 복지국가가 본격적으로 확대하기 시작한 시기이고, 1975년은 복지국가 황금기의 정점이며, 1996년은 복지국가의 위기와 세계화 등을 거치면서 복지국가가 조정의 국면에 들어간 시기이다. 이렇게 비교시점을 세 시기로 잡은 것은 각 국가들의 사회보장지출수준에 대한 비교를 보다 체계적으로 하기 위해서이다.

우선, 1950년의 사회보장지출 평균치는 혼합국가들을 제외할 경우 가톨릭 국가가 11.8%로 가장 높고, 이어서 루터교 국가 8.9%, 성공회 국가 8.6%, 캘빈교 국가 3.5%의 순이었다. 이와 같이 사회보장지출수준이 가톨릭-루터교-성공회-개신교(캘빈교)의 순으로 되어 있다는 점에서 캐나다와 미국의 사회복지 수준의 차이가 종교의 차이에서 연유한다는 립셋의 주장은 타당한 것으로 간주될 수도 있다.

반면에, 지배종교와 국가복지의 발달 간의 관계가 립셋이 주장했던 것만큼 그렇게 명확한 것이 아니라는 증거도 발견되었다. 첫째, 동일한 종교집단에 속한 개별국가들 간에 지출수준의 차이가 크다. 예를 들어서, 가톨릭 집단에 속하는 포르투갈의 사회보장지출은 오스트리아의 1/3에 불과하며, 개신교(루터교)나 성공회에 속한 어떤 국가의 것에 비해서도 낮다. 또한, 성공회 국가인 영국의 수치는 같은 집단에 속하는 오스트레일리아의 두 배에 가까우며, 벨기에 등의 3개 국가를 뺀 모든 가톨릭 국가들의 수치에 비해서 높다. 둘째, 이 시기 사회보장지출수준이 가장 높은 국가는 가톨릭 국가가 아니라 가톨릭과 개신교(루터교)의 혼합국가인 독일이다. 셋째, 성공회 국가들 가운데 영국을 제외한 두 나라는 가톨릭과 개신교(캘빈교)의 혼합국가인 네덜란드와 스위스에 비해 사회보장지출수준이 낮다. 각주 8)에서 밝혔듯이 오스트레일리아와 캐나다는 성공회와 가톨릭의 혼합국가이며, 성공회가 캘빈교에 비해 국가복지 발달에 유리한 환경을 제공한다는 립셋의 주장이 사실이라면 가톨릭과 성공회의 혼합국가들은 가톨릭과 캘빈교의 혼합국가들에 비해 사회보장지출수준이 높아야만 했다.

다음에, 1975년의 사회보장지출 현황은 다음과 같은 특징을 보였다. 첫째, 사회보장지출 평균치가 가톨릭 18.4%, 성공회 13.7%, 개신교(캘빈교) 12.8%, 개신교(루터교) 19.8%로 가톨릭 집단의 지출수준이 성공회나 캘빈교 국가들에 비해서는 여전히 높지만 루터교 집단에 비해서는 낮아졌다. 둘째, 가톨릭과 캘빈교의 혼합국가들의 사회보장지출이 20.3%로서 가톨릭 국가들의 평균치보다 높았으며, 특히 네덜란드의 사회보장지출수준은 비교국가들 가운데 가장 높았다. 셋째, 캘빈교 국가인 미국의 사회보장지출이 급격하게 확대되어 가톨릭 집단의 스페인과 포르투갈, 그리고 성공회 집단의 오스트레일리아보다 높아졌다. 이와 함께, 동일한 종교집단에 속한 개별국가들이 사회복지지출수준에서 커다란 차이를 보인다는 점은 여전했다. 성공회 국가인 오스트레일리아의 사회보장지출수준이 가장 낮았고, 가톨릭 국가인 포르투갈과 스페인이 그 뒤를 이었던 것이다.

마지막으로, 1996년의 사회보장지출 현황은 1975년의 것과 유사했다. 우선, 개신교(루터교) 국가들의 사회보장지출수준이 가장 높았고, 그 뒤를 이어 가톨릭, 성공회, 캘빈교의 순서였다. 둘째, 가톨릭 국가들과 루터교 국가들 간의 지출수준이 1975년에 비해 훨씬 더 벌어졌다. 셋째, 가톨릭과 캘빈교의 혼합국가들의 수치가 가톨릭의 것보다 높았다. 넷째, 캘빈교 국가와 성공회 국가들 간의 사회보장지출수준의 차이가 그다지 크지 않았으며, 영국을 제외할 경우 캘빈교 국가와 성공회 국가들과의 차이는 무시할 만하다.

이상의 결과들을 종합해 보면, 종교형태와 국가복지 수준 간의 관계에 대한 립셋의 주장은 매우 부분적으로만 사실이라고 할 수 있다. 가톨릭 국가들의 사회보장지출수준은 1970년도 이후에는 루터교 국가들뿐 아니라 가톨릭과 캘빈교의 혼합국가들에 비해서도 낮아졌다. 또한, 캘빈교 국가(미국)의 경우 사회보장지출의 증가속도가 비교국가들 가운데 가장 빨랐고 1975년에는 일부 가톨릭 국가들과 성공회 국가의 수치를 앞서기도 했다. 가톨릭－성공회－캘빈교 순으로 지배종교가 국가복지를 발달시킨다는 립셋의 주장은 비교역사적 관점에서 볼 때 잘 들어맞지 않는 것이다.

나아가서, 지배종교의 형태와 복지수준 간에 어떤 연관성이 있으리라는 주장도 수용되기 어렵다. 각 시점에 따라 종교집단별 사회보장지출수준의 변동이 심하고 동일한 종교집단 내에서 개별 국가들의 사회지출수준이 크게 달랐기 때문이다. 립셋과 같은 문화주의자들에 따르면 지배종교와 그로부터 파생된 지배적 가치관은 사회의 기저에서 사회변화의 내용과 방향을 결정하며, 장기간에 걸쳐 매우 점진적으로만 변화하는 것이다. 불과 50년도 안 된 기간 동안 각 비교 대상 국가들과 종교집단들의 사회보장지출이 그렇게 크게 변동했었다는 사실은 문화주의자들의 가정과는 달리 종교나 문화적 요소가 한 국가의 복지수준에 커다란 영향을 주지 않았다는 것을 의미한다.

### 3. 맺음말

립셋은 지배적 가치관과 종교의 차이에 기초하여 미국과 캐나다의 복지수준의 차이를 설명하고자 하였다. 이러한 문화주의적 해석은 복지국가 발달 요인에 대한 기존의 연구들과 차별화된 것이라는 점에서 학문적인 의의를 인정할 수 있다. 또한 립셋의 주장은 일부 학자들에 의해 지지되기도 했다. 그렇지만 그의 시도는 성공한 것으로 평가받기 어렵다. 비교 역사적 관점에서 볼 때 지배적 가치관 및 지배종교의 형태와 국가복지 간에 어떤 중요한 연관성이 존재한다는 증거가 없기 때문이다.

립셋의 연구는 자신의 주장에 대한 체계적인 논증을 소홀히 했다는 점에서 한계가 있을 수밖에 없었다. 그가 근거로 삼은 것은 주로 미국과 캐나다의 비교에서 유추한 것들이다. 이 두 국가만을 대상으로 할 경우 한쪽에서는 개인주의와 자유주의, 캘빈교, 낮은 복지수준이라는 현상이 발견되고, 다른 쪽에서는 집단주의와 보수주의, 성공회(및 가톨릭), 높은 복지수준이라는 현상이 관찰되었을 수 있다. 따라서 립셋이 두 국가의 복지수준의 차이를 설명하기 위해 지배적 가치관과 종교형태의 차이에 주목한 것은 문화주의자인 그로서는 당연한 일이었을 것이다.

그렇지만, 비교 대상을 확대하여 서구국가들까지 포함할 경우 지배적 가치관과 지배종교와 복지수준 간에는 의미 있는 연관성이 없는 것으로 드러났다. 립셋이 주장하듯이 문화적 요소들이 미국과 캐나다의 복지수준의 차이를 설명하는 데 있어서 그렇게나 중요한 요인이었다면 그것들은 그 두 나라뿐 아니라 다른 비교 대상 국가들의 복지수준을 설명하는 데 있어서도 중요한 것이어야 하겠지만 실제로는 그렇지 못했던 것이다. 문화적 요소들과 복지수준 간의 관계에 대한 립셋의 가정은 결코 일반화될 수는 없는 것이다.

문화적 가치가 개인의 의식과 행태를 결정하고 이를 통해서 복지제도의 형성에 영향을 미치는 것은 분명하다. 그렇지만, 지배적 가치관이 특정 국가의 복지수준을 결정하는 요인이 될 수 있는가에 대해서는 립셋뿐 아니라 그 어떤 문화주의자들도 증명한 바가 없다. 그럼에도 불구하고 립셋을 포함한 대부분의 문화주의자들은 문화적 요인의 절대성을 가정하거나 강변하고 있다. 이런 식으로 문화결정론을 주장하기보다는 복지국가의 차이를 초래하는 것으로 여겨지는 다양한 요인들의 상대적 중요성을 검토하거나 문화적 요소들과 다른 요인들이 어떻게 상호작용하여 국가복지의 발달을 초래하거나 방해하는지를 밝힐 필요가 있다.

복지국가의 발달은 다양한 요인들이 어우러진 복합적인 산물이다. 그 가운데 가치관이나 문화적 요소들이 포함되어 있기는 하지만, 그것들은 대체로 인권의식의 발달, 민주주의의 확립, 혹은 시장경제의 발전 등과 마찬가지로 국가복지의 발달을 위한 구조적인 틀을 제공하는 데 그친다. 복지국가 연구자들이 지적하고 있듯이 국가복지의 발달에 보다 직접적인 영향을 미치는 요소들은 노동운동의 파워, 사회민주주의 정당의 집권, 국가구조와 관료집단의 주도성 등을 들 수 있다. 캐나다가 미국에 비해 복지수준이 높아진 이유를 찾고자 한다면 이상과 같은 요인들에 주목해야 한다.[10)]

---

10) 참고로, 캐나다와 미국의 복지수준의 차이에 대해 몇 가지 주장이 제기된 바 있다. 어떤 연구자는 두 국가의 사회정책의 차이를 초래하는 요인으로 지구경제에서의 두 국가의 지위의 차이, 계급/언어/인종/종교와 같은 사회적 분열의 차이, 정치제도 및 과정에서의 차이 등을 지적하면서 거대 국가로서의 미국과 경제개방에 민감한 허약한 국가로서의 캐나다라는 특징에 주목한다.(Banting, 1997) 또 다른 연구자는 두 복지국가의 핵심적인 차이를 미국에는 2차 대전 이후 재분배효과가 비교적 큰 복지국가를 추진할 수 있는 정치세력의 연합이 존재하지 않았다는 데서 찾고 있다.(Smardon, 1991) 마지막으로, 어떤 연구자들은 두 국가 간의 미세한 이데올로기적인 차이와 함께 연방정부와 주정부의 권력 분점에서의 차이를 강조한다.(Kudrle and Marmor, 1981)

제6장

# 자유당, 사회민주당, 캐나다 복지국가: 가족수당 사례

# 제6장 자유당, 사회민주당, 캐나다 복지국가: 가족수당 사례

이차대전의 종전을 앞둔 1944년 7월에 캐나다 연방의회는 가족수당 법안을 통과시켰다. 1945년 7월부터 시행된 가족수당은 일반조세를 재원으로 하여 16세 미만의 모든 아동에게 지급된 보편주의 사회프로그램이었으며, 1951년의 OAS 및 1957년의 병원보험과 더불어 캐나다 사회보장제도의 보편주의 시대를 대표하는 것이었다. 처음 도입되었을 때 가족수당은 평균적인 제조업 근로자 가족 수입의 10%가 넘을 정도로 관대한 수준이었고, 연방정부 예산에서 차지하는 비중이 여타의 사회복지 예산 총액보다 훨씬 높았다.

일반적으로 복지국가 연구자들은 저소득층에게만 지급되는 공공부조나 기여를 조건으로 하는 사회보험보다는 복지욕구를 지닌 모든 시민들에게 조건 없이 제공되는 보편주의 사회보장 프로그램을 선호하는 경향이 있다. 그것은 보편급여가 평등주의와 사회통합이라는 복지정책의 목표를 실현하는 데 유리할 뿐 아니라 사회보장제도 구성의 측면에서 스웨덴을 비롯한 선진 복지국가들의 특징이 되기 때문이다. 또한 대부분의 국가에서 보편급여는 공공부조와 사회보험이 어느 정도 갖추어진 다음에 도입되며, 이런 점에서 보편급여는 가장 선진화된 사회프로그램으로 평가받기도 한다.

그렇지만, 캐나다는 현재 잔여적 유형 또는 자유주의 복지유형의 국가로서 선진 산업국가들 가운데 가장 복지수준이 낮은 나라로 평가되고 있다. 게다가 가족수당이 도입된 1940년대 중반의 캐나다는 기여식 연금이나 의료보험, 혹은 중앙정부 수준의 공공부조 프로그램과 같은 기본적인 사회보장제도조차 갖추어지지 않은 상태였다. 그렇다면, 왜 1940년대의 캐나다와 같은 복지변방에서 가장 선진화된 형태의 사회프로그램이 도입되었는가? 이 장에서는 집권 자유당이 정치적 위기를 타개하기 위해 사회민주당의 핵심정책을 선취했다는 관점에서 이 질문에 답하고자 한다. 이를 통해서 이 글은 캐나다 복지국가가 확대되는 과정에 자유당과 사회민주당이 어떤 영향력을 행사했는지를 보여줄 것이다.

## 1. 캐나다 가족수당의 형성과 특징

캐나다 사회에서 가족수당에 대한 논의는 이미 오래 전부터 있어왔다. 1919년에 노동성 장관이 가족수당의 찬반론에 대해 언급한 바 있으며, 1929년 2월에는 연방의회가 가족수당에 대해 논의하기도 했다. 이와 함께 다양한 사회집단들이 가족수당에 대한 견해를 피력하며 대립하기도 했다. 우선, 임금수준의 획기적인 향상을 주장했던 급진적인 노동조합은 가족수당에 반대하였다. 가족수당이 자신들의 요구를 회피하기 위한 수단이라는 이유에서였다. 여성계 및 사회복지계는 출산율을 높인다는 이유에서 도입에 반대하였다. 반면에, 경영자 단체는 연방정부의 재정에 기초하여 임금인상을 억제할 수 있다는 점을 들어 가족수당의 도입을 지지하였다. 가톨릭 교회도 다산 가정을 보호하고 장려한다는 차원에서 가족수당의 도입을 적극 지지하였다. 연방정부는 시행 첫 해에 2억 달러가 드는 등 막대한 재정 부담 때문에 제도의 도입에 난색을 표명하였다.[1)]

그렇지만, 시간이 지나감에 따라서 일부 이해당사자들의 입장이 점차 변화하였다. 우선, 노동조합들은 처음의 태도를 바꿔 가족수당을 승인하기 시작했다. 가족수당이 노동자 가족의 부가적인 수입원이 된다는 이유에서였다. 경영자 단체는 미래세대의 보호와 구매력 유지라는 차원에서 가족수당의 필요성을 인정하였다. 그리고 각 정당들은 자신의 이해관계에 부합한다는 점에서 가족수당을 지지하거나 적어도 반대하지는 않았다. 결국, 1944년 7월에 가족수당 법안이 만장일치로 의회를 통과함으로써 캐나다 최초의 보편주의 사회프로그램이 도입되었다.(Finkel, 2006: 130-3; Guest, 1997: 123-4; Kitchen, 1987: 227-34; Marshall, 2006)

1945년 7월부터 지급되기 시작한 가족수당은 아동을 돌보는 모든 일차부양자(주로 어머니)에게 소득수준과 관계없이 정액으로 지급되었으며, 일반조세를 재원으로 하였다. 처음 제정되었을 때 가족수당은 3년 이상의 거주를 조건으로 하여 캐나다에서 태어난 16세 미만의 아

---

1) 일반적으로 가족수당 내지는 아동수당은 출산율 향상을 목적으로 한다. 그렇지만, 이 시기 캐나다는 인구 증가가 지속되었고 외국으로부터의 이민이 활발히 이루어졌기 때문에 출산율 향상을 목적으로 가족수당을 도입할 이유가 없었다. 오히려 여성계와 사회복지계는 아동수당이 저소득층의 인구 증가를 가져와 저소득층의 생활향상을 저해할 뿐 아니라 개인생활에 대한 국가의 지나친 개입이라는 점에서 반대하였다. 1929년 연방의회에서 가족수당에 대한 논의가 벌어졌을 때 퀘벡의 레벨(Piere Lebel) 신부는 가족수당에 대해 적극적으로 찬성했던 반면에 이 시기 사회복지계와 여성계를 대표했던 휘튼(Charlotte Whitton)은 반대하는 견해를 피력하였다.(Kitchen, 1987: 226-34; Struthers, 1996: 73)

동에게 지급되었다. 급여액은 연령별로 달랐다. 5세 이하일 경우에는 월 5달러였고, 6-9세는 6달러, 10-12세는 7달러, 그리고 13-15세는 8달러였다. 또한, 다섯 번째 이후의 아동에 대해서는 급여액이 일정 정도 감액되었다.

몇몇 서구국가들에서 1930년대 이래로 가족수당이 도입되어 있었기 때문에, 이차대전 직후에나 도입된 캐나다의 가족수당은 사회보장의 역사에서 커다란 의미가 없는 것으로 보일 수도 있다.[2)] 그렇지만, 그 당시 캐나다의 사회보장 상황에 비추어보면 이야기가 달라진다. 이 시기 캐나다의 사회보장 프로그램으로는 각 주정부가 운영하는 산재보험, 공공부조식 노령연금, 모성수당과 연방정부가 운영하는 실업보험이 고작이었다. 그 당시 모든 서구국가들에 갖추어져 있었던 의료보험이나 기여식 노령연금뿐 아니라 연방정부 차원의 공공부조 프로그램조차 없는 가운데 보편주의 사회프로그램인 가족수당이 먼저 도입되었던 것이다.

가족수당의 특이성은 비용의 측면에서 볼 때 더욱 두드러진다. 1945년 처음 시행되었을 때 가족수당 급여액은 1억 7천 3백만 달러(관리비용 포함 시 2억 달러)였다. 1945년 캐나다의 각급 정부들(연방정부, 주정부, 시정부)의 지출예산은 모두 58억 8,300만 달러였고 이 가운데 사회복지 예산은 3억 7백만 달러였다. 가족수당은 그 당시 캐나다 전역의 사회복지 예산의 56%를 넘는 것이었다. 연방정부 예산에 한정

---

2) 가족수당을 최초로 도입한 국가는 뉴질랜드(1927년)였지만, 서구국가들 가운데에는 벨기에가 1930년에 가족수당을 처음으로 도입하였다. 1930년대 동안 가족수당을 도입한 서구의 주요 국가들은 프랑스(1932년), 이태리(1937년), 스페인(1938년), 네덜란드(1939년) 등이었다. 2차 대전 이후에는 영국(1945년), 노르웨이(1946년), 스웨덴(1947년), 덴마크(1952년), 독일(1957년)의 순으로 가족수당을 도입하였다.(Social Security Administration, 2008)

해서 보면, 총예산 51억 3,600만 달러 가운데 사회복지 예산은 1억 1,100만 달러로 2.16%였던 데 반해서, 가족수당은 3.37%로 사회복지 예산의 1.5배 이상이었다. 이차대전이 끝나고 전시 경제의 평시 경제로의 전환이 완료된 1950년에는 연방정부 총예산 29억 100만 달러 가운데 사회복지 예산은 6.62%인 1억 9,200만 달러였던 데 반해서 가족수당은 10.68%인 3억 1,000만 달러였다.(Statistics Canada, 1983a)

가족수당은 급여수준의 측면에서도 특이한 것이었다. 가족수당의 급여액은 1946년을 기준으로 할 때 아동 일 인당 월평균 5.94달러(연 71.28달러)였으며 가족당 월평균 14.18달러(연 170.16달러)였다.(Finkel, 2006: 131; Guest, 1997: 125) 1945년 제조업 노동자의 연평균 임금 1,538달러에 비해 볼 때 가족수당의 일 인당 급여액은 4.62%이고, 가족당 급여액은 11.06%였다.(Statistics Canada, 1983b) 가족수당은 일반적인 근로자 가족의 총수입 가운데 10% 이상을 차지했던 것이다. 특히, 소득수준이 낮고 부양 아동수가 많은 농촌지역의 거주자들이나 공공부조 수급자들의 경우에는 생계에 대한 가족수당의 기여도가 훨씬 높았을 것이다.[3] 일부 주정부 관할의 공공부조 프로그램을 빼면 국가로부터 아무런 도움을 받지 못했던 일반시민들에 대해 관대한 급여를 제공함으로써 가족수당은 단숨에 캐나다의 핵심적인 사회보장제도로 떠올랐다.

---

3) 어떤 연구자에 따르면, 가족수당의 급여액은 서스캐처원 농촌지역이나 대서양 지역 거주자들의 가구소득의 15-20%였다고 한다.(Struthers, 1996: 80-1)

## 2. 가족수당의 형성에 대한 이론적 검토

캐나다에서 복지국가의 기초가 마련되지도 않은 상태에서 관대한 성격의 보편주의 사회프로그램이 도입된 이유는 무엇인가? 이에 대해서 대부분의 캐나다 학자들은 어떤 특별한 한 가지 요인에 주목하기보다는 몇 가지 요인들을 종합적으로 고려하고 있다. 그 대표적인 것들은 이차대전 기간 동안에 형성된 강력한 사회연대성, 종전 후 (기혼) 여성들의 가정 복귀 유도, 임금통제 정책과 그로 인한 노동계의 급진화, 자유당 정부의 개혁적 성향, 자유당 정부의 정치적 위기 등이다.

이 가운데서 사회연대성의 강화는 보편주의 사회프로그램의 형성을 가능하게 한 포괄적인 사회적 배경이 되기는 하지만 가족수당이라는 특정 사회프로그램의 성립을 가져온 직접적인 요인으로 간주하기는 어렵다. 종전 후 여성들의 가정 복귀 유도는 저소득층의 구매력 향상이나 아동보호 등을 포함한 가족수당의 다양한 기능들 가운데 한 가지 요소에만 초점을 둔 것으로서 설명의 범위가 지나치게 좁다. 그리고 위의 두 요인들은 가족수당과 같은 사회프로그램의 형성에 관련된 사회집단 및 정치세력의 다양한 이해관계를 고려하지 않는다는 약점을 지니고 있기도 하다.

이하에서는, 우선 보편주의 사회프로그램의 성립 배경에 대한 일반적인 견해로 권력자원이론의 주장을 소개하겠다. 이어서, 노동계의 급진화, 자유당 정부의 개혁적 성향, 자유당 정부의 정치적 위기라는 요인들이 가족수당의 형성에 어떤 영향을 미쳤는가를 소개하고 평가하겠다. 이를 통해서 어떤 요인이 가장 중요한 영향력을 행사했는가가 개략적인 수준에서나마 제시될 것이다.

### 1) 사회민주주의 정당의 계급동원전략

복지국가 연구에서는 보편주의 사회프로그램의 기능과 장단점에 대해서는 다양한 견해들이 제시되어 있는 반면에,[4] 보편급여의 성립 배경에 대해서는 그다지 많은 관심을 두지 않았다. 현재 이에 대해 거의 유일하게 체계적인 설명을 제공하고 있는 이론은 권력자원이론(power resources model)이다. 권력동원이론(power mobilization theory)이라고도 불리는 권력자원이론은 복지국가의 발달을 사회민주주의 세력의 파워 및 동원전략과 연관시키며, 복지국가발달이론에서는 사회민주주의이론이라고도 불린다.(O'Connor and Olsen, 1998)

권력자원이론에 따르면, 노동계급을 기반으로 하는 사회민주주의 정당은 전통적인 노동계급의 수적 열세와 감소 경향으로 인해서 집권을 위해서는 화이트칼라나 전문직, 또는 자영업자 등의 중간층을 대변하는 정당들과의 연대가 필수적이었다. 그 대표자인 에스핑-안데르센의 말을 빌리면, 사회민주주의 정당은 노동계급을 중심으로 하여 중간층을 연대세력으로 포섭하는 사회민주주의 계급형성(social democratic class formation)을 실천할 필요가 있었다는 것이다.

그렇다면, 사회민주주의 계급형성은 어떻게 가능할 것인가? 권력자원이론에 따르면, 그 해답은 보편주의 사회프로그램에 있다고 한다. 모든 시민들에 대해 균등한 혜택을 제공하는 보편급여는 노동계급뿐만이 아니라 전통적으로 사회정책에서 배제되어 있던 중간층들에게

4) 일반적으로 복지국가 연구자들은 보편주의 사회프로그램이 사회통합과 인도주의 및 평등주의의 실천에 유리한 것으로 간주한다.(Collard, 1971; Esping-Andersen, 1990; Pratt, 1997; Titmuss, 1976) 이에 반해서, 보편주의 프로그램이 중산층의 계층적 이익에 유리하며 복지국가의 정당성을 약화시킨다고 보는 견해도 있다.(Gilbert, 1983)

도 매력적이기 때문이다. "사회민주주의 계급형성의 궁극적인 수단은 사회정책이다. 〔노동계급과 중간계급의〕 연대성의 창출을 위해서는 개혁적인 조치들이 필요하고, … 그것들은 개인주의와 조합주의에 맞서는 보편주의적 대안을 실행하는 것이어야 한다. … 〔보편주의〕 복지국가 전략은 사회민주주의 계급동원의 자연적인 결과이다".(Esping-Andersen, 1985: 33-4)

이와 같은 주장은 스웨덴 등의 북구국가들의 경험에 기초하고 있다. 예를 들어서, 1920년대 지지부진했던 스웨덴 사회민주당은 1930년대 초반 농민당과의 연정에 성공하였으며, 이를 바탕으로 1976년까지 장기 집권할 수 있었다. 이러한 적록동맹(red-green alliance)은 국내 농산물에 대한 정부지원과 보편주의 사회프로그램의 도입을 조건으로 해서 이루어진 것이었다.(Esping-Andersen, 1990: 18; Esping-Andersen and Korpi, 1984; Korpi, 1983) 다른 북구국가들에서도 이런 식의 정치적 연대가 이루어졌으며, 그 매개체는 보편주의 사회프로그램이었다. "덴마크, 스웨덴, 노르웨이에서 복지국가의 기초는 1940년대-1950년대에 비기여식의 보편주의 사회프로그램들을 도입함으로써 마련되었던" 것이다.(Esping-Andersen, 1985: 157)

이상에서 보듯이 권력자원이론은 보편주의 사회프로그램이 성립할 수 있었던 배경으로 사회민주주의 정당의 계급동원 전략을 지적하면서 보편주의 복지국가를 노동계급의 정치적 승리의 결과물로 간주한다. 스웨덴을 비롯한 북구국가들의 경우 사회민주당이 중간층을 대변하는 정당들과의 연대를 통해 집권 하였고, 대륙유럽 국가들이나 앵글로색슨 국가들에 비해서 보편주의 사회프로그램이 상대적으로 발달되었으며, 이런 점에서 권력자원이론의 타당성은 인정될 수 있다.

권력자원이론에 대해서는 몇 가지 비판이 존재한다. 우선, 보편주의 복지국가를 노동계급과 사회민주당의 승리의 산물로 볼 수 있는가 하는 문제가 있다. 보편주의 사회프로그램은 특정 계급이 아니라 한 국가의 시민 전체를 대상으로 하고 있다는 점에서 노동계급만의 이익을 반영하는 것이 아니기 때문이다. 실제로, 일부 연구자들은 보편주의 사회프로그램의 진정한 수혜자는 중간층이며, 이런 점에서 보편주의 복지국가는 부르주아 계급과 정당들의 압력의 결과라고 주장한다. 그들에 따르면, 노동계급은 보편주의 사회프로그램을 옹호하거나 장려하지 않았으며, 노동계급에 보다 유리한 것은 보편연금과 같은 보편주의 프로그램이 아니라 기여식 사회보험연금이라는 것이다.(Baldwin, 1990; Ginsberg, 1979; Stinchcombe, 1985)

이와 함께, 보편주의 프로그램은 사회민주주의 정당이 강력하지 않은 곳에서도 도입된다는 비판도 있다. 권력자원이론에 따르면, 전통적으로 사회민주당이 강력했던 북구국가들과 이차대전 직후 노동당 집권하의 영국에서 보편주의 사회프로그램들이 활발하게 도입되었다고 한다.[5] 그렇다면, 보편주의 사회프로그램은 노동계급과 사회민주주의 정당의 전유물로만 볼 수 있는가? 이에 대해서 권력자원이론의 비판자들은 보편주의 사회프로그램의 계급적 기반이 국가별로, 그리고 역사적으로 상이하다는 점을 지적한다. 예를 들어서, 사회민주주의 정당이 강력하지 않은 독일과 프랑스에서는 보편주의 사회프로그램이 한때 노동계급과 좌파 정당의 지지를 받다가 1960년대와 1970년대 동안에는 노동계급이 아니라 중간계급의 강력한 지지를 받았다

5) 에스핑-안데르센은 복지유형론에서 사회민주주의 세력이 중심이 된 복지국가를 사회민주주의 복지국가로 분류하고 그 특징으로 보편주의 사회프로그램과 완전고용정책을 들고 있다. 주로 북구에서 발견되는 사회민주주의 복지국가의 또 다른 명칭은 베버리지식의 시민급여 모델(Beveridge-type citizens' benefit model)이다.(Esping-Andersen 1990: 23)

는 것이다.(Baldwin, 1989: 477)

실제로, 아동수당 등의 보편급여는 북구국가들과 같이 사회민주주의 정당이 지배적이지 않은 대부분의 대륙유럽 국가들에서도 발견되며, 이런 점에서 보편급여를 사회민주주의 세력의 승리의 결과라고 보는 권력자원이론의 주장은 지나치게 단순하다. 북구국가들의 경우 보편주의 사회프로그램의 성립 배경에 대한 권력자원이론의 설명이 타당할 수도 있겠지만, 그 주장을 다른 국가로 확대하는 데에는 많은 주의가 요구되는 것이다.

게다가, 권력자원이론은 캐나다에 가족수당이 성립하게 된 배경에 대한 적절한 설명이 될 수 없다. 캐나다에서 가족수당을 도입한 정치세력은 자유당이기 때문이다. 자유당은 보수당에 비해 개혁적 성향이 있고 실제로 대부분의 중요한 사회보장제도들이 자유당 정부 시절에 도입되기도 했다. 그럼에도 불구하고, 자유당은 복지국가의 확대에 적극적인 사회민주주의 정당은 아니었다. 이 당시 캐나다에는 CCF라는 사회민주주의 정당이 존재했으며,[6] 이들은 노동조합의 지원을 바탕으로 기간산업의 국유화와 사회보장제도의 획기적인 확대를 주장해왔다. 이들의 주장에는 가족수당뿐 아니라 의료서비스 및 기초연금 등과 같은 보편주의 사회프로그램의 도입이 포함되어 있었다. 자유당은 보수당과의 차별화를 위해 일부 개혁적인 조치들을 시행하기는 했지만 재정운용에 있어서는 보수적인 입장을 견지하였다.

---

6) Co-operative Commonwealth Federation의 약자로서 1932년에 창건된 사회민주주의 정당이다. 캐나다 중서부 지방에서 시작하여 1940년대에는 제조업의 중심지인 온타리오까지 당세를 확장하였다. 1961년 새로운 사회민주주의 정당인 NDP(New Democratic Party)의 창건과 함께 소멸되었다.

### 2) 집권 정당의 복지확대 노력

일부 연구자들은 가족수당의 도입 배경으로 자유당 정부의 복지확대 노력, 특히 맥켄지 킹(W. L. Mackenzie King) 수상의 사회보장에 대한 헌신을 제시한다. 이전의 거의 모든 사회보장 프로그램들이 자유당 정부하에서 도입되었고 가족수당도 그러한 자유당 정부의 복지확대 노력의 연장선상에 있다는 것이다. 그러한 자유당의 복지확대 노력에 있어서 핵심적인 것은 맥켄지 킹 수상의 역할이었다. 맥켄지 킹 수상은 가족수당에 대한 논의를 각료회의의 주제로 가져왔을 뿐 아니라 재정부를 중심으로 한 일부 각료들의 반대에도 불구하고 가족수당 법안을 자유당의 공식당론으로 의회에 상정하였다고 한다.

이 연구자들에 따르면, 맥켄지 킹 수상이 이렇게 가족수당의 도입에 적극적이었던 것은 그가 오래 전부터 사회보장제도와 복지국가의 이념에 깊은 관심을 가지고 있었기 때문이었다고 한다. 그는 1918년에 *Industry and Humanity: A Study in the Principles Underlying Industrial Reconstruction*이라는 책을 저술하였는데, 이 책에서 사회보장의 필요성에 대해 개략적으로 서술한 바 있다. 또한, 1942년 말 전후재건위원회의 재건계획보고서에 대해 논평하면서 사회보장에 대한 구체적인 언급이 없어서 실망했다고 말했고, 자신의 일기에 "나는 내 정치경력을 사회보장과 관련된 법안으로 마치게 되면 진실로 행복할 것이다"라고 기록하였다. 이에 대한 응답으로 1943년 3월 16일 하원 사회보장특별위원회에서 전후재건위원회 위원장이 건강보험과 가족수당의 중요성에 대해 언급하게 되었다. 나아가서, 1943년 9월에 개최된 자유당 전당대회에서 맥켄지 킹 수상은 자유당의 진보적 성격을 강조하고 지지를 회복하기 위해 사회보장을 강조하면서 아동수당을

사회보장 프로그램의 주요한 부문으로 추천하기도 했다.(Blake, 1995: 244-51)

맥켄지 킹 수상도 가족수당이 유효수요의 창출 등과 같은 경제적인 목적을 위해 사용될 수 있음을 인정하기는 했지만, 그에게 있어서 가족수당은 그러한 경제적 의미보다는 아동복지의 향상과 시민들의 복리증진이라는 사회보장적인 의미가 더 컸다고 한다. 그는 1944년 6월에 하원에서 가족수당 법안을 도입하면서 가족수당의 도입 이유로 '생애 전투에서의 기회의 평등 제공'을 제시하면서 가족수당이 모든 캐나다 시민들의 이익에 부합되는 프로그램이 되길 희망했다는 것이다.(Blake, 1995: 252-3)

맥켄지 킹 수상은 1926년에서 1930년까지, 그리고 1936년에서 1948년까지 모두 16년간 수상으로 재직하면서 실업보험을 비롯한 주요한 사회보장 프로그램들의 도입을 주도하였다.[7] 이런 점에서 가족수당과 같은 혁신적인 사회프로그램과 맥켄지 킹 수상 및 자유당의 개혁성향 간에 어떤 연관성이 있다는 주장이 전혀 잘못된 것은 아닐 것이다. 그렇지만, 다음과 같은 점에서 이런 식의 주장에는 문제가 있다.

우선, 정부나 관료집단의 역할이 중요한 것이라고 하더라도 특정 사회프로그램의 도입에서 작용하는 사회집단 및 정치세력의 이해관계와 갈등을 무시할 수는 없다. 일반적으로 집권 정당이나 관료집단이 특정 사회프로그램의 도입에 관심을 갖게 된 것은 사회적인 압력

7) 맥켄지 킹 수상 영도하의 자유당 정부에 의해 1941년에 도입된 실업보험은 주로 도시 근로자를 대상으로 했다는 점에서 불완전한 것이었다. 그렇지만, 이 당시 도입된 실업보험은 임금 근로자의 75%를 적용대상으로 했고 소득대체율이 50%였다는 점에서 복지 후진국이었던 당시의 캐나다에서는 획기적인 조치로 평가될 수 있다.(Ismael, 2006: 26; Pal, 1988: 39)

이 있었기 때문이며, 정부나 관료집단이 정책의 결정에 있어서 일정 정도의 자율성을 지닌다고 하더라도 그들의 결정은 사회적 압력이나 그것에서 파생되는 자신들의 이해관계를 고려한 가운데 이루어진다. 캐나다에서 가족수당에 대한 정치적 논의가 시작된 것이 노동운동과 좌파세력들의 압력으로 인해 사회가 불안정했던 시기였다는 점에서 집권 정당의 개혁적 성향만으로 가족수당의 성립을 설명하기는 어려울 것이다.

다음에, 과연 집권 정당과 맥켄지 킹 수상이 그렇게 개혁적인 성향을 지니고 있었는가 하는 사실관계에 대한 의문이 있다. 여러 학자들이 지적하듯이, 맥켄지 킹 수상을 포함한 당시 자유당 정부 각료들은 케인스주의에 회의적이었으며, 재정 확대가 경제 파탄 혹은 사회주의를 초래할 것으로 우려했다고 한다. 이와 같이 재정 운용에 있어서 보수적인 관점을 취하고 있었기 때문에 맥켄지 킹 수상과 그의 내각은 1943년에 발행된 캐나다의 사회개혁 청사진인 마쉬 보고서에[8] 대해 거의 관심을 기울이지 않았다고 한다.(Finkel, 2006: 126; Guest, 1997: 118; Rice and Prince, 2000: 60) 또한 1945년 7월에 자유당이 「캐나다 정부의 제안」(Proposals of the Government of Canada)이라는 제

8) 마쉬 보고서는 1943년 3월에 연방정부의 의뢰를 받아 맥길대학교 교수인 러나드 마쉬(Leonard Marsh)가 발간한 「캐나다 사회보장 보고서」(The Report on Social Security for Canada)를 말한다. 이 보고서는 1942년 12월에 영국에서 발간된 베버리지 보고서와 비슷하게 캐나다가 보편적이고 포괄적인 사회보장제도를 도입해야 한다는 내용을 담고 있었다. 이 보고서에서 강조되었던 것은 국가가 사회적 최저기준(social minimum)을 설정하여 사회적 약자들을 적극적으로 보호해야 하고 시민들의 바람직한 최저생계수입(desirable living minimum income)을 보장해야 한다는 것이다. 이러한 목적을 위해 국가가 연금이나 실업보험 등의 다양한 사회보험과 의료보험 및 보편적인 가족수당을 도입하고 전국 수준의 완전고용 및 직업훈련 프로그램을 실행하도록 강조되었다.(Battle and Tamagno, 2007: 2; Guest, 1997: 109-12; Hick, 2007: 43-4)

목이 붙은 사회개혁 청사진(Green Book)을 발행하여 보편적인 의료보험과 보편연금 등 각종 사회보장제도의 도입과 확대를 약속했지만 실제로는 막대한 예산 문제 때문에 그러한 약속은 지켜지지 않았다.(Finkel, 2006: 135-8)

이와 함께, 자유당은 보수당 못지않게 경영계와 밀접한 유대관계를 유지하고 있었다고 한다. 예를 들어서, 그 당시 자유당이 거둔 후원금의 상당 부분은 경영계에서 제공한 것이었다. 이러한 밀접한 유대관계는 자유당의 정책 구상 및 실행에 긍정적으로 작용했다. 일반적으로 보편급여는 막대한 예산을 필요로 하기 때문에 세금 인상을 꺼려하는 경영계의 반대에 직면할 가능성이 크다. 그렇지만, 캐나다에서는 가족수당의 도입 시에 경영계가 적극적으로 찬성했으며, 그 이유 중의 하나는 자유당이 경영계와 돈독한 우호관계를 형성하고 있었기 때문이다.(Finkel, 2006: 126; Guest, 1997: 118; Marshall, 2006: 21)

### 3) 전시 경제하의 임금통제와 노동계급의 급진화[9)]

현재 캐나다 학계에서 가장 많은 지지를 받고 있는 견해는 가족수당이 이차대전 당시의 연방정부의 임금통제 정책과 그것에 불만을 품은 노동계급의 급진화를 배경으로 한다는 것이다. 1941년 이래로 유지되어 온 임금동결 정책과 전시 경제하에서의 물가 상승으로 인해 실질 임금이 크게 줄어든 노동자들이 파업 내지는 소요사태를 자주

9) 피븐과 클로워드는 사회복지 프로그램을 지배집단이 빈민층과 노동계급의 저항과 소요사태를 진정시키기 위해 제공한 무마책으로 간주하며, 사회복지의 사회통제적 기능을 강조하였다.(Piven and Cloward, 1971) 가족수당을 노동계급의 급진화에 대한 캐나다 정부의 대응조치로 보는 견해는 피븐과 클로워드의 사회통제적 관점을 따르고 있다.

야기하였고, 그 당시 임금통제정책을 유지할 수밖에 없었던 정부가 사회 안정을 위해 취할 수 있는 가장 유력한 방안이 바로 가족수당의 도입이었다는 것이다.

그 대표자인 키친에 따르면, 그 당시의 임금동결은 노동자들, 특히 시간당 50센트 이하를 받았던 저임금노동자의 생활수준에 악영향을 미쳤다고 한다. 이에 따라 노동자들이 임금인상을 요구하는 파업을 잇달아 단행하면서 사회가 매우 불안정해졌다. 1942년 3월에는 두 개의 철강회사 노동자들이 임금인상을 요구하며 대규모 파업을 단행하였고, 비슷한 시기에 앨버타 주와 브리티시콜롬비아 주의 광부들도 파업에 돌입하였다. 그렇지만, 인플레이션에 대한 우려 등으로 인해서 임금통제정책을 유지할 수밖에 없었던 캐나다 정부는 1943년부터 몇 가지 대응방안을 검토하였고, 이 가운데 노동자들의 실질임금을 직접적으로 보전하는 효과가 있는 가족수당이 선택되어 1944년 1월에 가족수당의 도입을 발표하였다고 한다.(Kitchen, 1987: 235)

핑클도 이차내전 기간 동안 임금통제를 유지할 수밖에 없었던 자유당 정부가 노동계의 급진화에 대응하기 위해 가족수당을 도입했다고 주장한다. 즉, 임금통제정책의 유지로 인해 노동계의 원성을 사게 된 자유당 정부가 사회개혁에 헌신한다는 것을 보여주는 증거물로서 가족수당을 도입했다는 것이다. 그에 따르면, 대중의 원성을 잠재울 수 있는 다양한 사회프로그램들 가운데 특별히 가족수당이 선택된 것은 그 당시 노동조합들이 임금인상을 요구하는 근거로 자신들의 임금이 아동을 부양하기에 크게 부족하다는 것을 내세웠기 때문이라고 한다. 정부로서는 가족수당을 도입함으로써 임금통제정책을 그대로 유지하면서도 노동조합의 요구를 수용하는 효과를 거둘 수 있었다는 것이다.(Finkel, 2006: 131)

이차대전 기간 동안에 노동조합운동이 활발하게 진행되고 노동파업이 급증한 것은 사실이다. 1930년에 32만 2천 명이었던 노동조합원 수는 1940년 36만 2천 명으로 점증하다가 1941년 46만 2천 명, 1942년 57만 8천 명, 1943년 66만 5천 명, 1944년 72만 4천 명으로 크게 늘어났다. 1940년에서 1944년의 5년 동안 노동조합원 수가 두 배로 늘어난 것이다. 노동조합 조직률(비농업근로자)도 1930년의 13.1%에서 1940년 16.3%, 1941년 18.0%, 1942년 20.6%, 1943년 22.7%, 1944년 24.3% 등으로 지속적으로 높아졌다. 파업건수와 참여자는 1930년의 67건 및 13,768명에서 1940년 168건 및 60,619명, 1941년 231건 및 87,091명, 1942년 354건 및 113,916건으로 크게 늘어났고, 1943년에는 402건 및 218,404명으로 건수로나 참여자수의 측면에서 당시로서는 사상 최고치를 기록하였다.(Statistics Canada, 1983b: Table E 175-177)

1940년대에 발생한 파업들의 주요 쟁점이 임금동결의 폐지 내지는 임금인상이었고 1943년부터 가족수당에 대한 논의가 정부 내에서 본격화되었다는 점에서 노동계급의 급진화와 가족수당의 도입 사이에 어떤 연관성이 있는 것은 분명하다. 또한, 가족수당에 대한 논의가 1929년에 의회에서 잠시 논의된 이후 1943년까지 단 한 차례만 언급되었고 가족수당이 1935년 및 1940년 연방의회 선거에서 전혀 이슈가 되지 않았던 데서 알 수 있듯이 1944년의 가족수당은 1940년대 초반의 사회 불안정과 밀접한 관련이 있었을 것이다.(Struthers, 1996: 73)

그렇지만, 불만에 찬 노동자들을 달래기 위한 수단으로 제공된 것이 보편주의 사회프로그램이었다는 주장은 이해하기 어렵다. 노동계급에 대한 선물이라면 노동계급에게만 유리한 것이어야 했지만 보편급여로서의 가족수당은 계급적 이해와는 관계없이 아동을 많이 부양하는 가족에게 유리한 프로그램이었기 때문이다. 가족수당이 노동자들의 임금을 보전하는 수단이 될 수는 있다. 그렇지만, 그 당시 대부분의 노동자들은 미혼이거나 결혼을 했더라도 평균수준이 못 미치는 아동만을 부양했기 때문에(Finkel, 2006: 131) 보편급여로서의 가족수당은 오히려 노동계급에게 불리한 것이었다.[10)]

노동계급의 불만을 달래면서 노동계급의 급진화에 대응할 수 있는 사회보장 프로그램은 보편급여가 아니라 사회보험이다. 사회보험은 보험료의 절반 이상을 고용주가 부담하기 때문에 노동계급에게 직접적으로 이익이 되는 프로그램이다. 실제로, 비스마르크 시대의 독일에서는 노동계급 진화에 따라 사회가 불안정해지자 노령연금 등의 사회보험이 도입되었다. 이러한 사회보험은 노동운동의 중추세력인 대기업 노동자들에게 직접적인 혜택을 제공함으로써 노동운동의 급진화를 막는 데 기여했던 것이다.

가족수당에 대한 정치적 논의가 시작되었을 때 노동조합은 가족수당의 도입을 반대했었다. 그것은 가족수당이 노동조합의 임금인상 요구를 회피하는 수단이 될 뿐 아니라 노동계급에게 그다지 커다란 이익이 되지 않기 때문이다. 이 당시 노동계의 불만을 달래기 위해 정부가 취한 조치는 가족수당이 아니라 일부 연구자들이 지적하고 있는 바와 같이 노사 간 단체협상의 의무화와 저소득 근로자에 대한 임금불평등 완화 조치였을 것이다.(Blake 1995: 250)

---

10) 키친은 임금보전 수단으로서의 가족수당이 보편급여의 형태를 띤 것은 정부가 노동조합의 반발을 회피하기 위해 가족수당을 임금통제정책의 유지와 관련이 없는 것으로 보이려 노력했기 때문이라고 주장한다.(Kitchen, 1987: 236) 그렇지만, 노동계가 환영하지도 않을 사회프로그램에 그렇게 막대한 예산을 지출했다는 것은 여전히 이해하기 힘들다.

가족수당은 이차대전 기간 동안의 임금통제정책과 그에 따른 노동계급의 급진화로 인한 사회 불안정을 배경으로 탄생하였다. 이런 점에서 노동계급의 급진화는 가족수당의 도입에 어떤 식으로든 영향을 미쳤을 것이다. 그렇지만, 가족수당이 보편급여의 형태를 취하였고 노동조합이 가족수당에 반대했다는 점에서 노동계급의 급진화는 가족수당 도입의 직접적인 원인이 될 수는 없다. 이차대전 당시의 사회적 혼란 이외에 다른 요인을 고려할 때에만 보편급여라는 가장 선진적인 형태의 사회프로그램이 복지 후진국이었던 캐나다에 도입되었다는 사실이 제대로 설명될 것이다.

### 4) 집권 정당의 정치적 위기

이차대전 당시 캐나다에는 사회주의 사상과 평등주의 가치관이 광범하게 유포되었다. 예를 들어서, 캐나다 시민들의 상당수는 사회보장제도의 획기적인 확대뿐 아니라 민영기업의 민영화와 같은 극단적인 조치에 대해서도 적극적인 찬성을 표시하였다고 한다.[11] 이러한 사회적 분위기하에서 노동운동이 급진화되면서 대규모 파업과 정치적 시위를 주도하였고 이로 인해 캐나다 사회는 극도로 불안정하게 되었다.

사회가 좌경화하면서 사회민주주의 정당인 CCF의 인기도 급속하게 올라갔다. 1930년대에 중서부 지방을 중심으로 창립된 CCF는 이차대전 당시에는 당세를 제조업의 중심지인 온타리오주까지 확대하여 집권 자유당을 크게 위협하였다. 이제까지 보수당에 비해 개혁적

11) 1943년 11월의 갤럽 여론조사에 따르면, 응답자의 39%가 주요 산업 국유화에 찬성하였고, 47%가 사적 소유권을 지지하였다고 한다.(Finkel, 2006: 126)

인 것으로 평가되었던 자유당이 자신보다 훨씬 더 개혁적인 CCF의 도전을 받으면서 정치적 입지가 크게 줄어들었던 것이다.

실제로, 1942년 2월의 연방의회 중간선거에서는 토론토의 노동자 밀집지역인 York South 선거구에서 거의 무명에 가까웠던 CCF의 후보자가 전후의 계획경제와 복지를 슬로건으로 하여 1920년대 초반 보수당 정부의 수상이었던 메이언(Arthur Meighen)에게 승리하였다. 또한, 1943년 온타리오 주정부 선거에서는 그 이전에 한 석도 보유하지 못했던 CCF가 총 90석 가운데 34석을 얻어 자유당에 이어 제1 야당이 되었으며, 1944년 서스캐처원 주정부 선거에서는 선거대상 52석 가운데 47석을 획득하여 집권당이 되었다. 이러한 CCF의 급속한 약진은 주로 자유당에게 불리하게 작용하였다. 이것을 잘 보여주는 사례는 1943년 9월에 시행된 갤럽 여론조사 결과였다. 1945년의 연방의회 선거에서 어느 당 후보에게 투표하겠는가하는 질문에 대해서 CCF라고 응답한 사람이 29%로 가장 높았고 양대 정당인 보수당과 자유당은 각각 28%였다.[12](Finkel, 2006: 125-7; Guest, 1997: 119; Johnson 1987: 31)

이런 상황이었기 때문에 1945년 6월의 연방선거를 앞둔 집권 자유당으로서는 CCF의 거센 도전을 물리칠 수 있는 획기적인 방안이 절실했다. 그 가운데 가장 유력한 것이 사회보장제도의 도입과 확대였다. 사회보장제도의 개혁은 CCF가 주장했던 민영기업의 국영화에

---

12) 직전 선거인 1940년 연방의회 선거에서 자유당은 총 245석 가운데 179석을 얻어 73%의 득표율을 기록했고, 보수당은 39석으로 17%, 그리고 CCF는 8석으로 3%를 차지했다. 1935년 선거에서도 비슷한 양상이었다.(Parliament of Canada, 2009) 1945년 연방선거를 앞둔 여론조사 결과는 자유당이 보유했던 의석 가운데 일부는 보수당에게로 가고 다수는 CCF로 간다는 것을 보여준다. CCF의 약진의 결과 가장 손해를 본 것은 자유당이었던 것이다.

비해서 훨씬 온건한 것이면서도 CCF에게 쏠렸던 대중적 인기를 다시 자유당으로 가져올 수 있는 관건으로 여겨졌다. 이 당시에 사회보장제도의 획기적인 확대는 대중의 압도적인 지지를 받았을 뿐 아니라 지배계층으로부터도 필연적인 것으로 간주되었던 것이다.13)

여론조사 발표 이후 자유당 정부와 행정부에서는 가족수당에 대한 논의가 활발해졌다. 결국, 자유당은 1944년 1월에 가족수당의 도입을 공표하였고, 7월에 의회에 상정하여 통과시켰다. 가족수당의 도입은 사회보장의 확대에 대한 대중의 열망을 반영함과 동시에 사회개혁에 대한 CCF의 주장을 선취함으로써 정치적 위기에서 벗어나려는 자유당의 선거전략과 밀접한 관련이 있는 것이다.

1945년의 연방선거에서 모든 정당들은 사회보장에 대한 헌신을 핵심 슬로건으로 들고 나왔다. 자유당뿐 아니라 보수당도14) CCF의 도전에 대응하기 위해 완전고용 보장이나 사회보장 프로그램들의 도입 및 확대와 같은 혁신적인 사회복지정책들을 공약으로 내걸었다.(Finkel, 2006: 135; Guest, 1997: 119) 특히 자유당은 '캐나다를 위한 새로운 질서'라는 슬로건을 내걸고 『자유당의 가족수당』(*Liberal Family Allowances*)이라는 제목의 선거 책자를 배포했던 데서 알 수 있듯이 7월 1일부터 시행되는 가족수당을 자유당의 공적으로 내세웠다.(Marshall, 2006: 24)

그렇다면, 다양한 사회프로그램들 가운데서 자유당 정부는 왜 보편급여인 가족수당을 선택하였는가? 이에 대해서는 몇 가지 답변이 가

---

13) 1943년에 발간된 한 문건에서 경영계는 캐나다에서 사회주의나 공산주의 체제의 성립 가능성을 인정하면서 사회보장제도의 확대에 동의할 수밖에 없다고 지적하였다고 한다.(Guest, 1997: 113)

14) 보수당은 1942년 말의 전당대회에서 당명을 진보적 보수당(Progressive Conservative Party of Canada)으로 바꾸고 1942년 9월의 전당대회에서 국민건강보험, 보편연금, 사회주택 등과 같은 사회보장정책을 채택하는 등 복지자유주의에 헌신할 것을 결의하였다.(Guest, 1987: 210)

능하다. 우선, 가족수당은 CCF의 핵심적인 주장들 가운데 하나였으며, 대중적인 지지가 높은 프로그램이었다. CCF는 1942년 이래로 저임금 가족의 생활 향상과 국민들의 생활수준의 균일화를 추구하는 정책의 하나로 가족수당의 도입을 주장하였다.(Marshall, 2006: 24) CCF의 주장을 선취하여 CCF의 지지세력을 다시 자신의 기반으로 끌어들이려던 자유당의 입장에서는 비록 비용이 많이 들더라도 대중적인 인기가 높은 가족수당을 선택하는 것이 당연한 일이었을 것이다.[15)]

다음에, 보다 중요한 것으로서 가족수당은 온타리오와 같은 제조업 지역을 중심으로 했던 자유당이 농촌지역, 특히 두 번째로 인구가 많은 퀘벡지역에서의 지지율을 높일 수 있는 적절한 대안이었다. 농촌지역은 도시지역에 비해 부양아동의 숫자가 많았으며, 특히 가톨릭이 지배적인 퀘벡에서는 그러한 경향이 강하였다.[16)] 말하자면, 가족수당은 대가족과 저소득을 특징으로 하는 농촌지역 및 퀘벡의 노동자들과 자영농을 겨냥한 것이었다.(Marshall, 2006: 26) 연방의회 선거 당시에 보수당 당수인 브랙켄(John Bracken)은 가족수당을 퀘벡의 표를 얻기 위한 뇌물로 비난했는데,(Kitchen, 1987: 237) 이것은 보수당의 입장에서는 정당한 비난이었다.

15) 한 여론 조사에 따르면 응답자의 80%가 일반조세에 기초한 보편적인 의료보험제도와 60세 또는 65세 이상 노인을 위한 보편연금을 지지했다고 한다.(Finkel, 2006: 126) 이와 같이 1940년 초반의 캐나다 사회에서는 평등주의의 가치가 지배적이었다.

16) 퀘벡지역에서는 이미 1920년대 이래로 가톨릭을 중심으로 가족수당의 도입이 주장되었다. 1929년에는 퀘벡 보수당이 전당회의에서 가족수당(3번째 아동부터 지급하고 아동이 늘어날 때마다 증액)을 사회개혁 프로그램에 포함하였고, 1943년에는 다양한 가톨릭 개혁단체들이 주정부에 가족수당의 도입을 촉구하였다. 그렇지만 경영자 단체의 반대로 주정부 수준의 가족수당은 도입되지 않았다.(Marshall, 2006: 14-19) 이와 같이 퀘벡지역의 시민들 사이에서는 가족수당에 대한 관심이 높았다.

가족수당을 비롯한 사회보장개혁을 핵심 슬로건으로 삼은 자유당의 전략은 성공하였다. 자유당은 1945년 6월 선거에서 총의석의 48%에 해당하는 118석을 얻어 소수 정부를 구성할 수 있었던 것이다. 1940년 선거에 비해 61석을 잃기는 했지만 1943년 9월의 갤럽 여론조사에 비해서는 20% 정도 높은 지지율을 획득하였다. 이에 반해서 여론조사에서 29%의 지지율을 얻었던 CCF는 총의석의 11%인 28석을 획득하는 데 그쳤다. 보수당은 66석(27%)으로 여론조사의 결과와 거의 비슷했다.(Parliament of Canada, 2009) 가족수당의 도입과 같이 대중적 인기도가 높은 CCF의 핵심주장을 선취함으로써 자유당은 정치적 위기를 타개할 수 있었고 캐나다에서의 사회민주주의 정당의 집권 가능성은 사라지게 되었다.[17]

### 5) 소결론

가족수당의 성립은 다양한 요인들에 영향을 받았음이 분명하다. 이차대전 당시 캐나다 사회에서 비약적으로 확대되었던 사회연대성의 분위기는 모든 시민들을 동등하게 대우하는 보편주의 사회프로그램의 수용을 매우 용이하게 하였다. 그 당시 집권 정당이었던 자유당은 보수당과 대치하면서 사회복지의 확대에 우호적인 입장을 견지하였고, 특히 매켄지 킹 수상은 과거 몇 가지 사회보장제도의 도입을 주도했듯이 가족수당의 도입에도 적극적이었을 수 있다. 전시 경제하의 임금통제 정책에서 발단이 된 노동계급의 급진화는 사회적 불안을 가중시킴으로써 지배계급과 집권 정당에 대해 모종의 조치를 취하도록

17) CCF는 1945년 5월의 온타리오 주의회 선거에서도 패배하였다. 기존의 34석에서 8석으로 의석이 줄어들어 제3당으로 전락했던 것이다.(Finkel, 2006: 139)

압력을 가했을 것이다. 사회연대성, 집권 정당의 개혁 성향, 노동계급의 급진화 등의 조건들이 선행하지 않았다면 이차대전 당시의 캐나다에 가족수당이 도입될 가능성은 낮았을 것이다.

그럼에도 불구하고, 다른 요인들은 가족수당의 성립을 가져온 직접적인 배경으로 평가하기 어렵다. 보편급여의 성립을 사회민주당의 계급동원전략으로 간주하는 권력자원이론은 캐나다의 가족수당이 자유당 정부에 의해 도입되었다는 점에서 적절한 설명이 될 수 없다. 자유당 정부와 맥켄지 킹 수상의 개혁성향에 초점을 두는 견해는 사회프로그램의 도입을 둘러싼 사회적 이해관계를 무시할 뿐 아니라 자유당 정부가 재정 확대가 아니라 조세 감축에 더 많은 관심을 가지고 있었다는 점에서 문제가 있다. 임금통제에 따른 노동계급의 급진화를 강조하는 견해는 가족수당과 같은 보편주의 사회프로그램은 노동계급의 불만을 달래기에 적절하지 않은 조치였다는 점에 한계가 있다.

결국, 가족수당의 성립에 직접적인 영향을 미친 요인으로는 정치적 위기를 극복하고자 하는 자유당 정부의 선거전략이 가장 유력하다. 사회의 좌경화와 그에 힘입은 사회민주주의 정당의 약진에 따라 심각한 정치적 위기에 빠진 집권 자유당은 CCF로 흡수된 자신의 과거 지지자들을 다시 끌어들이고 사회개혁의 열망을 지닌 대중들에게 어필하기 위해서 CCF의 핵심주장 가운데 가장 대중적 인기가 높은 이슈를 선취할 필요가 있었던 것이다. 또한 보편급여로서의 가족수당은 퀘벡과 농촌지역 등 자유당의 지지기반이 약하면서 출산율이 상대적으로 높은 지역의 유권자들에게 매우 효과적인 선거구호였다.

이차대전이라는 특수한 상황하에서 사회주의 사상과 사회민주주의 정치세력의 확대가 자유당의 정국 운용과 재집권 가능성에 치명적인 타격을 가하지 않았다면 집권 자유당이 그렇게 적극적으로 가족수당의 도입을 서두르지 않았을 것이다. 이러한 집권 자유당의 정치적 이해관계와 가족수당의 다양한 긍정적 효과들이 결합하면서 복지변방인 캐나다에서 가족수당이 예기치 않게, 그리고 매우 쉽게 도입될 수 있었다.

보수적 내지는 자유주의적 성향의 정부가 사회적·정치적 위기를 타개하기 위해 사회프로그램을 도입하는 것은 사회정책의 역사상 그다지 희귀한 일이 아니다. 잘 알려진 대로 근대 복지국가의 효시를 이룬 독일의 사회보험은 사회주의와 노동운동의 급속한 확대로 인한 위기상황을 극복하기 위해 보수주의 정부에 의해 도입되었다. 또한, 1910년대 초의 영국에서는 급성장하고 있었던 노동당에 위협을 느낀 자유당 정부가 노동계급의 지지를 확보하기 위해 광범한 사회개혁을 도입하였고, 1910년대의 스웨덴과 뉴딜 시대의 미국에서는 대규모 대중시위에 의해 체제위기를 느낀 자유주의 정부에 의해 다수의 사회프로그램이 도입되었다.(Briggs 1967; Esping-Andersen, 1987; Flora 1981; Jenkins and Brents 1989; Valocchi 1991)

집권 정당의 이데올로기적 성격이 국가복지의 발달에 영향을 미치는 것은 분명하다. 그렇지만, 보수적 내지는 자유주의적 성향의 정부라고 하더라도 노동운동의 압력이나 정치적 위기에 직면할 경우에는 자신의 이데올로기와는 거리가 있는 사회정책을 채택하기도 한다. 이러한 사실은 위의 사례들에서 잘 드러나며, 특히 캐나다의 가족수당 사례는 특정 상황에서는 자유주의 정당이 자신의 이데올로기와는 상반되는 급진적인 성격의 사회정책을 선택할 수도 있음을 잘 보여준다.

## 3. 가족수당의 쇠퇴

가족수당은 캐나다 최초의 보편급여로서 처음 도입되었을 때에는 급여수준이 관대했고 연방정부 예산에서 차지하는 비중도 높았다. 그렇지만, 도입 직후부터 가족수당은 급속하게 위축되었다. 우선, 아동일 인당 월 6달러에 달했던 급여액이 1955년까지 동결되었고, 1973년까지 단 한 번만 인상되었다. 1945년에서 1955년의 10년간 물가가 55% 올랐던 점을 감안하면 1951년 화폐가치를 기준으로 할 때 가족수당은 10년 동안 40% 감소하였던 것이다.(Guest, 2009; Struthers, 1996: 81-2)[18] 또한, 제조업 평균임금이 1945년의 1,538달러에서 1955년 2,983달러로 크게 늘어나면서 제조업 임금 대비 가족수당 급여액의 비율은 4.62%에서 2.41%로 절반 가까이 줄어들었다.(Statistics Canada, 1983a: Series E 60-68)

연방예산에서 치지하는 가족수당의 비중도 꾸준히 감소하였다. 1950년에 3억 1,000만 달러로 연방예산의 10.68%에 달했던 가족수당은 1955년 3억 8,300만 달러로 연방예산의 8%로 떨어졌다. 이 비율은 1960년 7.7%(5억 600만/65억 5,100만 달러), 1965년 6.9%(6억 100만/86억 6,200만 달러) 등으로 조금씩 줄어든 다음에 1970년에는 4.1%(6억 1,900만/150억 8,900만 달러)로 급격하게 감소하였다. 반면에, 가족수당을 뺀 여타 사회복지 예산은 1950년의 6.2%에서 1955년 10.1%, 1965년 15.3%, 1970년 19.1%로 급속하게 증가하였다.(Statistics

18) 한 보고서에 따르면, 1951년에 500밀리리터 우유의 소매가격은 19센트였고 6세 이하 아동의 월 수당(5달러)은 한 달 치 우유 값에도 못 미쳤다고 한다.(Finkel, 134-5)

Canada, 1983b)

1973년에 일시적으로 급여액이 인상되기는 했지만, 이후로도 가족수당은 축소를 거듭하였다. 자유당 정부가 주도한 1978년의 개혁에서는 아동수당의 일 인당 월평균 급여액이 25.86달러에서 월 20달러로 삭감되었다. 원래대로라면 물가연동에 따라 1979년 1월의 급여액은 약 28달러였다는 점에서 삭감비율은 30%에 가까운 것이었다.(Guest, 1997: 183; Johnson, 1985)

보수당 정부하에서는 가족수당에 대한 공격이 보다 가속화되었다. 1985년에 재무장관 윌슨(Michael Wilson)은 가족수당 급여액의 연간증가율을 완전연동제에서 부분연동제로 변경한다고 발표하였다. 이전까지는 가족수당 급여액이 전년도 물가 상승분만큼 올라갔던 데 반해서 1986년부터는 물가 상승분 가운데 3%가 넘는 상승분만을 반영한다는 것이다. 이러한 연동제의 변경은 장기적으로 급여수준을 크게 떨어뜨리는 효과를 갖는다. 한 조사에 따르면, 1992년의 가족수당의 평균급여액은 연간 419달러였는데, 만일 완전연동제가 유지되었다면 504달러가 되었을 것이라고 한다. 이것은 연간 3% 이상의 삭감 효과를 갖는 것이다.(Evans, 1994; Guest, 1997: 221-2)

1988년 연방의회 선거에서 보수당은 압도적인 승리를 기록하였다. 이러한 자신감을 바탕으로 1989년 4월 보수당 정부는 가족수당에 대해 보다 근본적인 개혁조치를 취하게 된다. 그것은 정부의 재정적자를 줄인다는 명목 하에서 일정 소득 이상의 가정에 대해 가족수당의 일부 내지는 전부를 환수하는 것이었다. 이에 따라 연간 5만 달러가 넘는 개인순소득 부분에 대해 15%의 비율로 가족수당이 환수되었다. 이 조치로 인해 수급자의 14%가 영향을 받게 되었고, 수급자의 3%는 가족수당을 모두 반납해야만 했다. 비록 여전히 다수의 아동부양 가족들이 가족수당을 수급할 수 있기는 하지만, 이러한 환수 조치는 가족수당의 보편주의를 크게 훼손하는 것이었다. 한 조사에 따르면, 보수당 정부의 가족수당 개정들로 인해서 1984년에서 1990년 사이에 가족수당에 대한 연방정부의 총지출이 21% 감소했다고 한다.(Blake, 2006: 214-5; Evans, 1994; Guest, 1997: 225; Prince, 1991: 308; Struthers, 1996: 70)

가족수당에 대한 마지막 일격은 1993년 보수당 정부하에서 단행된 가족수당 개정안이었다. 이 개정안의 주요 내용은 가족수당과 여러 개의 세금환급 프로그램들로 복잡하게 구성된 아동급여를 CTB (Child Tax Benefit)로 대체하는 것이다. CTB는 소득심사를 통해 18세 미만 아동의 일차 부양자에게 매월 지급되며, 국세청(Revenue Canada)에서 급여전달을 담당하였다.(Woolley et al., 1996) 공공부조 성격의 CTB가 도입됨으로써 지난 50년 가까이 유지되어 왔던 캐나다 최초의 보편주의 사회보장 프로그램은 종말을 고하게 되었다.

그렇다면, 왜 가족수당은 지속적인 축소의 과정을 거쳐 결국 소멸되었는가? 이것은 가족수당이 만들어졌던 사회적 배경과 밀접한 관련이 있다. 앞에서 서술한 내용을 다시 요약하면, 1940년대 초중반 당시 캐나다는 사회주의 사상과 평등주의 가치관의 확대와 노동계급의 파업과 소요사태가 이어지면서 사회가 매우 불안정하였다. 이런 가운데 사회민주주의 정당인 CCF의 대중적 인기가 높아지면서 집권 자유당은 CCF의 핵심적인 주장을 선취하여 가족수당이라는 다소 급진적인 성격의 사회보장제도를 도입하였던 것이다. 이러한 자유당의 전략은 성공하여 자유당은 비록 소수 내각이기는 하지만 1945년의 선거에서 재집권에 성공하였고, 사회개혁을 열망하는 자신의 지지세력을 빼앗긴 CCF는 자유당에게 사실상 패배를 기록하였다.

1949년의 연방선거에서 자유당은 262석 가운데 73%인 191석을 얻어 다시 다수당 내각을 구성하였다. 191석은 캐나다 연방선거에서 어느 한 정당이 획득한 의석수로는 사상 최대였을 정도로 이 당시에 자유당은 대중적 인기를 구가하였다. 그 다음의 1953년 선거에서도 자유당은 전체 의석의 64%인 169석을 획득하였다. 이에 반해서 CCF는 1945년 선거에서 예상치를 훨씬 밑도는 28석을 얻었고, 1949년 13석, 1952년 23석 등으로 정치적 영향력이 크게 제한되었다.

이와 같이 진보적 성격의 CCF가 위축되고 집권 자유당의 정치적 위기가 사라지면서 가족수당에 대한 정치적 관심도 약화되어 갔다. 시장자유주의를 지지하는 집권 자유당이 막대한 비용을 지출하면서까지 CCF가 주장하는 식의 평등주의적 사회프로그램을 지속할 동기가 없어진 것이다. 또한, 이차대전 이후 경제성장과 고용안정이 유지되어 캐나다가 빠르게 사회적 안정을 되찾아가면서 평등주의적 사회보장 프로그램에 대한 사회적 관심이 낮아진 것도 집권 정당들의 가족수당 축소정책을 가속화한 요인으로 작용하였다.

## 4. 맺음말

캐나다에서는 1940년대에 가족수당이, 그리고 1950년대에는 OAS 및 병원보험이 잇따라 도입되면서 사회보장제도의 보편주의 시대가 활짝 열렸다. 1950년대 당시 캐나다에는 사회보험연금이나 연방 차원의 공공부조가 존재하지 않았으며, 사회보장지출 가운데 보편주의 사회프로그램의 비중이 매우 높았을 것이다. 이런 점에서 이 시기의 캐나다는 적어도 사회보장 구성상의 측면에서는 현재의 사회민주주의 복지국가와 매우 유사한 모습을 지니고 있었을 것이다.

그렇지만, 가족수당은 도입 직후부터 지속적인 축소의 과정을 밟아나갔고, 1989년의 급여 환수조치로 인해 보편주의적 성격이 약화되었으며, 1993년에는 공공부조식 아동급여의 탄생과 함께 종말을 고하게 되었다. 기초노령연금도 1989년의 급여환수 조치에 따라 일부 고소득층에 대해 급여지급이 사실상 중단되었고 이로 인해서 보편주의적 성격이 약화되었다. 1957년에 도입된 병원보험(Hospital Insurance)은 1966년에 제정된 의료보장(Medical Care)과 함께 1984년에 보편주의 프로그램인 메디케어(Medicare)로 통합되었다. 1950년대 캐나다 보편주의 시대의 세 지주 가운데 가족수당은 폐지되고, OAS는 보편적 성격이 약화되었으며, 오직 병원보험만이 메디케어의 형태로 보편주의 프로그램의 명맥을 유지하고 있는 것이다.

현재 학계에서 보편주의 프로그램의 성립배경에 대한 지배적인 견해는 사회민주주의 정치세력의 지배력에 초점을 두는 권력자원이론이다. 그렇지만, 가족수당을 비롯한 몇 개의 보편주의 사회프로그램이 복지 후진국인 1940－50년대의 캐나다에서 자유주의 정치세력의 주도하에 도입되었다는 사실은 권력자원이론의 설명력이 북구 이외의 국가들에 대해서는 제한적이라는 것을 보여준다. 보편주의 프로그램들은 모든 시민을 대상으로 한다는 점에서 특정 상황에서는 중간층의 광범한 지지를 받을 수 있다. 이러한 특성으로 인해서 보편급여는 대중적 인기 하락과 정치적 위기에 시달리는 중도우파 정당이 선택할 수 있는 적절한 수단이 될 수 있는 것이다.

일반적으로 복지국가 연구자들은 보편주의 사회프로그램은 사회적 지지기반이 광범하기 때문에 공공부조 등과 같은 다른 사회보장 프로그램들에 비해 쇠퇴나 해체의 가능성이 낮다고 평가한다. 그렇지만, 캐나다의 사례는 이러한 주장과 어긋난다. 캐나다의 가족수당은 도입 직후부터 급속한 위축의 과정을 밟았고, 결국 폐지되었던 것이다. 보편주의 프로그램은 중간층에게 있어서 양날의 검과 같다. 보편급여는 중간층 자신들에게도 급여를 제공한다는 점에서 이득이 되는 반면에 자신들이 부담해야 할 조세가 많아지기 때문에 손해가 되는 것이다.

캐나다에서는 평등주의적 가치관이 광범하게 유포되고 좌파 정당의 정치적 약진이 뚜렷했던 시기에는 보편급여에 대한 사회적(특히 중간층의) 지지가 높았던 반면에, 사회가 안정되고 시장자유주의가 지배적이던 시기에는 조세부담의 측면이 부각되었다. 가족수당의 해체와 기초노령연금의 보편적 성격의 약화는 바로 이러한 사회적 안정기에 나타난 현상이다. 특히 1980년대 이후 복지국가의 위기시대가 도래하고 보수당의 집권이 지속되면서 보편주의 사회프로그램은 급속하게 쇠퇴하였다. 시장자유주의 정치세력은 보다 적은 정치적 비용(중간층의 표 이탈 극소화)으로 보다 많은 예산을 절약할 수 있다는 점에서 보편주의 프로그램의 축소를 선호하였던 것이다.(Baker, 1997; Pierson, 1994)

캐나다의 가족수당은 자유주의 정당의 정치적 위기의 대처방안으로 도입되었기 때문에 사회에 깊숙이 뿌리내리기 어려웠다. 1940－1950년대의 캐나다 복지국가는 외형적으로는 사회민주주의 복지국가와 비슷했지만, 복지국가의 건설을 자유주의 정치세력이 담당했다는 점에서 실질적으로는 여전히 잔여적 내지는 자유주의 복지국가의 특질을 간직하고 있었던 것이다. 이러한 특질 때문에 캐나다의 보편주의 프로그램은 사회통합이나 인간존엄성 보장이라는 장점에도 불구하고 복지국가의 위기시대를 맞아 공공부조에 비해서도 더 빨리 쇠퇴하는 운명에 처해졌다.

# 제7장

# 노동운동과 기업복지의 발달

1. 캐나다의 기업복지
2. 이론적 검토
3. 캐나다 노동운동의 특징
4. 노동조합운동과 기업복지의 발달
5. 맺음말

# 제7장 노동운동과 기업복지의 발달

서론에 서술했듯이 캐나다는 미국과 더불어 선진 산업국가들 가운데 사회보장지출수준이 가장 낮다. 이와 같이 시민생활에 대한 국가의 개입정도가 낮을 경우 개인들은 생활의 유지와 보장을 위해 근로/재산소득이나 민영복지와 같은 시장기제에 의존할 수밖에 없다. 실제로, 캐나다는 임금노동자를 대상으로 하는 기업연금 등의 기업복지가 매우 발달해 있다. 그렇다면, 기업복지의 발달과 국가복지의 저성장이라는 캐나다 복지국가의 특징은 어디에서 발원하는 것인가?

기존의 복지국가 이론들은 국가복지의 저성장과 기업복지의 발달이라는 현상에 대해 진지한 연구관심을 보이지 않았다. 예를 들어서, 복지국가의 발달을 사회민주주의 정당의 파워에 초점을 맞춰 설명하는 사회민주주의이론은 기업복지의 발달과 국가복지 저성장이 동전의 양면이라는 점을 지적하는 데에만 그친다. 국가복지의 저성장을 지배적인 가치관의 관점에서 설명하는 문화주의적 해석은 개인주의 및 자유주의와 기업복지의 발달 간의 관계에 대해 실증적인 논의를 전개하지 않는다.

이 장은 이상과 같은 기존 연구의 틈새를 메우기 위해 쓰였다. 여기서는 기업복지의 발달과 국가복지의 저성장이라는 캐나다 복지국가의 특징을 설명하는 데 있어서 노동조합의 파워와 조직 형태에 초점을 둔다. 노동계급은 기업복지와 공공복지의 직접적인 이해관계자이자 추진세력이기 때문이다. 여기서의 핵심적인 주장은 노동조합이 중앙집권화되고 강력한 파워를 지닐수록 국가복지가 발달하는 반면에, 노동조합이 기업별로 분열될수록 기업복지가 발달한다는 것이다.

제1절에서는 캐나다 기업복지의 역사와 현황을 소개하고 서구국가들과의 비교를 통해 캐나다 기업복지의 특징을 분석한다. 특히 공적연금과 기업연금의 기여금과 급여수준을 비교하여 둘 중 어떤 것이 캐나다 시민들의 노후생활에서 더욱 중요한 역할을 하는지를 제시한다. 제2절에서는 기업복지의 발달과 국가복지의 저성장을 설명하는 이론적 틀을 제시한다. 여기서 중점을 두는 것은 노동운동의 파워이며, 특히 노동조합의 조직 형태와 복지체제 간의 관계에 대해 집중적으로 검토한다.

제3절에서는 조직률과 노동조합 조직 형태의 측면에서 캐나다 노동운동의 특징을 제시한다. 노동운동이 직능별 노동조합주의에 기초하여 출발하였고, 국제노동조합과 국내노동조합으로 분리되어 있으며, 특히 비즈니스 조합주의와 기업별 노동조합주의가 지배적이라는 사실이 부각될 것이다. 마지막으로 제4절에서는 노동조합운동의 분열과 노동조합의 허약성이라는 조건이 어떻게 기업복지의 발달 및 국가복지의 저성장이라는 캐나다 복지체제의 특징을 초래했는가를 분석한다.

## 1. 캐나다의 기업복지

캐나다의 사회보장제도는 서구국가들에 비해 비교적 늦게 도입되었으며, 특히 임금노동자를 대상으로 하는 사회보험 프로그램의 도입이 늦었다. 1941년 연방정부가 시행한 실업보험과 주정부들이 1910−1930년 사이에 독자적으로 도입한 산재보험은 서구에 비해 20−50년 정도 뒤졌고, 주정부들이 1950년대−1960년대에 도입했던 의료보험은 50년 이상 늦었다. 특히, 1966년에야 도입한 사회보험연금 CPP(Canadian Pension Plan)는 서구국가들에 비해 70년 이상 뒤처지는 것이었다.

이와 같이 사회보험 프로그램이 발달하지 않은 대신에 캐나다의 임금노동자들에게는 기업복지 프로그램들이 주어졌다. 기업복지 프로그램은 본격적인 산업화가 시작될 무렵부터 도입되었으며, 이후 산업화의 진전에 따라 지속적으로 발달하였다. 캐나다의 기업복지 수준은 미국과 더불어 선진 산업국가들 가운데 가장 높다.

### 1) 역사

캐나다 기업복지의 역사는 산업화 초기인 1870년대로 거슬러 올라간다. 이 시기부터 대기업과 공기업을 중심으로 기업복지 프로그램이 제공되었다고 한다. 여기에는 질병 및 사고를 보장하는 상해보험, 연금프로그램, 유급휴가, 식당 및 도서관 시설 등이 포함되며, 이 가운데 특히 기업연금이 대표적인 것이었다. 예를 들어서, 1874년에 철도회사인 Grand Trunk Railway가 고용주 지원 연금프로그램을 제공했으며, 1885년에는 Bank of Montreal이 연금플랜을 도입했다. 20세기 초반에는 기업연금의 도입이 본격적으로 확대되었다. 1904년에 Royal Bank of Canada를 시작으로 1917년에 Bell Telephone, 1919년에 Massey-Harris, 그리고 1928년에 Eastman Kodak 등에서 고용주 지원 연금플랜이 실시되었다.(Olsen and Brym, 1996: 265) 이러한 기업연금의 확대에는 1917년에 제정된 소득세법안의 역할이 중요했다. 이 법에 따라서 고용주의 연금플랜 기여금은 손비로 처리되었던 것이다.(McCallum, 1990: 51)

이러한 초기의 기업복지 프로그램들이 도입된 배경에는 종업원을 유지하고 통제하고자 하는 고용주의 의도가 있었다. 이 당시에는 능력 있는 직원을 채용하고 유지하는 일이 쉽지 않았으며, 고용주들은 기업연금을 비롯한 고용주 지원 복지프로그램들을 제공함으로써 그러한 문제에 대응하였다. 예를 들어서, 이 당시의 고용주 지원 연금플랜이 주로 화이트칼라에 집중되었고, 보유이동성(portability)을 인정하지 않아 가입자의 4−22%만이 실제로 기업연금급여를 수령했으며, 연금수급을 위해 20년 내지 25년의 장기근속을 전제로 했던 것이다.(Guest, 1997: 199; Tudiver, 1987: 192)

캐나다에서 기업복지의 도입과 확대를 촉진한 또 다른 배경은 20세기 초반의 경제불황과 불안한 노사관계로 인해 고용주가 자신의 종업원들을 통제할 필요가 있었기 때문이다. 대부분의 기업들은 기업복지의 수급조건으로 근무시간 엄수, 효율적 생산, 건전한 생활 등을 내걸었고, 일부 기업들은 파업에 참여한 종업원의 연금수급권을 박탈하기도 했다. 실제로 Canadian Pacific Railway는 1908년에, 그리고 Grand Trunk Railway는 1910년에 파업참가 노동자에 대해 연금수급권을 박탈하였다.(Olsen and Brym, 1996: 266)

1920년대 중후반까지 상당수의 대기업들이 기업복지 프로그램을 보유하고 있었다. 1928년에 대기업들을 중심으로 시행된 Ontario Department of Labour의 조사에 따르면, 300개 기업(종업원 합계 18만 5천 명) 대부분은 기업 내 혹은 고용주가 지원하는 의료서비스를 제공하였다. 여기에는 단순한 응급약품의 구비에서부터 정규 의사에 의한 의료서비스가 포함되었다. 조사대상 기업의 16.3%인 49개 회사에는 기업연금이 도입되었으며, 기업연금을 보유한 기업들의 종업원 합계는 10만여 명으로서 조사대상 기업 전체 종업원의 54%를 차지했다. 이들 이외의 또 다른 20개 회사는 장기근속 근로자에게 개별적으로 연금을 제공하기도 했다. 이와 함께, 212개 회사(61%)는 단체 및 개인 의료보험을 제공하였으며, 그 대상자는 14만 4천 명으로서 전체 종업원의 78%를 차지했다. 사내식당이 설치된 곳은 89개 회사(종업원 92,600명)였고, 휴식 및 오락시설이 설치된 곳은 123개소(종업원 13만 9천 명)였다.(McCallum 1990, 50; Tudiver, 1987: 191-2)

1937년에 시행된 National Employment Commission의 전국 조사에 따르면, 캐나다의 7,725개 회사 가운데 12%가 주택구입 보조금 등의 주거보조금을 지급했고, 20% 정도가 유급 질병휴가를 제공했다. 또한 8%가 블루칼라 종업원을 위한 공식 연금플랜을 제공했고, 1,671개 회사는 블루칼라 종업원에게 유급휴가를 제공했다. 화이트칼라에게 유급휴가를 제공한 회사는 5,072개사였다.(McCallum, 1990: 54-69)

1947년에는 전국적으로 14,452개 기업(종업원 합계 180만 명)을 대상으로 Dominion Bureau of Statistics 조사가 시행되었다. 이에 따르면, 전체 기업 가운데 45%가 하나 이상의 기업복지 프로그램을 보유하고 있었고, 그 가운데 가장 보급률이 높은 프로그램은 단체생명보험, 연금플랜, 사고 및 장애 보험 등으로서 전체 종업원의 50－66%에 적용되었다고 한다.(Tudiver, 1987: 197)

이상에서 보듯이 산업화 초기부터 이차대전 직후까지 캐나다에는 기업복지가 일정 정도 도입되어 있었다. 제시된 자료들이 조사대상 기업들의 지역 및 규모별 차이가 있고 조사대상 항목에도 차이가 있어서 엄격한 비교가 어렵기는 하지만, 대기업을 중심으로 다양한 기업복지 프로그램들이 도입되고 확대되었던 것은 분명하다.

〈표 7-1〉에는 캐나다 기업들이 지출한 기업복지 비용이 급여총액에 대비하여 제시되어 있다. 여기에서 보듯이 1953년에서 1989년까지 급여총액 대비 기업복지 총액은 15.1%에서 33.5%까지 꾸준하게 증가하였다. 기업복지 총액은 1953년에서 1971년까지의 기간 동안에는 연평균 5% 이상씩 급증하였으나, 1980년대 들어서는 증가의 속도가 크게 둔화되었다.

〈표 7-1〉에서 제시된 기업복지 프로그램들 가운데서 고용주의 자발성 내지는 노사 간의 합의에 기초하여 제공되는 진정한 의미의 기

**〈표 7-1〉 급여총액에 대한 기업복지 비용의 비율 추이** (단위: %)

| 항 목 | 1953 | 1961 | 1971 | 1984 | 1989 |
|---|---|---|---|---|---|
| 기업복지 총액 | 15.1 | 22.8 | 29.0 | 32.5 | 33.5 |
| 유급휴가 | 5.9 | 11.6 | 14.6 | 14.9 | 13.9 |
| 법정복지 | 1.5 | 3.0 | 2.3 | 4.4 | 5.3 |
| 실업보험 | 0.8 | 0.8 | 0.6 | 2.1 | 2.3 |
| 산재보험 | 0.7 | 0.7 | 0.6 | 1.2 | 1.6 |
| 공적연금 | - | - | 1.1 | 1.2 | 1.4 |
| 비법정복지 | 6.0 | 8.4 | 10.9 | 11.5 | 11.4 |
| 연금플랜 | 4.0 | 4.3 | 3.8 | 4.1 | 3.6 |
| 복지플랜 | 1.4 | 2.2 | 5.4 | 5.2 | 5.0 |
| 해고수당 등 | 0.1 | 0.7 | 0.6 | 1.1 | 1.3 |
| 현물급여 | 0.5 | 1.2 | 1.1 | 1.0 | 1.5 |
| 보너스/이윤공유 | 1.7 | 1.3 | 1.3 | 1.7 | 2.9 |

자료: Courchene, 1989: 43, Peat et al. Employee Benefit Costs in Canada, 격년 간.

업복지의 범주에 속하는 것은 비법정복지이다.[1] 비법정복지의 비율은 1953년 6.0%에서 1961년 8.4%, 1971년 10.9% 등으로 크게 증가한 다음에, 1984년 11.5%, 1989년 11.4% 등으로 안정적인 양상을 보이고 있다.

비법정복지 가운데 단일항목으로 가장 큰 비중을 차지하는 것은 기업연금 등의 연금플랜이다. 그 비율은 1953년 4.0%에서 줄곧 약간의 부침을 거듭하면서 1989년까지 3.6%로 약간 감소하였다. 생명보험, 장애보험, 건강보험, 치과보험 등의 단체보험과 퇴직금(해고수당) 및 주거비 지원 등의 생활비 지원으로 구성된 복지플랜은 1953년에 급여총액의 1.4%에서 1971년 5.4%로 급속히 증가한 다음에, 1989년까지는 5.0%로 약간 줄어들었다. 직장 내 의료서비스, 급식, 사택, 휴식 및 오락시설, 보육시설 등으로 구성된 현물급여는 1953년의 0.5%에서 1989년 1.5%로 점진적인 증가 경향을 보이고 있다.

### 2) 특징

다른 선진 산업국가들과 비교할 때 캐나다의 기업복지는 최고 수준을 보이고 있다. 각 국가별로 기업복지의 내용이 상이하기 때문에 직접적인 비교가 쉽지는 않지만, 기업들의 노동비용에서 차지하는 비

1) 비법정복지는 고용주가 자의로, 또는 노동조합과의 협약을 통해 제공하는 급여로서 단체보험, 기업연금, 사택 또는 주택자금 지원 및 대출, 급식지원 등이 포함된다. 과거에 비법정복지에 포함되기도 했던 보너스, 각종 수당, 유급휴가 등은 현재는 현금급여로 간주된다. 법정복지는 공적연금과 의료보험 등 사회보험의 고용주 분담금을 지칭한다. 기업복지에 비법정복지와 법정복지를 모두 포함시키는 연구자들도 있지만, 기업복지의 특징이 고용주의 자발성에 있다는 점에서 국가에 의해 강제되는 법정복지는 기업복지의 범주에서 제외하여야 한다.

〈표 7-2〉 현금급여 대비 기업복지비의 비율 비교

| | 비법정복지비 (A) | 법정복지비 (B) | A/B | 사회보장지출/GDP | |
|---|---|---|---|---|---|
| | | | | 1985 | 2005 |
| 캐나다(1989) | 11.4 | 5.3 | 2.15 | 17.0 | 16.5 |
| 미 국(1989) | 14.2 | 9.0 | 1.58 | 13.1 | 15.9 |
| 일 본(1985) | 7.9 | 9.1 | 0.87 | 11.4 | 18.6 |
| 네덜란드 | 8.6 | 21.6 | 0.40 | 25.3 | 20.9 |
| 독 일(1984) | 4.0 | 23.1 | 0.17 | 23.2 | 26.7 |
| 스웨덴 | 4.4 | 28.2 | 0.16 | 29.4 | 29.4 |
| 영 국(1984) | 7.9 | 9.3 | 0.85 | 19.8 | 21.3 |
| 이태리 | 4.6 | 38.0 | 0.12 | 20.8 | 25.0 |
| 프랑스(1984) | 11.6 | 28.9 | 0.40 | 26.0 | 29.2 |

주) 네덜란드, 이태리, 스웨덴의 수치는 1970년대 중반.
자료: 勞動白書 1984; OECD, 2009.

법정복지비(유급휴가 등의 현금급여를 빼고 고용주가 자발적 내지는 노사 간 합의에 기초하여 제공하는 복지프로그램에 지출된 비용)의 비율을 비교해 보면 이것을 잘 알 수 있다.

〈표 7-2〉에는 1970년–1980년대 몇몇 선진 산업국가들의 현금급여 대비 비법정복지비의 비율이 제시되어 있다. 여기서 보듯이, 1980년대 후반 캐나다 기업들의 비법정복지비 비율은 11.4%로서 프랑스를 뺀 서구국가들에 비해 크게 높으며, 기업복지의 천국으로 알려진 일본에 비해서도 3% 포인트 이상 높다. 비슷한 문화적 환경과 노사관계를 지닌 미국만이 14.2%로 캐나다에 비해 더 많은 비법정복지비를 지출하고 있다. 반면에, 미국이나 캐나다에 비해 노사관계의 가부장주의적 성격이 강한 것으로 알려진 독일이나 이태리 등의 서구국가들은 5% 미만으로 가장 낮은 수준이며, 복지 선진국인 스웨덴도 4.4%에 그치고 있다.

이와 같이 캐나다는 비교 대상 국가들 가운데 기업복지비가 가장 많은 국가에 속한다. 그렇지만, 캐나다의 특징은 여기서 그치지 않는다. 캐나다는 미국과 더불어서 비법정복지비가 법정복지비보다 많은 유일한 국가이며, 법정복지비 대비 비법정복지비의 비율이 215%로 가장 높은 수준을 보이고 있다. 반면 기업복지의 대명사로 알려진 일본은 법정복지비(9.0%) 대비 비법정복지비(7.9)의 비율이 87%에 그치고 있다. 캐나다와 비슷한 사회보장체계를 지닌 영국도 85%로 캐나다에 비해 크게 낮았다.[2)] 그 외의 서구국가들은 그 비율이 12%(이태리)−40%(네덜란드) 정도였고, 캐나다와 비슷한 비법정복지비를 지출한 프랑스도 40%에 머물렀다.

캐나다의 기업복지는 선진 산업국가들 가운데 거의 최고 수준일 뿐 아니라 국가복지 대비 발달의 정도가 타의 추종을 불허한다는 특징을 지닌다. 이것은 시민생활에 있어서 국가의 역할에 비해 기업복지와 같은 시장부문의 역할이 극대화되어 있다는 것을 의미한다. 이러한 사실을 보다 면밀하게 검토하기 위해서 캐나다에서의 공적연금과 기업연금의 발달 정도를 비교해 보도록 하겠다.

캐나다의 기업연금은 이미 산업화 초기 단계부터 도입되어 지속적인 확대를 거듭하였고 급여수준이 비교적 높다. 이에 반해서, 사회보험 형태의 공적연금인 CPP는 1966년 1월에야 도입되었고, 비록 거의 모든 시민에게 적용되고 있기는 하지만 급여수준은 낮은 편이다.

〈표 7-3〉에는 사회보험연금인 CPP/QPP[3)]와 기업연금인 RPP(Reg-

---

2) 캐나다와 영국은 보편적 의료서비스를 제공한다는 점에서 공통점을 지닌다. 사회보험방식으로 의료서비스를 제공하는 다른 서구국가들과는 달리 이 두 국가에서 의료서비스의 재원은 일반조세이며, 이에 따라서 노동비용에서 차지하는 법정복지비의 비중이 상대적으로 낮다.

3) QPP(Quebec Pension Plan)는 퀘벡 주에서 독자적으로 운영하는 사회보험연금이며 기여금이나 급여수준 등이 CPP와 동일하다.

〈표 7-3〉 공적연금과 기업연금 비교

| 구 분 | | 1991년 | 1995년 | 1999년 |
|---|---|---|---|---|
| CPP/<br>QPP | 기여자(만 명)<br>일 인당 기여금(달러) | 1,315.4<br>834.1 | 1,279.3<br>1,079.7 | 1,399.3<br>1,528.2 |
| RPP | 기여자(만 명)<br>일 인당 기여금(달러) | 531.8<br>3,235.2 | 515.0<br>3,824.7 | 526.8<br>3,648.3 |

자료: (Statistics Canada, 2003: Table 2B-4, Table 3A-2, Table 3A-9)에서 재구성.

istered Pension Plans)의 기여자 및 일 인당 기여금이 제시되어 있다.[4) ]1991년의 경우 CPP/QPP의 가입자는 1,315만 명이었고 일 인당 기여금은 834.1달러였다. 이에 반해서 RPP는 532만 명의 가입자가 일 인당 3,235.2달러를 납부하였다. 여기에서 보듯이 일정기준 이상의 소득자에게 강제 적용되는 CPP/QPP는 자발적 성격의 RPP에 비해 2.5배 정도의 가입자를 보유하였지만, 일 인당 기여금은 RPP 가입자의 26%에 그치고 있다. 이에 따라서 공적연금의 연간 기여금 총액은 1,097억 달러로서 기업연금의 1,720억 달러에 크게 못 미친다.

4) RPP(Registered Pension Plans: RPP)는 고용주가 자신의 종업원을 위해 제공하는 기업연금으로서 EPP(Employer Pension Plans)라고도 불린다. 기여금은 고용주가 50% 이상을 부담하도록 되어있지만 실제로는 60% 이상을 부담한다. 기여금 분담비율은 1991년에 종업원 36.8%, 고용주 63.2%였으며, 1999년에는 종업원 36.3%, 고용주 63.7%였다. 대기업은 독자적인 EPP를 설정하지만, 중소기업의 경우에는 복수의 고용주들이 연합하여, 혹은 노동조합과의 협조를 통해서 EPP를 운용한다. 종업원은 입사 후 2년 이내에 EPP에 가입하도록 요청되지만 기업에 따라서 EPP 가입은 강제가 아니라 선택이다. EPP에는 두 가지 형태가 있다. 하나는 확정급여형(defined benefit plan)으로서 미래에 받을 연금급여액(소득대체율)을 미리 확정해 둔 것이다. 다른 하나는 확정기여형(defined contribution plan)으로서 연금기여금(보험료)만 확정되어 있고 연금급여액은 확정되어 있지 않은 것이다. 이 형태에서는 최종적인 연금급여액이 적립금에 대한 투자수익에 따라 달라진다. 두 형태 가운데 확정급여형이 보다 일반적이다.(HRSDC, 2007b; NUPGE, 2008; OSFI, 2008; Statistics Canada, 2008a; Statistics Canada, 2008b)

1997년의 연금개혁에 의해 CPP의 재정운용방식이 부과식(pay-as-you-go)에서 부분 적립식(partially funded)으로 변경되면서 CPP의 기여금 비율이 크게 늘어났다. 1990년 연금대상 소득의 4.40%였던 기여금이 1995년 5.40%, 2000년 7.80%로 높아진 것이다.[5] 이에 따라서 1999년에는 일 인당 기여금이 1,528.2달러로 1991년에 비해 700달러 가까이 증가하였다. 그렇지만, 공적연금의 일 인당 기여금은 여전히 RPP 일 인당 기여금의 반 이하에 머물고 있다.

이와 같이 기여금 수준이 낮기 때문에 사회보험연금의 급여액은 기업연금에 비해 크게 떨어진다. CPP의 완전노령연금의 소득대체율은 캐나다 평균임금에서 3,500달러를 뺀 금액인 연금대상 소득의 25%이다.[6] 2009년 현재 CPP의 노령연금 급여액은 월 최고 908.75달러이며, 평균적으로는 일 인당 489.72달러이다. 2009년의 평균임금이 46,300달러이고 CPP 노령연금의 평균급여액이 5,877달러이므로 CPP 노령연금의 실제적인 소득대체율은 12.7%에 불과하다. 이에 반해서 기업연금의 소득대체율은 근속 1년당 가입자의 연금대상 평균소득의 2%이며 20년 가입자의 경우 연금대상 소득의 40%를 받는다. 2005년 현재 RPP의 근속 1년당 연금급여액의 최고 한도는 연 1,722달러이고, 한 사람이 받을 수 있는 연금급여액의 최고 한도는 연 64,155달러로서 CPP 최고 급여액의 다섯 배에 이른다.

---

5) CPP의 기여금은 2003년 이후 9.90%로 고정되었으며, 이 수치는 2030년까지 유지될 전망이다.(CRA, 2009; Service Canada, 2008a)

6) 연금대상 최고소득(Yearly Maximum Pensionable Earnings: YMPE)은 캐나다 평균임금이며, 연금대상 최저소득(Year's Basic Exemption: YBE)은 원래 YMPE의 10%였다가 1998년 이후 3,500달러로 고정되었다. 연금대상 소득은 이 두 수치의 차액이다. 2009년 현재 연금대상 최고소득은 연 46,300달러이고 최저소득은 연 3,500달러이므로 연금대상 소득은 42,800달러이다. 이에 대해서는 이 책의 제2장을 참조하시오.

〈표 7-4〉 65세 이상 노인의 소득 원천 (단위: %)

| 구 분 | | 민영연금 | OAS | CPP/QPP | 근로소득 | 투자소득 | 기타소득 | 정부보조금 |
|---|---|---|---|---|---|---|---|---|
| 수급자 비율 | 1990 | 38.3 | 99.0 | 72.0 | 9.2 | 62.9 | 7.1 | 78.0 |
| | 1999 | 55.2 | 97.6 | 84.6 | 13.1 | 59.8 | 16.0 | 60.0 |
| 총소득 대비 | 1990 | 18.4 | 29.8 | 16.3 | 7.0 | 23.1 | 1.9 | 3.5 |
| | 1999 | 29.2 | 26.9 | 20.1 | 6.4 | 12.7 | 1.8 | 2.9 |

주) 수급자 비율: 전체 노인 가운데 특정 항목을 받는 노인의 비율.
자료: (Statistics Canada, 2003: 22, Table 1-4)에서 재구성.

이상에서 서술했듯이 캐나다에서는 노후생활의 보장에 있어서 사회보험연금보다는 기업연금의 역할이 더욱 크다. 이러한 점을 〈표 7-4〉에서 확인해 보도록 하겠다. 〈표 7-4〉는 65세 이상 노인들의 소득원천에 대한 자료를 1990년과 1999년의 두 시기에 걸쳐 보여준다. 기업연금 위주의 민영연금은 1990년에 65세 이상 노인 293만 명의 38.3%인 112만 명에게 지급되었으며, 65세 이상 노인 인구 총소득의 18.4%를 차지했다. CPP/QPP는 노인 인구의 72%인 211만 명에게 제공되어 민영연금에 비해 보급률이 두 배 가까이 높았다. 그렇지만, CPP/QPP 급여가 노인들의 총소득에서 차지하는 비중은 16.3%로서 민영연금에 비해 낮았다.

1999년 민영연금의 수급자는 노인 인구 365만 명의 55.2%인 202만 명으로서 1990년에 비해 80% 이상 증가하였고, 노인들의 총소득에서 차지하는 비중도 29.2%로서 1990년에 비해 60% 가까이 늘어났다. 이에 반해서, 사회보험연금의 수급자는 노인 인구의 84.6%인 309만 명으로 1990년에 비해 46% 남짓 증가했고, 총소득에서 차지하는 비중은 23% 정도 늘어나 20.1%가 되었다. 이처럼 민영연금과 사회보험연금의 수급자 비율은 차이가 줄어드는 가운데 총소득

에서 차지하는 두 연금프로그램의 격차는 더욱 벌어졌다.7)

전반적으로 볼 때 연금이 성숙해 감에 따라서 노인소득 가운데 차지하는 투자소득이나 근로소득과 같은 시장소득의 비중은 줄어드는 반면에 민영연금과 CPP/QPP의 비중은 더욱 늘어날 것이다. 그렇지만, 그 공적연금에 비해 민영연금의 증가 속도가 빨라서 두 항목 간의 격차는 더욱 커질 것이다. 캐나다 노인들은 노후생활을 위해 사회보험이 아니라 고용주가 제공하는 기업연금에 더 크게 의존하고 있으며, 이러한 상태는 앞으로 더 강화될 것이다.

2000년에는 캐나다의 거의 모든 기업들을 대상으로 하여 Survey of Labour and Income Dynamics라고 하는 기업복지 프로그램에 대한 조사가 시행되었다. 이에 따르면, 전체 임금 근로자 1,372만 명 가운데서 건강보험, 치과보험, 생명/장애보험 중 한 가지 이상을 가지고 있는 사람의 비율은 62%였으며, 세 가지 모두를 갖고 있는 사람은 50%였다. 연금플랜의 경우 전체 임금 근로자 가운데 48%가 보유한 것으로 조사되었다. 이외에도 임금 근로자의 9%는 자사주 매입 플랜을, 8%는 이윤공유 플랜을, 5%는 저이자 대출을, 그리고 10%는 기타 기업복지를 수급하고 있었다.(Marshall, 2003: 7)

시민생활에서 차지하는 기업복지의 비중이 매우 큰 것은 사실이지만, 기업복지 혜택이 모든 사람에게 평등하게 제공되는 것은 아니다. 시장소득에서의 불평등을 개선하는 효과를 갖는 사회보장 프로그램

7) 민영연금 다음의 항목인 OAS는 Old Age Security의 약자로서 보편적 성격의 기초연금을 지칭한다. 이 연금은 일부 고소득 노인층을 제외하고 65세 이상의 모든 노인들에게 제공되며 평균급여액은 2009년 489.83달러로서 CPP의 평균 급여액과 거의 동일하다. OAS는 적용비율이 CPP/QPP에 비해 훨씬 높기 때문에 노인의 소득에서 차지하는 비중도 CCP/QPP에 비해 높다. 이에 대해서는 이 책의 제2장을 참조하시오.

〈표 7-5〉 근로자의 노동시장 지위별 기업복지 프로그램 보유 현황(2000년)

(단위: %)

| 구 분 | 인원(만 명) | 민영보험 | 연금플랜 | 자사주 매입 | 이윤공유 |
|---|---|---|---|---|---|
| 20명 이하 | 454 | 27 | 21 | 4 | 4 |
| 20－99명 | 403 | 52 | 46 | 8 | 7 |
| 100명 이상 | 479 | 71 | 71 | 17 | 12 |
| 풀타임 | 1,086 | 58 | 52 | 11 | 9 |
| 파트타임 | 232 | 17 | 22 | 2 | 2 |
| 10달러 미만 | 333 | 13 | 12 | 3 | 3 |
| 10－19.99 | 625 | 51 | 46 | 8 | 8 |
| 20달러 이상 | 412 | 77 | 74 | 17 | 12 |

주) 민영보험: 건강보험, 치과보험, 생명/장애보험 가운데 하나 또는 그 이상.
자료: (Marshall, 2003: 8)에서 재구성.

과는 달리 기업복지는 노동시장에서 지위가 높은 사람에게 더 많은 혜택을 제공하기 때문이다.

〈표 7-5〉에는 근로자의 노동시장 지위별 기업복지 프로그램의 보유현황이 제시되어 있다. 우선, 기업규모에 따른 보유현황을 보면, 종업원 20인 이하 기업의 경우 민영보험과 연금플랜을 보유한 종업원의 비율이 각각 27% 및 21%로서 종업원 20－99인 기업의 반 정도에 그치고 있고, 종업원 100인 이상 기업과 비교하면 1/3 이하에 불과하다. 자사주 매입 및 이윤공유와 같은 프로그램도 20인 이하 소규모 기업에서는 단지 4%의 종업원에게만 적용되는 반면에, 100인 이상 대기업에서는 12－17%의 종업원에게 적용된다.

다음에, 풀타임 근로자와 파트타임 근로자의 기업복지 프로그램 보유 비율은 다음과 같다. 민영보험은 풀타임 근로자의 58%에게 적용되는 반면에, 파트타임 근로자의 경우에는 그 1/3에도 못 미치는 17%에게만 적용된다. 연금플랜은 그보다 사정이 좀 나아서 풀타임 근로자의 52%와 파트타임 근로자의 22%에게 적용된다. 자사주 매입과 이윤공유는 풀타임 근로자가 파트타임 근로자에 비해 평균적으로 5배 정도 더 보유하는 것으로 나타났다.

마지막으로, 임금수준에 따른 기업복지 프로그램의 보유 비율을 보면, 시간당 10달러 미만의 근로자들 가운데 민영보험과 연금플랜을 보유한 사람의 비율은 각각 13% 및 12%에 그쳤다. 이에 반해서 시간당 임금이 10달러에서 20달러 미만인 근로자 가운데 51%가 민영보험을 보유했고 46%는 연금플랜의 적용을 받았다. 시간당 20달러 이상의 임금을 받는 근로자들 가운데 77%는 민영보험을, 그리고 74%는 연금플랜을 보유했다. 이들은 임금수준이 10달러 미만인 근로자들에 비해 두 프로그램의 보유율이 6배에 가까웠다. 자사주 매입과 이윤공유 프로그램을 보유한 비율도 10달러 미만 근로자는 3%, 10달러에서 20달러 미만 근로자는 8%인 데 반해서, 20달러 이상 근로자는 각각 17% 및 12%였다.

이상에서 서술했듯이, 기업복지 프로그램은 기업규모가 클수록, 그리고 임금수준이 높을수록 더 많이 제공되며, 파트타임과 같은 비정규 근로자에 비해 풀타임 근로자에게 압도적으로 더 많이 제공된다. 기업복지는 고용이 안정되어 있고 소득수준이 높은 종업원들에게 더 많은 혜택을 제공하고 있는 것이다. 이와 같이 시장소득에서의 불평등을 더욱 악화시키는 기업복지가 발달해 있다는 점에서 캐나다는 전형적인 잔여적 유형 혹은 자유주의 복지국가에 속한다.

## 2. 이론적 검토[8)]

다른 선진 산업국가들과 비교할 때 캐나다는 기업복지가 매우 발달해 있는 반면에 사회보장제도는 상대적으로 덜 발달되어 있다. 이러한 캐나다 복지체제의 특징에 대해 기존의 대표적인 복지국가 발전이론들은 매우 제한적인 설명만을 하고 있다. 예를 들어서, 캐나다는 이미 충분히 산업화되어 있고 높은 경제수준을 보이고 있다는 점에서 산업화론은 캐나다 국가복지의 저성장을 제대로 설명할 수 없다. 또한, 사회민주주의 정당이 미약하기 때문에 캐나다 국가복지의 발달이 지체된 것으로 볼 수 있기는 하지만, 사회민주주의이론은 기업복지의 발달을 국가복지 저성장의 또 다른 측면으로 간주할 뿐 그에 대해 심도 있는 연구관심을 보이지 않는다.[9)]

기존 이론들 가운데서 가장 설득력이 큰 것은 문화주의적 해석일 것이다. 이 관점에 따르면, 개인주의와 자유주의의 가치관이 지배적이기 때문에 캐나다와 같은 자유주의 복지국가에서는 시민생활에 대한 국가개입이 최대한 자제되어 공공복지가 발달하지 않았고, 그 대신에 기업복지와 같은 시장기제가 발달했다고 한다. 이러한 문화주의적 해석은 기업복지가 발달하게 된 사회적 배경을 분명하게 제시한다

---

8) 이 부분은 (조영훈, 2006: 30-35)의 내용을 수정하고 보완한 것이다.

9) 앞의 〈표 7-2〉가 보여준 대로 사회보장 내지는 사회보험이 발달한 국가에서는 기업복지가 덜 발달한 반면에, 캐나다나 미국과 같이 국가복지가 덜 발달된 곳에서는 기업복지가 발달했다. 이런 점에서 일부 사회민주주의 이론가들은 공공복지와 민영복지(기업복지와 민영보험) 간에는 일종의 제로섬 관계가 존재한다고 주장한다.(Esping-Andersen, 1996: 328) 이러한 주장이 옳은 것은 분명하지만, 문제는 사회민주주의이론이 기업복지의 발달을 단순하게 사회민주주의 정당의 허약성에 따른 공공복지의 저성장의 결과로 간주한다는 데 있다.

는 점에서 의의가 있다. 그렇지만, 그러한 설명은 지배적 가치관이 모든 것을 설명한다는 문화환원론의 문제를 지니고 있을 뿐 아니라, 캐나다 초기 산업화 시기의 기업복지가 노동자의 통제를 겨냥한 것이었거나 노동운동의 압력의 결과였다는 사실을 무시한다. 이와 함께, 캐나다를 포함한 산업화 초기 대부분의 선진 산업국가들에서 확대되었던 기업복지는 그 당시의 가부장주의적 노사관계가 반영된 것이었으며, 개인주의 내지는 자유주의적 세계관과는 거리가 먼 것이다.

무엇보다도 기존 이론들은 기업복지와 공공복지의 직접적인 수혜자인 노동세력에 대해 관심이 없다. 비록 최근 들어 그 사회적 영향력이 감소하고 있기는 하지만 노동세력은 자본가 집단과 함께 현대 정치의 핵심 주체이며, 특히 서구에서는 복지국가 확대기인 이차대전 이후부터 1960년대까지 사회정책의 형성과 결정에 막대한 영향력을 행사하였다. 이런 점에서 기업복지와 국가복지의 가장 밀접한 이해관계자이자 강력한 추진세력인 노동운동을 제외하고 캐나다 복지체제의 성립 배경을 설명하기는 어려울 것이다.

잘 알려진 대로 이차대전 이후 서구 복지국가의 비약적인 발전은 노동과 자본의 타협체제인 네오 코포라티즘의 형성과 밀접한 관련이 있다. 그리고 일부 연구자들이 주장하는 대로 네오 코포라티즘의 존재 여부와 영향력의 정도에 가장 커다란 영향을 미친 것은 노동운동의 파워이다.[10] 노동운동이 강력할 경우에는 자본의 핵심적인 관심이

10) 네오 코포라티즘(neo-corporatism), 즉 신조합주의는 2차 대전 이후 서구에 등장한 노동, 자본, 국가 간의 전 사회적인 타협체제를 말한다. 이러한 체제하에서 노동 측은 임금인상 요구 및 파업을 자제하여 생산에 적극적으로 협조하고, 자본 측은 그로부터 발생한 이윤을 생산의 효율성 증대와 점증하는 사회보험료 지급에 사용하며, 국가는 그 두 지배적인 사회세력 간의 협상에 기초하여 공공복지의 확대를 추진하였다. 이러한 체제가 성립하게 된 것은 2차 대전 이후의 호경기를 적극적으로 이용하려는 서구의 자본이 상대적으로 강력한 노동운동을

노사관계의 안정에 있기 때문에 자본이 노동과의 타협에 적극적으로 나서게 되고, 그 결과 노동과 자본 간의 전사회적인 타협체제가 만들어진다. 반면에, 노동운동이 허약할 경우에는 자본은 비용이 많이 들고 기업에 대한 종업원의 충성심을 유도할 수 없는 네오 코포라티즘에 참여할 동기가 없어지며, 기업 내 협상 또는 종업원과의 개별 협상과 같이 노동계급의 분할통치(divide and rule)를 통해 노사관계의 안정을 추구한다.

여기서 노동운동의 파워는 두 가지 차원에서 측정된다. 첫째는 전체 임금노동자 대비 노동조합 가입자의 비율을 나타내는 노동조합 조직률이다. 현대 민주주의 사회에서 자본이 노동조합과 타협할 수밖에 없는 이유는 노동조합이 노동공급을 통제하고 일정기간 생산을 중지시키는 잠재적인 능력을 갖고 있기 때문이다. 따라서 노동운동의 파워는 노동조합이 얼마나 효율적으로 노동자들을 동원할 수 있는가에 달려있으며, 이러한 노동조합의 동원력은 조직 노동자가 얼마나 많은가와 밀접한 관련이 있다. 또한 자신이 대표하는 노동집단이 커질수록 노동조합의 권위가 높아지고 사회적 · 정치적 영향력이 커진다. 이런 점에서 어떤 연구자들은 노동조합 조직률을 노동운동의 파워를 측정하는 가장 핵심적인 기준으로 간주한다.(Stephens, 1979)

그러나 노동조합 조직률이 중요한 것은 사실이지만, 조직률 그 자체로는 노동운동의 파워를 파악하기에 충분하지 않다. 왜냐하면 조직률은 노동조합과 그 조합원들 간의 연대의 성격과 노동조합 중앙본부가 노동자들을 동원할 수 있는 능력에 대해 아무 것도 알려주지 않기

---

체제내화하면서 평화적인 노사관계 정립을 추구하였기 때문이다. 기존 연구들에 따르면, 강력한 노동운동과 네오 코포라티즘의 확립 사이에는 밀접한 상관관계가 존재한다.(Hicks, 1988; Korpi, 1983; Rothstein, 1987)

때문이다(Muellller-Jentsch, 1985). 노동조합 조직률은 노동조합의 조직 상의 구조와 연결될 때만 노동운동 강도에 대한 신뢰할 만한 지표가 될 수 있는 것이다. 이런 점에서 노동운동의 파워와 사회정책과의 관련성을 더 체계적으로 밝히기 위해서는 노동조합의 조직 형태에 초점을 맞추어야 한다.

노동조합의 조직 형태는 크게 산업별 노동조합, 직능별 노동조합, 기업별 노동조합으로 나뉜다. 이 가운데 산업별 노동조합이 가장 강력한 반면에 기업별 노동조합은 가장 허약한 것으로 평가된다. 그 이유는 산업별 노동조합이 노동계급 전체의 이익을 대변하며 이를 위해 노동조합 중앙본부로 권력이 집중되는 형태를 취하는 반면에, 기업별 노동조합은 완전한 자율성을 누리면서 개별 작업장 내지는 기업의 종업원만을 대변한다는 점에서 노동계급의 분열을 초래하기 때문이다. 숙련도에 따라 노동자를 차별하는 직능별 노동조합은 단순 노동자와 반숙련 노동자를 배제한다는 점에서 산업별 노동조합에 비해 파워가 크게 떨어진다.

산업별 노동조합주의가 지배적이고 노동조합의 파워가 큰 국가에서는 자본, 노동, 국가의 전사회적 타협체제가 발달하며, 이에 따라서 사회보장제도와 같은 국가복지가 발달해 있다. 스웨덴을 비롯한 북구 국가들과 독일, 오스트리아, 네덜란드 등의 대륙유럽 국가들이 그 좋은 예이다. 반면에, 기업별 노동조합주의가 지배적이고 노동조합 파워가 매우 약한 곳에서는 네오 코포라티즘이 존재하지 않으며, 자본과 노동의 타협이 개별 기업 내에서 이루어진다. 따라서 국가복지가 아니라 기업복지 중심의 복지체제가 형성된다. 일본과 미국이 이 국가군에 속한다.[11]

---

11) 에스핑-안데르센에 따르면, 북구에서 발견되는 포괄적이고 보편주의적인 복지

위에서 서술한 노동조합의 파워 및 노동—자본 간의 타협 형태의 차이 이외에 노동조합 조직 형태의 차이가 복지체제상의 차이를 가져오는 이유가 하나 더 있다. 그것은 노동조합의 조직 형태에 따라 노동조합이 대변하는 노동계급의 범위와 노동조합의 핵심목표가 달라진다는 것이다.

산업별 노동조합은 종업원의 지위 및 숙련수준에 관계없이 한 산업 내의 모든 노동자들을 자신의 조합원으로 포함하려고 하며, 단체협상에 있어서 어느 한 기업이나 한 기능집단의 종사자들이 아니라 한 산업 내의 모든 노동자의 이해를 대변하고자 한다. 만일 어떤 한 집단의 이해만을 대변한다면 다른 집단의 지지를 상실하게 될 것이며, 그 결과 산업별 노동조합은 분열의 위기에 직면할 것이다. 산업별 노동조합 본부는 그러한 위기를 피하기 위해서 각 하부집단들의 요구를 다른 하부집단들 (거의) 모두에게도 동시에 혜택을 주는 것으로 재조정해야만 하며, 비조합원들의 이탈을 막기 위해서 조합원들만을 위한 정책이 아니라 노동계급 전체의 이익을 대변하는 정책을 추구한다.(Visser, 1990)

이러한 산업별 노동조합의 정책으로 가장 적합한 것은 전체 노동자에게 균등한 혜택을 제공하는 임금연대와 보편주의적인 사회보장제도이다. 산업별 노동조합들은 전체 노동자의 공통이해를 대변해야 하기 때문에, 그리고 보편적인 사회보장제도가 조합원들 뿐 아니라 비노조원들을 동원하는 효과적인 수단이 될 수 있기 때문에, 산업별 노동조합들은 복지국가의 확대를 지지한다. 따라서 산업별 노동조합

---

국가들은 거의 언제나 중앙집권적이고 전사회적인 임금협상을 동반하는 반면에, 미국과 캐나다 등의 잔여적 유형의 복지국가들은 허약하고 분열된 노동조합주의를 동반한다고 한다.(Esping-Andersen 1999: 17)

이 강력한 곳에서는 국가복지가 발달한다.

반면에, 노동운동이 기업별로 분단되면 국가복지의 수준이 낮은 대신에 기업복지가 발달하게 된다. 그 이유는 기업별 노동조합은 자신들의 고용주와의 직접적인 협상을 통해 기업복지의 확대나 고용안정과 같은 조합원들의 이해만을 대변하려고 하기 때문이다. 기업별 노동조합은 다른 노동조합에 속하는 조합원들의 경제적 권리에는 무관심하며, 따라서 모든 노동자에게 공평한 혜택을 주는 사회보장 프로그램의 도입에도 관심이 없다. 기업별 노동조합주의가 지배적인 곳에서는 선진 산업 민주주의에 필수적인 노동과 자본의 타협이 전사회적으로가 아니라 각 기업 내에서 이루어지기 때문에, 각 기업의 재정능력에 따라 종업원들에게 혜택이 불균등하게 주어지는 기업복지가 발달하게 되는 것이다.(조영훈, 2006; Crouch, 1993; Esping-Andersen, 1998; Pontusson, 1992)

이상과 같은 이론적 관점에서 볼 때 캐나다에서 기업복지가 발달한 반면에 국가복지가 저성장한 이유는 캐나다 노동운동의 파워가 미약하다는 데서 찾아야 한다. 캐나다 노동운동은 자본과 국가에 대해 효과적인 압력을 행사할 만큼 강력하지 못했으며, 특히 기업별로 분단되어 전사회적인 타협이 아니라 개별 기업단위의 타협을 추구하게 되었고, 그 결과 기업복지는 발달시킨 반면에 국가복지의 발달에는 기여하지 못했던 것이다. 이러한 주장을 검증하기 위해서 다음 절에서는 캐나다 노동운동의 특징을 분석하겠다.

## 3. 캐나다 노동운동의 특징

전반적으로 볼 때 캐나다의 노동조합과 노사관계는 미국의 것과 매우 유사하다. 두 국가가 비슷한 문화적 전통과 사회구조를 보유하고 있는데다가 캐나다의 노동조합이 미국 노동조합운동의 영향하에서 성장했기 때문이다. 서구국가들과 비교할 때 미국과 캐나다는 노동조합의 낮은 조직률, 노동조합 중앙본부의 허약성 및 노동조합운동의 분열, 기업별 단체협상 등의 특징을 공유한다.

### 1) 낮은 조직률

캐나다의 산업화는 유럽은 물론 미국에 비해서도 늦은 편이었다. 영국 식민지시대에는 주로 농업과 어업 등의 1차 산업이 중심이었던 캐나다는 1867년 연방정부의 수립 이후 제조업과 철도건설을 중심으로 산업화를 추진하였다. 이러한 경제적 변화와 함께 다수의 노동자들이 발생하거나 외국으로부터 유입되었고, 소규모 노동조합들이 만들어졌다. 1872년에 노동조합법(Canada Trade Unions Act)이 통과되면서 노동조합이 합법화되어 1873년에 최초의 노동조합인 Canadian Labor Union(CLU)이 창립되었고, 1883년에는 노동조합본부인 TLC(Trades and Labour Congress)가 만들어졌다.(Fudge, 2006: 18; Kealey, 1989: 127-9; Moscovitch and Drover, 1987: 16-7)

전통적으로 캐나다의 노동조합 조직률은 낮은 편이었다. 〈표 7-6〉에서 보듯이, 1920년 노동조합 가입자는 37만 3천 명이고 노동조합 조직률은 16%였다. 노동조합 조직률은 1940년 16.3%에서 1945년

〈표 7-6〉 캐나다의 노동조합 조직원 및 조직률

| 연 도 | 조직원(천 명) | 조직률(%) |
|---|---|---|
| 1920 | 373 | 16.0 |
| 1930 | 322 | 13.9 |
| 1940 | 362 | 16.3 |
| 1945 | 711 | 24.2 |
| 1951 | 1,039 | 28.4 |
| 1955 | 1,268 | 33.7 |
| 1960 | 1,459 | 32.3 |
| 1965 | 1,589 | 29.7 |
| 1970 | 2,173 | 33.6 |
| 1975 | 2,884 | 36.9 |
| 1980 | 3,397 | 37.6 |
| 1985 | 3,666 | 39.0 |
| 1990 | 4,031 | 36.2 |
| 1995 | 4,003 | 34.7 |
| 2000 | 4,058 | 31.9 |
| 2005 | 4,381 | 30.7 |
| 2009 | 4,605 | 29.9 |

자료: Arrowsmith, 1992: 55; Labour Canada 2006; Labour Canada 2010.

24.2%, 1955년 33.7%로 크게 증가한 다음에, 1970년까지는 33.6%로 정체하는 경향을 보였다. 그 이후 노동조합 조직률은 다시 지속적으로 증가하여 1985년에는 39.0%로서 사상 최고치를 기록하였지만, 그 이후부터는 다시 점진적으로 감소하여 2009년에는 29.9%로 낮아졌다. 이 기간 동안 노동조합 조직원은 366만 명에서 460만 명으로 지속적으로 늘어났지만 노동조합 가입자의 증가분이 임금노동자의 증가 추세를 따라가지 못했던 것이다.[12)]

12) 캐나다의 노동조합 조직률은 1980년대 중반까지 상승하는 경향을 보였고 최근까지는 다른 서구국가들에 비해 그 하락의 정도가 덜하다. 그 주된 요인은 공공부문의 조직률의 상승에서 찾을 수 있다. 노동조합 조합원 가운데 공공부문의 비율은 1921년의 2.4%에서 1941년 2.9%, 1951년 5.3%, 1961년 12.6%, 1971년 25.6%, 1981년 38.6% 등으로 급속하게 높아져왔다. 수치로 보면 공공부문의 노동조합 가입자는 1961년 18만 명(전체 145만 명)에서 1971년 57만 명(223만 명), 1981년 135만 명(349만 명)으로 증가하면서 캐나다 노동조합

시기별로 다르기는 하겠지만, 복지국가 황금기의 직전인 1940년에서 복지국가 황금기의 전성기인 1970년까지의 기간 동안 캐나다의 노동조합 조직률을 몇몇 서구국가의 것과 비교해 보겠다. 스웨덴은 1940년 54.0%, 1950년 67.7%, 1960년 73.0%, 1970년 80.4%로 크게 높아졌고, 덴마크도 각각 42.4%, 51.9%, 59.6%, 62.5%로 지속적으로 증가하였다. 영국도 1940년의 33.5%에서 1950년 43.8%, 1960년 43.5%, 1970년 47.2%로 높아지는 경향을 보였다. 이 국가들의 노동조합 조직률은 캐나다에 비해 각 시기별로 적게는 14%에서 많게는 45%나 높았던 것이다. 독일은 1950년 33.1%, 1960년 37.1%, 1970년 36.3% 등으로 정체하는 경향을 보이면서 캐나다와 비슷한 수준을 유지하였고, 미국은 1940년 16.4%, 1950년 28.0%, 1960년 26.3%, 1970년 27.1%로 캐나다에 비해 다소 낮았다.(Poole, 1986: 77)

이와 같이 노동조합 조직률이 낮은데다가 캐나다에서는 임금노동자 가운데 단체협상의 적용대상이 되는 사람의 비율도 매우 낮다. 1990년의 경우 단체협상의 적용을 받는 임금노동자의 비율은 38%로서 노동조합 조직률보다 약간 높은 정도였다. 같은 시기의 다른 서구국가들에서는 이 비율이 독일 90%, 프랑스 92%, 네덜란드 71%, 영국 47%, 핀란드 95%, 스웨덴 83%를 기록했는데, 이것은 각 국가의 노동조합 조직률을 크게 앞서는 것이었다.[13] 최근까지 노동조직률의 하락과 함께 단체협상 적용대상 임금노동자의 비율도 2000년 32.6%, 2009년 31.6%로 하락하고 있다. 민간부문의 경우 단체협상 적용대상의 비율은 1990년의 30%에서 2000년 20.5%, 2009년 17.7%로

---

의 양적 성장을 주도하였다.(Thwaites, 1989: 112-113)

13) 비교 대상 국가들의 노동조합 조직률은 독일 32.9%, 프랑스 9.8%, 네덜란드 25.5%, 영국 39.1%, 핀란드 72.0%, 스웨덴 82.5%였다.(OECD, 1994: 183-185)

더욱 빠른 하락세를 보이고 있다.(Akyeampong, 2000: 42; OECD, 1994: 181; Ochel, 2001: 63; Statistics Canada. 2009)

## 2) 노동조합운동의 분열

### (1) 직능별 노동조합

캐나다에서 노동조합이 출현하기 시작한 것은 산업화가 시작된 19세기 중반이었다. 이 시기의 노동조합운동은 영국이나 유럽 출신의 이민노동자들이 주도하였으며, 영국의 영향을 받아 직능별 노동조합(craft union)이 주류를 이루었다. 숙련도가 낮은 노동자의 가입을 제한하고 주로 숙련도가 높은 노동자의 이익을 대변하는 직능별 노동조합은 노동계급의 내부적 분열을 초래하는 것으로서 캐나다 노동조합운동의 중요한 특징을 이루었다.

초기의 대표적인 노동조합 전국조직들도 직능별 노동조합주의에 기초하였다. 예를 들어서, 19세기 말엽부터 20세기 중반까지 캐나다 노동조합 전국조직 가운데 가장 큰 단체였던 TLC(Trades and Labour Congress of Canada)는 직능별주의를 따르는 개별 노동조합의 연합체적인 성격을 가졌고, 직능별주의에 기초한 미국의 노동조합 전국조직인 AFL의 직접적인 영향하에 있었다.[14] 적어도 1950년대 중반까지 캐

14) TLC는 Knights of Labor라는 노동단체와 토론토 지역의 Trades and Labour Council의 주도하에 1883년에 결성되었으며 캐나다 노동조합 전국조직으로서는 세 번째의 것이었다. 이 단체는 1956년에 새로운 전국조직인 CLC로 합병되기 전까지 캐나다 노동조합운동을 대표하는 단체였다.(Black and Silver, 2001; Heron, 1996; Logan, 1948; Morton and Copp, 1984; Taylor and Dow, 1988; Thwaites, 1989) 다른 한편, AFL(American Federation of Labor)은 1950년대 CIO와 합병하기까지 미국을 대표하는 전국노동조합조직이었다.

나다의 노동조합은 일부 숙련 노동자의 권익을 대변하면서 반숙련 및 단순 노동자를 배제함으로써 스스로의 힘을 제한했던 것이다.

19세기 말부터 캐나다 제조업이 크게 성장하고 비영어권의 이민자들이 대량 유입되면서 직능별주의 일색이던 캐나다의 노동운동에도 적지 않은 변화가 발생하였다. 작업장의 모든 노동자들을 대변하는 산업별 노동조합주의가 점차 확대되었던 것이다. 1919년 One Big Union, 1930년 Workers' Unity League, 1940년 CCL(Canadian Congress of Labour) 등의 산업별 노동조합주의를 표방하는 사회주의 계열의 노동조합 전국조직들이 잇달아 창립되었고 실제로 노동조합운동에서 일정 지분을 확보하기도 하였다.(Black and Silver, 2001: 95-6)

1955년에 미국 노동조합운동의 양대 산맥이었던 직능별 노동조합주의의 AFL과 산업별 노동조합주의의 CIO(Congress of Industrial Organizations)이 합병한 이후, 캐나다에서도 TLC(직능별 노동조합)와 CCL(산업별 노동조합)이 합병하여 1956년에 CLC(Canadian Labour Congress)를 만들었다.(Black and Silver, 2001: 102; Kwavnick, 1972: 38-9) CLC는 현재 캐나다 노동조합을 대표하는 전국조직으로서 산업별 노동조합뿐 아니라 직능별 노동조합도 포함하고 있다. 직능별 노동조합주의는 노동조합운동의 초기단계에서처럼 그렇게 지배적이지는 않지만 현재까지도 여전히 영향력을 행사하고 있다.

### (2) 노동조합 조직상의 분열

직능별 노동조합주의 이외에도 캐나다 노동조합들은 다양한 요인에 의해 분열되어 있다. 우선, 캐나다의 노동조합은 미국의 노동운동과 연계된 국제노동조합과 캐나다 국내조직에 연계된 국내노동조합으로 나뉘어 있다. 미국과의 지역적 근접성과 산업상의 연계성으로 인해서 초기의 캐나다 노동운동은 미국 노동조합운동의 강력한 영향 하에 있었다. TLC는 미국 노동조합본부인 AFL의 캐나다 지부로 출발하여 국제주의를 표방하였고, 대다수의 개별 노동조합들도 AFL 산하의 노동조합들과 연계되어 만들어졌다.(Kruger, 1971: 92-3; Taylor and Dow, 1988: 2)

최근으로 올수록 국제주의 노동조합의 비중이 줄어들고 있기는 하지만, 현재의 대표적인 노동조합 전국조직인 CLC에는 미국 노동조합에 가입한 개별조합들이 상당수 포함되어 있다. 1921년의 경우 전체 노동조합원 31만 3천여 명 가운데 89.7%가 국제주의 노동조합에 가입되어 있었고, 이차대전 직후인 1946년에는 노동조합원 83만 명 가운데 62.4%가 국제노동조합 소속이었다. 국제노동조합 소속 조합원의 비율은 1966년 71.9%로 다소 높아지다가 그 이후 지속적으로 감소하여 1990년까지 31.9%로 비교적 빠르게 줄어들었고, 2009년까지는 27.9%로 점진적인 감소의 경향을 보였다.(Arrowsmith, 1992: 56; Labour Canada, 2010: 7)

이와 함께, 캐나다의 노동조합 본부들은 몇 개로 나뉘어 서로 경쟁하고 있다. 1956년 CLC가 창립되기 이전에는 직능별 노동조합주의를 따르는 TLC와 산업별 노동조합주의를 따르는 CCL 등의 조직들 간에 노동조합원 빼돌리기를 포함한 다양한 형태의 분쟁이 있었으며 전국조직들 간의 정책공조는 시도되지도 않았다.[15] CLC가 창립된

15) 예를 들어, 1935년에는 TLC, CFL(Canadian Federation of Labour), ACCL (All-Canadian Congress of Labour), CCCL(Canadian and Catholic Confederation of Labour), OBU(One Big Union), WUL(Workers' Unity Leage) 등의 노동조합 본부들이 서로 경쟁하고 있었다.(Thwaites, 1989: 106-107)

이후에도 노동조합들의 분열상은 여전했다. 퀘벡지역의 노동조합본부들이 CLC와 경쟁 관계를 유지하였고, 상당수의 개별 노동조합들은 전국조직에 가입조차 하지 않았기 때문이다. 전체 노동조합원 가운데 CLC 소속 조합원의 비율은 1956년의 76.2%에서 1971년에는 74.8%로 약간 감소했으며, 1981년 68.0%, 1986년 58.0% 등으로 크게 줄어들다가 2009년에는 70%로 늘어났다.(Tuohy, 1992: 50; Labour Canada, 2010)

노동조합 전국조직에 가입하지 않은 개별 노동조합들의 비율도 전통적으로 매우 높은 편이다. 1956년에 CLC를 비롯한 노동조합본부에 가입하는 않은 노동조합의 가입자는 21만 9천 명으로서 전체 조합원의 16.2%에 달했다. 이 비율은 1981년 23.8%(83만 명)까지 늘어난 다음 1986년 22.5%(84만 명), 1990년 21.6%(87만 명) 등으로 줄어들다가 2009년에는 17.1%(79만 명)로 더욱 감소하였다.

〈표 7-7〉은 2009년 현재 캐나다의 노동조합과 노동조합원의 분포도를 보여준다. 이에 따르면, 국내조합이 전체 조합원의 67%를 차지하고 있고, 이 가운데 44.7%는 CLC에, 그리고 9.2%는 CLC 이외의 노동조합 본부들에 소속되어 있다. 이와 함께 어떤 노동조합 본부에도 가입하지 않은 독립 노동조합의 조합원들이 13.2%를 차지하고 있다. 국제조합에서는 AFL-CIO 소속으로서 CLC에 가입한 조합원이 14.5%, CtW 소속으로서 CLC에 가입한 조합원이 10.8%로서 CLC 소속이 대다수를 차지하고 있다. 반면에 AFL-CIO와 CtW에만 가입한 조합원은 각각 0.8% 및 1.5%에 그치고 있다.

이상에서 보듯이 CLC 소속 조합원은 국내조합과 국제조합을 모두 합쳐서 전체 조합원의 70%를 차지하며, 이런 점에서 현재 캐나다 노동조합운동은 CLC라는 거대 조직의 통제를 받고 있는 것으로 간주

〈표 7-7〉 캐나다 노동조합 및 노동조합원의 분포(2009년)

| 구 분 | 노동조합(개소) | | 노동조합원 | |
|---|---|---|---|---|
| | 노동조합 | 지 부 | 조합원(명) | 비율(%) |
| 국내노동조합 | 173 | 10,810 | 3,086,197 | 67.0 |
| CLC | 40 | 7,120 | 2,057,691 | 44.7 |
| CSN | 11 | 1,846 | 298,018 | 6.5 |
| CSQ | 13 | 309 | 108,991 | 2.4 |
| CCU | 5 | 25 | 7,390 | 0.2 |
| CSD | 1 | 63 | 5,758 | 0.1 |
| 독립 노동조합 | 103 | 1,447 | 608,946 | 13.2 |
| 국제노동조합 | 37 | 3,837 | 1,272,825 | 27.6 |
| AFL-CIO/CLC | 26 | 3,560 | 669,581 | 14.5 |
| AFL-CIO | 4 | 72 | 36,040 | 0.8 |
| CtW-CLC | 4 | 169 | 496,624 | 10.8 |
| CtW | 1 | 29 | 68,650 | 1.5 |
| 독립 노동조합 | 2 | 7 | 1,930 | 0.0 |
| 독립 지역노동단체 | 264 | 9 | 177,787 | 3.9 |
| 노동조합본부 산하 조합 | 290 | 0 | 67,697 | 1.5 |
| 합 계 | 764 | 14,647 | 4,605,193 | 100.0 |

주) CSN: Confederation des syndicats nationaux; CSQ: Centrale des syndicats du Quebec; CCU: Confederation of Canadian Unions; CSD: Centrale des syndicats democratiques; CtW: Change to Win, AFL-CIO에 대항하여 2005년에 만들어진 미국의 노동조합본부.

자료: Labour Canada, 2010: 7.

할 수도 있다. 그렇지만, 국제조합들은 캐나다 내에서의 활동을 위해 CLC에 가입하고 있을 뿐 실제로는 AFL-CIO나 CtW와 같은 미국 노동조합본부들의 직접적인 영향력하에 있다. 따라서 캐나다 노동조합은 조합원을 기준으로 할 때 CLC 44.7%, CLC 이외의 캐나다 노동조합본부들 9.2%, AFL-CIO 15.3%, CtW 12.3%의 분포를 보이고 있다. CLC 소속 조합원이 다수이기는 하지만 전체의 50%에는 미치지 않는 것이다. 이와 함께, 어떤 노동조합본부에도 가입하지 않은 독립 노동조합들이 국내조합 13.2%, 독립 지역노동단체 3.9%로 모두 17.1%나 차지하여 캐나다 노동조합운동의 분열을 더욱 가속화시키고 있다. 한 연구자의 지적대로 노동조합이 조직적으로 분권화되어 있다는 점에서 캐나다는 미국과 함께 OECD 가운데 노동운동의 조직적 일체성이 가장 낮은 국가에 속한다.(Cameron 1984: 164-5)

### 3) 기업별 단체협상과 비즈니스 조합주의

미국이나 일본과 마찬가지로 캐나다의 단체협상은 매우 분권화되어 있다. 단체협상은 주로 단일 기업의 고용주와 노동조합 간에 이루어지며(단일조합-단일플랜트 협상), 일부 대기업의 경우 몇 개의 지부들이 공통의 문제해결을 위해 회사 전체 차원의 협상위원회를 구성하기는 하지만 이 경우에도 노동조합 전국조직이 개입할 여지는 거의 없다.(Lawrence and Ishikawa, 2005: 26; OECD, 1994: 174-5; Tuohy, 1992a: 50)

이러한 기업별 단체협상이 지배적인 것은 무엇보다도 노동조합의 진정한 권력이 노동조합본부가 아니라 개별 조합에 있기 때문이다. 개별 조합들은 신규 조합원을 받아들이고, 노동조합비를 징수하며, 지부장과 주요 간부를 선출하고, 파업위원회를 구성하는 등 노동조합의 주요 기능들을 자체적으로 수행한다. TLC나 CLC와 같은 캐나다의 노동조합본부는 개별 조합들이 납부하는 조합비로 운영되기 때문에 개별 조합들을 통제하는 것이 아니라 오히려 개별 조합들에게 의존하고 있다. 이와 같이 개별 조합이 극도의 자율성을 지니고 있다는 점에서 캐나다의 노동조합을 대중적 조합주의(grass-roots unionism)라고 부르기도 한다.(Kehoe and Archer, 1983: 4.13-14)

현재 캐나다 노동조합을 대표하는 전국조직인 CLC는 조직노동의 일반적 이해를 전국 차원에서 대표한다는 목적을 명시하고 있으며, 이를 위해 연방정부에 건의안을 제출하는 등의 활동을 벌이고 있기는 하다.[16] 그렇지만, CLC는 노동조합본부라는 위상에 맞지 않게 실제로는 매우 자율적인 개별 조합들의 연합체에 불과하며, 단위 사업장에서의 단체협상 과정에 참여하거나 개별 조합들에 대해 영향력을 행사할 수 없다.[17] 개별 조합들은 CLC를 비롯한 상부조직으로부터의 간섭 없이 단체협상에 나서며 파업 여부도 자체적으로 결정한다.(Kehoe and Archer, 1983: 4.12; Kruger, 1971: 103-4)

CLC의 재정은 개별 노동조합들이 조합원들로부터 거둔 조합비에 의존하며 소수의 직접 가입 노동조합들(directly chartered unions)을 제외하고는 노동조합원들에게서 직접적으로 조합비를 받을 수 없다. 이런 상황에서는 대규모 개별 조합들이 탈퇴할 경우 재정적인 난관에 봉착하기 때문에 노동조합본부인 CLC는 산하 조합들을 통제하거나 제재하기는커녕 조직의 보존을 위해 그들을 만족시키는 데 주력해야 하는 형편이다. 가입 조합들로부터 협조를 얻고 그들의 활동을 조정하는 것 이외에 CLC의 실제적인 핵심 기능은 가입 조합들 간의 조합원 빼기를 막고 이를 어기는 조합들에 대해 제명 등의 조치를 취하는 데 있는 것이다.(Kwavnick, 1972: 40-48)

캐나다의 단체협상은 개별 작업장 차원에서 진행된다. 이에 따라서

---

16) 연방정부에 대해 노동조합의 요구를 건의한다는 CLC의 고유사항도 실제로는 대규모 조합들이나 노동조합 지역연합에서 수행하는 경우가 많다. 이에 대해 CLC는 불만을 터트리고만 있을 뿐 실제적인 제재를 가하지는 않는다. 예를 들어서, 1959년에 퀘벡의 지역연합과 브리티시콜롬비아의 노동연합체(Federation of Labour)가 노동입법과 관련하여 연방정부에 건의안을 제출했지만 그 단체들에 대한 CLC의 제재는 없었다.(Kwavnick, 1972: 38-39)

17) 이것은 1950년대까지 캐나다 노동조합을 대표했던 TLC에서도 마찬가지였다. TLC는 1923년 밴쿠버 연례회의에서 직능별 노동조합들의 밀접한 조정을 위한 기구로서의 현재의 조직 형태를 유지한다고 밝힌 바 있으며, 기업 내 단체협상을 주도하거나 지원하기 위한 어떤 강제적 조치들도 실행할 수 없는 조직이었다.(Logan, 1948: 348, 357-8)

단체협상의 핵심 의제는 임금인상, 기업복지, 고용안정 등과 같이 개별 노동조합이 대표하는 조합원 및 종업원의 복리증진에 관한 것이다. 달리 말하면, 단체협상이 전사회적 차원에서 이루어졌던 서구국가들과는 달리 캐나다의 노동조합은 노동계급 전체를 대변하는 사회적·정치적 이슈와 같이 대 종업원-고용주 차원을 넘는 것들에 대해서는 거의 관심이 없는 것이다. 이와 같이 개별 작업장 내지는 기업의 종업원들의 경제적 이익에만 초점을 둔다는 점에서 캐나다의 노동조합은 비즈니스 노동조합주의(business unionism)를 따르고 있다.(Kehoe and Archer, 1983: 4.13-14; Tuohy, 1992: 166; Williams, 1971: 168-9)

비즈니스 노동조합주의는 말 그대로 노동조합을 노동을 파는 사업주체로 간주하는 것이며, 노동조합의 기능을 자신이 대변하는 종업원들에게 최대의 경제적 이익을 제공하는 데 맞춘다. 비즈니스 조합주의는 이미 1880년대 이래로, 그리고 특히 1930년대 와그너법(Wagner Act)의 제정 이래로 미국 노동조합운동을 지배했으며, 당연하게도 캐나다 노동조합운동의 근간을 이뤄왔다. 비즈니스 조합주의의 관점에서는 단체협상이 자본가와 노동자 간의 계급대립이나 갈등의 과정이 아니라 고용주와 노동조합의 견해 차이의 조정 과정이며, 단체협상은 때때로 의견의 충돌을 겪으면서도 기본적으로는 상호 신뢰를 바탕으로 진행된다. 노동조합은 경영자와 종업원이 회사이윤의 극대화라는 공통의 목표를 지니는 것으로 간주하고 경영 측에 대한 적극적인 협조를 통해 종업원의 이익 극대화를 추구한다. 비즈니스 조합주의는 종업원 가운데서도 특히 노동시장에서의 지위가 높은 숙련 노동자의 이익을 중시하며, 이런 점에서 직능별 노동조합주의와 밀접한 관련이 있다.(Hattam, 1993; Kochan et al. 1994)

이와 같이 노사협조와 평화로운 노사관계를 강조하는 비즈니스 조

〈표 7-8〉 단체협상 관계에 대한 경영진의 견해(1988년) (단위: %)

| | 매우 동의 | 동 의 | 반 대 | 매우 반대 |
|---|---|---|---|---|
| 1) 노동조합이 종업원의 이익을 잘 대변한다 | 18.6 | 72.1 | 7.0 | 2.3 |
| 2) 노동조합의 협상은 능숙하고 잘 준비되었다 | 20.9 | 48.8 | 25.6 | 4.7 |
| 3) 경영진과 노동조합은 가능하면 협력하려고 노력한다 | 30.2 | 60.5 | 9.3 | 0.0 |
| 4) 경영진과 노동조합은 공동 프로그램을 보유한다 | 22.0 | 61.0 | 12.2 | 4.9 |
| 5) 경영진과 노동조합은 서로를 불신한다 | 0.0 | 26.8 | 65.9 | 7.3 |
| 6) 경영진과 노동조합간에 적대관계가 존재한다 | 0.0 | 7.3 | 56.1 | 36.6 |

주) 캐나다 민간부문 대기업 43개 회사 대상 조사.
자료: Kumar and Coates. 1990: 35.

합주의가 캐나다 노동조합운동에 지배적이라는 사실은 〈표 7-8〉에서 확인할 수 있다. 여기에서 보듯이 캐나다 대기업의 경영자들은 노동조합이 종업원의 이익을 잘 대변하고 협상에 매우 능숙하다는 평가를 내리고 있을 뿐 아니라(각각 90.7% 및 69.7%) 경영층과 노동조합의 상호 신뢰와 협조에 대해서도 높은 평가를 내리고 있다. 경영진과 노동조합이 가능하면 협력하려고 노력한다는 데 대해서는 90.7%(매우 동의 30.2%, 동의 60.5%)가 동의하였으며, 경영진과 노동조합이 공동의 프로그램을 보유한다는 데 대해서도 83%가 동의하였다. 또한, 경영진과 노동조합이 서로 불신하는가에 대해서는 26.8%만이 동의하였으며, 경영진과 노동조합 간에 적대관계가 존재하는가에 대해서는 7.3%만이 동의하였다.

## 4. 노동조합운동과 기업복지의 발달

위에서 서술한 대로 캐나다의 노동조합은 전통적으로 취약하였다. 우선, 노동조합 조직률이 낮았다. 특히, 서구 복지국가 확대의 분기점이 되었던 이차대전 직후부터 1950년대 초반까지 캐나다의 노동조합 조직률은 30% 미만으로서 서구국가들에 비해 크게 낮았다. 게다가, 노동조합원 이외에는 단지 소수의 노동자만이 단체협상의 적용대상이 되었다. 이와 같이 노동조합이 동원할 수 있고 대표할 수 있는 임금노동자의 숫자가 적었기 때문에 노동조합의 정치적·사회적 영향력은 매우 제한적이었으며, 이에 따라서 캐나다에서는 노동계급 전체를 대상으로 하는 사회정책이 만들어지기 어려웠다.

이와 함께, 캐나다의 노동운동은 다양한 요인들에 의해 분열되어 있었다. 직능별 노동조합주의가 노동조합운동의 처음부터 적어도 1950년대까지 캐나다 노동조합운동을 지배하였다. 직능에 따라 노동자를 차별하고 배제함으로써 직능별 노동조합주의는 노동운동의 결집력과 일체성을 저해하였다. 또한, 오랫동안 몇 개의 노동조합본부들이 서로 경쟁하였고, 국제노동조합과 국내노동조합 간의 분열이 지속되었으며, 노동조합본부에 가입하지 않은 독립적인 노동조합 및 노동단체가 상당수 존재하였다. 이에 따라서 노동조합본부가 자본과 국가에 대해 효과적인 압력을 가할 수 있는 파워를 가질 수 없게 되었다.

가장 중요한 것으로서, 캐나다의 노동운동은 기본적으로 기업별 노동조합주의를 따르고 있다. 개별 노동조합들이 노동조합의 운영과 정책목표의 설정 등에서 완전한 자율성을 누리게 됨으로써 캐나다의 노동조합 운동은 정치적·사회적 영향력을 거의 갖지 못하게 되었다.

게다가 기업별 노동조합주의 하에서는 단체협상이 개별 노동조합과 개별 고용주 사이에 진행됨으로써 협상의 주요 이슈가 개별 작업장에 속한 종업원의 임금인상, 고용안정, 복지증진에 한정되었다. 이와 같이 노동조합의 압력이 노동계급 전체의 이익 증진이 아니라 개별 기업 종업원들의 이익증진 쪽으로 나타남으로써 캐나다에는 국가복지가 아니라 기업복지가 발달하게 되었다.[18]

기업별 노동조합주의 이외에도 캐나다에서 기업복지가 발달한 이유를 설명하는 요인들은 몇 가지 더 있다. 특히 세계대공황을 전후하여 산업별 노동조합주의가 점차 확대되면서 노사관계가 매우 불안해졌고, 이에 대한 대응으로 고용주들이 기업복지 프로그램을 확대하기도 했다. 그 좋은 예가 1930년대 후반에 도입된 Dofasco(Dominion Foundries and Steel in Hamilton) 회사의 기업복지 프로그램 사례이다.[19]

---

18) 노동조합운동의 분열 이외에도 캐나다에서 전사회적인 단체협상체제가 존재하지 않는 이유가 몇 가지 더 있다. 우선, 캐나다에서는 헌법상 노사관계, 고용기준, 직업 건강 및 안전과 같은 노동정책에 대한 책임이 연방정부가 아니라 주정부에 있다. 따라서 전국 차원의 CLC보다는 주 단위의 노동연합체가 노동정책에 대해 더 큰 영향력을 행사한다.(Brodie and Jenson, 1980: 191-2) 이와 함께, 노동조합의 협상 상대인 자본도 노동과 마찬가지로 산업분야별이나 이데올로기적으로 분열되어 있다. 특히 캐나다 자본과 미국 자본의 대립 양상이 나타나기도 한다. 이에 따라서 캐나다에는 자본을 독점적으로 대변하는 단체가 거의 존재하지 않는다. 현재 전국 차원에서 가장 강력한 기업단체인 BCNI(Business Council on National Issues)는 150여 개의 대기업을 회원으로 하고는 있지만 공동의 목표를 설정하고 그것을 실현하기 위해 회원들을 동원하지 않으며 대부분의 정책이슈에 회원기업들의 자원에 의존하고 있다. 캐나다 상공회의소(Canadian Chamber of Commerce)도 협의기구에 불과하며 제조업의 3,800여 회사로 구성된 캐나다 제조업협회(Canadian Manufacturers Association)도 상공회의소와 마찬가지로 모든 기업들의 이해를 대변하는 정책적 합의를 만들어 내지는 않는다.(Tuohy, 1992: 43-47)

19) 토론토 근교의 공업지대인 해밀턴에 있던 이 회사는 1930년대 당시 캐나다에서 두 번째로 큰 철강회사였으며, 1935년부터 사회주의 계열의 철강산업노동조합(Steel and Metal Workers' Industrial Union)의 산업별 노동조합 설립 목표지

이와 같이 기업복지가 자신의 종업원을 전투적인 산업별 노동조합으로부터 격리시키고 회사에 대한 충성심을 유도하기 위해 도입되고 확대된 적도 있지만, 현재의 발달된 기업복지는 비즈니스 조합주의와 기업별 노동조합주의의 산물로 보는 것이 옳다. 그 근거는 다음과 같다. 우선, 앞의 〈표 7-2〉에서 보듯이 현금급여 대비 기업복지비(비법정복지비)의 비율은 1953년의 6.0%에서 1984년 11.5%로 약 92%가 늘어났다. 산업화 초기단계인 1870년대부터 도입된 기업복지 프로그램이 경제대공황과 이차대전을 겪으면서 다양한 이유에 의해 점진적으로 확대되었고, 1950년대 이후 노사관계가 기업별 노동조합주의를 중심으로 어느 정도 안정화된 이후에는 급속도로 확대된 것이다.

다음에, CLC를 비롯한 노동조합 전국조직들은 재정적으로나 조직적으로 개별 노동조합에게 거의 완전히 의존하고 있으며, 개별 노동조합의 결정을 존중할 수밖에 없다. 달리 말하면, 노동조합 본부는

---

가 되었다. 이에 대해 회사는 1936년에 노동조합 지도자 3명을 해고하고 노동조합 가입자에 대해서는 해고 위협과 함께 노동조합 탈퇴를 종용하였다. 이와 함께 회사 측은 1938년 5월부터 기업복지 패키지인 Dofasco Way를 시행하였으며, 그 핵심은 Employee Savings and Profit Sharing Fund였다. 이 프로그램은 3년 이상 근속자를 대상으로 하여 종업원 임금의 3−5%(연간 최대 150달러)와 회사 측의 지원금 10%를 종업원의 계좌에 적립해 주는 이윤공유 프로그램이었다. 이외에도 연례 가족초청 피크닉, 크리스마스 파티, 스포츠 및 여가활동을 위한 Dofasco Recreation Club 조직 등 다양한 형태의 기업복지 프로그램들이 도입되었다.(McCallum, 1990: 57; Storey, 1983) 이러한 기업복지 프로그램은 종업원들로 하여금 직업적·사회적 안정을 노동조합이 아니라 회사의 틀 속에서 성취 가능한 것으로 인식하도록 만들었으며, 종업원과 회사의 일체성을 강화하는 효과가 있었다. 실제로, 1946년 해밀턴 지역의 철강 공장들에서 82일간의 파업이 발생하는 등 2차 대전 직후에 산업별 노동조합과 해밀턴 지역 기업들 간에 갈등이 심화되었을 때에도 Dofasco에서는 파업이 발생하지 않았다. 이것은 노동조합이 성공할 시에 Employee Savings and Profit Sharing Fund를 해체하겠다는 회사의 위협과 함께 회사에 대한 종업원들의 충성도가 지속되었기 때문이다.(McCallum, 1990; Storey, 1983: 37)

개별 기업들이 고용주와의 협상을 통해 얻은 기업복지 프로그램의 유지에 깊은 관심을 갖는다. 예를 들어서, 1981년 오타와에서 거행된 CLC의 연금 컨퍼런스에서 노동조합은 CPP의 급여수준 인상 문제에 대해 불투명한 입장을 견지하였다. 그것은 CLC의 핵심세력인 대기업 종업원들의 경우 이미 관대한 성격의 기업연금을 보유하고 있었기 때문에 기업연금의 축소를 가져올 수도 있는 사회보험연금의 확대 요구를 CLC가 회피했기 때문이다.(Guest, 1997: 201-2) 기업별 노동조합주의가 지배적인 한 노동조합본부는 사회보장제도가 아니라 기업복지의 유지와 확대에 더 많은 관심을 가질 수밖에 없는 것이다.[20]

마지막으로, 기업복지 프로그램이 비조합원에 비해 조합원에게 훨씬 더 많이 제공되었다는 사실을 들 수 있다. 〈표 7-9〉에서 보듯이, 1999년 전체 종업원 1,317만 명 가운데서 기업복지 프로그램의 적용을 받는 노동자의 비율은 건강보험 57.4%, 치과보험 53.1%, 생명/장애보험 52.5%, 그리고 연금플랜 43.3%였다. 전반적으로 볼 때 전체 종업원 가운데 반 정도가 기업복지 프로그램의 적용대상이 된 것이다. 이 가운데 공공부문 종사자들의 적용률은 건강보험 76.2%, 치과보험 69.9%, 생명/장애보험 73.6%, 연금플랜 77.4%로서 민간부문 종사자에 비해 분야별로 16−34%가량 높았다.

기업복지 프로그램의 적용률을 조합원과 비조합원으로 나누어 보면 조합원의 적용률은 건강보험 83.7%, 치과보험 76.3%, 생명/장애보험 78.2%, 연금플랜 79.9%이고, 비조합원의 적용률은 건강보험

20) 한 연구자에 따르면 미국에서도 기업복지가 2차 대전 이후 크게 확대되었다고 한다. 그 주된 이유는 1949년−1950년 트루만 대통령의 전국건강보험안의 의회 통과 실패에서 보듯이 노동조합이 사회정책 분야에서 별다른 영향력을 행사할 수 없게 되었기 때문에 기업 내의 단체협상에서 기업연금과 직장건강보험을 확대하는 데 주력했기 때문이라고 한다.(Holmans, 1965: 128-30)

〈표 7-9〉 기업복지플랜 적용 비율(1999년) (단위: %)

| 종업원(만 명) | | 건강보험 | 치과보험 | 생명/장애보험 | 연금플랜 |
|---|---|---|---|---|---|
| 전 체 | 공공 268.2 | 76.2 | 69.9 | 73.6 | 77.4 |
| | 민간 1,048.8 | 52.6 | 48.9 | 47.1 | 34.5 |
| | 합계 1,317.0 | 57.4 | 53.1 | 52.5 | 43.3 |
| 조합원 | 공공 191.6 | 85.7 | 78.0 | 82.9 | 89.4 |
| | 민간 220.7 | 82.0 | 74.8 | 74.2 | 71.7 |
| | 합계 412.3 | 83.7 | 76.3 | 78.2 | 79.9 |
| 비조합원 | 공공 76.6 | 52.3 | 49.5 | 50.4 | 47.4 |
| | 민간 828.2 | 44.8 | 41.9 | 39.9 | 24.7 |
| | 합계 904.8 | 45.4 | 42.6 | 40.8 | 26.6 |

자료: (Survey of Labour and Income Dynamics, 1999) 및 (Akyeampong, 2002: 5-8)에서 재구성.

45.4%, 치과보험 42.6%, 생명/장애보험 40.8%, 연금플랜 26.6%이다. 비조합원에 비해 조합원의 적용률이 34%(치과보험)－53%(연금플랜)나 높았던 것이다. 공공부문과 민간부문에서의 적용률의 차이도 노동조합원의 경우에는 크게 줄어들었다. 건강보험과 치과보험에서의 공공부문과 민간부문의 적용률 차이는 4% 미만이었고, 생명/장애보험에서는 약 9%였으며, 연금플랜에서는 18%의 차이를 보였다. 이와 같이 노동조합원이 기업복지에 밀접한 이해관계를 지니고 있기 때문에 개별 노동조합과 노동조합본부는 기업복지의 확대에 깊은 관심을 가질 수밖에 없는 것이다.

## 5. 맺음말

캐나다의 노동조합은 전통적으로 취약하였다. 우선, 노동조합 조직률이 낮았다. 특히, 서구 복지국가 확대의 분기점이 되었던 이차대전 직후부터 1950년대 초반까지 캐나다의 노동조합 조직률은 30% 미만으로 서구국가들에 비해 크게 낮았다. 게다가, 노동조합원 이외에는 소수의 종업원만이 단체협상의 적용대상이 되었다. 이와 같이 노동조합이 동원할 수 있고 대표할 수 있는 임금노동자의 숫자가 적었기 때문에 노동조합의 정치적·사회적 영향력은 매우 제한적이었으며, 노동계급 전체를 대상으로 하는 사회정책을 추진하기 어려웠다.

이와 함께, 캐나다의 노동운동은 다양한 요인들에 의해 분열되어 있었다. 직능별 노동조합주의가 노동조합운동의 처음부터 적어도 1950년대까지 캐나다 노동조합운동을 지배하였다. 직능에 따라 노동자를 차별하고 배제함으로써 직능별 노동조합주의는 노동운동의 결집력과 일체성을 저해하였다. 또한, 오랫동안 몇 개의 노동조합본부들이 서로 경쟁하였고, 국제노동조합과 국내노동조합 간의 분열이 지속되었으며, 노동조합본부에 가입하지 않은 독립적인 노동조합 및 노동단체가 상당수 존재하였다. 이에 따라서 노동조합본부가 자본과 국가에 대해 효과적인 압력을 가할 수 있는 파워를 가질 수 없게 되었다.

가장 중요한 것으로서, 캐나다의 노동운동은 기업별 노동조합주의를 따르고 있다. 개별 노동조합들이 노동조합의 운영과 정책목표의 설정 등에서 완전한 자율성을 누리게 됨으로써 캐나다의 노동조합 운동은 정치적·사회적 영향력을 거의 갖지 못하게 되었다. 게다가 단체협상이 개별 노동조합과 개별 고용주 사이에 진행됨으로써 협상의 주요 이슈가 개별 작업장에 속한 종업원의 임금인상, 고용안정, 복지증진에 한정되었다.

조직률이 낮고 다양한 요인에 의해 분열되어 있기 때문에 캐나다 노동조합은 정치적으로나 사회적으로 커다란 영향력을 행사할 수 없었다. 또한, 단체협상이 개별 기업 수준에서 이루어지고 있기 때문에 캐나다의 노동조합은 노동계급 전체를 대상으로 하는 사회보장 프로그램이 아니라 개별 기업의 종업원들을 대상으로 하는 기업복지의 확대를 추구하였다. 고용주의 입장에서도 개별 노동조합과의 협상을 통해 기업복지 혜택을 제공하는 것이 네오 코포라티즘 체제에 참여하는 것보다는 비용의 측면에서나 종업원 통제의 측면에서 훨씬 유리하였다. 이와 같이 캐나다에서의 기업복지의 확대와 국가복지의 저성장은 노동과 자본의 공통적인 이해를 반영하는 것이었다.

이상과 같은 캐나다 사례는 미국 및 일본 사례와 매우 유사하다. 미국은 캐나다 노동조합운동의 원형으로서 직능별 노동조합주의, 노동조합운동의 분열, 기업별 단체협상의 특징을 지니며, 일본도 기업별 노동조합주의가 노동조합운동을 지배하고 있다. 또한 〈표 7-2〉에서 보듯이, 미국은 기업복지비가 비교 대상 국가 가운데 단연 최고이며, 일본은 법정복지비 대비 비법정복지비의 비율이 87%로서 캐나다와 미국에 이어 세 번째이다. 나아가서, 이 세 국가들은 사회보장 지출수준도 매우 낮은 편이다. 2005년의 GDP 대비 사회보장지출의 비율은 캐나다 16.5%, 미국 15.9%, 일본 18.6%였다. 이 수치는 스웨덴(29.4%), 프랑스(29.2%), 독일(26.7%), 네덜란드(20.9%), 이태리(25.0%)에 비해서 훨씬 낮으며, 한국 및 멕시코 등의 후발 산업국가들까지 포함하는 OECD 30개국의 평균치 20.5%에 비해서도 낮았다.

캐나다, 미국, 일본과 같이 기업별 노동조합주의 또는 기업별 단체협상이 지배적인 곳에서는 기업복지가 발달하는 대신에 국가복지가 상대적으로 지체된다. 이에 반해서, 산업별 노동조합주의가 지배적인 곳에서는 네오 코포라티즘에 기초하여 국가복지가 발달하는 대신에 기업복지는 상대적으로 지체된다. 이런 점에서 노동조합의 파워, 특히 노동조합의 조직 형태에 따라 복지체제의 특징이 달라진다는 주장은 매우 설득력이 있다. 최근 들어 신자유주의 세계화의 진전과 함께 개별 협상이 확대됨에 따라 서구에서도 기업복지가 확대되고 있기는 하지만, 노동조합의 파워 및 조직 형태와 기업복지 간의 상관관계는 여전히 유효하다.

# 제8장

# 캐나다 복지국가의 유형

1. 캐나다 복지유형에 대한 기존 연구 검토
2. 사회보장 구성비율의 관점에서 본 캐나다 복지국가
3. 캐나다의 복지유형상의 특징
4. 맺음말

# 제8장 캐나다 복지국가의 유형

기존의 복지국가론에서 캐나다는 잔여적 유형 혹은 자유주의 복지국가로 분류되어 왔다. 복지유형론을 집대성한 에스핑-안데르센의 이론적 관점에 따르면, 캐나다는 복지국가의 건설을 자유주의 정치세력이 주도하였고, 노동운동의 허약성으로 인해서 복지국가의 확대를 지지하는 사회세력이 매우 미약하며, 시민생활에 대한 국가의 개입 정도가 매우 낮다는 특징을 지니기 때문이다. 에스핑-안데르센을 비롯한 대부분의 연구자들은 캐나다를 미국과 같은 자유주의 복지유형의 대표적인 사례로 간주한다.

캐나다를 자유주의 유형으로 분류하는 것 자체는 문제가 없다. 그렇지만, 전형적인 자유주의 복지국가인 미국과는 달리 캐나다는 가족수당과 의료서비스 등의 보편주의 사회프로그램이 발달했다는 특징을 지닌다. 보편주의 사회프로그램이 주로 제도적 유형 혹은 사회민주주의 복지국가에서 발달한다는 점에서, 그러한 특징은 캐나다 복지국가의 유형 분류에 적지 않은 혼선을 줄 수 있다. 실제로, 일부 캐나다 학자들은 캐나다를 자유주의 복지국가에서 제외시키기도 한다. 이러한 문제가 있음에도 불구하고 기존의 복지유형론들은 보편주의 프로그램이 발달한 자유주의 복지국가라는 일견 모순적으로 보이는 현상에 대해 진지한 연구관심을 보이지 않는다.

이 장에서는 보편주의 사회프로그램의 발달이라는 특징에도 불구하고 캐나다가 왜 자유주의 복지국가로 분류되어야 하는가에 대해 서술한다. 이 글의 핵심적인 주장은 복지유형의 분류에 있어서 특정 사회보장 프로그램의 발달이라는 요소가 중요한 것이기는 하지만 다른 요소들보다 더 중요한 것은 아니며, 복지유형은 다양한 요소들을 복합적으로 고려하여 분류해야 한다는 것이다. 비록 보편주의 사회프로그램이 발달했더라도 시민생활에 대한 국가의 역할이 최소화되어 있다면 그 국가는 잔여적 유형 혹은 자유주의 복지국가로 분류되어야 한다.

이하에서는 우선 복지유형론의 의의와 특징을 소개하겠다. 특히 에스핑-안데르센의 논의를 중심으로 자유주의 복지국가와 사회민주주의 복지국가의 분류 기준과 특징을 제시할 것이다. 이어서, 에스핑-안데르센이 캐나다를 자유주의 복지국가로 분류한 근거들을 소개하고 그에 대해 평가할 것이다. 제3절에서는 사회보장제도 구성비율의 관점에서 캐나다와 미국 및 스웨덴을 비교한다. 마지막으로, 제4절에서는 캐나다를 자유주의 복지유형으로 분류해야 할 근거들을 제시한다.

## 1. 캐나다 복지유형에 대한 기존 연구 검토

### 1) 에스핑-안데르센의 복지유형론

복지국가 연구에서는 한 국가의 복지수준을 판단하는 가장 중요한 지표로 사회보장지출비율이 주로 사용된다. 한 해 동안 모든 형태의 사회보장 프로그램(연금 등의 각종 사회보험, 의료부조 등의 공공부조, 아동수당 등의 보편급여)에 사용된 금액을 그 해의 GDP로 나눈 값인 사회보장지출비율은 한 국가가 경제수준에 비추어 어느 정도의 복지노력을 기울였는가를 보여주는 가장 압축적이고 비교가능한 지표이기 때문이다. 각 국가들은 사회보장지출비율의 크기에 따라 서열화할 수 있으며, 그러한 서열화는 복지국가의 발달 정도에 대한 우리의 생각과 대체로 일치한다.

그렇지만, 사회보장지출비율이라는 양적 지표는 몇 가지 점에서 한계가 있다. 우선, 사회보장지출 그 자체만으로는 복지국가 프로그램을 통해 어떤 계층이 어느 정도의 자원을 할당 받아 사회적 위험에 잘 대처할 수 있게 되었는지를 파악하기 어렵다. 국가에 따라서 어떤 사회보장 프로그램은 대다수의 저소득층을 거의 배제할 수도 있고, 어떤 프로그램은 매우 소득비례적이어서 사회적 형평성의 확보와는 거리가 멀기 때문이다. 또한, 사회보장지출비율은 시민생활에 대한 국가 개입의 정도를 개략적으로 보여주기는 하지만, 국가가 보장하는 사회적 위험의 범위를 알려주지는 않는다. 예를 들어서, 국가에 따라서는 사회보장의 초점을 노령이라는 사회적 위험에 집중하여 연금프로그램을 과도하게 발달시키는 대신에 근로연령층이나 아동에 대해서는 별다른 지원을 제공하지 않을 수도 있는 것이다. 마지막으로, 사회보장지출만 가지고서는 사회보장급여의 수급자격과 수급조건을 알 수 없다. 국가에 따라서는 일정 정도의 기여를 한 시민에 대해서만 사회보장급여를 집중적으로 제공할 수도 있으며, 본인 부담을 높게 설정함으로써 사회서비스에 대한 일부 시민들의 자유로운 접근을 차단할 수도 있는 것이다.

사회보장지출비율이 갖는 이상과 같은 문제점 때문에 복지국가 연구자들은 복지유형(welfare type)을 개발해 왔다. 그 가운데 에스핑-안데르센은 기존의 복지유형화 논의들을 집대성함과 동시에 자신의 독특한 복지유형론을 제시하였다. 그는 기존 연구자들과는 달리 복지국가의 유형화에 있어서 복지국가의 건설을 담당한 정치세력의 이념적 성격을 중시하였고, 탈상품화(de-commodification)를 핵심개념으로 설정하였다.[1] 그가 분류한 세 가지 복지유형의 특징을 정리하면 다음과 같다.(Esping-Andersen, 1990: 21-29)

첫째, 자유주의 복지국가는 자유주의 정치세력에 의해 주도되었으며, 시민생활에서 차지하는 국가의 역할이 최소화되어 있다. 국가는 시장의 효율성 제고를 최우선적인 과제로 하며 국가에 의한 사회복지는 시장기제의 보조기구에 불과하다. 따라서 민영보험이나 기업복지와 같은 민영 복지기제가 발달하고, 사회보장제도 가운데서는 저소득층을 대상으로 하는 공공부조와 함께 적당한 수준의 보편급여와 사회보험이 지배적이다. 그 결과 자유주의 복지국가는 탈상품화 효과가 극소화되어 있으며, 자유주의적 성향이 강한 미국, 캐나다, 오스트레일리아에서 발견된다. 이 유형은 공공부조가 발달되어 있다는 점에서 '사회부조 지배적 복지국가'(social-assistance dominated welfare states) 모형이라고도 불린다.

둘째, 보수주의/조합주의 복지국가는 신분적 차이의 유지를 중시하는 보수주의 정치세력에 의해 주도된 복지국가 유형이다. 여기서

---

1) 탈상품화란 노동이 상품화되어 있는 자본주의 시장경제체제에서 개인이 시장(특히 노동시장)에 의존하지 않고 생활할 수 있는 정도를 말한다. 에스핑-안데르센에 따르면, 복지국가는 국가에 의한 소득재분배를 통해 일정 정도의 탈상품화 효과를 가진다고 한다.(Esping-Andersen 1990: 21-3)

는 시장효율성과 같은 자유주의적 가치나 기업복지 및 민영보험이 미약하며, 복지제공자로서 국가기구의 역할이 매우 크다. 사회적 권리가 발달해 있기는 하지만, 그것은 계급과 신분, 또는 기여(근로와 고용)와 연계되어 있다. 이 유형은 사회보험이 발달해 있다는 점에서 '강제적 국가사회보험'(compulsory state social insurance with fairly strong entitlements) 모형이라고도 불린다. 사회보장제도의 재분배 효과가 미약하며, 수급자격과 급여규칙에 따라 상이하기는 하지만 탈상품화 효과는 제한적이다. 이와 함께, 가톨릭 교회의 영향을 받아 이 유형의 복지프로그램들은 전통적인 가족주의의 보존을 장려한다. 보수주의/조합주의 복지국가는 프랑스, 독일, 이태리 등 대륙유럽 국가들에서 발견된다.

셋째, 사회민주주의 정치세력이 중심이 되어 건설한 사회민주주의 복지국가는 보편주의의 원칙과 탈상품화라는 사회적 권리가 중간계층에게까지 적용된다. 이 유형에서는 자본주의가 용인할 수 있는 최대한의 평등이 추구되고, 사회의 모든 계층이 하나의 보편적이고 포괄적인 복지체계에 통합되며, 노동계급과 중간계급 간의 분열이 최소화된다. 이에 따라 시장의 복지기능은 최소화되고 탈상품화 효과는 최대화된다. 이 유형은 소득이나 기여에 관계없이 모든 시민에게 기본적이고 동일한 사회보장급여를 제공한다는 점에서 베버리지 유형의 시민급여(Beveridge-type citizens' benefit) 모형으로도 불리지만, 급여수준이 높지 않기 때문에 탈상품화 효과가 다소 제한되기도 한다. 스웨덴을 비롯한 스칸디나비아에서 발견되는 이 유형의 가장 현저한 특징은 복지와 노동의 결합으로서 완전고용을 지향한다는 것이다. 위의 다른 두 유형에서는 이와 같은 완전고용정책이 복지국가의 핵심부분으로 채택되어 있지 않다.

이상에서 서술했듯이, 에스핑-안데르센은 세 가지 복지유형을 다음과 같은 몇 가지 기준에 따라 분류하고 특징짓는다. 첫째, 탈상품화 효과는 사회민주주의 복지국가에서 최대화되고 보수주의/조합주의 복지국가, 자유주의 복지국가의 순으로 작아진다. 둘째, 복지부문에서 차지하는 공공과 민간의 비중이 다르다. 사회민주주의와 보수주의 복지국가에서는 민영복지가 최소화되어 있는 반면에, 자유주의에서는 기업복지와 민영보험과 같은 민영복지가 활성화되어 있다. 셋째, 각 유형별로 지배적인 사회보장 프로그램이 상이하다. 사회민주주의 복지국가에서는 보편주의 사회프로그램이 발달하고, 보수주의에서는 사회보험이 발달하며, 자유주의에서는 공공부조가 지배적이다.

### 2) 에스핑-안데르센의 캐나다 복지유형 분류

복지유형 연구에서 캐나다가 비교론적 관점에서나마 관심을 받게 된 것은 에스핑-안데르센에 이르러서이다. 그는 "자유주의 복지국가 유형의 전형적인 사례는 미국, 캐나다, 오스트레일리아"라고 하면서 캐나다를 자유주의 복지국가로 직접 언급하였다.(Esping-Andersen, 1990: 27) 이러한 결론을 뒷받침하는 근거로 에스핑-안데르센이 제시한 것은 〈표 8-1〉의 지표들이다.

우선, 가장 핵심적인 지표인 탈상품화 점수에서 캐나다는 22.0으로서 OECD 18개국의 평균치에 비해 5.0이 낮고, 비교 대상 국가들 가운데 미국에 이어 두 번째로 낮다. 캐나다를 포함한 자유주의 복지국가들의 탈상품화 점수는 10점대에서 20점대 초반에 걸쳐있고, 보수주의 복지국가로 분류된 대륙유럽 국가들의 점수는 20점대 중후반이며, 사회민주주의 복지국가로 분류된 북구국가들은 30점대 후반의

〈표 8-1〉 에스핑-안데르센의 복지유형 분류 기준들*

| 복지유형 | | 탈상품화** | 민영연금/연금총액 | 민간지출/의료비 | 공공부조/사회지출 | 보편주의 |
|---|---|---|---|---|---|---|
| 자유주의 | 캐나다 | 22.0 | 38 | 26 | 15.6 | 93 |
| | 미 국 | 14.2 | 21 | 57 | 18.2 | 54 |
| | 영 국 | 23.4 | 12 | 10 | NA | 76 |
| | 호 주 | 13.0 | 30 | 36 | 3.3 | 33 |
| 보수주의 | 독 일 | 27.7 | 11 | 20 | 4.9 | 72 |
| | 프랑스 | 27.5 | 8 | 28 | 11.2 | 70 |
| | 이태리 | 24.1 | 2 | 12 | 9.3 | 59 |
| | 네덜란드 | 32.4 | 13 | 22 | 6.9 | 87 |
| 사민주의 | 스웨덴 | 39.1 | 6 | 7 | 1.1 | 90 |
| | 노르웨이 | 38.3 | 8 | 1 | 2.1 | 95 |
| | 덴마크 | 38.1 | 17 | 15 | 1.0 | 87 |
| | 핀란드 | 29.2 | 3 | 21 | 1.9 | 88 |
| OECD 18개국 | | 27.0 | 13 | 22 | 5.9 | 72 |

* 에스핑-안데르센이 작성한 원래의 표는 1980년 당시의 OECD 18개국 전체를 대상으로 하였다. 그들 가운데 이 표에는 복지국가 비교연구에서 주요 대상이 되면서 동시에 에스핑-안데르센이 각 유형의 전형적인 사례로 언급한 국가들만이 포함되었다. 이 표의 국가들은 자유주의, 보수주의 사회민주주의의 대표적인 4개 국가들이다. 또한 에스핑-안데르센의 표에는 유형분류의 기준으로 조합주의와 국가주의도 포함되어 있으나 이 표에서는 논의의 단순화를 위해 그것들을 제외하였다.

** 탈상품화 점수는 노령연금과 질병수당 및 실업수당에서의 탈상품화 점수의 산술적 합계이다. 각 사회보장 프로그램의 탈상품화 점수는 몇 개의 변수들에 기초하여 결정된다. 예를 들어서, 노령연금의 탈상품화 점수는 피고용인의 통상 소득에 대한 최저연금액의 비율, 한 개인에 대한 표준연금의 소득대체율, 연금수혜를 위해서 요구되는 보험료 납부기간, 연금 재정에서 차지하는 개인 보험료의 비율, 연금수령 최저 연령 이상의 사람들 가운데 실질적으로 연금을 수령하는 사람들의 비율에 기초하여 계산된다.(Esping-Andersen, 1990: 49-50)

주) 보편주의: 연금, 질병수당, 실업급여에서 공공부조 형태의 프로그램을 뺀 프로그램들에 대한 지출을 연금, 질병수당, 실업급여에 대한 지출총액으로 나눈 값.

자료: (Esping-Andersen, 1990: 50-52 및 70-71)에서 재구성.

분포를 보이고 있다. 탈상품화의 관점에서 캐나다는 명확하게 자유주의 복지국가에 속한다.

둘째, 캐나다는 연금총액 가운데서 민영연금의 비중이 38%로서 비교 대상 국가들 가운데 가장 높으며, 같은 유형에 속하는 미국도 다른 유형의 국가들에 비해 월등하게 높은 수치를 보이고 있다. 국민의료비에서 차지하는 민간지출의 비율의 경우 캐나다는 26%로서 비교

대상 국가들에 비해 크게 높다고는 할 수 없지만 OECD의 평균치를 상회한다. 영국을 제외한 자유주의 국가들은 연금 및 의료 지출에서 차지하는 민간부문의 비중이 다른 유형의 국가들에 비해 높으며, 특히 연금지출에서는 자유주의 유형과 다른 두 유형들 간의 차이가 명확하다. 의료지출의 경우 캐나다와 보수주의 복지국가들 간에 커다란 차이가 없기는 하지만, 전반적으로 볼 때 사회지출에서 차지하는 민간부문의 비중의 측면에서 캐나다는 자유주의 복지유형에 속한다.

셋째, 사회지출에서 차지하는 공공부조의 비율을 보면 캐나다는 15.6%로서 다른 유형에 속하는 어떤 국가들에 비해서 높으며, OECD의 평균치에 비해서 10% 포인트 가량 더 높다.

또한, 같은 자유주의 복지국가인 미국은 캐나다보다 공공부조의 비율이 더 높다. 에스핑-안데르센의 설명대로 시장의 역할이 극대화되어 있는 자유주의 복지국가에서는 공공부조가 상대적으로 발달하는 반면에, 보수주의와 사회민주주의 유형에서는 공공부조의 비중이 낮게 나타난다.

마지막으로, 사회프로그램에서의 보편주의의 발달 정도에서 캐나다의 보편주의 점수는 93으로서 OECD의 평균치를 훨씬 능가하여 대표적인 사회민주주의 국가인 스웨덴에 비해서도 높다.[2] 에스핑-안데르센의 복지유형론에 따르면 보편주의 사회프로그램의 발달은 사회민주주의 복지유형의 특징임에도 불구하고, 자유주의 유형에 속하

2) 에스핑-안데르센은 탈상품화 점수의 계산에서와 마찬가지로 보편주의의 계산에서도 연금, 질병수당, 실업급여라는 세 가지 프로그램만을 대상으로 하였다. 여기서 보편주의는 그 세 가지 프로그램 가운데 사회보험과 보편급여 형태의 프로그램에 대한 지출을 세 가지 프로그램에 대한 지출총액으로 나눈 값이다. 즉, 이 표에 제시된 보편주의 점수는 전체 사회프로그램의 지출 가운데서 선별주의적인 공공부조를 제외한 모든 프로그램의 지출이 차지하는 비율인 것이다.

는 캐나다의 보편주의 점수가 노르웨이를 제외한 다른 두 사회민주주의 복지국가들에 비해서 더 높은 것이다. 에스핑-안데르센은 보편주의가 자유주의 복지국가인 캐나다에서 강력하게 나타난다는 점에 의아함을 나타내기는 하지만 캐나다를 전형적인 자유주의 복지국가로 단정한다.(Esping-Andersen 1990: 76) 에스핑-안데르센은 공공부조의 발달을 중시한 반면에 보편주의의 발달이라는 요소는 예외로 간주하는 듯하다.

### 3) 비판과 평가

캐나다 복지국가에 대한 에스핑-안데르센의 분류에 대해 일부 캐나다 학자들은 비판을 제기한다. 그들의 공통적인 주장은 에스핑-안데르센이 연금 등의 세 가지 현금급여 프로그램에만 초점을 둠으로써 현물급여 중심의 캐나다 복지국가의 특징을 정확하게 포착하지 못했다는 것이다. 그들에 따르면, 보편주의 프로그램인 의료서비스까지 포함하면 캐나다의 복지유형은 달라질 수 있다고 한다.

우선, 스마돈은 캐나다를 자유주의 복지국가 내지는 잔여적 유형으로 분류하는 것은 캐나다 사회보장 프로그램의 재분배적인 특징과 연대적 성격을 무시하는 것이라고 비판한다. 캐나다 사회프로그램에는 시장에 기초한 자유주의 복지모형과는 맞지 않는 가족수당이나 메디케어와 같은 보편주의 프로그램들이 다수 존재한다는 것이다.(Smardon, 1991: 345) 스트러더스도 에스핑-안데르센의 유형분류에 있어서 중요한 역할을 차지하는 보편주의에서 캐나다의 점수가 높다는 점을 지적한다. 그는 일반적인 기준에 따르면 전형적인 자유주의 유형인 캐나다는 보편주의의 관점에서는 북구의 사회민주주의 복지국가들과 유사하

다고 주장한다.(Struthers, 1996: 69)

올센의 비판은 이보다 조금 더 복잡하다. 그는 캐나다는 미국과 함께 사회보장지출의 측면에서 복지 후진국에 속하지만, 캐나다에는 보편주의 프로그램들이 점진적으로 확대되어 왔다는 점에서 두 국가에 차이가 있다고 지적한다. 이 가운데서 가족수당은 가구순소득에서 차지하는 비중이 4%로서 스웨덴의 13%에 비해 훨씬 낮으며 아동세금크레딧에 비해 덜 발달되어 있다는 점에서 가족수당이 캐나다를 자유주의 복지국가로부터 분리해 내는 요소가 될 수는 없다고 한다. 반면에, 의료서비스는 운영상으로는 부분적으로 자유주의적 요소를 지니고 있기는 하지만 재정과 수급자격에서 보편주의적이며, 이런 점에서 캐나다는 사회민주주의와 자유주의 유형 가운데 정확하게 어디에 속한다고 말하기 어렵다고 한다.(Olsen, 1998: 185-7, 195-6)

이상과 같은 비판들에 대해 에스핑-안데르센은 직접적으로 대응하지 않았다. 그 대신 그는 캐나다와 비슷한 양태를 보이고 있는 영국에 대해 언급하면서 공공부조와 보편주의 프로그램이 동시에 발달한 사례를 어떤 유형으로 분류해야 하는가에 대한 자신의 의견을 표명한다. 그에 따르면, 영국은 다른 자유주의 국가들에 비해 공공부조와 사회보험의 비중이 낮은 반면에 보편주의 프로그램인 공공서비스의 비중이 높다. 이것은 자유주의의 전통에서 출발한 영국 복지국가가 사회민주주의 정당의 간헐적인 집권에 의해 사회민주주의적 요소를 포함하게 되었기 때문이라고 한다. 이러한 특징에도 불구하고, 에스핑-안데르센은 영국이 복지체제가 변화하는 사례, 혹은 사회민주주의화가 지연된 사례이며, 공공부조가 여전히 상대적으로 발달되어 있다는 점에서 자유주의 유형에 속한다고 주장한다.(Esping-Andersen 1999: 87)

에스핑-안데르센의 비판자들은 캐나다가 자유주의 유형의 전형이 아니라 자유주의와 사회민주주의의 혼합형임을 시사한다. 이에 대해서 에스핑-안데르센은 그의 복지유형론에는 혼합형과 같은 애매한 유형은 존재하지 않으며, 보편주의의 발달이 아니라 공공부조의 발달에 방점을 찍음으로써 캐나다를 전형적인 자유주의 유형으로 분류한다. 그에게 있어서 캐나다에서의 보편주의 프로그램의 발달은 영국과 마찬가지로 예외에 불과한 것이다.

홍미로운 것은 캐나다의 복지유형 분류에 있어서 에스핑-안데르센이나 그의 비판자들 모두가 공공부조나 보편급여의 발달과 같은 사회보장 구성비율의 특징을 강조한다는 것이다. 원래 에스핑-안데르센은 탈상품화를 비롯한 몇 가지 다른 기준들도 함께 적용하여 캐나다 복지유형을 분류하였지만 시간이 지나면서 사회보장 구성비율에만 초점을 맞추었던 것이다. 이러한 경향은 자신의 복지유형론에 대한 동아시아 복지유형론자들의 비판에 대응하는 과정에서도 분명하게 드러났다. 그는 일본을 비롯한 동아시아 국가들은 가족의존주의의 잔존으로 인해서 사회보장지출수준이 낮기는 하지만 사회보장제도가 사회보험을 중심으로 구성되어 있다는 점에서 보수주의 유형에 속한다고 결론지었다.(Esping-Andersen, 1999: 91-2) 시민생활에서 차지하는 국가복지의 역할이 최소화되어 있음에도 불구하고 사회보장 구성비율의 측면에서 동아시아 국가들과 대륙유럽 국가들은 유사하다는 것이다.

이와 같이 공공부조의 발달을 기초로 하여 캐나다를 자유주의 복지국가로 분류하는 에스핑-안데르센의 논리와 방법에서 문제가 되는 것은 다음과 같은 것들이다. 우선, 방법론적으로 에스핑-안데르센이 제시한 〈표 8-1〉만으로는 보편주의 프로그램이 캐나다에서 어느 정도로 발달되었는지를 알 수 없다. 그것은 그의 비판자들이 지적하는 대로 에스핑-안데르센이 캐나다에 발달되어 있는 보편주의 성격의 공공서비스를 제외했을 뿐 아니라, 더욱 중요한 것은 그가 보편주의 점수를 계산하는 데 있어서 보편주의 사회프로그램뿐 아니라 사회보험도 포함시켰기 때문이다. 일반적으로 사회보험은 공공부조와 달리 소득심사와 같은 선별주의를 요건으로 하지 않기 때문에 보편주의적인 사회보장제도로 간주된다. 그렇지만, 에스핑-안데르센의 복지유형론에서 사회보험은 보수주의/조합주의 유형에서 발달하는 것으로서 사회민주주의 유형에서 발달하는 보편주의 프로그램과는 다른 범주에 속해야 한다. 사회보험이 보편주의에 포함되어 있기 때문에 에스핑-안데르센이 제시한 보편주의 점수는 원래적 의미의 보편주의 사회프로그램의 발달 정도를 보여줄 수 없다.

다음에, 에스핑-안데르센의 주장대로 특정 복지유형에서 특정 사회보장 프로그램이 상대적으로 발달하는 경향이 있는 것은 사실이다. 일반적으로 자유주의 유형에서는 공공부조가 발달하고, 보수주의/조합주의 유형에서는 사회보험이 지배적이며, 사회민주주의 유형에서는 보편주의 프로그램이 활성화되어 있는 것이다. 그렇지만, 복지유형은 다양한 사회보장 프로그램들의 유기적인 결합체라는 점에서 동일한 유형의 국가들이라고 하여도 공공부조와 사회보험 및 보편주의 프로그램의 상대적 비중의 정도에 차이가 있고, 상이한 복지유형에 속한 국가들이라도 대표적인 사회보장 프로그램을 제외한 다른 프로그램들의 비중에서는 유사성을 보일 수도 있다. 캐나다를 비롯한 모든 국가들의 복지유형 분류는 그러한 사회보장제도의 전체적인 모습을 기초로 해야 한다.

마지막으로, 캐나다에는 공공부조와 보편주의 프로그램이 모두 발달해 있는데, 이 가운데 에스핑-안데르센은 보편주의 프로그램의 발달을 예외적인 것으로 간주하였다. 그렇지만, 그 자체만으로 보면 공공부조가 아니라 보편주의 프로그램이 예외로 간주되어야 할 필연성은 어디에도 없다. 공공부조의 발달이 캐나다 복지국가의 핵심적인 특징으로 간주되려면 복지유형 분류를 위한 다른 몇 가지 핵심기준에서 캐나다가 명확하게 자유주의 복지국가로 분류된다는 전제가 있어야만 하는 것이다. 이런 점에서 어떤 사회보장 프로그램이 지배적인가 하는 것은 복지유형 분류를 위한 다양한 기준들 가운데 하나일 뿐이며, 캐나다의 복지유형 분류 역시 그러한 다양한 기준을 기초로 해야 한다.

## 2. 사회보장 구성비율의 관점에서 본 캐나다 복지국가

사회보장 구성비율은 사회보장지출총액에서 공공부조, 사회보험, 보편주의 사회프로그램(이하에서는 보편급여로 지칭)의 세 가지 프로그램에 대한 지출이 차지하는 비율을 말한다.[3] 이 비율의 장점은 한 국가의 사회보장제도에서 어떤 형태의 사회보장 프로그램이 상대적으로 발달했는가를 알려줄 뿐 아니라 사회보장제도의 전반적인 모습을 보여주고 복지국가 간의 비교를 가능하게 한다는 데 있다. 이하에서는

3) 공공부조는 소득심사 등의 자격심사를 기준으로 비교적 소수에게 급여가 제공되고, 사회보험은 급여의 제공이 사회보장기여금(사회보험료)에 기초하며, 보편급여는 복지욕구를 지닌 모든 시민에게 차별 없이 제공된다는 특징을 지닌다. 보편급여는 현금급여인 데모그란트(아동수당이나 기초연금과 같이 인구학적 요인에 따른 복지욕구를 충족)와 현물급여인 사회복지 서비스(의료서비스, 노인복지서비스, 아동복지서비스 등)로 구성된다. 모든 사회보장 프로그램은 이 세 가지 형태 중 어느 하나에 속한다.

우선 캐나다 사회보장제도의 구성비율을 제시한 다음 그것을 전형적인 자유주의 복지국가인 미국 및 전형적인 사회민주주의 복지국가인 스웨덴과 비교할 것이다.

〈표 8-2〉에는 1992−1993 회계연도의 캐나다의 연방정부와 주정부/시정부가 사용한 사회보장지출 내역이 제시되어 있다. 여기서 1993년의 자료를 선택한 것은 차후에 비교하게 될 미국 및 스웨덴의 자료가 1993년의 것이기 때문이다. 공공부조에는 CAP(Canada Assistance Plan)와 지방정부들의 독자적인 부조 프로그램들을 포함하는 사회부조(267억 달러)와 연방정부의 연금부조 프로그램인 GIS와 SA, 그리고 아동급여(Canada Child Tax Benefit: CCTB)가 포함된다. 이 프로그램들에 사용된 비용은 모두 354억 달러로서 사회보장지출총액의 24.3%에 해당한다. 이 수치는 〈표 8-1〉에서 에스핑−안데르센이 제시한 수치 15.6%보다 8.7% 포인트 더 많은 것이다.

사회보험은 417억 달러로서 사회보장지출의 28.6%에 그치고 있다. 이 가운데 실업보험과 산재보험 등 노동보험에 대한 지출이 245

〈표 8-2〉 캐나다의 사회보장 구성비율(1992−1993 회계연도)

(단위: 억 캐나다달러, %)

| 총액 | 공공부조 | | | | 사회보험 | | | | 보편급여 | | | ALMP |
|---|---|---|---|---|---|---|---|---|---|---|---|---|
| | 합계 | 사회부조 | GIS/SA | 아동급여 | 합계 | CPP | 고용보험 | 산재보험 | 합계 | 의료 | OAS | |
| 1,456 (100.0) | 354 (24.3) | 267 | 47 | 40 | 417 (28.6) | 172 | 192 | 53 | 662 (45.6) | 518 | 144 | 13 (0.9) |

주1) 괄호 안은 사회보장지출총액에 대한 비율.
주2) GIS: Guaranteed Income Supplement, 연금부조; SA: Spouse's Allowance, 배우자연금부조.
주3) CPP: Canada Pension Plan; QPP: Quebec Pension Plan.
주4) OAS: Old Age Security, 기초노령연금.
주5) ALMP: Active Labor Market Policy, 연방정부의 훈련 및 고용프로그램.
자료: (HRSDC, 2005a: Table 1, Table 2; HRSDC, 2005b: Table 1, Table 2)에서 재구성.

억 달러이고, 나머지 172억 달러는 소득비례연금인 CPP/QPP(Canada Pension Plan/Quebec Pension Plan)에 지출되었다. 캐나다에서 사회보험의 비중이 이렇게 낮은 것은 소득비례연금이 1966년에 도입되어 성숙도가 낮을 뿐 아니라 급여수준도 낮게 책정되어 있기 때문이다.

마지막으로, 복지욕구를 지닌 모든 시민에게 동등한 접근과 정액지급을 보장하는 보편급여는 662억 달러로서 사회보장지출의 45.6%를 차지한다. 이 가운데 의료서비스(메디케어)가 518억 달러로서 다수를 차지하고, 보편연금인 OAS(Old Age Security)가 144억 달러를 차지한다.4) 이와 같이 캐나다 사회보장제도는 보편급여가 지배적이며, 그

---

4) 여기서 아동급여(CCTB)를 공공부조에 포함시킨 반면에 OAS를 보편급여에 포함시킨 것은 문제가 될 수도 있다. 왜냐하면 양자 모두 1989년의 급여환수 조치에 의해 보편주의적 성격이 훼손되었기 때문이다. 그렇지만 급여수급을 위해 설정한 두 프로그램의 소득기준선이 다르고 실제로 수급제외 대상이 크게 차이가 나기 때문에 OAS는 CCTB와는 다른 범주에 포함시키는 것이 옳다. 예를 들어 CCTB는 2007년 7월 현재 가구순소득이 37,178달러 이하일 경우 전액 지급되며, 그 이상의 소득가구에 대해서는 일정 정도의 비율로 감소되어 101,328달러가 되면 소멸된다. 중하층 소득자들의 CCTB 급여가 부분적으로 삭감되며 일부 중산층의 급여는 전액 삭감되는 것이다. 반면에, OAS의 경우에는 총소득이 일정 수준(2009년 66,335달러) 이상인 사람에 대해 소득에 따라 일정 비율로 삭감된다. 이와 같이 OAS의 소득기준선이 CCTB보다 훨씬 높을 뿐 아니라 노인층의 소득이 근로계층의 소득에 비해 훨씬 낮다는 점을 감안한다면 OAS는 CCTB에 비해 훨씬 보편적이라고 할 수 있다. 실제로, OAS 수급자 가운데 급여삭감을 받은 사람은 전체수급자의 5% 정도에 불과했으며, 소득수준이 매우 높은(2009년의 경우 107,692달러 이상) 상위 2%만이 급여를 전혀 받지 못했다.(Battle and Tamagno, 2007: 4) 이와 같이 소득기준이 설정되어 있기는 하지만 매우 부유한 소수를 제외한 95%의 노인에게 동일한 급여를 제공한다는 점에서 OAS는 공공부조라기보다는 보편급여라고 해야 할 것이다. 다른 한편, 보훈급여지출은 이 표에 포함시키지 않았다. 연구자에 따라서 보훈을 공공부조에 포함시키기도 하지만, 보훈은 국가유공자에 대한 보상이기 때문에 이 표에 제시된 사회보장 프로그램의 어떤 범주에도 적절하지 않다. 참고로 보훈급여는 15억 달러였으며 1982－1983년 10억 달러, 1992－1993년 13억 달러 등으로 증가율이 매우 완만했다.

핵심에는 메디케어가 있다.

〈표 8-2〉의 자료는 한 해 동안의 지출만을 보여주기 때문에 캐나다 사회보장지출의 전체적인 흐름을 대변하지 못할 수 있다. 또한, 캐나다에서는 1989년 가족수당과 OAS에 대해 급여환수 조치가 시행됨으로써 사회보장 프로그램의 보편주의적 성격이 약화되었고, 1966년에야 CPP/QPP가 도입되었던 데서 알 수 있듯이 사회보험의 발달이 지체되기도 했다. 이런 점을 고려할 때 1970년대 초반에서 2000년대 초반까지의 30년 동안 캐나다 사회보장제도의 구성비율이 어떻게 변화했는가를 살펴볼 필요가 있다.

〈표 8-3〉에는 1972－1973년에서 2002－2003년까지 캐나다의 사회보장제도 구성비율이 어떻게 변화되었는가가 다섯 시기로 나누어 제시되어 있다. 이 중 제일 첫 시기는 캐나다 복지국가의 황금기의 끝 무렵이고, CPP/QPP가 지급된 지 얼마 되지 않았다는 특징을 지닌다.[5] 세 번째 시기는 가족수당과 OAS에 대한 급여환수 조치가 시행되기 직전이며, 사회보장제도에서 차지하는 보편주의 프로그램의 비중이 높을 것으로 추정된다. 제일 마지막 시기는 가장 최근의 자료에 기초한 것으로서 1980－1990년대에 행해진 복지삭감 정책이 효력을 제대로 발휘했다는 특징을 지닌다.

**〈표 8-3〉 캐나다 사회보장제도 구성비율의 변화 추이** (단위: 억 달러, %)

| | 1973년 | 1983년 | 1988년 | 1993년 | 2003년 |
|---|---|---|---|---|---|
| 총 액 | 137 | 640 | 941 | 1,456 | 1,979 |
| 공공부조 | 21.1 | 20.1 | 19.3 | 24.3 | 22.1 |
| 사회보험 | 19.4 | 24.7 | 25.3 | 28.6 | 24.9 |
| 보편급여 | 58.7 | 54.7 | 53.6 | 45.6 | 51.4 |

5) 이 시기 CPP/QPP에 대한 지출은 2억 7천만 달러로서 전체 지출의 1.9%에 불과했다.

여기에서 보듯이 1973년에서 2003년까지의 30년 동안 캐나다의 연방정부와 지방정부와 지출한 사회보장비용은 137억 달러에서 1,979억 달러로 14배가량 증가하였다. 사회보장지출은 1973년에서 1987년 사이에 연평균 39.1%의 비율로 급속하게 증가하다가 그 이후의 15년 동안에는 7.4%로 증가율이 크게 둔화되었다. 인구노령화와 물가 상승 등으로 인해 사회보장지출이 자연적으로 증가하기는 했지만 사회보장제도가 어느 정도 성숙하였을 뿐 아니라 세계화와 NAFTA 체결, 보수당의 장기집권 등에 따른 복지축소의 압력이 작용했기 때문이다.

1973년의 사회보장제도 구성비율은 공공부조 21.1%, 사회보험 19.4%, 그리고 보편급여 58.7%였다. 2003년과 비교하면 소득비례연금인 CPP/QPP가 도입된 지 얼마 되지 않았기 때문에 사회보험의 비중이 매우 낮은 반면에, 가족수당이 보편주의 프로그램이었기 때문에 보편급여의 비중이 매우 높다. 1988년에는 공공부조의 비중이 19.3%로 약간 줄어들었고 보편급여도 1973년에 비해 4.1% 포인트 감소하였다. 그 대신에 사회보험의 비중이 6% 포인트 증가하였다. 소득비례연금의 지출이 크게 늘어난 것이 주된 원인이었다. 2003년이 되면 공공부조가 22.1%로 다시 증가하였고 사회보험과 보편급여는 조금씩 감소하는 경향을 보이고 있다. 1984년에서 1993년까지 보수당의 장기집권을 거치면서 캐나다의 사회보장제도는 사회지출이 축소의 압력을 받는 가운데 보편주의는 약화되고 선별주의가 강화된 것이다.

이 기간 동안 공공부조는 1973년의 21.1%에서 1983년 20.1%, 1988년 20.4% 등으로 약간 감소했다가 1993년 24.3%로 증가했고, 2003년에는 22.7%로 다소 하락했다. 사회보험은 1973년 19.4%에서 1983년 24.5%, 1988년 25.0%로 증가한 다음에 2003년까지는 정체하는 경향을 보이고 있다. 보편급여는 1993년을 제외한다면 1973년 58.7%에서 1983년 54.7%, 1988년 52.9%, 2003년 51.0% 등으로 완만하지만 지속적으로 감소하는 경향을 보이고 있다. 이것은 소득비례연금의 급속한 확대에 따라 전체 사회보장지출에서 차지하는 보편급여의 비중이 감소하였던 것과 함께 아동급여의 공공부조로의 변화에 따라 보편급여 지출액이 감소한 데 따른 것이다. 공공부조도 사회보험에 대한 지출 증가에 따라 1988년에는 비중이 감소하기는 했지만 그 이후 소득심사 프로그램의 확대에 따라 원래의 비중을 회복하였다.

결국, 1973년에서 2003년까지의 30년 동안 부분적인 변화를 겪기는 했지만 캐나다의 사회보장제도의 구성상의 특징은 크게 변화하지 않았다. 사회보험의 비중이 늘고 보편급여의 비중이 감소한 것은 사실이다. 그렇지만, 여전히 보편급여가 지배적이고, 사회보험의 비중은 공공부조와 엇비슷한 수준이며, 공공부조가 전체 사회보장지출의 20% 선을 유지하고 있는 것이다.

그렇다면, 이러한 사회보장제도 구성비율상의 특징으로 볼 때 캐나다는 어떤 복지유형에 속해야 하는가? 이 질문에 대한 대답은 다른 선진 산업국가들과의 비교를 통해서만 이루어질 수 있다. 우선, 자유주의 복지유형의 전형적인 사례인 미국의 사회보장제도 구성비율을 살펴보겠다. 〈표 8-4〉에는 1993년 미국의 사회보장 프로그램별 지출 현황이 제시되어 있다.

1993년 미국의 연방정부 및 지방정부의 사회보장지출은 모두 9,819억 달러였다. 이 가운데서 공공부조는 2,636억 달러로 전체의 26.8%를 차지했다. 공공부조 가운데서는 의료부조인 메디케이드가 1,251억

〈표 8-4〉 미국의 사회보장제도 구성비율(1993년)* (단위: 억 달러, %)

| 총액 | 공공부조 | | | | | 사회보험 | | | | | 보편급여 |
|---|---|---|---|---|---|---|---|---|---|---|---|
| | 합계 | AFDC | 메디케이드 | SSI | 푸드스탬프 | 합계 | OASDI | 메디케어 | 실업보험 | 산재보험 | |
| 9,819 (100.0) | 2,636 (26.8) | 319 | 1,251 | 265 | 245 | 6,573 (66.9) | 3,012 | 1,481 | 407 | 434 | 611 (6.2) |

* 이 표의 기초가 된 원자료에는 AFDC 지출액이 제시되어 있지 않다. 여기서는 원자료에 있는 사회부조(Public Assistance) 지출액 1,607억 달러에서 메디케이드(1,251억 달러) 및 사회서비스(37억 달러)의 지출액을 뺀 액수를 AFDC의 지출액으로 추정하였다. 이외에도 원자료에는 공공부조로 분류되어 있지 않으나 공공부조의 성격을 지니는 주택수당(198억 달러)과 기타 사회복지(227억 달러)도 공공부조에 포함시켰다. 원자료에 있는 보훈급여(366억 달러)는 특정 직업집단에 대한 국가의 보상이기 때문에 이 표에서는 사회보장지출총액에서 제외하였다.

주1) AFDC: Aid to Families with Dependent Children, 아동부양가족부조, 1996년에 TANF로 대체.

주2) SSI: Supplemental Security Income, 노인 및 장애인에 대한 연금부조.

주3) OASDI: Old Age, Survivors and Disability Insurance.

자료) (SSA. 1997: 110-1)에서 재구성.

달러로 과반수에 육박하였고, 이 당시의 대표적인 공공부조였던 AFDC가 319억 달러, 그리고 SSI 및 푸드스탬프가 각각 265억 달러 및 245억 달러를 차지하였다. 이 표에는 독자적으로 명시되어 있지 않지만 주택(198억 달러)과 기타 사회복지(227억 달러)에도 많은 비용이 지출되었다.

사회보험에는 사회보장지출총액의 66.9%인 6,573억 달러가 사용되었다. 이 가운데 미국의 대표적인 사회보장 프로그램인 OASDI에 3,012억 달러가 지출되었고, 그 뒤를 이어 메디케어(1,481억 달러), 산재보험(434억 달러), 실업보험(407억 달러)의 순이었다. 이 표에는 명시되어 있지 않지만 사회보험의 지출총액에는 공무원 퇴직연금(1,126억 달러)이 포함되어 있다. OASDI와 공무원 퇴직연금을 합하면 4,138억 달러가 되어 사회보험연금은 사회보장지출의 42%를 차지한다.

마지막으로, 이 표에 제시된 보편급여는 공공보건 부문에 대한 지출액이다. 원자료에 있는 보건 부문 지출액 가운데 공공보건 부문에 대한 지출에서 군인의료비(134억)는 제외되었다. 미국에는 아동수당 등의 보편급여는 존재하지 않으며, 보건 부문에 대한 지출만으로 사회보장지출의 6.2%에 이른다.

캐나다와 미국을 비교해 보면, 공공부조의 비중에서는 캐나다(24.3%)에 비해 미국(26.8%)의 수치가 약간 높다. 사회보험에서는 미국이 66.9%로서 캐나다의 수치(28.6%)에 비해 월등하게 높은 반면에, 보편급여에서는 캐나다가 45.6%로서 미국(6.2%)을 크게 앞서고 있다. 캐나다와 미국은 공공부조의 발달 정도는 비슷하지만 사회보험과 보편급여의 발달 정도는 정반대인 것이다.

마지막으로, 사회민주주의 복지유형의 전형인 스웨덴의 사회보장 구성비율을 분석하겠다. 〈표 8-5〉에서 보듯이 1993년 스웨덴의 중앙정부와 지방정부의 사회보장지출총액은 5,806억 크로나였다. 이 가운데 공공부조는 367억 크로나로 사회보장지출의 6.3%를 차지한다. 이 표에 제시된 공공부조 지출액은 원자료에서 '소득심사 급여'로 명명된 사회프로그램들을 모두 포함한다.

사회보험에는 사회보장지출의 46.1%인 2,676억 크로나가 사용되었다. 이 가운데서 연금이 기여식 기초노령연금 591억 크로나와 소득비례연금(ATP) 1,020억 크로나를 합한 1,611억 크로나로 사회보장지출 가운데 가장 높은 비중을 보이고 있다. 보편급여에 속하는 비기여식 기초연금까지 합산할 경우 연금은 사회보장지출의 35.6%가 된다. 그 외에 사회보험지출에는 질병수당(및 의료서비스) 327억 크로나, 모성수당 200억 크로나, 산재보험 113억 크로나, 실업보험 425억 크로나가 포함된다.

보편급여는 메디케어 872억 크로나, 비기여식 기초노령연금 458

〈표 8-5〉 스웨덴의 사회보장제도 구성비율(1993년)* (단위: 억 크로나, %)

| 총액 | 공공부조 | 사회보험 | | | | | 보편급여 | | | | |
|---|---|---|---|---|---|---|---|---|---|---|---|
| | | 합계 | 연금 | 질병/모성 | 산재 | 실업 | 합계 | 메디케어 | 기초연금 | 가족급여 | 사회서비스 |
| 5,806 (100.0) | 367 (6.3) | 2,676 (46.1) | 1611 | 527 | 113 | 425 | 2,626 (45.2) | 872 | 458 | 740 | 556 |

* ILO와 SCB의 자료는 부분적으로 수치가 다르고 사회보장 프로그램의 분류방식에도 차이가 있다. 이 표에서는 총액과 공공부조 및 연금의 수치는 SCB에 기초했고 나머지는 ILO의 수치이다. ILO에는 사회보험연금지출액이 2,657억 크로나로 되어있는데, 이 표에서는 그 가운데서 노인서비스 및 장애인서비스 556억 크로나와 비기여식 기초연금(458억 크로나, 이 수치는 SCB 자료에 기초)은 보편급여에 포함시켰다. 사회보험의 연금액은 소득비례연금(ATP)의 1,020억 크로나와 기여식 기초연금의 591억 크로나의 합계이다.

주1) 1크로나=0.15달러.

자료: ILO, 1999; SCB, 2010.

억 크로나, 가족급여 740억 크로나(가족수당 275억 크로나, 가족서비스 465억 크로나), 그리고 노인 및 장애인서비스 556억 크로나로 구성된다. 보편급여는 모두 2,626억 크로나로서 전체 사회보장지출의 45.2%를 차지한다

캐나다와 스웨덴을 비교해 보면, 공공부조의 비중에서는 캐나다(24.3%)가 스웨덴(6.3%)에 비해 압도적으로 높고, 보편급여의 비중에서는 캐나다가 45.6%로서 스웨덴(45.2%)과 비슷하다. 반면에, 사회보험은 스웨덴이 46.1%로서 캐나다(28.6%)에 비해 훨씬 높다. 전반적으로 볼 때 캐나다와 스웨덴은 보편급여의 발달 정도는 비슷하지만, 공공부조와 사회보험의 발달 정도는 정반대라고 할 수 있다.

이상에서 서술한 내용들을 요약하면 〈표 8-6〉이 된다. 여기에서 보듯이, 캐나다는 미국처럼 공공부조가 발달되어 있지만, 미국과는 다르게 보편급여가 매우 발달되어 있다. 또한 캐나다는 스웨덴처럼 보편급여가 발달해 있지만, 스웨덴과는 달리 공공부조가 발달해 있

〈표 8-6〉 캐나다, 미국, 스웨덴의 사회보장 구성비율 비교

| 국 가 | 공공부조 | 사회보험 | 보편급여 |
|---|---|---|---|
| 캐나다 | 24.3 | 28.6 | 45.6 |
| 미 국 | 26.8 | 66.9 | 6.2 |
| 스웨덴 | 6.3 | 46.1 | 45.2 |

다. 그리고 캐나다는 미국과 스웨덴에 비해 사회보험의 비중이 매우 낮다. 사회보장제도 구성비율의 측면에서 캐나다와 미국의 거리는 캐나다와 스웨덴의 거리만큼이나 먼 것이다.

이러한 차이가 있음에도 불구하고 에스핑-안데르센은 공공부조의 발달이라는 유사성에 기초하여 캐나다를 미국과 같은 자유주의 복지국가로 분류했다. 자유주의 복지국가 이외의 복지국가에서는 공공부조의 비율이 대체로 10% 미만에 그치고 있다는 이유에서였다. 여기서 문제가 되는 것은 보편급여의 발달이라는 요소를 어떻게 처리할 것인가 하는 것이다. 그의 이론틀에서라면 보편급여가 발달한 국가는 사회민주주의 복지국가에 속해야 한다. 에스핑-안데르센은 캐나다에서의 보편급여의 발달을 '예외적인 현상'으로 평가함으로써 이러한 난관을 넘어서고자 하였다. 그렇지만, 그는 여전히 왜 공공부조의 발달이 아니라 보편급여의 발달이 예외적인 것인지에 대해 대답하지 않는다.

에스핑-안데르센의 복지유형론에서 사회보장 구성비율은 중요한 의미를 지닌다. 그의 유형론에서는 복지유형의 분류 기준으로 복지국가를 건설한 정치세력의 이데올로기와 사회보장제도의 계층화 효과가 중시되는데, 사회보장 구성비율은 그러한 이데올로기의 반영이자 계층화의 결과로 간주되기 때문이다. 실제로 그의 연구에서는 대부분의 국가에서 지배적인 사회프로그램의 형태와 복지유형 간에 밀접한

관계가 있다는 것이 입증되기도 했다. 이런 점에서 에스핑-안데르센이 캐나다와 같이 자신의 이론틀에 맞지 않는 국가를 예외적인 사례로 간주하고 싶어 하는 것은 이해할 만하다.

그렇지만, 그러한 예외가 한 국가만이 아니라면 어떠할까? 예를 들어서, 〈표 8-1〉에서 보듯이 보수주의 유형의 이태리는 보편주의의 측면에서 미국과 비슷한 정도이다. 또한, 공공부조 비율의 측면에서 보수주의 유형의 프랑스와 자유주의 유형의 캐나다의 차이는 보수주의 복지국가인 프랑스와 독일의 차이에 비해 더 작고, 〈표 8-1〉에는 제시되지 않았지만 에스핑-안데르센이 보수주의 유형으로 분류한 스위스는 비교 대상 18개국 가운데 보편주의 점수가 가장 높다.

예외가 이렇게 많다는 것은 사회보장 구성비율이라는 기준이 복지유형의 분류에 있어서 절대적이거나 핵심적인 요소가 될 수 없다는 것을 의미한다. 사회보장 구성비율은 복지국가를 건설한 정치세력의 이데올로기뿐 아니라 각 국가의 다양한 정치사회적 변수들을 반영하여 결정된다. 예를 들어서, 동일한 복지유형의 국가라고 하더라도 사회민주주의 정당과 노동운동의 파워라든가 빈곤율, 혹은 사회연대성의 차이 등에 따라 사회보장 구성비율은 달라질 수 있는 것이다. 캐나다도 복지국가의 건설이 자유주의 정치세력에 의해 주도되었고 사회민주주의 정치세력과 노동운동이 미약했지만 보편주의 프로그램들은 발달했다. 결국, 사회보장 구성비율은 복지유형의 다양한 기준 가운데 하나일 뿐이며, 많은 예외를 허용한다는 점에서 그 적용에 있어서 매우 조심할 필요가 있다.

## 3. 캐나다의 복지유형상의 특징

에스핑-안데르센이 보편주의의 발달에도 불구하고 캐나다를 자유주의 복지국가로 분류한 것은 정당했다. 이념형으로 설정된 복지유형의 특성상 혼합형이 들어설 자리는 없기 때문이다. 그렇지만, 사회보장 구성비율이 복지유형 분류의 절대적인 기준이 될 수 없음에도 불구하고 에스핑-안데르센은 캐나다나 동아시아 국가들의 복지유형 분류를 위해 공공부조나 사회보험의 발달을 지나치게 강조했다. 이하에서는 몇 개의 분류 기준들을 통해서 캐나다의 복지유형을 다시 검토해 보도록 하겠다.

사회보장 구성비율 이외에 에스핑-안데르센이 복지유형의 분류 기준으로 강조한 것은 탈상품화 점수이다. 〈표 8-1〉에서 보았듯이 캐나다는 비교 대상 국가들 가운데 두 번째로 낮은 점수를 기록하였다. 자유주의-보수주의-사회민주주의의 순으로 탈상품화 점수가 높아진다는 점에서 탈상품화는 복지유형 분류의 핵심적인 기준이 된다. 다만, 탈상품화 점수도 결코 절대적인 것은 아니다. 〈표 8-1〉에서 보듯이 자유주의 국가인 캐나다와 영국의 탈상품화 점수는 보수주의에 속하는 이태리에 비해 불과 1-2점 정도만 낮으며, 이 두 자유주의 국가와 미국과의 점수 차이는 이 두 국가와 독일 및 프랑스와의 점수 차이에 비해서 더 크다. 이와 같이 일부 국가들의 경우 집단 내의 차이가 집단 간의 차이보다 더 크다는 점에서 탈상품화 점수는 복지국가 유형화의 절대적인 기준으로서의 일정한 한계가 있다.

다음에, 에스핑-안데르센은 연금 및 의료와 같은 핵심적인 사회생활에서 차지하는 민영부문(민영보험 및 본인 부담)의 비중에 초점을 둔다. 민영부문의 비중은 자유주의 복지국가에서 가장 크고 사회민주주의 복지국가에서 가장 작다는 것이다. 〈표 8-1〉에 따르면, 캐나다는 민영부문의 비중이 연금에서는 OECD 국가들 가운데 가장 높고 의료에서는 평균치를 상회하며, 이런 점에서 자유주의 복지국가의 전형으로 간주된다. 시장에 대한 시민생활의 의존도를 보여준다는 점에서 민영부문의 비중은 복지유형 분류의 핵심적인 기준이 될 수 있다. 다만, 민영부문의 비중은 연금부문에서 보수주의와 사회민주주의 국가들 간에 별다른 차이가 없다는 점에서 복지유형의 분류 기준으로서의 한계가 있다.

이상의 두 가지 지표 이외에 복지유형의 분류 기준으로 사용되지는 않았지만 에스핑-안데르센이 복지유형의 분류 기준으로 언급한 지표가 있다. 그에 따르면, 복지와 노동의 결합을 특징으로 하는 완전고용정책이 자유주의와 보수주의 유형에서는 잘 채택되지 않는 사회민주주의 복지국가의 특징이라고 한다.(Esping-Andersen, 1990: 28) 완전고용정책 혹은 적극적 노동시장정책의 채택 여부는 사회민주주의 복지국가와 자유주의 복지국가를 구분하는 지표가 될 수 있는 것이다.

잘 알려진 대로 스웨덴을 비롯한 북구국가들의 완전고용정책의 핵심에는 정부의 적극적인 노동시장정책이 있었다. 정부가 실업자를 훈련시켜 새로운 직장에 취업시키는 적극적 노동시장정책으로 인해 스웨덴은 오랫동안 2%대의 낮은 실업률을 보였다. 최근 들어 다소 변화를 겪고 있기는 하지만 스웨덴은 1990년대 중반까지 GDP의 2-3%를 적극적 노동시장정책에 사용하였다. 반면에, 캐나다에는 그러한 정책이 제대로 채택되지 않았다. 1980년대 중반에 실업자들을 대상으로 한 일자리 창출정책이 펼쳐지기는 했지만 매우 소규모였던 데다가 제도화되지 않았고 창출된 일자리도 파트타임이나 임시직같은 비정규직이었다.(Guest, 1997: 219; Pal, 1987: 50-3)

2005년을 기준으로 할 때 적극적 노동시장프로그램(ALM)에 대한 캐나다의 지출액은 NNI 대비 0.3%로서 OECD의 평균치인 0.7%의 반에도 미치지 않았다. 캐나다의 지출액은 미국 등의 자유주의 복지국가들과 함께 가장 낮은 수준을 보였던 것이다. 이에 반해서 적극적 노동시장정책에 대한 사회민주주의 복지국가들의 지출은 스웨덴 1.5%, 노르웨이 0.8%, 덴마크 2.0% 등으로 선진 산업국가들 가운데 최고 수준이었다.(OECD, 2009b: 97) 이와 같이 적극적 노동시장정책을 바탕으로 한 완전고용정책을 결여하고 있다는 점에서 캐나다는 명백하게 자유주의 복지국가인 것이다.6)

마지막으로 복지유형의 분류 기준으로 사회보장지출수준이 어느 정도나 타당할 것인가에 대해 논의하겠다. 앞에 서술한 대로 복지유형론이 출현한 것은 사회보장지출수준만으로는 한 국가의 복지제도가 어느 정도나 사회적 형평성의 확립에 기여하는가를 정확하게 가늠할 수 없기 때문이었다. 그렇지만, 그렇다고 하여 사회보장지출수준이 복지유형론과 전혀 관계가 없는 것은 아니다. 예를 들어서, 에스핑-안데르센이 자유주의 유형으로 분류한 국가들은 선진 산업국가들 가운데서 사회보장지출수준이 가장 낮다. 이것은 사회보장지출이 한 국가의 복지노력과 시민생활에 대한 국가개입의 정도를 나타내는 압축적인 지표이며, 잔여적 유형 혹은 자유주의 유형에 속하는 국가

---

6) 이와 비슷한 맥락에서, 한 연구자는 사회민주주의의 특징으로 사회정책과 경제정책의 통합 및 완전고용에 대한 강조를 지적하면서 그러한 특징을 결여하고 있다는 점에서 캐나다는 미국과 같은 자유주의 유형에 속한다고 주장한다.(O'Connor, 1998: 174-5)

들은 당연히 그러한 지표상에서 낮은 위치를 점하고 있기 때문이다. 단, 동일한 복지유형의 국가들이라고 하여도 사회보장지출수준에 차이가 있을 수 있으며, 보수주의 유형과 사회민주주의 유형 간에는 유의미한 차이가 존재하지 않는다. 이런 점에서 사회보장지출수준은 복지유형의 분류 기준으로 일정 정도 한계가 있다. 반면에, 사회보장지출수준은 자유주의 복지국가를 구분해 내는 데 있어서는 매우 적절한 기준이 된다.

캐나다의 사회보장지출수준은 전통적으로 매우 낮다. 캐나다의 사회보장지출은 1980년에서 1990년 사이에 13.7－18.9%로 OECD의 평균치에 못 미쳤고, 비교 대상 16개국 가운데 11－12위를 차지하였다. 캐나다보다 지출이 적었던 국가들은 미국이나 호주와 같은 자유주의 복지국가와 포르투갈이나 스페인과 같은 남유럽 국가들뿐이었다. 게다가 캐나다의 사회보장지출은 2005년까지 16.5%로 감소하였고 미국을 제외한 모든 비교 대상 국가들에 비해 낮은 수치를 보였다.(OECD, 2009a) 사회복지지출수준의 측면에서 캐나다는 자유주의 복지국가의 전형인 것이다.

## 4. 맺음말

에스핑－안데르센은 캐나다를 자유주의 유형으로 분류하는 데 있어서 공공부조의 발달이라는 사회보장 구성비율의 특징을 강조하였다. 그렇지만, 사회보장 구성비율의 측면으로만 보면 캐나다는 사회민주주의 복지국가로 분류되어야만 했다. 캐나다는 전형적인 자유주의 복지국가인 미국에 비해서는 공공부조의 비율이 15% 이상 낮은 반면에 전형적인 사회민주주의 국가인 스웨덴에 비해서는 보편급여의 비율이 10% 이상 높기 때문이다. 캐나다가 자유주의 복지국가인 이유는 단순하게 공공부조가 발달해 있기 때문이 아니라 복지유형 분류의 기준 대다수에서 자유주의 복지국가의 특징을 분명하게 보였기 때문이다.

복지유형의 분류 기준은 매우 다양하다. 에스핑-안데르센이 중시한 것들은 탈상품화, 민영부문의 비율, 사회보장 구성비율이었다. 이 지표들은 매우 유용하지만 어느 정도의 단점을 지니고 있기도 하다. 탈상품화 점수는 세 가지 유형을 분류하는 가이드라인이 되지만 일부 국가의 경우 집단 내의 차이가 집단 간의 차이보다 더 크다는 점에서 복지국가 유형화의 절대적인 기준이 되기는 어렵다. 민영부문의 비율은 자유주의 유형과 여타의 유형을 구분하는 데에는 효과적이지만 보수주의 유형과 사회민주주의 유형을 구분하는 데 어려움이 있다. 그리고 사회보장 구성비율은 많은 예외를 허용한다는 문제를 지니고 있다. 이 세 가지 이외에 이 글에서 제시한 기준들은 완전고용정책과 사회보장지출수준이다. 이 가운데 완전고용정책은 사회민주주의 유형과 여타의 유형들을 구분하는 데에 유용하고, 사회보장지출수준은 자유주의 유형과 여타의 유형들을 구분하는 데 적당하다.

대체적으로 볼 때, 사회민주주의 유형과 보수주의 유형 간의 차이는 지배적인 사회보장 프로그램의 유형과 완전고용정책의 채택여부에 있다. 양자 모두 민영부문의 비율이 낮고 사회보장지출수준이 높다는 공통점을 지니기 때문이다. 탈상품화 점수에서도 두 유형이 차별화되기는 하지만 일부 국가들의 경우 탈상품화 점수에 따른 서열화가 적용되지 않는다. 또한, 사회민주주의 유형과 자유주의 유형은 다섯 가지 지표 모두에서 대립적인 양상을 보여준다. 탈상품화 점수와 사회보장지출에서 사회민주주의 유형은 최고수준인 반면에 자유주의 유형은 최저이며, 민영부문의 비율에서는 사회민주주의 유형이 최저 수준인데 반해서 자유주의 유형은 최고수준이다. 또한 사회민주주의 유형에서는 보편급여가 발달하고 완전고용정책이 채택되는 데 반해서 자유주의 유형에서는 공공부조가 발달하고 완전고용정책이 존재하지 않는다.

특정 국가의 유형분류에서 이상의 모든 지표들이 동일한 결과를 나타낼 경우에는 문제가 없다. 그렇지만 현실적으로는 많은 국가에서 다섯 가지 지표들이 상충되는 결과를 보여줄 가능성이 높으며, 영국이나 핀란드와 같은 일부 국가들은 상이한 두 가지 유형들의 경계선상에 있기도 하다. 이 경우 특정 국가의 복지유형은 다섯 가지 지표들을 종합적으로 고려하여 판단되어야 한다. 외형적으로 가장 쉽게 눈에 띄는 것이 사회보장 구성비율이기 때문에 일부 학자들은 이 지표에 절대적인 신뢰를 보내기도 하지만 그것은 올바른 연구방법이 아니다. 탈상품화, 민영부문의 비율, 사회보장지출수준의 세 가지 지표들을 통해 잔여적 혹은 자유주의 유형과 여타 유형들을 구분하고, 사회보장제도 구성비율과 완전고용정책의 채택여부를 통해 보수주의와 사회민주주의 유형을 구분하는 것이 복지유형 분류를 위한 가장 체계적이고 신뢰할 만한 방법이다.

캐나다는 민영부문의 높은 비율, 낮은 사회지출수준의 두 지표에서 잔여적 혹은 자유주의 유형의 전형이다. 탈상품화 점수에서 캐나다는 미국 및 호주에 비해 훨씬 높고 보수주의 유형의 이태리에 비해 약간 낮은 정도이지만 전형적인 보수주의 복지국가인 독일이나 프랑스에 비해서는 뚜렷하게 낮다. 이상의 세 가지 기본 지표들에서 캐나다는 미국보다는 미약하지만 여전히 자유주의 복지국가로서의 특징을 분명하게 보여준다. 다음에, 완전고용정책의 채택여부에서 캐나다는 사회민주주의 복지국가들과 다른 양태를 나타냈다. 마지막으로, 사회보장제도 구성비율에서 캐나다는 공공부조의 발달과 보편급여의 발달이라는 다소 모순적인 특징을 보인다. 그렇지만, 다른 네 가지 지표에서 캐나다는 명확하게 자유주의 복지국가의 특징을 보여주었으며, 이런 점에서 캐나다에서는 공공부조가 아니라 보편주의의 발달이 예외적인 것으로 간주될 수밖에 없는 것이다.

복지유형론의 의의는 사회보장지출비율과 같은 양적 지표만으로는 포착할 수 없는 복지국가의 특징을 보여줄 수 있다는 데 있다. 이런 점에서 사회보장제도의 보편성과 소득재분배 효과 등을 표현하는 사회보장 구성비율이라는 기준의 중요성을 무시할 수는 없다. 그렇지만, 복지유형들을 구분 짓는 가장 중요한 요소는 개인이 자신과 가족의 생활을 위해 시장기제로부터 어느 정도로 자유로울 수 있는가, 혹은 시민생활에 대한 국가의 개입정도가 어느 정도인가 하는 것이다. 이러한 요소는 탈상품화, 민영부문의 비율, 사회보장지출비율과 같은 지표에 의해 가장 잘 측정되며, 이 지표들에 기초하여 제도적 유형과 잔여적 유형이라는 복지유형의 기본 틀이 결정된다. 다만, 이 지표들만으로는 제도적 유형에 속하는 두 유형—사회민주주의 유형과 보수주의 유형—의 구분이 불분명하기 때문에 사회보장 구성비율이나 완전고용정책의 채택과 같은 부차적인 기준의 적용이 필요한 것이다. 일부 연구자들이 연구의 경제성이나 편리성 때문에 복지유형의 분류기준으로 사회보장 구성비율에 집중하고 있는데 이것은 변수들 사이의 서열관계를 뒤집는 오류이다.

제9장

# 캐나다 복지국가의 비교와 전망

1. 캐나다와 한국의 복지국가 비교

2. 사회민주주의와 캐나다 복지국가

3. 전망

# 제9장 캐나다 복지국가의 비교와 전망

이제까지 서술한 바에 따르면, 다른 선진 산업국가들과 비교할 때 캐나다 복지국가의 특징은 다음과 같이 요약될 수 있다. 첫째, 사회보장지출수준이 매우 낮다는 점에서 시민생활에 대한 국가의 개입정도가 미약하다. 둘째, 기업복지와 민영보험이 발달해 있다는 점에서 시장기제에 대한 개인들의 의존도가 높다. 셋째, 자유당과 같은 시장자유주의 정치세력이 복지국가의 건설과 확대를 주도하였다. 넷째, 보편급여가 상대적으로 발달해 있기는 하지만 그보다는 공공부조의 발달이라는 요소가 더욱 부각된다. 이러한 특징들은 캐나다가 전형적인 자유주의 복지국가라는 것을 보여준다.

이 책의 맺음말 부분에 해당하는 이 장에서는 다음과 같은 세 가지 주제들을 다룬다. 첫째, 사회보장지출이나 복지유형과 같은 복지국가의 다양한 차원에서 캐나다와 한국을 비교하고, 캐나다가 한국의 모델이 될 수 있을지를 검토한다. 둘째, 사회민주주의 정당이 캐나다 복지국가의 발전에 어떤 영향을 미쳤는가에 대해 검토한다. 마지막으로, 2006년 이래로 보수당 정부의 통치를 받고 있는 캐나다 복지국가의 향후 전망을 간략하게 제시한다.

## 1. 캐나다와 한국의 복지국가 비교

전통적으로 캐나다는 미국과 함께 선진 산업국가들 가운데서 복지지출을 가장 적게 하는 국가였다. 1980년대 이래로 대부분의 서구국가들에서 GDP 대비 사회보장지출이 20%를 넘은 데 반해서 캐나다의 사회보장지출은 20%를 넘은 적이 한 번도 없었다. 특히 1990년대 이후 대부분의 서구국가들의 사회보장지출이 정체 내지는 점진적인 증가경향을 보인 데 반해서 캐나다의 사회보장지출은 점진적으로 감소하여 2005년에는 OECD 평균 대비 4% 포인트나 낮은 수준을 보였다.

〈표 9-1〉에는 캐나다와 한국의 사회보장지출 추이가 제시되어 있다. 한국의 사회보장지출은 1990년 2.9%, 1995년 3.3%, 2000년 5.0%, 2005년 6.9% 등으로 점진적으로 상향되고 있다. 1990년에는 캐나다 대비 16%에 불과했던 것이 2005년에는 약 42%로 크게 높아졌고, OECD 평균치에 대비해서도 1990년의 16%에서 2005년에는 34%로 상승하였다. 그럼에도 2005년의 한국의 사회보장지출수준은 OECD 국가들 가운데서 멕시코 및 터키와 더불어 가장 낮다. 이와 같이 캐나다에 비해서 사회보장지출수준이 훨씬 낮다는 점에서

〈표 9-1〉 캐나다와 한국의 공적사회지출 추이(GDP 시장가격 기준)

| 국 가 | 1980 | 1985 | 1990 | 1995 | 2000 | 2005 |
|---|---|---|---|---|---|---|
| 캐나다 | 13.7 | 17.0 | 18.1 | 18.9 | 16.5 | 16.5 |
| 한 국 | - | - | 2.9 | 3.3 | 5.0 | 6.9 |
| OECD 평균 | 16.0 | 17.7 | 18.1 | 19.9 | 19.3 | 20.5 |

주) 사회지출에 포함되는 항목은 노령, 유족, 장애 및 재해, 가족, 적극적 노동시장, 실업, 주거 등의 사회보장 프로그램이다.

자료: OECD, 2009.

〈표 9-2〉 공적사회지출의 분야별 비율(NII 대비, 2005년) (단위: %)

| 국 가 | 지출총액 | 분야별 | | | | 형태별 | | |
|---|---|---|---|---|---|---|---|---|
| | | 연금 | 근로 연령층 현금급여 | 의료 | 사회 서비스 | 현금 | 현물 | ALM |
| 캐나다 | 19.3 | 4.8 | 3.1 | 8.0 | 3.0 | 7.9 | 11.0 | 0.3 |
| 한 국 | 8.0 | 1.8 | 1.6 | 3.7 | 0.8 | 3.4 | 4.4 | 0.1 |
| OECD-30 | 24.4 | 8.5 | 5.3 | 7.3 | 2.6 | 13.8 | 9.9 | 0.7 |

자료: Society at a Glance 2009-OECD Social Indicators: 97.

한국은 자유주의 복지국가 가운데서도 시민생활에 대한 국가의 개입 정도가 특히 작은 초보적인 복지국가로 분류될 수 있다.

〈표 9-2〉에는 캐나다와 한국의 사회보장지출이 어떤 분야에 어느 정도로 분포되어 있는가가 제시되어 있다. NNI(국민순소득) 대비 사회보장지출비율은 캐나다 19.3% 및 한국 8.0%로 두 국가 간의 차이가 크다. 따라서 두 국가는 사회보장 각 분야에 대한 지출에서도 커다란 차이가 난다. 예를 들어서, 캐나다는 연금부문에 NNI 대비 4.8%를 지출하는 빈면에 한국은 1.8%만을 지출한다. 캐나다는 한국에 비해 연금부문에 3배 정도 더 많이 지출을 하고 있는 것이다. 의료부문에서도 캐나다는 8.0%로서 한국보다 두 배 이상 지출하고 있다.

이에 반해서, 캐나다와 한국은 사회보장지출의 분야별 분포에서는 비슷한 양상을 보인다. 캐나다의 연금에 대한 지출은 사회보장지출의 24.9%(4.8/19.3)로서 한국 22.5%(1.8/8.0)보다 약간 앞서며, 근로연령층에 대한 지출은 16.1%로서 한국의 20.0%보다 약간 낮다. 두 국가는 의료서비스에 대한 지출(각각 41.5%와 46.3%) 및 사회서비스에 대한 지출(각각 15.5% 및 10.0%)에서도 커다란 차이가 없다.

사회보장지출의 분야별 분포에서 나타나는 두 국가의 유사성은 OECD의 평균치와 비교해 보면 더욱 두드러진다. OECD 국가들의 연금에 대한 지출은 사회보장지출의 34%(8.5/24.4)로서 두 국가에 비해 10% 포인트 높다. 반면에 OECD 국가들의 의료에 대한 지출은 29.9%(7.3/24.4)로서 두 국가에 비해 10% 이상 뒤진다. 근로연령층에 대한 현금급여와 사회서비스에 대한 지출에서는 캐나다와 한국이 OECD의 평균치에서 크게 벗어나지 않는다.

캐나다와 한국의 사회보장지출수준은 서구국가들에 비해 현저하게 낮다. 반면에, 두 국가는 사회보장지출 대비 의료지출의 비율은 OECD 국가들 가운데 최고치를 보이고 있다. 캐나다와 한국의 의료제도는 적어도 형태상으로는 매우 다르다. 캐나다는 일반조세에 기초한 의료서비스를 기반으로 하는 반면에 한국은 건강보험료를 주요 재원으로 하는 사회보험 형태의 의료제도를 보유하고 있는 것이다. 이렇게 상이한 의료제도를 지닌 두 국가가 의료비지출(사회보장지출 대비)의 측면에서는 비슷한 양상을 보이는 데 대해서는 차후의 연구가 필요하다.

이상과 같이 두 국가에서 사회보장지출에서 차지하는 의료지출의 비중이 높다는 것은 다른 분야의 지출 비중이 낮다는 것을 의미한다. 캐나다와 한국은 모두 연금부문에 대한 지출이 매우 낮다. 캐나다와 한국의 연금에 대한 지출은 NNI 대비 각각 4.8% 및 1.8%로서 OECD의 평균치 8.5%에 비해 크게 낮으며, 사회보장지출에 대한 연금지출의 비율도 각각 24.9% 및 22.5%로서 OECD의 평균치에 비해 10% 포인트 정도 낮다. 캐나다는 보편주의 성격을 지닌 기초노령연금(OAS)을 보유하고 있기는 하지만 대부분의 선진 산업국가들과는 달리 소득비례연금(CPP/QPP)의 급여수준이 매우 낮기 때문에 전체적으로 연금에 대한 지출이 낮다. 한국은 전국민 대상의 소득비례연금 도입시기가 매우 늦었고 2008년부터 비로소 완전노령연금이 제공되기 때문에 연금에 대한 지출이 적을 수밖에 없다.

캐나다와 한국의 분야별 사회보장지출의 비교에서 보이는 특징들 가운데 언급해야 할 사항이 몇 가지 더 있다. 우선, 두 국가의 사회보장지출이 현물급여 중심이라는 것이다. 사회보장지출 대비 현물급여의 비중은 캐나다가 59.1%이고 한국은 57.5%인 반면에 OECD의 평균치는 43.3%에 불과하다. 잘 알려진 대로 사회보험 중심의 독일과 프랑스 등의 대륙유럽 국가들은 연금에 대한 지출비중이 높기 때문에 현금급여의 비중이 높다. 이에 반해서 캐나다는 사회보험의 비중이 낮고 보편급여인 의료서비스의 비중이 높기 때문에 사회보장지출에서 차지하는 현물급여의 비중이 크다. 한국은 아직 연금지출이 초기단계이고 의료부문의 비중이 크기 때문에 현물급여의 비중이 상대적으로 높은 것이다.

다음에, 캐나다와 한국은 적극적 노동시장정책(ALM)에 대한 지출이 적다는 특징을 공유한다. NNI 대비 적극적 노동시장정책에 대한 지출의 비율이 캐나다 0.3%, 한국 0.1%로서 두 국가 모두 OECD 국가들 가운데 최하위에 속한다. 적극적 노동시장정책이라는 용어가 정치적인 이슈가 된 적이 없었던 캐나다에서는 그와 같은 낮은 비율이 당연한 일이겠지만, 1990년대 후반의 금융위기 이래로 적극적 노동시장정책을 강조해 온 한국에서 적극적 노동시장정책에 대한 지출이 OECD 최저수준에 그쳤다는 것은 특기할 만하다.

〈표 9-3〉은 연금, 의료, 사회서비스 등의 영역에서 공공부문과 민간부문의 지출이 어떤 비율로 되어 있는가를 보여준다. 이에 따르면, 캐나다는 전체 사회지출 가운데서 공공부문의 비율이 80.2%이고 민간부문은 19.8%이다. OECD와 비교하면, 캐나다는 사회지출의 합계에서는 비슷한 수준을 보였지만 공공부문의 지출은 22.3%로서 OECD

〈표 9-3〉 공공부문 및 민간부문의 사회지출비율(NNI 대비, 2005년) (단위: %)

| 국 가 | 사회지출합계 | 공공부문 | 민간부문 |
|---|---|---|---|
| 캐나다 | 27.8 | 22.3(80.2) | 5.5(19.8) |
| 한 국 | 12.7 | 9.5(74.8) | 3.2(25.2) |
| OECD(26개국) | 28.4 | 25.5(89.8) | 2.9(10.2) |

주) 괄호 안의 숫자는 사회지출총액 대비 비율.
자료: Society at a Glance 2009: OECD Social Indicator: 99.

의 평균치보다 3.2% 포인트 낮았다. 반면에, 민간부문의 지출은 5.5%로서 OECD 평균치보다 2.6% 포인트 높았다. 캐나다의 사회지출에서 차지하는 공공부문의 비율은 80.2%로서 OECD의 89.8%에 비해 높았으며 민간부문의 비율은 19.8%로서 OECD에 비해 9.6% 포인트 높았다.

한국의 사회지출은 12.7%로서 캐나다 및 OECD의 절반 이하 수준이었다. 공공부문의 지출은 9.5%로서 캐나다에 비해 13% 포인트 가까이 낮았고 OECD에 비해서는 16% 포인트 낮았다. 반면에 민간부문의 지출은 3.2%로서 캐나다에 비해서는 낮지만 OECD의 평균치보다는 높았다. 한국의 사회지출에 대한 공공부문의 비율은 74.8%로서 OECD 국가들 중 가장 낮은 수준이며 민간부문의 비율은 25.2%로서 OECD의 평균치에 비해 2.5배나 높았다.

앞에 서술했듯이 캐나다와 한국은 사회보장지출의 측면에서 OECD 국가들 가운데 최하위권에 속한다. 캐나다와 한국은 시민생활에 대한 국가의 개입정도가 가장 적고 개인의 시장의존도가 가장 높은 국가인 것이다. 이러한 사실은 〈표 9-3〉에서도 확인할 수 있다. 캐나다와 한국은 OECD의 다른 국가들에 비해서 시민생활에 대한 시장의 역할이 매우 크며, 특히 한국은 시장의 역할이 OECD 국가들 가운데 가

〈표 9-4〉 의료관련 지표들(2007년) (단위: 달러, %)

| 국 가 | 일 인당 의료비 | GDP 대비 의료비 | | | 공공부문 | | | 민간부문 | | |
|---|---|---|---|---|---|---|---|---|---|---|
| | | 총액 | 공공 | 민간 | 비중 | 사회보험 | 일반조세 | 비중 | 본인부담 | 민영보험 |
| 캐나다 | 3,895 | 10.1 | 7.1 | 3.0 | 70.0 | 1.4 | 68.6 | 30.0 | 14.9 | 12.8 |
| 한 국 | 1,688 | 6.8 | 3.7 | 3.1 | 54.9 | 42.6 | 12.3 | 45.1 | 35.7 | 4.1 |
| OECD | 2,984 | 8.9 | 6.4 | 2.4 | 73.0 | - | - | 27.0 | 18.2 | 5.7 |

자료: Health at a Glance 2009－OECD Indicators: 7장.

장 크다. 캐나다와 한국은 시민생활에서 국가의 책임이 아니라 개인의 책임을 특히 강조하는 사회로서 잔여적 유형 혹은 자유주의 복지국가의 대표적인 사례이다.

캐나다와 한국은 사회지출수준이 낮지만 의료부문에 대한 사회지출은 상대적으로 높은 편이다. 의료서비스는 두 국가의 사회보장제도를 대표하는 프로그램으로 간주될 수 있는 것이다. 〈표 9-4〉에는 캐나다와 한국의 의료관련 지표들이 포함되어 있다. 우선 일 인당 의료비는 캐나다가 3,895달러로서 한국에 비해 2.31배를 지출한다. OECD 평균치와 비교해 보면 캐나다는 1,000달러 정도를 더 지출하는 반면에 한국은 1,300달러 정도를 덜 쓰고 있다. 이러한 차이는 경제수준의 차이를 반영한다. 일 인당 의료비를 2005년의 일 인당 국민순소득에 대비하면 한국은 9.2%로서 캐나다(13.0%) 및 OECD 평균(12.0%)에 비해 약간 낮은 정도이며, 캐나다는 한국에 비해 1.4배를 쓰는 데 그친다.[1)]

1) 2007년 현재 두 국가의 GDP는 캐나다가 1,270억 달러이고 한국이 1,202억 달러로서 매우 비슷하며, OECD의 평균치 1,291억 달러에 근접한다. OECD 30개국 가운데서 캐나다가 9위, 한국이 10위이며, 세계적으로는 캐나다 13위, 한국 14위이다. 경제규모는 비슷하지만 인구차이로 인해서 두 국가의 일 인당 국민소득은 크게 차이가 난다. 2005년의 일 인당 NNI(국민순소득)는 캐나다가

GDP 대비 의료비는 캐나다가 10.1%로서 한국에 비해 3.3% 포인트 더 사용하며, 한국은 OECD 평균치에 비해 2.1% 포인트 덜 지출하고 있다. 의료비 총액 가운데서 공공부문이 차지하는 비중은 캐나다가 70%로서 OECD의 평균치(73%)와 비슷하다. 〈표 9-6〉과 비교할 때 캐나다에서는 의료부문에서 공공부문의 역할이 상대적으로 더 크게 나타났다. 한국의 경우 의료비 가운데 공공부문의 비중은 54.9%로서 캐나다 및 OECD 평균치에 비해 15% 포인트 이상 낮았다. 한국의 민간부문이 담당하는 GDP 대비 의료비는 3.1%로서 캐나다뿐 아니라 OECD의 평균치보다 높다. 한국은 캐나다에 비해 특히 의료부문에서 개인과 시장의 역할이 더 강조되고 있는 것이다.

캐나다의 공적 의료제도인 메디케어는 보편적 사회프로그램이다. 따라서 캐나다의 공적 의료비는 주로 일반조세에 의존한다. 반면에 한국의 건강보험은 사회보험 프로그램으로서 건강보험료를 주요 재원으로 한다. 한국에서 일반조세는 주로 건강보험료의 부족분(지역가입자 대상)을 충당하는 데 사용된다. 캐나다의 경우 민간부문의 재원은 이용자 본인 부담 14.9% 및 민영보험 12.8%로 비교적 고르게 분포되었다. 반면에 한국에서는 본인 부담이 35.7%로서 대부분을 차지한다. 한국의 본인 부담 비율은 OECD 평균치(18.2%)에 비해 두 배 정도 된다. 또한, 한국의 일 인당 본인 부담액은 761달러로서 캐나다(580달러)와 OECD평균(543달러)을 훨씬 앞선다.

〈표 9-2〉에서 보듯이 캐나다와 한국은 연금지출비율이 적다. 캐나다의 GDP 대비 연금지출의 비율은 4.8%로서 OECD 평균치의 반

---

29,942달러로서 한국의 18,385달러에 비해 약 63% 많았다. OECD 가운데서 캐나다의 NNI 수준은 6위(인구 천만 명 이상 국가들 가운데서는 미국에 이어 2위)인 반면에 한국은 23위에 그쳤다.(OECD Factbook 2009)

〈표 9-5〉 노인의 소득원천(2000년대 중반) (단위: %)

| | 공적이전 | 근 로 | 자 산 |
|---|---|---|---|
| 캐나다 | 40 | 19 | 41 |
| 한 국 | 14 | 59 | 27 |

주) 자산소득에는 투자, 민영연금, 퇴직금 포함.
자료: Pension at a Glance 2009: 60.

정도이며, 한국의 비율은 1.8%로서 OECD 평균치의 21%에 그쳤다. 두 국가 모두 시민들의 노후생활 유지에 있어서 공적연금의 역할이 매우 제한적이기는 하지만, 캐나다는 한국에 비해 공적연금에 대한 지출이 클 뿐 아니라 한국에는 없는 보편급여 성격의 기초노령연금을 보유하고 있다는 점에서 노후생활에 대한 국가의 개입정도가 더 크다.

〈표 9-5〉는 캐나다와 한국의 65세 이상 노인들의 소득원천에 대한 정보를 제공한다. 이에 따르면, 캐나다의 노인들은 보편연금(OAS), 소득비례연금(CPP/QPP), 공적부조연금 등의 사회프로그램으로부터 총소득의 40% 정도를 얻는다. OECD 국가들에서 노후소득에 대한 공적이전의 비율이 평균적으로 70%에 육박하는 네 반해서, 캐나다에서는 자산소득 및 근로소득과 같은 시장소득의 역할이 더 크다. 한국은 공적이전의 비율이 14%로서 OECD 국가들 중 압도적인 최저치를 기록하고 있다. 아직까지 공적이전은 한국의 노인들에게 별다른 역할을 하지 못하며, 이를 대신하여 근로소득이 핵심적인 지위를 점하고 있다. 대부분의 한국노인들은 퇴직을 하고 나서도 여유로운 생활을 즐기기는커녕 노동시장으로 내몰리고 있는 것이다.

전반적으로 볼 때 캐나다와 한국은 사회보장지출수준이 낮고 시민생활에서 차지하는 민영부문(시장)의 역할이 압도적으로 크다는 점에서 잔여적 복지유형 또는 자유주의 복지국가의 대표적인 사례로 간주할 수 있다. 다만, 한국이 캐나다에 비해 시민생활에 대한 국가의 개입정도가 낮고 시장의 역할이 더 크다는 차이가 있다.

이 책의 8장에서 보았듯이, 에스핑-안데르센 이래로 복지유형 분류에 있어서 중요한 기준들 중 하나는 공공부조, 사회보험, 보편급여의 상대적 비율로 표현되는 사회보장제도의 구성비율이다. 사회보장제도의 구성비율은 에스핑-안데르센이 복지유형의 분류 기준으로 중요시한 복지국가 주도세력의 이데올로기와 사회보장제도의 계층화 효과를 반영하기 때문이다. 그에 따르면, 자유주의 유형에서는 공공부조가 발달하고, 보수주의 유형에서는 사회보험이 발달하며, 사회민주주의 유형에서는 보편급여가 발달한다고 한다.

캐나다의 사회보장 구성비율은 다음과 같다. 2003년 캐나다의 사회보장예산(연방정부와 주정부 예산의 합계)은 1,979억 달러이고, 이 가운데 공공부조가 438억 달러로서 사회보장예산의 22.1%였고, 사회보험이 492억 달러로 24.9%였으며, 보편급여가 1,017억 달러로 51.4%를 차지하였다. 보편급여의 비중이 가장 높고 공공부조가 약간의 차이로 가장 낮았다.

한국의 사회보장 구성비율은 대략적으로 다음과 같다. 2009년 한국의 사회보장지출예산(지방자치단체의 사회복지 예산 제외)은 모두 74조 원이다. 이 가운데 사회보험이 59조 원으로 79.7%를 차지했고, 공공부조가 14조 원으로 18.9%이며, 보편급여는 1조 원으로 1.4%에 불과했다.[2] 공공부조와 보편급여의 계산 방식에 다소 문제가 있는 것은

---

2) 사회보험은 국민연금 8조 원, 직역연금(공무원연금, 사학연금, 군인연금) 10조 원, 건강보험 33조 원, 산재보험 및 고용보험 8조 원으로 구성된다. 공공부조에는 국민기초생활보장제도 8조 원과 형식상으로는 사회서비스이지만 실질적으로는 공공부조의 성격을 지니는 노인/장애인분야 4조 원 및 보육/가족분야 2조 원이 포함된다, 보편급여로는 보건의료에 지출된 1조 원만이 포함되었다. 사회보장 구성비율의 계산을 위해 사용된 자료들에 대해서는 보건복지부, 고용노동부, 국민연금관리공단, 국민건강보험공단, 근로복지공단, 공무원연금공단, 사립학교

사실이지만 주로 공공부조 성격의 프로그램에 사용되는 지방자치단체의 사회복지 예산을 포함시키지 않았기 때문에 사회보장지출에서 차지하는 공공부조의 비율은 실제로는 18.9%를 넘을 것이다. 한국의 사회보장 구성비율은 사회보험이 압도적으로 높고, 보편급여의 비중은 미미하다.

캐나다와 한국은 사회보장제도의 구성비율에서 커다란 차이를 보이고 있다. 캐나다는 보편급여가 51.4%로 가장 높은 비중을 차지하고 있는 반면에 한국의 보편급여는 그 비중이 미미하다. 또한 한국은 사회보험이 79.7%로 압도적인 비중을 차지하고 있는 반면에 캐나다는 사회보험이 25% 정도에 그치고 있다. 이러한 차이로 인해서 두 국가는 서로 다른 복지유형에 포함되어야 하는가? 이에 대해서는 이미 이 책의 8장에서 답변을 해 두었다. 사회보장제도의 구성비율은 복지유형 분류를 위한 다양한 기준들 가운데 하나에 불과하며, 캐나다는 보편급여의 발달에도 불구하고 탈상품화 점수, 민영부문의 비율, 사회보장지출, 완전고용시장정책 등의 핵심기준들에서 명백하게 자유주의 복지국가의 특징을 나타냈다.

한국은 사회보험의 비중이 높다는 점에서 자유주의 복지유형의 전형적인 사례로 간주하기 어려울 수도 있다. 그렇지만, 사회보장지출수준, 민영부문의 비율, 완전고용정책, 그리고 탈상품화의 네 가지 핵심적인 분류 기준에서 한국은 전형적인 자유주의 복지국가의 특징을 보인다.[3] 또한 〈표 9-6〉에서 보듯이, 자유주의 유형의 대표사례인

---

교직원연금공단의 홈페이지와 국방백서를 참조하시오.

3) 에스핑-안데르센은 한국의 탈상품화 점수를 제시하지 않았지만 탈상품화와 사회보장지출수준 간의 밀접한 상관관계를 고려할 때 한국의 탈상품화 점수는 매우 낮을 것으로 추정된다.

〈표 9-6〉 사회보장제도 구성비율의 비교 (단위: %)

| 국 가 | 공공부조 | 사회보험 | 보편급여 |
|---|---|---|---|
| 캐나다 | 22.1 | 24.9 | 51.4 |
| 한 국 | 18.9 | 79.7 | 1.4 |
| 미 국 | 26.8 | 66.9 | 6.2 |

미국과 비교할 때 사회보장제도의 구성비율에서 한국은 큰 차이를 보이지 않는다. 두 국가 모두 사회보험의 비중이 압도적으로 높고, 보편급여의 비중이 미미하며, 공공부조가 의미 있게 발달해 있는 것이다. 이렇게 되면 사회보장제도의 구성비율을 포함한 핵심적인 복지유형 분류 기준들의 측면에서 한국은 자유주의 복지국가로 분류되는 것이 마땅하다.

문화적 배경이나 경제수준에 큰 차이가 있음에도 불구하고 캐나다와 한국이 자유주의 복지국가라는 동일한 복지유형에 속하는 이유는 무엇인가? 이에 대해서는 보다 심도 있는 연구가 뒤따라야 하겠지만, 일단 사회민주주의이론 및 노동운동압력이론의 관점에서 간략하게 대답해 보겠다.[4] 우선, 캐나다와 한국은 노동운동이 매우 허약하다는 공통점을 지닌다. 캐나다의 노동조합 조직률은 1960년대 이래 줄곧 30%선에 머물러왔다. 한국은 1980년대의 20%선에서 줄곧 하락하여 2005년 10.3%, 2009년 10.1%에 그쳤다.(한겨레신문, 2010. 06. 30) 이와 함께, 두 국가의 노동운동은 전국조직의 분열이 심각하고 기업별 노동조합주의에 지배되어 있다는 특징을 지닌다. 이러한 상황이기 때문에 노동운동은 사회정책에 별다른 영향을 미치지 못했고, 사회보장의 확대보다는 기업복지의 확대에 매진해 온 것이다.

두 국가는 사회민주주의 정당이 허약하다는 특징도 공유한다. 캐나

4) 이에 대해서는 (조영훈, 2006: 1장)을 참조하시오.

다의 사회민주당은 일부 주에서는 강력한 정치세력이 되었지만 연방 차원에서는 거의 언제나 제3당에 머물렀다. 이차대전 이후 연방선거에서 득표율이 10−20%였고 연방의회 의석 점유율도 3−15%에 그쳤던 것이다. 한국의 사회민주당은 이보다 상황이 훨씬 나빴다. 한국의 사회민주당은 1990년대 들어서야 공식적으로 선거에 참여했으며 그나마 몇 개의 정당으로 분리되어 중앙정치뿐 아니라 지방정치에서도 거의 영향력을 행사하지 못했다.[5)]

전반적으로 볼 때, 사회민주주의 세력의 두 축인 노동운동과 사회민주주의 정당이 취약하였기 때문에 캐나다와 한국은 복지수준이 낮은 자유주의 복지국가로 성장해왔다. 다만, 캐나다에서는 사회민주주의 정당이 일부 주에서 집권하거나 연방 차원에서는 집권 자유당에 대한 압박을 통해 보편주의 사회프로그램의 도입을 가져오는 등 사회보장제도의 확대에 기여했던 반면에, 한국의 사회민주주의 정당은 그러한 기여가 전혀 없었다. 이러한 차이가 동일한 자유주의 복지국가이면서도 캐나다가 한국에 비해 복지수준이 훨씬 높은 이유가 될 것이다.

한국은 1990년대 후반부터 10년 동안 복지확대 노력을 기울여왔다. 그렇지만 복지국가를 지지하는 사회민주주의 세력이 매우 미약하였기 때문에 한국은 잔여적 복지유형의 틀을 벗어나지 못했다. 1990

---

5) 대표적인 사회민주주의 정당인 민주노동당은 대통령 선거에서 3.9%(2002년) 및 3.0%(2007년)의 득표율을 보였고, 총선에서는 13.1%(2004년) 및 5.7%(2008년)의 득표율을 보였다. 또 다른 사회민주주의 정당인 진보신당은 2008년 총선에서 2.9%를 득표하였다. 지방선거에서도 사정은 마찬가지였다. 2006년 지방선거에서 민주노동당은 12.1%의 정당득표율을 기록했지만, 2010년 지방선거에서는 7.4%만을 득표했다. 진보신당의 득표율 2.9%를 포함해도 한국의 사회민주주의 정당들의 득표율은 10.3%로서 2006년 선거에 비해 득표율이 떨어졌다.

년대 이래로 세계화 및 노령화의 급진전으로 인해서 서구 복지국가들이 대대적인 재편성 과정을 겪고 있음을 생각할 때 사회민주주의 세력이 미약한 한국이 적극적인 복지확대의 길로 나가기는 쉽지 않을 것이다. 게다가, 1980년대 이래로 선진 산업국가들에서 활발해진 탈산업화 현상이 최근 들어 한국에서도 본격화됨으로써 한국이 전통적인 보편주의 복지국가로 나아가기가 더욱 어려워졌다.

그럼에도 불구하고, 캐나다 사례는 한국 복지국가가 한 단계 도약할 수 있는 가능성을 보여준다. 캐나다와 한국은 노동운동이 분열되어 있고 사회적으로 시장개인주의가 강력하다는 공통점을 지닌다. 또한 두 국가는 무역의존도가 높다는 데서 알 수 있듯이 세계화의 강력한 영향력하에 있다는 공통점도 있다.[6] 이와 같이 구조적으로 비슷한 조건임에도 불구하고, 캐나다는 사회보장지출수준이 한국의 두 배를 넘으며, 메디케어나 OAS 등과 같이 한국에는 거의 존재하지 않는 보편주의 사회프로그램들이 발달해 있다.

두 국가의 복지국가 특성상의 차이는 사회민주주의 정당의 세력화 여부와 관련이 깊다. 캐나다에서는 CCF나 NDP와 같은 사회민주주의 정당이 적어도 제3정당으로서 캐나다 연방정치에 일정 정도 영향력을 행사해 왔으며, 특히 이차대전 직후의 사회혼란기에는 제1당을 위협하는 존재로까지 부상했었다. 비록 연방정부를 통제한 적은 없지만 캐나다의 사회민주당들은 자신들의 정치적 지분을 바탕으로 자유당 정부에 대한 압력을 행사하거나 자유당 정부와의 정치적 타협을

6) 캐나다의 무역의존도는 33.7%이고 한국의 무역의존도는 45.2%이다. 두 국가 모두 OECD의 평균치 27.8%를 넘으며, 인구 천만 명 이상의 국가들 가운데서 한국이 1위, 캐나다가 4위를 기록하고 있다. 한편, 캐나다는 이미 1994년에 미국 및 멕시코와 북미자유무역협정(NAFTA)을 체결하였으며, 한국도 멀지 않은 장래에 미국과 자유무역협정을 체결할 예정이다.(OECD Factbook 2009)

통해 복지확대정책의 도입에 기여하였다. 이 책의 6장에서 서술했듯이 이차대전 이후 캐나다의 대표적인 보편주의 프로그램인 가족수당이 그 좋은 사례이다.

캐나다 사회민주당은 주정부 차원에서는 사회정책에 보다 직접적인 영향력을 행사해왔다. 다음 절에 서술하듯이 사회민주당은 중서부 지역을 중심으로 때때로 집권에 성공하였으며, 특히 서스캐처원에서는 1944년에서 1964년까지의 20년 동안 주정부를 통치하였다. 이러한 정치적 자원을 바탕으로 하여 사회민주당들은 각종 사회서비스와 공공부조부문의 개혁을 추진했으며, 특히 1950년대와 1960년대 동안 주정부 차원에서 병원보험과 의료보험을 도입함으로써 캐나다 복지국가의 보편주의를 대표하는 메디케어의 도입을 선도하였다. 이와 같이 캐나다에 존재하는 보편주의 사회프로그램들은 사회민주당의 직접적·간접적 영향하에서 만들어진 것이다.

복지국가 발전의 경로의존성을 고려할 때 자유주의 복지국가의 특징이 강력한 한국이 가까운 장래에 서구식의 보편적 복지국가로 발전할 가능성은 매우 작다. 그보다는 같은 자유주의 복지국가 진영에 속하면서도 복지수준이 높고 보편주의가 강력한 캐나다가 한국 복지국가의 미래가 될 수 있다. 그 열쇠는 한국에서의 사회민주당의 세력 강화에 있다. 전통적으로 사회민주당의 사회적 기반이 노동운동에 있다는 점에서 한국 사회민주당의 성장 가능성은 매우 제한적일 수 있다. 그렇지만, 캐나다의 사회민주당들이 노동운동의 적극적인 지지를 받지 못한 가운데 자영업자, 화이트칼라, 지식인 등의 중간계층에 의존해 왔다는 점에서 한국 사회민주당의 세력 확대 가능성은 존재한다. 캐나다에서와 마찬가지로 한국의 사회민주당이 일정 정도의 정치적 지분을 바탕으로 강력한 복지확대정책을 요구할 경우 자유주의 정당들도 정치적 타협이나 양보, 혹은 선제적 조치의 차원에서 복지확대정책을 시행하게 될 것이며, 이러한 정책들이 장기적으로 축적되면 한국 복지국가의 보편적 성격은 크게 강화될 것이다.

## 2. 사회민주주의와 캐나다 복지국가

### 1) 사회민주당과 연방정부의 사회복지정책

이제까지 서술해 왔듯이 캐나다 복지국가는 자유당 정부가 중심이 되어 건설되고 확대되었다. 캐나다의 자유당은 캐나다에 복지프로그램이 도입되기 시작한 1920년대에 줄곧 집권 정당의 지위에 있었고, 캐나다 복지국가가 본격적으로 확대되었던 1940년대 초부터 1970년대 말까지는 단 6년간을 제외하고 내각을 담당하였다. 자유당과 양당체제를 이루었던 보수당이 세계대공황 직후인 1935년에 고용 및 사회보험법안(Employment and Social Insurance Act of 1935)을 도입하였지만 실업보험법안이 통과된 것은 1941년 자유당 정부하에서였다. 연금과 의료를 포함한 모든 중요한 사회보장 프로그램들은 자유당 정부의 주도하에 도입된 것이다.

이와 같이 자유주의를 추종하는 자유당이 복지국가 건설의 핵심세력이었다는 점에서 캐나다 복지국가는 잔여적 유형 또는 자유주의 복지유형으로 분류된다. 그렇다면 서구에서 복지국가 확대의 중추세력으로 간주되는 사회민주주의 세력은 캐나다 복지국가에 어떠한 영향을 미쳤는가? 이 책의 7장에 서술했듯이 캐나다의 노동운동은 다양한 요인에 의해 분열되어 있었기 때문에 사회정책의 형성에 별다른 영향을 미치지 않았다. 반면에, 캐나다의 사회민주주의 정당인 CCF(Co-operative Commonwealth Federation)와 그 계승자인 NDP(New Democratic Party)는 비록 소수 정당이기는 하지만 다양한 경로를 통해 복지국가의 건설과 확대에 일정 정도 영향을 미친 것으로 평가된다.

캐나다의 사회민주주의 정당은 창설 이래로 연방선거에서의 득표율 7－20%, 연방의석 점유율은 3－15%에서 보듯이 대체로 제3정당의 지위에 머물렀다. 그렇지만 보수당과 자유당의 양당 구도에서 사회민주주의 정당은 경우에 따라 캐스팅 보트를 쥘 수 있었고, 보수당에 대항하려는 자유당의 우군으로서 자유당 정부에 대해 일정 정도 영향력을 행사할 수 있었다. 이와 함께, 캐나다의 사회민주주의 정당은 중하층 시민들의 지지를 둘러싸고 자유당과 경쟁을 벌임으로써 자유당으로 하여금 사회민주주의 프로젝트를 선취하도록 압력을 가하기도 하였다.

캐나다의 사회민주당이 자유당과 연계하여 연방 차원에서 사회정책을 통과시킨 대표적인 사례는 1926년에 제정된 사회부조 성격의 노령연금(Old Age Pension)이다.[7] 이 당시 자유당은 노령연금의 제정

7) 노령연금은 연방정부의 재정 지원을 받는 최저소득보장 프로그램이기는 했지만 그 적용은 개별 주정부들의 결정권에 달려있었다. 연방정부는 자신이 제시하는 조건을 충족하는 주정부에 대해 노령연금 재정의 절반을 부담했는데, 그 조건은 주정부가 70세 이상의 저소득 노인들을 대상으로 자격심사를 통해 최대 월 20달러의 연금급여를 지급한다는 것이었다. 노령연금은 소득심사에만 기초하여 수급자격을 결정했고 연금수급을 사회적 자선이 아니라 국민의 권리로 만들었다는 점에서 전통적인 빈곤구제정책으로부터 탈피하여 공공부조의 새로운 지평을 열었다는 평가를 받는다. 또한, 노령연금은 주정부 간에 소득심사 기준 등에 대한 차이가 있기는 하지만 전국적으로 거의 동일한 기준에 기초하여 급여를 제공하는 최초의 통일적인 사회보장 프로그램이었다. 노령연금은 전국적인 차원에서 이슈화된 최초의 사회복지 프로그램이며, 연방정부가 사회복지분야에 본격적으

을 전제로 하여 사회민주주의 계열의 CCF의 지지를 얻어 집권하였다. 노령연금은 자유당 집권전략의 핵심이었으며, 자유주의 세력과 사회민주주의 세력 간의 타협의 산물이었던 것이다.(Bryden, 1974: 77; Guest, 1997: 75) 1966년에 제정된 사회보험연금 CPP도 자유당이 집권을 위해 NDP의 협력을 얻기 위해 도입했던 사회프로그램이다.

그렇지만, 캐나다 사회민주주의 정당은 이런 식의 타협보다는 자유당과의 경쟁을 통한 압박이라는 수단에 더 많이 의존하였다. 그 대표적인 사례는 이 책의 5장에 서술되어 있는 가족수당의 창설이다. 이차대전 전후 급진적인 사회민주화의 기간 동안 사회민주주의 정당의 급속한 인기상승에 위협을 느낀 집권 자유당은 결국 가족수당이라는 사회민주주의 프로젝트를 선취하는 방식으로 정치적 위기를 해결할 수 있었다. 이와 함께, 1951년 자유당 정부에 의한 OAS의 제정에도 1940년대 중후반부터 시작된 사회민주주의 정당의 강력한 요구가 크게 작용한 것으로 평가된다.

캐나다의 또 다른 보편급여인 메디케어가 형성되는 데 사회민주주의 정치세력의 역할은 거의 절대적이었다. 메디케어의 전신인 보편주의적인 병원보험(Hospital Insurance)은 1947년에 서스캐처원 주에서 처음 시작되었으며, 이것을 주도한 것은 토미 더글러스(Tommy Douglas)를 수반으로 하는 사회민주주의 계열의 CCF 주정부였다. 서스캐처원 주의 병원보험은 이후 다른 네 주로 전파되었으며, 병원보험을 채택한 주정부들의 강력한 요청에 따라 연방 자유당 정부는 1957년에 병원보험 및 진단서비스 법안(Hospital Insurance and Diagnostic

---

로 개입한 첫 사례이기도 하다.(Guest, 1997: 77; Struthers, 1996: 71-2)

Services Act)을 제정하였다. 메디케어의 또 다른 전신인 의료보험(Medical Insurance: 병원보험과는 달리 외래진료 보장)도 CCF가 지배했던 서스캐처원 주정부에 의해 1962년에 처음 제정되었다. 이후 여러 주에서 의료보험을 채택했고, 1966년 자유당 정부는 주정부들과 NDP의 요구에 굴복하여 의료보장법안(Medical Care Act)을 제정하기에 이르렀다.[8)]

이상에서 보듯이 사회민주주의 정당은 캐나다의 대표적인 사회프로그램들의 창설에 관여해 왔다. 특히 캐나다의 보편주의 사회프로그램들은 모두 사회민주주의 정치세력의 영향하에서 만들어졌다. 캐나다 복지국가의 건설을 주도한 것은 자유당이었지만, 사회민주주의 정당은 타협이나 압박을 통해 자유당으로 하여금 혁신적인 사회프로그램을 도입하도록 하였던 것이다.[9)] 사회민주주의 정당은 연방 차원에서는 집권한 적도, 연정 파트너로 참여한 적도 없지만 캐나다 복지국가의 건설에 적지 않은 영향을 미쳤다.

다른 한편, 사회민주주의 세력의 또 다른 축인 노동운동이 분열되어 있는데다가 스스로의 대중적 인기도 그다지 높지 않았기 때문에 사회정책의 형성에 대한 캐나다 사회민주주의 정당의 영향력은 제한적일 수밖에 없었다. 특히, 사회민주당의 정치적 기반이 되어야 할 노동조합의 조직적인 지지를 받을 수 없었고,[10)] 노동조합원들이 주로

---

8) 병원보험과 의료보험은 1984년 자유당 정부하에서 메디케어로 통합되었다. 메디케어의 모체가 되는 캐나다 의료법안(Canada Health Act)에 따르면, 연방정부는 보편성, 포괄성, 공적운영, 이동성, 접근성이라는 다섯 기준을 충족시키는 주정부에 대해 메디케어 재정의 절반을 제공해야 했다.

9) 이와 같이 우파정부가 좌파 정당의 정치적 압박에서나 자신의 권력을 유지하기 위한 수단으로 좌파 정당의 정책을 채택했다는 점에서 캐나다의 사회정책의 발달은 뒤베르제의 「좌파로부터의 감염」(contagion from the left) 개념으로 설명할 수 있다.(Duverger, 1954: xxvii)

자유당을 지지해왔기 때문에 캐나다 사회민주주의 정당의 정치적·사회적 영향력은 위축될 수밖에 없었다. 1944년에 CCF에 가입된 노동조합원은 모두 5만 명으로서 이는 전체 노동조합 가입자의 7%에 불과했다. 노동조합이 CCF와 연대하여 새로운 사회민주주의 정당인 NDP를 창설함에 따라서 사회민주당에 대한 노동조합원의 지지도는 높아졌다(Bernard, 1991: 38). NDP에 투표한 노동조합원의 비율이 1968년까지 13%(26만 명)로 증가했던 것이다. 그렇지만 사회민주당에 가입한 조직노동자는 여전히 전체 노동조합원의 일부에 불과했다.(Miller, 1971: 219)

실제로 각종 선거에서도 노동조합원들은 사회민주당보다는 자유당에 투표했다. 1968년 연방선거에서 노동조합원 가운데 46%는 자유당에 투표한 반면에, NDP에 투표한 비율은 28%에 그쳤다. 이 수치는 보수당에 투표한 노동조합원의 비율 21%에 비해 약간 높은 정도였다.(Miller, 1971: 231) 1965년에서 1979년에 걸친 네 차례의 연방선거에 대한 연구에 따르면, 노동조합원은 비조합원에 비해 두 배 정도의 비율로 NDP에 투표하고, NDP에 가입된 노동조합원은 비조합원에 비해 세 배 정도의 비율로 NDP에 투표하는 것으로 나타났다. 그렇지만, 전체적으로 볼 때 노동조합원들은 여전히 NDP보다는 자유당에 더 많이 투표하는 것으로 나타났다.(Archer, 1985: 357) 이와 같이 사회민주당에 대한 노동조합원의 정치적 지지가 낮은 이유는 캐나다 사회에 팽배한 개인주의의 영향과 함께 자유당에 대한 지지를 통해 실리를 확보하려는 노동조합 지도부의 전략적 판단 때문이었다. 예를 들

---

10) AFL과 TLC에 가입된 대부분의 국제노동조합들은 정당정치에의 참여나 특정 정당에 대한 재정적 지원 등에 대한 금지 조항을 보유하고 있었다.(Horowitz, 1968: 234)

어서, 2006년 노동조합선거에서 CAW(Canadian Auto Workers)의 의장은 보수당의 통치를 막기 위해 노동조합원은 NDP가 아니라 자유당에 투표할 것을 요구했던 것이다.

이와 같이 노동조합의 강력한 지지를 받지 못한 가운데 연방선거에서의 득표력이 낮았기 때문에 사회민주주의 정당은 캐나다 복지국가의 건설을 주도할 수 없었다. 캐나다의 사회민주주의 정당은 다양한 방식으로 집권 자유당으로 하여금 혁신적인 복지정책을 시행하도록 압력을 가하기는 했지만 사회민주주의의 프로젝트에 어울리는 강력한 개입주의 복지국가를 만들어 낼 수는 없었던 것이다. 캐나다 복지국가가 보편주의 사회프로그램을 다수 갖추고 있음에도 불구하고 여전히 잔여적 내지는 자유주의 복지유형의 복지국가에 머물고 있는 것은 이처럼 사회민주주의 사회세력과 정치세력이 미약했기 때문이다.

## 2) 사회민주당과 주정부의 사회복지정책

위에 서술했듯이 캐나다의 사회민주주의 정당은 1930년대 창설 이래로 연방정치에서 별다른 두각을 나타내지 못했다. 그렇지만, 사회민주당은 주정부 차원에서는 때때로 집권 정당이 되거나 제1야당으로서의 입지를 확립하기도 하였다. 이러한 사실은 사회민주당이 주정부 차원에서는 사회정책의 형성과 시행에 커다란 영향력을 행사할 수도 있음을 의미한다. 실제로, '두 갈래의 복지국가'(bifurcated welfare state)라는 용어가 의미하듯이 캐나다에서는 프로그램의 성격에 따라 사회보장제도의 관할을 연방정부가 맡기도 하고 주정부가 맡기도 한다.[11) 예를 들어서, 연방정부는 전 국민대상의 OAS나 CPP, 혹은 실

11) '두 갈래의 복지국가'의 의미에 대해서는 이 책 1장의 각주 2)를 보시오.

업보험 등을 관할하는 반면에, 주정부는 의료서비스, 사회서비스, 공공부조 등을 관할하고 있다. 주정부를 통치할 경우 사회민주당은 의료서비스와 같은 주정부 관할 사회보장 프로그램들에 대한 사회정책을 주도할 수 있는 것이다.

〈표 9-7〉에는 이차대전 이래로 사회민주당이 집권한 경험이 있는 다섯 주의 주정부 선거결과가 제시되어 있다. 서스캐처원 주에서는 사회민주당(CCF)이 1944년에 53.1%의 득표율로 주의회 의석의 86% (47/52석)를 차지하여 집권 정당이 되었고, 이후 1960년까지 5차례의 주정부 선거에서 모두 승리하였다. 1944년부터 1964년까지의 20년 동안 사회민주당이 집권한 것이다. 사회민주당은 1964년과 1967년에 자유당에 패배했지만 1971년 선거에서 승리한 이후 1982년까지 집권하였다.[12] 1982년과 1986년에는 보수당에 패배했지만, 1991년부터 2003년의 5차례의 선거에서 다시 승리하였다. 최근에 치러진 2007년 선거에서는 보수당과 자유당의 연합세력인 서스캐처원당(Saskatchewan Party)에게 패배하여 제1야당으로 전락하였다. 요약하면, 사회민주당은 1944년 이래로 17번의 선거 가운데 12번을 승리하였으며 2007년까지의 63년 가운데 47년 동안 주정부를 지배하였다.

매니토바 주의 사회민주당은 1966년의 선거까지는 주의회 의석의 20% 미만을 차지하는 데 그쳤으나, 1969년의 선거에서는 38.3%의 득표율로 주의회 의석의 49%를 차지하여 사상 첫 집권에 성공하였다. 이후 1973년과 1986년 선거에서 승리하는 등 간헐적으로 집권

12) 1960년대에 사회민주당이 패배한 것은 CCF의 장기집권에 따른 피로감, 자영농과 지식인 중심의 CCF의 조직노동 중심의 NDP로 변환, 그리고 Diefenbaker의 보수당 혁명(온타리오의 기업중심으로부터 중서부평원의 농부까지 포함하는 정당으로 변신) 등이 복합적으로 작용한 결과이다.(Horowitz, 1968: 260)

〈표 9-7〉 캐나다 사회민주당의 주정부 선거 결과 (단위: %)

| 연 도 | 서스캐처원 | | 매니토바 | | BC | | 온타리오 | | 노바스코샤 | |
|---|---|---|---|---|---|---|---|---|---|---|
| | 득표 | 의석 | 득표 | 의석 | 득표 | 의석 | 득표 | 의석 | 득표 | 의석 |
| 1945 | 53.1 | 86 | 33.8 | 18 | 37.6 | 20.8 | 22.4 | 8.9 | 13.6 | 7 |
| 1949 | 47.6 | 60 | 25.6 | 12 | 35.1 | 14.6 | 27.0 | 23.3 | 9.6 | 5 |
| 1953 | 54.1 | 79 | 16.6 | 9 | 30.8 | 37.5 | 19.1 | 2.2 | 6.8 | 5 |
| 1957 | 45.3 | 68 | 20.0 | 19 | 28.3 | 19.6 | 16.5 | 3.1 | 3.0 | 2 |
| 1958 | - | - | - | - | - | - | 16.7 | 5.1 | - | - |
| 1962 | 40.8 | 69 | 15.2 | 12 | 32.7 | 30.8 | 15.5 | 6.5 | 8.9 | 2 |
| 1963 | - | - | - | - | 27.8 | 26.9 | - | - | - | - |
| 1965 | 40.3 | 43 | 23.1 | 19 | 33.6 | 29.1 | 25.9 | 17.1 | 4.1 | 0 |
| 1968 | 44.4 | 41 | 38.3 | 49 | 33.9 | 21.9 | 27.1 | 16.2 | 5.2 | 0 |
| 1972 | 55.0 | 75 | 42.3 | 54 | 39.6 | 69.1 | 28.9 | 30.4 | 6.6 | 4 |
| 1974 | 40.1 | 64 | 38.6 | 40 | 39.2 | 32.7 | 28.0 | 26.4 | 13.0 | 7 |
| 1979 | 48.1 | 72 | 47.4 | 60 | 46.0 | 45.6 | 21.2 | - | 14.4 | 8 |
| 1980 | - | - | - | - | - | - | - | 16.8 | 18.1 | 2 |
| 1984 | 37.6 | 14 | 41.5 | 53 | 44.9 | 38.6 | 23.8 | 20.0 | 15.9 | 6 |
| 1988 | 45.2 | 39 | 23.6 | 21 | 42.6 | 31.9 | 25.7 | 14.6 | 15.7 | 4 |
| 1993 | 51.1 | 83 | 28.8 | 35 | 40.7 | 68.0 | 37.6 | 56.9 | 17.7 | 6 |
| 1997 | 47.2 | 72 | 32.8 | 40 | 39.5 | 52.0 | 20.6 | 13.2 | 34.4 | 36 |
| 2000 | 38.7 | 51 | 44.5 | 56 | 21.6 | 2.5 | 12.6 | 8.7 | 29.7 | 21 |
| 2004 | 44.7 | 52 | 49.5 | 61 | 41.4 | 41.8 | 14.7 | 6.8 | 30.9 | 29 |
| 2006 | - | - | - | - | - | - | - | - | 34.6 | 39 |
| 2008 | 37.2 | 35 | 47.7 | 63 | 42.1 | 41.1 | 16.8 | 9.3 | 45.2 | 60 |
| 평 균 | 45.3 | 59.0 | 33.5 | 36.5 | 36.5 | 34.7 | 22.2 | 15.9 | 17.2 | 12.9 |

주1) 주정부 선거 연도는 각 주별로 다르며 이 표에 제시되어 있는 연도와 1~2년 정도의 차이가 있을 수 있음.

주2) 사회민주당의 명칭은 1958년까지는 CCF이고 그 이후는 NDP임.

주3) BC: 브리티시 콜롬비아.

자료: (Canadian Election Results: 1867-2008)에서 재구성.
http://www.sfu.ca/~aheard/elections/1867-present.html

하다가 1999년에서 2007년까지의 세 차례의 선거에서는 연달아 승리하였다. 매니토바의 사회민주당은 이차대전 이후 2007년까지의 21번의 주의회 선거에서 여섯 차례 승리하였으며, 특히 2003년 선거에서는 역사상 가장 높은 득표율을 올렸고, 2007년 선거에서는 역사상 가장 높은 의석비율을 기록하였다. 서스캐처원 사회민주당이 1940-1960년대 동안 주정부 차원에서의 사회민주주의 프로젝트를 선도했다면, 최근 들어서는 매니토바 사회민주당이 굳건한 정치적 입지를 바탕으로 사회개혁을 주도할 수 있게 된 것이다.

서스캐처원과 매니토바에 이어 사회민주당이 강력한 지역은 캐나다 제3의 도시인 밴쿠버가 속해있는 브리티시 콜롬비아이다. 브리티시 콜롬비아에서는 사회민주당이 1972년에 40%에 가까운 득표율과 70%에 달하는 의석 점유율로 역사상 처음 집권 정당이 되었다. 사회민주당은 1991년과 1996년 선거에서 커다란 성공을 거두었지만, 2001년 선거에서는 역사상 대참패를 당하였다. 그러나 2005년과 2009년 선거에서 사회민주당은 자유당에 대항하는 제1야당으로 떠오르면서 자신의 정치적 위상을 회복하였다.

캐나다의 최대 인구밀집 지역이자 자유당의 본거지인 온타리오 주에서 사회민주당은 대체로 10−30% 정도의 득표율을 보이면서 제1야당, 또는 제2야당의 지위에 머물러왔다. 다만, 1991년 선거에서는 37.6%의 득표율로 의석의 56.9%를 점함으로써 역사상 유일한 집권을 경험하였다. 마지막으로, 대서양 연안의 노바스코샤 주에서 사회민주당은 1993년까지 18% 미만의 낮은 득표율을 보이다가 1998년에서 2006년까지의 네 차례 선거에서는 득표율을 30% 대로 끌어올렸고, 마침내 2009년에는 득표율 45.2%로 전체 의석의 60%(31/52석)를 차지하여 집권 정당이 되었다.

주정부를 통치하게 된 사회민주당은 의료서비스를 비롯한 몇몇 사회보장분야에서 주도적인 역할을 수행하였다. 위에 서술한 대로 서스캐처원 사회민주당 정부에 의해 창설된 주정부 차원의 병원보험과 의료보험이 결국에는 연방 차원의 메디케어 창설로 이어진 것이 그 좋은 예이다. 주정부 차원에서 사회민주당이 사회정책에 대해 어느 정도의 영향을 미쳤는가를 보다 체계적으로 검토하기 위해 〈표 9-8〉을

〈표 9-8〉 주정부들에서의 사회복지 관련 예산의 증가비율(1945－1972) (단위: %)

| 구분 | 정당명 | 의 료 | 복 지 | 교 육 | 일 인당 지출 |
|---|---|---|---|---|---|
| 집권정당 | CCF/NDP(7) | 7.54 | 3.39 | 2.44 | 5.07 |
| | 자유당(2) | 5.10 | 1.85 | 0.30 | 4.75 |
| | 보수당(14) | 2.61 | 1.90 | 2.60 | 4.71 |
| | Social Credit(14) | 2.99 | 1.91 | 2.69 | 4.13 |
| 제1야당 | CCF/NDP(15) | 4.55 | 3.19 | 1.93 | 4.08 |
| | 자유당(20) | 4.07 | 2.32 | 2.88 | 4.87 |
| | 보수당(4) | 2.55 | 1.90 | 2.75 | 5.50 |
| | Social Credit(1) | 1.00 | 0.30 | 1.90 | 5.30 |

주1) 괄호 안의 숫자는 각 정당의 사례 수.

주2) 대상은 브리티시 콜롬비아, 매니토바, 온타리오, 서스캐처원, 앨버타의 5개 주임.

주3) Social Credit: 앨버타 등의 중서부 지역을 본거지로 하는 보수주의 정당이며 1935년에 창설되어 1993년에 현재의 보수당으로 통합되었다.

자료: Chandler, 1977: 762.

제시하였다.

〈표 9-8〉에는 1945년에서 1972년 사이에 집권 정당과 제1야당의 교체에 따라 주정부 예산에서 차지하는 사회복지 관련 예산의 비율이 어느 정도나 증가했는가가 나타나 있다. 이에 따르면, 사회민주당인 CCF와 NDP가 집권했을 경우에 일 인당 사회지출은 5.07%가 늘어나서 비교 대상 정당들 가운데 가장 높은 증가율을 보였다. 이를 세분하면, 사회민주당 집권 시 의료부문의 예산 증가율이 7.54%로 보수당(2.61%)은 물론이고 자유당(5.10%)에 비해서도 훨씬 높았다. 공공부조와 사회서비스 등의 복지부문에서는 사회민주당 집권 시의 예산 증가율(3.39%)이 자유당이나 보수당 집권 시의 예산증가율(1.85－1.90%)에 비해 두 배 가까이 높았다. 사회복지에 속하지 않는 교육부문을 제외한다면 자유당이나 보수당이 집권했을 때보다는 사회민주당이 집권했을 때 주정부 차원의 사회정책이 보다 확대되었던 것이다.

사회민주당이 제1야당이 되었을 때에는 조금 다른 양상을 보였다.

의료부문의 경우 주정부 예산에서 차지하는 비율이 4.55% 늘어났고 복지부문에서는 3.19%가 증가했다. 이 두 부문 모두에서 다른 정당들이 제1야당이 되었을 때에 비해서 사회민주당이 제1야당이 되었을 때에 복지예산의 증가율이 더 높았다. 이런 점에서 사회민주당은 집권 정당일 때는 물론이고 제1야당일 때에도 다른 정당들에 비해서 주정부 차원의 사회복지 확대에 더 기여한 것으로 평가된다. 다만, 사회민주당이 제1야당이 되었을 때의 의료예산 증가율이 집권 정당이 되었을 때에 비해서 현격하게 낮고(3% 포인트 차이), 사회민주당이 제1야당이 되었을 때의 일 인당 사회지출의 증가율이 다른 정당들에 비해 뒤지고 있다는 점에서 사회복지의 확대에 대한 제1야당으로서의 사회민주당의 영향력은 제한적이라고 할 수 있다.

마지막으로, 사회민주당의 정치적 파워를 주정부 차원과 연방 차원으로 나누어 비교해 보겠다. 〈표 9-9〉에는 캐나다 사회민주당이 연방의회 선거에서 얻은 지역별 득표율과 의석비율이 제시되어 있다. 〈표 9-8〉과 비교해서 보면 연방선거에서의 사회민주당의 득표율과 의석비율은 주정부 선거에 비해 낮다는 것을 알 수 있다. 캐나다에서 사회민주당 파워가 가장 강력한 서스캐처원에서 사회민주당은 주정부 선거에서 50% 이상의 득표율을 네 차례나 기록했지만 연방선거에서는 그런 적이 한 번도 없었다. 의석비율에서도 사회민주당은 주정부 선거에서는 50%를 넘은 것이 12차례였지만 연방선거에서는 네 차례에 불과하다. 매니토바에서는 사회민주당이 주의회 선거에서는 6차례에 걸쳐 다수당이 되었지만 연방의회 선거에서 의석 점유율 50%를 넘은 것은 한 차례에 불과했다. 특히, 매니토바 사회민주당은 1999년에서 2007년까지의 세 차례의 주의회 선거에서 56−63%의 의석 점유율을 기록하는 동안 2000년에서 2008년까지의 네 차례의

〈표 9-9〉 사회민주당의 연방의회 선거에서의 득표율 및 의석비율 (단위: %)

| 연 도 | 캐나다 | | 서스캐처원 | | 매니토바 | | BC | | 온타리오 | | 노바스코샤 | |
|---|---|---|---|---|---|---|---|---|---|---|---|---|
| | 득표 | 의석 | 득표 | 의석 | 득표 | 의석 | 득표 | 의석 | 득표 | 의석 | 득표 | 의석 |
| 1945 | 15.7 | 11.4 | 44.4 | 85.7 | 31.6 | 29.4 | 29.4 | 0.0 | 14.3 | 0.0 | 16.7 | 8.3 |
| 1949 | 13.4 | 5.0 | 40.9 | 25.0 | 25.9 | 18.8 | 31.5 | 16.7 | 15.2 | 1.2 | 9.9 | 7.7 |
| 1953 | 11.3 | 8.7 | 44.2 | 64.7 | 23.6 | 21.4 | 26.6 | 31.8 | 11.1 | 1.2 | 6.7 | 8.3 |
| 1957 | 10.8 | 9.4 | 35.8 | 58.8 | 23.4 | 35.7 | 22.6 | 31.8 | 11.9 | 3.5 | 4.3 | 0.0 |
| 1958 | 9.5 | 3.0 | 28.4 | 5.9 | 19.6 | 0.0 | 24.5 | 18.2 | 10.5 | 3.5 | 4.5 | 0.0 |
| 1962 | 13.4 | 7.2 | 22.1 | 0.0 | 19.7 | 14.3 | 30.9 | 45.5 | 17.2 | 7.0 | 9.4 | 8.3 |
| 1963 | 13.1 | 6.4 | 18.2 | 0.0 | 16.7 | 14.3 | 30.3 | 40.9 | 16.2 | 7.0 | 6.4 | 0.0 |
| 1965 | 17.7 | 7.9 | 26.0 | 0.0 | 24.0 | 21.4 | 32.9 | 40.9 | 21.9 | 10.6 | 9.1 | 0.0 |
| 1968 | 17.0 | 8.3 | 35.7 | 35.3 | 25.0 | 21.4 | 32.6 | 31.8 | 20.6 | 7.5 | 6.7 | 0.0 |
| 1972 | 17.7 | 11.7 | 35.9 | 38.5 | 26.3 | 21.4 | 35.0 | 47.8 | 21.5 | 12.5 | 12.3 | 0.0 |
| 1974 | 15.4 | 6.1 | 31.5 | 15.4 | 23.5 | 15.4 | 23.0 | 8.7 | 19.1 | 9.1 | 11.2 | 9.1 |
| 1979 | 17.9 | 9.2 | 35.8 | 28.6 | 32.7 | 35.7 | 31.9 | 28.6 | 21.1 | 6.3 | 18.7 | 9.1 |
| 1980 | 19.8 | 11.3 | 36.3 | 50.0 | 33.5 | 50.0 | 35.3 | 42.9 | 21.8 | 5.3 | 20.9 | 0.0 |
| 1984 | 18.8 | 10.6 | 38.4 | 35.7 | 27.2 | 28.6 | 35.1 | 28.6 | 20.8 | 13.7 | 15.2 | 0.0 |
| 1988 | 20.4 | 14.6 | 44.2 | 71.4 | 21.3 | 14.3 | 37.0 | 59.4 | 20.1 | 10.1 | 9.3 | 0.0 |
| 1993 | 6.9 | 3.1 | 26.6 | 35.7 | 16.7 | 7.1 | 15.5 | 6.3 | 6.0 | 0.0 | 6.8 | 0.0 |
| 1997 | 11.0 | 7.0 | 30.9 | 35.7 | 23.2 | 17.8 | 18.2 | 8.8 | 10.7 | 0.0 | 30.4 | 54.5 |
| 2000 | 8.5 | 4.3 | 26.2 | 14.3 | 20.9 | 28.6 | 11.3 | 5.9 | 8.3 | 1.0 | 24.0 | 27.3 |
| 2004 | 15.7 | 6.2 | 23.4 | 0.0 | 23.5 | 28.6 | 26.6 | 13.9 | 18.1 | 6.6 | 28.4 | 18.2 |
| 2006 | 17.5 | 9.4 | 24.1 | 0.0 | 25.4 | 21.4 | 28.5 | 27.8 | 19.4 | 11.3 | 29.9 | 18.2 |
| 2008 | 18.2 | 12.0 | 25.5 | 0.0 | 24.0 | 28.6 | 26.1 | 25.0 | 18.2 | 16.0 | 28.9 | 18.2 |
| 평 균 | 14.7 | 8.2 | 32.1 | 28.6 | 24.2 | 22.6 | 27.8 | 26.7 | 16.4 | 6.4 | 14.7 | 8.9 |

주1) 2008년을 기준으로 할 때 캐나다 연방의회의 의석수는 308석이고, 이 가운데 온타리오 106석, 퀘벡 75석, BC 36석, 앨버타 28석, 매니토바 14석, 서스캐처원 14석, 노바스코샤 11석의 순임.

자료: (Canadian Federal Election, From Wikipedia, the free encyclopedia)에서 재구성. http://en.wikipedia.org/wiki/Canadian_federal_election

연방의회 선거에서는 30% 미만의 낮은 점유율을 보였다.

이차대전 전후 시기부터 최근까지의 각 주에서 사회민주당이 연방 선거와 주의회 선거에서 얻은 득표율과 의석 점유율을 종합적으로 비교하면 다음과 같다. 서스캐처원의 주의회 선거에서 사회민주당은 45.5%의 득표율과 59.0%의 의석 점유율을 기록하여 다른 정당들을 압도하였다. 이에 반해서 연방의회 선거에서는 32.1%의 득표율과

28.6%의 의석 점유율로서 주정부 선거에 비해 각각 13% 및 27%나 낮았다. 매니토바에서는 주정부 선거에서의 득표율과 의석 점유율이 33.5% 및 36.5%였지만 연방의회 선거에서는 그보다 10%가량 낮은 24.2% 및 22.6%를 기록했다. 이러한 경향은 다른 주들에서도 마찬가지였다. 브리티시 콜롬비아에서는 연방선거에서의 득표율와 의석 점유율이 20% 중후반대로서 주정부 선거에서의 결과에 비해 각각 10% 가까이 낮았다. 온타리오에서는 주정부 선거의 득표율과 의석 점유율이 22.2% 및 15.9%로서 연방선거의 16.4% 및 6.4%에 비해 높았으며, 노바스코샤에서도 주정부 선거에서의 득표율과 의석 점유율이 연방선거에 비해 2.5% 및 4% 높았다.

캐나다의 사회민주당은 이차대전 이후 치러진 연방선거에서는 득표율 14.7%, 의석 점유율 8.2%로서 제3당 내지는 제4당의 지위에 머물렀다. 이에 따라 사회민주당은 중하층 시민들의 지지를 둘러싼 경쟁을 통해 자유당을 압박하거나 자유당과의 정치적 타협을 통해서만 사회정책의 확대에 개입할 수 있었다. 반면에, 사회민주당은 주정부 선거에서는 적지 않은 성공을 거두어왔다. 사회민주당의 전통적인 강세지역인 서스캐처원에서는 제1당의 지위를 유지해 왔고, 매니토바에서는 1990년대 후반 이래로 압도적으로 승리해왔다. 브리티시 콜롬비아에서는 1996년까지 세 차례에 걸쳐 집권한 이후 2005년과 2009년 선거에서는 집권 자유당에 약간 뒤진 득표율로 강력한 제1야당의 지위를 누려왔다. 그 외에 온타리오에서는 한 차례 집권에 성공한 적이 있으며, 노바스코샤에서는 1990년대 중후반 이래로 득표율이 급속하게 높아지면서 2009년에는 의석 점유율 60%로서 자유당과 보수당을 압도하였다.

사회민주당은 전통적으로 자유당과 보수당이 양당체제를 구축해 온 연방정치에서는 별다른 두각을 나타내지 못했지만 몇몇 주에서는 양당체제를 극복하고 제1당 혹은 제1야당으로 자리 잡았다. 특히, 2006년 이래의 두 차례의 연방선거에서 보수당이 승리하는 등 캐나다 정치가 전반적으로 보수화되는 가운데서도 매니토바와 노바스코샤에서는 사회민주당이 집권에 성공하였고 서스캐처원과 브리티시 콜롬비아에서는 크지 않은 표차로 제1야당의 지위를 차지했다. 이러한 파워를 바탕으로 하여 사회민주당은 과거 서스캐처원 등에서 그랬던 것처럼 집권당 또는 제1야당으로서 주정부 차원의 사회복지 확대를 주도할 것이다.

## 3. 전망

캐나다는 1970년대 동안 미국이나 영국에서와 같은 신자유주의의 대공세를 경험하지는 않았지만 복지축소라는 전 세계적인 흐름에서 벗어날 수는 없었다. 캐나다에서는 1990년대 이래로 급속한 복지삭감의 경향이 나타났고, 2000년대 중반에는 사회보장지출수준이 선진 산업국가들 가운데 최저수준까지 떨어졌다.

캐나다의 급속한 복지축소는 사실 예견된 것이었다. 우선, 내부적으로 볼 때 1990년대 이래로 복지국가의 확대를 지지하는 사회민주주의 세력의 파워가 미약해졌다. 사회민주주의 정치세력인 NDP는 연방 차원에서 자유당에 복지확대의 압력을 가하기 어려울 정도로 허약해졌고, 노동운동은 기업별 노동조합주의가 유지되는 가운데 노동조합 조직률이 크게 감소하고(1985년의 39%에서 2009년에는 30%로 감소) 단체협상의 개별화가 급진전하면서 정치적·사회적 파워를 더욱 상실하였다. 이와 같이 복지국가를 지지하는 정치세력과 사회세력이 허약해지는 가운데 NAFTA의 체결과 세계화의 급진전으로 직접적인 영향이 가해지면서 캐나다는 복지축소의 길로 들어서게 된 것이다.

2006년 연방선거에서 하퍼(Stephen Harper) 수상이 이끄는 보수당이 승리함으로써 13년에 걸친 자유당의 통치가 종식되었다.[13] 보수당은 37.7%의 득표율로 총의석 307석의 40.4%인 124석을 차지하여 소수당 정부를 구성하였고, 자유당은 103석으로 제1야당이 되었다. 2008년 선거에서는 보수당의 의석이 143석으로 더 늘어난 반면에, 자유당은 전체 의석의 25%인 77석만을 차지하는 패배를 당했다. NDP의 의석이 2006년 29석, 2008년 37석 등으로 1960-80년대의 지위를 회복하고 있기는 하지만, 전체적으로 볼 때 캐나다 정치지형은 계속해서 우경화되고 있다.

캐나다의 보수당은 진보적 보수당(Progressive Conservative)이라는 명칭이 나타내듯이 전통적으로 사회적 보수주의(토리주의)를 견지하였고, 1970년대 전 세계적으로 복지국가 위기의 시대가 왔어도 미국과 영국의 자매정당들과는 달리 복지국가에 대한 대규모의 신자유주의적 공세를 취하지 않았다. 그렇지만, 40대의 젊은 당수를 수반으로 집권에 성공한 현재의 보수당은 균형예산과 예산절감을 강조하는 이른바 청색 토리주의(Blue Toryism)를 추종하고 있다. 공격적인 세금삭감과 지출삭감을 핵심목표로 내건 보수당 정부하에서는 사회보장의 축소

13) 캐나다 보수당은 1867년에 창립되었고, 1942년부터는 진보적 보수당(Progressive Conservative Party of Canada)이라는 명칭을 사용하였다. 현재의 보수당(Conservative Party of Canada)은 2003년 개혁당(Reform Party)의 후신인 캐나다 연맹(Canadian Alliance)과 진보적 보수당이 통합하여 결성되었다.

가 불가피하다. 캐나다의 보수당 정부는 영국과 미국의 자매정당들이 30년 전에 시행했던 사회개혁을 이제야 추진하게 된 것이다.

앞으로 캐나다 복지국가는 더욱 축소될 전망이다. 그것은 단순하게 사회보장지출수준의 하락만을 의미하는 것은 아니다. 우선, 새로운 보수당 정부는 한정된 자원의 효과적인 분배와 공정성의 확보를 명목으로 소득심사를 강화함으로써 보편주의 프로그램을 더욱 축소할 것이다. 1980년대 말 전임 보수당 정부가 시작했던 보편급여의 제거 작업은 2010년대의 새로운 보수당 정부에서 완성될 가능성이 크다. 또한, 현 정부는 개인의 자유로운 선택과 효율성 증대를 명분으로 사회보장제도의 민영화를 시도할 수도 있다. 이제까지 캐나다의 어떤 정부도 건드리지 않은 사회보장제도의 민영화가 시행되면 캐나다 복지국가는 근본적인 변화를 겪게 될 것이다.

캐나다는 한 때 보편주의 프로그램과 사회화된 의료제도를 바탕으로 미국과는 차별화된 사회보장제도를 유지하였다. 이 두 국가는 비록 자유주의 복지국가라는 동일한 유형에 속하기는 했지만 시민생활에 대한 국가의 개입정도나 사회보장 프로그램의 설계 측면에서 캐나다는 미국에 비해 양질의 복지국가를 유지했던 것이다. 그렇지만 국내외적인 복지축소의 압력하에서 보수당의 통치가 장기화되면 보편급여는 축소되는 반면에 공공부조 형태의 사회보장 프로그램은 확대될 것이며, 의료와 같은 핵심부문에서 시장의 역할이 크게 증대될 것이다. 결국 이러한 과정의 결과 캐나다는 미국과의 차별성이 거의 없는 전형적인 자유주의 복지국가로 고착될 수 있다.

# | 참고문헌 |


〈한국어 문헌〉

곽병훈. 2008. "캐나다 재가노인복지서비스 전달체계의 정부 간 역할분담". 『사회보장연구』 42(1): 205-231.

김대철. 2007. "캐나다의 2003년 공적연금 재정계산 현황". 『보건복지포럼』 126: 87-98.

김상균 외. 2006. "캐나다 정부의 연금개혁 전략에 대한 일고찰". 『사회보장연구』 22(1): 127-152.

박태규. 1996. "캐나다 공적연금제도와 실업보험제도의 구조와 경제적 효과". 『사회보장연구』 12(1): 121-46.

보건복지부. 2005. 『캐나다 노인복지제도』. 보건복지부.

정석국. 2003. "캐나다 보건의료보장제도 개혁과 공중판단". 『보건사회연구』 23(1): 104-147.

조영훈. 2010a. "복지국가 발달에 대한 문화주의적 해석과 그 평가". 『한국사회학』 44(1): 98-122.

_____. 2010b. "노동운동의 분열과 캐나다 복지국가". 『현상과 인식』 34(1/2): 125-146.

_____. 2010c. "보편주의 사회프로그램의 성장과 쇠퇴: 캐나다 가족수당 사례". 『아태연구』 17(1): 85-101.

_____. 2010d. "캐나다 복지국가의 유형 검토". 『사회과학연구』 26(4): 351~369.

_____. 2009. "캐나다 복지국가의 성장: 1940년대~1970년대". 『법정리뷰』 26: 3-20.

_____. 2006. 『일본 복지국가의 어제와 오늘: 복지국가 이론들의 비교와 평가』. 한울아카데미.

_____. 2004. 『변화하는 세계, 변화하는 복지국가』. 집문당.
최영 외. 2009. "아동자산형성 지원제도에 대한 국가 간 비교연구: 영국, 캐나다, 싱가포르를 중심으로". 『사회보장연구』 25(4): 307-335.

〈캐나다 공공기관 및 국제기구 자료〉

AWCBC(Association of Workers' Compensation Boards of Canada). 2009. "2008/2009 Provisional Average Assessment Rates". http://www.awcbc.org/en/provisionalaverageassessmentrates.asp.
_______. 2008a. "2008 Key Benefits Information". http://www.awcbc.org/common/assets/benefits/key_benefits_information.pdf.
_______. 2008b. "Key Statistical Measures for 2007". http://www.awcbc.org/common/assets/ksms/2007ksms.pdf.
_______. 2008c. "Scope of Coverage: Industries/Occupations". http://www.awcbc.org/common/assets/assessment/industries_occupations_covered. pdf.
CIHI(Canadian Institute for Health Information). 2008a. Health Care in Canada. Ottawa: CIHI.
____. 2008b. National Health Expenditure Trends, 1975~2008. Ottawa: CIHI.
____. 2006. *Health Care in Canada*. Ottawa: CIHI.
CRA(Canada Revenue Agency). 2009. "CPP Contribution Rates". http://www.cra-arc.gc.ca/tx/bsnss/tpcs/pyrll/clcltng/cpp-rpc/cnt-chrt-pf-eng.html.
Health Canada. 2005. Canada's Health System. Ottawa: Health Canada. http://dsp-psd.pwgsc.gc.ca/Collection/H21-261-2005E.pdf.
Human Resources Development. 2001. *Canad's Retirement Income System*. Ottawa: Human Resources Development.
HRSDC(Human Resources and Skills Development Canada). 2009a. Annual Reports on the EI Premium Rate and Maximum Insurable Earnings. Ottawa: HRSDC.
______. 2008a. Employment Insurance Monitoring and Assessment Reports. Ottawa: HRSDC.
______. 2008b. A Departmental Performance Report, 2007-2008. Ottawa: HRSDC.
______. 2007a. *Annual Report of the Canadian Pension Plan 2006-*

07. Ottawa: HRSDC.
____. 2007b. "Private Pensions and Savings". http://www1.servicecanada.gc.ca/eng/isp/common/hrsdc/ris/privpension.shtml.
____. 2005a. Social Security Statistics Canada and Provinces 1978-1979~2002-2003. http://www.hrsdc.gc.ca/eng/cs/sp/sdc/socpol/tables/page02.shtml.
_____. 2005b. Social Security Statistics Canada and Provinces 1970-1971~1994-1995.
http://www.hrsdc.gc.ca/eng/cs/sp/sdc/socpol/publications/statistics/9999-000099/page00.shtml.
ILO. 2000. *World Labour Report 2000-Income Security and Social Protection in Changing World*. Geneva:
___. 1999. The Cost of Social Security 1991-1993. Geneva: ILO.
___. 1996. The Cost of Social Security 1987-1989. Geneva: ILO.
___. 1988. The Cost of Social Security 1981-1983. Geneva: ILO.
___. 1961. The Cost of Social Security 1949-1957. Geneva: ILO.
Labour Canada. 2010. Union Membership in Canada-2009. Ottawa: HRSDC. http://www.hrsdc.gc.ca/eng/labour/labour_relations/info_analysis/union_membership/union_membership2009.pdf.
_____. 2006. Union Membership in Canada-2005. Ottawa: HRSDC. http://142.236.54.113/eng/lp/wid/um/pdf/Union_Membership05.pdf.
Directory of Labour Organizations in Canada. http://www.hrsdc.gc.ca/eng/lp/wid/union_membership.shtml.
NCW(National Council of Welfare). 2008. Welfare Incomes, 2006 And 2007. Ottawa: National Council of Welfare.
______. 2006. Welfare Incomes, 2004 And 2005. Ottawa: National Council of Welfare.
NUPGE(National Union of Public and General Employees). 2008. "Percentage of Canadian Workers Covered by Pension Plan Declines". http://www.nupge.ca/issues/pen-n0117-july-04-08.htm.
______. 1992. Welfare Reform. Ottawa: NCW.(Evans, 1994)에서 재인용.
OECD. 2009a. "OECD.Stat Extracts-Complete Databases Available Via Source OECD". http://stats.oecd.org/wbos/Index.aspx?datasetcode=SOCX_REF.
______. 2009b. Society at a Glance 2009-OECD Social Indicators. Paris: OECD.

_____. 2008. OECD Health Data 2008(June Edition). (CIHI, 2008: 3)에 재인용.

_____. 1994. Employment Outlook 1994.

OSFI(Office of the Superintendent of Financial Institutions Canada). 2008. *OSFI Annual Report, 2007~2008*. Ottawa: OSFI.

Parliament of Canada. 2009. "History of Federal Ridings Since 1867". http://www2.parl.gc.ca/Sites/LOP/HFER/hfer.asp?Language=E.

SCB(Statistiska Centralbyran). 2010. Social Protection Expenditure and Receipts in Sweden and Europe. http://www.scb.se/Pages/TableAndChart____202286.aspx.

Service Canada. 2009a. Overview of the Old Age Security Program. http://www.hrsdc.gc.ca/eng/isp/oas/oasoverview.shtml.

_____. 2009b. Old Age Security (OAS) Payment Rates http://www.hrsdc.gc.ca/engisp/oas/oasrates.shtml#note.

_____. 2009c. Canada Pension Plan (CPP)-Payment Rates. http://www1.servicecanada.gc.ca/eng/isp/pub/factsheets/rates.shtml.

_____. 2009d. Canada Pension/Old Age Security Quarterly Report-Rates and Related Figures. shttp://www1.servicecanada.gc.ca/eng/isp/statistics/rates/pdf/janmar09.pdf.

_____. 2009e. "Employment Insurance". http://www1.servicecanada.gc.ca/eng/sc/ei/index.shtml.

_____. 2008a. "Canada Pension Plan Contribution Rates". http://www.hrsdc.gc.ca/eng/isp/cpp/contribrates.shtml.

_____. 2008b. Old Age and the Canada Pension Plan-A Reference Guide. Ottawa: Service Canada.

SSA(Social Security Administration). 2008. Social Security Programs Throughout the World: Europe. www.socialsecurity.gov.

_____. 1997. Social Security Programs in the United States. http://www.ssa.gov/policy/docs/progdesc/sspus/index.html.

Statistics Canada. 2009. "Unionization". Perspectives(August 2009) 27-35. http://www.statcan.gc.ca/pub/75-001-x/75-001-x2009108-eng.pdf.

_____. 2008a. "Employer Pension Plans(Trusteed Psnsion Funds)". http://www.statcan.gc.ca/daily-quotidien/081211/dq081211d-eng.htm.

_____. 2008b. "Registered Retirement Savings Plan Contributions". http://www.statcan.gc.ca/daily-quotidien/081105/dq081105a-eng.htm.

_____. 2003. Canada's Retirement Income Programs: A Statistical Overview(1990-2000).

_____. 1983a. "Section G: Government Finance". Historical Statistics of Canada. http://www.statcan.gc.ca/pub/11-516-x/sectionh/4057752-eng.htm.

_____. 1983b. "Section E: Wage and Working Conditions". Historical Statistics of Canada. http://www.statcan.gc.ca/pub/11-516-x/sectione/4147438-eng.htm.

〈영어 문헌〉

Adams, M. 2003. *Fire and Ice: The United States, Canada and the Myth of Converging Values*. Toronto: Penguin.

Adams, R. 2006. *Labour Left Out: Canada's Failure to Protect and Promote Collective Bargaining as a Human Right*. Ottawa: Canadian Centre for Policy Alternatives.

Akyeampong, E. 2002. "Unionization and Fringe Benefits". *Perspectives* 3(8): 5-9.

__________. 2000. "Non-Unionized But Covered by Collective Agreement". *Perspectives* 1(9): 33-58.

Andreae, D. 1999. "Canadian Values, Social Policy Development, and Social Work Practice". F. J. Turner(ed.). *Social Work Practice: A Canadian Perspective*. Scarborough, ON: Prentice Hall Allyn and Bacon Canada.

Angus, D. A. et. al. 1995. *Sustainable Health Care for Canada: Synthesis Report*. Ottawa: Queen's-University of Ottawa Economic Projects.

Arat, Z. F. K. 2008. "The Promise of Economic Rights and the Welfare State". *Human Rights and Human Welfare* 8: 1-15.

Armitage, A. 2003. *Social Welfare in Canada*. New York: Oxford University Press.

_______. 1996. *Social Welfare in Canada Revisited: Facing up to the Future*. New York: Oxford University Press.

Armstrong, P. 1997. "The Welfare State as History". R. B. Blake et al.(eds.). *The Welfare State in Canada: Past, Present and Future*. Concord, ON: Irwin Publishing.

Arrowsmith, J. D. 1992. *Canada's Trade Unions: An information Manual*. Kingston: Industrial Relations Centre, Queen's University.

Atkinson, M. M. and M. A. Chandler(eds.). 1983. *The Politics of Canadian Public Policy*. Toronto: University of Toronto Press.

Babcock, R. 1995. "Blood on the Factory Floor: The Workers' Compensation Movement in Canada and the United States". Blake, R. and J. Keshen(eds.). *Social Welfare Policy in Canada: Historical Readings*. Toronto: Copp Clark.

Baer, D.(ed.). 2002. *Political Sociology: Canadian Perspectives*. New York: Oxford University Press.

Bak, H. et. al.(eds.). 1996. *Social and Secure?: Politics and Culture of the Welfare State: a Comparative Inquiry*. Amsterdam : VU University Press.

Baker, M. 1997. "The Restructuring of the Canadian Welfare State: Ideology and Poicy". *SPRC Discussion Paper* No.77. Sydney: The Social Policy Research Centre.

Baker, M. et al. 2001. "Income Security Programs and Retirement in Canada". Paper prepared for Project on International Social Security Comparisons(November 2001).

Baldwin, P. 1990. *The Politics of Social Solidarity: Class Bases of the European Welfare State 1875-1975*. Cambridge: Cambridge University Press.

______. 1989. "Class, Interest and the Welfare State: A Reply to Sven E. Olsson". *International Review of Social History* 34(3): 471-84.

Bane, M. J. et al.(eds.). *2000. Who Will Provide?: the Changing Role of Religion in American Social Welfare*. Boulder, CO: Westview Press.

Bannerman, G. and D. Nixdorf. 2005. *Squandering Billions: Health Care in Canada*. Surrey, B.C.: Hancock House.

Banting, K. 2005a. "Canada: Nation-Building in a Federal Welfare State". H. Obinger et al(eds.). *Federalism and the Welfare State: New World and European Experiences*. New York: Cambridge University Press.

______. 2005b. "Canada As Counter-Narrative: Multiculturalism, recognition and redistribution". Paper presented to the Panel on Canada's Contribution to Understanding Rights and Diversity, Canadian Political Science Association(June 2, 2005, University of Western Ontario).

______. 2005c. "The Multicultural Welfare State: International Experience and North American Narratives". *Social Policy and Administration* 39(2): 98-115.

______. 1997. "The Social Policy Divided: The Welfare State in Canada and the United States". K. Banting et al(eds.). *Degrees of Freedom: Canada and the United States in a Changing World*. Montreal: McGill-Queen's University Press.

______. 1995. "The Welfare State as Statecraft: Territorial Politics and Canadian Social Policy". S. Liebfried and P. Pierson(eds.). *European Social Policy: Between Fragmentation and Integration*. Washington, D. C.: The Brookings Institution.

______. 1987. *The Welfare State and Canadian Federalism*. Montreal: McGill-Queen's University Press.

Banting, K. and K. Battle(eds.). 1994. *A New Social Vision for Canada?*. Kingston, ON: Caledon Institute of Public Policy.

Banting, K. and R. Boadway. 2004. "Defining the Sharing Community. The Federal Role in Health Care". H. Lazar and F. St-Hilaire(eds.). *Money, Politics and Health Care*. Montreal: The Institute for Research on Public Policy.

Banting, K. et al(eds.). 1997. *Degrees of Freedom: Canada and the United States in a Changing World*. Montreal: McGill-Queen's University Press.

Bashevkin, S. 2001. "Road-Testing the Third Way: Welare Reform in Canada, Britain and the United States". Lecture Presented at the Center for Globalization and Policy Research, UCLA.

Battle, K. 2008. *A Bigger and Better Child Benefit: A $5,000 Canada Child Tax Benefit*. Ottawa: The Caledon Institute of Social Policy.

_____. 2001. *Relentless Incrementalism: Deconstructing and Reconstructing Canadian Income Security Policy*. Ottawa: Caledon Institute of Social Policy.

_____. 1998. "Transformation: Canadian Social Policy Since 1985". *Social Policy and Administration* 32(4): 321-340.

_____. 1994. "Poverty: Myths, Misconceptions, and Half-truths". A. F. Johnson et al(eds.). *Continuities and Discontinuities: The Political Economy of Social Welfare and Labour Market Policy in Canada*. Toronto: University of Toronto Press.

_____. 1990. "Clawback: The Demise of Universality in Canadian Welfare State". I. Taylor(ed.). *Social Effects of Free Market Policies*. New York: St. Martin's Press.

Battle, K. et al. 2002. "Foundations and Future of Social policy in Canada". Three Short Speeches from the Caledon Institute's 10th Anniversary Celebration(November 6, 2002). Ottawa, ON: Caledon Institute of Social Policy.

Battle, K. and E. Tamagno. 2007. "Public Pensions in a Development Context: The Case of Canada". *Social Policy and Development Programme Paper* No. 31. Geneva: UN Research Institute for Social Development.

Battle, K. and S. Torjman. 2001. "The Post-Welfare State in Canada: Income-Testing and Inclusion". Paper prepared for the Consortium for Economic Policy Research and Advice Project. Ottawa, ON: Caldedon Institute of Social Policy.

Beland, D. and A. Lecours. 2007. "Federalism, Nationalism and Social Policy Decentralization in Canada and Belgium". *Regional and Federal Studies* 17(4): 405-419.

_____. 2006. "Sub-State Nationalism and the Welfare State: Quebec and Canadian Federalism". *Nations and Nationalism* 12(1): 77-96.

Bell, D. 1995. "Political Culture in Canada". M. S. Whittington and G. Williams(eds.). *Canadian Politics in the 1990s*. Toronto: Nelson Canada.

Bernard, E. 1991. "Labor and Politics in the US and Canada". S. Hecker and M. Hallock(eds.). *Labor in a Global Economy: Perspectives from the U.S. and Canada*. Eugene, OR: Labor Education and Research Center, University of Oregon.

Bernard, P. M. 2008. "Varieties of Capitalism and Inequality: Canada from a Comparative Perspective". *Journal of Humanities and Social Sciences* 2(2): 1-17.

Bernard, P. and S. Saint-Arnaud. 2004. "More of the Same? The Position of the Four Largest Canadian Provinces in the World of Welfare Regimes". *Research Report* F149. Canadian Policy Research Networks.

Bhatia, V. and W. D. Coleman. 2003. "Ideas and Discourses: Reform and Resistance in the Canadian and German Health Systems". *Canadian Journal of Political Science* 36(4): 715-739.

Black, E. and J. Silver. 2001. *Building A Better World: An Introduction to Trade Unionism in Canada*. Halifax: Fernwood Publishing.

Blair, R. and J. McLeod. 1987. *The Canadian Political Tradition: Basic Readings*. Toronto: Methuen.

Blake, R. 2006. "In the Children's Interest? Change and Continuity in a Century of Canadian Social Welfare Initiatives for Children". R. Blake and J. Keshen(eds.). *Social Fabric or Patchwork Quilt?: The Development of Social Welfare in Canada*. Peterborough, ON: Broadview Press.

____. 1995. "Mackenzie King and the Genesis of Family Allowances in Canada, 1939-1944". R. Blake and J. Keshen(eds.). 1995. *Social Welfare Policy in Canada: Historical Readings*. Toronto: Copp Clark.

Blake, R. and J. Keshen(eds.). 2006. *Social Fabric or Patchwork Quilt?: The Development of Social Welfare in Canada*. Peterborough, ON: Broadview Press.

Blake, R. and J. Keshen(eds.). 1995. *Social Welfare Policy in Canada: Historical Readings*. Toronto: Copp Clark.

Blake, R. et al.(eds.). 1997. *The Welfare State in Canada: Past, Present and Future*. Concord, ON: Irwin Publishing.

Blank, R. M. and M. J. Hanratty. 1993. "Responding to Need: A Comparison of Social Safety Nets in Canada and the United States". D. Card and R. B. Freeman(eds.). *Small Differences that Matter*. Chicago: The University of Chicago Press.

Block, R. N. et al. 2003. *Labor Standards in the United States and*

*Canada*. W. E. Upjohn Institute for Employment Research. Kalamazoo, Michigan.
Blyth, J. 1972. *The Canadian Social Inheritance*. Toronto: The Copp Clark Publishing Company.
Bothwell, R. et al. 1989. *Canada Since 1945: Power, Politics and Provincialism*(Revised Edition). Toronto: University of Toronto Press.
Boychuk, G. W. 2006. "Slouching Toward the Bottom? Provincial Social Assistance Provision in Canada, 1980-2000". K. Harrison(ed.). *Racing to the Bottom? Provincial Interdependence in the Canadian Federation*. UBC Press.
_______. 1998. *Patchworks of Purpose: The Development of Provincial Social Assistance Regimes in Canada*. Montreal: McGill-Queen's University Press.
Boychuk, G. W. and K. G. Banting, 2008. "The Canada Paradox: The Public-Private Balance in Health Insurance and Pension". Paper presented to the Conference on The Future of Social Citizenship. ISA Research Committee(September 4-6, 2008 Stockholm, Sweden).
Bradford, N. and J. Jenson. 1991. "Facing Economic Restructuring and Constitutional Renewal: Social Democracy Adrift in Canada". F. F. Piven(ed.). *Labor Parties in Postindustrial Societies*. New York: Oxford University Press.
Briggs, A. 1967. "The Welfare State in Historical Perspective". C. I. Schottland(ed.). *The Welfare State*. New York: Harper Torch-books.
Brodie, M. and J. Jenson. 1980. *Crisis, Challenge and Change: Party and Class in Canada*. Toronto: Methuen.
Brooks, S. 1998. *Public Policy in Canada: An Introduction*(3rd Edition). Toronto: Oxford University Press.
Bryden, K. 1974. *Old Age Pensions and Policy-Making in Canada*. Montreal: McGill-Queen's University Press.
Bryden. P. E. 1997. *Planners and Politicians: Liberal Politics and Social Policy, 1957-1968*. Montreal: McGill-Queen's University Press.
Bumsted, J. M. 1997. "The Rise and Fall of the Welfare State in

Canada". D. Taras(ed.). *A Passion for Identity: An Introduction to Canadian Studies*. Scarborough, ON: I.T.P. Nelson.

Burke, M. 2000. "Efficiency and the Erosion of Health Care in Canada". M. Burke et al. *Restructuring and Resistance: Canadian Public Policy in the Age of Global Capitalism*. Halifax, N.S.: Fernwood.

Burke, M. and S. Silver. 2003. "Universal Health Care: Current Challenges to Normative Legacies". A. Westhues(ed.). *Canadian Social Policy: Issues and Perspectives*. Waterloo, ON: Wilfrid Laurier University Press.

Burke, M. et al. 2000. *Restructuring and Resistance: Canadian Public Policy in the Age of Global Capitalism*. Halifax, N.S.: Fernwood.

Butler, R. 1999. *The Economics of Social Insurance and Employee Benefits*. Boston: Kluwer Academic Publishers.

Cameron, D. and J. McCrea-Logie. 2004. "Cooperation and Dispute Resolution in Canadian Health Care". H. Lazar and F. St-Hilaire(eds.). *Money, Politics and Health Care. Montreal: The Institute for Research on Public Policy*.

Campbell, R. 1987. *Grand Illusions: The Politics of the Keynesian Experience in Canada, 1945-1975*. Peterborough, ON: Broadview Press.

Canadian Welfare Council. 1954. *Social Welfare Developments in Canada, 1953-54*. Ottawa: Canadian Welfare Council

Card, D. and R. B. Freeman(eds.). 1993. *Small Differences That Matter: Labor Markets and Income Maintenance in Canada and United States*. Chicago: University Of Chicago Press.

Cassidy, H. M. 1943. *Social Security and Reconstruction in Canada*. Toronto: The Ryerson Press.

Castles, F. G. 1994. "On Religion and Public Policy: Does Cathol icism Make a Difference?". *European Journal of Political Research* 25: 19-40.

CBC(Conference Board in Canada). 1974. *Future Trends in Employee Benefits*. A Symposium Held in Toronto(April 1974). Ottawa: The Conference Board in Canada.

CCPA Monitor. 1996. "An Administrative Nightmare: Workfare A

Failure Wherever It's Been Tried". http://www.socialpolicy.ca/cush/m3/bwkfare1.html.

Chamberlayne, P.(ed.). 1999. *Welfare and Culture in Europe: Towards a New Paradigm in Social Policy*. London: Jessica Kingsley Publishers.

Chandler, W. 1977. "Canadian Socialism and Policy Impact: Contagion from the Left?". *Canadian Journal of Political Science* 10: 7555-80.

Choudhry, S. and J. Graudreault-Desbiens(eds.). 2006. *Dilemmas of Solidarity: Rethinking Distribution in the Canadian Federation*. Toronto: University of Toronto Press.

Christian, W. and C. Campbell. 1983. *Political Parties and Ideologies in Canada*. Toronto: McGraw-Hill Ryerson Limited.

Christie, N. and M. Gauvreau. 1996. *A Full-Orbed Christianity: The Protestant Churches and Social Welfare in Canada 1900-1940*. Montreal: McGill-Queen's University Press.

Clark, C. J. 1998. *Canada's Income Security Programs*. Ottawa: The Canadian Council on Social Development.

Clark, D. 2002. "Neoliberalism and Public Service Reform: Canada in Comparative Perspective". *Canadian Journal of Political Science* 35(4): 771-793.

Cleveland, J. W. 2004. "New Left, not New Liberal: 1960s Movements in English Canada and Quebec". *The Canadian Review of Sociology and Anthropology* 41(1): 67-84.

Collins, K. 1976. "Three Decades of Social Security in Canada". *Canadian Welfare* 51(1): 5-9.

Contandriopoulus, A. et al. 1995. "Canada". Norman Johnson(ed.). *Private Markets in Health and Welfare: An International Perspective*. Oxford: Berg Press.

Copp, T. 1989. "The Child Welfare Movement in Montreal to 1920. D. C. M. Platt(ed.). *Social Welfare, 1850-1950 Australia, Argentina and Canada Compared*. London: Macmillan.

Coburn, D. et al(eds.). 1987. *Health and Canadian Society: Sociological Perspectives*(2nd edition). Toronto: Fitzhenry and Whiteside.

Coleman, W. and V. Bhatia. 2003. "Ideas and Discourse: Reform and Resistance in the Canadian and German Health Systems". *Canadian Journal of Political Science* 36(4): 715-739.

Coughlin, R. 1980. "Ideology, Public Opinion, and Welfare Policy: Attitudes Toward Taxing and Spending in Industrialized Societies". *Monograph Series* No. 42. Institute of International Studies. Berkeley: University of California.

Courchene, M. 1989. "Wages, Productivity and Labour Cost-Reference Tables". *The Current Industrial Relations Scene in Canada 1989*. Kingston, ON: Industrial Relations Centre, Queen's University.

Crane, J. A. 1994. *Directions for Social Welfare in Canada: The Public's View*. Vancouver: University of British Columbia Press.

Crisp, R. and D. R. Fletcher. 2008. "a Comparative Review of Workfare Programmes in the United States, Canada and Australia". *Research Report* No. 533. Department for Work and Pensions(UK).

Cuneo, C. 1980. "The Canadian State and Unemployment Insurance". *Studies in Political Economy*: 37-65.

_____. 1971. "State, Class and Reserve Labour: The Case of the 1941 Canadian Unemployment insurance Act". *Canadian Review of Sociology and Anthropology* 16.

CWLC(Child Welfare League of Canada). 2007. *The Welfare of Canadian Children: It's Our Business*. Ottawa, ON: CWLC.

Dealton, R. L. 1989. *The Political Economy of Pensions: Power, Politics and Social Change in Canada, Britain and the United States*. Vancouver: University of British Columbia Press.

Decker, S. L. and D. K. Remler. 2004. "How Much Might Universal Health Insurance Reduce Socioeconomic Disparities in Health? A Comparison of the US and Canada". *NBER Working Paper Series* No. 10715.

Dingledine, G. 1981. *A Chronology of Response: the Evolution of Unemployment Insurance from 1940 to 1980*. Ottawa : Employment and Immigration Canada.

Djao, A. W. 1983. *Inequality and Social Policy: the Sociology of Welfare*. Toronto : J. Wiley.

Doran, C. F. 2000. "Convergence of Divergence?". *Canada Watch* 8 (4-5): 61-76.

Drover, G. 2002. "Tilting Toward Marketization: Reform of the Canadian Pension Plan". *Review of Policy Research* 19(3): 85-107. (Blake and Keshen, 2006)에 재수록.

Duverger, M. 1954. *Political Parties*. New York: Wiley

Dufour, P. 2001. "Marginalization in a Post-Welfare Regime: New Forms of Representation and a New Political Process Design". Paper Presented to Workshop #5 of ECPR(April 6-11, Grenoble, France).

Dyck, R. 1979. "The Canada Assistance Plan: The Ultimate in Co-Operative Federalism". *Canadian Public Administration* 19(4): 587-602. (R. Blake and J. Keshen, 1995)에 재수록.

Edlund, J. 2007. "Class Conflicts and Institutional Feedback Effects in Liberal and Social Democratic Welfare Regimes". Attitudes Toward State Redistribution and Welfare Policy in Six Western Countries". S. Svallfors(ed.). *The Political Sociology of the Welfare State: Institutions, Social Cleavages, and Orientations*. Stanford, Calif.: Stanford University Press.

English, J. and W. R. Young. 2006. "The Federal Government and Social Policy at the Turn of the Twenty-first Century: Reflections on Change and Continuity". A. Westhues(ed.). *Canadian Social Policy: Issues and Perspectives*(4th Edition). Waterloo, ON: Wilfrid Laurier University Press.

Englemann, F. and M. Schwartz. 1975. *Canadian Political Parties: Origins, Character, Impact*. Scarborough, ON: Prentice Hall.

Esping-Andersen, G.(ed.). 1996. *Welfare States in Transition*. London: Sage.

_____. 1990. *The Three Worlds of Welfare Capitalism*. Princeton: Princeton University Press.

_____. 1987. "Citizenship and Socialism: De-Commodification and Solidarity in the Welfare State". G. Esping-Andersen et al (eds.). *Stagnation and Renewal in Social Policy*. Armonk, NY: N. E. Sharpe.

_____. 1985. *Politics Against Market*. Princeton: Princeton University Press.

Esping-Andersen, G. and W. Korpi. 1984. "Social Policy as Class Politics in Postwar Capitalism". J. Goldthorpe(ed.). *Order and Conflict in Contemporary Capitalism*. Oxford: Oxford University Press.

Evans, P. 2002. "Downloading the Welfare State, Canadian Style". G. Goldberg(ed.). *Diminishing Welfare*. Westport, CT: Auburn House.

_____. 1994. "Eroding Canadian Social Welfare: the Mulroney Legacy, 1984-1993". *Social Policy and Administration* 28(2): 107-119. (Blake and Keshen, 2006)에 재수록.

Evans, R. et al. 1991. "The 20-Year Experiment: Accounting for Explaining and Evaluating Health Care Costs in Canada and the United State". *Annual Review of Public Health* 12: 481-518.

Fierlbeck, K. 2001. "Cost Containment in Health Care: The Federalism Context. D. Adams(ed.). *Federalism, Democracy and Health Policy in Canada*. Montreal: McGill-Queen's University Press.

Finkel, A. 2006. *Social Policy and Practice in Canada: A History*. Waterloo, ON: Wilfrid Laurier University Press.

_____. 1977. "Origins of the Welfare State in Canada". L. Panitch(ed.). *The Canadian State: Political Economy and Political Power*. Toronto: University of Toronto Press.

Finnie, R. et al. 2004. "Welfare Dynamics in Canada: The Role of Individual Attributes and Economic-Policy Variables". *Analytical Studies Branch Research Paper Series*. Ottawa: Statistics Canada.

Flora. P. 1985. "On the History and Current Problems of the Welfare State". S. N. Eisenstadt and O. Ahimeir(eds.). *The Development of Welfare State in Europe and America*. London: Transaction.

____. 1981. "Solution or Source of Crises? The Welfare State in Historical Perspective". W. J. Mommsen et al(eds.). *The Emergence of the Welfare State in Britain and Germany*. London: Croom Helm.

Flora, P. and A. Heidenheimer(eds.). 1981. *The Development of Welfare States in Europe and America*. London: Transaction.

Frankman, M. J. 1998. "The Fight to Preserve Universal Social Programs: A Canadian Perspective on the Great Capitalist Restoration". *Journal of Economic Issues* 32(2): 489-496.

Fudge, D. 2006. *Collective Bargaining in Canada*(2nd edition). Black

Point, NS: Fernwood Publishing.

Gagan, D. and R. Gagan. 2002. *For Patients of Moderate Means: a Social History of the Voluntary Public Hospital in Canada, 1890-1950*. Montreal: McGill-Queen's University Press.

Garfinkel, I. et al. 2005. "Equal Opportunities for Children: Social Welfare Expenditures in the English-Speaking Countries and Western Europe". *Focus* 23(3): 16-23.

Gazso, A. and H. Krahn. 2008. "Out of Step or Leading the Parade? Public Opinion About Income Support Policy in Alberta, 1995 and 2004". *Journal of Canadian Studies* 42(1): 154-178.

Gavigan, S. Am. and D. E. Chunn. 2007. "From Mothers Allowance to Mothers Need Not Apply: Canadian Welfare Law as Liberal and Neo-Liberal Reforms". *Osgoode Hall Law Journal* 45(4): 733-771.

George, V. and P. Taylor-Gooby(eds.). 1996. *European Welfare Policy: Squaring the Welfare Circle*. Basingstocke: Macmillan.

Gilbert, N. 1983. *Capitalism and the Welfare State: Dilemmas of Social Benevolence*. New Heaven: Yale University Press.

Gildiner, A. 2006. "Measuring Shrinkage in the Welfare State: Forms of Privatization in a Canadian Health-Care Sector". *Canadian Journal of Political Science* 39(1): 53-75. pdf.

Gill, A. and E. Lundsgaarde. 2004. "State Welfare Spending and Religiosity: A Cross-National Analysis". *Rationality and Society* 16(4).

Ginsburg, N. 1979. *Class, Capital and Social Policy*. London: Macmillan.

Goffman, I. J. 1965. *Some fiscal Aspects of Public Welfare in Canada*. Toronto: Canadian Tax Foundation.

Goldberg, G.(ed.). 2002. *Diminishing Welfare*. Westport, CT: Auburn House.

Grabb, E. G. and J. E. Curtis. 2002. "Comparing Central Political Values in the Canadian and American Democracies". D. Baer. *Political Sociology: Canadian Perspectives*. New York: Oxford University Press.

Graham, J. R. et al. 2003. *Canadian Social Policy-An Introduction*. Toronto: Pearson Education Canada Inc.

Gran, B. 2008. "Shifts in Public-Private Provision of Retirement Income:

A Four-Country Comparison". *Research on Aging* 30(5).

Greve, B. 2007. *Occupational Welfare-Winners and Losers*. Cheltenham, UK: Edward Elgar.

Gruber, J. and M. Hanratty. 1993. "The Labor Market Effects of Introducing National Health Insurance: Evidence from Canada". *NBER Working Paper Series*. No. 4589.

Guest, D. 2009. "Family Allowance". The Canadian Encyclopedia. http://www.thecanadianencyclopeida.com.

_____. 1997. *The Emergence of Social Security in Canada*(3rd Edition). Vancouver: University of British Columbia Press.

_____. 1987. "World War II and the Welfare State in Canada". A. Moscovitch and J. Albert(eds.). 1987. *The Benevolent State: The Growth of Welfare in Canada*. Toronto: Garamond Press.

Haddow, R.S. 1997. *Poverty Reform in Canada, 1958-1978: State and Class Influences on Policy Making*. Montreal: McGill-Queen's University.

______. 1994. "Canadian Organized Labour and the Guaranteed Annual Income". A. F. Johnson et al(eds.). *Continuities and Discontinuities: The Political Economy of Social Welfare and Labour Market Policy in Canada*. Toronto: University of Toronto Press.

Hansen, J. et al. 2006. "State Dependence in Canadian Welfare Participation". *IZA Discussion Paper* No. 2266. Bonn: Forschungsinstitut zur Zukunft der Arbeit.

Harevan, T. 1969. "An Ambiguous Alliance: Some aspects of American Influences on Canadian Social Welfare". *Histoire Sociale*: 90-96.

Hartz, L. 1964. *The Founding of New Societies: Studies in the History of the United States, Latin America, South Africa, Canada, and Australia*. Harcourt Brace & World.

____. 1955. *The Liberal Tradition in America: An Interpretation of American Political Thought since the Revolution*. Harcourt Brace.

Hattam, V. C. 1993. *The Origins of Business Unionism in the United States*. Princeton: Princeton University Press.

Heidenheimer, A. J. 1983. "Secularzation Patterns and the Westward Spread of the Welfare State, 1883-1983: Two Dialogues About

How and Why Britain, the Netherlands, and the United States have Differed". *Comparative Social Research* 6: 3-65.

Heron, C. 1996. *The Canadian Labour Movement: A Short History*. Toronto: James Lormier.

Hick, S. 2007. *Social Welfare in Canada: Understanding Income Security* (2nd edition). Toronto: Thompson Educational Publishing.

Holmans, A. E. 1965. "Fringe Benefits in the United States". G. L. Reid and D. J. Robertson(eds.). *Fringe Benefits, Labour costs and Social Security*. London: George Allen and Unwin.

Hornsby-Smith, M. 1999. "The Catholic Church and Social Policy in Europe". P. Chamberlayne et al.(eds.). *Welfare and Culture in Europe: Towards a New Paradigm in Social Policy*. London: Jessica Kingsley Publishers.

Horowitz, G. 1968a. *Canadian Labour in Politics*. Toronto: University of Toronto Press.

_______. 1968b. "Toward a Democratic Class Struggle". T. Lloyd and J. McLeod(eds.). *Agenda 1970: Prospects for a Creative Politics*. Toronto: University of Toronto Press.

_______. 1966. "Conservatism, Liberalism and Socialism in Canada: An Interpretation". *Canadian Journal of Economics and Political Science* 31(2): 143-71. (Blair and McLeod, 1987)에 재수록.

Huber, E. et al. 1993. "Social Democracy, Christian Democracy, Constitutional Structure, and the Welfare State". *American Journal of Sociology* 99(3): 711-749.

Hum, D. P. J. 1985. "Social Security Reform During the 1970s". J. S. Ismael(ed.). *Canadian Social Welfare Policy: Federal and Provincial Dimensions*. Montreal: McGill-Queen's University Press.

Hunter, G. and D. Miazdyck. 2004. *Current Issues Surrounding Poverty and Welfare Programming in Canada: Two Reviews*. Saskatoon, SK: Canadian Centre for Policy Alternatives Saskatchewan.

Irving, A. 1987. "The Development of a Provincial Welfare State: British Columbia 1990-1939". A. Moscovitch and J. Albert(eds.). *The Benevolent State: The Growth of Welfare in Canada*. Toronto: Garamond Press.

_____. 1981. "Canadian Fabians: The Work and Thought of Harry

Cassidy and Leonard Marsh, 1930-1945". *Canadian Journal of Social Work Education* 7(1): 7-28. (R. Blake and J. Keshen, 1995)에 재수록.

Irving, A. 1980. *The Development of Income Security in Canada, Britain and the United States, 1908-1945: A Comparative and Interpretive Account*. Toronto: University of Toronto.

_____. 1975. *The Canadian Labour Movement, 1902-1960*. Ottawa: Canadian Historical Association.

Ismael, J. S.(ed). 1985. *Canadian Social Welfare Policy: Federal and Provincial Dimensions*. Montreal: McGill-Queen's University Press.

_____. 1987. *The Canadian Welfare State: Evolution and Transition*. The University of Alberta Press.

Ismael, S. 2006. *Child Poverty and the Canadian Welfare State: From Entitlement To Charity*. Edmonton: University of Alberta Press.

Jamieson, S. 1971. *Times of Trouble: Labour Unrest and Industrial Conflict in Canada*. Ottawa: Information Canada.

Jeffrey, B. 2002. "Social Cohesion and Nation-Building: The Role of Liberal Values in Connecting Canadians". Conference on Searching for the New Liberalism(Toronto, September 27-29, 2002).

Jenkins, J. and B. Brents. 1989. "Social Protest, Hegemonic Competition, and Social Reform. A Political Struggle Interpretation of the Origins of the American Welfare State". *American Sociological Review* 54: 801-809.

Jensen, C. 2008. "Worlds of Welfare Services and Transfers". *Journal of European Social Policy* 18(2): 151-162.

Jenson, J. and S. Phillips. "Regime Shift: New Citizenship Practices in Canada". *International Journal of Canadian Studies* 14.

Johnson, A. F. et al(eds.). 1994. *Continuities and Discontinuities: The Political Economy of Social Welfare and Labour Market Policy in Canada*. Toronto: University of Toronto Press.

Johnson, A. W. 1987. "Social Policy in Canada: The Past as It Conditions the Present". S. Seward(ed.). *The Future of Social Welfare Systems in Canada and the United Kingdom*. Halifax, NS: Institute for Research on Public Policy.

____. 1985. "Restructuring Family Allowances: Good Politics at No

Cost?". J. Ismael(ed.). *Canadian Social Welfare Policy: Federal and Provincial Dimensions*. Montreal: McGill-Queen's University Press.

Johnson, J. (ed.). 1995. *Private Markets in Health and Welfare: An International Perspective*. Oxford: Berg Press.

Jordan, J. 2009. "Federalism and Health Care Cost Containment in Comparative Perspective". *Publius* 39(1): 164-186.

Kahl, S. 2005. "The Religious Roots of Modern Poverty Policy: Catholic, Lutheran, and Reformed Protestant Traditions Compared". *Archives Européennes de Sociologie* 46(1): 91-126.

Kasza, G. J. 2002. "The Illusion of Welfare 'Regimes"'. *Journal of Social Policy*. 31: 271-287.

Kealey, G. S. 1989. "The Canadian State's Attempt to Manage Class Conflict, 1900-1948". D. C. M. Platt(ed.). *Social Welfare, 1850-1950: Australia, Argentina and Canada Compared*. London: Macmillan.

Kehoe, F. and M. Archer. 1983. *Canadian Industrial Relations*(3rd edition). Oakville, ON: Twentieth Century Labour Publications.

Ker, D. and J. Michalski. 2005. *Income Poverty in Canada: Recent Trends among Canadian Families 1981-2002*. London, ON: Population Studies Centre, University of Western Ontario.

Kersbergen, K. V. and M. Kremer. 2008. "Conservatism and the Welfare State: Intervening to Preserve". W. V. Oorschot et al. eds.). *Culture And Welfare State: Values and Social Policy in Comparative Perspective*. Cheltenham, UK: Edward Elgar Publishing.

Keshen, J. 2006. "A New Beginning-The Veteran's Charter". R. Blake and J. Keshen(eds.). *Social Fabric or Patchwork Quilt?: The Development of Social Welfare in Canada*. Peterborough, ON: Broadview Press.

Kirwin, B.(ed.). 1996. *Ideology, Development and Social Welfare: Canadian Perspectives*(3rd Edition). Toronto: Canadian Scholars' Press.

Kitchen, B. 1987. "The Introduction of Family Allowances in Canada". A. Moscovitch and J. Albert(eds.). *The Benevolent State: The Growth of Welfare in Canada*. Toronto: Garamond Press.

Kneebone, R. D. and K. G. White. 2007. "Fiscal Retrenchment and

Social Assistance in Canada". *Technical Paper* No. TP-07010. Calgary, Alberta: Institute for Advanced Policy Research, University of Calgary.

Kochan, T. A et al. 1994. *The Transformation of American Industrial Relations*. Ithaca, N.Y.: ILR Press.

Kopstein, J. and S. Steinmo(eds.). 2008. *Growing Apart?: America and Europe in the Twenty-First Century*. Cambridge: Cambridge University Press.

Korpi, W. 1983. *The Democratic Class Struggle*. London: Routledge and Kegan Paul.

Kruger, A. M. 1971. "The Direction of Unionism in Canada". R. U. Miller and F. Isbester(eds.). *Canadian Labour in Transition*. Scarborough, ON: Prentice Hall of Canada.

Kumar P. and M. Coates. 1990. *Collective Bargaining in 1988: Goals, Priorities and Outcomes-Report of a Survey of Large Employers*. Kingston, ON: Industrial Relations Centre, Queen's University.

Kudrle, R. T. and T. R. Marmor. 1981. "The Development of Welfare States in North America". P. Flora and A. Heidenheimer(eds.). *The Development of Welfare States in Europe and America*. London: Transaction.

Kwavnick, D. 1972. *Organized Labour and Pressure Politics: The Canadian Labour Congress 1956-1968*. Montral and London: McGill-Queen's University Press.

Langford, T. 2002. "Does Class Matter? Beliefs about the Economy and Politics in Postindustrial Canada". D. Baer(ed.). *Political Sociology: Canadian Perspectives*. New York: Oxford University Press.

Larsen, C. A. 2006. *The Institutional Logic of Welfare Attitudes: How Welfare Regimes Influence Public Support*. Aldershot: Ashgate.

Lawrence, S. and J. Ishikawa. 2005. "Trade Union Membership and Collective Bargaining Coverage: Statistical Concepts, Methods and Findings". *Social Dialogue Indicators Working Paper* No. 59. Geneva: ILO.

Lazar, H. et al. 2004a. "Vertical Fiscal Imbalance: Myth or Reality?". H. Lazar and F. St-Hilaire(eds.). *Money, Politics and Health Care*.

Montreal: The Institute for Research on Public Policy.

____. 2004b. "Federal Health Care Funding: Toward a New Fiscal Pact". H. Lazar and F. St-Hilaire(eds.). *Money, Politics and Health Care*. Montreal: The Institute for Research on Public Policy.

Leman, C. 1980. *The Collapse of Welfare Reform: Political Institutions, Policy, and the Poor in Canada and the United States*. The MIT Press.

Lightman, E. 2003. *Social Policy in Canada*. Don Mills, ON: Oxford University Press.

Lightman, E and A. Irving. 1991. "Restructuring Canada's Welfare State". *Journal of Social Policy* 20(1): 65-86.

Lingtman, E. and G. Riches. 2001. "Canada: One Step Forward, Two Steps Back?". P. Alcock and G. Graig(eds.). *International Social Policy*. Houndmills: Palgrave.

Lipset, S. 1996. *American Exceptionalism*. 문지영외 옮김. 『미국예외주의』. 후마티나스. 2006.

_____. 1990. *Continental Divide: The Values and Institutions of the United States and Canada*. London: Routledge.

_____. 1968. *Revolution and Counterrevolution: Change and Persistence in Social Structures*. New York: Basic Books.

_____. 1950. *Agrarian Socialism: The Cooperative Commonwealth Federation in Saskatchewan*. Berkeley and Los Angeles: University of California Press.

Lipset, S. et al. 2004. *The Paradox of American Unionism*. Ithaca: Cornell University Press.

Logan, H. A. 1948. *Trade Unions in Canada: Their Development and Functioning*. Toronto: The Macmillan Company of Canada Limited.

Lund, L. 1994. "Income Maintenance, Insurance Principles and the 'Liberal 1960s': Canada's Unemployment Program, 1941-1971". G. Schmmidt and J. L. Granatstein(eds.). *Canada at the Crossroads? The Critical 1960s*. Bochum, Germany: Brockmeyer. (Blake and Keshen eds. 2006)에 재수록.

McGilly, F. 1996. "Ideology and Public Assistance in Canada: Reflections on the Use and Abuse of a Slippery Concept". B.

Kirwin(ed.). *Ideology, Development and Social Welfare: Canadian Perspectives*(3rd Edition). Toronto: Canadian Scholars' Press.

_____. 1990. *An Introduction to Canada's Public Social Services: Understanding Income and Health Programs*. Toronto: McClelland and Stewart.

Mahon, R. and R. Johnson. "NAFTA, the Redesign and Rescaling of Canada's Welfare State". *Speakers' Corner*. Ottawa, ON: School of Public Policy and Administration, Carleton University.

Maioni, A. 1997. "The Canadian Welfare State at Century's End". *International Journal of Canadian Studies*. vol. 156. 173-194.

_____. 1994. "Ideology and Process in the Politics of Social Reform". K. Banting and K. Battle(eds.). *A New Social Vision for Canada?*. Kingston, ON: Caledon Institute of Public Policy.

Mandel, E. and D. Taras(eds.). 1987. *A Passion for Identity: An Introduction to Canadian Studies*. Toronto: Methuen.

Manow, P. 2004. "The Good, the Bad and the Ugly: Esping-Andersen's Regime Typology and the Religious Roots of the Western Welfare State". *Max-Planck Institute for the Study of Societies Working Paper* 04/3. Cologne: MPIfG.

Manzer, R. 1985. *Public Policies and Political Development in Canada*. University of Toronto Press.

Marchak, M. P. 1981. *Ideological Perspectives on Canada*(2nd Edition). Toronto: McGraw-Hill Ryerson Limited.

Marchildon, G. 2008. "Health Security in Canada: Policy Complexity and Overlap". *Social Theory and Health* 6(1): 74-90.

_____. 2005. "Health System Profile: Canada". *European Observatory of Health Systems and Policies*. WHO.

Marchildon, G. et al. 2006. *Health Systems in Transition: Canada*. Toronto: University of Toronto Press.

Marsh, L. 1975. *Report on Social Security for Canada, 1943*. Toronto: University of Toronto Press.

Marshall, D. 2006. *Social Origins of the Welfare State, The: Quebec Families, Compulsory Education, and Family Allowances 1940-1955*. Waterloo, ON: Wilfrid Laurier University Press.

Marshall, K. 2003. "Benefits of the Job". *Perspectives* 4(5): 5-12.

Statistics Canada.

Martin, S. 1985. *An Essential Grace: Funding Canada's Health Care, Education, Welfare, Religion and Culture*. Toronto : McClelland and Stewart.

Matthews, J. S. and L. Erickson. 2005. "Public Opinion and Social Citizenship in Canada". *The Canadian Review of Sociology and Anthropology*. 42(4). 373-398.

McCallum, M. E. 1990. "Corporate Welfarism in Canada, 1919-39". *Canadian Historical Review* 71: 46-79.

McCready, J. 1981. *The Context for Canadian Social Policy: Values and Ideologies*. Toronto: University of Toronto, Faculty of Social Work.

Mcgilly, F. 1996. "Ideology and Public Assistance in Canada: Reflections on the Use and Abuse of a Slippery Concept". B. Kirwin(ed.). *Ideology, Development and Social Welfare: Canadian Perspectives*(3rd Edition). Toronto: Canadian Scholars' Press.

_____. 1990. *An Introduction to Canada's Public Social Services: Understanding Income and Health Programs*. Toronto : McClelland & Stewart.

McKenzie, B. 1994. "Decentralized Social Services: A Critique of Models of Service Delivery". A. F. Johnson et al(eds.). *Continuities and Discontinuities: The Political Economy of Social Welfare and Labour Market Policy in Canada*. Toronto: University of Toronto Press.

Merelman. R. M. 1991. *Partial Visions: Culture and Politics in Britain, Canada, and the United States*. Madison: The University of Wisconsin Press.

Miller, R. U. 1971. "Organized Labour and Politics in Canada". R. U. Miller and F. Isbester(eds.). *Canadian Labour in Transition*. Scarborough, ON: Prentice Hall of Canada. 85-118. 204-239.

Mittelstadt, 2005. *From Welfare to Workfare: the Unintended Consequences of Liberal Reform, 1945-1965*. Chapel Hill : University of North Carolina Press.

Mishra, R. 1995. "The Political Bases of Canadian Social Welfare". J. Turner and F. Turner(eds.). 1995. *Canadian Social Policy*(3rd Edition). Toronto: Pearson Education Canada Inc.

_____. 1990. *The Welfare State in Capitalist Society: Policies of Retrenchment and Maintenance in Europe, North America and Australia*. New York: Harvester. Wheatsheaf.

_____. 1987. "Public Policy and Social Welfare: The Ideology and Practice of Restraint in Ontario". J. S. Ismael(ed.). *The Canadian Welfare State: Evolution and Transition*. Edmonton, Alberta: The University of Alberta Press.

Mitchinson, W. 1987. "Early Women's Organizations and Social Reform: Prelude to the Welfare State". A. Moscovitch and J. Albert(eds.). *The Benevolent State: The Growth of Welfare in Canada*. Toronto: Garamond Press.

Montigny, E. 1997a. *Foised Upon the Government? State Responsibilities, Family Obligations, and the Care of the Dependent Aged in Late Nineteenth-Century Ontario*. Montreal: McGill-Queen's University Press.

_______. 1997b. "Been There, Done That: 1890s Precedents to 1990s Social Policies Affecting the Aged and Their Families". R. B. Blake et al.(eds.). *The Welfare State in Canada: Past, Present and Future*. Concord, ON: Irwin Publishing.

Moon, C. D. et al. 2000. "Political Culture in Canada and the United States: Comparing Social Trust, Self-Esteem, and Political Liberalism in Major Canadian and American Cities". *Social Science Quarterly* 81(3): 826-836.

Morel, S. 2002. *The Insertion Model or the Workfare Model?: The Transformation of Social Assistance Withing Quebec and Canada*. Ottawa, ON: Status of Women.

Morgan, K. J. 2006. *Working Mothers and the Welfare State: Religion and the Politics of Work-Family Policies in Western Europe and the United States*. Stanford, CA: Stanford University Press.

Morton, D. 1986. *The New Democrats 1961-1986: The Politics of Change*. Toronto: Copp Clark Pitman.

Morton, D. and T. Copp. 1984. *Working People: An Illustrated History of the Canadian Labour Movement*. Ottawa: Deneau Press.

Moscovitch, A. 1988. "The Canada Assistance Plan: A Twenty Year Assessment, 1966-1986". K. A. Graham(ed.). *How Ottawa Spends,*

*1988-1989*. Kingston, ON: Carleton University Press.
________. 1983. *The Welfare State in Canada: A Selected Bibliography, 1840 to 1978*. Wilfrid Laurier University Press.

Moscovitch, A. and J. Albert(eds.). 1987. *The Benevolent State: The Growth of Welfare in Canada*. Toronto: Garamond Press.

Moscovitch, A. and G. Drover. 1987. "Social Expenditures and the Welfare State: The Canadian Experience in Historical Perspective". A. Moscovitch and J. Albert(eds.). 1987. *The Benevolent State: The Growth of Welfare in Canada*. Toronto: Garamond Press.

Murphy, B. 1999. *The Ugly Canadian: the Rise and Fall of a Caring Society*. Winnipeg: J. Gordon Shillingford.

Myles, J. 1998. "How to Design a Liberal Welfare state: A Comparison of Canada and the United States". *Social Policy and Administration*, 32: 341-364.

____. 1996. "When Markets Fail: Social Welfare in Canada and the United States". G. Esping-Andersen(ed.). *Welfare States in Transition*. London: Sage.

Myles, J. and P. Pierson. 1997. "Friedman's Revenge: The Reform of Liberal Welfare States in Canada and the United States". *Politics and Society* 25(4): 443-72.

Obinger, H. et al. 2005. "Introduction: Federalism and the Welfare State". H. Obinger et al.(eds.). *Federalism and the Welfare State: New World and European Experiences*. New York: Cambridge University Press.

Ochel, W. 2001. "Collective Bargaining Coverage in the OECD From the 1960s to the 1990s". *CESifo Forum* 401. 62-66.

O'Connor, J. S. 1999. *States, Markets, Families: Gender, Liberalism and Social Policy*. Cambridge University Press.

________. 1998. "Welfare Expenditure and Policy Orientation in Canada, 1960-1990, in Comparative Perspective". J. S. O'Connor and G. M. Olsen. *Power Resources Theory and the Welfare State*. Toronto: Toronto University Press.

O'Connor, J. S. and G. Robinson. 2008. "Liberalism, Citizenship and the Welfare State". W. V. Oorschot et al.(eds.). *Culture And*

*Welfare State: Values and Social Policy in Comparative Perspective*. Cheltenham, UK: Edward Elgar Publishing.

O'Connor, J. and G. M. Olsen. 1998. *Power Resources Theory and the Welfare State*. Toronto: Toronto University Press.

Ogmundson, R. and M. Doyle. 2002. "The Rise and Decline of Canadian Labour: 1960 to 2000". *Canadian Journal of Sociology*. 27(3). 413-53.

Oliver, D. F. 1997. "Public Opinion and Public Policy in Canada: Federal Legislation on War Veterans, 1939-46". R. B. Blake et al.(eds.). *The Welfare State in Canada: Past, Present and Future*. Concord, ON: Irwin Publishing.

Olsen, G. M. 2002. *The Politics of the Welfare State: Canada, Sweden and the United States*. New York: Oxford University Press.

____. 1998. "Locating the Canadian Welfare State: Family Policy and Health Care in Canada, Sweden, and the United States". J. S. O'Connor and G. M. Olsen. *Power Resources Theory and the Welfare State*. Toronto: Toronto University Press.

Olsen, G. M. and R. Brym. 1996. "Between American Exceptionalism and Social Democracy: Public and Private Pensions in Canada". M. Shalev(ed.). *The Privatization of Social Policy?*. New York: St. Martin's.

O'Neil, J. E. and D. M. O'Neil. 2007. "Health Status, Health Care and Inequality: Canada VS. the U.S.". *NBER Working Paper Series* No. 13429.

Opielka, M. 2008. "Christian Foundations of the Welfare State: Strong Cultural Values in Comparative Perspective". W. V. Oorschot et al.(eds.). *Culture And Welfare State: Values and Social Policy in Comparative Perspective*. Cheltenham, UK: Edward Elgar Publishing.

Ooroschot, W. V. et al. 2008. "The Culture of the Welfare State: Historical and Theoretical Arguments" W. V. Oorschot et al. (eds.). *Culture And Welfare State: Values and Social Policy in Comparative Perspective*. Cheltenham, UK: Edward Elgar Publishing.

Ornstein, M and H. M. Stephenson. 1999. *Politics and Ideology in Canada: Elite and Public Opinion in the Transformation and the*

*Welfare State*. Montreal: McGill-Queen's University Press.

Osberg, L. 2000. "Poverty in Canada and the USA: Measurement, Trends and Implications". Presidential Address to the Canadian Economics Association(June 3, 2003, Vancouver).

Osborne, J. E. 1985. "The Evolution of the Canada Assistance Plan." http://www.canadiansocialresearch.net/capjack.htm.

O'Toole, R. 1996. "Religion in Canada: Its Development and Contemporary Situation". *Social Compass* 43(1).

Owram, D. 1985. "Economic Thought in the 1930s: The Prelude to Keynesianism". *Canadian Historical Review* 66(3): 344-377. (R. Blake and J. Keshen, 1995)에 재수록.

Pal, L. A. 1988. *State, Class and Bureaucracy: Canadian Unemployment Insurance and Public Policy*. Montreal: McGill-Queen's University Press.

___. 1987. "Tools for the Job: Canada's Evolution from Public Works to Mandated Employment". J. S. Ismael(ed.). 1985. *Canadian Social Welfare Policy: Federal and Provincial Dimensions*. Montreal: McGill-Queen's University Press.

___. 1987. *The Canadian Welfare State: Evolution and Transition*. The University of Alberta Press.

___. 1985. "Federalism, Social Policy, and the Constitution". J. S. Ismael(ed.). *Canadian Social Welfare Policy: Federal and Provincial Dimensions*. Montreal: McGill-Queen's University Press.

Palmer, B. D. 1992. *Working-Class Experience: Rethinking the History of Canadian Labour, 1800-1991*. Toronto: McClelland and Stewart.

Panitch, L.(ed.) 1977. *The Canadian State: Political Economy and Political Power*. Toronto: University of Toronto Press.

Patterson, J. 1987. "Winding Down Social Spending: Social Spending Restraint in Ontario in the 1970s". A. Moscovitch and J. Albert(eds.). *The Benevolent State: The Growth of Welfare in Canada*. Toronto: Garamond Press.

Peck, J. 2001. *Workfare States*. New York: Guilford Press.

Penner, N. 1992. *From Protest to Power: Social Democracy in Canada, 1900-Present*. Toronto: James Lorimer.

Perlin, G. 1997. "The Constraints of Public Opinion: Diverging or Converging Paths?". K. Banting et al(eds.). *Degrees of Freedom: Canada and the United States in a Changing World*. Montreal: McGill-Queen's University Press.

Pesando, J. 2001. "The Canada Pension Plan: Looking Back at the Recent Reforms". www.csls.ca/events/slt01/pesando.pdf

Phipps, S. A. 1994. "Poverty and Labour Market Change: Canada in Comparative Perspective". Paper Presented at the Conference "Labour Market Polarization and Social Policy". Queen's University(January 27-28, 1994).

Pickup, M. 2006. "Globalization, Politics and Provincial Government Spending in Canada". *Canadian Journal of Political Science* 39(4): 883-917.

Pierson, P. 1994. *Dismantling the Welfare State? Reagan, Thatcher, and the Politics of Retrenchment*. New York: Press syndicate of the University of Cambridge.

Piven, F. and R. Cloward. 1971. *Regulating the Poor: The Functions of Public Welfare*. New York: Random House.

Platt, D. M.(ed.). 1989. *Social Welfare, 1850-1950: Australia, Argentina and Canada Compared*. London: Macmillan.

Poole, M. 1986. *Industrial Relations: Origins and Patterns of National Diversity*. London: Routledge & Kegan Paul.

Pratt, A. 1997. "Universalism or Selectivism? The Provision of Services in the Modern Welfare State". M. Lavalette and A. Pratt(eds.). *Social Policy*. London: SAGE.

Prentice, S. 1989. "Workers, Mothers, Reds: Toronto's Postwar Day-care Fight". *Studies in Political Economy* 30: 115-141.(R. Blake and J. Keshen, 1995)에 재수록.

Prince, M. 1991. "From Meech Lake to Golden Pond: The Elderly, Pension Reform and Federalism in the 1990s". F. Abele(ed.). *How Ottawa Spends, 1991-1992: The Politics of Fragmentation*. Ottawa: Carleton University Press.

____. 1987. "How Ottawa Decides Social Policy: Recent Changes in Philosophy, Structure, and Process". J. S. Ismael(ed.). *The Canadian Welfare State: Evolution and Transition*. Edmonton,

Alberta: The University of Alberta Press.
Pulkingham, J. and G. Ternowetsky. 1996. *Remaking Canadian Social Policy: Social Security in the Late 1990s*. Halifax, NS: Fernwood Publishing.
Raphael, D. 2000. "Health Inequalities in Canada: Current Discourses and Implications for Public Health Action". *Critical Public Health* 10(2): 193-216.
Redekop, J. H. 1978. "Social Policy: The Role of the Governing Party". S. A. Yelaja(ed.). *Canadian Social Policy*. Waterloo, ON: Wilfrid Laurier University Press.
Rice, J. J. and M. J. Prince. 2000. *Changing Politics of Canadian Social Policy*. Toronto: University of Toronto Press.
Riches, G. 1987. "Feeding Canada's Poor: The Rise of the Food Banks and the Collapse of the Public Safety Net". J. S. Ismael(ed.). *The Canadian Welfare State: Evolution and Transition*. Edmonton, Alberta: The University of Alberta Press.
Riddell, W. C. 1993. "Unionization in Canada and the United States: A Tale of Two Countries". D. Card and R. B. Freeman(eds.). *Small Differences that Matter*. Chicago: University Of Chicago Press.
Robin, M. 1968. *Radical Politics and Canadian Labour, 1880-1930*. Kingston, ON: Industrial Relations Centre, Queen's University.
Robinson, T. R. 2008. "Health and Welfare Canada". Statistics Canada. Historical Statistics of Canada: Section C: Social Security. http://www.statcan.gc.ca/pub/11-516-x/sectionc/../pdf/5220013-eng.pdf.
Roome, R. 1986. "Ideology and Social Welfare Legislation in Canada-A Case Study of the Government Annuities Act of 1908". *MSW Research Paper*. Carleton University.
Rose, J. B. and G. N. Chaison. 2001. "Unionism in Canada and the United States in the 21st Century: The Prospects for Revival". *Relations Industrielles* 56(1): 34-65.
Ross, D. 1978. "Income Security". S. A. Yelaja(ed.). *Canadian Social Policy*. Waterloo, ON: Wilfrid Laurier University Press.
Saltsman, M. 1978. "Party Politics and Social Policy: The Party in Opposition". S. A. Yelaja(ed.). *Canadian Social Policy*. Waterloo,

ON: Wilfrid Laurier University Press.
Sarrouh, E. 2002. "Social Policies in Canada: A Model for Development". *Social Policy Series*, No. 1. New York: United Nations.
Sawer, M. and D. Laycock. 2007. "Down with Elites and Up with Inequality: Market Populism in Australia and Canada". Paper presented to the 2007 Meetings of the Canadian Political Science Association. University of Saskatchewan(June 1, 2007).
Scholnick. E. L. 2005. "Is Esping-Anderson's Liberal Regime Adequate: Health Care in the United States, United Kingdom and Canada". Paper presented to Western Political Science Association Conference(March, 2005).
Scruggs, L. A. and J. Allan. 2008. "Social Stratification and Welfare Regimes for the Twenty-First Century: Revisiting The Three Worlds of Welfare Capitalism World Politics". *World Politics* 60(4): 642-664.
Sears, A. 1995. "Before the Welfare State: Public Health and Social Policy". *The Canadian Review of Sociology and Anthropology* 32(2): 169~188.
Shifrin, L. 1985. "Income Security: The Rise and Stall of the Federal Role". J. S. Ismael(ed.). *Canadian Social Welfare Policy: Federal and Provincial Dimensions*. Montreal: McGill-Queen's University Press.
Shillington, C. H. 1971. *The Road to Medicare in Canada*. Toronto: DEL Graphics Publication.
Simeon, R. 2006. "Social Justice: Does Federalism Make a Difference?". S. Choudhry et al.(eds.). *Dilemmas of Solidarity: Rethinking Redistribution in the Canadian Federation*. Toronto: University of Toronto Press.
Skocpol, T. 2002. "Religion, Civil Society, and Social Provision in the U.S". R. Wuthnow and J. Evans(eds.). *The Quiet Hand of God: Faith-Based Activism and the Public Role of Mainline Protestantism*. Berkeley: University of California Press.
_____. 1995. *Protecting Soldiers and Mothers: The Political Origins of Social Policy in the United States*. Cambridge, MA: Harvard University Press.

Smardon, B. 1991. "The Federal Welfare State and the Politics of Retrenchment in Canada". *Journal of Canadian Studies* 26(2): 123-141. (R. Blake and J. Keshen, 1995)에 재수록.

Snell, J. 1996. *The Citizen's Wage: The State and the Elderly in Canada, 1900-51*. Toronto: University of Toronto Press.

Soroka, S. N. and C. Wlezien. 2004. "Opinion Representation and Policy Feedback: Canada in Comparative Perspective". *Canadian Journal of Political Science* 37(3): 531-559.

Splane, R. B. 1978. "Social Policy-Making in the Government of Canada: Reflections of a Reformist Bureaucrat". S. A. Yelaja(ed.). *Canadian Social Policy*. Waterloo, ON: Wilfrid Laurier University Press.

_____. 1965. *Social Welfare in Ontario, 1791-1893: A Study of Public Welfare Administration*. Toronto: University of Toronto Press.

Stephen, J. A. 2007. *Pick One Intelligent Girl: Employability, Domesticity and the Gendering of Canada's Welfare State, 1939-1947*. Toronto: University of Toronto Press.

Stewart, M. J. 1999. "Resource Issues". F. J. Turner(ed.). *Social Work Practice: A Canadian Perspective*. Scarborough, ON: Prentice Hall Allyn and Bacon Canada.

Stinchcome, A. L. 1985. "The Functional Theory of Social Insurance". *Politics and Society* 14(4): 411-30.

Stjernø, S. 2008. "Social Democratic Values in the European Welfare States". W. V. Oorschot et al.(eds.). *Culture And Welfare State: Values and Social Policy in Comparative Perspective*. Cheltenham, UK: Edward Elgar Publishing.

Storey, R. 1983. "Unionization Versus Corporate Welfare: The Dofasco Way". *Labour/Le Travailleur* 12: 7-42.

Strain, F. and D. Hum. 1987. "Canadian Federalism and the Welfare State: Shifting Responsibilities and Sharing Costs". J. S. Ismael(ed.). *The Canadian Welfare State: Evolution and Transition*. Edmonton, Alberta: The University of Alberta Press.

Strong-Boag, V. 1979. "Mother's Allowances and the Beginnings of Social Security in canada". *Journal of Canadian Studies* 14(1):

24-34. (R. Blake and J. Keshen, 1995)에 재수록.

Struthers, J. 1997. "Reluctant Partners: State Regulation of Private Nursing Homes in Ontario, 1941-72". R. B. Blake et al.(eds.). *The Welfare State in Canada: Past, Present and Future*. Concord, ON: Irwin Publishing.

______. 1996. "Universality Revisited: Family Allowances, Old Age Security, and the Construction of Entitlement Within the Canadian Welfare State, 1944-1951". H. Bak et. al(eds.). *Social and Secure?: Politics and Culture of the Welfare State: A Comparative Inquiry*. Amsterdam: VU University Press.

______. 1994. *The Limits of Affluence: Welfare in Ontario, 1920-1970*. Toronto: University of Toronto Press.

______. 1987. "Shadows From the Thirties: The Federal Government and Unemployment Assistance, 1941-1956. J. S. Ismael(ed.). *The Canadian Welfare State: Evolution and Transition*. Edmonton, Alberta: The University of Alberta Press.

______. 1983. *No Fault of Their Own: Unemployment and the Canadian Welfare State, 1914-41(State and Economic Life)*. University of Toronto Press.

Sullivan, T. 2000. "Big Differences Matter: Canadian and American Health Care Finance". *Canada Watch* 8(4-5): 82-86.

Sutherland, R. and J. Fulton. 1994. *Spending Smarter and Spending Less: Policies and Partnerships for Health Care in Canada*. Ottawa: Health Group.

Svallfors. S. 2007. *The Political Sociology of the Welfare State: Institutions, Social Cleavages, and Orientations*. Stanford, Calif.: Stanford University Press.

Swartz, D. 1987. "The Limits of Health Insurance". A. Moscovitch and J. Albert(eds.). *The Benevolent State: The Growth of Welfare in Canada*. Toronto: Garamond Press.

Tamagno, 2008. *A Tale of Two Pension Plans: The Differing Fortunes of the Canada and Quebec Pension Plans*. Ottawa: The Caledon Institute of Social Policy.

_______. 2006. *Occupational Pension Plans in Canada: Trends in Coverage and the Income of Seniors*. Ottawa: The Caledon

Institute of Social Policy.

Taylor, D. and B. Dow. 1988. "The Rise of Industrial Unionism in Canada-A History of the CIO". *Research and Current Issues Series* No. 56. Kingston, ON: Industrial Relations Centre, Queen's University.

Thwaites, J. 1989. "Union Growth: Dimensions, Policies, and Politics". I. Sethi and A. Singh(eds.). *Collective Bargaining in Canada*. Scarborough, ON: Nelson Canada.

Tillotson, S. 1997. "A New Taxpayer for a New State: Charitable Fundraising and the Origins of the Welfare State". R. B. Blake et al.(eds.). *The Welfare State in Canada: Past, Present and Future*. Concord, ON: Irwin Publishing.

Titmuss, R. M. 1976. *Commitment to Welfare*. London: George Allen and Unwin.

Townson, M. 2001. "Strengthening Public Pensions with Private Investment-Canada's Approach to Privatization Pressures". X. Scheil-Adlung(ed.). *Building Social Security: The Challenge of Privatization*. New Brunswick: Transaction Publishers.

Tudiver, N. 1987. "Forestalling the Welfare State: The Establishment of Programmes of Corporate Welfare". A. Moscovitch and J. Albert(eds.). *The Benevolent State: The Growth of Welfare in Canada*. Toronto: Garamond Press.

Tuohy, C. 1992. *Policy and Politics in Canada: Institutionalized Ambivalence*. Philadelphia: Temple University Press.

Turner, F.(ed.). 1999. *Social Work Practice: A Canadian Perspective*. Scarborough, ON: Prentice Hall Allyn and Bacon Canada.

Turner, J. 1995. "The Historical Base". J. Turner and F. Turner (eds.). *Canadian Social Policy*(3rd Edition). Toronto: Pearson Education Canada Inc.

Valiani, S. 2007. "Social Conservatism in Canada: Examining the Rise of the Far Right Through the Issue of Childcare". Background Paper to the Recent CLC Women's Conference Paper. http://canadianlabour.ca.

Valocchi, S. 1991. "The Class Basis of the State and the Origins of Welfare Policy in Britain, Sweden and Germany". S. G. Mcnall et al(eds.). *Bringing Class Back In*. Boulder, CO: Westview Press.

Valverde, M. 1995. "The Mixed Social Economy as a Canadian Tradition". *Studies in Political Economy 47(Summer 1995)*. 36-60.

van Elteren, M. 1996. "Dissimilarities in Individualism and Cummunitarianism: A Comparative Inquiry Into Social Provisions in the United States, Canada and the Netherlands". H. Bak et. al(eds.). *Social and Secure?: Politics and Culture of the Welfare State: A Comparative Inquiry*. Amsterdam: VU University Press.

Vayda, E. and R. Deber. 1992. "The Canadian Health Care System: A Developmental Overview". D. Naylor(ed.). 1992. *Canadian Health Care and the State: A Century of Evolution*. Montreal: McGill-Queen's University Press.(R. Blake and J. Keshen, 1995)에 재수록.

Walker, R. 2008. "European and American Welfare Values: Case Studies in Cash Benefits Reform". W. V. Oorschot et al.(eds.). *Culture And Welfare State: Values and Social Policy in Comparative Perspective*. Cheltenham, UK: Edward Elgar Publishing.

Wallace, E. 1950. "The Origin of the Social Welfare State in Canada, 1867-1900". *Canadian Journal of Economics and Political Science* 16(3). 383-93. (R. Blake and J. Keshen, 1995)에 재수록.

Wallace, W. S. 1948. "Religious History". W. S. Wallace(ed.). *The Encyclopedia of Canada*. Vol. 3. Toronto: University Associates of Canada. http://faculty.marianopolis.edu/c.belanger/QuebecHistory/encyclopedia/CanadaReligiousHistory_000.htm.

Walters, V. 1982. "State, Capital and Labour: The Introduction of Federal-Provincial Insurance for Physician Care in Canada". *Canadian Journal of Sociology and Anthropology* 19(2): 157-172.

Weller, G. R. and P. Manga. 1983. "The Development of Health Policy in Canada". M. M. Atkinson and M. A. Chandler(eds.). *The Politics of Canadian Public Policy*. Toronto: University of Toronto Press.

Westhues, A.(ed.). 2006. *Canadian Social Policy: Issues and Perspectives* (4th Edition). Waterloo, ON: Wilfrid Laurier University Press.

Wharf, B. 1992. *Community and Social Policy in Canada*. Toronto, ON: McClelland and Stewart.

White, L. A. 2002. "Ideas and the Welfare State: Explaining Child Care Policy Development in Canada and the United States". *Comparative Political Studies* 35(6): 713-43.

Wilensky, H. et al. 1987. "Comparative Social Policy: Theories, Methods, Findings". M. Dierkes et al(eds.). *Comparative Policy Research*. Gower.

_____. 1981. "Leftism, Catholicism, and Democratic Corporatism: The Role of Political Parties in Recent Welfare State". P. Flora and A. Heidenheimer(eds.). *The Development of Welfare States in Europe and America*. New Brunswick, NJ: Transaction Books.

Williams, A. P. 1987. *Social Background and Socialization: Canadian Elites and the Politics of the Welfare State*. Toronto: Institute for Social Research, York University.

Williams, C. B. 1971. "Trade Union Structure and Philosophy: Need for a Reappraisal". R. U. Miller and F. Isbester(eds.). *Canadian Labour in Transition*. Scarbrough, ON: Prentice Hall of Canada. 145-172.

Williamson, S. H. 1992. "U.S. and Canadian Pensions Before 1930: A Historical Perspective". J. Turner and D. Beller(eds.). *Trends in Pensions 1992*. Washington, DC: U.S. Department of Labor.

Wiseman, N. 1995. "Political Parties". M. S. Whittington and G. Williams(eds.). *Canadian Politics in the 1990s*. Toronto: Nelson Canada.

Wiseman, N. and B. Isitt. 2007. "Social Democracy in Twentieth Century Canada: An Interpretive Framework". *Canadian Journal of Political Science* 40(3): 567-589.

Woolley, F. et al. 1996. "Ending Universality: The Case of Child Benefits". *Canadian Public Policy* 22(1): 24-39.

Yelaja, S. A.(ed). 1978. *Canadian Social Policy*. Waterloo, ON: Wilfrid Laurier University Press.

Zuberi, D. 2006. *Differences That Matter: Social Policy and the Working Poor in the United States and Canada*. Ithaca, NY: Cornell University Press.

# | 찾아보기 |

ㅇ



ㅈ

아산재단 연구총서 제326집

# 한국의 소수자운동과 인권정책

전영평 외

집문당

# 머리말

인권(human right)이라는 용어는 일상적으로 듣는 흔한 말이 되었지만, 인권문제가 국제적인 관심사가 되어 그 해결을 모색하고자 하는 정치적 노력이 비롯된 것은 불과 수십 년 전부터이다. 인권에 대한 짧은 역사가 말해주듯이 인권문제에 대한 적극적 관심과 정책이 마련된 국가는 매우 적어서, 인권국가로 불릴 수 있는 나라는 극히 소수의 선진국 정도에 불과하다. 이처럼 현대사회의 인권문제는 '유순한(tamable) 문제'가 아니라 '해결하고자 해도 너무 장애물이 많은 사악한(wicked) 문제'라고 단언할 수 있을 것 같다. 수천 년 동안 인간사회에는 권력, 경제력, 신분, 성, 나이, 외모, 신체 능력 등 이루 말할 수 없는 요소에 따른 차별이 만연해 왔으며, 최근에도 차별은 '보편적 현상'으로 나타나고 있다. 이러한 상황에서도 인권보장을 위한 국제 협약이 마련된 이유는 20세기에 발생한 두 차례의 세계대전과 대량학살에 대한 국제적 반성에 기인하는 바가 크다. 그러나 인권에 대한 국제협약 및 전담기구가 마련되었다고 해서 개별 국가에서 자행되고 있는 각종 차별—인종차별, 성차별, 장애인차별 등—이 해소될 수 있는 제도적·문화적 기반이 자동적으로 형성되는 것은 아니다. 개별 국가 차원에서 인권정책이 수립되고 집행되는 과정은 국제적 인권 협약 체결과는 사뭇 다른 내부적 갈등해소 메커니즘의 진화 수준에 따라 달라지기 때문이다.

이 중에서도 주목할 만한 것은 개별 국가에서 나타나고 있는 소수자운동이다. 소수자는 '수적으로 열세에 있는 사람'이라는 단순한 의미가 아니라, 한 사회에서 권력적 · 경제적 · 문화적 · 신체적 열세로 인하여 '사회적 약자'에 해당하는 사람을 지칭하는 것이다. 어떤 사회에서든 개체화 · 원자화된 소수자가 개별적으로 자신의 인권 보장을 위한 투쟁을 전개하기는 극히 어려운 것이 사실이다. 소수자가 자기정체성을 확립하고, 자신과 같은 처지에 있는 소수자 혹은 옹호집단을 규합하여 조직적 기반을 만들어 강력한 소수자운동을 시도할 때에야 비로소 정치적 관심을 받게 된다. 그러나 역사적으로 볼 때, 소수자운동은 주류 사회의 탄압과 거부 반응으로 인해 험난한 정치 투쟁의 길을 걷게 된다. 이 과정에서 혁명과 전쟁, 내란, 사회갈등이 발생하는 경우가 대부분이었지만, 20세기 이후 인류의 역사는 자유와 인권을 위한 진화의 길로 나아가는 진보적(progressive) 모습을 보여주고 있다.

한 국가 내에서 일어나는 소수자운동의 진화 속도는 그 나라의 정치적 · 사회적 · 문화적 · 경제적 수준과 직결되어 있기 때문에 일시에 진보하기 힘든 것이 사실이다. 또한 원자화되어 있는 약자들이 소수자로서의 정체성을 갖게 되는 '의식의 진화'를 성취하는 것도 결코 쉬운 일이 아니다. 따라서 소수자운동을 통해 소수자 인권보장정책을 획득하게 되는 과정은 두 가지 조건—첫째, 국제적인 소수자운동을 옹호하는 제도 및 분위기가 형성될 것, 둘째, 사회 내부적인 소수자운동이 전개될 수 있는 분위기가 형성될 것—이 만족될 수 있는 경우라고 할 수 있다. 노동운동 같은 것은 대표적인 소수자운동이라고 할 수 있지만, 20세기 말과 21세기 초반에 나타나고 있는 급격한 세계화, 정보화, 민주화, 국가 간 이동 증가 등으로 인하여 생겨난 새로운

유형의 소수자의 등장과 그에 따른 소수자 인권운동은 가히 주목할 만한 것이라 하겠다. 이 책에서는 한국 사회를 배경으로 하여, 주로 1990년 후반부터 현재까지 활발하게 전개되고 있는 소수자 인권운동의 전개과정과 그에 따른 인권정책의 변화 과정을 소개하고자 하였다. 특히 주목할 만한 것은 외국인노동자, 결혼이주여성, 탈북자 등 해외유입소수자의 소수자 인권운동 사례이다. 이와 더불어 이 책에서는 인권운동의 기초담론, 인권법의 논쟁점을 도입부에 제시하고, 장애인, 일본군위안부, 성적 소수자, 비정규직 근로자 등을 대상으로 한 인권운동과 정책변동을 서술하고자 하였다. 이 책이 빛을 볼 수 있도록 지원해 주신 아산사회복지재단과 동료저자들께 감사의 말씀을 드린다.

대표저자 전영평

## ❘차 례❘

## 제5장 소수자인 비정규직 근로자의 인권과 과제



## 제6장 외국인노동자의 인권과 정책갈등

## 제7장 결혼이주여성 인권운동과 정책



## 제8장 일본군위안부 인권운동과 정책

## 제10장 성적 소수자 인권운동의 전개와 정책적 대응: 가설적 논의



## 제11장 해외유입소수자의 인권과 국가인권위원회의 대응

## | 표 차례 |

# | 그림 차례 |

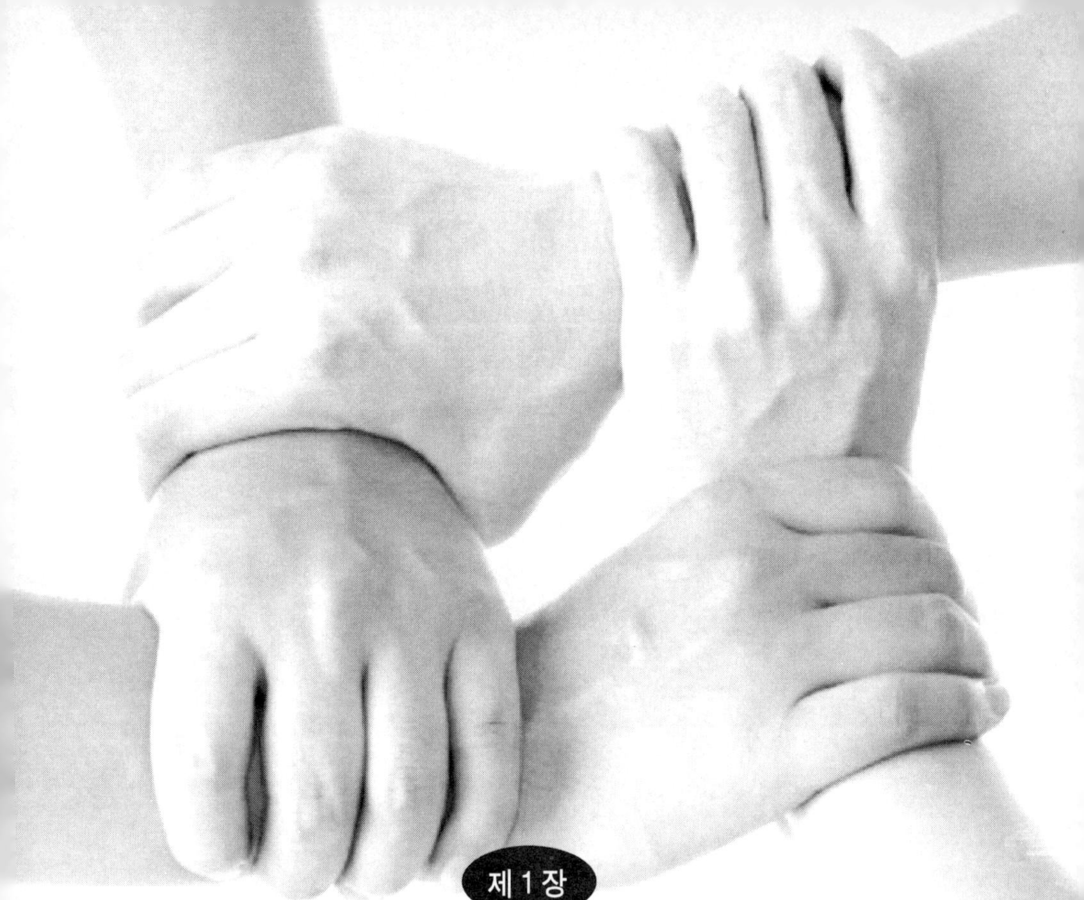

제1장

# 서 론

# 제1장 서론: 연구 의의와 개요

전영평

〈제1조〉 모든 사람은 태어날 때부터 자유롭고, 존엄성과 권리에 있어서 평등하다. 사람은 이성과 양심을 부여받았으며 서로에게 형제의 정신으로 대하여야 한다.

〈제2조〉 모든 사람은 인종, 피부색, 성, 언어, 종교, 정치적 또는 그 밖의 견해, 민족적 또는 사회적 출신, 재산, 출생, 기타의 지위 등에 따른 어떠한 종류의 구별도 없이, 이 선언에 제시된 모든 권리와 자유를 누릴 자격이 있다. 나아가 개인이 속한 나라나 영역이 독립국이든 신탁통치지역이든, 비자치지역이든 또는 그 밖의 다른 주권상의 제한을 받고 있는 지역이든, 그 나라나 영역의 정치적, 사법적, 국제적 지위를 근거로 차별이 행하여져서는 아니 된다.

—세계인권선언

이 연구는 한국의 인권운동에 관한 연구인 동시에 인권정책에 관한 연구이다. 인권에 관한 연구는 전통적으로 국제법, 헌법 등과 같은 법률학적 연구가 대종을 이루었으나, 국제사회에서 인권정치가 확

장됨에 따라 정치학, 사회학 등과 같은 학문 분과에서도 인권운동과 인권정치가 주요 이슈로 등장하게 되었다. 자연법 사상에 입각한 인권의 중요성은 프랑스 혁명과 미국독립선언 등에서 찾아 볼 수 있겠지만, 인권문제, 인권운동, 인권정책의 중요성이 전 세계적인 문제로 다루어지게 된 것은 제2차 세계대전 이후라고 보는 것이 정설이다. 제2차 세계대전 이후에야 일부 승전국을 중심으로 '세계평화와 인권의 연결성'을 인식하게 되었으며, UN의 창설과 더불어 1948년 UN 세계인권선언이 채택·선포되는 계기를 마련하였다. 세계인권선언의 채택은 인권문제의 중요성을 세계화·보편화시키는 계기를 마련하였으며, 이후 UN과 미국 등이 중심이 되어 인권문제를 국제적인 정치 혹은 정책 이슈로 다루는 근거가 되었다. 그러나 UN이 채택한 세계인권선언이 그 선포와 더불어 전 세계 국가에 보편적으로 적용된 것은 아니었다. 결국 각국의 인권문제와 인권정책은 그 나라의 고유한 정치 발전 수준에 따라 다르게 나타나는 특성을 보이고 있다.

한국의 경우도 예외는 아니어서, 인권에 대한 관심은 1970년대까지는 헌법상의 기본권, 법철학상의 인권개념 차원에서 소극적으로 표명되어 오다가, 1980년대(특히 5.18. 이후) 정치학, 사회학, 철학 등과 같은 사회과학분야의 일각에서 인권운동에 관한 담론 수준으로 활성화 되었다. 1993년 문민정부가 출범한 이후, 인권의 문제는 과거 어느 시기보다 중요한 주제로 등장하게 되었으며, 국민의 정부에서는 국가인권위원회가 설치되었다. 1993년, 한국은 비엔나세계인권회의에 참여하였으며, "한국민간단체 공동대책위원회"는 정부에 국가인권기구 설치를 권고하였고, 1997년 김대중 대통령 후보 측은 '인권법 제정 및 국민인권위원회 설립'이라는 대선 공약을 발표하였다. 김대중 정부는 인권 이슈를 100대 국정과제에 포함시키고, "국민인권위

원회설립준비단"을 발족하였으며, 2001년 5월 24일 「국가인권위원회법」을 제정 · 공포하여 같은 해 11월 25일에 국가인권위원회를 공식적으로 출범시켰다. 이로써 한국은 인권침해 문제를 공식적으로 다룰 수 있는 제도와 조직적 기반을 구축하게 되었다.

인권문제는 당연히 사회적 약자와 관련된 문제임에 틀림없지만, 한국의 인권운동은 군사독재시절 정치폭력에 대항하는 정치적 운동으로 출범하였다는 역사적 특성을 갖는다. 이러한 이유로 인하여 한국의 인권정책은 '통상적인 사회적 약자이며 소수자인 장애인, 여성 등의 인권문제'보다는, 독재정권 치하에서 정치폭력에 희생된 사람들의 인권의 문제를 우선적으로 해소하게 되는 다소 특수한 현상을 보여주게 되었다.

그러나 시간이 지나면서 국가인권위원회의 관심은 점점 통상적인 사회적 소수자의 인권침해 이슈로 이동하는 경향을 보이고 있다. 특히 주목할 점은 최근 한국의 인권정책이 다문화사회의 소수자의 인권을 다루고 있다는 점이다. 한국 사회에 진입하는 결혼이주여성과 혼혈아동의 증가에서 시작된 인종차별 문제는 이들에 대한 인권적 차원의 구제가 필요함을 인식시켰고, 대통령과 국가인권위원회 등은 한국의 인권정책이 결혼이주여성, 외국인노동자, 탈북자 등과 같은 해외유입소수자를 배려해야 한다는 점을 명백히 강조해 왔다.

그런데 다문화의 맥락을 조금 더 확대하면, 다문화사회를 우리와 인종적 배경이 다른 외국인이나 타국으로부터 유입되는 사람이 모인 사회로만 인식할 필요는 없다는 것을 알게 된다. 이는 지금의 한국 사회가 내부적으로 서로 다른 방식으로 개성을 가지고 살아가고자 하는 다양한 사람들의 집합으로 이루어졌다는 사실을 인식할 때 더욱 그러하다. 예컨대, 성적 소수자(동성애자)는 대표적인 사회적 소수자로

서, 자신의 성적정체성을 확립하고 그에 기초한 '개성 있는' 삶을 살고자 하는 사람들이다. 통상적인 사회적 소수자인 장애인의 경우에도 장애를 '개성'으로 인식하라는 요구를 하고 있을 정도이다. 이런 관점에서 볼 때 우리는 한국 사회를 인종적 다양성에 기초한 다문화사회로만 이해하기보다는, 이들을 포함한 '다양하고 개성적인 삶의 방식을 추구하는 집단이 모여 사는 사회로서의 다문화사회'로 보는 것에 동의할 수 있을 것이다.

이러한 다문화사회는 그동안 사회적 차별과 배제로 인하여 숨죽여 살던 소수자들이 자신의 정체성을 인식하면서, 부당한 사회적·정치적·정책적·문화적 차별에 저항하면서, 자신들에게 유리한 정책을 추구하는 사회이다. 문제는 이들 다문화사회의 소수자들이 '어떻게 자신의 정체성을 확립하고 있는가?', '소수자 인권차별에 대하여 어떻게 저항하고 있는가?', '저항운동을 통하여 얻고자하는 정책과 제도는 무엇이며, 이들의 요구에 따라 어떻게 정책이 변화하고 있는가?'에 대한 체계적인 연구가 거의 나타나고 있지 않다는 것이다. 이러한 문제의식을 토대로 연구자들은 정책학과 행정학적 관점에서 소수자 문제, 소수자인권운동, 소수자정책의 다양성과 변화과정을 면밀히 검토하고자 하였다. 정책학 혹은 행정학의 차원에서 소수자 문제를 다루는 것은 기존의 법학, 사회학, 정치학, 사회복지학, 인류학 차원에서의 소수자 문제를 다루는 것과는 상당한 차별성을 보이게 된다는 점에서 커다란 연구 의의를 갖는다. 한마디로 소수자 인권의 문제를 이론, 관념, 현상으로 다루던 차원에서, '정책적 요구와 반응, 행정적 집행과 평가의 프레임'을 통하여 매우 실제적이고 현실적인 차원에서 소수자정책 과정을 검토하게 되었다는 것을 의미한다.

정책학관점에서의 소수자 인권문제 연구는, '정부관료제와 공무원

들이 과연 어떤 방식으로 소수자 문제에 대응하고 있으며, 어떤 경우에 어떤 식으로 정책과 행정의 양식과 내용을 조정하고 있는가'를 보여 줄 수 있다는 강점을 가진다.

이 책의 연구자들은 거의 대부분 행정학, 정책학을 전공한 사람들로서, 소수자인권운동과 그에 따른 정책 및 행정의 대응양상을 구체적으로 조명하고자 하는 데 연구의 초점을 두었다. 이 연구에서는 다양한 부류의 한국의 소수자를 사례로 하여, 이들 소수자들과 이들을 옹호하는 옹호집단들이 어떠한 소수자 인권운동을 전개하였는지, 그리고 이러한 인권운동을 통해서 어떤 정책을 획득하게 되었는가를 탐구하고자 하였다. 특히 소수자의 인권운동과 정책과의 관련성을 밝히고자 하는 것은 이 책의 핵심주제에 해당하는 것으로서, 종래의 법학, 정치학, 사회학, 사회복지학의 연구 관점과 차별성을 갖는 부분이 된다. 이 책에서 다루고자 한 소수자에는 ① 장애인, ② 비정규직, ③ 외국인노동자, ④ 결혼이주여성, ⑤ 일본군위안부, ⑥ 탈북자, ⑦ 성적소수자, ⑧ 해외유입소수자가 포함된다. 즉 8개 소수자 사례가 인권운동과 정책변동의 측면에서 고찰되고 있다. 각 장 별 주요 내용을 요약하면 다음과 같다.

제2장 〈소수자 인권: 기초 담론〉에서는 소수자 인권운동 및 인권정책 등과 관련된 기초적 담론을 전개하고, 소수자 인권정책 사례를 보다 효과적으로 수행하기 위한 접근법, 혹은 연구 분석틀에 관한 논의를 하였다. 연구자는 소수자정책 사례 연구를 위한 2가지 접근법을 제시하고자 하였다. 첫 번째 접근법은 소수자운동의 진화 단계에 따른 단계별 정책진화를 연구하는 것이고, 소수자 차별 주체와 관련한 소수자운동 및 정책 변화를 연구하는 것이며, 두 번째 접근법은 소수자옹호집단과 소수자반대옹호집단의 대립과정을 통한 소수자 인권정

책의 변화과정을 이해하는 것이다. 이러한 접근법이 개별 소수자의 인권정책 사례연구에 적용된다면 소수자 인권운동과 정책변화에 대한 보다 체계적인 이해가 가능하게 될 것이다.

제3장 〈하버마스의 인권이론: 인도주의적 개입과 새로운 국제질서〉에서는 세계화(또는 지구화)의 진전에 따른 탈국민국가(postnational) 시대의 시대적 상황에서 인권에 관한 논의를 전개하였다. 하버마스의 탈국민국가 시대의 인권 논의는 다문화시대의 국제적 소수자 인권을 연구하는 데 좋은 준거이론이 될 수 있기 때문이다. 개별국가를 넘어 국제적(소수자를 포함한) 인권보호를 위한 초국가적 공동체의 설립, 民族愛 또는 同胞愛를 넘어서는 세계시민으로서의 연대의식을 강조하는 하버마스는 영구평화론에서 나타난 칸트의 기획을 비판적으로 계승하여 자신의 의사소통적 심의민주주의 이론에 근거한 민주적이고 평등한 세계질서를 추구하고 있다. 그 이론적 기초는 국제법의 헌법화 및 이른바 '세계정부 없는 세계내정'으로 표현된다. 하버마스는 국가들 사이의 정의는 도덕화가 아니라, 오로지 국제관계의 법제화를 통해서만 달성될 수 있다는 테제(인권정치의 규범화 또는 법제화)를 제시한다. 이미 인권(기본권)을 절차주의적인 법이해를 통해 법적인 것으로 본 것처럼, 인권보호를 위한 인도주의적인 개입 방식도 국가들 사이에서 법제화된 것이어야만 한다고 주장한다.

제4장 〈장애인 인권운동의 정치와 정책〉에서는 장애인들에 의한 인권운동과 그 결과인 「장애인차별금지법」이 입법화되는 과정을 분석하였다. 한국의 대표적인 소수집단인 장애인차별 문제의 해결을 위해서는 인권의 차원에서 접근해야 함에도 불구하고 「장애인차별금지법」이 입법화 되는 과정에서 상당한 진통이 있었다. 이러한 장애인차별금지입법을 둘러싼 논란의 근저에는 상이한 집단 간에 장애인문제

에 대한 인식과 해결 방법에 대한 가치와 신념의 차이가 존재하기 때문이다. 또한 장애인정책을 둘러싼 이해관계의 차이로 인해 관련 집단 간에 심각한 갈등이 야기된다. 한국의 장애인운동과 정책은 선의(good will)의 복지를 넘어 장애인이 주체로 등장한 '장애의 정치'로 변화하고 있다. 따라서 장애인정책의 변화는 근본적으로 장애인 문제에 내재하는 정책이슈의 성격 규명과 정치과정에 대한 분석을 통해 접근해야 한다. 따라서 이러한 정치적 · 정책적 맥락에 초점을 맞추어 한국의 장애인권운동의 역동성을 분석하고 전망을 논의하였다.

제5장 〈소수자인 비정규직 근로자의 인권과 과제〉에서는 비정규직 고용 형태가 산업 현장에서 보편적으로 통용되면서 비정규직 근로자가 정규직 근로자와 동일한 성별과 능력을 가지고 동일 노동에 참여함에도 불구하고 임금 및 지위, 인권의 측면에서 차별을 받는 소수자로 전락하게 되었음에 주목하였다. 그리고 비정규직 근로자가 소수자로 규정될 수 있는 특성과, 비정규직 고용을 둘러싼 옹호연합들 간의 갈등상황에 따른 정책 변동 과정을 설명하고자 하였다. 이를 위해 최근 등장한 소수자 이론을 검토 · 적용하였으며, 옹호집단연합모형(ACF)과 기회자집단(swing group) 개념을 사용하여 비정규직 소수자 고용정책의 변동 과정을 상세하게 규명하고자 하였다.

제6장 〈외국인노동자의 인권과 정책갈등〉에서는 외국인노동자의 소수자적 특성을 검토하면서, 외국인노동자의 권리를 둘러싼 정책갈등의 주도적 행위자가 누구였으며 어떠한 활동을 보였는가를 분석하였다. 한국 사회의 외국인노동자는 현실적으로 산업현장의 중요 인력이 되었음에도, 공식적으로 외국인노동력 도입금지 정책으로 인해 노동자의 자격 대신 산업연수생의 자격으로 활동하게 되어 많은 인권침해의 고통을 받고 있었다. 그러나 2004년 고용허가제도의 도입과 함

께 외국인노동자들은 노동자로서 합법적 지위를 획득하였다. 이러한 전환의 배후에는 외국인노동자 문제를 이슈화시키고 정책의제 차원으로 끌어올린 인권운동세력의 형성과 활동이 있었다. 이들 옹호집단은 외국인노동자의 인권문제를 사회전면으로 끌어올렸고 값싼 노동력의 활용을 요구하는 기업인들과 대립하면서 정책변화를 이끌었다. 이들의 활동을 통해, 외국인노동자는 '소수자'로서 인권을 보호받아야할 대상이라는 시각이 형성되었으며 정책변동에 지속적인 영향을 미치고 있다. 또한 2004년 고용허가제 도입 이후의 변화모습도 간략히 살펴보면서, 정부 대응의 문제점을 제기하였다.

제7장 〈결혼이주여성 인권운동과 정책〉에서는 한국 사회의 소수자로서 결혼이주여성의 인권문제를 제기하고, 이들의 인권 향상을 위해 노력해 온 인권옹호단체의 인권운동의 성과와 인권정책의 변화에 관하여 논의하였다. 이들의 인권과 관련한 문제를 제기한 단체로는 대표적으로 한국이주여성인권센터를 들 수 있다. 한국이주여성인권센터는 당시의 결혼 이민자 가족정책을 비판하며 ① 가족주의적 결혼이민자지원정책을 지양하고, 결혼이주자 인권지향적인 정책을 수립해야 하며 ② 결혼이주자가 세력화할 수 있는 정책을 수립할 것을 요구하였으며 ③ 입국 전 결혼이주자의 역량을 키우기 위한 정보제공 및 교육의 기회 제공, 결혼비자 발급 전 인터뷰 제도 및 초청자 심사 등을 통하여 결혼이주자의 인권을 보호해야 하며 ④ 이주민 관련 관계 공무원 및 관련 종사자의 인권 및 다문화 감수성 향상 교육을 강화할 것을 요구하였다.

결혼이주여성정책은 ① 대통령의 결단으로 출발하여 ② 일단 입법화된 이후 다양한 이해집단의 출현으로 인해 나눠먹기식으로 집행되었으며 ③ 이에 다수의 부처가 경쟁적으로 사업을 팽창시켜 왔고 ④

사업에 대한 엄정한 평가를 요구하는 집단이 없다는 특성을 보여 주고 있다.

제8장 〈일본군위안부 인권운동과 정책〉에서는 20년간 지속되어온 일본군위안부인권운동과 그에 따른 국가정책의 변동과정을 고찰하였다. 일본군위안부는 과거 일제식민지 통치라는 비극적 상황에서 전쟁수행 수단으로 동원되고 성적 노예로 희생된 아픈 경험을 가지고 있는 우리사회의 대표적인 소수자이다. 이들은 해방 후 50여 년간 정부로부터 어떠한 지원도 받지 못했으나, 1990년대 초부터 일부 시민단체들의 지원을 통해 자신들의 정체성을 인식하고, 저항운동을 전개하였다. 이들을 위한 대내외적 인권운동은 더욱더 확대되어 2007년 미국을 비롯한 세계 각국의 의회에서 일본군위안부피해자 문제해결을 위한 결의안이 통과되는 성과를 거둠으로써 전 세계적 공감대를 형성해나가고 있다. 국가정책에 있어서도 과거에는 일본정부의 공식사과와 법적 배상, 명예회복과 같은 핵심적 이슈에 둔감하였으나, 최근 외교부를 통해 정부입장을 적극적으로 제기하는 등 다소 전향적으로 변화하는 모습을 보여주고 있다.

제9장 〈탈북자 인권운동과 정책〉에서는 탈북자의 인권운동과 그에 대응하는 남한 정부의 정책개입의 특징을 파악하였다. 탈북자 인권운동은 탈북자 집단과 이들을 옹호하는 이념집단에 의해 상당히 다양한 형태로 전개되고 있다. 그러나 정부의 대응은 정치적 이유로 인하여 진퇴를 거듭하고 있다. 우리 정부는 탈북자문제를 인권적 관점에서 접근하기 보다는 사회통합과 동화를 위해 관리하는 수준에서 대응하는 모습을 보이고 있다. 탈북자문제는 분단구조가 가져오는 구조적 문제인 동시에 역사적이고 정치적인 문제이다. 현재 정부는 정치경제적 논리에 입각한 관리주의적 정책에 치중하고 있으나, 탈북자문제는

해외유입소수자에 대한 사회적 배타성과 차별이 개입되는 소수자 인권문제라는 점을 인식하여 인권주의 시각에서 정책을 시행할 필요가 있음을 강조하였다. 이 글은 아산사회복지재단의 지원에 의하여 2009년 3월 한국연구재단 등재후보지인 『국가정책연구』(제23권 제1호, 123-147)에 실린 것임을 밝힌다.

제10장 〈성적 소수자 인권운동의 전개와 정책적 대응: 가설적 논의〉에서는 한국 사회의 소수자 인권운동의 전개과정과 그에 대한 국가의 정책적 대응을 논의하고 분석하기 위한 연구의 한 부분으로 동성애자를 포함한 성적 소수자의 인권운동과 그에 대한 정부의 반응을 탐구하였다. 성적 소수자운동에 대한 정부의 대응은 회피와 제도화를 중심으로 이루어지고 있었다. 정부는 성적 소수자 인권운동의 조직적이고, 논리적인 문제제기에 대해 일관되게 대응을 회피하고 있었다. 하지만, 정부에게 있어 성적 소수자 인권운동 문제는 "논쟁하고 싶지도 대응하고 싶지도 않지만, 논쟁하고 대응해야 하는 문제"이다. 문제를 법적인 판단에 맡기는 가운데, 어떤 결론이 나기 전까지는 어떤 대응도 하지 않는다는 것이 정부의 성적 소수자 인권운동에 대한 정책적 대응의 가장 큰 특징이라고 할 수 있다. 또 다른 방향에서 정부는 성적 소수자 인권운동(이나 이들이 제기하는 문제들)을 관리하고 있다. 관리의 수단으로 활용되는 것은 국가인권위원회이다. 국가인권위원회는 성적 소수자 인권운동과 정부와의 유일한 접점이 되고 있으며, 성적 소수자 인권 관련 문제는 인권위를 통해 제도화되고, 관리되는 양상을 보이고 있다. 이 글은 아산사회복지재단의 지원에 의해 2010년 8월 한국연구재단 등재지인 『정부학연구』(제16권 제2호, 5-35)에 실린 것임을 밝힌다.

제11장 〈해외유입소수자의 인권과 국가인권위원회의 대응〉에서는

최근 타국가로부터 유입된—역사상 거의 전례가 없던—해외유입소수자로서 결혼이주여성, 외국인노동자, 탈북자의 인권운동과 이에 대한 국가인권위원회의 정책적 대응과정을 고찰하고자 하였다. 해외유입소수자에 대한 국가인권위원회(인권위)의 대응은 크게 제도적·정책적 권고와 실질적 피해구제의 형태로 표출된다. 잠재적으로 한국인이 될 수 있는 결혼이주여성이나 탈북자(새터민)에 비해 외국인노동자의 경우 기본권과 시민권의 제도화 수준이 상대적으로 낮을 뿐 아니라, 제도적으로 보장되어 있는 권리조차 실제로 행사되지 못하는 경우가 많기 때문에 국가인권위원회의 정책권고와 실질적인 피해구제 활동이 왕성하게 이루어지고 있다. 특히 미등록 이주노동자의 경우 공권력에 의한 인권침해 사례가 빈번하게 발생하고 있어 인권위의 제도적·실질적 대응 활동도 늘어나고 있다. 반면에 결혼이주여성의 경우 인권침해가 주로 사적인 영역에서 발생하기 때문에, 결혼이주여성에 관한 제도적 개선을 위한 인권위의 대응 활동은 상대적으로 미약하다. 인권위의 활동은 주로 공권력에 의한 인권침해에 대한 제도 개선 및 피해구제에 역점을 두고 있으며, 또 진정사건에 대해서만 조사 및 구제 활동을 전개하는데, 결혼이주여성의 경우 이러한 유형의 진정이 거의 없기 때문에 인권위의 활동이 미약한 수준에 머무르는 것이다. 게다가 결혼이주여성의 경우 귀화 및 국적 취득을 통해 한국인과 동등한 권리를 행사할 수 있는 기회를 제공받고 있으며, 현재 정부에 의해 추진되고 있는 다문화정책의 가장 큰 수혜자이자, 가장 중요한 정책 대상이라는 점에서 사실상 기본권의 확보를 위한 서비스 및 자원에 대한 접근이 용이한 실정이다. 따라서 인권위의 활동은 정책적 권고보다는 정부정책에서 사각지대에 놓인 이혼한 이주여성이나 가정폭력으로 인해 가출한 이주여성과 같은 특수한 피해사례에 한정된 경향

이 있다. 탈북자의 경우, 현재까지 개별사건으로 처리된 것은 없었으며, 단지 북한이탈주민 관련법에 대한 정책적 권고 사례만 찾을 수 있었다.

이 연구는 소수자 문제에 대하여 각별한 관심을 가지고 연구한 실적이 있는 연구자들의 노력으로 이루어 졌다. 박정관 교수, 이병량 교수, 이곤수 박사, 김선희 박사, 한승주 박사, 장임숙 박사, 서성아 박사, 서혁준 위원 등이 자신의 전공 영역과 관련한 사례연구와 이론연구를 수행해 주었다. 이들의 노고에 감사한다. 마지막으로 이 책이 나올 수 있도록 충실히 지원해 주신 아산사회복지재단에 감사말씀을 드린다.

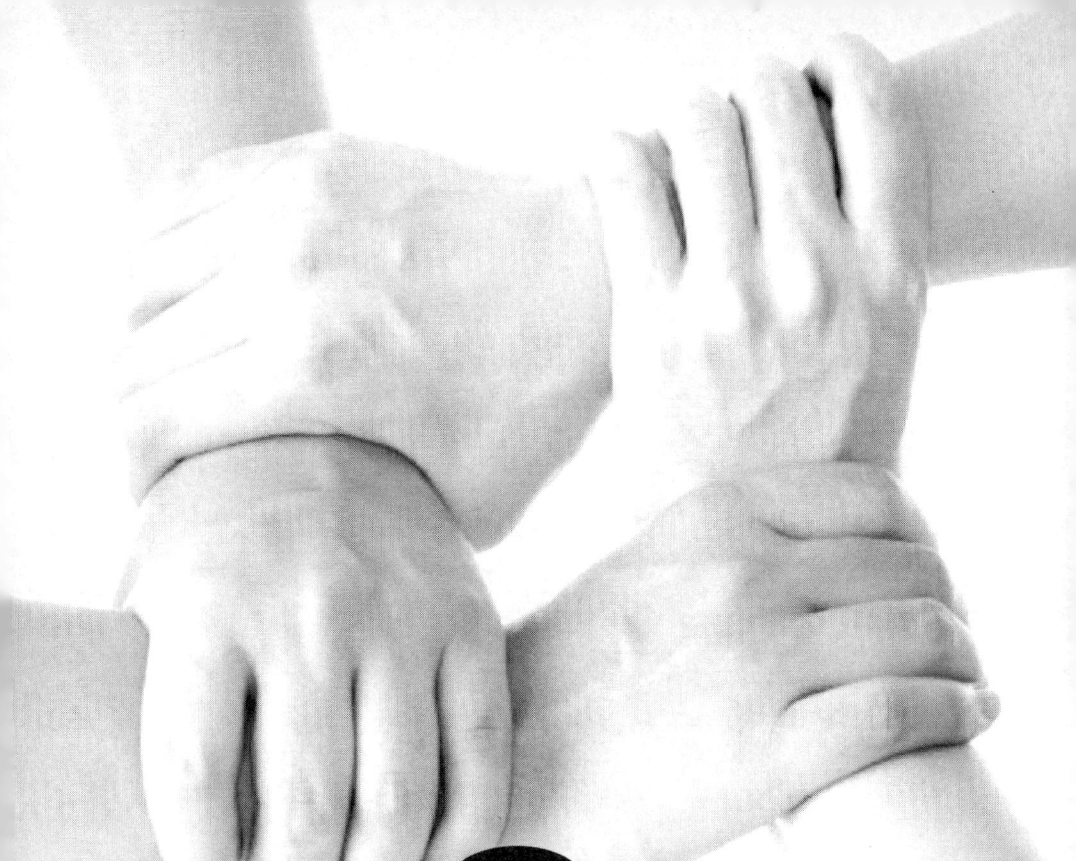

제 2 장

# 소수자 인권: 기초 담론

Ⅰ. 소수자 인권 담론의 등장

Ⅱ. 다문화담론의 관점에서 본 소수자 인권

Ⅲ. 인권의 보편성·특수성 측면에서 본 소수자 인권

Ⅳ. 소수자 인권정책 사례 연구의 분석틀

# 제2장 소수자 인권: 기초 담론

전영평

어떠한 인간관계도 타인에 대한 소유를 인정하지 않습니다. 어떠한 두 개의 영혼도 절대적으로 다른 까닭입니다. 사랑이나 우정을 통해서 두 사람은 단지 나란히 서서, 혼자서는 도달하기 어려운 곳을 찾아내려 이마에 손을 대고 한 방향을 바라보는 것입니다

—칼릴 지브란

## Ⅰ. 소수자 인권 담론의 등장

소수자(minority)가 누구인가에 대해서는 여러 가지 논의가 있을 수 있으나, 소수자의 핵심적 속성은 '그가 속한 사회에서 권력적으로 약한 지위에 있는 사람'이라고 할 수 있다. 소수자는 기존의 제도적 권력 구조 하에서 '권력적 약자'가 되는 사람들로서, 이들의 열악한 권력적 지위는 소수자를 경제적 · 사회적 · 문화적 약자로 고착시키는 계기를 제공하게 된다. 이런 점에서 볼 때, 소수자의 의미를 단순히

'숫자적 비율, 혹은 수적 약세'만으로 파악하는 것에는 상당한 문제가 있다. 예컨대, 비정규직이나 여성은 그 숫자가 정규직이나 남성을 초과하는 경우가 있으나, 여전히 이들은 소수자로 인식되고 있다(전영평, 2008, 2010). 물론 대부분의 소수자들은(장애인, 결혼이주여성, 외국인 노동자, 동성애자 등) 그 숫자에 있어서 매우 소수인 경우에 해당하기 때문에 수적 소수자를 일반적인 소수자로 이해하려는 경향이 있으나, 이는 소수자의 실체적 의미를 상당히 훼손시킬 수 있다.

소수자는 기존의 제도 하에서 낮은 권력적 지위를 차지하는 사람들로서, 기존 제도나 정책을 변경하지 않는 한 이들의 신분이나 지위가 개선되기는 어렵다. 즉 소수자는 제도적 차별과 배제의 대상이 되는 사람들이다. 게다가 소수자는 한 사회에의 역사적 특수성에 기인하는 사회문화적 차별관행으로 인하여 두려움과 수치심에 젖어 있으며, 자신의 인권에 대한 의식도 약하고, 인권에 관한 주장을 강력하게 전개할만한 우호적 세력이나 여건을 확보하지 못한 사람들이다.

열악한 상황에 처해 있는 소수자들이 인권에 대한 목소리를 낼 수 있는 기회는 대중민주주의가 상당 수준으로 발전할 경우에 찾아오게 된다. 대중민주주의는 경제적 풍요에 따른 대중 인권의식의 성장을 토대로 발전하게 되는바, 소수자의 인권문제는 대중적 인권의식의 상당한 진전 이후에 뒤따르게 되는 경향을 보이게 된다. 그러나 경제적 풍요에 따른 인권의식의 진전은 여성, 흑인, 노동자 등과 같은 사회적 역할 중요도가 높은 소수자의 인권문제를 우선적으로 진척시키게 되며, 이후 제도화된 인권보장의 프레임하에서 장애인, 동성애자, 이민자 등과 같은 수적 소수자들의 인권문제가 불거지고 이에 대한 인권정책이 등장하게 되는 경향이 있다.

역사적으로 볼 때 UN을 비롯한 세계 각국이 소수자에 대한 권리

를 세계인권선언이나 국가정책에서 반영한 것은 아니었다. 일례로 UN이 소수자의 권리를 보호하기 위해 채택한 Declaration on the Right of Persons Belonging to National, Ethnic and Linguistic Minority는 1992년에 들어서야 이루어진 소기의 성과였다. UN과 각국이 이런 식으로 소수자 인권 보호에 대하여 소극적 자세를 보이게 된 이유를 Eide(1992: 221)는 '소수자 권리를 진지하게 다룰 경우 외부의 간섭을 조장할 수 있고, 소수자 문제가 다양하여 보편적인 해결책을 찾기 어려우며, 소수자 권리를 강조할 경우 국가의 결집력이 약화될 수 있고, 소수자 권리 증진이 오히려 다수자에 대한 역차별을 초래할 수 있다'고 생각하기 때문이라고 정리하고 있다. Eide의 관찰은 각 국가에서 시행되고 있는 소수자 인권정책을 통찰한 것으로서 상당한 설득력을 가지고 있으며, 이는 한국에서도 그대로 적용되는 것이다. 물론 한국의 민주화, 경제성장, 세계화 전략이 성공을 거둔 것이 소수자 인권정책을 위한 토양이 되기는 하였으나, 다른 선진국에서도 소수자 인권문제가—다인종문제로 일찍이 다문화주의를 도입한 미국을 제외한 여타 선진 국가에서도—1990대에 들어서야 본격화되었다는 점에서 한국의 소수자 인권정책의 수립이 크게 늦은 것은 아니라는 사실을 알게 한다. 현재 한국의 소수자 인권정책은 제도적인 측면에서는 국가인권위원회의 설치(2001년)를 통해 구현되고 있으며, 비제도적인 측면에서는 소수자집단, 소수자인권옹호단체 등의 활동에 대한 반응의 형태로 나타나고 있다.

## Ⅱ. 다문화담론의 관점에서 본 소수자 인권

### 1. 다문화담론의 확장 필요성

한국 사회의 소수자 인권문제와 관련하여 또 하나 주목할 만한 현상은 최근 제기되는 다문화사회 담론이다. 최근 부상하고 있는 한국 사회의 다문화사회 담론은 결혼이주여성의 인권침해 문제가 인권단체, 여성단체, 언론 등에 의해 주요 사회문제로 부각되면서 부터이다. 해외유입소수자로서 외국인노동자의 인권침해 문제가 1980년대부터 한국 사회에 부각되었음에도 불구하고, 현재까지 외국인노동자 소수자 문제를 다문화적 시각에서 다루지 않았다는 점에 비추어 한국의 다문화담론은 결혼이주여성에 치중된 편협한 담론이라는 것을 알 수 있다. 이에 관하여 전영평(2008: 3)은 한국에서의 '다문화시대' 담론을 광의, 중범위, 협의 3가지로 구분할 수 있다고 하면서, "협의의 '다문화시대' 정의는 저개발 국가들로부터 국제결혼을 매개로 한국에 이주해 온 여성이주배우자가 증가함에 따라 변해가는 한국지방사회의 문화적 지형을 일컫는 것이다. 최근의 언론 등에서 흔히 사용하는 '다문화사회'의 의미는 결혼이주배우자의 급증과 이로 인한 사회문제, 그리고 그것의 극복을 위한 대안에 대한 담론과정에서 생겨난 것이다. 이는 1990년대부터 한국 사회에 외국인노동자들이 대량으로 유입되고 그들에 대한 차별과 편견이 만연하였을 때와는 매우 다른 양상이다. 외국인이지만 한국 사회에 정식으로 편입되는 결혼이주배우자와, 임시동거인으로서 외국인노동자를 구분하는 것이 우리의 문화적 정서이다. 이처럼 '다문화시대'라는 말은 결혼이주배우자의–외국

인노동자가 아닌—한국 유입과 그들의 정착을 기정사실화 하는 과정에서 생겨난 시사적 용어임을 부인하기 어렵다. '다문화시대'에 대해 이런 식—다문화를 결혼이주배우자 및 그 가정의 형성 수준—으로 이해하는 것은 '다문화'를 가장 협의로 이해하는 것이다. 그러나 이러한 정의가 한국에서 보편적인 의미로 정착하고 있다는 점에 대해서도 주목할 필요가 있다"고 지적한다. 만일 우리가 다문화담론을 결혼이주여성 소수자에게만 국한시킨다면 다문화의 의미는 인종적인 것에 국한되는 매우 협소한 논의로 전락하게 될 것이다. 그러나 다문화담론을 좀 더 확대하여 '외형과 삶의 방식이 주류사회의 편견과 다르다는 이유로 차별과 배제의 대상이 되고 있는 다양한 부류의 개성 있는 사람들'을 대상으로 다문화담론의 유용성은 더욱 확장될 수 있을 것이다. 예컨대 유명기(2004: 13, 14)는 탈근대 사회의 소수자화 현상에 주목하여 다문화담론과 관련해 유용한 시사점을 제시하고 있다. 그는 근대 국민국가를 차별과 배제의 장치로 보면서 "소수자라는 말 자체가, 국민국가를 무대로 주류집단이 펼쳐온 아이덴티티의 정치가 낳은 근대의 유산이다. 차이를 차별로 전환하는 지배계급의 권력행사는 이름붙이기를 통하여 이루어진다"고 주장한다. 이어서, 그는 국가를 거부하기 보다는 탈근대사회에서의 보편적인 소수자화 현상을 지적하며 "탈근대사회의 상당수 사람들은 스스로의 의지나 취향에 따라 주류에의 종속을 거부하며 '소수자 되기'를 선언한다. 동성애자의 커밍아웃이나 양심적 병역거부자의 자기 선언은 그러한 시대의 흐름을 반영한다. 탈근대는 자발적인 소수자 되기의 시대이다"라고 주장하고 있는 바(유명기, 2004: 17), 이러한 그의 입장은 포스트모더니즘적 소수자운동을 대변하는 것으로 볼 수 있다. 탈근대주의 소수자운동이 국가의 기능을 암묵적으로 인정하는 수준에 머물고 있는 것과는 달리,

포스트모더니즘적 소수자운동은 각종 인권운동단체, 종교집단, 나아가서는 제도권 정치가 등에 의해서 전개되기도 한다. 한국의 경우, 민주화, 경제성장, 세계화 등의 과정을 지나오면서 인권의식이 매우 빠른 속도로 성장하고 있는 가운데, 과거에는 차별과 배제의 그늘에서 살던 소수자들이 각자 자신의 '삶의 방식과 인권'을 존중해 줄 것을 강력히 요청하고 있는 것이 사실이다. 이러한 소수자운동을 '탈근대현상'으로 포장할 수 있는가에 대한 논란이 있을 수 있지만, 이미 한국 사회는 탈근대사회가 보여주는 현상들로 가득 차 있다. 예컨대, 동성애자운동, 탈북자운동, 양심적 병역거부운동, 비정규직운동, 외국인노동자운동 등은 과거 근대 국가 사회에서는 찾아보기 힘든 소수자 운동 유형이다. 이들 소수자들은 자신들의 삶의 방식을 '개성 있는 소수자 문화'로 존중해 줄 것과 이를 관철하기 위해 주류사회의 차별과 배제, 편견과 냉대가 근절될 수 있는 인권적 차원의 정책과 제도를 요구하고 있다. 실제로, 미국과 유럽의 선진국에서 볼 수 있듯이 소수자의 권리 증진은 역사적으로 '경로 의존성'을 가지고 있으며, 한국도 이러한 경로 의존에서 예외가 되기 힘들 것이다. 따라서 향후 소수자운동이 이런 식으로 전개될 것이라고 예측된다면, 우리는 이 소수자운동을 애써 외면할 것이 아니라, 소수자의 존재, 소수자인권, 소수자문화를 어떻게 인식할 것인가에 대한 신중한 논의를 전개할 필요가 있다. 무엇보다도 다양한 부류의 소수자가 각자 추구하고자 하는 '개성 있는' 삶의 방식, 문화 운동, 인권운동이 표출되는 사회를 '다문화사회'로 이해할 필요가 있다는 점을 강조하고자 한다. 이에 대하여 전영평(2008, 2010)은 현재 한국의 다문화담론을 아래와 같은 시각에서 이해해야 한다고 주장한다.

'다문화시대'에 대한 광의의 정의는 '다문화'의 속성을 국가사회에

존재하는 다양한 소수자 세력이 표출하는 다양한 문화적 특성으로 이해하는 것이다. 이는 '다문화'의 의미를 외국인 소수자의 수용과 적응 분야에 한정하는 데는 문제가 있다는 인식에서 출발한다. 예컨대 결혼이주배우자의 경우, 그 구성이 매우 이질적이며 다양한 국가의 다양한 계층에서 결혼을 매개로 이주하는 특성을 가진 관계로 집단적 문화 정체성을 가지고 있지 않은 경우가 대부분이다. 따라서 결혼이주배우자든 외국인노동자든 고유한 문화적 정체성을 집단적으로 표출하지 못하는 한, 다문화시대를 구성하는 문화적 주체라고 불리기는 어렵다. "다문화사회와 다민족사회가 본질적으로 같은 것이라는 인식은 '문화'개념의 빈곤과 관련된 대표적인 오해로 볼 수 있다. 한국사회의 인적구성이 다민족화된다는 것이 곧 문화적 다양성을 전제하지 않기 때문이다"라는 한경구·한건수(2007: 21)의 지적은 필자의 주장과 거의 일치한다. 백과사전적 정의에서도 다문화주의(multiculturalism)는 '여성문화, 소수파문화, 비서양문화 등 여러 유형의 이질적인 문화의 주변문화를 제도권 안으로 수용하자는 입장을 이르는 말'로 규정되고 있는 바(두산백과사전), 이런 식의 정의가 우리의 소수자 연구에 더욱 적합할 것이다.[1] 이런 점에서 '다문화시대'는 보다 정확하게 말하면 '다문화주의시대'로 표현할 수 있을 것이다. 필자는 한국 사회의 다문화사회 담론이 타민족 소수자를 포함하는 것은 물론이거니와 다양한 국내 소수자집단의 정체성과 삶의 방식에 대한 수용과 관련된 논의로 이행되는 것이 바람직하다고 생각한다. 예컨대, 동

1) 다문화주의와 다문화시대를 구분하자면, 다문화주의는 소수자의 문화를 적극적으로 주류 문화로 수용하자는 규범적 입장인 반면, 다문화시대는 소수의 문화가 어울려 있는 상황을 묘사한 관찰적 입장이라고 할 수 있겠다. 필자는 소수자의 인권을 다루는 입장에서, 다문화시대를 '다문화주의시대'로 인식하고자 한다.

성애자 집단, AIDS 환자 집단, 탈북자 집단, 일본군위안부피해자 집단, 양심적 병역거부자 집단, 장애유형별 장애인 집단, 화교집단, 성매매여성집단, 납북자가족집단, 노숙자옹호집단, 특수부대근무자 집단 등과 같은 국내 소수자집단은 그 조직력에서뿐만 아니라, 정체성(identity), 삶의 방식(way of life) 등의 측면에서 결혼이주배우자들이나 외국인노동자들 보다 훨씬 강력한 수준의 문화적 정체성을 보이고 있다. 이에 따라 한국의 다문화시대는 개방적이며 다원적인 사회로 이행하면서 만나게 되는 다양한 소수자집단의 하위문화들이 어울리는 다문화주의시대로 이해하고자 한다(전영평, 2010: 5-7).

## 2. 다문화담론에서의 소수자와 소수자 유형의 발견

앞에서 채택하기로 한 광의의 다문화주의 개념을 토대로 할 때, '한국 사회에서 인권운동을 전개하는 소수자에는 어떤 부류가 있으며, 이들을 어떻게 유형화하여 이해할 것인가'를 논의하는 일은 한국 소수자 인권운동과 정책을 이해하기 위한 구체적이고 실체적인 기반이 된다고 할 수 있다. 그렇다면 다문화사회로 진입한 한국 사회의 소수자는 구체적으로 누구이며, 어떻게 유형화할 수 있는가?[2] '누가 소수자인가?'에 대한 기존 논의는—소수자 문제를 주요 사회 문제로 인지하여, 문제의 발생과 결과에 대한 해석을 시도하는—사회학자 및 인류학자의 논의가 주류를 이루고 있다. 당연히 이들의 논의는 소수자 문제의 발견과 해석에 대한 학문적·현실적 통찰력을 제시하는

2) 이 부분의 논술은 소수자 정체성과 유형에 대한 서술이기 때문에 필자의 기존 논문의 내용을 인용한다. 출처: 전영평(2007), "소수자의 정체성, 유형, 그리고 소수자 정책 연구 관점", 『정부학연구』 13(2).

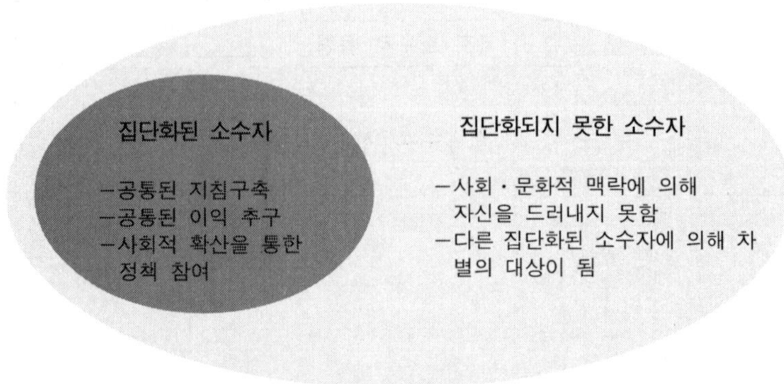


〈그림 2-1〉 소수자정책의 연구대상으로서의 소수자

데 기여하였다. 그러나 이들의 담론은 기본적으로 정책 및 행정과 관련된 논의가 아니기 때문에, 정책적 관점에서 이를 활용할 수 있는 보다 구체적인 기준과 요건을 검토할 필요가 있다.

먼저, 정책대상으로서 소수자(minority)와 소수자집단(minority group)을 통합하여 연구할 필요가 있다. 집단으로서 소수자, 즉 소수자집단(minority group)은 구성원 자격에 관한 특수한 규칙과 문화적 행위에 관한 지침을 가진 집단으로 규정되지만, 현실세계의 소수자(minority) 중 에는 예컨대 노숙자, AIDS 환자, 외국인 배우자, 미혼모 등의 경우, 집단으로서 특수한 규칙이나 문화적 지침을 가진 경우보다는, 열악한 지위 또는 수치심으로 인해 개별적으로 분산되어 있는 경우가 많다. 이 경우 이들 소수자들은 정책적 보호 및 탐구의 대상에서 벗어나게 된다. 따라서 정책 대상으로서 소수자에는 집단화된 소수자집단(minority group)뿐만 아니라 집단화되지 못한 소수자(minority)가 포함되어야 하며, 이러한 포괄적 개념을 사용해야만 현대사회에서 발생하는 소수자 문제를 제대로 발견하고 그 문제에 상응하는 정책 대안

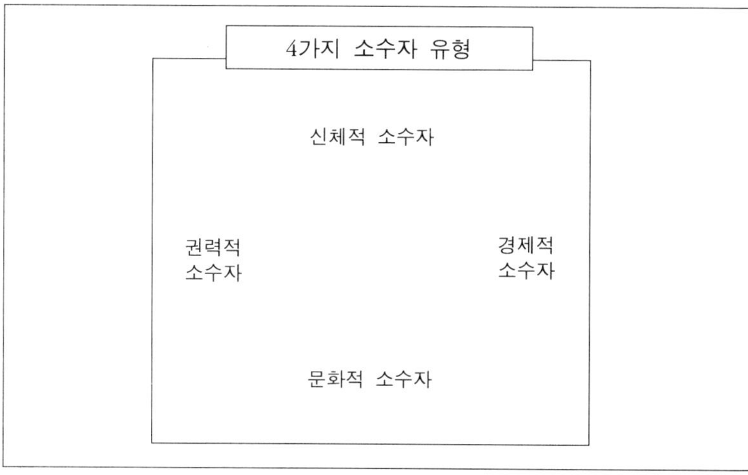


〈그림 2-2〉 소수자 유형 간의 관계 도표(고유성과 중첩성)

을 마련할 수 있을 것이다.

한편, 정책적 관점에서 소수자 문제 및 대책에 접근하기 위한 소수자의 유형 분류도 소수자 연구를 진행하기 위해 매우 중요하다. 왜냐하면 이러한 유형화를 통하여 소수자의 관점에 기초한 정책적 대안을 구상할 수 있는 연구 기회를 가질 수 있기 때문이다. 이 점에 유의하면서 현존하는 소수자를 유형화하면, 먼저 타자와의 관계 속에서 나타나는 소수자와 타자와의 관계가 아닌 개인의 인지 및 심리적 맥락에서 나타나는 소수자로 구분할 수 있다. 전자에는 ① 신체적 소수자, ② 권력적 소수자, ③ 경제적 소수자, ④ 문화적 소수자가 포함될 수 있으며, 후자에는 정신병리학적 맥락에서 ① 우울증, ② 자폐증과 같이 개인의 내면세계 속에서 느끼는 심리적 고통을 외부세계와의 교류를 단절함으로써 치유하고자 하는 집단이 포함될 수 있다. 여기서 정책학 또는 행정학에서 관심을 가져야 할 부분은 바로 타자와의 관계

속에서 권력의 열세, 다름으로 인한 차별의 고통을 받고 있는 집단이다.

첫째, 신체적 소수자는 신체적 결함으로 인하여 사회적 차별 대우와 인권침해에 노출되는 소수자를 의미한다. 이러한 유형의 소수자는 대표적으로 신체장애인, 정신장애인, 기형인, AIDS/한센병환자 등이다. 이들 소수자는 외관상의 결손과 기능의 손상으로 인하여 고용, 이동, 교육 등 모든 분야에 있어 차별 대우와 인권침해의 경험과 역사를 가지고 있으며, 최근에 와서야 제도적으로 평등한 대우를 받는 단계에 이르게 되었다. 신체적 소수자 유형 분류가 시사하는 정책적 유용성은 신체적 결함을 이유로 하는 각종 차별에 대한 정책 대응과 개선안을 마련할 수 있게 한다는 데 있으며, 그 실례로서 장애인 고용, 장애인 이동, 장애인 교육 정책 등의 분야에 있어 수 년간 진행된 획기적인 정책 변화를 들 수 있다(전영평, 2000).

둘째, 권력적 소수자는 열악한 권력적 지위로 인하여 차별적 대우와 인권침해를 경험하는 소수자이다. 이들은 사회적 주류와 구분되는 신체적 결함이나 문화적 이질성을 가진 것이 아님에도 불구하고 지배권력에 의해 차별 받는 사람들이다. 예컨대, 권력적 다수에 의해 차별받는 여성이나 특정지역 거주민이 전형적으로 이에 해당한다. 또한 외국인노동자, 양심적 병역거부자, 동성애자는 물론 대부분의 소수자들이 권력적 소수자에 해당된다. 이들은 신체적 소수자의 경우와는 달리 고용, 이동, 교육 등의 측면에서 현격한 차별을 받고 있지는 않으며, 권력적 열세만 정책적으로 극복되면 차별과 인권침해에서 벗어날 수 있다는 특징을 가진다. 권력적 소수자 유형이 정책적으로 시사하는 바는 권력적 열세에 의한 각종 차별 문제와 이에 따른 정책 대응과 인권 개선 방안이 필요하다는 점이다.

셋째, 경제적 소수자는 열악한 경제적 지위로 인하여 차별적 대우

와 인권 침해를 받는 사람들이다. 전형적인 사례로는 비정규직 근로자, 도시 빈민, 외국인노동자 등이 이에 해당한다. 경제적 소수자는 권력적 소수자와 마찬가지로 구성원의 수로는 사회적 다수를 차지하지만 경제력 및 고용은 열악한 지위에 있는 자를 말한다. 이러한 경제력 차이에 의한 차별은 초기에는 칼 마르크스(Karl Marx)의 부르주아에 의한 프롤레타리아 착취로 설명될 수 있었으며, 이러한 시각은 프롤레타리아 혁명을 통한 공산주의 건설로 실현되기도 하였다. 그러나 1990년대 들어 공산주의의 붕괴와 신자유주의적 세계 자본주의 영향으로 인해 계급적 시각에 의한 권력 재구성 노력 보다는, 세계자본주의 체제 내에서의 사용자와 노동자의 관계, 노동자와 노동자의 관계, 그리고 부유층, 중산층, 빈민층과 같은 계층적 시각에서 소수자 차별을 시정하는 정책이 주목받게 되었다. 최근에 비정규직 근로자, 외국인노동자, 노숙자, 도시 빈민 등과 같은 사람들이 경제적 소수자로 등장함에 따라 국가정책도 이들에 대한 차별적 대우 및 인권침해 개선과 같은 사안에 집중하게 되었다.

넷째, 문화적 소수자는 문화적 차이로 인하여 차별적 대우와 인권 침해를 받는 사람들이다. 이러한 문화적 이질감이란 인종, 종교, 가치관, 도덕률 등의 차이로 인하여 소수자를 위험요소 및 혐오요소로 느끼는 것을 의미한다. 문화적 소수자는 전형적으로 혼혈인, 동성애자, 외국인 배우자, 성매매여성, 미혼모 등이 포함된다. 이들 소수자는 한 사회의 문화에서 도덕적인 금기로 통용되는 삶의 방식을 살기 때문에, 문화적 동질성을 가진 다수의 집단으로부터 차별적 대우와 인권 침해를 경험하게 된다. 문화적 소수자는 사회적으로 낙인찍히는 상황에 처하기 때문에 권력적 소수자나 경제적 소수자보다 더 열악한 상황에 처하게 되는 경우가 많으며, 경제적 · 권력적 상황이 나아진다

하더라도 그들에 대한 사회적 차별과 편견이 개선되기 어렵다. 따라서 문화적 소수자에 대한 차별금지 및 인권 개선은 보다 선진적인 문화 제도와 관행을 도입하고 홍보하는 정책을 시행함으로써 개선될 여지가 있다. 이런 점에서 문화적 소수자 구분의 정책적 유용성이 시사된다.

한편, 소수자에 대한 이러한 유형화를 함에 있어 반드시 고려해야 할 점은 이들 네 유형의 소수자들이 각자의 고유한 특성을 가짐과 동시에 다른 유형과의 중복도 가능하다는 점이다. 예컨대, 신체적 소수자는 신체적 결함이라는 고유한 소수자 특성을 가지고 있지만, 이들은 동시에 경제적 소수자, 권력적 소수자, 문화적 소수자일 수도 있다는 점을 배제할 수 없다는 것이다. 따라서 4개 유형의 소수자 분류는 완전히 상호배타적인(mutually exclusive)분류는 아니며 2개 이상의 중첩도 가능하다는 점을 밝히고자 한다. 4개 유형의 소수자의 특성을 고유성과 중첩성에 주목하여 도표로 표시하면 〈그림 2-2〉와 같다.

이상의 논의를 통해 우리는 소수자를 ① 집단화의 정도에 따라, 집단화된 소수자와 비집단화된 소수자로 분류할 수 있으며, ② 차별의 원인에 따라, 신체적 소수자, 권력적 소수자, 경제적 소수자, 문화적 소수자로 구분할 수 있으며, ③ 소수자 유형 간에는 중복적 소수가 가능할 수 있음을 알았다. 그런데 보다 체계적이며 정밀한 정책 사례 연구를 위해서는 즉, 사례연구 대상이 되는 정책 사례를 보다 체계적이고 다양하게 선택하기 위해서는 좀 더 세밀하게 분류된 유형화가 필요할 것으로 보인다. 이를 위해서 연구자는 위의 2개의 분류 기준을 결합하여 다음과 같은 8개의 소수자 유형 분류 체계를 고안하였다(〈표 2-1〉 참조). 이 분류 체계는 소수자정책 연구를 위한 사례 도출에 기준이 될 수 있으며, 그 유용성은 앞으로 소수자 인권 사례연구의 축적을

〈표 2-1〉 소수자의 유형화와 예시

| | | 조직화 여부 | |
|---|---|---|---|
| | | 집단화 | 비집단화 |
| 소수자 특징 | 신체적 소수자 | 유형 1<br>(장애인) | 유형 2<br>(AIDS 감염인) |
| | 권력적 소수자 | 유형 3<br>(탈북자) | 유형 4<br>(양심적 병역거부자) |
| | 경제적 소수자 | 유형 5<br>(비정규직, 외국인노동자) | 유형 6<br>(노숙자) |
| | 문화적 소수자 | 유형 7<br>(성적 소수자, 일본군위안부) | 유형 8<br>(이주배우자, 미혼모) |

통해 검증될 수 있을 것이다. 이 연구에서도 이 분류 틀은 소수자 인권 정책 사례를 선정하는 데 많은 도움이 되었음을 밝힌다.

## Ⅲ. 인권의 보편성 · 특수성 측면에서 본 소수자 인권

소수자 인권과 관련하여 다루어야 할 또 하나의 중요한 이슈는 인권논제의 보편성 · 특수성의 맥락이다. 인권논제의 보편성 · 특수성 논쟁이란 인권은 어떤 국가, 사회의 특수성과는 상관없이 보편적인 차원에서 다루어져야 한다는 관점과 인권은 해당 국가 사회의 특수한 사정과 맥락에 따라서 달리 다루어질 수 있다는 관점의 대립을 포함하는 논쟁이다. 유홍림(2001)은 "궁극적으로 문화적 차이와 인권의 보편성을 둘러싼 논쟁은 인권담론의 내용을 풍부하게 만드는 데 기여함과 동시에 인권의 보편성을 새로운 각도에서 재인식 할 수 있는 기회를 제공한다. 인권의 보편성(universality)이 인권의 보편화 가능성(uni-

versalizability) 문제로 재인식될 때, 인권은 초역사적이며 초사회적인 객관적 개념이라는 전제로부터 탈피할 수 있다. 이러한 경우 인권은 역사과정 속에서 호흡하며 생명력을 확보해가는 발전적인 이념으로서 상황의 변화에 적응하여 그 이념의 설득력을 증대시키는 노력을 촉구한다"고 함으로써 인권의 보편성·특수성 논쟁의 의미를 재음미하고 있다. 최근 중국, 북한, 아프가니스탄을 비롯한 중동 국가, 아프리카 등의 독재 국가에서 인권의 특수성을 주장하며 인권의 보편성 개념에 저항하는 모습을 보면 인권의 보편성-특수성의 논쟁은 담론적 차원의 논쟁에서 그치지 않고 있다는 것을 알 수 있다. 실제로 인권의 보편성 문제는 제2차 세계대전 이후 세계 각국에서 벌어진 전쟁, 학살, 독재를 경험하면서 매우 중요한 정치 사회적 이슈가 되었다. 전쟁과 독재를 자행하는 국가를 제외하면 인권의 보편성 이슈는 당연히 수용되어야 할 이슈임에 틀림이 없다. 대부분의 인권학자와 실천가들에게 있어 인권의 보편성은 당연한 것으로 받아들여지고 있다. 이는 현대의 인권논제가 추상적인 법철학이나 도덕률에서 도출된 것이 아니라, 나치의 유태인학살 및 여러 독재국가에서의 전쟁과정에서의 학살과 폭력에 대한 저항과 반성으로부터 도출된 것이기 때문이라는 인식에 기초한다.

인권이 지켜져야 할 가장 강력한 이유는 이론이나 원칙, 이성적 판단, 도덕적 판단, 법률적 원칙에 기인하는 것이 아니라, 감정이입, 역지사지 등과 같은 '같은 인간으로서의 감정적 대입'에 의해서 가능하다는 주장이 호응을 얻고 있다(프리먼, 2005, 유홍림, 2001). "인권문화가 형성되는 관점에서 가장 중요한 역할을 담당하는 것은 사랑, 우정, 신뢰, 사회적 연대 등과 같은 감정이다. 인권문화의 확산은 도덕철학이 강조하는 도덕률에 의해서가 아니라 베이어가 말하는 '감정의 진

보'에 의해 가능할 것이다. 감정 교육의 결과물이라 할 수 있는 이러한 진보에 의해 우리는 타자와의 차이보다는 유사성을 중시하게 되고, 타자에 대한 애정과 관심을 가지고 선량한 태도를 취하게 된다"는 유홍림(2005: 100)의 지적은 타당하다.

그렇다면 인권의 보편성은 소수자에게 어떤 식으로 적용되어야 하는가. 불행하게도 소수자의 인권은 UN세계인권 초안에서 제외되었는데, 그 이유는 "국제연맹시절의 소수민 권리 레짐이 실패하였고 소수민 권리의 개념이 나치 독일의 침략행위를 정당화하기 위한 구실로 악용되었다고 여겨졌기 때문"이라고 한다(프리먼, 2001: 157).

그렇다면 이제 현대사회, 혹은 다문화사회에서 소수자 문제는 어떠한 시각—보편성의 시각 혹은 특수성의 시각—에서 인식되어야 할 것인가? 이 문제에 대한 규범적인 대답은 '당연히 보편적인 시각에서 다루어져야 한다'는 것이 될 것이다. 그러나 세계 각국의 소수자 인권운동과 인권정책의 현실을 보면, 소수자 인권문제가 보편적인 기준에서 다루어 진 경우가 거의 없다는 것이다. 200여 개에 달하는 세계 각국의 정부는 정치적·사회적 상황에 따라 소수자의 인권을 자기 국내의 특수한 상황에 맞추어 인식하고 있을 뿐만 아니라, 소수자 인권침해에 대한 외부 세계의 개입을 내정 간섭이나 다수자에 대한 역차별로 인식하는 경우가 많기 때문이다. 한마디로 소수자 인권에 대한 보편적 접근이 이루어지기 어려운 것이 현실이며, 소수자 인권에 대한 각국의 정책은 각국의 정치적·경제적·사회적 상황에 따라 달리 다루어지고 있고, 선진국 일부를 제외한 대부분의 국가에서는 아직 초보적인 수준의 인권담론이 형성되는 단계라고 할 수 있다.

## Ⅳ. 소수자 인권정책 사례 연구의 분석틀

소수자 인권문제, 소수자 인권운동, 소수자 인권정책과 관련하여 중요한 담론 중의 하나는 소수자 인권의 사회화, 정책화 문제를 어떠한 분석틀로 연구할 것인가 하는 것이다. 이에 관하여 필자는 다음과 같은 두 가지 연구 분석틀을 제시하고자 한다.

첫째, 인권운동의 진화 단계를 구분하고, 각 단계 별로 인권운동, 인권정책의 변화과정을 서술하는 방법이다. 이 방법은 시간의 흐름에 따라 인권운동의 전개과정을 서술하는 방식으로서—요인별 분석이 갖는 체계성이 다소 떨어지기는 하지만—연구 대상이 되는 소수자문제를 잘 정리할 수 있다는 장점을 가지게 된다. 필자는 연구 단계를 비교적 세밀하게(7단계로) 구분하여, 서술 내용의 체계성을 증진시킬 수 있도록 하였다. 필자가 제시하는 7단계 소수자 인권 연구 분석틀의 내용은 아래와 같다.

1**단계: 인권 의식 형성 단계**—소수자들이 자신에 대한 사회적 차별 문제를 인식하는 단계를 의미한다. 소수자들이 자신의 인권적 정체성에 대하여 고민하고 표출하는 과정을 서술한다.

2**단계: 집단정체성 추구 단계**—문제인식을 공유하는 소수자들이 집단 결성의 욕구를 느끼고, 차별과 배제를 극복하기 위해서 자신들의 집단화가 필수적이라는 것을 알게 되는 단계이다. 이 경우 기존의 제도적 차별 메커니즘과 비제도적 차별 메커니즘이 서서히 와해되도록 하는 정치적·사회적 여건 변화를 서술하는 일이 필요하다.

3**단계: 저항 운동 추구 단계**—집단화된 소수자들이 각종 인권 차별 관행에 대하여 조직적·개인적으로 대항하는 저항 단계이다. 집단

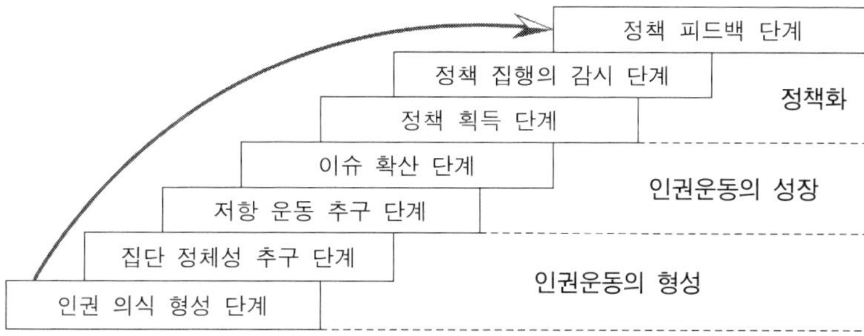


〈그림 2-3〉 소수자인권정책연구를 위한 7단계 분석틀

적 대응은 한 사회의 정치, 경제, 사회적 여건의 변화와 직결되어 있으며, 소수자의 집단적 저항에 대한 제도적 보장이 어느 정도 수립되어 있는 단계이다. 그러나 소수자의 집단적 대응은 법적·제도적 범위에 국한되지 않는다. 소수자는 이 단계에서 공식적·비공식적 저항방식을 모색하게 되는데, 특히 비공식적 저항 방식(예컨대 항의, 집회, 시위, 서한 발송, 자살, 분신, 테러 등)에 주목하여 서술할 필요가 있다. 이 경우 소수자 옹호집단의 활동도 활발해 진다.

4단계: **이슈 확산 단계**—소수자가 집단화·조직화되고 어느 정도 제도적 보호를 받게 되면, 소수자는 자신의 인권을 옹호하는 집단과의 결합을 공식화할 뿐 아니라 적극적인 언론 활용, 대중적 호소, 국내인권기구, 인권NGO와의 연대, 국제인권연대, 국제기구 등에 호소하는 일을 통해 인권 이슈를 확산단계에 도달하게 한다.

5단계: **정책 획득 단계**—소수자가 정체성, 집단화, 옹호집단과의 연대, 사회적 이슈 확산에 성공하게 되면 정치가들은 그들의 요구에 부응하는 정책을 만들라는 압력에 봉착하게 된다. 소수자 문제는 개인 문제에서 사회문제를 거쳐 정책 문제로 떠오르게 되며, 정책의제는 정책결정을 통해 법으로 구현되기도 한다. 이 과정은 소수자 인권

운동과 그 성과가 행정학, 정책학의 연구 대상이 되는 최초의 단계이다.

6**단계: 정책 집행의 감시 단계**—개별 소수자정책이 집행되는 단계에서 집행 과정을 연구하는 단계이다. 정책은 결정만이 중요한 것이 아니라, 정책이 만들어 진 이후 어떻게 집행되는가하는 것이 더 중요한 측면이 있다. 윌다옵스키(Wildavsky)와 같은 학자들은 과거 정책연구에서 정책결정 모형 연구에 치중한 나머지 정책 집행의 중요성에 대한 인식이 부족했다는 사실을 확산시키는 데 성공했다. 게다가 미국에서 1970년대 이후 정책 집행에 대한 많은 연구가 3세대 연구로까지 진행되었다는 점에 주목할 필요가 있다. 정책 집행과정연구에서 탄생한 많은 이론적 업적과 가설 등이 소수자 인권정책의 집행과정에 적용될 경우, 정책의 효과성에 대한 논의에 대한 보다 충실한 담론이 이루어 질 수 있을 것이다.

7**단계: 정책 피드백 단계**—정책 집행에 대한 연구와 평가가 엄정하게 이루어지면, 정책의 문제점, 집행의 문제점, 이슈자체의 문제점, 정책학습의 필요성 등이 드러나게 되고, 이러한 문제점과 개선 방안을 도출하여 문제와 정책을 재정의하고 수정하는 작업이 필요하다. 이러한 단계적 접근법을 도식화하여 제시하면 〈그림 2-3〉과 같다. 이 책의 4장 장애인 인권운동의 정치와 정책에서는 단계별 접근법을 사용하여 장애인 인권운동과 정책진화과정을 사례 연구하였다.

두 번째로 제시할 수 있는 소수자인권정책 분석틀은 소수자를 둘러싼 옹호집단 간 대립 양상에 주목할 때 도출될 수 있다. 소수자의 정책획득은 소수자옹호집단과 소수자반대옹호집단의 세력 갈등의 산물이라고 할 수 있으며, 이는 집단 간 세력 갈등 상황을 보다 체계적으로 관찰할 수 있는 구도 창출에 대한 지적 호기심을 자극한다. 정책 갈등을 집단 간 세력 갈등 차원에서 파악할 수 있게 하는 대표적

인 이론적 근거는 옹호연합모형(Advocacy Coalition Framework, ACF)에서 찾을 수 있다(Sabatier & Jenkins-Smith, 1999: 149). 옹호연합모형은 정책과정 단계모형(stages model)의 대안이 될 수 있다(Jenkins-Smith & Sabatier, 1993, 1999; Elliott & Schlaepfer, 2001: 645). 이 모형의 장점은 정책갈등을 시간적 흐름에 따라 인과적으로 설명할 수 있으며, 정책과정 전반에 걸쳐서 일어나는 정책지향 학습(policy-oriented learning)을 확인할 수 있고(Jenkins-Smith & Sabatier, 1993: 3-4), 정책하위체계라는 관점을 도입하여 정책문제에 대한 믿음을 옹호하는 행위자 및 연합들 간의 경쟁관계를 잘 관찰 할 수 있다는 데에 있다(Kübler, 2001: 624).[3]

〈그림 2-4〉에서 볼 수 있듯이 옹호연합모형에서는 정책하위체계에 영향을 주는 상대적으로 안정적인 변수(relatively stable parameters)와 역동적인 변수(dynamic events)를 포함하는 외생변수가 있으며, 이들 외생변수들은 정책하위체계 행위자들의 행동에 일련의 제약을 주거나 기회를 제공하는 요소로 작용 한다.[4] 공유된 믿음체계의 핵심(deep core)에는 존재론적이고 규범론적인 믿음이 있어 가장 강력한 수준의 신

3) 옹호연합모형을 토대로 소수자관련 정책변동을 파악하기 위해서는 옹호연합모형의 구체적인 전제를 이해할 필요가 있다. 옹호연합모형에서 전제하는 내용은 다음과 같다. 첫째, 현대 산업 사회에서 정책변동을 이해할 수 있는 가장 유용한 단위는 특별한 정부조직 혹은 프로그램이 아니라 정책하위체계인데, 정책하위체계들은 다양한 공공조직과 사조직에서 활동하는 행위자들을 포함한다. 둘째, 정책하위체계의 개념은 전통적인 철의 삼각형(iron triangles)의 개념으로부터 확장되어 정책 아이디어를 생성, 확산, 그리고 평가하는 데 있어서 중요한 역할을 하는 저널리스트, 연구가, 정책분석가를 포함하는 등 모든 수준의 정부활동에 참여하고 있는 행위자들을 포함한다. 셋째, 공공정책은 목표를 어떻게 달성할 수 있을지에 관하여 암묵적인 이론들(implicit theories)과 결합되고, 믿음체계(belief systems)와 같은 방식으로 개념화될 수 있다는 것이다. 마지막으로 정책변동의 과정을 이해하기 위해서는 10년 이상의 오랜 시간이 필요하다고 본다.

4) 여기서의 재원은 정책하위체계의 행위자들이 활동하는 데 있어서 사회적・법적・문화적・사회경제적 측면과 여론 등의 안정적이고 다양한 지원을 의미한다.

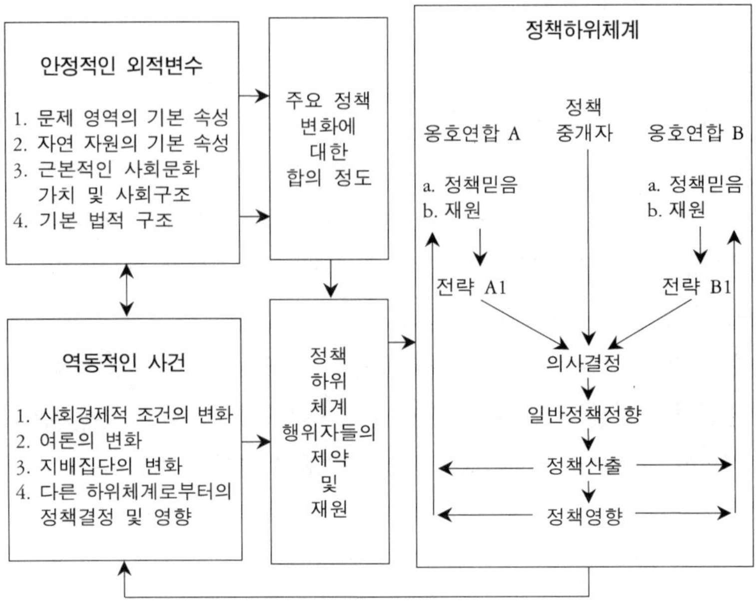


〈그림 2-4〉 옹호연합모형

념을 형성하고 있으며, 다음 수준인 정책 핵심(policy core beliefs) 부분에는 전체적인 정책영역 혹은 하위체계에 걸쳐 연합들의 기본적인 규범적 언명과 인과적 인식이 있다(Sabatier & Jenkins-Smith, 1999: 121-122).

그리고 정책하위체계하에는 공·사를 불문하고 다양한 수준에서 활동하는 행위자들을 포함하는 정책옹호연합들이 있으며, 이들 옹호연합들은 그들의 믿음체계가 정부의 정책과 프로그램으로 관철될 수 있도록 자신들이 동원할 수 있는 재원을 최대한 이용하여 다양한 전략을 구사하게 된다. 그리고 경쟁하는 정책옹호연합들이 선택한 전략은 정책중개자(policy brokers)를 통하여 활용한다. 끝으로, 정책하위체계 내에서는 정책지향학습이 발생하는데 연합들은 서로 외부로부터

학습하고자 하며, 공공정책에 그들의 믿음체계를 반영시키기 위한 다양한 전략들을 사용하게 된다. 정책논의에 관한 전문가 포럼 등은 이러한 것을 가능하게 해주는 역할을 한다(Elliott & Schlaepfer, 2001: 645).

옹호연합모형은 가치나 신념에 근거하여 옹호집단 간의 연대를 이루기 쉬운 소수자 갈등을 분석하는 틀로써 타당성이 있다. 우선, 옹호연합모형의 외생변수는 문제영역의 기본속성, 자연자원의 기본적 분포, 근본적인 사회문화가치와 사회구조, 기본적인 법적 구조 등을 의미하는데 소수자 영역에서 나타나는 소수자 문제의 속성, 소수자가 놓인 권력적 열세 상황, 사회로부터의 차별적 인식 등이 이 외생변수에 해당하며 소수자 옹호연합의 형성과 변동에 영향을 미칠 수 있다. 또한 소수자 문제가 쉽게 해결되기 어렵고 지속적으로 지지 및 반대집단의 영향을 받는다는 점에서 옹호연합모형에서 지적하는 신념에 기반을 둔 옹호연합 간의 갈등상황에 대응될 수 있을 것이다. 특히 소수자 문제의 전개상황이 정책 집행 및 변동단계에 있는 경우 적용의 적절성이 더욱 높아질 수 있을 것이다.

연구자는 위에서 논의한 옹호연합모형(ACF)의 논의를 토대로 하되, 정책 역동성에 가장 큰 영향을 주는 '찬성옹호집단 vs. 반대옹호집단'의 형성 정도에 집중하여 소수자 인권정책의 유형화를 시도하고, 이를 토대로 각종 소수자정책 사례를 분석하는 연구 분석틀을 제시하고자 하였다. 즉, "어떤 소수자가 어떤 상황에 처해 있으며, 어떤 정책을 획득하고 기대할 수 있는가"를 파악하기 위한 연구틀을 〈그림 2-5〉와 같이 제시하였다. 〈그림 2-5〉는 2개의 기준, 즉 소수자옹호집단의 형성정도와 소수자반대옹호집단의 형성정도를 기준으로, 이를 조합하여 4개의 소수자정책 영역을 도출하여 표시한 것이다. 소수자는 그 지위의 열세로 인하여 사회적 차별의 대상이 되고, 이로 인하

소수자옹호집단 형성정도

(가로축: 소수자옹호집단 형성정도 강 → 약 / 세로축: 소수자반대옹호집단 형성정도 강 → 약)

| 소수자반대옹호집단 형성정도 | 강 | 약 |
|---|---|---|
| 강 | I. **정책갈등 영역**: policy conflict<br>〈이익집단정치 발생〉<br>• 비정규직<br>• 외국인노동자 | IV. **정책기회 영역**: policy opportunity<br>〈대중정치 기대〉<br>• 양심적병역거부자<br>• 동성애자 |
| 약 | II. **정책과잉 영역**: policy excess<br>〈고객정치 발생〉<br>• 장애인<br>• 탈북자<br>• 일본군위안부<br>• 결혼이주여성 | III. **정책소외 영역**: policy absence<br>〈창도가정치 기대〉<br>• 납북자가족<br>• 난치병환자<br>• 노숙자 |

〈그림 2-5〉 소수자 인권정책 영역의 구분

여 정책적 소외 대상이 되는 사람들이다. 소수자는 그들을 옹호하는 집단적 사회운동이 생겨나기 전까지는 동정과 시혜의 대상이 되었던 사람들이기 때문에 이들이 사회적 위협요소가 되기 전까지는 이들을 굳이 반대하는 집단이 결성되기도 어렵다. 그러나 사회적 상황이 변화하고 이들을 옹호하는 집단이 소수자운동을 활발히 전개하게 되면 소수자운동을 반대하는 집단이 결성되기도 한다. 특히 소수자에게 유리한 정책이 특정 비소수자에게 불리하게 작용할 경우 소수자반대옹호집단이 결성될 수 있는 가능성은 매우 커진다. 예컨대, 외국인노동자, 비정규직, 동성애자 등에게 유리한 정책이 국내노동자, 정규직, 이성애자에게 불리하게 작용할 경우 소수자운동의 반대집단의 결성은 가속화된다. 〈그림 2-5〉는 이러한 판단을 토대로, 소수자옹호집단의 형성정도가 강할 경우와 약할 경우, 소수자반대옹호집단의 형성

정도가 강할 경우와 약할 경우를 상정하여 4가지 정책상황 영역을 설정하고, 그에 해당하는 소수자를 표시한 것이다.

먼저, 정책갈등 영역(policy conflict)은 소수자의 권익을 주장하는 집단과 소수자 권익의 증진으로 인해 불이익(잠재적 불이익 포함)을 받게 되는 집단이 강력하게 대립하는 경우로서 소수자 이슈를 둘러싼 정책갈등이 심화되는 경우이다. 이 상황은 윌슨(Wilson, 1980)이 말하는 이익집단정치(interest group politics) 상황과 유사하며 정부는 양자 간의 갈등 속에서 정책중개자로서 역할을 수행하기 힘들게 된다. 한국의 경우 이런 상황에 처한 소수자로는 비정규직과 외국인노동자 등이 있다. 둘째, 정책과잉 영역(policy excess)은 소수자 옹호집단은 잘 형성되어 활동하는 데 반해 소수자반대옹호집단은 제대로 결성되어 있지 못한 상황을 의미한다. 이 경우 정부는 고객정치(client politics)에 휘말리게 되며, 소수자 옹호집단의 압력에 밀려 소수자에 대한 각종 대책을 부처별로 봇물처럼 제공하는 정책과잉 상태를 연출하기도 한다. 결혼이주여성, 장애인, 탈북자, 일본군위안부 등은 이런 상황에 처한 대표적인 소수자 사례이다. 셋째, 정책소외 영역(policy absence)은 소수자 옹호집단의 형성정도가 약하며, 소수자 반대옹호집단의 형성도 약한 상황을 의미한다. 이 경우 정부는 해당 소수자의 권익을 위한 정책을 마련해야 할 동기를 갖지 못하며, 소수자 이슈는 정책소외 영역에 머무르게 된다. 그러나 이 영역은 모든 소수자 문제가 출발하는 기초 영역이다. 비정규직, 외국인노동자, 결혼이주여성, 장애인, 일본군위안부 등과 같은 소수자들도 과거 이런 영역에 속했던 소수자이다. 그렇다면 이런 상황에 처한 소수자가 어떻게 다른 유형의 소수자 영역으로 이동할 수 있는가? 이 질문에 대한 하나의 중요한 답변은 윌슨(Wilson)이 말하는 창도가 정치(entrepreneur politics)에서 찾을 수

있다. 즉, 대국적인 차원에서 정치적 창도가로서 활동하고자 하는 정치가(예컨대 미국의 에드워드 케네디의 광산노동자 안전 입법 주도; 환경보존입법을 추구하는 창도가적 정치가의 노력 등)에 의존하는 바가 크다고 하겠다. 한국의 소수자의 경우, 아직 이런 상태에 처한 소수자는 납북자가족, 난치병환자, 노숙자 등이 있다. 마지막으로, 정책기회영역(policy opportunity)은 소수자옹호집단의 형성정도는 약하지만, 이들의 운동을 반대하는 집단의 형성정도는 강한 상황이다. 이 경우 소수자운동은 반대옹호집단의 압력에 밀려 지리멸렬하게 전개되는 경향이 있으며 이들에게 유리한 정책이 만들어지기 어렵다. 결국 이들 소수자는 스스로가 결집하여 산발적 소수자운동을 전개하면서 자기에게 유리한 정책기회를 기다리게 된다. 한국 사회에서 이러한 상황에 처한 소수자로는 양심적 병역거부자, 동성애자를 들 수 있다. 이들은 한국 사회의 문화적 차별로 인하여 자신의 주장을 강력하게 드러내지는 못하지만, 자기들의 문제를 일반 대중에게 제기하고 대중의 의견을 자기에게 유리하게 전개하려는 시도, 즉 대중정치(majority politics)를 감행하고자 한다. 이들은 자신의 문제가 조속히 대중 정치화하여 사회적 논쟁거리가 되는 것에 큰 기대를 하는 경향이 있으며(정재진 · 전영평, 2008), 이를 통해 언젠가는 자신에게 유리한 정책을 만들어질 것에 대한 자신감을 가지고 있기도 하다. 예컨대, 양심적 병역거부자들은 대체복무제가 세계적인 추세가 되고 있다는 사실에 고무되고 있으며, 동성애자는 세계적인 동성애자 합법화 추세와 한국에서의 동성애자 증가 추세를 기반으로, 보다 과감하게 대중정치를 통한 정책획득 노력을 하고 있다. 이 책의 사례 연구 중, 외국인노동자에 관한 정책사례는 옹호집단 간 갈등을 중심으로 이루어졌다.

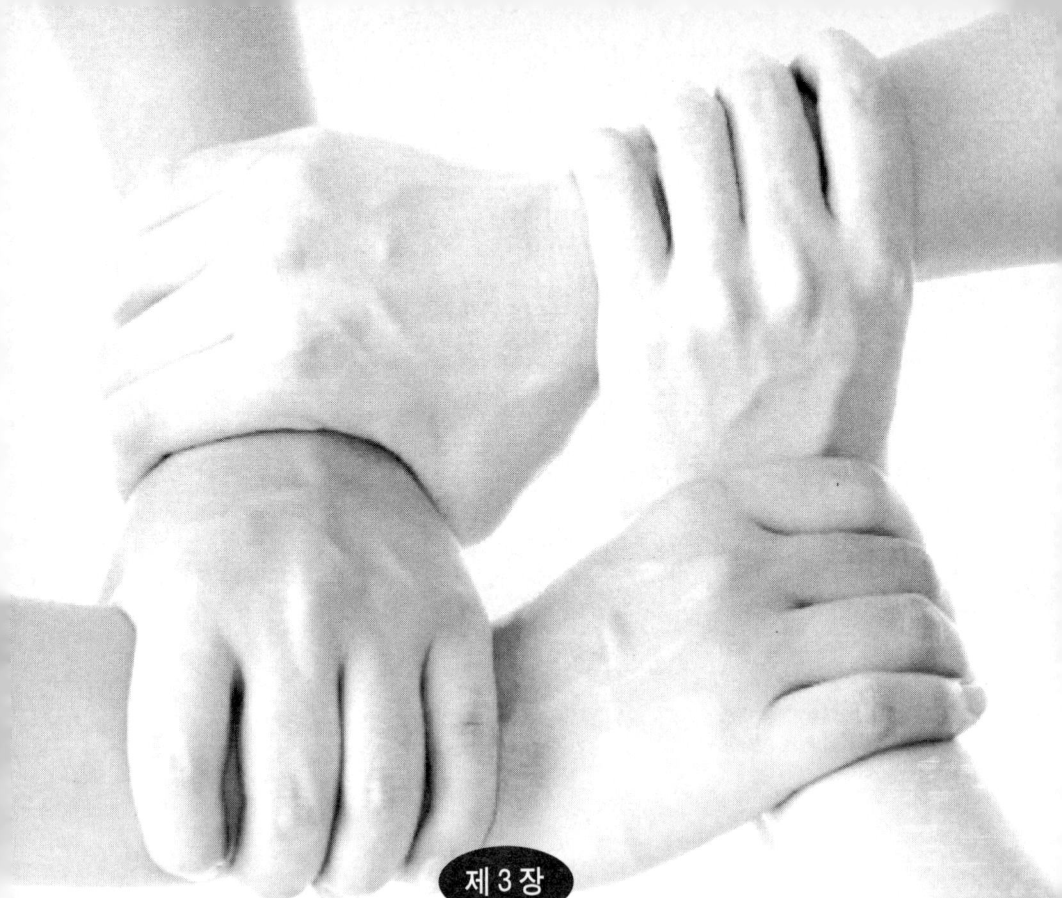

제 3 장

# 하버마스의 인권이론: 인도주의적 개입과 새로운 국제질서

# 제3장 하버마스의 인권이론: 인도주의적 개입과 새로운 국제질서

박정관

## Ⅰ. 들어가며

### 1. 소수자보호를 위한 국제적 연대의 필요성

21세기에 들어와서도 인권에 대한 논의는 국내외에서 활발하게 전개되고 있다. 이것은 UN을 중심으로 한 국제적 인권규범이 확립되고, 인권이 개별국가의 경계를 넘어서 세계적으로 보장되고 관철되어야 할 의무라는 사실이 의심의 여지없이 자명한 것으로 받아들여지고 있지만, 지구촌 곳곳에서는 여전히 인권침해가 자행되고 인권의 사각지대에서 고통 받는 사람들이 존재한다는 것을 나타낸다고 할 수 있다. 올해로 UN인권선언이 제정된 지 63년이 되었다. 그러나 이 선언을 주도했던 미국이 인권침해의 대표적인 국가로 변한 것도 아이러니한 역사적 사실이다.

이러한 점에서 오늘날 지구상 인권의 기상도는 그리 밝지 않지만, 열악한 인권상황에 대한 우려와 관심 및 인권문화를 개선하려는 진지한 노력 또한 존재한다는 점에서 인권에 대한 우리의 의식수준은 아

직은 우려할 정도는 아니라고 할 수 있다.

본 연구도 소수자 보호와 관련해서 보더라도, 대부분의 국가는 헌법뿐만 아니라 여러 가지 법적·사회적 제도를 통하여 소수자의 지위를 보장하고 있다.

나아가 오늘날 세계화(또는 지구화)의 진전에 따른 탈국민국가(post-national)의 시대적 상황에서 인권에 관한 논의는 이러한 국가의 경계를 넘어서 진행되고 있다. 따라서 개별국가수준에서뿐만 아니라 국제적 차원에서의(소수자의) 인권보호를 위한 법적·제도적 장치 및 그 도덕적·철학적 기초에 대한 논의의 필요성이 있다. 소수자보호의 역사에 있어서 '다수, 중심, 우리'에서 배제된 '소수자, 주변, 타자'들의 대상(여자, 유색인종, 동성애자, 장애인 등)이 점점 더 확대되어 온 것처럼, 그 보호의무의 주체 역시 국가를 넘어, 전 인류적 국제공동체로 확대되어야 할 것이다. 이러한 점에서 이제까지 개별국가를 넘어 국제적 인권보호를 위한 초국가적 공동체의 형성, 민족애 또는 동포애를 넘어서는 세계시민으로서의 연대의식을 강조하는 논의들이 등장하고 있다. 이 글에서는 이러한 논의의 대표자인 하버마스를 선택하였다.

## 2. 하버마스의 기획

프랑크푸르트학파의 대부분의 비판이론가들이 법이론 없이 사회비판을 했다면, 하버마스는 칸트나 헤겔의 법철학의 전통을 잇고 있다고 할 수 있다. 하버마스의 주된 목표는 그의 대화이론이 법에도 적용된다는 점을 밝히고자 하는 점이다. 사실 그의 책(Faktizität und Geltung, 1992)[1]은 본격적인 법철학서이자 헌법이론서라고 할 수 있

1) 하버마스(2007), 『사실성과 타당성: 담론적 법이론과 민주주의적 법치국가 이론』,

다. 정확하게는 그의 대화이론을 법과 민주주의에 적용한 것이다. 이제 하버마스는 그의 이론을 국내법을 넘어서 국제법질서로 확장하려는 야심찬 기획을 하고 있다. 법이 국제평화를 달성하고 민주주의와 인권을 전 세계에 관철시키려는 목표를 실현하기 위한 효과적인 매체라는 것을 증명하려고 한다. 여기서 하버마스는 칸트 기획에 대한 비판적 재구성을 통한 새로운 국제법질서를 주장하면서, 인권을 일종의 세계적 시민의 권리로 보고, 필요한 경우 무력개입에 의해서도 보장할 것을 주장하고 있다.

그의 인권이론에 대하여는 우리나라에도 어느 정도 소개되고 있지만,[2] 국제적 인권보호에 관하여 최근 소개된 국내논문들[3]은 주로 인도주의적(또는 인권보호를 위한) 군사적 개입문제에만 한정되어 있고, 그

---

한상진 · 박영도 공역. 하버마스의 법 및 현존의 국가제도(의회주의 및 사회적 법치국가, 독일에 있어서 헌법재판소)에 대한 태도는 이 책을 전후로 하여 바뀜을 알 수 있다. 과거에 그는 법을 단순히 목적합리적이거나 전략적인 행위라고 이해했던 데 반해서 이제는 의사소통행위로 보고 사회통합의 중요한 요소로 보고 있다. 궁극적으로 보수주의자에게는 하버마스의 항복(전향)문서고 좌익(진보주의)에게는 비판이론이 추구해왔던 후기 자본주의 사회의 전환을 포기하는 완전한 이혼장이라고 볼 수 있다. 즉 기존의 간접민주주의를 기반으로 하는 서구의 의회주의와 사회적 법치국가를 인정하고 이를 철학적으로 근거지우려고 하기 때문이다. 물론 그가 무비판적으로 이를 수용하는 것은 아니고, 그의 장기인 비판이 여기서도 법의 새로운 소위 절차적 법이론을 통해 나타날 뿐만 아니라, 그의 급진적 민주주의(민주주의의 확대 및 참여민주주의)에 대한 미련이 여전히 드러나고 있다.

2) 이상돈 · 홍성수(2004), "하버마스의 인권이론", 『고려법학』, 42: 82. 김원식(2007). "인권의 근거: 후쿠야마와 하버마스의 경우", 『사회와 철학』, 13: 66. 임미원(2004), "도덕적 권리와 정치적 권리: 칸트와 하버마스의 인권관념을 중심으로", 『법철학연구』, 7(2): 123-140.

3) 박구용(2005). "법다원주의와 의사소통적 세계 민주주의", 『사회와 철학』, 9: 169. 주광립(2004). "지구화시대의 인권과 국가주권: 코소보 사태에 관한 하버마스의 논의를 중심으로", 『철학사상』, 19: 231. 장은주(2009). "인권의 보편성과 인도적 개입의 정당성", 『사회와 철학』, 17: 316. 나종석(2005). "하버마스인가 아니면 슈미트인가?: 인도주의적 개입과 근대 주권국가 사이의 긴장", 『사회와 철학』 9: 90.

이론적 기초가 되는 국제법의 헌법화 및 소위 세계정부 없는 세계내정 등에 대하여는 자세한 설명이 결여되어 있다.

이 글에서는 먼저 칸트의 기획과 하버마스의 비판적 재구성을 살펴보고(II-III), 하버마스의 구체적인 기획인 국제법의 헌법화 및 소위 세계정부 없는 세계내정(글로벌 거버넌스)에 대하여 검토한 후(IV), 인도적 군사개입에 대한 하버마스의 주장과 그에 대한 비판을 행하고자 한다(V). 여기서 슈미트와의 대립을 통해 자유주의패권모델 및 현실주의모델에 대립되는 그의 법제화모델을 살펴보고(VI), 마지막으로 군사적 개입이 아닌 다른 형태의 개입문제를 살펴보고자 한다(VII).

## II. 칸트의 기획: 국가연맹

자신들의 철학의 많은 부분 특히 법철학의 경우 칸트에 상당한 빚을 지고 있는 롤스[4]와 하버마스는, 최근의 저작들에서, 역시 칸트의 철학적 기획—영구평화론에 기대어 새로운 국제정의론을 표방하면서, 국제법에의 관심을 나타내고 있다.[5]

영구평화에 대한 구상은 서양에서도 칸트가 처음이 아니지만, 오늘날 영구평화나 세계시민주의(cosmopolitanism)를 논하는 경우 칸트의 구상을 그대로 수용하든, 비판하든 적어도 모든 논의의 출발점은 칸

4) 롤스의 경우 마지막 저작이라고 할 수 있다. John Rawls(1999), *The Law of Peoples*.

5) 롤스의 이론 및 롤스와 하버마스의 차이는 여기에서 다루지 않는다. 후자에 관하여는 Kreide(2009). "Preventing Military Intervention? John Rawls and Jürgen Habermas on a Just Global Order", *German Law Journal* 10(1): 93.

트가 되고 있다. 특히 롤스와 하버마스를 포함한 세계학계가 칸트에 다시 주목하게 된 시점도 바로 칸트가 1795년에 저술한 영구평화론의 출간 200주년 및 칸트의 영향하에 성립된 UN이 설립된 지 50주년이 되는 1995년 부터였다.

칸트의 우선적인 목표는 세계시민법(만민법)을 통하여 세계평화를 달성하는 것이었다. 칸트는 자신의 이성법적 전제에 따라 세계시민적 헌법하의 세계공화국이, 오직 전쟁만을 내포하고 있는 국제관계의 무법상태를 영원히 제거할 것으로 믿었다. “이성에 따르면 국가들이 무법적 상황에서 빠져나올 수 있는 길은 오로지 한가지뿐이다. 그것은 국가들이 자신의 야만적(무법적) 자유를 포기하고, 공적인 강제력을 갖는 법에 순응함으로써 지상의 모든 민족들을 포괄하는 만민의 국가를 세우는 것이다.”[6] 그러나 세계공화국은 현실적으로 불가능하기 때문에 소극적 代案으로 국가들간의 연합(국가연맹)을 주장한 것이다. “세계공화국이라는 적극적인 개념 대신 단지 전쟁을 금지하는 국제연맹이라는 소극적 대체물이 적대적 경향의 흐름을 제어할 수 있다.”[7]

그 이유는, 우선 현실적으로 주권국가들이 쉽게 그들의 주권을 포기하지 않으려고 하기 때문이다. 또한 전 세계의 모든 민족들이 하나의 국가를 세우게 되면 그것은 이론적으로 모순이라고 보았기 때문이다. 왜냐하면 하나의 보편적인 국가는 하나의 보편적인 민족으로 성립될 수밖에 없는데, 이것은 세계의 다양한 민족들이 오직 하나의 민족으로 구성될 것을 요구하고, 이제까지 존재하던 다양한 국가들을 해체하게 될 것이기 때문이다. 만약 이와 같이 획일화된 세계공화국이 모든 권력을 독점하면 그것은 무자비한 專制가 될 위험이 있다는

6) Kant, *Zum Ewigen Frieden*, Werke IX, 212.
7) Kant, 위의 책, 213.

것이다.

하버마스는 칸트 연구가들을 괴롭힌 이 모순을 다음과 같이 정리하고 있다. “이런 맥락에서 칸트는 ‘국가’를 단지 개인주의적인 법개념에 따라 자유롭고 평등한 시민들의 연합으로서뿐 아니라 정치·윤리적 관점에서 국민(민족)국가로, 즉 언어와 종교, 생활양식이 서로 다른 ‘민족들’—칸트의 강조—이 형성한 정치적인 공동체로 간주한다. 민족들은(만민국가의 성립과 더불어) 자신들의 국가의 주권상실과 함께 이미 획득한 민족적 독립성을 잃어버리게 되고, 그로 인해 각 민족이 누리던 자율적인 공동체적 생활양식은 위험에 처하게 될 것이다. 이런 식의 독해에 의하면, 세계공화국의 시민들이 평화와 시민적 자유를 법적으로 보장받기 위해서는 그들이 독립적인 국민국가의 형태로 조직된 민족의 성원으로서 향유하는 실질적인 자유를 상실할 수밖에 없다는 사실 속에서 모순이 발생한다.”[8]

## Ⅲ. 하버마스의 기획: 칸트 기획의 비판적 재구성

하버마스의 의도는, 점점 더 상호의존적으로 변화하는 세계화와 더불어 개별국가들의 자율성과 독자적인 정책 수행 능력은 상실되어가고 있는, 탈국민국가(post-national)시대에 맞춰, 칸트 기획을 비판적으로 계승하는 데 있다. 칸트가 단지 영구평화를 위해 전쟁의 종식만을 의도하였다면, 하버마스는 이를 넘어서 자신의 의사소통적 심의민주

8) 하버마스(2009), 장은주·하주영 옮김, 『분열된 서구』, 162-163.

주의 이론에 근거한 민주적이고 평등한 세계질서를 추구하고 있다.

하버마스는 최근 일련의 논문[9]과 각종의 인터뷰를 통해, 칸트의 기획은 200년이 지난 지금 상호의존적이고 다원화된 국제화시대의 현실에 맞지 않는다고 하면서, 변화된 새로운 세계상황에서 칸트의 기획을 수정하려고 하였다. 이러한 수정에서 무엇보다도 주권개념이 중요한 역할을 한다.

하버마스는 칸트가 덜 바람직한 국가연맹을 선택할 수밖에 없었던 이유를, 루소의 사상에 기초한 프랑스 공화국의 영향을 받아 主權의 不可分性이라는 불필요한 개념에 매어 있었기 때문이라고 해석한다. 그는 후학이 갖는 이점(mit dem unverdienten Besserwissen der Nachgeborenen)을 들어 칸트가 미처 예견하지 못한 역사의 진행을 지적한다. 오늘날 민주적 헌법국가에서도 주권은 국민에게 있지만, 국민의 대표를 통해서 행사되고, 미국식 연방국가하에서는 국민의 주권이 연방과 주로 나누어 행사될 수 있다는 사실을 들고 있다.

하버마스가 1996년 발표한 논문에서 들고 있는 칸트 기획에 대한 기본적인 개념상의 수정 내용은 다음과 같다. 이 중 처음 두 가지는 주권(외부적 및 내부적)과 관련되어 있고, 마지막 내용은 인도적 개입에 대한 우리의 논의와 관련이 있다.

첫째, 국가의 주권을 존중하는 칸트의 국제연맹과 달리, 세계시민

---

9) Kants Idee des ewigen Friedens-aus dem historischen Abstand von 200 Jahren, in: ders., Die Einbezienung der Adneren, 1996, 한역: 이질성의 포용; 및 Hat die Konstitutionalisierung des Völkerrechts noch eine Chance?, in: ders., Der Gespaltene Westen, 영역: The divided West, 한역: 분열된 서구 및 Eine Verfassung für die pluralistische Weltgesellschaft, Kritische Justiz 2005에 들어 있다. 자신의 비판에 대한 하버마스의 반론은 "The Constitutionalization of International Law and the Legitimation Problems of a Constitution for World Society", Constellations 15:4 (2008), 444.

법은 개별국가를 구속할 정도로 제도화되어야 한다. 국제공동체는 회원국들을 제재의 위협하에 적법한 행위를 할 수 있도록 해야 한다.

둘째, 국가주권의 틀 안에 갇혀서 칸트는 국제공동체를 세계시민들의 공동체가 아니라 국가들의 공동체로만 이해한다. 이와 달리 세계시민법은 국가를 넘어 각 개인에게 직접 자유롭고 평등한 법적 지위를 부여하는 것이다. 칼 슈미트의 말처럼 각 개인은 국민인 동시에 세계시민으로서의 지위를 갖는 것이다.

셋째, 칸트는 소극적 평화개념에 만족했지만, 세계사회가 계층화되고 위험이 세계화된 현재의 조건하에서 평화의 개념을 넓게 이해하는 것이 필요하다. 단순히 폭력의 방지만이 아니라, 집단과 민족들이 갈등 없는 공동생활을 위한 실질적 조건을 충족시키는 과정으로 평화를 이해해야 한다. 이러한 평화개념을 지향하는 정치는 따라서 자립경제와 인간다운 생활이 가능한 사회조건, 민주적 참여, 법치주의 및 문화적 관용 등을 촉진하도록 주권국가의 내정에 무력개입을 제외한 모든 인도적 개입을 포함한 방안을 강구해야 한다.[10)]

## Ⅳ. 하버마스의 기획

하버마스의 새로운 국제질서의 내용은 국제법의 헌법화 및 소위 세계정부 없는 세계내정(글로벌 거버넌스)으로 표현된다. 여기에서는 이들 내용을 구체적으로 살펴보기로 한다.

---

10) Habermas(1996), 208-217.

## 1. '국제법의 헌법화'(Konstitutionalisierung des Völkerrechts, constitutionalization of international law)

하버마스의 기획은 이제까지의 국가중심(state-centered)의 고전적인 국제법[11]을 헌법화하자는 것이다. 물론 이러한 구상은 새로운 것이 아니다.[12]

실질적인 세계평화를 담보하기 위하여 고전적인 국제법 질서를, 세계의 모든 국가를 규범력 있게 구속할 수 있는 세계적 차원의 '헌법' 질서로 바꾸자는 것이다.[13]

이러한 헌법화는 "분쟁해결의 정당한 수단으로서의 전쟁, 나아가 전쟁 자체를 불가능하게 하는 국제질서를 구성한다. 세계를 포괄하는 공동체 안에서는 더 이상 '외적인' 분쟁이 존재하지 않기 때문이다. 이제까지 군사적 분쟁이었던 것은 이제는 치안행위 및 범죄처벌의 성격을 갖게 된다. 달리 표현한다면 헌법화된 국제질서하에서는 국가들

---

11) 이를 위해서는 먼저 고전적 국제법과 최근의 국제법의 경향을 간단히 살펴볼 필요가 있다. 고전적 국제법이론에서는 국제법은 국가 간의 관계를 규율하는 법으로서, 국제법의 주체는 국가들로만 한정된다. 그러나 최근의 국제법이론에서는 국가뿐만 아니라 다양한 국제기구, NGO, 다국적기업 및 개인도 국제법의 주체로서 인정받는 추세에 있다.

12) 하버마스에 의해 비로소 널리 알려지거나 또는 하버마스의 이름과 더불어 논의되는 많은 중요한 철학적·정치적 개념들이 사실은 하버마스에 의하여 처음 개발된 것이 아니라 그에 의하여 수용·발전된 것이 대부분이다. 이것이야 말로 하버마스 철학이 갖고 있는 브랜드의 힘이라고 할 수 있다. 국제법의 헌법화라는 개념도 하버마스에 의하여 소개되고 널리 알려져 있지만, 이미 주로 독일의 국제법학자, 정치학자 및 철학자들을 중심으로 국제법의 헌법화, 즉 국제법을 일종의 세계헌법화하자는 구상이 주장되었다. Thomas Giegerich(2009), "The Is and Ought of International Constitutionalism: How Far Have Come on Habermas's Road to a 'Well-Considered Constitutionalization of Intrernational Law'?", *German Law Journal* 10(1): 31 및 Fn.1의 참고문헌 참조.

13) Habermas, *Die Gespaltene Westen*, 2004, 122 이하.

은 더 이상 고전적 국제법의 핵심적 요소인, 전쟁을 수행할 권리를 갖지 못한다."[14]

이러한 국제법의 헌법화가 가능하기 위해서는 몇 가지 전제가 충족되어야 한다. 먼저 헌법(constitution; Verfassung)이란 개념은 역사적으로 다양하고 현재에도 수많은 헌법개념이 존재한다. 헌법은 서양의 경우 라틴어의 constituere에서 온 말로서 보통 창설하다, 기본질서를 마련하다의 뜻으로 사용된다. 따라서 국가뿐만 아니라 인간의 모든 조직체에 사용될 수 있지만, 일반적으로 국가와 결합되어, 국가의 헌법, 즉 국가의 기본질서로 이해되어 왔다. 따라서 국가와 헌법을 필연적 결합으로 보면 국가 없는 헌법은 불가능하다. 그래서 하버마스는 우선 국제법의 헌법화를 국내헌법의 경우와 같은 맥락에서 이해하지 말 것을 주문한다. 그리고 헌법과 국가를 구별할 것을 주장한다. "국가는 정치적 권력의 행사나 정치적 프로그램의 실현을 위하여 위계적으로 조직된 행위복합체이고, 헌법은 자유롭고 동등한 동료들이 자율적으로 결합한 수평적 규범화의 표현이다."[15] 국가는 결코 헌법적 질서를 수립하기 위한 필수적인 조직이 아니다. 이처럼 탈민족국가화 시대의 헌법은 국가나 민족을 전제로 하지 않는 데서 출발한다. 따라서 국가 없는 헌법(Verfassung ohne Staat)[16]이 가능하게 되는 것이다. 하버마스는 헌법개념도 자유주의적 헌법과 공화주의적 헌법으로 나눈다. 공화주의적(또는 민주주의적) 헌법개념에 의하면, 헌법은 새로

---

14) Habermas, 위의 책, 123.

15) Habermas, 위의 책, 130.

16) 하버마스는 이러한 아이디어와 세계정부 없는 글로벌 거버넌스의 아이디어를 독일의 대표적인 비판이론의 사회학자인 Hauke Brunkhost에서 얻고 있다. "Globalizing Democracy without a State: Weak Public, Strong Public, Glonal Constitutionalism", in: Millenium, *Journal of International Studies* 31 no. 3(2002), 675-690.

운 국가권력을 창설하고 조직하거나, 또는 혁명적으로 기존권력을 전복하는 기능을 갖는다. 따라서 제정에 있어서 반드시 민주적 정당성을 필요로 한다. 그러나 자유주의적 헌법개념은 권력분립의 원칙과 법치주의적 절차에 따라 이미 존재하는 정치적 권력을 제한하는 기능을 가질 뿐이다. 따라서 아직 개별국가를 넘어서 정당성이 확보되지 않는 국제법의 헌법화는 공화주의적인 의미에서가 아니라 자유주의적인 의미에서 이해하여야 한다. 결론적으로 국제법의 헌법화란 헌법국가를 국민국가에서 세계국가에로의 논리적 연장선상에서 보아서는 안 되고, 국제관계의 헌법화로 이해해야 한다는 것이다.[17)]

## 2. 세계정부 없는 세계내정

하버마스는 칸트와 마찬가지로 영구평화는 결코 연방차원의 세계국가의 창설에 의해서만 달성된다고 보지 않는다. 세계 사회의 법적 평화가 독점적이고 강력한 권한을 가진 전제국가에 의하여 달성되는 것을 바라지도 않는다.

하버마스는 칸트의 두 대안, 세계정부(또는 세계연방공화국)와 국가연합 가운데 제3의 길 또는 중도의 길을 선택하였다. 국제법의 주체를 개인 또는 국가로만 보지 않고, 양자를 결합하는 모델이라고 할 수 있다. 지구의 전주민을 구성원으로 하는 개인주의적인 세계정부 질서 하에서는 개별국가는 주권을 상실하고 단순한 부속국가로만 존재하게 됨으로써, 세계정부는 과도한 권력을 독점하게 되고 이에 대한 민주적 정당화가 요청되지만, 하버마스의 세계질서는 국가가 어느 정도

17) Habermas(2004), 136.

의 주권을 가지고, 그러한 국가 간의 협조 속에 유지된다.

요컨대 하버마스가 그리는 국제공동체는, 전지구적 차원으로 헌법국가를 확대하는 것, 또는 세계국가, 초국가를 건설하는 것이 아니다. 다시 말하자면 결코 국가의 성격을 갖는 것이 아니다.

따라서 이러한 하버마스의 기획은 세계정부 없는 세계내정(Weltinnenpolitik ohne Weltregierung)[18]으로 불리우는데, 그 특징은 다차원적 조직으로 나타난다.

"적절하게 개혁된 세계조직은 평화를 수호하고 인권정책을 실행하는 중요하지만 명백히 제한적인 기능을, 세계공화국이라는 국가적 성격을 취할 필요 없이, 최상위의 **초국가적 수준**(supranational)에서 효율적이고 무차별적인 방식으로 수행할 수 있을 것이다. 중간단계의 **국제적 수준**(transnational)에서, 주요 강대국들은 더 이상 단순히 조율하는 정도가 아니라 적극적으로 형성해야만 하는 세계적 내정이 해결해야 하는 어려운 문제들, 특히 세계경제와 생태문제를 지속적인 협의와 협상체계의 틀 속에서 수행해 다루게 될 것이다. 다차원적 국제질서는 상위의 **초국가적 수준**에서는 UN헌장(UN Charter)의 목표인 평화와 인권을 달성하고, 중간단계의 **국제적 수준**에서는 순화된 주요 강대국들 간의 타협을 통해 세계적 내정의 문제를 다루게 될 것이다."[19](강조는 글쓴이)

여기서 다차원적(다층적) 세계조직은 supranational, transnational, regional, national 등으로 구별된다. 이 중 supranational, transnational을 국내학자들은 보통 초국가적, 다국가적으로 번역하는데,[20] supra-

18) Habermas, 위의 책, 133 이하.
19) Habermas, 위의 책, 134-135.
20) 장은주 · 하주영(2009), 『분열된 서구』, 172.

national은 개별국가들 위에 존재하는 상위의 초국가적 조직을 말하고, transnational은 그 아래의 중간단계에서의, 국제적인 협력관계를 말한다. 특히 transnational은 미국의 유명한 국제법학자 Jessup이 국가 간의 관계를 의미하는 전통적인 international이라는 용어 대신에, 국가이외의 행위자들을 포함하는 뜻으로 사용한 후 어느 정도 정착된 용어라고 할 수 있다.[21] 따라서 다국가적이라는 용어는 적절하지 않다. 양자는 supranational이 수직적, 그리고 위계적이라면 transnational은 수평적이라고 할 수 있다. 마지막 아래 단계의 regional은 유럽연합과 같이 대륙단위의 지역적인 공동체를 말한다. 이러한 다층적 세계질서 속에서 각각의 조직은 상이한 과제를 분업적으로 수행하게 된다.

이러한 다원적 구조하에서 각 조직은 각기 어떤 권한과 의무를 지고 있으며, 개개의 헌법국가와는 어떠한 관계를 맺고 있는지 자세히 살펴보기로 한다.

### 1) 다차원적 국제질서

#### ① 최상위(supranational)의 초국가적 공동체

최상위의 국제질서에는 단 하나의 행위주체만이 초국가적 공동체로서 존재한다. 이러한 초국가적 공동체는 전 세계를 하나의 단일한 국가적 정치질서 안에 포괄하는 세계공화국의 형태는 아니다. 따라서 정당한 물리적 권력의 행사를 독점하지 않고, 이러한 권력행사는 여전히 개별 국민국가들에게 맡겨져 있다. 그러나 헌법화된 국제법의

21) Philip Jessup, Transnational Law, 1956, 136: 나는 국가의 경계를 넘는 행위와 사건들을 규율하는 모든 법들을 포함하기 위하여, 국제법(international law)이라는 용어 대신에 transnational law라는 용어를 사용할 것이다. 국제공법 및 국제사법 모두가 여기에 포함될 것이다.

원칙들의 위반에 대해서는 정당한 국제법적 절차에 따라 일정한 제재를 가할 수 있는 실효성 있는 장치들을 갖춘 질서다. 초국가적 공동체는 헌법화된 국제법적 절차와 민주적으로 획득한 정당성의 바탕위에서 필요에 따라, 예컨대 특정 국가의 심각한 인권침해 행위에 대하여는, 강제적 물리력을 사용할 수 있다.

이와 같은 정치적 헌법을 갖춘 초국가적 차원의 세계사회에서는 개별적인 국민국가가 기본적인 주권적 자율성을 누리지만, 세계사회의 헌법적 원칙들, 예를 들어 인권원칙이라든가 침략전쟁 금지의 원칙 같은 것들과 관련하여서는 주권의 제한을 자발적으로 수용한다. 개별 국가들의 국내법질서보다 우월한 지위를 갖는 세계적 헌법 질서 하에서는 군사력 행사는 오로지 자기 방위의 차원에서만 허용되고 인권의 보호와 평화의 실현은 최상위의 공동체의 정치적 과제가 되며, 최소한 이런 측면에서는 개별국가의 주권은 제한된다.

다만 초국가적 공동체의 역할이 평화를 수호하고 인권을 보호하는 데에만 한정되는데, 이렇게 제한된 권한을 갖는 것은 초국가적 권력이 상대적으로 약한 민주적 정당성을 갖고 있기 때문이다.

하버마스가 상정하고 있는 초국가적 공동체는 이미 존재하고 있다. UN이 그것이다. 하버마스가 지적하고 있듯이, UN은 이미 국제평화와 인권의 보호 및 실현과 관련되어 있는 경우에 범죄적 정부나 국가의 내정에 개입할 수 있는 법적 권위를 갖고 있다. “이 두 가지 정책분야에서, 회원국은 UN의 안전보장이사회에게, 필요한 경우 자기 나라 정부에 대항해서도 시민의 권리를 보호할 수 있도록 권한을 부여하였다. 그러므로 오늘날 세계조직(UN)을 ‘국가들과 시민들의’ 공동체로 표현하는 것이 적절할 것이다.”[22)]

22) Habermas(2004) 133.

다만 (UN과 세계무역기구, 그리고 유럽연합은) 너무 크게 재단된 외투와 같이, 더 강한 조직법을 가진 몸체, 다시 말해 더 강한 초국가적 권능-'국가적'권능과 같은 종류의-을 통해 아직 더 채워져야 한다는 것이다."[23] 따라서 하버마스는 UN의 개혁을 통해서 그 목적을 달성하려고 한다. 미국과 같은 강대국의 힘의 정치가 작용하지 못하도록 하버마스가 계속적으로 주장하고 있는 개혁의 내용은 안전보장이사회가 효과적으로 기능하고, 국제형사재판소의 판결이 구속력을 갖고, 또 현재 정부의 대표들로 구성되는 UN총회를 세계시민들의 대표로 구성되는 2부로 만들어 일종의 양원제로 운영하는 것들이다.

지금까지 살펴본 것처럼, 하버마스는 초국가적 공동체가 국가적 성격을 갖지 않는다는 것을 강조하기 위하여, 즉 세계정부라는 표현을 피하기 위하여 여러 가지 다른 표현을 사용하고 있지만, 사실 이것이야말로 일종의 세계정부라고 할 수도 있다. 다만 극도로 제한된 두 가지의 중요한 권한만을 가진 일종의 연방정부라고 할 수 있다.

② 중간단계의 국제적 공동체

여기서 우선 용어의 문제를 지적하고자 한다. 하버마스의 Weltinnenpolitik을 보통은 세계내정(또는 내부정치)이라고 번역하고 영역서의 경우에도 'domestic politics'라고 번역하고 있다. 그러나 내용상 world (global) governance의 뜻이 더 적합할 것 같다.[24] 글로벌 거버넌스는 거버넌스 개념 자체[25]처럼 학자들마다 다양한 의미로 사용하

---

23) Habermas, 위의 책, 132.

24) 박구용(2005), 앞의 글, 187, 다만 이 글에서는 하버마스의 새로운 국제법질서와 관련된 내용을 다루고 있지는 않다.

25) 거버넌스는 우리말로 적당한 번역어가 없다. 일반적으로 통치, 정치적 관리, 국정운영, 국정관리 등 다양하게 번역되고 있으나 여기서는 거버넌스라는 용어를

고 있다. 그러나 거버넌스 자체가 정부(government)와 구별되고, 정부 중심의 행정(관리)이 아니라 정부와 독립된 사회의 다양한 주체들의 자발적인 참여와 협력에 의한 새로운 형태의 행정인 것처럼, 글로벌 거버넌스도 우선 세계정부(global government)가 아니다. 또한 독일어로도 글로벌 거버넌스를 Weltinnenpolitik 또는 Weltordnungspolitik으로 번역하고 있다는 점에서도 그렇다. 글로벌 거버넌스는 냉전의 종식 및 세계화의 진전 등 국제 정치의 구조적 변화를 거치면서 기존의 국가 중심의 국제정치를 대신하는 새로운 형태의 국제정치를 대변하는 개념으로 자리 잡고 있다. 이미 잘 알려진 것처럼 세계적 규모의 문제들에 대하여 현재 국가(또는 정부)들이 충분히 대응하지 않거나 미흡하기 때문에, 국제사회는 그 해결을 위해 다양한 형태로 협동해야 한다.26)

하버마스는 초국가적 조직(UN)은 가장 중요한 두 가지, 즉 전 세계적 차원의 평화와 인권보장의 기능만 담당하고, 그 이외의 국제적 거버넌스(Weltinnenpolitik), 즉 경제, 환경, 운송, 긴강 등의 분야에서의 정치적 형성과제(politische Gestaltungsaufgaben)들은 중간단계에서의 국제적 공동체가 수행하도록 하고 있다. 회원국들이 주권자로서 평등한 지위를 갖는 현재의 구조 하에서는 UN은 정치적인 투쟁에 의한 이해관계의 조정보다는 규범적으로 규율되는 합의형성에 적합하기

---

그대로 사용하기로 한다. 거버넌스는 다양한 영역에서 일어나는 활동이기 때문에, 국가 이외의 다른 범위에서, 국가보다 좁거나 국제 거버넌스처럼 국가를 벗어나는 영역에서도 일어나는 활동을 지칭하고 있다.

26) 환경 문제나 인권침해뿐만 아니라, 빈곤과 기아, 난민 문제, 지구온난화, 핵확산 금지 등이 글로벌 거버넌스의 필요성이 요구되는 세계적 규모의 문제라고 할 수 있다. 세계적 차원에서 정의를 실현하기 위해서는 개별 국민국가들과 NGO를 포함한 독립된 다양한 국제기구들과의 공동된 합의를 통한 문제해결이 요구된다.

때문이다.[27] 여기서 주요한 국제적 행위능력을 갖춘 행위자들은 단순한 협력만이 아니라 끊임없는 회의와 협상과정을 통해서 이 어려운 정치적 형성과제를 수행해야 한다.

그러나 하버마스에 의하면 현재의 중간단계의 국제적 공동체는 단순한 기술적인 협조(표준, 전자통신의 규율, 천연재해의 예방, 전염병 차단, 조직범죄와의 전쟁)를 넘어서 에너지와 환경, 금융과 경제 문제, 나아가서는 세계적 차원에서의 구조적인 불평등의 문제 등 개별국가들의 이해관계와 밀접한 관련이 있는 국제정치적인 과제들을 제대로 해결하지 못하고 있다고 본다.[28]

그리고 현재 이러한 정치적 수행능력을 가진 국가는 오직 미국이나 유럽연합 그리고 중국과 같은 강대국뿐이고, 또 국가들 상호간의 타협을 교섭하는 이런 수준의 세계적 행위주체로는 오직 WTO나 IMF 같은 소수의 국제기구만 있다고 본다. 따라서 그는 다양한 세계의 국민국가들이 국제적 행위자로서의 능력을 갖춘 집단적 주체로서의 역할을 하기 위해서는 유럽연합의 모델에 따라 대륙적 지역공동체를 형성하기 위해 결속할 것을 제안한다(다음의 ③ 참조).

점점 더 글로벌화되는 국제사회에서, 초국가적 수준에서 요구되는 과제는 사실상 매우 극히 드물게 일어나는 일이고, 실제 현실정치에서 끊임없이 제기되는 문제들은 국민국가와 세계조직을 매개하는 중간단계의 국제적 수준에서 생겨나는 것이다. 그러나 이러한 문제들을 규제하고 공정하게 해결할 필요성에 대한 인식은 증가하지만 하버마스가 지적하듯이 현재는 이 문제를 해결할 주체와 해결방법이 결여되

27) Habermas(2005), "Eine politische Verfassung für die pluralistische Weltgesellschaft?", in: *Zwischen Naturalismus und Religion*, 359.
28) Habermas(2005), 229.

어 있는 것이 사실이다.[29]

③ 가장 하위의 국제조직으로 지역적(regional) 수준의 조직을 들고 있다.

여기서 하버마스는 개별적인 주권국가와 세계시민사회를 매개할 중간매체로서 유럽연합과 같은 지역주의 공동체의 역할을 강조한다.[30] 특히 그가 그리는 세계헌법의 모델을 유럽통합과정의 유럽헌법에서 찾고 있다.[31]

④ 국가적 수준

마지막으로, 하버마스의 모델에서 개별적인 국민국가는 전통적인 주권적 자율성을 여전히 갖지만, 전쟁을 할 권리나 기본적 인권보장과 관련하여서는 초국가적 공동체에 유보된다는 것을 자발적으로 수용한다.

---

29) Habermas, *The Divided West*, 178-179.

30) "…무엇보다도 지금 형성 중에 있는 대륙적 지역공동체 없이는 더 평화롭고, 더 정의로운 세계 및 세계경제질서는 상상할 수 없다.", in: Habermas, 1996, 153.

31) 다만 유럽에서는 유럽통합과정의 유럽헌법이 진정한 헌법인가를 둘러싼 논쟁이 아직까지도 계속되고 있다. 2004년의 유럽헌법은 영어로는 "Treaty establishing a Constitution for Europe"이고, 독일어로는 "Vertrag über eine Verfassung für Europa"이다. 반면에 이 유럽헌법이 프랑스와 네덜란드의 국민투표에서 비준에 실패하고, 새로운 소위 미니헌법이라고 불리우는 리스본조약(Treaty of Lisbon amending the Treaty on Europen Union and the Treaty establishing a Constitution for Europe)의 경우, 수정조약이라는 조약의 명칭에서 보는 것처럼 헌법이라는 문구가 빠졌지만 그럼에도 이를 헌법으로 볼 것인가?가 문제되었다. 이러한 유럽헌법의 본질을 둘러싼 하버마스와 Grimm사이의 논쟁에 관해서는 Grimm, Dieter: Braucht Europa eine Verfassung? 1995. Habermas, Braucht Europa eine Verfassung? Eine Bemerkung zu Dieter Grimm. in: Habermas, 1996, 185-191 참조.

그러나 ①~③의 모든 국제적 수준의 공동체들은 민주적 정당성의 원천인 국민국가에 의존하고 있다. 개별국가는 국제적 무대에서 여전히 중요한 행위의 주체로서 남아 있게 되는데, 그것은 바로 민주적 정당성을 매개하는 역할을 통해서이다. 즉 개별국가는 민주적으로 선출된 대표를 국제기구에 보냄으로써 국제기구와 개별국가간의 정당성의 매개체로서의 기능을 담당한다.

## Ⅴ. 인도적 무력개입

하버마스의 기획, 세계시민사회론에 있어서 가장 많은 주목과 비판을 받는 이슈 중의 하나가 바로 인도적 무력개입의 문제이다. 우리의 주제와 관련된 인권과 국제질서의 관점에서 보면, 미국은 윌슨 및 루즈벨트 대통령이 주도하여 만들어 놓은 인권의 국제적 보장, 다자주의 및 국제법존중(협력)주의에서 벗어나 오히려 이에 역행하는 미국의 일방주의, 예외주의 및 국제법무시의 경향을 보이고 있다. 미국 네오콘의 대표적 외교전문가인 Robert Kagan 스스로도, 유럽과 미국의 국제정치에 있어서의 차이를 "화성(Mars, 로마의 전쟁신)에서 온 미국, 금성에서 온 유럽"으로 빗대어 표현하였다. 말하자면, 미국은 홉스주의, 힘의 법(law of power), 유럽은 칸트주의, 법의 힘(power of law)을 신봉하는 것으로 비교한 것이다.32)

이러한 미국의 일련의 국제법 위반 행위 가운데 가장 대표적인 것

32) Of Paradise and Power: America Vs. Europe in the New World Order, 2003.

이 2003년 3월 이라크 침공과 선제공격론(pre-emptive strike)이라고 할 수 있는데, 하버마스는 데리다와 함께 "2월 15일 또는 유럽인들을 결속시키는 것－공동의 외교정책을 위한 변호"[33] 라는 제목의 선언문을 통해 미국의 이라크전쟁을 비판하는 세계적 공론형성에 주도적인 역할을 담당한다.

그런데 하버마스는 그 이전인 1999년 4월에 있었던 비슷한 사안의 유럽연합의 나토군에 의한 일방적인 코소보 전쟁개입은 찬성하였다. 이러한 일관되지 못한 그의 태도는 많은 비판[34]의 대상이 되었고, 심지어 군사적 휴머니즘(militant humanism)의 옹호자로 오해받기도 한다. 이미 코소보 개입을 정당화하는 하버마스의 글은 국제법학자나 국제정치학자들에 의해 하나의 모델로서 이용되고 있다.

## 1. 인도적 무력개입(또는 간섭)

인도적 무력개입(또는 간섭; humanitarian military intervention)이란 자국민이 아닌 다른 사람들의 인권을 구하기 위해, 타국에 대해 무력을 행사하는 것을 말한다. 이러한 무력사용은 필연적으로 불가피하게 전쟁을 수반하게 된다. 따라서 무력사용을 금지하고 있는 UN헌장 제2조 4항 및 UN헌장 2조 7항의 내정간섭금지의 원칙과 충돌하게 된

33) 이 글은 *The Divided West*에 실려 있다. 데리다는 당시 개인적인 사정으로 하버마스가 쓴 글에 공동서명을 했을 뿐이지만, 철학적으로 화해하기 어려운 입장의 세계적인 두 철학자가 공동으로 글을 쓴 것만으로도 세계의 주목을 받기에 충분하였다. 21세기 새로운 밀레니엄의 국제질서는 9.11 이전과 이후로 갈라진다고 할 수 있다. 하버마스는 9.11에 대항하는 새로운 국제질서에 대한 비유의 의미로 2.15를 강조하고자 한 것이다.

34) 여기에 관하여는 앞의 주광립의 글 참조.

다. 다만 UN헌장 제7장에 근거하여 안보리의 수권을 받은 무력사용을 합법화하는 관습법이 존재할 뿐이다.

## 2. 이라크 전쟁 비판

하버마스가 이라크 전쟁에 반대한 가장 중요한 논거는 그것이 국제법 규범을 위반했다는 데 있다. 하버마스는 이라크침공의 경우 군사력 개입이 합법적으로 정당화될 수 있는 두 가지 요건 가운데 어느 하나도 충족하지 못했다고 주장한다. 우선 UN헌장 제7조에 근거한 UN안전보장이사회의 결정에 의한 승인을 얻지 못했을 뿐더러, 심각한 인권침해에 대한 긴박한 위험도 존재하지 않았고, 실제적이거나 긴급한 공격에 대한 자기방어 전쟁이 아니라는 점에서 국제법에 의해 결코 정당화될 수 없다는 것이다. 미국이 침공의 명목으로 비록 인권의 보장과 민주주의의 확대라는 목표를 내걸고, 나아가 야만적인 독재자를 축출하고 고통 받는 이라크 국민들을 해방하는 결과를 가져왔더라도, 그 전쟁은 결코 국제법적으로 정당화될 수 없다는 것이다. 하버마스는 "불법적인 전쟁이 규범적으로 바람직한 결과를 가져온다고 하더라도 그것이 국제법 위반이라는 사실은 변하지 않는다."[35]고 단호하게 주장한다. 보다 더 중요한 비판은 부시정부가 미국이 이제까지 윌슨 및 루즈벨트 대통령에 의해 선도된 국제정치정책에서 후퇴하고 혁명적으로 노선을 변경한다는 사실에 맞춰져 있다.

인권과 민주주의의 이름으로, 그러나 이러한 보편적 가치에 대한 미국식의 자의적 해석에 근거하여, 실제로는 미국의 이익을 필요한

35) Habermas, *Interpreting the Fall of Monument*, in: The Divided West, 26-27.

경우 군사력에 의하여 달성하려는 패권주의적 일방주의에 대한 비판인 것이다.

## 3. 코소보 전쟁 찬성

1999년 4월, 하버마스는 독일의 유력한 시사주간지 Die Zeit에 실린 "야만성과 인도(또는 인류애)"36)라는 제목의 글에서 나토의 코소보 개입을 지지하는 글을 실었다.

하버마스는 당시 무력개입이 국제법상 허용되지 않는다는 것을 잘 알고 있었다. 따라서 글의 부제도 '법과 도덕의 경계에서'라고 되어 있었다. 하버마스는 코소보 알바니아인들이 처한 인종청소의 긴급한 위험으로부터 이들의 인권을 보호하려는 목적이 이러한 개입을 정당화하고, 이것은 또한 고전적인 국제법에서 세계시민사회의 국제법질서로 이행하는 과정에서의 중요한 진보로 평가하였다.37)

그러나 두 경우 모두 UN안전보장이사회의 승인 없이 행해진 것이었다. 그럼에도 불구하고 하버마스는 코소보의 경우 이라크와는 상황이 다르다고 주장한다. 우선 그는 긴박한 인종학살의 경우에 모든 국가는 긴급구제를 해야 한다는 국제법의 대세적(erga omnes: 모든 국가에 대해 구속력을 갖는 일종의 국제관습법) 의무규정과, 마지막으로(긴급구제를

36) 원래 1999년 4월 Die Zeit에 기고한 이 글은 Habermas, Bestialität und Humanität: Ein Krieg an der Grenze zwischen Recht und Moral, in: Merkel & Reinhard(Hg.), Der Kosovo-Krieg und das Völkerrecht, 51-65, 2000에 다시 실려 있다. 하버마스는 이전에 人道主義의 사기 즉 "인도(또는 인류애)를 말하는 자는 속이려는 것이다"라는 테제를 슈미트가 "인류(애), 인도, 인간애; 야수성"이라는 형식으로 꼭집어 잘 표현하고 있다고 하였는데, 여기서는 슈미트의 제목을 거꾸로 사용하고 있다.

37) 하버마스, 위의 글.

위한) 군사동맹에 참여한 나토의 모든 국가가 의심의 여지없이 UN인권선언의 원칙을 준수하는 민주적인 국가들로 이루어진 동맹체라는 것을 들고 있다.

그러나 나토의 개입은 처음부터 지상군 투입을 하지 않고 공중전만을 수행함으로써 지상에서의 세르비아군의 움직임을 통제할 수 없었고, 개입의 원래 목적인 인종학살을 막거나 무고한 민간인들을 보호할 수 없었다. 그리고 나토의 군사적 행동이 시작되고 나서 인종학살이 오히려 악화되었다는 사실이 드러났다. 이에 대하여는 하버마스의 학문적 동료인 아펠도 "나토군의 전략적인(정치적이고 군사적인) 작전은 결코 인권보호를 위한 긴급구호행동의 모범으로 인정될 수 없다"고 하면서 코소보 개입을 비판하였다.[38]

그러나 하버마스는 이후 여러 차례의 인터뷰에서 코소보 개입과 관련된 많은 문제들의 오류와 부적절성이 밝혀진 최근에도 이러한 개입이 "사후적으로" 정당화될 수 있다고 자신의 주장을 견지하고 있다.[39]

## 4. 비판

우리는 하버마스 스스로 제시한 기준들에 비추어 보더라도 코소보에 대한 군사적 개입은 정당화할 수 없고, 따라서 하버마스의 코소보 개입옹호는 명백한 지성적 오류였다는 판단을 내릴 수밖에 없다.[40]

우선 하버마스는 합법적인 절차를 통한 개입의 정당화라는 기준을

38) Karl Otto Apel(2001), "On the relationship between ethics, international law, and politico-military strategy in our time: a philosophical retrospective to the Kosovo conflict", *European Journal of Social Theory* 4/1, 29-40.

39) Habermas(2009), 『분열된 서구』, 49.

40) 주광립(2004), 258.

상이하게 적용하고 있다.

하버마스는 뒤에서 더 자세히 살펴보겠지만, 인권보호를 위한 군사적인 인도적 개입이 단순히 도덕적인 차원이 아니라 국제법적인 합법성의 차원에서 이루어질 것을 주장한다. 합법적으로 정당화된 국제기구를 통하여 국제분쟁을 해결하려는 것은, 인도주의적인 개입의 정당성 여부를 도덕적인 기준이 아니라 법적인 기준에 의해 결정하려는 것이다.

이 경우 "무력을 사용하는 인도적 개입은 인권침해가, 인종청소나 대량학살과 같이, 매우 심각하고 극단적일 때에만 그리고 오해의 여지없이 명백할 때에만, 그것도 온전하고 정의로운 국제법의 절차에 따라 합의된 '최후의 수단'으로서만 정당화될 수 있을 것이다."[41]

하버마스 스스로도 "불법적인 전쟁은 규범적으로 바람직한 결과를 가져오더라도, 그것이 국제법위반이라는 사실은 변하지 않는다."[42]고 주장하면서 결과에 따른 사후적 정당화보다는 절차적이고 합법적인 정당화를 주장하였다.

인도적 무력개입에 대한 이렇게 상반된 하버마스의 입장을 우리는 어떻게 해석할 것인가? 하버마스의 기본적인 입장은 이라크전에 대한 비판과 위에서 살펴본 세계시민사회론에서 명백히 드러난다고 본다. 또 이것이 시간적으로도 맞다고 생각한다. 한편 하버마스는 이미 1999년의 글에서도 자신이 옹호한, 코소보개입(나토의 자기위임에 의한)이 장차 선례가 돼서는 안 된다고 유보적인 주장을 하였다. 그러나 위대한 철학자의 주장은 전체와의 관련이나 전후 맥락, 입장변화와 상관없이

---

41) 장은주(2009), "인권의 보편성과 인도적 개입의 정당성", 『사회와 철학』 제17호, 316.

42) Habermas(2009), 『분열된 서구』, 45-46.

적당한 부분만 필요에 의해서 인용되기 마련이다. 따라서 이 문제는 하버마스 스스로 솔직히 오류를 시인하고 코소보가 하나의 모델이 될 수 없다는 점을 명백히 하는 것이 바람직하다고 생각한다.

## VI. 칼 슈미트와의 논쟁

하버마스의 새로운 국제법질서모델이 반대하는 것은 미국주도의 자유주의적 패권주의와 칼 슈미트의 국제법 현실주의다.43)

자유주의적 패권론은 국제정치에 있어서 도덕론의 부활이라고 할 수 있다. 이에 반하여 국제법 현실론은 국가 간의 권력갈등으로서의 전쟁을 인정할 뿐더러, 전쟁문제를 도덕적으로 해결하는 데 반대한다. 이들 이론에 대한 하버마스의 대안은 궁극적으로 국제관계의 도덕화가 아닌 법제화의 모델이라고 할 수 있다.

나치 시대 '법학계의 황태자'(Kronjurist)의 역할로 2차 세계대전 이후 독일 내외에서 추방되었던 칼 슈미트의 이론은 冷戰 종식 이후 슈미트의 부활이라고 부를 정도로 독일뿐 아니라 유럽과 미국에 걸쳐, 그리고 左右의 모든 진영의 학자들로부터 새로운 주목을 받고 있다. 흥미로운 것은 하버마스가 여기서 미국 네오콘의 정치철학적 대부로 알려진 슈미트를 이용해 그들의 패권주의적 도덕주의를 비판하는 것이다.

---

43) 이 밖에 하버마스는 신자유주의적 세계시장사회모델과 포스트 마르크스주의도 비판한다. Habermas(2004), 185.

## 1. 자유주의 패권론

미국 특히 부시정부의 일방주의적 외교정책은 민주주의와 인권을 실현하는 수단으로서 국제법이 아니라, 자유주의의 명목아래 미국 고유의 도덕적 가치와 확신에 호소하는 노선을 추구하는 것이다. 이와 같이 도덕적으로 정초된 일방주의는 더 이상 국제법에서 인정되고 확립된 절차에 구속되지 않는다. 평화는 법이 아니라 힘에 의하여 보장되며, 세계사회는 정치에 의해서가 아니라 시장관계를 통해서 통합된다. 하버마스가 보기에 더 우려하는 사실은 "새로운 세계질서의 구체적 형태와 관련하여, 패권적 자유주의는 법의 지배를 받고 정치적인 헌법을 갖춘 세계사회가 아니라 형식적으로 독립된 자유주의 국가들로 구성된 국제질서를 목표로 한다."는 것이다.[44]

하버마스의 이러한 우려는 사실로 드러나고 있다. 현재 UN은 회원자격의 보편성과 비차별성 때문에 칸트가 주장한 민주적 국가들로 구성되어야 하는 국가연맹의 역할을 할 수 없다는 명분[45]을 들면서 미국의 일부 정치가나 학자 중에는 UN의 개혁이 아니라 UN의 대체물, 이른바 민주주의 국가들로만 구성되는 새로운 기구(a League of Democracies)를 만들자는 주장을 하기도 한다.[46]

---

44) Habermas(2004), 183-184.

45) 칸트의 "민주적 평화론"(democratic peace)은 이들의 중요한 논거로 이용된다.

46) Delahunty & Yoo(2010), "Kant, Habermas, and Democratic Peace", *Chicago Journal of International Law* 10 no.2, 1, 18.

## 2. 국제법 현실주의

칼 슈미트는 인도주의적인 전쟁개념을 반대한다. 그의 전쟁개념은 도덕적으로 중립적이고 비차별적이다. 슈미트는 고전적인 유럽 국제법의 전통에 입각하여 정의로운 전쟁과 부당한 전쟁을 구별하는 것에 반대하며 모든 주권국가들에게 동등한 전쟁의 권리를 인정한다. 그는 이러한 비차별적인 전쟁관이 오히려 전쟁을 제한하고 국제사회의 평화와 질서를 가져온다고 주장한다. 반면에 차별적, 즉 인도주의적인 전쟁관이 오히려 전쟁을 심화시킨다고 주장한다. 그의 논거는 다음과 같다. 우선, 인권의 정치는 결국은 권력을 소유한 국가들이 도덕을 정치적 수단으로 하여 자신들의 이익을 치장하고 이런 제국주의적인 팽창의 시도에 정통성의 외관을 부여하는 것에 지나지 않는다. 둘째, 이러한 전쟁의 도덕화가 상대방을 범죄상대로 낙인찍고 이로 인해 비인간적이고 끔찍한 전면전의 가능성을 포함하게 된다.[47] 국제정치에서, 예를 들어 '악의 축'이라는 표현처럼 적을 악마로 해석하는 것은 갈등해소에 도움이 되지 않는다는 점을 하버마스도 인정하고 있다.

이와 같이 국제법의 도덕화에 대한 슈미트의 비판을 하버마스는 찬성한다. 자연상태에 있는 국가들 사이의 영역, 즉 권력정치에 의해서 지배되는 주권국가를 넘어서는 영역을 인권을 통해 규제하려는 시도는 "항구적으로 그리고 필연적으로" 인권원리주의(Menschenrechts-fundamentalismus)를 낳는다는 그의 주장에 관해서도 하버마스는 찬성한다.

47) C. Schmitt, 앞의 주 36, 49 참조

## 3. 하버마스의 법제화(제도화) 모델

그러나 이 인권원리주의에 대한 논의에서 하버마스는 슈미트의 정치의 도덕화에 대한 비판에만 찬성하고 있을 뿐이다. "슈미트 비판의 핵심은, 법과 정치의 무매개적인 도덕화가 사실상 우리가 법인격체들에게 정당한, 그리고 도덕적인 근거에서 보장한 것으로 알고 있는 보호영역을 침해한다는 데에 있다. 그러나 국제정치를 법으로부터, 그리고 법을 도덕으로부터 분리하여 제거함으로써만 이러한 도덕화를 방지할 수 있다는 가정은 오류이다."[48]

그러나 슈미트의 비판은 인권이 도덕적인 것이 아니라 법적인 것이기 때문에 잘못이라는 것이다. 하버마스는 이미 "사실성과 타당성"에서 인권을 도덕적인 권리로 보는 것에 반대하고 처음부터 법적인 권리로 보아야 한다고 주장하였다. 따라서 인권을 보편적 도덕에 의하여 정당화하려는 노력을 포기하고 있는 것처럼 보일 수 있다. 그러나 인권이 도덕적 권리가 아니라 법적 권리라는 것이 법과 도덕이 완전히 분리되는 것으로 이해되서는 안된다. 왜냐하면 도덕적 논증 역시 "정치적 입법의 민주적 절차"를 통해 법과 연결되기 때문이다.[49] 국제관계를 직접적으로 도덕화하려는 시도의 위험성에 대한 하버마스의 대답은 다음과 같다. "인권원리주의는 인권정치의 포기에 의해서 회피되는 것이 아니라 오직 국가 사이의 자연상태를 세계시민법적인 법상태로 전환하는 것을 통해서만 회피될 뿐이다."[50]

하버마스가 인권(기본권)을 절차주의적인 법이해[51]를 통해 옹호했듯

48) Habermas(1996), 233.
49) Habermas, 위의 책, 235.
50) Habermas, 위의 책, 236.

이, 인도주의적인 개입 방식도 국가들 사이에서 법제화된 것이어야만 한다고 주장한다. 국가들 사이의 정의는 도덕화의 길에서가 아니라, 오로지 국가관계의 법제화를 통해서만 달성될 수 있다고 보는 것이다.

이와 같이 하버마스는 인권의 도덕화에 대한 슈미트의 비판을 일정부분 수용하고 있다. 그러나 그것은 슈미트의 비판이 국가 간 정의는 도덕화가 아니라 오로지 국제관계의 법제화를 통해서만 달성될 수 있다는 자신의 테제(인권정치의 규범화 또는 법제화)를 더욱 강화한다고 믿기 때문이다.

### 4. 광역이론(Großraumtheorie)

슈미트의 광역이론 역시 하버마스에 의해 긍정적으로 수용되고 있는 것을 알 수 있다. 광범위한 지역주의적인 결합체들로 세계를 재편함으로써 세계주의적인 보편주의가 추구하고자 하는 국제적인 평화를 더 효과적으로 달성할 수 있다고 본 슈미트의 이론을 하버마스는 수용하면서 재구성하여 그의 표현으로는 현대화하고 있다. 이것은 미국의 일방주의적인 외교정책에 대한 일종의 대항권력의 창출이나 국제법에서 현실주의자들이 주장하는 새로운 형태의 세력균형이론이라고 볼 수 있다.

하버마스는 유럽연합이 세계화가 초래한 탈국민국가적 상황 속에서 국민국가 단위를 넘어서는 지역통합의 모범 사례를 보여주고 있다고 평가하면서 통합된 유럽이 초강대국 미국의 일방주의에 대한 정치적 대안이 될 수 있을 것으로 기대하고 있다. 나아가서 그는 이러한

---

51) Habermas(1992), *Faktizität und Geltung* 참조.

유력한 지역통합의 시도들이 세계의 각 지역 단위(APEC, ASEAN, NAFTA, AU, ECOWAS, OAS 등)에서도 진행되어야만 하며, 이러한 지역 통합체들 간의 협력에 기초해서 세계화시대의 규범적인 국제질서가 비로소 가능할 것이라고 말한다. 그는 이와 같은 자신의 구상에 기초해 미국이 국제법을 존중하고 다자주의를 중시하는 전통적 외교 노선으로 귀환해, 국제법의 헌법화 기획에 동참할 것을 촉구하고 있다.[52)]

다만 하버마스도 지적하듯이 헌팅턴식의 '문화의 충돌' 개념에서 보는 것처럼 광역이론은 위험성의 소지가 많다. 따라서 이러한 지역적 공동체들이 지역이기주의에 빠져, 다른 지역의 공동체를 배제하고, 또 다른 권력투쟁으로 변질되지 않도록 노력해야 한다.

## Ⅶ. 군사적 개입 이외의 인도적 개입: 평등한 자원 분배

하버마스에 의하면 人種청소나 대량학살과 같은 심각한 인권침해에 대해서는 필요하다면 무력개입을 통해서라도 해결해야 한다고 한다. 다만 하버마스는 이러한 인도적 무력개입을 권리가 아니라 국제공동체의 의무로 파악한다. 하버마스가 그리는 헌법화된 국제법질서에서 개인은 자신의 국가에 대항해서도 개입해 줄 것을 요청하는 권리를 갖는다. 이것은 군사적 개입이 결코 특정한 국가에 대한 것이 아니라 피노체트의 경우에서 보는 것처럼 야만적 행위를 저지른 개인에 대한 것이라는 데서도 알 수 있다. 문제는 인종청소나 대량학살과

---

52) Habermas(2004), 191-193.

같은 인권침해 이외의 다른 형태의 인권침해를 방지하기 위해서도 인도적 이유로 개입할 수 있는가 하는 것이다.

인권을 위한 개입에는 군사적 개입만이 있는 것이 아니고 외교적 또는 경제적 제재와 같은 수단도 있다. 그리고 코소보 개입에서 보는 것처럼 군사적 개입은 오히려 원래의 의도와 정반대되는 결과를 낳을 위험도 있다. 민주주의의 확립과 빈곤퇴치가 오히려 인권침해를 근원적으로 해소하고 무력개입을 피할 수 있는 더 효과적인 수단이 될 수 있다.

그리고 우리가 인권개입의 전제로서 요구되는 피해의 정도나 피해자의 수를 가정한다면 기아에 허덕이는 제3세계의 아동이나 강대국의 세계적인 지적재산권 보호 때문에 AIDS 치료약을 얻지 못해 죽어야 하는 사람들의 피해가 더 크다고 할 수 있다.

Thomas Pogge, Charles Baitz 같이 하버마스와 철학적 기초를 달리하는 다른 평등주의적 세계주의자들 가운데는 자원의 재분배와 같은 지구적 경제정의를 위해서도 개입할 것을 주장한다. 문제는 하버마스의 모델에서 이것이 가능한가 하는 것이다. 이러한 문제에 대하여 하버마스는 자세한 언급을 하고 있지는 않다.

그러나 위에서 본 것처럼 하버마스는 명백하게 초국가적 공동체의 임무는 평화를 보장하고 인권을 보호하는 데에만 한정된다고 주장하였다. 그리고 다른 곳에서 재분배(redistribution)와 같은 정치적 문제는 글로벌 거버넌스의 문제로 초국가적 공동체의 과제가 아니라고 하였다. 또 그 이유로 "이들 문제는 '원하지 않거나 무능한'(unwilligen und unfähigen) 국가에 대하여 힘이나 법을 사용하는 직접적인 방식으로 해결될 수 없다."[53]라고 하고 있기 때문에 하버마스의 인권개입은

---

53) Habermas(2005), 235-236; (1998), 164. 그러나 "원하지 않거나 무능한 국가

위의 두 가지 경우에만 최소한으로 한정되는 것으로 보아야 할 것이다. 따라서 이 경우 요구되는 국제적 연대의식의 수준도 높지 않다. "만약 국제공동체의 역할이 평화를 수호하고 인권을 보호하는 것으로 제한된다면, 세계 시민들 간에 요구되는 연대는 한 국가의 시민들에게서 볼 수 있는 시민적 연대를 형성하기 위해 필요한, 공동의 정치적 문화와 삶의 양식이 산출하는 '강한' 윤리적 가치지향들과 실천(관행)들에 의지할 필요가 없다. 심각한 인권침해와 명백한 공격행위에 대해 도덕적으로 함께 분노하는 것으로 충분하다. 대규모 범죄행위에 대해 공동으로 소극적인 정서적 반응을 보이는 것만으로도 세계 시민들의 추상적 공동체를 통합하기에 충분하다."[54)]

그러나 Lafont[55)]의 경우 다른 해석도 가능하다고 본다. 즉 인권의 보호가 구체적으로 무엇을 의미하는지 하버마스가 정확히 확정하지 않고 있기 때문에 인권보장을 위하여 필요한 최소한의 사회·경제적 조건을 포함하는 확대해석도 가능하다고 보는 것이다.[56)] 우리는 국민국가단위를 넘어서서 정의로운 국제질서를 수립하고자 할 때에는 인권침해를 막기 위한 개입이 허용될 것인가 여부를 결정하기 이전에 인권 자체 및 인권의 범위에 대하여 다시 한 번 생각해 봐야 한다. 예를 들어서 빈곤퇴치가 과연 중요한 인권의 하나인가, 따라서 국제적인 인권보호의 대상에 속하는 것인가? 하는 문제가 미리 결정되어

---

에 대한"이라는 논증은 군사적 개입과 경제적 개입의 차이를 설명하는 것으로는 적당하지 않은 것 같다.

54) Habermas(2004), 140.

55) Cristina Lafont(2008), "Alternative Visions of a New Global Order: What Should Cosmopolitans Hope for?" *Ethics & Global Politics* 1, no.1-2, 41-60.

56) Lafont, 43 이하. 예컨대 UN헌장에 규정된 인권보호를 달성하기 위하여 최소한의 사회적 또는 경제적 권리를 포함할 수 있다.

야 한다.

여기서 이 문제를 다루는 것은 또 하나의 다른 주제가 될 것이다. 다만 여기서 이 문제를 지적하는 것은 최근 국내학자들 사이에 북한의 인권문제 및 북한에 대한 인도적 개입의 문제를 다루고 있기 때문이다. 다행히 이들이 "북한에 대한 인도적 개입의 논리는 현실적인 차원에서 자칫 전쟁과 같은 위험한 상황으로 우리를 내몰 수 있을 뿐만 아니라, 규범적으로 볼 때나 법적으로 볼 때 정당한 인도적 개입의 한계를 위반할 가능성이 너무도 크다."[57]고 혹시 있을지 모르는 무력개입의 위험성과 부당성을 인식하고 있다. 그런데 북한의 인권문제, 그리고 적어도 하버마스 모델이나 아니면 다른 형태의 세계시민주의하에서 인권보장을 위한 개입을 주장하면서, 주로 정치적・군사적 개입의 문제만 보고, 보다 더 근본적인 경제적 빈곤의 문제에 관하여는 다루지 않고 있는 것 같다. 인권보호를 위한 인도적 개입을 오직 군사적 개입에만 한정할 필요가 없고 또 그래서도 안된다. 문제는 그것이 허용되는 개입인가이며, 허용된다면 어떠한 종류의 개입이 적절한가를 따져봐야 하고, 이 경우 그 원인이 된 인권침해의 종류에 상응해서 그에 따른 개입이 이루어져야 한다. 군사적인 경우라면 군사적 제재가, 만약 경제적인 경우라면 경제적 제재가 이루어져야 할 것이다.

57) 예를 들어 장은주(2009), 앞의 글, 316.

## Ⅷ. 나가며

지금까지 살펴본 내용으로는, 인권운동에 있어서 특히 소수자보호를 위한 국제적 연대의 인권문화를 확산하기에는 현재의 하버마스의 주장은 불충분하거나 효과적이라고 볼 수 없다.

다만 철학자로서의 하버마스의 장점은 지금까지 자신의 이론을 계속적으로 수정해 온 데 있다. 따라서 지금까지 살펴본 그의 주장이 realistic utopias인가 아니면 utopian realistics인가를 결정하는 것은 인권과 더불어 국제적 정의를 생각하는 사람이라면, 하버마스와 함께 같이 고민해야 할 숙제라고 생각한다.

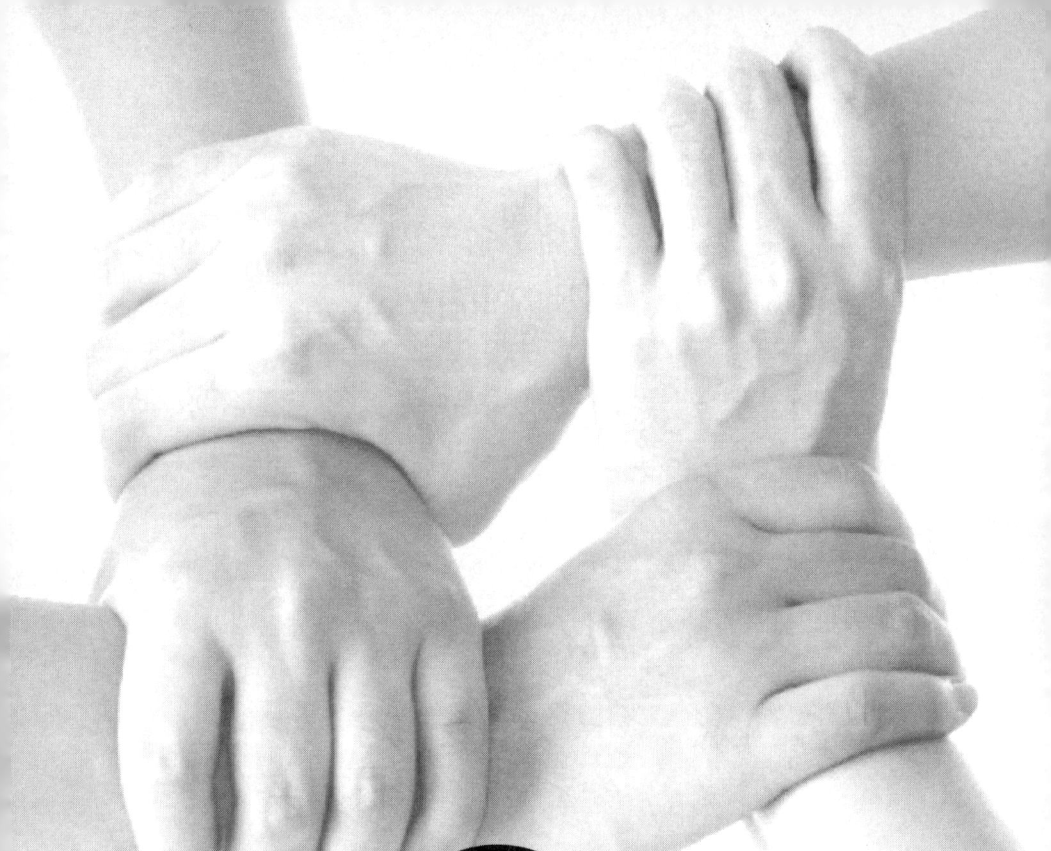

제 4 장

# 장애인 인권운동의 정치와 정책

Ⅰ. 들어가며

Ⅱ. 이론적 논의와 분석 틀

Ⅲ. 장애인차별 및 인권침해의 실태

Ⅳ. 장애인 인권운동의 진화와 정책변화

Ⅴ. 나가며

# 제4장 장애인 인권운동의 정치와 정책

이곤수

모든 장애인은 인간으로서의 존엄과 가치를 존중받으며 인간답게 살기 위하여 차별 없이 삶의 모든 영역에서 자유롭게 활동할 권리가 있다. 이를 위하여 평등한 사회참여와 자립을 목적으로, 모든 사람의 기본 권리인 시민·정치적 권리, 사회·문화·경제적 권리를 행사하기 위하여 자유로운 이동과 의사표현 및 정보접근의 권리, 교육과 노동의 권리, 가족 및 가정 구성원으로서의 권리, 법률지원과 형사상 불이익을 받을 않을 권리, 멸시와 폭력으로부터 안전할 권리, 모든 정책에 참여할 권리 등을 지닌다.

—장애인인권선언 중에서

## Ⅰ. 들어가며

2007년 4월 11일「장애인차별금지 및 권리구제 등에 관한 법률」(법률 제8341호)이 제정되고 2008년 4월 11일부터 시행되었다. 동법은 장애인에 대한 차별 그 자체를 법적으로 금지하고 그에 대한 구제절차 및 처벌을 규정함으로써 장애인들이 시민적 기본권을 실질적으

로 향유할 수 있도록 하는 제도적 장치이다. 이것은 종래의 가부장적·시혜적 장애인복지와 재활정책에서 벗어나 장애인차별의 문제를 인권정책의 맥락에서 제도화한다는 점에서 중요한 의미를 가진다.

이와 같은 새로운 장애입법의 등장은 기존의 「장애인복지법」, 「특수교육진흥법」, 「장애인고용촉진및직업재활법」 및 「장애인등의편의증진보장에관한법률」의 4대 법률이 장애인 문제의 본질을 충분히 다룰 수 없다는 인식에서 비롯되었다. 무엇보다 기존 장애인정책은 사회적 합의 없이 국제적 압력과 정치적 목적에 따라 외국의 제도를 모방하여 도입됨으로써 기대한 정책성과를 거두지 못한 것으로 평가된다. 대표적으로 장애인차별에 대응한 적극적 조치(affirmative action)라는 강력한 사회규제 수단을 도입하고 있는 장애인고용정책의 경우에도 우리 사회의 장애인에 대한 강한 부정적 인식과 배제 관행, 피규제집단의 반발 등으로 인하여 고용시장의 차별 문제를 해결하지 못하고 있다(이곤수, 2006). 이런 점에서 장애인운동의 초점을 차별금지에 두는 것은 필연적이라 볼 수 있다. '국제장애인권리선언(1975년)' 이후 국제기구들은 지속적으로 장애인차별을 인권차원에서 다루도록 강력하게 권고해 왔지만, 우리 사회에서 장애인 문제를 본격적으로 차별금지와 인권의 차원에서 논의하게 된 것은 최근의 일이다. 2001년 이후 '열린 네트워크'와 '장애인권익문제연구소'를 비롯한 장애인옹호단체들을 중심으로 전개된 장애인운동에서 비롯되어 참여정부 시절 국가인권위원회의 사회적 차별에 대응한 차별금지입법 논의과정을 거치면서 2007년 독자적인 장애인차별금지입법이 이루어진 것이다.

그런데 소수자집단으로서 장애인의 문제를 해결하기 위해서는 인권 차원에서 접근해야 함에도 불구하고 장애인차별금지입법과정에서는 상당한 진통이 있었다. 장애인차별금지입법을 둘러싼 논란의 근저

에는 다양한 장애인 문제에 대한 인식과 해결 방법과 관련하여 다양한 이해집단이 존재하고 이들 간에 서로 상이한 가치와 신념에 기반한 대립과 갈등이 발생하기 때문이다. 이런 점에서 장애인정책 연구는 장애인차별 이슈를 둘러싼 이해집단 간 갈등의 분석에 초점을 맞출 필요가 있다. 장애인 인권정책의 변화를 제대로 이해하기 위해서는 근본적으로 장애인에 대한 차별과 인권문제에 내재하는 이슈의 성격 규명과 정치과정에 대한 엄밀한 분석이 요구되는 것이다.

이 장에서는 이와 같은 문제를 인식하고 '소수자 인권운동'의 관점에서 장애인차별금지입법의 정치와 정책과정을 분석하고 전망하고자 한다.

## II. 이론적 논의와 분석틀

### 1. 장애인 소수자집단모형

소수자집단(minority group)이라는 개념은 흔히 신체적 또는 문화적 특성으로 인해 다른 사회 구성원들로부터 구분되고 불평등한 처우를 받는 사람들로서, 자신들이 집합적 차별의 대상임을 인식하는 사람들의 집단으로 정의된다(Wirth, 1943). 어떤 사회에 소수자집단이 존재한다는 것은 상대적으로 우월한 사회적 지위와 상대적으로 강한 특권을 가진 지배집단(dominant group)이 존재한다는 것이다. 여기서 소수 대 다수의 의미는 '수적'(numerical) 관계가 아니라 권력관계와 권력배분의 유형을 의미하는 것이다. 이와 같은 맥락에서 Dworkin & Dworkin

(1999)은 소수자를 정의하는 조건으로 식별가능성(identifiability), 권력의 열세(power of inferiority), 차별대우(discrimination), 그리고 소수자집단성원으로서 집단의식(group consciousness)을 제시하였다. 이러한 소수자집단 개념의 핵심은 사회적 차별과 배제를 받고 있는 어떤 사람이 자기와 같은 차별을 받고 있는 소속집단을 발견하거나 깨닫게 되면 자신을 그 집단의 일원으로 인식하고 행동하게 됨으로써 사회적 약자 혹은 취약집단이 소수자집단으로 변화한다는 점이다.

한국 사회에서 장애인이 사회적 소수자라는 점에는 이론의 여지가 없을 것이다.[1)] 장애에 대한 소수자적 접근은 사회적 장애의 관점에 입각하여 장애인에 대한 사회적 편견과 차별에 초점을 두는 것이다. 장애인들은 대개 빈곤과 실업의 어려움에 빠져있고, 그에 따라 복지에 대한 의존성이 높다. 그리고 무엇보다 다른 집단들보다 철저하게 교육, 주택, 교통 및 공공시설로부터 배제되어 왔다(Hahn, 1988). 사회적 관점에서는 장애를 손상이나 기능장애에 의해 초래되는 사회적 불리함으로 파악하며, 그에 따라 본질적으로 사회·정치적 차원에서 장애를 다루어야 한다는 점을 강조한다(Nagi, 1991). 즉, 장애란 본질적으로 사회의 요구에 적응할 수 없는 개인의 무능력함 때문이라기보다는 주로 구조화된 사회적 환경이 장애인의 욕구와 열망에 부합되지 않기 때문이라는 것이다. 이를 테면, 장애인의 욕구와 무관하게 설계되고 구축된 물리적 환경이나 사회적 조건이 장애의 원인으로 이해된

1) 즉, 많은 장애인들은 특수교육이라는 이름하에 분리된 교육체제에서 교육을 받아 왔으며, 의도적이든 비의도적이든 장애인들은 다수자인 비장애인과 상호작용을 할 수 없게 하는 분리주의적 정책에 의해 교통, 주택, 공공시설의 이용과 접근의 어려움을 겪어 왔다. 그리고 장애인의 대다수는 빈곤 속에서 살고 있으며, 또한 그들은 대부분의 산업국가에서 광범한 복지의존성과 매우 높은 실업률의 짐을 지고 있다. 이런 점에서 장애인들은 분명히 억압받는 소수자집단(an oppressed minority group)의 특성을 가진다고 할 수 있다(Hahn, 1987: 553).

다(Batavia, 1993: 736).[2] 따라서 장애인은 생물학적 열등성, 고정관념, 부정적 낙인, 분리, 편견, 차별을 받고 있는 여성이나 소수인종과 마찬가지로 하나의 사회적으로 취약한 소수자집단이라는 것이다(Hahn, 1988; Oliver, 1986).

간단히 말해, 장애인의 소수자집단 관점은 ① 육체적 무능보다는 사회적 태도가 장애인 문제의 핵심 근원이라는 점, ② 사회적 환경 및 기존 환경의 모든 측면들은 공공정책에 의해 만들어진 것이라는 점, ③ 공공정책은 잠재적인 사회적 태도와 가치관의 반영이라는 점 등의 기본적 가정을 가진다(Hahn, 1993: 741). 따라서 장애인을 차별하고 배제하는 환경적 특성은 사회적 구조의 문제이며, 이는 또한 공공정책의 결점에 그 원인이 있음을 말해 준다. 신체적 손상을 입은 개인이 스스로 자신의 손상이나 장애를 극복할 수는 있지만, 그에게 가해지는 사회적 장애를 제거할 수는 없기 때문이다. 이런 점에서 장애의 문제는 개인적 맥락이 아니라 장애인과 외부 환경의 복잡한 상호작용이라는 관점에서 이해하고, 장애인에 대한 차별 자체를 방지하는 쪽으로 규정할 필요가 있다. 이는 장애인이 비장애인과 동등한 경제적·사회적 지위를 향유할 수 있도록 국가책임주의에 입각한 인권정책적 차원에서 장애인정책을 전개해야 함을 강조하는 것이다(전영평, 1995).

장애인에 대한 차별이나 불리한 사회적 조건이 존재한다는 사실이 이를 해결하기 위한 정치적 행위로 자동적으로 연결되는 것은 아니다. 장애인의 집단적 정체성에 대한 인식과 집합적인 정치참여의 필요성이 공유될 때, 장애의 문제를 해결하기 위한 적극적인 행동이 가

2) 예컨대, 장애는 공공시설이나 장소에 대한 접근을 막는 계단이나 이용불가능한 대중교통체계에 의해 발생하게 된다는 것이다.

능한 것이다. 그렇지만 이러한 장애의 정치과정은 쉽게 형성되지 않는다. 왜냐하면 장애인 소수자집단은 많은 경우 빈곤에 빠져 있거나 실직 혹은 불완전 고용상태에 놓여 있으며, 교육수준이 낮고 사회적으로 분산되어 있어 집합적 역량을 갖추기 어렵기 때문이다. 또한 대부분의 장애인들은 비장애인 가족, 친구 혹은 동료와 함께 생활하기 때문에 하나의 집단으로서 장애인의 정체성을 쉽게 형성하지 못한다. 그리고 장애인시설에서 생활하는 장애인들은 공통의 경험을 가지고 있지만, 서비스를 제공하는 전문가들에 의해 통제 혹은 지배되고 있기 때문에 장애인들 간의 폭넓은 상호작용과 집단의식의 발전이 제한되는 경향이 있다. 이런 점에서 정체성 형성의 문제는 여타 소수자집단 인권운동과 정치활동과 마찬가지로 장애인권운동과 정치차원에서 중요한 이슈로 다루어져야 한다.

그런데 장애의 정체성(disability identity) 형성에는 다른 소수자집단보다 복잡한 어려움이 존재한다. 무엇보다 장애인 소수자집단은 외부적으로는 집단적 유사성을 가지지만 집단 내적으로는 다양성을 가지고 있기 때문이다. 사실 장애인을 규정하는 '장애'라는 것이 모든 장애를 가진 사람들에게 적용될 수 있는 단일의 특성이나 조건은 아니다. 즉, 장애를 야기하는 조건과 그것이 생활에 끼치는 영향은 매우 다양하게 전개될 뿐만 아니라, 어떤 장애는 선천적이며 어떤 장애는 후천적이다. 그리고 다양한 장애조건은 다른 종류의 기능적 장애를 일으키며, 또한 그 장애의 정도가 각각 다르다. 그리고 어떤 장애는 고정적인 반면에, 어떤 것은 진행적으로 그 사람의 건강과 삶에 영향을 미친다. 그리고 무엇보다 장애인들은 소수자집단의 일원으로서 자각 및 정체감의 형성이 매우 다르게 나타난다. 특히 후천적 장애인의 경우는 스스로 정체감을 형성하는 데 많은 어려움을 겪게 되고, 자신

의 변화된 상황에 대한 주위의 수용능력에 따라서도 많은 영향을 받게 된다. 따라서 거의 모든 장애인들이 유사한 문제에 직면할 수 있지만, 실제로 그 문제에 대한 해결책은 서로 달라질 수 있다.[3)]

## 2. 장애인 인권운동과 분석틀

장애인 인권운동은 특정의 사회적 변화를 주창한다는 점에서 하나의 새로운 사회운동이라 할 수 있다. 일반적으로 사회운동은 사회나 그 부분 집단의 변화를 촉진하거나 그에 저항하는 연속성을 가지는 집단적 행동으로 이해된다(Turner and Killian, 1987: 223). 사회운동은 상호 연관되고 통일된 행동을 하는 사람들로 구성되며, 지속적인 활동과 전략, 리더십 및 집단정체성의 연속성을 필요로 하는 목표를 가지고 있다. 그리고 사회운동은 일시적인 집합적 행동이나 기존의 이익집단과 비교되기도 한다(Freeman, 1983). 즉, 일시적인 집합행동과 견고하게 구축된 이익집단을 양극단으로 하는 연속선상에서 사회운동은 자발성과 구조 두 가지 모두를 가지고 있다는 점이다. 장애인 인권운동은 일시적인 집합행동에서 이익집단으로 이어지는 연속선을 따라 구조적으로 제도화되고 명확하게 자리매김해왔다. 사회운동의 또 다른 특징은 공통의 불만과 목표를 규정하는 신념체계와 집단자의식(group self-consciousness)을 공유하는 구성원들로 이루어진다는 것이다(Freeman, 1983).

---

3) 장애유형에 따라 요구되는 적절한 편의시설은 다르며, 때로는 특정 유형의 장애인을 위한 편의시설이 다른 장애인들에게는 새로운 장애가 될 수도 있다. 예를 들어, 휠체어를 타는 사람들의 이동성과 접근성 제고를 위해 마련된 도로의 경사로는 시각장애인들의 보행을 더 어렵게 할 수도 있는 것이다.

그러면 장애인 소수자집단이 인권을 주창하는 정치적 운동을 하도록 만드는 것은 무엇인가? 흔히 상대적 박탈이론 혹은 불만모형으로 명명되는 이론적 관점에 따르면, 사회운동은 공통의 불만에 대한 집합적 인식, 기존 제도와 권력에 대한 반대의 정당화, 가치와 유인체계 등에 의해 영향을 받는다고 설명된다(Turner and Killian, 1987). 여기에서 특히 강조되는 것은 공통의 신념이나 규범이다. 여기에 장애의 소수자집단 모델은 '장애의 정치'를 이해하는 데 기여한다. 장애가 인간과 환경 간의 부조화에서 비롯된다고 보는 장애의 소수자집단 접근법에서는 만약 어떤 특정한 환경이 어떤 개인의 행동에 필요한 모든 자원을 제공한다면 장애는 존재하지 않는다는 것이다. 따라서 장애인운동은 장애인의 역량과 환경의 지지가 조화를 이루는 균형점을 모색하는 공공정책을 주창하는 정치적 활동으로 전개된다는 것이다. 새로운 사회운동을 설명하는 또 하나의 고전적 모형은 사회운동 성장에 있어 조직의 힘을 강조하는 자원동원이론이다. 이것은 새로운 사회운동이 어떻게 자원을 획득 · 동원하는지, 운동의 형성 및 확장과정에서 사람 및 조직 간 네트워크는 어떻게 작용하는지, 그리고 정치적인 성공 혹은 실패를 초래하는 사회운동의 구조적 특징은 무엇인지를 규명하는데 초점을 두고 있다. 이러한 논리에 입각하여 McColl and Boyce(2003)는 장애인운동의 5가지 구성요소를 이념적 차원에서 목적, 전술, 장애관 그리고 실천적 차원에서 멤버십과 자원으로 설명한다.

한편, 전영평(2009)은 소수자집단이 정부와 사회에 대하여 자신들에 대한 차별을 중단할 것을 요구하거나 그들에게 필요한 정책을 추구하는 과정을 살펴보면, 집단정체성의 확보, 저항운동의 전개, 이슈확산이라는 3단계로 전개된다고 주장한다. 만일 소수자인권운동이 이

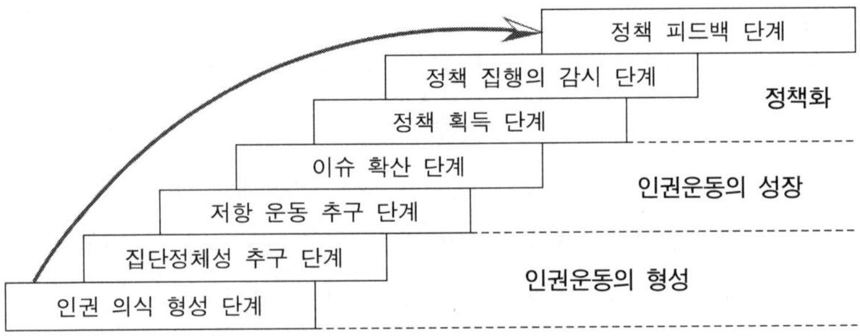


〈그림 4-1〉 소수자인권정책연구를 위한 7단계 분석틀

러한 3단계를 거쳐 성공하게 되면 정책과정을 통해 자신들의 권리를 정책적으로 보장받을 수 있는 기회를 얻게 되지만, 이러한 과정에서 실패하게 되면 운동의 정책적 성과를 거두기 어렵다는 것이다(전영평, 2009: 843). 따라서 소수자 인권운동은 단순한 저항운동이 아니라 소수자집단이 정치적 행위자로서 정치과정에 참여하여 영향력을 행사함으로써 공식적·제도적 차원에서 인권을 확보하는 것이다.

이와 같은 논의를 토대로 할 때, 장애인 인권운동과 정책을 이해하는 데에는 다음과 같은 사회운동과 정책진화의 관점에서 접근하는 것이 필요하다.[4)]

첫째, 인권 의식 형성 단계는 차별에 대한 문제(왜 내가 차별받아야 하나?)를 인식하는 단계이다. 장애인들이 장애와 관련된 차별의 문제가 존재하며 이것이 삶에 영향을 주고 있다는 점을 인식하는 것이 장애인 인권운동의 시작이 된다.

둘째, 집단정체성(Group identity) 추구 단계는 동일한 사회적 차별에 대한 문제 인식을 공유(뭉쳐서 노력하는 것이 효과적일 것이다)하는 소

4) 이와 같은 사회운동과 정책과정에 관한 7단계 모형은 제2장에서 제시된 소수자 인권정책연구를 위한 7단계 분석틀을 도입한 것이다.

수자들의 결집단계이다. 모든 소수자집단 운동은 정보가 공유되고 멤버십이 형성된 집단이나 단체를 통해 촉진된다는 점에서 장애인의 집단정체성 형성 여부와 그 정도가 매우 중요하다. 다른 사람들도 자신이 겪고 있는 문제들을 가지고 있다는 것을 인식하고 다른 장애인들과 동질감을 가질 때 정치적 조직화가 가능하다(Putnam, 2005).

셋째, 저항 운동 추구 단계는 동일한 집단정체성을 가진 소수자집단이 자신들에 대한 인권차별 문제를 해결하기 위해 조직적 대응을 행하는 단계이다. 이 단계에서는 소수자집단이 새로운 정치적 집단으로 등장하여 인권이슈에 초점을 둔 정책을 주창한다. 장애와 관련된 많은 문제들이 개인적 차원이 아니라 정치적으로 다루어져야 한다는 인식 하에서 자신들의 주장을 표출하기 위해 각종 공식적·비공식적 방법(항의, 집회, 시위, 서한 발송, 자살, 분신, 테러 등)을 전략적으로 채택할 수 있다.

넷째, 이슈 확산 단계이다. 이 단계에서는 소수자집단의 인권에 대한 옹호집단을 모색하거나 연합형성을 추구하고, 언론 및 대중적 호소를 통해 소수자집단 인권문제를 공공정책을 통해 해결해야 할 사회적 이슈로 만들고자 한다. 여기에는 직접적인 관련을 가진 옹호집단뿐만 아니라 다른 운동세력과 연합하여 국내 혹은 국제인권연대를 형성할 수도 있고 국제기구에 호소하는 방법도 사용될 수 있다.

다섯째, 정책 획득 단계이다. 앞선 사회운동을 통해 차별방지와 권익보호를 위한 법률 제정과 각종 행정조치를 획득하게 되는 단계이다.

여섯째, 정책 집행의 감시 단계는 결정된 인권정책이 구체적 조치를 통해 제대로 이행되고 있는가를 감시하고 집행과정 중에 발견되는 문제를 제기하는 단계이다.

일곱째, 정책 피드백 단계는 옹호집단과의 연계를 통해 지속적인

권익보호를 위한 새로운 대안을 찾아가는 단계이다. 인권정책의 과정은 일련의 정책과정을 통해 단번에 문제를 해결할 수 있는 합리적 과정(최선의 선택과 최고의 집행성과)은 아니다. 끊임없는 환류과정을 통해 지속적으로 보완되고 수정되어야 한다.

이상에서 제시한 사회운동과 정책변화의 7단계는 크게 인권운동의 형성, 인권운동의 성장, 인권 정책화의 3가지로 압축해 볼 수 있다. 이 분석 틀은 장애인 인권운동을 이해하기 위한 중요한 분석적 질문을 제공한다. 즉, 한국의 장애인 인권운동과 정치과정에서 "장애인들은 집단자의식 혹은 공동의 정체성을 과연 얼마나 가지고 있는가? 장애인 인권 이슈에 관한 공유된 가치와 신념이 있는가? 집합적인 행동을 위한 경제적 · 정치적 자원을 얼마나 가지고 있는가? 적절한 조직기구를 보유하고 있는가?"와 같은 일련의 질문은 한국적 현실에서 장애인 인권운동이 어떻게 형성되고 성장하여 장애인차별금지입법을 획득할 수 있었는지를 이해하는 데 중요한 연구문제가 될 것이다.

## Ⅲ. 장애인차별 및 인권침해의 실태

2008년 12월 현재 등록 장애인 수는 2,247천 명으로 2000년을 기준으로 연평균 11.2%씩 꾸준히 증가하고 있다. 전체인구 대비 등록 장애인 비율도 2000년 2.0%에서 2008년 4.5%로 2배 이상 증가하였다(보건복지가족부, 2008년 12월 말 등록 장애인 현황). 그렇지만 대다수의 장애인이 빈곤하고, 높은 실업률과 저임금의 열악한 노동에 시달리고 있으며, 따라서 복지에 대한 의존성이 매우 높은 실정이다.

장애인의 경제활동참가율은 2008년 41.1%로 전체인구의 경제활동 참가율 61.5%보다 월등히 낮다. 성별에 따른 경제활동참가율을 비교해 보면, 남성장애인의 경우는 52.2%로 전체 남성의 참가율 73.6%보다 낮은 수준이고 여성장애인은 25.5%로 전체 여성의 절반 수준에 불과한 실정이다. 종사 지위별 취업자의 비율에서도 전체 취업자에 비해 장애인 취업자의 비임금 근로자 비율이 더 크며, 특히 전체 취업자 중 비임금 근로자 비율은 점차 감소하는 경향을 보이고 있는데 비해 장애인 비임금 근로자 비율은 오히려 증가하는 특징을 보인다(한국보건사회연구원, 2008 장애인실태조사). 또한 장애인 취업자 중 53.7%가 단순노무와 농림어업에 종사하고 있다는 사실은 장애인 경제활동의 열악한 상황을 보여준다(고용개발원, 2008년 장애인고용패널조사). 가구소득 측면에서도 장애인가구의 월평균 소득이 2005년 1,572천 원에서 2008년 1,819천 원으로 증가하였지만, 이는 전체 가구 월평균 소득의 53.4% 수준에 불과한 것이다(한국보건사회연구원, 2008 장애인실태조사). 이처럼 장애인들은 경제활동뿐만 아니라 소득에서도 비장애인(또는 비장애인 가구)과 상당한 격차를 보이고 있어 한국 사회에서 장애인들이 경제적으로 얼마나 열악한 위치에 있는가를 보여 준다.

한국 사회에서 장애인의 열악한 지위는 고용・교육・노동・이동 등에서 장애로 인한 각종 차별적 상황에서 비롯된다. 1980년대 중반 이후 민주화 덕분에 국가권력에 의한 차별적 상황은 감소되었지만 빈부격차 등 계층 간 격차는 더욱 커지는 경향이 있다. 또한 「국가인권위원회법」 제정 이후 인권에 대한 인식이 제고되고 있지만 여러 형태의 차별적 상황이 고착되거나 새로운 형태의 차별도 나타나고 있다. 특히 장애인차별은 지속적으로 재생산되고 있는 실정이다. 그것

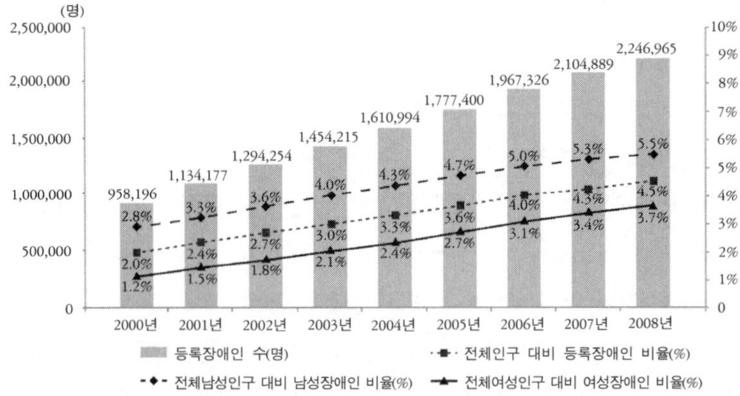


자료: 한국장애인고용촉진공단 고용개발원, 〈2009 장애인 통계〉.

〈그림 4-2〉 한국의 장애인구 현황

은 전통적인 차별적 상황이 해결되지 않은 상황에서 새로운 차별적 상황이 더해지면서 장애인은 이중적 차별의 상황에 놓이기 때문이다(김정열, 2005b: 82).

실제로 장애인이 인식하거나 경험하는 차별은 고용에서의 차별, 교육에서의 차별, 광고·방송·통신 이용에서의 차별, 재화와 용역 이용에서의 차별, 사법·행정절차상의 차별, 모·부성권 및 성에서의 차별, 가족·가정·복지시설에서의 차별 등 다양한 영역에서 광범하게 존재한다(보건복지부, 2009). 1990년대 말 조사에 따르면, 장애인에 대한 차별은 구직 시(81.6%), 직장생활에서(78%), 대중교통 이용 시(41.5%), 가족으로부터(42.9%), 학교에서(46.6%) 등 다양한 영역에서 나타났고, 또 다른 조사결과에서는 장애인 본인 스스로 인권침해나 차별을 느끼는 경우가 96.2%에 이르는 것으로 나타나 장애인 인권침해의 심각성을 보여준다(한국장애인단체총연맹, 1999; 2001). 최근 장애인에 대한 사회적 차별 인식조사 결과에서도 우리 사회가 장애인을

차별하고 있다는 인식이 2007년 기준 76.1%에 이르고 있다(통계청, 2008년 한국의 사회지표).5)

장애인차별사례에 관한 연구에서도 한국 사회에서 장애인들은 수많은 사회적 차별의 대상이 되고 있음을 확인할 수 있다. 국가인권위원회(2008)에 따르면, 2001년부터 2007년까지의 진정사건 총 4,000건 가운데 장애를 이유로 한 차별이 239건(20.6%)으로 나타나 단일 차별사유로 인한 차별 중 가장 큰 비중을 차지한 것으로 분석되었다. 김성재 외(2007)는 장애인차별실태 및 유형화 분석을 위해 2002년부터 2006년까지 국가인권위의 장애차별진정사례(472건) 및 장애우권익문제연구소 상담사례(1,388건)를 종합하여 분석하였다. 〈표 4-1〉에서 볼 수 있듯이, 장애인차별이 가장 빈번하게 일어나는 영역은 재화와 용역 제공 상의 차별이며, 그 다음으로 높은 비율을 차지하는 것이 고용, 괴롭힘 등의 금지, 교육 등에서의 차별이다. 또한 교통・통신에서의 접근성 제한과 장애여성의 열악한 지위, 그리고 참정권 및 행정・사법의 적용 과정에서의 차별 등이 지속되고 있다.

장애인에 대한 접촉이 제한되고 사회적 노출이 결여된 한국 사회에서는 장애인의 능력이나 일상생활 전반에 대한 잘못된 인식과 장애원인에 대한 부정적 선입관이 팽배해 있다. 자본주의 시장경제에서 일반적으로 장애인의 생산력은 통계적 차별에 따라 평가 절하되고 있으며, 그 결과 노동시장에서 배제되거나 적응 상에 높은 비용을 수반하는 집단으로 인식되고 있다. 이러한 장애인에 대한 사회의 이해부족은 장애인의 균등한 사회참여 기회를 제한하고 각종 차별을 야기하

5) 그런데 동 조사에서 자신이 스스로 장애인에 대해 차별을 한다고 답한 경우는 11.2%로 나타나 장애인차별 인식에 대한 이중적 측면이 존재하고 있음을 알 수 있다.

〈표 4-1〉 장애인차별 사례

| 구 분 | 2002 | 2003 | 2004 | 2005 | 2006 | 합 계(%) |
|---|---|---|---|---|---|---|
| 고용 | 61 | 42 | 58 | 68 | 40 | 269(14.5) |
| 교육 | 18 | 20 | 45 | 34 | 45 | 162(8.7) |
| 재화용역 | 91 | 107 | 88 | 70 | 85 | 441(23.7) |
| 시설물 | 7 | 6 | 11 | 10 | 8 | 42(2.3) |
| 이동교통수단 | 24 | 25 | 20 | 10 | 9 | 88(4.7) |
| 정보접근 및 의사소통 | 3 | 11 | 17 | 8 | 7 | 46(2.5) |
| 문화예술 | 2 | 5 | 7 | 4 | 1 | 19(1.0) |
| 체육 | 1 | 2 | 3 | 0 | 2 | 8(0.4) |
| 사법 및 행정절차 | 11 | 22 | 20 | 21 | 7 | 81(4.4) |
| 참정권 | 2 | 0 | 3 | 1 | 2 | 8(0.4) |
| 모 · 부성권 | 1 | 0 | 2 | 0 | 3 | 6(0.3) |
| 성 | 0 | 1 | 1 | 0 | 0 | 2(0.1) |
| 가족 · 가정 · 복지시설 | 39 | 29 | 47 | 28 | 5 | 148(8.0) |
| 건강권 | 13 | 9 | 12 | 2 | 2 | 38(2.0) |
| 괴롭힘 등의 금지 | 72 | 49 | 41 | 58 | 33 | 253(13.6) |
| 장애여성 | 16 | 8 | 20 | 25 | 11 | 80(4.3) |
| 장애아동 | 10 | 13 | 15 | 12 | 8 | 58(3.1) |
| 정신적 장애 | 22 | 20 | 23 | 28 | 18 | 111(6.0) |
| 합 계 | 393 | 369 | 433 | 379 | 286 | 1,860(100.0) |

자료: 김성재 외(2007), 〈연도별 진정접수 사례〉.

는 원인이 된다. 다음에서는 이들 장애인차별영역에서의 주요 사례를 통해 한국 사회에서 나타나고 있는 장애인차별의 현실을 검토하기로 한다.

먼저, 장애인들이 가장 많이 경험하는 차별은 재화와 용역을 비장애인과 동등하게 이용할 수 없도록 한다는 것이다. 금융보험서비스, 구매권, 행정지원서비스, 주거권, 재산권 등에서 장애인에 대한 차별이 심각하다. 특히, 해당 보험과 상관없는 장애를 이유로 보험가입을 거

부 또는 해약을 요구하는 것은 널리 알려진 사실이다. "보험계약 자체를 거부함, 사고 후 보험금을 지급받으려 하는데 장애를 이유로 일실소득 보상분과 위자료를 주지 않음, 청각장애인이라서 전화음성녹취가 불가능하다는 이유로 카드신청을 거절함, 지적장애인의 판단능력 부족을 악용해 사기를 당하고도 자기표현의 미흡으로 오히려 가해자로 조사받음, 장애인이란 이유만으로 입주를 거부당함, 반상회와 동네 단합대회 등에 참여 못하게 하고 노골적으로 따돌림" 등이 있다. 이러한 재화와 용역 이용의 차별은 오랜 시간동안 거래관행으로 굳어져 빈번하게 발생하지만, 관련법이나 약관 등에 구체적으로 명기되지 않아 직접적인 대응이 어렵다는 점도 있다. 따라서 이러한 문제들은 장애인차별과 관련하여 명백한 규정과 관련 법규의 정비가 없다면 앞으로도 계속 발생할 것이다.

둘째, 장애인들이 경험하는 대표적인 차별영역의 하나가 고용현장에서의 차별이다. 장애인들은 장애를 이유로 고용 기회 자체에 있어 차별받고 있으며 낮은 임금과 열악한 작업환경, 각종 사고 시 보상에 있어서도 비장애인과 다른 차별적 대우를 받고 있다. "보수 면에서 동등한 능력을 가진 사람과 차별 대우를 받음, 장시간 일을 했음에도 작업량이 적어 다른 사람들보다 돈을 적게 받음, 일반 회사 취업 시 눈치를 주어 그만두게 함, 국가공무원 채용시험 시 OMR 표기를 위한 편의제공을 거부당함, 장애로 인해 인사에서 차별을 받음, 듣지 못하기 때문에 작업지시를 못 알아들어 고용주가 횡포를 부릴 때 마치 내가 하기 싫어서 하지 않은 것처럼 일방적으로 비웃음" 등은 대표적인 고용현장에서 장애인들이 경험하는 차별적 사례이다. 평소에는 장애를 제대로 인지하지 못하던 장애당사자들이 고용현장에서 차별의 벽을 실감하는 측면이 있다. 고용 차별은 장애인의 생존권 문제

와 직결되며, 노동을 통한 인간존엄성의 확보라는 본질적인 가치와 연관되어 있다는 점에서 중요한 의미를 가진다. 또한 고용상의 차별 경험은 학력이 높을수록 낮은 것으로 나타나고 있어 교육권과 연결된 문제임을 확인할 수 있다.

셋째, 장애인에 대한 편견과 열악한 지위로 인해 많은 장애인들이 물리적, 성적, 언어적, 심리적, 경제적, 행정·사법적 폭력에 직면하게 된다. 이 유형의 차별은 사실상 가장 심각하고 본질적인 종류의 장애인차별이라고 할 수 있다. 예를 들어 "학교에서 일상적으로 집단 따돌림을 받아 수업시간에 도망가 숨어있어도 담임교사가 관심 갖지 않음, 9년 동안 일한 회사에서 실습 나온 공고학생으로부터 엉덩이를 차여 싸우게 됐는데 오히려 "병신을 건어줬더니"하는 표현을 하며 모욕감을 주고 "병신새끼 나오지 마라"고 함, 장애인인 것을 악용해 누명을 씌운 일이 있음, 마을 이장집 농사일을 거들면서 생활하는데 마음에 들지 않으면 수시로 때리고 머리를 빡빡 깎게 함" 등이다. 특히 여성 장애인에 대한 성적 괴롭힘과 성폭력은 문제의 심각성에도 불구하고, 당사자가 의사표현의 장애로 정당한 처벌을 요구하지 못하고 가해자들은 낮은 수준에서 합의를 통해 무마하려 한다는 것이다.

넷째, 장애인은 전·입학을 거부당하는 등 교육의 기회마저 제한당하는 경우가 많고, 막상 학교에 다니게 되어도 교육여건을 위한 편의를 제공해주지 않아 어려움을 겪고 있다. "미국에서 이민생활을 해서 영어를 매우 잘해 영어교육이 특성화된 사립초교에 진학하려고 했지만 장애를 이유로 노골적으로 입학을 거부, 장애학생 입학 시 안전사고에 대한 책임은 본인이 부과한다는 내용의 서약서를 작성하도록 함, 학습도우미·수화통역·점역교재 등의 여건이 마련되지 않아 공부하기가 힘듦, 현장체험학습·수련회 등에서 사고의 우려와 관리감

독의 어려움을 이유로 부모가 함께 참가하게 하거나 아예 제한함" 등은 여전히 교육현장에서 장애인들이 겪는 차별적 실례들이다. 교육에 있어서 관련법이 정비되고 장애인에 대한 인식이 개선되면서 겉으로 드러나는 차별은 감소한 측면이 있지만, 교육현장의 열악성으로 인한 실질적인 차별은 계속되고 있음을 보여준다.

다섯째, 장애인은 가정·가족·복지시설에서 자기결정권, 결혼권, 가족생활권 등에 대한 차별을 겪는 경우가 많다. 구체적인 사례로 "25세까지 교육을 받지 못하다가 인터넷을 통해 한글을 깨쳐서 검정고시를 준비했는데 부모가 공부를 하지 못하게 함, 본인의 의사와는 상관없이 정관수술을 시키려함, 복지시설에서 퇴소를 희망해도 허락하지 않고 오히려 방에 가둬두고 때림(수용인원 수를 유지해야 보조금이 지급되기 때문), 장애를 이유로 결혼을 반대하거나 제한함, 보조금 수령을 이유로 시설 입소 시 친권을 포기하도록 요구함" 등이 있다. 가족들이 장애인을 대하는 잘못된 태도의 두 가지 극단은 과보호나 무시·학대로 나타난다. 또한 장애가 중증일수록 가족·시설에 대한 의존도가 높아 차별의 시정을 적극적으로 요구하기 힘들다는 측면이 있다.

여섯째, 편의시설미비, 이동권의 제약, 정보접근과 의사소통의 어려움이 장애인들의 차별을 심화시킨다. "휠체어 경사로와 장애인 주차장이 없음, 보호자 동승 없이 비행기를 탑승할 수 없음, 열차나 고속버스 승차권에 점자 표시가 되어있지 않아 가격과 행선지 등을 알 수 없음, 국가기관에서 시각 장애인 접근을 위한 환경시설을 갖추지 않아 일례로 맹인 안마사가 '안마사에 관한 규칙'에 대한 헌법재판소의 위헌판결을 확인하지 못함" 등은 이 유형의 전형적인 차별 사례들이다. 특히 이동권과 관련해서 그동안 법적·제도적 정비가 이루어졌음에도 불구하고 그 성과는 여전히 미흡한 것으로 평가된다.

일곱째, 사법·행정에 있어서는 절차상의 차별과 편의시설의 미비로 인한 차별이 존재한다. 참정권의 경우 사례의 숫자가 두드러지게 많은 것은 아니나 민주주의 실현의 핵심적인 가치이자 조건이라는 점에서 살펴볼 필요가 있다. 대표적인 사례는 "장애인이 용의선상에 올라 기소당하는 경우 초동수사단계에서부터 장애의 특성이 무시되고 조력 받을 권리도 부여받지 못함, 베트남 여성과 결혼한 장애인이 출입국관리사무소로부터 아내의 체류기간을 2년 연장하도록 약속받았으나 남편이 장애를 가지고 있어 아내가 도망갈 수 있다는 담당자의 자의적 판단으로 인해 1년 연장으로 결정됨, 지방선거에 기초의원 비례대표로 출마하려는 장애인에게 법적 규정이 없어 활동보조인을 제공할 수 없음" 등이다. 참정권의 경우 대체로 점자유인물의 부족, 선거방송의 수화·문자 통역과 같이 선거권에 대한 문제제기가 주를 이루었으나 근래에는 피선거권의 영역으로 확장되어가고 있다. 이는 장애인의 정치적 권리에 대한 인식이 성숙해져간다는 증거이기도 하다.

여덟째, 장애여성에 대한 차별은 일반적인 여성차별금지법에 명시된 내용과 장애를 이유로 한 양육권의 침해와 박탈, 폭력, 성폭력 등의 문제를 들 수 있다. "직장에서 상습적인 성희롱을 당하고도 자기표현의 미흡으로 공론화하지 못하고 상대적으로 가장 취약한 직장 내 위치로 인해 참는 경우, 장애인 생활시설의 관리자에 의한 성폭행 및 시설 생활자(정신지체)에 의한 성폭행, 장애를 이유로 양육권 박탈, 장애여성 본인이 원하지 않는 낙태나 불임수술" 등은 이러한 문제들을 잘 나타내고 있다. 무엇보다 장애여성의 문제는 '여성'과 '장애'라는 이중의 소수자성에 대한 특별한 보호라는 차원에서 다루어져야 한다. 특히 장애여성에 대한 성폭력은 당사자의 증거능력 불인정 등으로 인해 실제로 처벌되는 경우는 드물다는 점에서 더욱 심각한 문제인 것이다.

## Ⅳ. 장애인 인권운동의 진화와 정책변화

### 1. 장애인 인권운동의 형성

한국에서 장애문제에 대한 인권차원의 접근은 1980년대 중반 민주화운동 이후에야 비로소 본격화되기 시작했다. 그 이전까지 장애인 옹호는 주로 개인이나 가족 차원의 개별적 항의로만 이루어졌을 뿐이다. 대체로 1980년대 중반까지의 장애인운동은 중·고등학교 및 대학 입학 거부에 대한 항의와 공직임용거부에 대한 반발의 형태로서 장애인차별에 대한 개별적 구제의 성격이 강했다(유동철, 2005). 그리고 장애인 옹호조직 또한 장애인 당사자보다는 대부분 장애인단체의 전문가나 부모 혹은 학생들로 구성되었다.[6] 특히 장애인 생존권운동은 '故 김순석 씨 자살항의'와 같이 장애를 가진 당사자가 자신의 목숨을 담보로 사회에 장애인의 문제를 알리는 방식으로 전개되었다. 경제발전에만 주력하는 권위주의적 정권하에서 사회적으로 소외된 장애인들이 자신의 생존을 위한 권리를 주창하기는 어려웠기 때문이다(김정열, 2005a: 50).

한국의 경제적 성장과 국제관계 증대에 따라 장애인의 권리 주창이 확대되기 시작하였다.[7] 특히 1981년 UN의 '세계장애인의 해' 선

---

6) 이 시기의 대표적인 장애인단체로는 한국장애인재활협회, 대한정신박약자애호협회, 한국소아마비협회, 한국뇌성마비복지회, 한국신체장애인복지회, 한국장애인부모회, 한국장애인연맹(DPI) 등이 있었지만, 조직적인 운동을 하지는 못하였고 그 주체도 장애인당사자가 아닌 장애전문가나 부모 등이었다(유동철, 2005: 11).

7) 국제적 차원에서 장애인권리 문제는 UN에서 1970년 '장애인재활 10년 선언'을 채택하면서 부각되기 시작하여, 1972년 '정신지체인 권리 선언'과 1975년 '장애

포 이후, 국가 차원에서 장애인을 위한 법이 만들어지고, 그에 대한 장애인과 그 가족들의 기대가 증가함에 따라 수많은 장애인단체들이 형성되었다(김정열, 2005a: 57). 1987년의 민주화 이후 장애운동은 조직적인 대응으로 전개되기 시작했다. 무엇보다 민주화 흐름 속에서 전개된 대규모의 노동자 운동은 1980년대 말의 장애인노동운동에 큰 영향을 미쳤다. 대학을 졸업하고도 대부분이 실업상태에 있는 장애인 대학생들의 노동권 요구는 장애인들의 고용차별에 대한 인식을 제고하고 집단적 정체성을 형성하는 토대가 되었다.

1988년 서울올림픽은 다른 한편에서 장애인운동을 촉발시키는 이벤트가 되었다. 일단의 장애인들은 1988년 4월 16일 '최초의 장애인 대중 집회'로 평가되는 '기만적인 장애인복지정책 규탄대회'를 통해 장애인복지정책이 전무한 한국에서 장애인올림픽을 개최하는 것은 장애인을 우롱하는 것이라고 주장하면서 대규모 가두시위를 벌이는 등 장애인 권리운동을 시작하였던 것이다. 7월 20일에는 장애인올림픽 조직위원회를 점거하였고, 10월 9일에는 안암동 개운사에서 장애인, 사회복지학과 학생 및 특수교육학과 학생들이 함께 참여한 '기만적 장애인올림픽 거부 및 장애인생존권 결의대회'를 개최하였다(유동철, 2005). 11월 7일부터 24일까지 명동성당에서 일부 장애인들은 노상철야단식운동을 벌이면서 각 정당의 정책입안자들로부터 장애인복지청 신설, 「장애인복지법」 개정, 「장애인고용촉진법」 제정 등의 약속을 얻어내기에 이르렀다(한국장애인총연맹, 2001).

---

인 권리 선언'으로 이어졌다. 1976년 국제장애인의 해(1981년)를 설정하였고, 1982년에는 'UN 장애인 10년 세계행동계획'이 채택되었다. 이러한 국제적 노력은 장애문제를 더 이상 개인의 문제로 인식하지 않고 사회적 문제로 인식하는 단계로 변화시켰다. 이러한 국제적 추세는 1980년대 중반이후 한국에서도 장애인이슈에 대한 관심을 높이는 데 큰 영향을 준 것으로 평가된다(이철호, 2008).

1989년에는 한국장애인총연맹(장총련)을 중심으로 전국 31개 장애인단체들이 참여한 "장애인복지법및장애인고용촉진법양법안쟁취를위한공동대책위원회"를 결성하여 노동권 확보를 위한 운동을 전개하였다. 동위원회는 장애계 인사뿐만 아니라 사회적 명성이 있는 외부인사를 자문단으로 영입하여 장애인운동의 미약한 정치적 자원을 확충시키는 전략적 운동을 도모하기도 하였다. 이러한 일련의 장애인운동의 결과, 1989년 12월 「심신장애자복지법」이 「장애인복지법」으로 개정되었고 「장애인고용촉진등에관한법률」이 제정되기에 이르렀다.

이와 같이 1980년대 중・후반과 1990년대 초에 걸친 장애인운동은 기존의 개인적 구제 중심의 장애인운동에서 탈피하여 사회적 차원에서 장애인 권리를 옹호하는 운동으로 패러다임이 변화되기 시작하였고, 대정부투쟁을 통해 노동권과 교육권 확보 등의 차원에서 장애입법이 형식적 체계를 갖추게 되었다. 그렇지만 장애운동의 핵심주체가 경증지체장애인과 전문가그룹 중심이었다는 점과 주된 이슈에 있어 중증장애인문제가 충분히 다루어지지 못했다는 점, 장애인 문제에 대한 접근에 있어서도 인권적 차원보다는 온정주의적 복지에 치중되는 점 등의 한계를 보였다. 그러나 극심한 차별적 상황에서 사회적으로 분산되고 소외된 장애인들이 집단적 정체성을 형성하고 정치세력화를 시작하였다는 점에서 중요한 의미를 찾을 수 있다. 특히, 장애인단체들의 옹호연합인 한국장애인총연맹(장총련)이 결성되고 공동대책위원회가 구성되는 등 장애인의 정치적 역량과 적극적 행동운동의 조직적・전략적 역량이 크게 확대됨으로써 인권적 차원의 장애인운동이 전개될 수 있는 토대를 마련한 것으로 평가된다(유동철, 2005: 11-15).

## 2. 장애인 인권운동의 성장

1990년대 중반 이후 장애인 인권쟁취를 위한 노력은 노동권, 교육권, 이동권, 생존권 등 다양한 영역에서 이루어짐으로써 「장애인복지법」 외에도 「장애인·노인·임산부 등의 편의증진보장에 관한 법률」, 「특수교육진흥법」, 「장애인고용촉진 및 직업재활법」이 연속적으로 제정되어 장애인관련법제가 정비되었다. 그러나 이러한 일련의 법제 구축에도 불구하고 장애인의 인권보장과 차별금지를 구현하는 실질적인 제도적 장치가 갖추어지지 못함으로써 인권정책은 선언적·상징적 수준에서 크게 벗어나지 못하고 있다.[8] 인권차원에서 장애인차별에 대응하는 장애인운동은 1998년 김대중 정부를 전후하여 새로운 전환기를 맞이하였다. 김대중 정부는 인권과 시민권으로서의 복지와 이에 대한 국가의 책임을 복지관련 정책의 기본적인 이념적 기초로 채택하였다는 점에서 장애인권운동에 유리한 정치 환경이 조성되었기 때문이다(최무현, 2005).

이러한 맥락에서 주목되는 것은 기존 장애인정책의 변화를 요청하는 새로운 장애인운동이 전개되었다는 점이다. 그것은 장애인정책의 핵심적 위치를 차지하고 있던 장애인고용촉진정책의 미진한 성과에서 비롯되었다. 사실 장애인고용촉진정책은 도입부터 입법적 흠결로 인한 비관적 평가를 받았고 국가의 재정적 책임은 결여된 채 규제도구에만 의존한다는 비판을 받았다. 무엇보다 장애인고용촉진정책은 경

---

8) 한국에서 장애인차별에 대응하는 노력은 「장애인복지법」 등 장애관련법에 반영되어 왔다. 선언적이고 포괄적이기는 하지만 장애인차별금지를 명시적 조항으로 규정하고 있고, 교육차별 중 입학차별에 대해서는 실효성 있는 벌칙조항을 두고 있기도 하다. 그렇지만 이러한 부분적인 조치만으로는 한국 사회에 만연한 장애인차별 문제를 다루기에는 역부족이라 할 것이다.

중장애인 위주로 고용을 촉진하는 정책에 머무는 한계를 보였던 것이다(이곤수, 2006). 여기에 장애인단체와 활동가들은 새로운 장애인직업재활정책의 필요성을 주창하였다. 특히 1998년 12월에는 새로운 정부에서 정치적 영향력을 가진 장애인활동가인 김성재 교수가 초대회장을 맡고 여당인 새정치국민회의 국회의원인 이성재 의원이 관여하는 새로운 장애인단체연맹체인 한국장애인단체총연맹(이하 한국장총)이 출범하여 새로운 정책변화를 주도하였다(유동철, 2005: 16).[9)]

여당인 새정치국민회의는 1998년 9월 15일 '장애인직업재활정책기획단'을 발족하여 기존의 장애인고용촉진정책을 재검토하고 새로운 장애인직업정책을 위한 장애인직업재활법의 제정을 위한 활동을 공식화하였다. 직업재활법은 중증장애인 지원과 체계적 직업재활을 위해 보건복지부가 주무부서가 되고 노동부산하의 장애인고용촉진공단(이하 공단)을 보건복지부로 이관하는 것을 주요 내용으로 하였다. 그런데 새로운 법제정의 과정에서 장애인단체들은 관료적 정치의 영향으로 분열양상을 보이게 되었다. 즉, 기존의 장애인고용정책 주무기관인 노동부와 공단은 직업재활법 제정을 저지하기 위해 정치권과 광범한 로비활동을 전개하는 한편, 한국지체장애인협의회(이하 지장협)를 중심으로 한 장애인단체들을 반대세력으로 규합하였던 것이다(최무현,

---

9) 「장애인직업재활법」 제정을 위한 장애인의 정치적 역량을 모으기 위해 결성된 한국장총을 중심으로 장애인단체들의 적극적인 연합활동이 전개되었다. 한국장총은 과거 "양법안해결을위한동대책위"가 1992년 "장애인복지공동대책위원회"로 상설화되고 1996년 "장애인공동대책협의회"로 변화되면서 장애인단체, 장애인교육단체, 장애인부모단체, 선교단체 등 장애인옹호단체들로 구성된 상설연합체에 뿌리를 두고 있다(김정열, 2005a: 59-60). 한편, 이 과정에서 기존 장추련에는 한국지체장애인협회(지장협)만 남고 다른 장애인단체들이 한국장총에 참여함으로써 실질적으로 와해되었다. 결국 장애인계의 정치적 지형은 한국장총 대 지장협으로 이원화하는 대립적 구도를 형성하게 된 것이다.

2005: 202-203).[10] 결과적으로 장애인계는 직업재활법 제정을 찬성하는 한국장총세력과 이를 반대하는 지장협 등의 세력으로 분리되어 대립과 갈등을 보이게 된 것이다. 결국 장애인단체들 간의 극심한 분열로 인해 장애인직업재활법 제정은 무산되고 그 내용 중 일부를 기존의 「장애인고용촉진등에관한법률」에 반영하는 타협의 결과로 「장애인고용촉진및직업재활법」이 만들어지게 되었다. 이후 지장협을 중심으로 한 한국장총의 반대세력들은 2002년 3월 한국장애인단체총연합(장총련)을 새로이 결성하였다(유동철, 2005).

이와 같이 장애인직업재활이슈를 둘러싸고 장애인단체들이 이원적인 거대 연합세력으로 분리되었지만,[11] 2000년 이후 다른 한편에서는 많은 풀뿌리 장애인단체들이 다양한 장애인이슈를 중심으로 활발한 권리운동을 전개하였다. 특히 노동권은 물론 접근권과 교육권 등 제반 사회적 권리로부터 배제되고 차별받아 온 중증장애인들이 장애인운동에 주도적으로 참여하는 새로운 양상이 나타났다. 장애인이동권투쟁, 장애인교육권운동, 장애인자립생활운동, 장애인시설의 민주화투쟁, 장애인여성의 인권운동, 장애인노동조합결성 등 장애인노동권확보운동, 형사절차상 인권대응운동, 장애인자기운전권 확보운동, 장애차별적인 문화와 이데올로기에 대항하는 장애인문화운동 등 장애인의 생존권과 사회적 권리를 획득하기 위한 운동이 다양한 영역에서

---

10) 장애인직업재활법에 대한 반대 입장에 있는 단체들은 지장협 외에 전국장애인한가족협회, 한국장애인연맹(DPI), 교통장애인협회 등이었다(유동철, 2005: 17).

11) 김정열(2005a)은 이러한 장애인연합체의 분리현상을 장애인계의 다양한 목소리가 상존한다는 점과 외부의 환경변화에 영향을 받는다는 점, 장애인단체의 규모가 확대되었다는 점을 보여주는 것으로 평가하면서, 향후 장애인계에도 진보적 단체와 보수적 단체, 다양한 욕구중심의 요구운동 자조조직이 급속하게 확대할 것이라고 전망한다. 결국 이러한 장애인운동의 복잡성은 장애인 당사자들에 의한 운동세력화가 성장하였음을 반증하는 것으로 볼 수 있다.

다각도로 전개되었다. 그 결과 2004년 12월 「교통약자의이동편의증진법」이 제정되는 성과를 거두었고, 장애인의 차별적 현실에 대한 사회적 공감대를 형성하여 다양한 시민운동단체들과 광범한 연대를 형성하면서 장애인운동이 한국의 새로운 사회운동의 주체로 성장한 것으로 평가되고 있다(고춘완, 2005: 252-253).

무엇보다 주목되는 것은 장애인운동의 다원화와 복잡성 속에서 실질적인 장애인차별에 대응하고 인권 확보를 위한 "장애인차별금지법 제정운동"이 등장하였다는 점이다. 김대중 정부에서는 인권에 대한 활발한 논의가 진행되면서 인권단체와 시민사회단체를 중심으로 인권법제정공대위가 구성되었고 여기에 여러 장애인단체들이 참여하였다. 이 과정에서 장애인단체들은 장애인차별을 다룰 독자적인 입법의 필요성을 제기하면서 2002년부터 본격적인 장애인차별금지법제정운동을 전개한 것이다. 장애인차별금지법제정운동은 그동안 갈등을 보였던 양대 장애인연합체가 공동의 목적하에 연합을 하였다는 점과 국토순례, 서명운동, 공청회, 지역토론회, 국제세미나 등 다양한 이슈 확산 및 사회적 공감대 형성을 위한 활발한 활동을 수행하였다는 점에서 중요한 의미를 가진다(유동철, 2005: 20).

장애인차별금지입법을 위한 운동의 시작은 열린네트워크의 활동에서 찾을 수 있다. 부산에 기반을 둔 장애인단체인 열린네트워크는 장애인문제를 동정과 시혜가 아닌 인권 차원에서 접근할 것을 주창하면서 2001년 「장애인차별금지법」 초안을 발표하고 2차례에 걸친 국토순례와 서명운동을 전개하였다. 2002년 4월에는 장애우권익문제연구소가 장애인차별금지법 입법청원을 함으로써 본격적으로 이 문제를 다루게 되었다. 장애인차별금지법제정운동을 위한 장애인들의 집합적인 정치력 동원의 차원에서 2002년 11월 한국장애인총연맹(장총련)을

중심으로 한 "장애인차별금지법추진협의회준비위원회"가 발족하였다. 여기에는 열린네트워크, 장애우권익문제연구소, 한국DPI 등 장애인 운동단체들이 참여하면서 범장애인·사회단체의 연대기구가 되었다. 이어 2003년 4월 15일에는 "장애인차별금지법제정추진연대"(장추련)가 출범하여 국토대행진, 기자회견, 성명서 발표 등 다양한 방식을 통해 장애인차별금지법이슈의 사회적 확산을 위한 노력을 전개하였다(이승기, 2007: 231).[12)]

특히, 장추련은 2003년 11월부터 2004년 3월의 기간 동안 장애인차별금지법 조문화 작업을 통해 2004년 5월에는 법 초안을 마련하고 대규모 토론회와 지역순회 공청회 및 법조인의 자문토론회를 거쳐 11월에는 「장애인차별금지및권리구제등에관한법률(안)」을 완성하였다. 이러한 시도는 장애인단체들이 단순히 정책요구를 위한 집단적 정치활동에서 한 걸음 더 나아가 스스로 정책대안을 마련하여 제시하는 능동적인 정책참여자의 역할을 한 것이라는 점에서 장애인 인권운동의 중대한 변화로 평가될 수 있다. 이후 장추련은 의원입법을 위해 각 정당과 접촉을 시작하여 이에 긍정적 반응을 보인 민주노동당과 간담회 및 토론을 거쳐 법제사법위원회 소속의 노회찬 의원을 통해 2005년 9월 20일 국회에서 입법발의에 성공하였다(이철호, 2008: 160).[13)]

그런데 이러한 장애인단체의 입법을 위한 활동은 당시 참여정부의 일반적 차별금지법 제정을 진행하고 있던 국가인원위원회(인권위)와의 갈등으로 인해 교착상태에 빠지게 되었다. 참여정부는 장애인을 포함

12) 2003년 6월부터 10월까지 장애인차별금지법 제정에 관한 공청회와 공개토론회를 개최하였고, 동년 10월 장추련 주관 국제장애인교류대회를 개최하고, 12월 국회인권포럼 참여하는 등 이슈확장을 위한 다양한 노력을 하였다.

13) 법제사회법위원회(법사위) 소속 노회찬의원을 통해 발의한 것은 장애인차별금지법안이 복지정책과 구별되는 인권정책이라는 입장을 고수했기 때문이다. 그러나 국회는 이를 법사위가 아닌 보건복지위원회로 회부하였다.

한 취약계층의 전반적인 차별을 다루는 차별금지법의 제정이 독립적인 장애인차별금지법의 제정보다 바람직하고 시급한 것으로 인식하고, 2004년 10월 21일 대통령주재 청와대고위급회의에서 차별시정기구 일원화원칙을 정하고 차별판단기능을 인권위로 일원화하였다. 이러한 일원화결정에 따라 인권위는 일반법 성격의 차별금지법 제정에 주력하게 되고, 그 결과 독립적인 장애인차별금지법 제정을 주장하는 장애인단체와 대립하게 된 것이다. 국회는 장추련의 장애인차별금지법안에 대한 논의에 대해 인권위의 차별금지법안이 제출된 후 함께 병합심리한다는 입장을 표명하였다. 이러한 일련의 상황을 장애인차별금지법 제정의 위기로 인식한 장추련은 2006년 3월 국가인권위원회 점거농성 등 본격적인 실력행사에 들어갔다.[14] 이러한 장애인단체의 격렬한 반발에 따라 인권위는 2006년 5월 26일 장애인차별금지법을 별도로 입법할 필요성을 인정하고 차별금지법 제정과 상충되지 않는다는 입장을 표명하게 된다(이승기, 2007: 233).

이후 청와대 측의 제안으로 2006년 8월 "장애인차별금지법민관공동기획단"을 대통령자문 빈부격차·차별시정위원회(차별시정위)에 구성하고, 2006년 8월부터 12월까지 전체회의와 소위원회 등 모두 12차례에 걸친 회의를 통해 정부부처와 장애인단체 사이에 이루어진 합의를 바탕으로 법안이 마련되었다. 차별시정위의 안은 열린우리당과의 조율을 통해 최종안으로 작성되어 2006년 12월 18일 열린우리당 장향숙 의원 외 55인의 발의로 「장애인차별금지및권리구제에관한법률」로 국회에 제출되었다. 한편, 장애인차별금지법안에 대해 미온적

14) 장추련의 인권위 점거농성이전에도 '전국장애인차별철폐연대'를 중심으로 한 장애인단체들은 2005년 말부터 69일 동안 국회 앞에서 천막농성을 하면서 독자적 차별금지법안의 제정을 촉구하였다(김도현, 2007: 260).

입장을 취해 온 한나라당은 열린우리당의 입법발의에 대응하여 시각장애인 정화원 의원을 주축으로 한 독자적인 장애인차별금지법을 마련하여 12월 18일 한나라당 의원 38인의 발의로 열린우리당 법안과 함께 국회에 제출하였다(이승기, 2007: 238-239; 이철호, 2008: 160). 2007년 2월 제265회 임시국회 보건복지위원회의 심의를 통해 기존의 민노당안과 열린우리당안 및 한나라당안 3개 안을 조정한 최종안이 마련되고, 3월 6일 국회 본회의 의결을 통해 마침내 「장애인차별금지및권리구제등에관한법률」(법률 제8341호)이 제정되었다(김도현, 2007: 264).[15] 이어 2007년 4월 11일에 공표되어 2008년 4월 11일부터 발효되었다.

## 3. 장애인 인권정책의 형성

한국 사회의 소수자집단인 장애인들에 의한 인권운동의 성과로서 장애인차별금지법이 제정된 것은 한국의 민주화 성숙과 인권 향상이라는 맥락에서 주목되는 획기적인 사건이다. 세계적으로도 독립된 장애인차별금지법을 두고 있는 나라는 미국(1990), 호주(1992), 영국(1995), 홍콩(1995), 스웨덴(1999), 독일(2002) 등 일부 국가를 제외하고는 많지 않은 실정이며, 특히 그동안 한국의 장애입법의 벤치마킹 사례가 되어 온 일본에서도 아직 제정되지 못하고 있다는 점에서 더욱 의미있는 성과로 평가될 수 있다(남찬섭, 2007: 23).

특히 한국의 장애인차별금지법의 제정은 당사자주의, 집합적 연대, 장애패러다임의 변화라는 측면에서 중요한 의의를 가진다(이철호, 2008:

15) 국회에서 장애인차별금지법안의 쟁점적 사안들이 조정되어 단일안으로 최종 결정되는 과정에 대한 자세한 내용에 대해서는 이승기(2007)의 논문 참조.

160). 첫째, 장애인차별금지법 제정의 의의는 장애인 당사자들에 의한 법 제정운동의 결과물이라는 점이다. 일반적으로 사회정책의 형성(입법)과정은 정부가 일부 전문가들을 동원하여 외국의 입법 사례를 바탕으로 입안한 후, 공청회 등을 통해 이해당사자들의 의견을 수렴하는 형태로 진행되는데, 기존의 각종 장애입법과정에서도 마찬가지였다. 그러나 장애인차별금지법의 제정과정에서는 장애인단체들이 의제 형성뿐만 아니라 정책대안의 마련과 제시, 그리고 공식적인 입법과정에 실질적인 정치적 행위자로 참여하여 법안을 구체화하는 데 중추적 역할을 담당하였다. 이것은 한국의 정책형성과정에 있어 새로운 민주적·참여적 정책결정의 대표적인 사례가 된다. 둘째, 장애인차별금지법은 장애인단체들의 연대운동의 결실이라는 점에서 의의를 가진다. 기존 장애운동에 있어서도 장애인 옹호연합이 구성되기는 하였지만, 이 사례에서처럼 범 장애인단체들(247개 전국 및 지방의 장애인단체)이 동일 목적과 가치 아래 단일의 연대(장추련)를 형성함으로써 집합적 정치세력화에 성공한 선례를 찾기 어렵기 때문이다. 셋째, 장애인차별금지법의 제정은 장애 패러다임의 변화라는 점에서 또 다른 의미를 가진다. 장애인 정책영역에서 부분적으로 혹은 규범적이고 이론적 차원에서 다루어 온 사회적 장애의 모델에 입각하여 장애인 문제를 복지와 서비스가 아닌 인권의 차원에서 해결책을 만들어 냄으로써 장애인정책의 패러다임이 '온정주의적 복지에서 인권으로' 변화하는 실질적인 전환점을 제공한다.

장애인차별금지법은 총칙, 차별금지, 장애여성 및 장애아동 등, 장애인차별시정기구 및 권리구제 등, 손해배상과 입증책임 등, 벌칙의 순서로 총 6개의 장, 50개의 조문으로 구성되어 있다. 총칙에서는 법의 목적을 "모든 생활영역에서 장애를 이유로 한 차별을 금지하고

장애를 이유로 차별받은 사람의 권익을 효과적으로 구제함으로써 장애인의 완전한 사회참여와 평등권 실현을 통하여 인간으로서의 존엄과 가치를 구현"하는 것으로 설정하였다(제1조). 법이 금지하는 차별행위의 사유가 되는 장애에 대해 "신체적 · 정신적 손상 또는 기능상실이 장기간에 걸쳐 개인의 일상 또는 사회생활에 상당한 제약을 초래하는 상태"로 정의하고(제2조제1항), 장애인에 대해서는 "제1항의 장애가 있는 사람"이라고 규정하였다(제2조제2항). 한편, 장애인차별금지법은 차별의 개념에 대해 매우 구체화하고 있다. 즉, 직접차별, 간접차별, 정당한 편의제공 거부, 광고에서의 차별 등 외국의 차별금지법이나 이론적으로 논의된 차별의 개념을 구체적으로 규정하고 있다(제4조). 그리고 최근 장애인운동의 패러다임에 부응하여 자기결정권 및 선택권을 규정하고 이를 보장받기 위한 서비스와 정보를 제공받을 권리를 보장하고 있으며(제7조), 나아가 국가와 지방자치단체에 장애인차별을 실질적으로 해소하기 위한 적극적 조치 및 정당한 편의제공을 위한 각종 지원을 할 의무를 부여하고 있다(제8조). 제2장 차별금지에서는 ① 고용, ② 교육, ③ 재화와 용역 제공 및 이용, ④ 사법 · 행정절차 및 서비스와 참정권, ⑤ 모 · 부성권과 성 등, ⑥ 가족 · 가정 · 복지시설, 건강권 등 6개 영역에서의 차별행위를 구체적으로 금지하고 있다. 제3장은 그 밖의 차별영역과 관련된 것으로서 장애여성과 장애아동 및 정신적 장애인에 관한 특별규정을 두고 있다. 이것은 장애와 여성이라는 이중적 차별에 처한 장애여성과, 취약성 높은 장애아동, 그리고 장애인 중에서도 특별한 처우가 필요한 정신 장애인에 대한 차별금지와 권리구제를 위해 별도의 규정을 둘 필요성이 있기 때문이다. 제4장에서는 차별시정기구의 설치 및 권리구제에 관한 규정을 담고 있다. 법이 금지하는 차별행위에 대한 조사와 구제업무

를 담당하는 차별시정기구로는 국가인권위원회에 '장애인차별시정소위원회'를 두며(제40조), 시정명령권은 법무부 장관에게 부여하고 있다(제43조). 제5장은 장애를 이유로 차별함으로써 타인에게 손해를 가한 경우 차별행위로 인한 피해의 회복을 위해 손해배상의 책임을 부과하되 손해배상에 있어 손해액 입증을 완화하고 재산상손해를 추정하는 규정(제46조)과 분쟁해결에 있어서 장애인들의 정보접근 등의 어려움과 차별행위의 특수성을 감안하여 원고와 피고 간에 입증책임을 분배하는 규정(제47조)을 두고 있다. 또한 법원은 금지된 차별행위에 관한 소송 제기 전이나 소송 중에도 임시로 차별행위를 중지시킬 수 있도록 하는 구제조치제도를 도입하고 있다(제48조). 그리고 벌칙에서는 악의적 차별행위에 대한 형사처벌(제49조)과 확정된 시행명령을 이행하지 않는 자에 대해서는 과태료 부과(제50조)를 통해 장애인차별금지의 실효성을 확보할 수 있도록 하였다.

이와 같이 장애인차별금지법은 장애인의 인권보장에 기여할 획기적인 정책수단을 제공한다. 그렇지만 장애인차별금지법이 한국 사회의 장애인차별 문제에 대한 완벽한 해결책이라고 하기는 어렵다. 급진적 성격을 가지고 있는 장애인차별금지법이 한국의 보수적인 사회문화 속에서 얼마나 기능할지는 미지수이다. 입법과정에서도 새로운 차별금지의 도입에 따른 주된 비용부담집단이라 할 경제계의 반발이 만만치 않았기 때문에, 여러 가지 상황적 여건에 따라 당초 제시된 장추련의 안은 상당 부분 완화되고 조정되었다. 또 한정된 시간에 쫓기면서 만들어진 장애인단체와 정부부처 및 정당 간의 타협적 단일안에는 여러 가지 문제점이 내재하는 것도 사실이다. 이것은 장애인차별금지법의 집행과정과 직·간접적 성과 등을 면밀히 주시하고 평가할 필요가 있음을 의미한다.

이런 점에서 장애인차별금지법 입법과정에서 부각된 쟁점 사안에 대한 검토는 장애인 인권운동과 정책 변동과 관련하여 의미 있는 시사점을 줄 것이다. 주된 논쟁점은 법의 적용대상, 금지대상 차별의 범위, 차별시정장치 및 권리구제장치에 관한 것이다.

첫째로, 기본적인 논쟁점은 장애인차별금지법의 적용대상으로 장애인(혹은 장애)의 개념 규정에 관한 것이다. 장애인을 "장애가 있는 사람"이라고 정의할 때, "장애"를 어떻게 규정하느냐에 따라 법적용대상인 장애인의 범위가 달라지기 때문이다. 당초 장애인단체는 우리 사회에서 장애로 인한 차별을 광범하게 금지할 수 있다는 점에서 일시적 장애까지 포함하는 장애 개념이 필요하다는 입장을 견지했다. 여기에 대해 정부는 그렇게 할 경우 장애의 범위가 지나치게 확대되어 불필요한 사회적 혼란을 야기할 수 있으므로 장애인복지법의 수준으로 축소해야 한다고 주장하였다. 결국 최종단계에서 장애 개념은 "신체적 · 정신적 손상 또는 기능상실이 장기간에 걸쳐 개인의 일상 또는 사회생활에 상당한 제약을 초래하는 상태"로 정리됨으로써 장애인차별금지의 대상범위는 장애인복지법 수준으로 축소되었다(이승기, 2007: 241-242). 여기서 문제는 장애인복지법은 편익의 배분을 위한 것이므로 적격한 장애인이 대상이 되도록 엄격하게 규정될 필요가 있지만, 장애인차별금지법은 직접적인 편익을 제공하는 것이 아니라 차별금지가 목적이라는 점이다. 따라서 "장애"로 인한 차별금지를 목적으로 하는 장애인차별금지법이 복지제공과 같은 맥락에서 장애인의 범위를 엄격히 제한하는 것이 과연 바람직한 것인가에 대해서는 논란의 여지가 있는 것이다(이철호, 2008: 162).[16]

---

16) 이와 관련하여 차별시정을 위한 권리구제수단과 연동되므로 장애범위를 제한할 필요가 있다는 주장은 장애인차별금지법의 본질을 호도하는 것이라는 비판이 있

둘째로, 금지대상 차별의 범위와 관련하여 가장 심각한 논쟁은 "정당한 편의"에 관한 것이다. 전술한 바와 같이 장애인차별금지법은 정당한 편의제공의 거부를 금지대상 차별행위로 규정하고 있다. 정당한 편의는 장애인이 능력을 발휘할 수 있도록 그의 특성 등을 고려하여 제공되는 각종 편의를 말한다. 여기에서 정당한 편의의 구체적 내용과 범위가 어떻게 규정되고 또 정당한 편의제공의 의무를 질 주체의 범위가 어떻게 설정되느냐 하는 것은 심각한 이해관계가 걸린 사안이다. 입법과정에서 경제인단체들이 장애인차별금지법을 반대한 것도 이와 관련된 비용부담을 가장 우려했기 때문이다(남찬섭, 2007: 30-31). 현재 이 문제는 법률의 위임에 따라 시행령에서 정당한 편의의 내용과 범위, 제공의무 주체 및 단계적 범위를 규정하고 있지만 여전히 논란이 있다.[17]

셋째로, 장애인차별시정기구의 위상과 권한을 어떻게 할 것인가는 입법과정에서부터 큰 쟁점으로 등장했다. 차별금지의 실효성을 높이기 위해서는 강력한 독립적 시정기구가 필요하지만, 새로운 정부기관을 설립하는 것은 법적·제도적·정치적 여건과 밀접한 관련을 가지

---

다. 차별시정을 위한 권리구제수단은 법이 금지하고자 하는 차별행위의 심각성과 연동되는 것이지 권리보장의 대상범위와 연동되는 것이 아니며, 권리구제수단의 강도가 강하므로 대상범위를 좁히는 것은 마치 차별행위 자체가 아니라 차별받는 사람에게 책임을 떠넘기는 것과 같다는 것이다(남찬섭, 2007: 7).

17) 시행령제정과정에서도 정당한 편의제공은 주된 논쟁점이 되었다(강민희, 2008). 법의 목적을 성취하기 위해서는 정당한 편의제공의 비용에 관한 정확한 추계가 있어야 할 것이다. 만일 비용이 지나치게 과다 계상될 경우 정당한 편의제공의 범위는 축소되어 차별금지법을 형식화할 우려가 있다. 반면에 정당한 편의제공의 비용이 과소 계상되어 범위가 확대된다면 필요 이상의 사회적 비용을 유발하게 될 뿐 아니라 비용부담자의 불응을 초래하는 또 다른 문제를 야기할 수도 있다. 따라서 사회적 합의를 바탕으로 하는 "정당한 편의 제공" 수준이야말로 법의 실효성을 높이게 될 것이다.

고 있기 때문에 쉬운 일이 아니다. 당초 장애인단체는 국무총리산하 독립 시정기구를 설치하고 여기에 시정권고와 시정명령을 부여하는 안을 요구하였다. 그러나 이는 정부가 차별시정기구의 일원화 원칙을 고수하였기 때문에 수용되지 못했다(김도현, 2007: 264-265; 이승기, 2007: 243-244).[18] 결국 입법과정에서 양자의 입장을 절충하여 차별시정기구를 국가인권위원회 내부의 소위원회로 설치하고, 그 권한은 시정권고에 한정하되 법무부 장관에게 시정명령권을 부여하는 것으로 결정되었다. 그런데 이러한 결과는 '시정기구 일원화—시정권한 이원화' 라는 차별시정기구의 이원적 구조를 초래하고 있다. 다시 말해, 장애인차별행위에 대한 실효성 있는 권리구제가 이루어지려면 인권위와 법무부 간의 긴밀한 협조와 법무부 장관의 차별근절에 대한 의지가 중요한 변수로 등장한다. 따라서 양자 간의 협력체제가 충분히 기능하지 못할 경우 차별피해자의 신속한 권리구제가 어려울 수 있다는 우려가 제기되는 것이다(남찬섭, 2007: 32).

마지막으로, 또 하나의 쟁점은 권리구제와 관련하여 손해배상과 입증책임을 어떻게 설정하느냐에 관한 것이다. 영미법체계에 있어 차별금지를 실현하는 가장 강력한 법적 장치는 징벌적 손해배상제도이다. 미국장애인차별금지법을 사례로 삼은 장애인단체들은 실효성 있는 권리구제를 위한 수단으로 징벌적 손해배상제도의 도입을 강력하게 주장하였다. 그리고 이와 함께 가해자의 재산상 이익을 피해자의 손해액으로 추정하는 재산상 이익의 손해추정 규정 및 입증책임의 전

18) 차별시정기구를 설치하는 이유는 법원을 통한 권리구제의 절차가 복잡하고 많은 비용이 소요되기 때문에, 법적 소송 이전에 보다 신속한 차별시정을 도모하기 위함이다. 한국의 차별시정기구로는 국가인권위원회가 존재하고 있으나, 장애인단체들은 국가인권위원회의 조정능력에 회의적이었기 때문에 보다 강력한 별도의 장애인차별시정기구의 설치 및 권한확대(즉, 시정명령권 부여)를 주장한 것이다.

환[19]을 주장하였다. 그러나 징벌적 손해배상제도는 한국의 법체계를 전면적으로 바꾸는 중대한 사안이기 때문에 현행 법적 환경에서 도입 불가능한 요구였다. 이에 따라 한국의 손해배상제도의 원칙인 전보배상만 인정하는 것으로 결정되었다(김도현, 2007: 265; 이승기, 2007: 244). 그리고 쟁점이 되었던 "입증책임의 전환"은 그동안 명백히 우월적 지위를 가졌다고 인정되는 경우에만 제한적으로 인정해 온 한국적 현실을 감안하여 "입증책임 배분"이라는 완화된 형태로 도입되었다(남찬섭, 2007: 33; 이승기, 2007: 245).

## V. 나가며

이 장에서는 한국의 대표적인 소수자집단인 장애인들에 의한 인권운동과 그 결과인 장애인차별금지법이 입법화되는 과정을 살펴보았다. 오랫동안 사회적 차별과 배제 속에서 열악한 지위에 놓여 있던 장애인에 대한 인권적 차원의 차별금지입법을 가능하게 만든 동력은 무엇인가? 앞서 살펴본 바와 같이 여기에 대한 답은 강력한 장애인권운동과 이를 추진해 온 장애인단체들의 집합적 역량에서 찾을 수 있다. 물론 김대중 정부와 노무현 정부의 기간 동안 인권담론에 유리한 정치지형이 만들어졌다는 점도 중요한 변수라고 할 수 있다. 그렇지만 같은 기간 동안 국가인권위원회가 의욕적으로 추진해 온 「차별금

19) 입증책임의 전환은 차별의 피해를 주장하는 자가 차별을 입증하는 것이 아니라 상대가 차별을 하지 않았음을 입증하는 것으로, 장애인단체들은 사회적 약자인 장애인의 권리구제를 위해서는 입증책임의 전환이 필요하다고 주장한 것이다.

지법(안)」의 입법실패는 강력한 옹호집단의 역할이 인권정치에서 얼마나 중요한 의미를 갖는지를 반증하는 것이다. 분명히 한국의 장애인운동과 정책은 '선의(good will)의 복지'를 넘어 장애인이 주체로 등장한 '장애의 정치'로 변화하고 있다.

앞에서 보았듯이, 한국의 장애인 인권운동은 ① 그동안 차별과 억압의 대상이 되어 온 장애인들이 집단적 자의식과 정체성을 구축하면서, ② 장애문제는 단순히 온정주의에 입각한 시혜적 복지로는 결코 해결될 수 없으며 "장애"를 이유로 한 불합리한 차별을 해결하기 위한 인권적 차원의 접근이 필요하다는 인식을 공유하고, ③ 차별시정과 차별금지 및 권리구제를 제도적으로 보장하기 위한 독립된 장애인차별금지법 제정을 위한 집합적 사회운동을 전개하였다. ④ 특히 이러한 장애인운동과정에서 주목되는 것은 장애인단체들이 연대하여 장추련이라는 범장애인연합체를 결성하여 장애인들의 정치적 세력화에 성공하였다는 점이다. ⑤ 또한 장애인 인권운동과정에서 주목되는 특징은 장애인운동이 자신들의 문제를 이슈화하고 정책 아젠다로 채택되는 수준을 넘어 스스로 정책적 대안을 만들고 이를 공식적인 정책결정에 반영시키는 영향력 있는 참여적 정책결정자의 역할을 수행했다는 것이다. 일반적으로 소수자운동과 정치과정을 보면, 관련 소수자들이 문제를 인식하고 이를 해결하기 위해 옹호집단을 형성한 뒤 자신들의 이슈를 정치화하는 정도에 머물거나, 혹은 정책의 장으로 이슈를 진입하는 데는 성공하더라도 정부주도의 정책형성과정 속에서 수동적 이익투입이나 의견개진에 그쳤다. 그렇지만 장추련을 중심으로 한 장애인단체들은 능동적으로 장애인차별금지법(안)을 만들고 이를 공식적 정치매커니즘에 투입하고 압력을 가하는 일련의 집합적 정치활동을 함으로써 경제단체와 정부부처들의 회의적 혹은 반대의

견해에도 불구하고 입법에 성공할 수 있었던 것이다.

그렇다면 한국의 장애인 인권운동은 성공한 것으로 볼 수 있을까? 장애인차별금지법의 제정으로 장애인차별 문제가 완전히 해결되는 것일까? 법 시행 2년이 경과한 시점에서 이를 평가하는 것은 쉽지 않을 것이다. 다만, 분명한 것은 법적·제도적 장치만으로 차별의 문제를 완전히 해결할 수 있는 것은 아니라는 것이다. 이런 점에서 장애인 인권운동의 초점은 차별금지법 집행에 대한 지속적인 모니터링과 함께 제도적 보완을 위한 피드백 역할에 맞출 필요가 있다. 정책 모니터링은 정책이 집행되고 있는 동안에 정책에 관한 증거를 수집하고 이러한 증거를 이용하여 향후 미래 행동노선에 영향을 미치는 것을 말한다(CAFOD, 2008: 5). 모니터링의 초점은 정책이 기획 의도대로 작동하고 있는가, 그리고 정책이 목표한 결과를 가져왔는가에 주어진다. 따라서 장애인차별금지법이 제대로 집행되고 있는지, 장애인 차별금지와 권리구제의 목표가 얼마나 달성되고 있는지를 평가하고, 문제를 찾아내어 시정하는 것이다. 효과적인 모니터링을 위해서는 정부의 체계적인 접근이 필요할 것이다. 앞에서 검토한 바와 같이 장애인차별금지법에 내재하는 결함들을 감안할 때 장애인 당사자에 의한 엄밀한 모니터링이 더욱 중요하며, 이를 통해 정책개선을 주창하는 지속적인 장애인 인권운동이 전개되어야 할 것이다. 그리고 어쩌면 장애인차별금지법 제정의 현실적 의미는 장애를 이유로 한 차별을 해결하는 것이라기보다 아직도 장애인차별이 어떤 것인지 인식하지 못하는 한국 사회에서 그 차별의 존재를 인식시키기 위한 것일 수도 있다(이숙진, 2009). 경우에 따라 차별금지와 차별해소에 소요되는 비용이 오히려 장애인에 대한 편견을 강화할 우려도 있다. 차별의 문제는 장애와 차별에 대한 인식과 깊은 관련을 가지기 때문에 차별시정과

금지의 실효성을 확보하기 위해서는 이에 대한 국민적 공감대 형성이 불가결한 요건이다. 그러나 아직까지 장애인차별금지법에 대한 인식이 부족하다는 현실을 감안할 때, 장애를 이해하고 차별에 대한 감수성을 높이는 방안이 우선적으로 강구되어야 할 것이다.

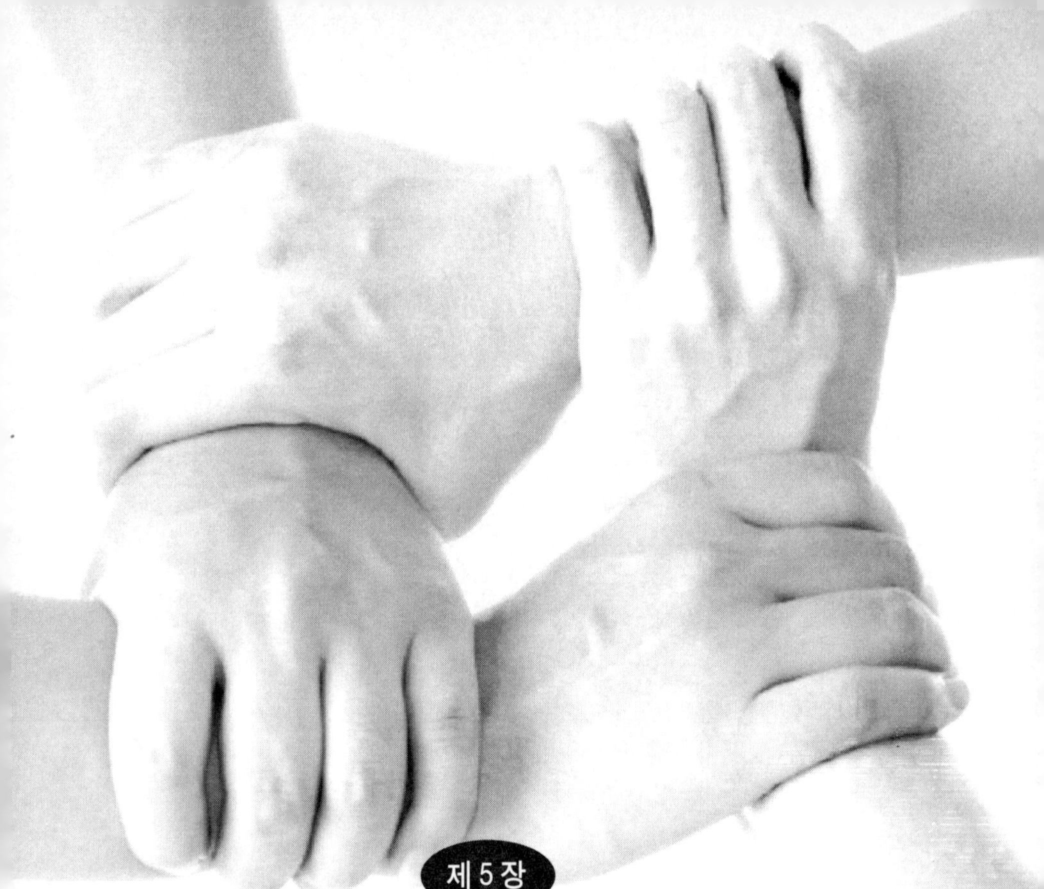

제 5 장

# 소수자인 비정규직 근로자의 인권과 과제

Ⅰ. 들어가며

Ⅱ. 비정규직과 실태

Ⅲ. 소수자인 비정규직 근로자

Ⅳ. 비정규직과 인권

Ⅴ. 비정규직 근로자와 비정규직 보호법

Ⅵ. 나가며

# 제5장 소수자인 비정규직 근로자의 인권과 과제

서혁준

## Ⅰ. 들어가며

1970－1980년대의 급속한 경제발전 및 제조업 등의 부흥은 근로자들의 사회적 지위, 임금, 생활수준의 발전을 가져오게 되었다. 그러나 IMF를 계기로 기업들은 경영의 효율성과 노동시장의 유연성 등을 제시하면서 근로자를 정규직과 비정규직으로 구분하기 시작하였고, 근로자들도 이를 인식하게 되었다.[1] 이는 정규직과 비정규직이라는 명칭의 구분을 넘어 다양한 측면에서 문제를 발생시키게 되었다.[2] 비정규직 근로자[3]는 종종 근로기준법과 같은 법률의 적용을 받지 못하고 있다. 고용보험, 직장의료보험 등에서도 정규직 근로자와 동일한 적용을 받지 못하는 경우도 있다. 또한, 비정규직 보호법 등은 고

1) 이러한 구분이 이전에 없었던 것은 아니지만 사회 전반에 걸쳐 급속한 확산이 이루어졌다.

2) 1999년 비정규직 근로자의 비중이 전체 근로자의 50%를 넘어서면서 논의가 본격화되기 시작하였다.

3) 비정규직 문제는 단순한 노동의 문제가 아닌, 사회 양극화의 핵심으로서 한국 사회의 주요 해결과제가 되고 있다(김주환, 2008).

용, 임금, 보험 등에 대하여 비정규직 근로자를 차별하지 못하도록 규정하고 있지만 제대로 이행되지 않고 있다. 이러한 처우에 대해 비정규직 근로자는 실질적으로 시정요구를 제대로 못하는 상황에 있다.

이와 같은 문제에 대처하기 위하여 2001년 7월 노사정위원회는 '비정규직근로자 대책 특별위원회'를 구성하고 제도개선 방안을 논의하기 시작하였다. 논의 결과를 노사 의견 및 공익위원 안으로 정리하여 정부에 이송하였다. 이후 정부는 노사정위원회 합의에 의해 마련된 내용을 토대로 2004년 11월 「기간제 및 단시간근로자 보호 등에 관한 법률(안)」과 「파견근로자 보호 등에 관한 법률(개정안)」, 그리고 「노동위원회 법률(개정안)」을 국회에 제출하였고, 노·사의 찬반 논란을 거치면서 국회 상임위원회에서 수정을 거친 후 2006년 11월 30일 국회 본회의에 직권으로 상정되어 의결되었다.[4] 결국 비정규직 근로자를 보호하기 위하여 2007년 7월 1일부터 「비정규직 보호법」[5][6]이 시행되었다.[7] 그러나 「비정규직 보호법」은 입법 당시부터 다양한

4) 임채정 국회의장은 민주노동당 당직자들이 법제사법위원회 회의장을 점거하자 법사위를 거치지 않고 본회의에 바로 법안을 직권 상정해 표결로 처리했다. 세 가지 법률은 모두 재적 의원 85%에 이르는 압도적인 찬성으로 통과됐다.

5) 「비정규직 보호법」의 주요내용은 기간제 근로자(계약직)의 사용기간이 2년을 넘으면 무기근로계약전환(정규직화), 파견근로 2년 초과 시 직접고용 의무화, 불법파견 적발 시 직접고용, 차별금지 조항 단계적 시행 등이다.

6) 법안 통과에 대해 민주노총 등 노동계와 기업은 강한 반발과 우려를 나타냈는데, 민주노총은 즉각 "날치기 통과된 비정규직 법안은 차별 해소 효과는 미미하면서 비정규직을 더욱 확산시킬 것"이라고 반발했다. 전국경제인연합회 등 재계는 "노동시장의 경직성은 해결하지 않고 비정규직 보호에만 치중하는 것은 인력 운용에 대한 기업 부담만 가중시키는 일"이라고 우려했다(연합뉴스, 2006. 11. 30.).

7) 비정규직관련법상 차별금지제도의 특징을 살펴보면, 첫째, 고용형태를 이유로 한 차별금지를 근로기준법의 균등대우의 원칙과 독립하여 특별법으로 규정하였다는 점이다. 둘째, 고용형태에 대한 차별에 관해서는 다른 실정 법률에서 정하고 있는 구제기관 및 구제절차와 구분하여 독자적인 기관과 절차(노동위원회를 통한 시정절차)를 규정하고 있다는 점이며, 또한 시정절차와 관련해서도 조정방

이해관계자들의 갈등을 불러왔고, 그 시행에 대한 폐단도 발생하였다. 국가인권위원회 '실태조사 보고서'(2008년)에 의하면 현실에서는 고용불안과 차별적 처우가 온존하는 '무기계약직'으로의 전환, 계약해지, 직군분리, 외주화 등 다양한 비정규직법 회피전략이 나타나고 있음을 지적하였다.

이에 따라 정부는 경제위기 극복과 비정규직 고용안정을 위하여 비정규직 사용 기간을 현행 2년에서 4년으로 연장, 차별시정제도의 실효성 제고를 위해 차별시정 신청기간을 3개월에서 6개월로 연장, 정규직 전환 중소기업에 대한 지원제도 도입 등의 내용을 골자로 한 법 개정안을 2009년 3월 13일 자로 입법예고하였다. 그러나 「비정규직 보호법」의 실질적인 폐단이 발생한 2009년 6월 30일을 전후로 하여 또 다시 「비정규직 보호법」은 논쟁의 도마 위에 오르게 되었다. 논의의 핵심은 2년을 넘긴 계약직의 정규직 전환이다. 「비정규직보호법」이 2007년 7월 1일부터 시행되었지만 비정규직 고용자들은 계약기간이 만료됨에 따라 대거 해고를 감행하였다. 즉, 많은 비정규직 근로자들은 비정규직으로 일을 하면서 2년 뒤에는 정규직으로 전환될 것이라고 믿었지만 2009년 6월 30일자로 계약이 만료되었다는 통보를 받았다. 이러한 문제로 인하여 관련 이해관계자들은 비정규직

---

식과 심판방식을 병행하여 특히 직권으로 조정절차에 회부할 수 있도록 한 점이다. 셋째, 차별적 처우 그 자체에 대해서는 벌칙을 부과하지 않으나 차별적 처우로 판단되어 노동위원회에 의한 시정명령이 내려지고 그 명령이 확정되었음에도 이를 시행하지 않는 경우에는 그 이행을 확보하기 위하여 과태료처분을 예정하고 있다는 점이다. 넷째, 시정명령의 종류로는 차별행위의 중지, 임금 등 근로조건의 개선 및 적절한 금전보상 등과 같은 다양한 구제형태를 예정하고 있어 문제가 된 사안에 대해 어떤 시정명령을 내릴 것인지는 사안의 특성과 차별적 처우의 성질을 감안하여 노동위원회가 재량으로 택할 수 있도록 한 점이다(박종희 · 강선희, 2007).

보호를 위한 투쟁을 전개하였다. 한편, 해고 통보를 받은 근로자들이 자살하는 극단적인 상황이 발생하기도 하였다.[8)] 실질적으로 비정규직 근로자의 증가는 노동시장을 더욱 유연하게 만들지만(Dau-Schmidt, 1999), 이에 비례하여 비정규직 근로자의 인권 보호를 위한 법적·제도적 장치는 아직까지 제대로 구축 및 작동되지 않고 있는 것도 사실이다.

비정규직을 둘러싼 다양한 문제점은 아직까지도 진행 중에 있으며 법적·제도적 측면은 다양한 이해관계자들의 논쟁에 의해 표류 중에 있다. 이러한 시점에서 비정규직과 관련된 종합적인 고찰이 필요하다. 즉, 비정규직 현상이 더욱 확대되고 있는 이유와 비정규직 근로자들이 소수자로 전락할 수밖에 없는 이유, 인권이 침해되고 있는 상황에 대한 제고, 비정규직 문제를 둘러싼 정부의 대응 등에 대한 논의는 비정규직에 대한 보다 폭넓은 이해를 제공할 수 있다. 이는 향후 보다 효과적인 법·제도·정책 형성을 위한 방향을 제시할 수 있기 때문이다. 따라서 본 연구는 크게 네 부분으로 구성하여 논의를 전개하기로 한다. 첫째, 비정규직의 등장배경과 규모에 대한 불일치 원인을 파악한다. 그리고 관련 이해관계자들을 네 가지 유형으로 구분하고 비정규직에 대한 행태와 정책방향을 살펴본다. 둘째, 비정규직이 소수자가 될 수밖에 없는 이유를 제시한다. 이는 Dworkin & Dworkin(1999)이 제시한 소수자의 기본적인 조건에 따라 파악한다. 셋째, 소수자인 비정규직의 인권과 관련된 국제인권조약 등을 파악하고 이를 기준으로 인권이 침해받고 있는지 고찰한다. 아울러 소수자인 비정규직의 인권보호를 위한 집단(국가인권위원회)의 역할과 활동을

8) 일례로 2009년 6월 21일에 쌍용차 비정규직 관리자가 자살하였고, 7월 4일에는 현대차 비정규직 근로자가 자살하는 사태가 있었다.

살펴본다. 넷째, 이상의 내용을 토대로 그동안 소수자인 비정규직의 인권과 관련된 법적 · 정책적 변화를 살펴보고 향후 과제를 제시한다.

## Ⅱ. 비정규직과 실태

### 1. 비정규직의 개념

비정규직이란 개념[9]은 학자들마다 광범위하게 사용되고 있으며, 그 범위 및 규모에 있어서도 다양한 의견이 존재하고 있다(서혁준 · 전영평, 2006). 비정규직의 개념은 Freedman(1985)의 'contingent work arrangements'라는 용어에서 그 유래를 찾고 있다. 이러한 논의 선상에서 보면 비정규직(contingent worker)란 '기업들이 특정 시점에, 특정 장소에서, 특정한 제품이나 서비스, 기술 등을 요구하는 수요를 충족시키기 위한 일시적이고 조건부적인 고용계약'이라고 정의할 수 있다(이영면, 2003). Polivka(1996)는 비정규직을 '근로자 개인이 명시적 혹은 묵시적으로 장기 고용관계를 맺지 않았거나 최소한의 근로시간이 비체계적인 방법으로 변경될 수 있는 일자리'로(서창적 · 안성혁, 2004), Polivka & Nardone(1989)은 '개인들이 장기 고용에 대해 명시적 혹은 묵시적인 계약을 하지 않은 직업 혹은 최소한의 근로시간이 비체계적인 방식에 따라 다양하게 변화될 수 있는 직업'이라고 정

9) 비정규직 개념에 대해 국제적으로 통일된 기준은 없으나, OECD에서는 고용기간이 짧은 일시적 근로자(temporary worker), 시간제 근로자(part-time worker) 및 파견 근로자(temporary agency worker) 정도로 비정규직을 파악하고 있다.

의하고 있다. Belous(1995)는 '특정한 사용자와 약하게 결합되고 그 회사에서 중요한 위치를 차지하지 않은 모든 자'로(강성태, 2003), 박우성·노용진(2000)은 '상시고용을 전제로 계약기간의 정함이 없는 정규직 인력에 대한 상대적 개념으로써 이러한 계약 형태와 구별되는 근로계약을 맺은 다양한 인력'으로(허갑수, 2004), 한준·장지연(2001)은 비정규직 근로는 정규직 근로 형태의 잔여 범주로 파악하고 있다. 이상의 내용을 토대로 비정규직의 개념을 규정해 보면, 비정규직이란 '유동적 또는 비정기적 고용기간과 근로기간하에 불안정한 근로위치에 처해 있는 상태'로 정의할 수 있다.

## 2. 비정규직 증가의 발생원인

비정규직 문제는 1990년대 후반에 본격적으로 논의되었지만 이전부터 사회문화와 사회구조 속에서 내재되어 있었다. 이처럼 오랫동안 존속해 온 비정규직 고용행태는 아직까지 자리 잡고 있으며 이로 인한 갈등은 더욱 증폭되어 오고 있다.[10] 비정규직이 1980년대 이전부터 지속적으로 증가되어 온 것은 아니다. 비정규직은 지속적인 경제성장과 노동력 수요 증대로 인하여 1980년대까지 점차 줄어들었다(안주엽 외, 2001). 그러나 1997년 외환위기가 한국 사회에 빠르게 퍼지면서 1997년 45.9%에서 1999년 51.3%로 다시 비정규직 고용이 팽창하는 추세를 보였다. 2009년 정규직(상용직)이 57.1%, 비정규직(임시직과 일용직)이 42.9%로 점차 비정규직 고용이 감소하고 있지만

10) 기존의 연구들은 비정규직은 정규직으로 옮겨가는 과정에서 일시적으로 경험하는 가교(bridge)로서 역할을 주로 수행하고 있다는 연구결과들을 제시하고 있다(남재량·김태기, 2000; 유기철, 2001; 류재우·김재홍, 2001; 남재량, 2009).

〈표 5-1〉 연도별 임금근로자의 종사상 지위별 비중 (단위: %)

<table>
<tr><th>연 도</th><th>상용직</th><th>임시직</th><th>일용직</th></tr>
<tr><td>1963년</td><td colspan="2">60.0</td><td>40.0</td></tr>
<tr><td>1970년</td><td colspan="2">73.0</td><td>27.0</td></tr>
<tr><td>1980년</td><td colspan="2">79.9</td><td>20.1</td></tr>
<tr><td>1990년</td><td>54.2</td><td>29.0</td><td>16.8</td></tr>
<tr><td>1994년</td><td>57.9</td><td>27.8</td><td>14.4</td></tr>
<tr><td>1997년</td><td>54.1</td><td>31.6</td><td>14.3</td></tr>
<tr><td>1999년</td><td>48.7</td><td>33.3</td><td>18.0</td></tr>
<tr><td>2001년</td><td>49.2</td><td>34.6</td><td>16.2</td></tr>
<tr><td>2003년</td><td>50.5</td><td>34.7</td><td>14.8</td></tr>
<tr><td>2005년</td><td>52.1</td><td>33.3</td><td>14.6</td></tr>
<tr><td>2007년</td><td>54.0</td><td>32.4</td><td>13.6</td></tr>
<tr><td>2009년</td><td>57.1</td><td>31.0</td><td>11.9</td></tr>
</table>

자료: 안주엽 외(2001: 14)에서 재정리. 통계청, 각 연도 〈경제활동인구조사〉.

임시직의 비율은 여전히 높다. 비정규직이 증가되는 원인은 몇 가지로 요약될 수 있다. 첫째, 여성의 경제활동참가가 늘어나면서 단시간 근로계약이나 특수계약과 같은 대안적인 노동계약이 공급자에 의해 선호되고 있기 때문이다(안주엽 외, 2002). 둘째, 경력을 쌓아 더 나은 직장으로의 이동, 육아·가사 등의 병행, 노력한 만큼의 수익창출, 근무시간의 신축적인 조절 등과 원하는 분야의 일자리가 없거나 전공이나 경력에 맞는 일자리가 없어서 실업을 선택하는 자발적인 실업[11] 도 하나의 요인이다. 셋째, 고용인의 요구와 기대, 라이프스타일의 변화로 작업장에서의 관계변화를 들 수 있다(Allan, 2002).[12] 넷째, 대립

11) 통계청이 2009년 8월 실시한 경제활동인구 부가조사(근로형태별) 결과에 의하면, 일자리 형태의 선택 동기 중 정규직은 〈자발적 사유〉가 77.0%, 비정규직은 42.7%로 나타났으며, 2008년 8월에 비해 각각 4.4%p, 2.5%p 상승하였다.

12) 고용인들은 자신들의 가족들과 더 많은 시간을 갖길 원하며, 유연한 노동 시간을 고용주에게 제시하기도 한다. 또한 아이들을 양육하고 부모를 부양해야 하는

적인 노사 간 갈등도 주요한 원인이 된다. 대립적인 노사 갈등이 많을수록 고용인들은 기업의 정상적인 운영을 위하여 정규직보다는 비정규직 고용을 선호하게 되는 것이다(서혁준 · 전영평, 2006). 다섯째, 광공업에서 서비스산업 위주로의 산업구조 변화를 들 수 있다. 이는 수요변화와 더불어 인력공급의 유연성도 요하게 된다. 여섯째, 경제위기 이전부터 존재해 온 우리나라의 이중노동시장구조이다. 노동수요의 성격과 단체 교섭력의 불평등은 노동조합이 강력하고 근로조건이 좋은 1차 부문과 노동조합이 유명무실하거나 없는 2차 부문으로 나누어지는 계층적 이중노동시장 현상으로 나타날 수 있다. 대다수의 비정규직 근로자는 2차 부문에 고용된다. 따라서 비정규직 근로자의 증가는 2차 노동시장의 비대화를 초래하였다(안주엽 외, 2002). 일곱째, 점진적인 고용안정성 격차의 확대(정이환 · 전병유, 2004)는 비정규직 증가의 원인이 된다.

## 3. 비정규직 규모

비정규직 문제에 있어서 중심이 되는 것은 비정규직 규모를 파악하는 데서 찾을 수 있다. 비정규직의 규모에 대한 일치된 견해가 있어야 이 문제 해결을 위한 대안이 마련될 수 있다. 그럼에도 불구하고 아직까지 비정규직 규모에 대한 일치된 의견은 도출되지 못하고 있다. 정부, 경영계, 노동계 등 각 이해관계자들은 비정규직의 규모를

책임을 가지고 있는 고용인들은 일용직(특히 파트타임)을 해결책으로 여기고 있는데, 이는 유연성을 확보할 수 있기 때문이다. 또한 전문직, 기술직, 관리직의 사람들은 일시적인 일을 택하는 경향, 즉 비정규직으로 일하기를 선호하는데, 오랜 기간 한 곳에서 일하기보다는 자유롭게 일하고 싶어 하기 때문이다. 따라서 자발적인 비정규직이 증가하게 되는 것이다(Allan, 2002).

〈표 5-2〉 정부와 노동계의 비정규직 근로 규모 비교 (단위: 천 명, %)

| 구 분 | | 근로자 수(비중) | | | | | |
|---|---|---|---|---|---|---|---|
| | | 2004년 8월 | 2005년 8월 | 2006년 8월 | 2007년 8월 | 2008년 8월 | 2009년 8월 |
| 전 체 | | 14,584 (100) | 14,968 (100) | 15,351 (100) | 15,882 (100) | 16,104 (100) | 16,479 (100) |
| 정 부 | 정규직 | 9,190 (63.0) | 9,486 (63.4) | 9,894 (64.5) | 10,180 (64.1) | 10,658 (66.2) | 10,725 (65.1) |
| | 비정규직 | 5,394 (37.0) | 5,483 (36.6) | 5,457 (35.5) | 5,703 (35.9) | 5,445 (33.8) | 5,754 (34.9) |
| 노동계 | 정규직 | 6,428 (44.1) | 6,564 (43.9) | 6,905 (45.0) | 7,268 (45.8) | 7,707 (47.9) | 7,934 (48.1) |
| | 비정규직 | 8,156 (55.9) | 8,404 (56.1) | 8,446 (55.0) | 8,614 (54.2) | 8,397 (52.1) | 8,545 (51.9) |

주) 정부－노동부 비정규직 기준, 노동계－한국노동사회연구소 비정규직 기준.
자료: 통계청, 각 연도 〈경제활동인구 부가조사〉. 한국노동사회연구소, 각 연도 〈경제활동인구 부가조사 결과〉.

유리한 쪽으로 해석·적용하고 있기 때문에 대립 상황이 나타나고 있는 것이다(서혁준·전영평, 2006).

비정규직의 규모에 대해서 노동계와 정부는 모두 통계청 ‘경제활동인구조사’ 자료를 토대로 파악하고 있다.[13] 그러나 비정규직에 대한 상이한 기준을 적용함에 따라 큰 차이가 발생하고 있다. 노동계는 비정규직 규모(2009년 8월 기준)를 ‘경제활동인구 본조사상’[14]의 임시·일용직 근로자와 상용직 근로자 중 부가조사상의 비정규직 근로

13) 통계청은 근로자를 ‘종사상 지위’에 따라 크게 상용직, 임시직, 일용직으로 구분하고 있다. 이 경우 비정규직은 고용계약기간을 기준으로 고용계약기간이 1개월 미만인 ‘일용직’과 1개월 이상 1년 미만의 ‘임시직’이 된다.

14) 통계청 경제활동인구조사는 매월 실시하는 ‘본조사’와 년 1회(8월, 2007년부터는 3월과 8월에 걸쳐 연 2회)에 실시하는 ‘부가조사’가 있다. 본조사에서는 근로자를 종사자 지위에 따라 상용직, 임시직, 일용직으로 분류하고 있으며, 부가조사에서는 고용형태에 따라 한시적 근로자, 시간제 근로자, 비전형 근로자로 분류하고 있다.

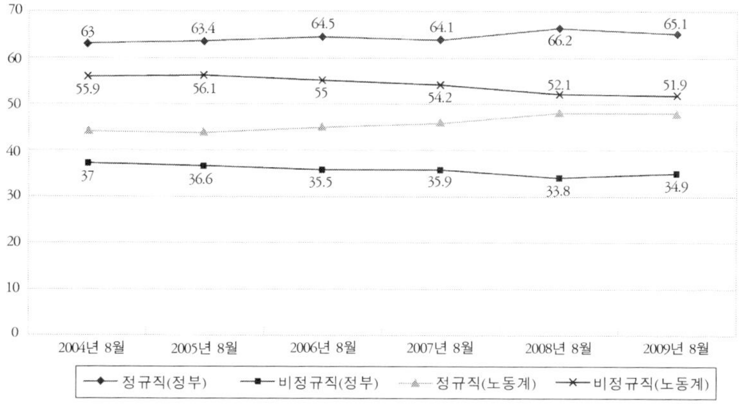

(단위: %)

〈그림 5-1〉 정부와 노동계의 정규직과 비정규직 규모 추이

자를 합한 것으로 파악하고 있다. 정부(2002년 5월 노사정 합의기준[15])는 '경제활동인구 부가조사상' 고용형태[16]에 따른 비정규직만으로 파악하고 있다.[17] 결과적으로 비정규직을 어떻게 규정하는가에 따라 비정규직의 규모와 성격이 다르게 파악될 수 있음에도 불구하고, 비정규직 개념과 규모를 어떻게 조작적으로 정의하는가 하는 문제는 쉽게 합의를 이끌어내지 못하고 있다(서혁준 · 전영평, 2006).

---

15) 임시 · 일용직 중 비정규직에 해당하지 아니한 근로자는 고용형태상 정규직이나 주로 영세기업에서 근무하는 근로조건이 열악한 '취약근로자'로 파악하고 있다.

16) 부가조사에서는 고용형태에 따라 한시적 근로자, 시간제 근로자, 비전형 근로자로 분류하고 있다.

17) 남재량(2009)에 의하면, 경제활동인구조사에서 한시근로는 ① 기간제근로, 즉 유기계약근로이거나, ② 무기계약근로 가운데 반복갱신에 의해 근로가 지속되거나, ③ 무기계약근로 가운데 비자발적 사유로 계속근무를 기대할 수 없는 경우로 구성되어 있는데, KLIPS의 현재 조사체계는 무기계약 근로 가운데 반복갱신에 의해 근로가 지속되는 근로를 포착할 수 없다고 하였다.

## 4. 비정규직 관련 이해관계자

실질적으로 비정규직은 비정규직만의 문제가 아니다. 이를 둘러싼 많은 이해관계자들이 존재한다. 따라서 비정규직 문제를 둘러싼 다양한 행위자들의 상호작용을 분석하기 위해서는 참여자 역할모형의 적용을 고려할 수 있다. 즉, 주도(leading)·기회(swing)·반대(veto)·지지(support) 집단의 4가지 유형론은 정책참여자들을 찬성옹호집단과 반대옹호집단으로 구분하는 전형적인 참여자에 대한 이원적 관점의 한계를 보완하고, 소수자정책영역의 다양한 참여자들이 정책과정상에서 보여주는 역할과 역할 변화에 대한 설명력을 제고할 수 있다(Porter & Brown, 1991; 전영평, 2007). 비정규직 근로자 문제 및 비정규직 보호법과 관련된 집단은 크게 방향을 설정하는 주도(leading) 집단인 정당과 환경노동위원회, 방향 설정을 제대로 이행하지 못하고 있는 기회(swing) 집단인 노사정위원회, 비정규직과 비정규직 보호법 수용을 반대하는 집단인 노동계와 국가인권위원회, 그리고 비정규직을 지지하는 집단인 정부와 경영계로 구분할 수 있다.

첫째, 주도집단인 각 정당들은 비정규직 이슈에 대해 강력한 영향력을 행사할 수 있다. 비정규직과 관련된 제도적 장치인 법률을 재·개정할 수 있기 때문이다. 특히 이 집단들은 「비정규직 보호법」의 재·개정과 관련하여 많은 영향력을 행사하고 있다. 즉, 지속적으로 논의되고 있는 「비정규직 보호법」 개정과 관련해서 각 정당(한나라당, 민주당, 민주노동당 등)과 국회 소속 환경노동위원회는 주도적인 역할을 수행하고 있다. 그러나 「비정규직 보호법」 개정을 둘러싼 각 정당 간의 첨예한 대립으로 합의점에 도달하지 못하고 있다.

둘째, 비정규직을 반대하는 집단으로 크게 노동계, 국가인권위원회

등을 들 수 있다. 이 집단들의 기본적인 논리는 비정규직 제도를 존속시킬 경우 차별이 발생하게 되므로 차별을 금지하는 것과 이를 통하여 동일한 노동에 대한 정규직과 동일한 임금을 요구하는 것이다. 또한, 비정규직 근로자의 문제는 단지 '차별받고 못사는 노동자' 만의 문제가 아니라, 자본의 신자유주의적 구조조정이 정리해고뿐만 아니라 다양한 방식을 통해 정규직을 비정규직화하는 '일상적 구조조정'이 일어나고 있다는 점이다. 다시 말해 우리사회에서 '안정된 일자리' 자체가 파괴되고 있다는 점에서 심각한 문제를 야기하고 있다(서혁준 · 전영평, 2006).

셋째, 비정규직을 지지하는 집단은 크게 경영계 및 정부 등을 들 수 있다. 이 집단들의 기본적인 논리는 비정규직을 활용함으로써 시장의 유연화를 통하여 세계화 시대에 맞게 기업의 경쟁력과 나아가서는 국가의 경쟁력을 확보하고자 하는 것이다(서혁준 · 전영평, 2006). 한국의 기업 경영진들은 1990년대 초반부터 노동시장의 유연성 확대를 적극적으로 추진하고 노동시장의 유연성을 확대하는 것이 기업경쟁력을 확보하는 세계적인 추세임을 강조하고, 정부로 하여금 경직된 노동시장 관련 제도를 유연화하도록 촉구하였다(이주희 · 이성균, 2003). 이러한 경영진들의 주장은 1996년의 노동법 개정에 반영되었고, 노동계의 반대로 유보되었던 근로자파견제도 등이 경제위기를 계기로 노사정합의사항으로 제도화되었다(이주희 · 이성균, 2003). 정부도 예산절감과 효율성 확대를 위해 비정규직을 허용하고 있다. 비정규직 법안과 「비정규직 보호법」 개정과 관련하여 '비정규직(법) 관련, 오해와 진실: 정부정책과 관련한 사항'(노동부, 2009. 7.)[18]에 대한 정부의 입

18) 노동부는 「비정규직 보호법」 개정과 관련된 13가지 오해에 대해서 반박하는 내용을 발표하였다.

장에서도 찾아볼 수 있다. 정부는 동일노동·동일임금 원칙을 법안에 명시하는 것을 반대하고 있으며, 기간제와 관련해서는 사유제한을 반대하며, 정규직과 같은 근로조건과 신분이 보장되는 것을 원치 않는다. 정부는 「비정규직 보호법」(비정규직 2년 고용 시 정규직 의무 전환)의 시행이 예고됐지만, 해고대란을 이유로 유예만 주장할 뿐 비정규직 차별 해소, 정규직 의무전환 비율 설정, 대규모 해고 금지 장치 등 노동계 요구는 수용하지 않았다.[19] 현 정부의 비정규직에 대한 정책 방향은 경영계와 동일한 고용의 유연성을 강조하고 있는 것이다.

넷째, 비정규직 대책을 종합적으로 논의하고 원만하게 해결하기 위한 필요성에 따라 다양한 이해관계자 집단들로 구성된 노사정위원회의 '비정규직근로자대책특별위원회'(이하 비대책위)[20]가 있다.[21] 비대책위는 주로 기간제·파견·단시간 고용근로자 등의 보호방안 강구,

---

19) 2009년 7월 2일 이명박 대통령은 비정규직 문제와 관련하여 "근본적인 것은 고용의 유연성인데 종합적 대책이 필요하다"고 말했으며, "지금부터 해결하려고 하면 그 피해는 비정규직에게 가니까 충분히 논의할 시간을 연장해놓고 여야 의원이 정말 근로자를 사랑하는 마음을 갖고 하면 된다고 본다"면서 "정치적 목적을 갖고 하면 안된다"고 강조했다. 또한 "법을 처음 만들 때부터 근본적인 해결을 하지 않아서 지금은 오히려 일부 비정규직은 도움이 되더라도 다수 비정규직이 어려움에 처했다"고 지적했다(뉴시스, 2009. 7. 2.).

20) 노사정위원회의 비정규직대책위원회의 구성은 위원장(한국기술교육대 교수)을 비롯하여 근로자 위원(한국노총), 사용자 위원(한국경총, 대한상의, 전경련), 정부 위원(기획재정부, 노동부, 지식경제부), 공익 위원(대학교수, 한국개발연구원, 한국노동연구원)으로 구성되어 있다.

21) 노사정위원회는 1998년 1월 15일 외환위기를 극복하고 노사관계를 개혁하며, 민주주의와 시장경제의 병행 발전이라는 목표를 실현하기 위해 구성되었으며, 1998년 3월 대통령령인 노사정위원회 설치운영 규정이 제정되고 이어 같은 해 5월에 제2기 위원회가 구성되었다. 1999년 5월 노사정간의 합의에 의해 노사정위원회의 설치 및 운영에 관한 법률이 제정·공포됨으로서 제3기 노사정위원회가 출범하게 되었다. 이후 2006년 5월에 열린 노사정대표자회의에서 노사정위원회 개편에 대해 합의가 이루어지고 이에 따른 법 개정이 이루어짐으로써 2007년 4월 노사정위원회가 경제사회발전노사정위원회로 개편되었다.

비정규직 근로자의 권익을 보호하기 위한 근로감독 강화방안 수립, 사회보험 확대를 적용하는 방안 등을 논의하였다. 그러나 초기 노사정위원회에 참여한 이해관계자들은 각자의 입장만을 고수하고 쟁점에 대해 합의하지 못하여 비정규직 문제에 대한 갈등의 골은 깊어지게 되었다. 하지만 2007년 「비정규직 보호법」이 시행된 이후 노사정위원회 공익위원들은 비정규직의 인권을 보호하기 위한 의견을 지속적으로 제시하였다. 2008년 12월에는 "기간제 연장 하나만으로 비정규직 문제 전체를 해결할 수 없다"며 비정규직 사용기간 연장만을 강조하는 정부입장에 비판적인 의견서를 제출하였다. 2009년 6월에는 '비정규직대책위원회 활동 경과' 보고를 통하여 경영계, 노동계, 그리고 정부의 입장을 정리하고 기본적인 입장을 밝혔다. "비정규직 문제는 특히 대기업의 정규직 근로자에 대한 과보호에 기인하는 바가 적지 않다"면서 종합적인 대책으로는 기간제 고용에 관한 규제 정비, 비정규직의 정규직 전환 지원 및 실효성 있는 사회안전망 확충, 외주화에 대한 합리적이고 공정한 질서 정립, 차별시정제도의 효과성 제고, 그리고 정규직 노동시장의 유연성 제고 등을 제시하였다. 이처럼 노사정위원회의 초기 활동은 중개자의 입장을 보이다가 이후에는 각각의 대립적인 입장을 보임으로써 기회자 집단(swing group)의 형태를 보였다(서혁준 · 전영평, 2006). 그러나 최근 비정규직의 인권보호 차원에서 「비정규직 보호법」에 대한 정부 개정안을 반박하면서 객관적인 중개자 입장을 견고히 하려는 움직임과 동시에 비정규직 인권을 옹호하는 등 더욱 활동적인 모습을 보여주고 있다.

## Ⅲ. 소수자인 비정규직 근로자

### 1. 소수자의 분류

최근 소수자 문제와 관련하여 국내 다양한 분야 및 주제에 관한 연구들이 있다(윤수종 외, 2005; 서혁준 · 전영평, 2006; 전영평 · 한승주, 2006; 정재진 · 전영평, 2006; 김영대 · 전영평, 2007; 전영평, 2007, 2008; 원숙연, 2008). 소수자라 함은 표준적인 인간과는 거리가 먼 사람들이기 때문에 차별과 배제의 대상으로 인식되는 사람을 지칭하며(윤수종, 2005), 소수자 집단은 신체적 혹은 문화적 특성에 기초하여 우월 집단에 비해 더 적은 사회적 보상을 받는 집단을 의미한다(Marger, 2005). 일반적으로 소수자라 함은 수적으로 열세에 있는 사람들을 연상하는 경향이 있다. 장애인, 국제결혼 배우자, 성매매여성, 화교, 탈북자 가족, 노숙자, 동성애자, 이주노동자, 양심적병역거부자, 한센인, 일본군위안부 등이다. 그러나 소수자의 범주를 반드시 수적으로 소수인 경우만 한정할 필요는 없다. 소수자란 숫자를 의미하는 것이 아니라 오히려 숫자로는 다수를 점할 수도 있다(서혁준 · 전영평, 2006). 소수자 범주 규정의 핵심은 차별적 대우 여부이기 때문에 차별과 인권침해가 존재하는 모든 경우에는 예외 없이 소수자가 될 수 있다(이준일, 2002). 종합적으로 볼 때, 소수자에 해당되는 사람들은 사회적 약자로서 차별적 대우를 받으며 결국 인권을 제대로 보장받지 못한다는 공통점을 발견할 수 있다(전영평, 2007).

## 2. 소수자로서의 비정규직 근로자

비정규직 근로자는 우리나라 근로자의 50%이상을 차지하는 상당수의 사람들이지만 강자와 주류기득권 세력에 의해 차별을 받는 사회적 약자이다(전영평, 2008). 그리고 동일노동을 하고도 정규직보다 더 낮은 임금을 받는 등 인권을 제대로 보장받지 못하고 있다.[22] 이처럼 비정규직은 차별과 인권침해가 존재하기 때문에 소수자로 분류된다.[23] 세부적으로 비정규직 근로자의 경우 Dworkin & Dworkin(1999)이 제시한 네 가지 특성에 따라 소수자로 규정할 수 있다. 그들은 소수자를 규정함에 있어서 생득적인 조건들과 차등적인 권력관계의 중요성을 함께 강조하면서(윤인진, 2004), 소수자를 정의하는 네 가지 조건으로 식별가능성(identifiability), 차별적 권력(differential powers), 차별적 대우(differential treatment), 그리고 집단의식(group awareness)을 제시하였다. 이하 논의에서는 이러한 기준에 따라 비정규직의 소수자 여부를 판단하기로 한다.

---

22) 2009년 8월 통계청 "근로형태별 및 비임금 근로 부가조사 결과"에 의하면 정규직의 평균 임금은 220.1만 원인 반면에 비정규직은 120.2만 원으로 대략 100만 원 차이가 나타나는 것으로 조사되었다. 주의할 점은 주당 평균시간이 정규직은 45.4시간, 비정규직은 38.8시간인 점을 고려할 필요가 있다.

23) 전영평(2007)은 소수자를 공통된 지침구축, 공통된 이익추구, 그리고 사회적 확산을 통한 정책 참여라는 특성을 가진 '집단화된 소수자'와 사회·문화적 맥락에 의해 자신을 드러내지 못하고 다른 집단화된 소수자에 의해서도 차별이 대상이 되고 있는 '집단화되지 못한 소수자'로 구분하고 있으며, 소수자의 특성에 따른 신체적 소수자, 권력적 소수자, 경제적 소수자, 문화적 소수자와 조직화 여부(집단화, 비집단화)에 따라 소수자 유형(유형1－유형8)을 구분하고 있다. 여기서 비정규직 근로자의 경우 집단화되어 있으면서 경제적 소수자로 유형으로 구분하고 있다. 그러나 저자는 소수자에 대한 유형화를 함에 있어서 소수자들은 각자의 고유한 특성을 가짐과 동시에 다른 유형과도 중복이 가능하다고 하였다.

### 1) 식별가능성

식별가능성은 종종 신체(피부색, 성적 특징, 제스처, 목소리, 신체 형태 등)와 관련되어 보이는 차별로 인식하는 경향이 있다(Siebers, 2008). 그러나 식별가능성이란 문화적 특징에 의해 다른 집단과 구별되는 뚜렷한 차이를 갖는 것을 의미한다(Dworkin & Dworkin, 1999). 비정규직의 경우 정규직에 비해 신체적으로 차별을 받는 집단은 아니다. 그러나 근무형태, 작업여건, 작업에 있어서의 대우와 같은 측면에서 뚜렷한 차이를 보이고 있다(서혁준 · 전영평, 2006). 정규직 근로자에 대한 대우는 노동조합 등을 통하여 상당히 개선되고 있지만, 상대적으로 비정규직 근로자의 경우 현실적으로 노동조합 등에 가입하기가 어려우며 설령 가입하더라도 발언권이 제한되어 있다.[24] 또한, 경제가 침체기에 빠질수록 상대적으로 노동조합 등을 통해 보호받는 정규직에 비해 뚜렷한 대응책을 갖고 있지 못한 비정규직 근로자는 상대적으로 더 많은 해고를 당하게 된다.

한편, 비정규직은 정규직에 비해 노동조합이 없는 직장에서 근무하는 경향이 있다. 노동조합 가입 비율을 살펴보면 비정규직 근로자의 80% 이상이 노동조합이 없는 사업장에서 근무하고 있는 것으로 나타났다. 따라서 정규직에 비해 보호받을 확률이 낮게 되며, 더욱 열악한 상황에 놓일 수밖에 없게 된다. 그리고 최근 통계청의 조사결과(2009년 8월 기준)에서 볼 수 있듯이 비정규직(2.5%)의 노동조합 가입 비율은 정규직(17.3%)에 비해 상당히 낮다.

---

24) 노동조합은 근로자가 납부하는 조합비로 운영되고 있는데, 조합비를 납부하지 않는 비정규직 근로자의 경우 단체에서의 발언권도 주어지지 않는다.

〈표 5-3〉 노동조합 가입 비율 (단위: %)

| 구 분 | | 임금 근로자 | 정규직 | 비정규직 |
|---|---|---|---|---|
| 2007년 8월 | 가입 | 12.1 | 16.0 | 5.1 |
| | 노동조합 없음 | 75.2 | 70.7 | 83.3 |
| 2008년 8월 | 가입 | 12.7 | 17.0 | 4.4 |
| | 노동조합 없음 | 74.2 | 69.3 | 83.6 |
| 2009년 8월 | 가입 | 12.2 | 17.3 | 2.5 |
| | 노동조합 없음 | 73.7 | 69.3 | 81.7 |

자료: 통계청, 각 연도 〈경제활동인구 부가조사 결과〉.

### 2) 차별적 권력

차별적 권력(differential powers)은 다수와 소수를 식별할 수 있는 강력한 지표이지만, 수적으로 다수가 필연적으로 우월한 것은 아니다. 수적인 이점은 중요하지만 더 좋은 지표는 다른 집단에 대한 사회적 영향력의 출현이다(Siebers, 2008). 여기서 말하는 차별적 권력, 즉 권력의 열세란, 경제력, 사회적 지위, 정치권력 등 다양한 측면에서 실질적인 차이가 있거나 혹은 여러 가지 자원을 동원할 수 있는 능력의 차이를 의미한다(Dworkin & Dworkin, 1999).

비정규직 근로자는 불안정안 사회적인 지위로 인하여 어려움을 겪고 있는 것이 현실이다. 통계청의 '경제활동인구 부가조사 결과'(2009년 8월)의 근속기간을 살펴보면 정규직의 평균 근속기간은 2008년 8월에 6년 2개월에서 6년 7개월로 점차 증가된 반면, 비정규직은 2007년 8월에 2년 2개월에서 다음 해에는 2년, 그리고 그 후에는 1년 9개월로 줄어들었다. 정규직과 비정규직의 근속기간은 거의 3배 이상의 차이를 보이고 있다. 이는 비정규직의 자발적인 사유로 인하여 근속기간이 줄어들 수도 있지만, 실질적으로 고용의 불안정성으로 인하여 사

〈표 5-4〉 근로형태별 평균 근속기간

| 구 분 | 임금 근로자 | 정규직 | 비정규직 |
|---|---|---|---|
| 2006년 8월 | 4년 6개월 | 5년 10개월 | 2년 1개월 |
| 2007년 8월 | 4년 7개월 | 5년 11개월 | 2년 2개월 |
| 2008년 8월 | 4년 9개월 | 6년 2개월 | 2년 |
| 2009년 8월 | 4년 11개월 | 6년 7개월 | 1년 9개월 |

자료: 통계청, 각 연도 〈경제활동인구 부가조사 결과〉.

회적 지위를 제대로 유지하지 못하고 있음을 보여주는 것이다.

아울러 비정규직 근로자의 목소리를 대변해주는 단체의 경우에도 정치적 영향력을 행사하는 데 한계가 엄연히 존재하고 있어 실질적인 정치적 결정에서는 배제되는 경우가 많이 있다. 예를 들면 「비정규직 보호법」 개정과 관련된 '5자 연석회의'에서 비정규직 근로자의 실질적인 대변인의 역할을 수행하고 있는 '전국비정규노조연대회의'의 경우 정치적 결정에서 배제되는 등 관련 정책에 참여할 수 있는 기회가 극히 제한적인 경우가 많다.

### 3) 차별적 대우

차별적 대우(differential treatment)는 소수자집단의 구성원들이 그 지위로 인하여 겪게 되는 결과이다. 이는 경제적 상태(economic standing), 문화적 특권(cultural prestige), 교육적 기회(educational opportunities), 시민의 권리(civic rights) 등에 영향을 미친다(Siebers, 2008). 기업은 정규직과 비정규직에 관한 기준을 명확히 하고 있으며, 비정규직에 대한 차별은 임금, 복지 등의 차원에서 더욱 명확하게 나타나고 있다. 저임금과 임금격차는 일부 근로자를 공공부조 대상자로 만들 수 있으며 무엇보다 사회보험제도에 가입하지 못하거나 여타 복지제도에 포함

〈표 5-5〉 근로복지 수혜자 및 사회보험 가입자 비율 (단위: %)

| 구 분 | | 퇴직금 | 상여금 | 시간 외 수당 | 유급 휴가 | 국민 연금 | 건강 보험 | 고용 보험 |
|---|---|---|---|---|---|---|---|---|
| 2006년 8월 | 정규직 | 67.9 | 67.5 | 53.9 | 55.0 | - | - | - |
| | 비정규직 | **30.3** | **27.7** | **21.5** | **23.1** | - | - | - |
| 2007년 8월 | 정규직 | 70.3 | 69.8 | 54.2 | 61.7 | 76.3 | 76.7 | 64.3 |
| | 비정규직 | **34.8** | **31.1** | **23.8** | **28.7** | **40.0** | **42.5** | **39.2** |
| 2008년 8월 | 정규직 | 74.5 | 71.2 | 53.5 | 65.4 | 77.3 | 78.0 | 65.8 |
| | 비정규직 | **35.6** | **27.9** | **20.7** | **28.0** | **39.0** | **41.5** | **39.2** |
| 2009년 8월 | 정규직 | 76.9 | 77.7 | 55.5 | 70.6 | 78.9 | 79.8 | 67.6 |
| | 비정규직 | **32.7** | **29.8** | **20.4** | **31.7** | **38.2** | **43.4** | **42.7** |

자료: 통계청, 각 연도 〈경제활동인구 부가조사 결과〉.

되지 못함으로 인해 현재의 빈곤이 지속될 수 있는 가능성이 농후하다(서혁준 · 전영평, 2006). 윤정향(2003)은 비정규직 근로자에 대한 사회적 배제는 전 사회적으로 용인되는 경향이 있다고 지적하였다. 비정규직을 정규직과 비교하였을 경우, 임금을 비롯하여 근로자의 기업복지 제공여부, 학비보조, 주택마련 지원, 사내근로복지기금, 경조사 지원, 보육비 지원 등에서 유의미한 차이가 있다는 연구가 있다(배화숙, 2005; 김유선, 2008b; 신승배, 2009). 또한, 상해나 산업재해 등 사회적 위험에 직면하게 되었을 때 다른 보호 기제가 부족하여 경제적 빈곤은 물론 다양한 사회적 기회로의 접근성이 낮아진다는 연구도 있다(김연명, 2001; 안주엽, 2001; 최균, 2002; 윤정향, 2003; 배화숙, 2005).

근로복지 수혜자 및 사회보험 가입자 비율에서 살펴볼 수 있듯이 비정규직은 퇴직금, 상여금, 시간 외 수당, 유급휴가 등에 있어서 정규직의 절반 수준에도 못 미치고 있다. 국민연금, 건강보험, 고용보험에서도 이러한 차이는 뚜렷하게 나타난다. 또한, 경제적 차이인 고용형태별 임금 및 노동시간에서 볼 수 있듯이 비정규직은 정규직에 비

〈표 5-6〉 고용형태별 임금 및 노동시간

| | 구 분 | 2005년 8월 | 2006년 8월 | 2007년 8월 | 2008년 8월 | 2009년 8월 |
|---|---|---|---|---|---|---|
| 월 평균 임금 (만 원) | 전체 임금 근로자 | 159 | 166 | 175 | 185 | 185 |
| | 정규직 | 220 | 226 | 239 | 250 | 253 |
| | 비정규직 | 112 | 116 | 120 | 125 | 124 |
| | 격차 (%, 정규직=100) | 50.9 | 51.3 | 50.1 | 49.9 | 47.2 |
| 시간당 임금 (원) | 전체 임금 근로자 | 8,179 | 8,602 | 9,151 | 9,831 | 10,059 |
| | 정규직 | 11,203 | 11,653 | 12,452 | 13,238 | 13,730 |
| | 비정규직 | 5,817 | 6,107 | 6,366 | 6,704 | 6,650 |
| | 격차 (%, 정규직=100) | 51.9 | 52.4 | 51.1 | 50.6 | 48.4 |
| 주당 평소 노동시간 (시간) | 전체 임금 근로자 | 47.5 | 46.6 | 45.9 | 45.1 | 43.9 |
| | 정규직 | 47.3 | 46.6 | 46.0 | 45.0 | 44.2 |
| | 비정규직 | 47.6 | 46.6 | 45.8 | 45.2 | 43.5 |

자료: 한국노동사회연구소, 김유선(2005, 2006, 2007, 2008a, 2009)에서 재정리.

해서 명백한 임금차이를 보이고 있다. 한국노동사회연구소에 의하면 2009년 8월 기준 고용형태별 정규직과 비정규직의 월 평균 임금은 각각 253만 원과 124만 원(정규직 근로자 대비 47.2%)으로 나타나고 있다. 정규직과 비정규직 간의 시간당 임금 격차는 2009년 8월 현재 48.4%를 보이고 있다. 이러한 격차는 2006년 8월을 기점으로 점차 감소하고 있는 추세를 보이고 있지만, 그 격차는 아직까지 상당한 차이를 보이고 있다.

### 4) 집단의식

집단의식(group awareness)은 집단의 식별가능성을 말하는 것이 아니라, 협력을 통하여 추구되는 공통의 목표(common goals)에 대한 인식

을 말한다(Siebers, 2008). 소수자의 집단의식은 처음에는 몇 사람의 공유된 생각에서 시작하게 되지만 차별적 관행의 반복을 통하여 전체적인 연대의식으로 확장되는 경향이 있다. 비정규직의 경우에도 이러한 현상은 잘 나타나고 있다. 1999년부터 급속도로 발전한 비정규직의 노조결성을 통한 투쟁활동은 현재까지 그 규모가 지속적으로 확대되고 있으며 상당수의 정규직들도 이에 동조하고 있다. 이러한 연대의식을 공유하고 있는 집단으로는 양대노총과 전국비정규직노조연대회의, 비정규직철폐 100만인서명운동본부, 전국학교비정규직노동조합, 전국불안정노동철폐연대 등이 있다. 이들은 중・대규모의 사업체 및 공단 등에도 비정규직 관련 단체들을 결성하여 자신들의 차별적인 대우를 철폐하고 권익을 증진시키기 위한 집합적인 행동을 표출하고 있다(서혁준・전영평, 2006).

## Ⅳ. 비정규직과 인권

### 1. 국제인권조약과 비정규직 인권

Howard & Donnelly(1986)는 인권[25]을 '평등하며 양도할 수 없는 권리'(equal and inalienable rights)로 정의하고 있다. 같은 차원에서 「국가인권위원회법」 제2조제1항은 인권을 '헌법 및 법률에서 보장하거

25) 인권에는 생명권, 행복추구권, 평등권, 신체의 자유, 양심과 종교의 자유, 학문과 예술의 자유, 사생활의 비밀과 자유, 거주와 이전의 자유, 표현의 자유 등과 관련된 권리와 재산권, 사회권 등이 있다(차병직, 2006).

나 대한민국이 가입·비준한 국제인권조약 및 국제관습법에서 인정하는 인간으로서의 존엄과 가치 및 자유와 권리'라고 정의하고 있다. 인권은 단지 인간이기 때문에 갖는 권리만은 아니다. 도덕적으로 정당하고 인간의 근본적인 이익을 보호하기 위해 고안된 특별한 중요성을 지닌 권리이다(Freeman, 2005). 이러한 점에 기준하여 비정규직 근로자들은 일반적으로 '차별받지 않을 권리'와 '동일노동·동일임금에 대한 권리'를 주장하고 있다. 그러나 비정규직은 여러 가지 면에서 차별을 받고 있으며 인권을 침해받고 있다.[26] 이처럼 소수자인 비정규직 근로자들이 처한 현실은 인권의 중요성을 더욱 부각시켜준다.

우선 비정규직을 둘러싼 인권문제를 세부적으로 논의하기 전에 비정규직과 관련된 국제인권조약 등을 살펴보는 것이 필요하다. '세계인권선언', '경제·사회·문화적 권리에 관한 국제규약', '시민·정치적 권리에 관한 국제협약', 그리고 국제노동기구(ILO)의 주요 협약 내용은 다음과 같다. 우선, '세계인권선언' 제2조는 '모든 사람은 인종, 피부색, 성, 언어, 종교, 정치적 또는 기타의 견해, 민족적 또는 사회적 출신, 재산, 출생 또는 기타의 신분 등 어떠한 종류의 차별이 없이, 이 선언에 규정한 모든 권리와 자유를 향유할 자격이 있다'고 명시하고 있으며, 제22조는 '모든 사람은 사회의 일원으로서 사회보장을 받을 권리가 있다'고 규정하고 있다. 또한, 제23조는 '모든 사람은 일할 권리, 자유롭게 직업을 선택할 권리, 공정하고 유리한 조건으로 일할 권리, 실업상태에서 보호받을 권리가 있다. 모든 사람은 차별 없이 동일한 노동에 대해 동일한 보수를 받을 권리가 있다'고

26) 2001년 UN사회권규약위원회는 한국에서 비정규직이 정규직과 동일한 업무수행을 함에도 불구하고 임금·연금혜택·의료해택·직업안정성 등에서 차별적 대우를 받고 있음을 우려하였다.

규정하고 있다.

'경제 · 사회 · 문화적 권리에 관한 국제협약' 제2조(가맹국의 협약준수의무) 2항에서는 '가맹국은 이 협약에서 선포된 권리가 인종 · 피부색 · 성별 · 언어 · 종교 · 정치적 또는 기타의 의견 · 민족적 또는 사회적 출신 · 재산 · 가문 · 기타의 신분에 기인하는 어떠한 종류의 차별도 받지 않고 행사될 것을 보장할 의무를 진다'고 규정하고 있으며, 제7조(공정 · 유리 노동조건 향유권)는 '공정한 임금과 어떤 종류의 차별도 없는 동일한 가치의 노동에 대한 동일한 보수, 안전하고 위생적인 근로조건'을 명시하고 있다. 제8조(노동기본권)는 '자신의 경제적 · 사회적 이익을 증진시키고 보호하기 위해 누구든지 노동조합을 조직할 수 있고, 또 해당 노동조합의 규칙에만 따르는 가운데 자신이 선택하는 노동조합에 가입할 수 있는 권리'를 제시하고 있으며, 제9조(사회보장)는 '가맹국은 사회보험을 포함한 사회보장을 받을 권리가 누구에게나 있음을 인정한다'고 규정하고 있다.

'시민 · 정치적 권리에 관한 국제협약' 제19조(표현의 자유) 1항은 '사람은 누구나 간섭받지 않고 의견을 지닐 권리를 가진다'고 명시하고 있으며, 제22조(결사의 자유 · 단결권) 1항은 '사람은 누구나 타인과 결사하는 자유를 누릴 권리를 가진다. 이 권리에는 자기 이익을 보호하기 위해 노동조합을 결성하고 이에 가입하는 권리가 포함된다'고 규정하고 있다.

국제노동기구(ILO)[27)]의 '결사의 자유 및 단결권 보호에 관한 협약'

---

27) ILO '근로자기본권선언'의 기본 원칙에는 '관련 협약의 미비준 회원국을 포함하여 모든 회원국은 ILO 회원국이라는 사실에 의해, 관련 협약에서 규정하고 있는 다음의 기본적 권리(결사의 자유 및 단체교섭권의 효과적 인정, 모든 형태의 강제근로 철폐, 고용과 직업상의 차별 금지, 아동노동의 효과적 철폐)에 관한 원칙들을 성실히 ILO 헌장에 따라 존중하고 실현할 의무가 있음'을 제시하고

(제87호) 제11조는 '각 회원국은 근로자 및 사용자가 단결권을 자유롭게 행사할 수 있도록 확보하기 위해서 필요하고 적당한 모든 조치를 취할 것을 약속한다'고 규정하고 있으며, '단결권 및 단체교섭권에 대한 원칙의 적용에 관한 조약'(제98호)은 '노동자는 고용에 관한 사용자의 反노동조합적 차별행위에 대해서 보호를 받아야 된다'고 규정하고 있다. '고용 및 직업에서 차별 대우에 관한 협약'(제111호) 제2조는 '회원국은 고용 및 직업에 관한 차별대우를 철폐하기 위하여, 국내사정 및 관행에 적합한 방법으로 고용 또는 직업에 관한 기회 및 대우의 균등을 촉진할 것을 목적으로 하는 국가의 방침을 명확히 하여야 한다'고 규정하고 있다. 또한 '단시간근로에 관한 협약'(제175호) 제4조는 '모든 근로자들에게 허용된 보호를 파트타임근로자에게는 향유하지 못하도록 하는 장애[28]를 확인하고 제거하는 조치가 취해져야 한다'고 규정하고 있다.[29]

이상의 국제인권조약은 비정규직 근로자들의 인권을 보호하고자 하는 노력의 일환이며, 그들을 대변하는 역할을 하고 있다. 핵심적인 내용은 차별금지, 사회보장을 받을 권리, 공정하게 일할 권리, 실업상태에서 보호받을 권리, 동일노동 동일임금, 자유로운 노동조합 결성 및 가입 권리, 균등한 고용기회 제공 및 동일한 보호를 받을 권리 등으로 요약될 수 있다. 그러나 앞서 비정규직을 소수자로 상정하면서

---

있다.

28) ① 단결권, 단체교섭권, 근로자대표 행위권, ② 산업안전 및 보건, ③ 고용과 직장에서의 차별

29) 유럽산업연맹(UNICE), 유럽공공기업센터(CEEP), 유럽노동조합연맹(ETUC) 이사회의 지침(97/81/EC)의 '단시간 근로에 대한 기본 협약' 제4조는 '고용조건에 따라서 단지 단시간 근로를 제공한다는 이유만으로 단시간 근로자가 정규직 근로자에 비해서 불이익한 대우를 받아서는 안된다'라고 차별 금지 원칙을 제시하고 있다.

논의되었듯이 비정규직들은 정규직에 비해 상당히 열악한 조건에 있는 것은 사실이다. 결국 비정규직은 사회적 약자인 소수자임과 동시에 인권을 제대로 보장받지 못하고 있다.

## 2. 소수자인 비정규직 인권에 대한 국가인권위원회의 역할 및 활동

인권의 보장과 증진을 위해 국제인권법의 국내적 실효성 제고를 목적으로 하는 인권전담 국가기구인 '국가인권위원회'가 책임을 지는 가장 중요한 기능은 다음과 같다(Burdikin, 2006). 인권침해에 대한 개인 혹은 집단의 고발에 대해 심의하는 것이며, 독립적인 공공조사 수행권을 갖고 사회에서 가장 허약하고 소외된 집단들의 인권침해 현실을 효과적으로 부각시키는 것이다. 또한, 인권문제에 대해 정부에게 조언하고 협력하며 모든 개인들의 국가나 사적 영역 그리고 타자로부터 존중받아야 할 각종 권리를 갖는다는 사실을 일깨우는 것이다.

국가인권위원회는 2001년 11월 출범과 동시에 다양한 대상의 인권을 보호하기 위한 활동을 하였다. 특히 비정규직과 관련해서 토론회, 실태조사, 정책토론회, 심포지엄 등을 개최하였다. 2005년 '국민인권의식조사'를 실시[30]하였고, 4월에는 비정규직 근로자의 사용을 합리적 사유로 제한할 것과 정규직과 비정규직 근로자의 차별적 처우

---

30) 의식조사는 전국의 15세 이상 성인남녀 1,263명과 인권관련 전문가 90명, 인권관련 시민단체 101곳의 활동가를 대상으로 개별방문에 의한 설문조사 및 전문가시민단체 대상 심층면접조사를 병행하였다. 비정규직 문제의 해결방안과 관련해 일반국민들은 정규직과의 임금이나 대우 격차 완화(31.1%), 고용안정 보장(28.8%), 동일노동 시 동일임금 지급(25.0%) 등을 꼽았고, 단체관계자의 경우 비정규직의 정규직으로의 전환(38.6%), 동일노동 시 동일임금 지급(24.8%) 등을 꼽았다.

를 금지하고 이를 위해 동일노동·동일임금의 원칙을 정립하라는 의견을 표명하였다.

그리고 2006년 1월에는 '2007－2011 국가인권정책기본계획 권고안'을 발표하여 비정규직의 인권을 보호하고자 노력하였다.[31] 한편, 2006년 '청소용역 노동자의 인권상황 실태조사', '특수고용직 노동권 침해 실태조사', 2007년 '유통업 여성비정규직 차별 및 노동권 실태조사', '기륭전자 비정규직 문제에 대한 인권적 모색' 긴급토론회, 2008년 무기계약직 근로자들에 대한 임금 및 기타 근로조건에 있어서의 차별, 고용상황 등 노동인권상황을 파악하여 개선방안을 모색하기 위한 '무기계약자 근로자 노동인권상황 실태조사' 보고서를 발표하였다. 2009년에는 '비정규직법 개정에 관한 토론회', '임금차별 판단기준'보고서 발표 등 지속적인 활동을 하고 있다.

31) 비정규직과 관련된 국가인권정책기본계획의 목표와 주요과제는 인권 취약계층의 객관적 실태조사를 강화하고 사회적 약자·소수자에 대한 인식 제고 및 인권증진방안을 마련하여 사회적 약자·소수자의 인권을 증진하고, 인권 관련 법령 정비 및 제도 개선, 인권침해와 차별의 구제 활동 강화, 국가의 다른 종합계획과 연계망 강화, 그리고 철저한 모니터링 및 평가 체계 구축을 통한 인권 옹호·증진을 위한 범국가적 인프라를 구축하는 데 있다. 또한 정규/비정규 교육을 포함한 모든 교육 단계에서 인권교육을 확산하기 위한 기반을 구축하고 국가 및 지방 차원의 인권교육 프로그램 강화, 학습자를 고려한 다양한 인권교육 자료 개발, 대중매체를 적극 활용한 인권교육·홍보 강화를 통한 인권 친화적 문화를 형성하는 데 있다.

〈표 5-7〉 국가인권위원회의 비정규직 근로자정책 방향

| 구 분 | 국가정책방향 | 핵심 추진과제 |
|---|---|---|
| 고용 남용 방지 | 비정규직 고용을 합리적 사유가 있는 경우로 제한하여 비정규직 남용을 방지함 | –비정규직 고용을 허용하는 사유를 제한적으로 법률에 명시하여 객관적·합리적 사유가 있는 경우에만 비정규직 고용 인정<br>–비정규직 고용 남용 방지를 위한 범정부 차원의 종합대책 수립 |
| 차별 시정 | 비정규직 노동자의 차별을 시정하고 특히 동일가치노동 동일임금 원칙이 확립될 수 있도록 하여야 함 | –동일가치 노동을 하는 노동자는 임금·근로시간·복지 및 기타 근로조건에서 동일한 처우를 보장하도록 법·제도 정비<br>–근로계약의 서면작성을 통한 기간제 노동자의 보호대책 마련<br>–공공부문의 비정규직 차별 해소 및 기타 지원책 도입 등 정부의 선도적 역할 수행<br>–비정규직 노동자의 노동3권을 실제로 보장하기 위한 조치 마련<br>–특수고용형태 종사자의 특수성을 반영한 다양한 보호대책 마련<br>–사내하청 노동자의 원청사업주, 파견노동자의 사용사업주에게 사용자로서의 책임과 의무를 강화하는 방안 마련 |
| 사회 보험 적용 확대 | 비정규직 노동자의 사회보험 적용을 확대하고 보험료 부과체계를 개선하여 사회보장권을 강화해야 함 | –비정규직 노동자의 사회보험 적용 확대 및 보험료 부과체계 개선<br>–사업주와 노동자에 대한 사회보험 홍보 강화 및 가입회피사업장에 대한 관리·감독 강화<br>–각종 사회보험제도의 의사결정 과정에 비정규직 노동자를 대표할 수 있는 자의 참여를 확대하는 방안 마련 |
| 교육 · 훈련 확대 | 비정규직 직업훈련을 위한 인프라를 확충하고 다양한 교육기회 및 인센티브를 제공하여 비정규직의 직업훈련을 강화해야 함 | –비정규직 노동자의 능력개발 기회를 우선적으로 고려하여 교육훈련에서 정규직 노동자와의 형평성 제고<br>–비정규직 노동자의 다양한 교육훈련 수요를 고려하여 목표 집단별 수요에 적합한 다양한 교육기회 제공<br>–직업능력개발에 참여한 사업주와 노동자에게 비용을 지원하고 평가에 반영하는 등의 인센티브를 제공하여 비정규직 노동자의 교육훈련 참가율 제고 |

자료: 국가인권위원회(2006a), pp. 22-29의 내용을 재구성.

## Ⅴ. 비정규직 근로자와 비정규직 보호법

### 1. 법 · 제도 구축 과정과 비정규직 보호법[32)]

비정규직 근로 및 근로자의 증가가 가속화되는 가운데 1997년 외환위기 이후 비정규직 문제는 더욱 심각해졌다. 이에 따라 노동계를 중심으로 비정규직에 대한 대책마련 요구가 강하게 제기되었고, 언론 · 시민단체 등을 통해 사회적 공감대가 확산되었다.[33)] 비정규직 문제가 제기되자 노사정위원회는 2001년 7월 '비정규직 근로자 대책특별위원회'를 구성하였다. 2년간 100여 차례의 회의 · 토론회 · 실태조사를 하면서 제도개선 방안을 논의하였으나,[34)] 노 · 사 간 이견으로 합의에 실패하였다. 그러나 노사정위원회는 2003년 7월 그간의 논의결과(노사의견, 공익위원안)를 정부로 이송하였다. 정부는 노사정위원회의 논의결과를 토대로 입법예고, 공청회 등 의견수렴을 거쳐 비정규직 보호 관련 3개 법률안[35)]을 2004년 11월 8일 국회에 제출하였으며, 국회 환경노동위원회(이하 환노위)는 2004년 12월 7일 입법공청회를 거쳐 법안을 법안심사소위원회(법안소위)로 회부하였다.

이후 2005년 2월 법안심의가 민주노동당의 물리적인 의사진행방

---

32) 서혁준 · 전영평(2006)의 내용을 재구성하였다.

33) 한국노총('00.7), 여성단체연합('00.9), 민주노총('00.10), 비정규직 공대위('00.10)에서 비정규직 보호 입법청원을 국회에 제출하였다.

34) 일례로 특위 전체회의 24회, 특위 분과위 회의 36회, 공익위원 회의 19회 개최, 노사의견 청취(3회, '01.9), 전문가초청 토론회('01.10.8), Workshop('02.6.27－28), 노동법 학자초청 토론회(특수고용, '02.9.30), 국내실태조사(11회, '02.10.24－11.28), 최종합의를 위한 상무위 간사회의 개최(5회, '03.4－5) 등이 있다.

35) 「기간제및단시간근로자보호등에관한법률안」, 「파견근로자보호등에관한법률중개정법률안」, 「노동위원회법중개정법률안」을 말한다.

해로 중단되는 등 파행을 겪게 되었다. 국회는 관련 이해당사자의 의견을 충분히 더 청취하고 협의하는 것이 필요하다고 보고, 이례적으로 국회 차원의 노사정 대화를 2005년 4월부터 6월까지 15차례 개최하였다. 그러나 노사정 대화에서도 노사 간의 이견을 완전히 좁히지 못하였고, 2005년 11월 열린우리당의 주선으로 11차례 개최된 노사대화에서도 합의를 도출하지 못하였다. 국회 환노위 법안소위는 2005년 12월 법안심의를 재개하였고, 2006년 2월 7일까지 핵심 쟁점(기간제 사용제한 방식, 파견근로 고용의무 등)을 제외한 대부분의 사항을 잠정 의결하였으나 2월 17일과 20일 소집된 환노위 법안소위와 전체회의는 기간제 근로에 대한 사용사유제한 등을 요구하는 민주노동당의 의사진행방해로 개최되지 못하였다. 이에 따라 2월 27일 환노위 전체회의에서는 열린우리당과 한나라당 의원들이 남은 쟁점을 합의한 후 법안을 수정・의결하고 이를 법제사법위원회(이하 법사위)로 회부하였다. 2월 28일 예정된 법사위 전체회의는 민주노동당의 회의장 점거・봉쇄로 인해 개최되지 못하였고, 결국 법안 처리는 차기 국회로 넘겨지게 되었다.[36)]

한편, 정부는 '비정규직 법률안 취지 및 내용'에서 비정규직의 무분별한 고용과 차별은 대표적인 사회양극화 현상이라는 판단하에 「비정규직 보호법」 입법을 추진하였다. 그러나 노동계와 민주노동당은 「비정규직 보호법」의 목적은 주로 기간제 근로자와 파견근로자를 보호하는 데 주안점을 두었음에도 불구하고[37)], 기간제 근로자 고용의

---

36) 2006년 2월 27일 국회 환경노동위원회를 통과한 '비정규직 법률안 취지 및 내용'(2006)에서 요약 및 정리하였다.

37) 정부가 제시한 주요 내용은 다음과 같다. 첫째, 지금까지와는 달리 비정규직이라는 이유만으로 불합리하게 차별받는 일이 없도록 하였다. 둘째, 기간제 근로

'사유 제한' 등 중요한 조치들이 빠져 비정규직을 보호하기에는 턱없이 부족한 법이라고 비판하였다[38]. 이러한 난관 속에서 비정규직 관련 3개 법안이 처음 국회에 상정된 지 2년 1개월째인 2006년 11월 30일 마침내 국회 본회의에서 통과됐다. 이로써 2007년 7월 1일부터 종업원 300명 이상의 기업부터 단계적으로 이 법에 담긴 비정규직 보호 대책들이 시행되기 시작하였다[39].

이상과 같은 과정을 통하여 「비정규직 보호법」이 시행되어 오늘에까지 이르고 있다. 그러나 이를 둘러싼 논쟁은 여전히 남아 있는데, 2009년 6월 30일을 기점으로 다시 큰 논쟁을 불러일으키게 되었다. 즉 사용기간이 도래함에 따라 기업들은 비정규직 근로자들을 해고하는 사태가 발생하게 된 것이다.

---

자를 사용할 수 있는 기간이 2년으로 제한되고, 이를 초과하면 정규직 근로자로 간주된다. 셋째, '파견기간 초과', '파견업종 위반', '무허가 파견' 등 불법으로 파견된 근로자를 사용하는 회사가 받는 벌이 더 엄해졌다. 이와 더불어 현재는 '기간초과 파견근로자'만 사용회사에 고용된 것으로 간주되나(고용의제), 앞으로는 사용회사가 불법의 형태를 가리지 않고 이들 모두를 직접 고용하여야 한다(고용의무). 고용의무를 지키지 않는 회사에게는 벌칙이 주어지는 외에 3000만원까지의 과태료가 부과된다. 넷째, 파견대상업무에 대하여는 지금처럼 열거하는 방식(Positive list)을 유지하되 그 분야를 확대할 수 있도록 하고 있다.

38) 반면 비정규직 차별시정 절차에서는 사용자에게 차별 여부에 대한 입증 책임을 지워 노동계에 유리한 조항이 됐다.

39) 현장의 비정규직 근로자들에게 가장 큰 변화는 우선 비정규직 중 최대 다수를 차지하는 기간제(계약직) 근로자가 2년 이상 계약직으로 일하면 사용주는 사실상 정규직으로 전환해야 한다는 점이다. 또 정규직과 같거나 비슷한 직무를 수행하는 비정규직이 합당한 이유 없이 임금이나 근로조건에서 차별받을 경우 노동위원회를 통해 시정을 요구, 임금 보상 등 차별시정 명령을 이끌어낼 수 있다.

## 2. 비정규직 보호법 재개정

비정규직 근로자를 보호하기 위하여 제정된 「비정규직 보호법」이 사회에 미치는 여러 가지 문제들로 인하여 개정에 대한 논의가 시작된 것은 비단 최근 일만은 아니다. 이와 관련된 논의가 본격적으로 전개된 것은 2009년 3월 12일 노동부가 비정규직 고용안정대책을 발표하고 「비정규직 보호법」 개정안을 4월 임시국회에 제출하겠다고 밝히면서 시작되었다. 노동부는 "비정규직법이 개정되지 않으면 100만 명에 육박하는 계약직이 해고될 위기에 처할 수 있다"고 주장하였으며, 사용기간 4년 연장은 숙련도를 높여 기업들의 정규직 전환을 유도할 수 있다고 하였다. 그러나 노동계는 "4년이면 비정규직 채용과 교육연수 비용의 손익 분기점을 넘어서기 때문에 현재 정규직 전환 계획을 갖고 있는 사업주들조차 계획을 포기할 것"이라면서 "4년 연장 안은 결국 기간 제한을 철폐하는 방향으로 가기 위한 단계일 뿐"이라고 주장했다(서울신문, 2009. 3. 13). 경영계도 노동부의 입장을 지지하였다. 한국경총 전무는 "기간제 사용은 전적으로 기업의 자율에 맡겨야 한다"며 "그나마 사용기간이 연장된다면 기업들의 경영에도 다소 숨통을 터줄 것"이라고 말했다(한국경제신문, 2009. 6. 9). 결국, 노동부는 현행대로 2009년 7월 1일 비정규직법이 적용될 경우 대량해고 사태가 불가피하다며 '사용기간 4년 연장'을 골자로 한 관련법 개정안을 4월 국회에 제출했다.

이러한 논의가 지속되고 있는 가운데, 한나라당은 2009년 6월 24일 개정법률안을 국회에 제출하였다. 그 핵심은 「기간제 및 단시간근로자 보호 등에 관한 법률」 제4조의 규정, 즉 정규직 자동 전환의 발효시기를 기존의 2007년 계약자에서 2010년 7월 1일 이후 계약자

〈표 5-8〉 비정규직 보호법 개정안 주요내용 및 여야 입장

| 정부안 | 한나라당 | 민주당 |
|---|---|---|
| 기간제 근로자, 파견근로자 고용기간을 2년에서 4년으로 연장 | 〈찬성〉<br>—7월 비정규직 대량해고 사태를 막기 위한 불가피한 조치<br>—고용기간을 2년으로 제한한 법 때문에 해고사태가 발생하는 것을 방치할 수 없음 | 〈개정논의 자체 반대〉<br>—기간 연장은 비정규직을 양산할 뿐이므로 법 개정 반대<br>—단순 기간 연장은 시한폭탄을 뒤로 미루는 미봉책일 뿐 |
| 비정규직 차별시정 신청기간을 3개월에서 6개월로 연장 | 〈찬성〉 | 〈일부 반대〉<br>개인뿐만 아니라 노동조합도 신청 가능해야 함 |
| 정규직 전환 중소기업의 사회보험료를 2년간 50% 감면 | 〈찬성〉 | 〈일부 반대〉<br>고용보험법 개정을 통해 직접 지원 |

로 늦춘다는 내용이다. 여당인 한나라당은 기존 법안을 고수할 경우 대규모 해고가 일어나 결과적으로 근로자들에게 불리하게 될 것이라는 논리를 내세우며, 3년 유예안을 내놓았다. 그러나 야당과 노동계는 국민적 합의로 제정된 법률에 따라 2007년 이후 계약자부터 계약기간이 2년이 넘으면 비정규직을 정규직으로 바꾸어 주어야 한다는 입장을 고수하였다. 2009년 6월 30일 여·야간의 최종협상이 결렬됨으로 인하여 2007년 제정되어 2년간 시행이 유예되어 온 현행 「비정규직 보호법」이 7월 1일부터 본격 시행에 들어갔다.[40] 즉, 사용기간 2년을 채운 비정규직은 정규직으로 전환 또는 해고해야 하는 위치에 놓이게 된 것이다. 이후 2009년 7월 5일에는 비정규직법 개정과 관련하여 여야 3개 교섭단체 원내대표들이 모였지만 결렬됐다. 최근 2010년 1월 노동부는 일부 업종을 비정규직 고용 기간 2년이 지

40) 노동부는 2009년 7월 6일 '비정규직 실직자 지원 대책'을 발표하면서 국회에서 비정규직법 처리가 지연됨에 따라 7월 1일부터 고용기간 2년 제한에 따른 실직 발생이 불가피하다고 서문에 밝히고 있다.

나도 정규직 전환을 하지 않아도 되는 업종으로 지정하는 대안을 발표하였다. 또 양질의 단시간 정규직 근로자를 늘리기 위해 현재 주당 15시간 미만인 단시간 근로자의 기준 근로 시간을 확대하는 방안도 검토하고 있다고 밝혔다. 이상과 같은 이해관계자들의 노력에도 불구하고 여전히 비정규직 인권보호를 위한 합리적인 해결방안과 제도는 정착되지 못하고 있다.

## VI. 나가며: 향후 과제

비정규직을 둘러싼 많은 이슈와 갈등, 대립 등의 현상은 우리사회가 떠안아야 하는 문제이자 해결해야 하는 과제이다. 그리고 소수자인 비정규직 인권은 어제 오늘만의 문제가 아니라 지속적으로 해결해야 하는 과제이다. 인권 개념은 소수자 입장에서 제기하면서 전체적으로 확장되었다(윤수종, 2009). 그러나 개념의 확장과 더불어 발전적 논의가 지속되어야 함에도 불구하고 현실은 정권과 정치적 논쟁, 제도적 법률, 이해관계자들 간 대립의 테두리를 벗어나지 못하고 있다.

본 연구를 통하여 쉽게 단정하고 논의하기는 어렵지만 그렇다고 그대로 방치할 수 없는 해결해야 될 과제들을 제시하고자 한다. 첫째, 비정규직 규모의 문제에 대한 조속한 합의가 필요하다. 각자의 이해관계에 맞게 재단하여 규모를 부풀려 논의하는 것은 상대방의 입장에서 볼 때는 '양치기 소년'과 다를 것이 없다. 즉, 규모와 관련하여 이해관계자들 간의 합의점을 모색하지 않고 각자의 입장에서 비정규직 문제를 해결하려 할 경우 더 이상 상대를 믿지 못하여 갈등의 골은

더욱 깊어질 수밖에 없고, 결국 합의를 이끌어 내는 것은 거의 불가능하게 될 것이다.

둘째, 사람 간에 그리고 집단 간에 서로 차이(difference)가 있다는 것은 당연하지만 집단 간의 이해관계나 가치가 상충적이고 공존하기 어렵다고 판단할 때 차별(discrimination)은 더욱 심화된다. 차이를 인정하고 서로가 그것을 인정하고 수용할 수 있으면 문제가 될 것이 없다(이종범, 2008). 비정규직 문제도 이러한 맥락에서 보면 보다 쉽게 해결될 수 있다. 서로 차이는 인정을 하되 동일노동에 대한 임금차별, 사회보장제도의 차별, 권력에 대한 차별 등을 인정하고 수용하려는 자세로 비정규직 문제 해결에 접근할 경우 합의점을 탐구하는 노력의 비용은 줄어들고 갈등의 폭은 점점 좁아지게 될 것이다.

셋째, 다문화주의(milticulturalism) 시대에서 소수자인 비정규직 집단의 주변문화를 중심 집단인 정부, 정당, 기업, 정규직, 인권위원회, 노사정위원회 등이 중심문화 안으로 수용하여 전체가 하나로 통합될 수 있도록 노력하는 자세를 가져야 한다(전영평, 2008; 원숙연, 2008; 이종범, 2008). 더 이상 비정규직 근로자를 사회적 약자인 소수자로 규정할 필요성이 없도록 서로 공생의 길을 걸어가야 할 시점에 도달해 있다. 그러나 기업들은 비정규직의 사용과 이에 따른 반발을 최소화하기 위한 전략 구상을 위해 상당한 노력을 기울이고 있다. 정부를 비롯한 중재집단들은 비정규직 문제해결을 위해 막대한 사회적 비용을 지출하고 있다. 비정규직 근로자들은 소수자라는 사회적 인식과 처우에 대항하여 투쟁의 수위를 높이고 있다. 이러한 모든 행태는 종국적으로 전체에 부정적 효과(negative effects)만 가중시키게 된다. 따라서 통합과 공생을 통하여 긍정적인 시너지 효과(positive synergy effects)를 창출할 수 있는 대안마련의 필요성은 더욱 크다 할 것이다.

넷째, 인권에 대한 관심이 필요하다. 좁게는 비정규직을 비롯하여 정규직도 자본주의 사회의 성립 이후에 등장한 새로운 개념인 '노동기본권'[41][42]을 제대로 향유하지 못하고 있는 실정이다(김선수, 2006). 넓게 보면 경제발전이라는 명목하(Donnelly, 1989)에 차별, 사회보장, 작업환경, 고용기회 등에서 근로자들은 인권을 침해받고 있다.[43] 그러나 비정규직의 인권은 앞서 논의에서도 볼 수 있듯이 정규직의 인권에 비해 상대적으로 더 많이 침해받고 있는 것은 사실이다. 이를 개선하기 위한 다양한 이해관계자들의 노력이 필요하다. 특히, 국가인권위원회에 주목할 필요가 있다. 현재 국가인권위원회는 인적구성 및 인력확보, 실효성 확보, 법적 위상 등과 같은 문제가 발생할 수 있다(장임숙 · 전영평, 2010). 여기서 정부의 역할 및 의지가 중요하다. 국가인권위원회가 충분한 권한과 인력을 갖고 독립성을 견지하며 효과적으로 인권보장과 증진을 위해 힘쓸 때 한 나라의 인권상황은 크게 개선될 것이기 때문이다(곽노현, 2006).

이상과 같은 논의를 통하여 비정규직과 관련된 이슈, 문제, 인권, 제도 등에 대하여 살펴보고 몇 가지 과제를 제시하였다. 이는 비정규직을 둘러싼 많은 이해관계자들의 몫이기도 하고 비정규직을 연구하

41) 노동자의 기본적 인권, 예를 들어 단결하여 노동조합을 결성할 수 있는 권리, 사용자와 단체교섭을 하고 그 주장의 관철을 위하여 단체행동을 할 수 있는 권리 등을 말한다(김선수, 2006).

42) 우리나라는 '노동기본권'을 헌법으로 보장하고 있으며, 노동3권을 기본권으로 명시하고 있다. 이를 구체화하기 위하여 「근로기준법」, 「노동조합법」, 「노동쟁의 조정법」, 「노동위원회법」 등의 노동법이 1953년에 제정되었다.

43) Donnelly(1989)는 경제발전과 인권 사이의 관계를 요구, 평등, 자유의 세 가지 홍정(trade-off)을 통해 설명하였다. 요구의 홍정에 따라 투자를 위해 기본적 요구는 희생되었고, 평등의 홍정으로 인해 경제발전을 장려하기 위해 불평등이 조장되었으며, 자유의 홍정 결과로 경제성장을 앞당기기 위해 아무런 저항도 받지 않고 시민적 및 정치적 권리가 제한되었다는 것이다(Freeman, 2005).

는 학자들의 몫이기도 하다. 그러나 더욱 중요한 것은 국민, 국가, 더 나아가 전 세계 구성원들이 적극적인 관심을 가지고 현상을 이해할 때 비로소 소수자인 비정규직을 둘러싼 문제, 특히 인권침해 문제를 보다 쉽게 해결할 수 있을 것이다. 이러한 시대가 하루빨리 도래될 수 있길 기대해 본다.

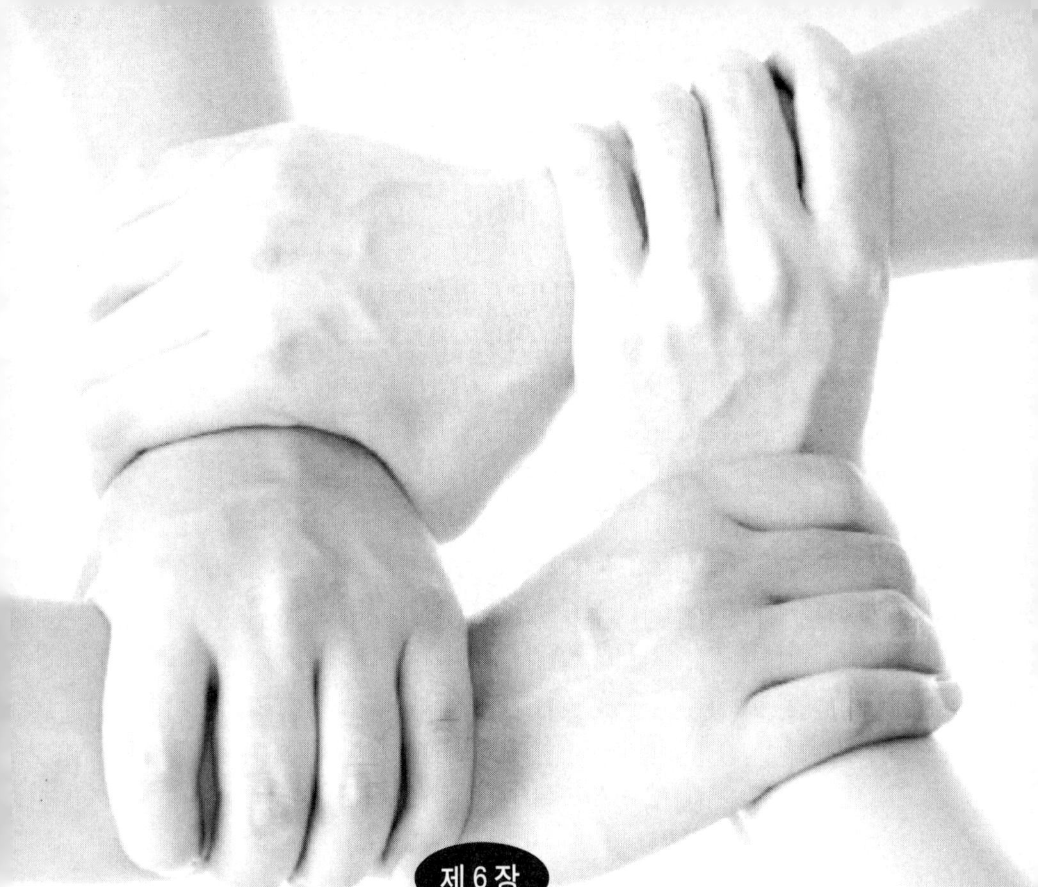

제 6 장

# 외국인노동자의 인권과 정책갈등

# 제6장 외국인노동자의 인권과 정책갈등

한승주

## Ⅰ. 들어가며: 소수자로서 외국인노동자

한국 사회에 외국인노동자가 대거 유입된 때는 1980년대 말부터지만, 법적으로 외국인노동자가 인정된 때는 2004년부터이다. 이 10년이 넘는 현실과 법의 괴리는 외국인노동자의 '노동자성'(workerness)을 인정할 것인가에 관한 갈등에서 야기되었다. 현실적으로 외국인노동자들이 유입되어 산업현장의 중요 인력이 되었음에도, 공식적으로 외국인노동력 도입금지정책을 유지함으로써 법적으로 한국에는 외국인노동자가 존재하지 않았던 것이다. 노동자라는 자격 대신 산업연수생의 자격으로 존재하던 외국인노동자들은 2004년, 고용허가제도로 불리는 새로운 제도의 도입과 함께 드디어 '노동자'로 합법적 지위를 획득하였다.

이러한 전환은 외국인노동자 문제를 이슈화시키고 정책의제 차원으로 끌어올린 인권운동세력의 형성과 활동에 힘입은 바가 크다. 이들은 외국인노동자의 인권문제를 사회에 전면화하였고 값싼 노동력의 활용을 요구하는 기업인들과 대립하면서 정책변화를 이끌었다. 이

들의 활동을 통해, 외국인노동자는 '소수자'이며 인권을 보호받아야 할 대상이라는 시각이 형성되었으며 이후 해당 정책에 지속적인 영향을 미치게 되었다.

한국 사회의 외국인노동자를 어떤 시각으로 바라볼 것인가는 사회갈등의 심화와 정책방향의 변화를 가져올 수 있는 문제다. 본 연구는 외국인노동자라는 사회집단의 특성을 소수자집단으로 전제하고 있다. 근래 여러 연구를 통해서 검토되었듯이, 한국 사회에 외국인노동자에 대한 객관적 차별이 분명 존재하고 외국인노동자들이 주관적 차별감을 강하게 느끼고 있다는 점에서 그 소수자적 정체성을 확인할 수 있다. 소수자는 사전적 정의에 따르면 '육체적 · 문화적 특질 때문에 다른 사람들과 구별되고 불평등한 차별대우를 받아서 집단적 차별의 대상이 되는 사람들'로서, 식별가능성 · 권력의 열세 · 차별적 대우의 존재 · 집단의식(Dworkin & Dworkin, 1999)에 따라 구분되거나, 신체적 · 권력적 · 경제적 · 문화적 소수자 여부 및 조직화 여부(전영평, 2007) 등으로 유형화될 수 있다. Dworkin의 기준을 적용할 때 한국 사회의 외국인노동자는 외모와 언어의 차이로 인한 식별가능성, 임금 및 고용상태 등에 있어서 권력의 열세상황, 배타적 순혈주의가 강한 사회적 분위기 속에서 외국인 유입에 대한 거부감 및 차별인식의 존재, 인권보장을 요구하며 조직화된 상황 등으로 인하여 소수자적 정체성을 갖는다. 앞서 제2장의 전영평(2007)의 기준에 따를 때에도 권력적 · 문화적 차별이 기반이 된 조직화된 경제적 소수자로 구분되며, 설동훈(2009)도 소수자집단을 규정하는 핵심기준은 사회적 권력 또는 사회적 영향력의 크기로, 외국인노동자는 한국 사회의 새로운 소수자집단으로 접근해야 한다고 주장한다.

본 연구는 한국 사회의 소수자로서 외국인노동자들이 처한 상황적

특성을 파악하고, 외국인노동자 정책상황을 이들의 권리를 옹호하거나 반대하는 집단 간의 갈등으로 분석하고자 한다. 누가 어떤 이유로 외국인노동자 집단을 옹호하거나 반대하고 있는지, 그 활동상의 특징은 어떻게 나타났는지를 파악하고자 한다. 또한 이 과정에서 나타난 정부의 역할 및 대응모습의 변화를 살펴본다. 분석을 위해 옹호연합모형(Advocacy Coalition Framework)을 적용하여 가치화된 갈등의 등장과 옹호연합 간의 상호작용, 그리고 정책변동을 살펴보며 그 함의를 찾고자 한다. 분석은 지난 20년간 외국인노동자 문제가 이슈화되고 고용허가제도라는 정책변동을 이끌기까지, 그리고 정책변동 이후 현재까지 두 기간으로 나누어 살펴본다.

## II. 외국인노동자 문제의 근본적 속성

본 연구에서 언급하는 외국인노동자는 전문직 종사자를 제외한 저숙련 단순생산기능직에 종사하는 자들을 말한다.[1)2)] 한국 사회에서

---

1) 국내 외국인노동자 집단은 전문기술직 종사자, 고용허가제 적용을 받는 비전문취업 사증 소지 생산직 외국인노동자, 방문취업제 적용을 받는 외국국적동포 외국인노동자, 불법체류 상태에서 일하는 미등록 외국인노동자로 구분된다. 전문기술직 외국인노동자는 주로 선진국 출신으로 경영자, 교수, 엔지니어, 외국인강사 등이며 사증발급쿼터, 내국인 구인노력절차, 체류기간 연장횟수 제한 등의 규제가 없다. 이들은 한국인과 동등하거나 나은 노동조건에서 일하는 경우가 대부분으로 차별시비가 거의 없다. 반면, 비전문취업(E-9) 사증 소지의 생산직 외국인노동자는 국내에서 저숙련 생산직에 종사한다. 중소제조업, 농축산업, 연근해 어업 등 한국인들이 취업을 기피하는 부문에서 주로 종사한다. 한편 방문취업(H-2) 사증 소지 외국국적동포 외국인노동자는 업종과 직종의 제약 없이 사실상 자유취업이 가능한 편이며, 주로 건설업과 가사, 음식, 개인서비스업 등의 서비

정책의제화에 성공한 외국인노동자 문제는 문제속성상 구별되는 몇 가지 특성을 갖고 있다. 이것은 다른 소수자 문제와도 구별되는 특성이며 외국인노동자 정책상황을 형성하는 기반이 된다.

## 1. 비국적자 차별에 대한 정당성 인식

외국인노동자를 둘러싼 갈등의 기저에는 국민국가의 속성상, 국적(nationality) 여부를 기준으로 비국적자에 대한 차별이 정당하다는 인식이 있다. 근대 국가는 주인인 '국민'의 권리보호를 위해 탄생되었으므로, 국가의 보호와 지원을 요구할 정당한 자격은 국적을 소지한 자에게 한정되며 비국적자는 내국인과 동등한 권리를 주장할 정당성이 극히 적다. "국가가 '국민이 아닌 자'를 정책대상으로 인정할 수 있는가? 공공서비스의 대상으로 볼 수 있는가? 이를 인정한다면 어디까지 가능할 것인가?" 등의 질문에 회의적으로 답할 수밖에 없는 것이다. 즉, 국가는 국민 이외의 자에게 배타적일 수밖에 없는 근본적 한계를 지니므로 외국인을 적극적 공공서비스 제공대상으로 삼기 어렵고 외국인에 대한 권리보장에 소극적일 수밖에 없다.

이러한 배타성으로 인해, 외국인노동자는—비록 해당 국가의 필요와 승인으로 체류하고 있더라도—국가의 관리 및 규제 대상이 되며

---

스직 및 저숙련 생산직에 종사한다. 그러나 체류기간을 초과하여 국내에서 취업활동에 종사하는 미등록 외국인노동자들은 비전문취업, 방문취업, 산업연수 등의 저숙련 직종 취업 사증을 받아서 입국한 후 체류기간이 만료된 후에도 귀국하지 않거나 체류기간은 유효하지만 무단으로 사업을 이탈한 경우를 말하며 흔히 불법체류자로 표현되고 있다(설동훈, 2009: 62-63).

2) 외국인노동자라는 용어는 이주노동자, 외국인근로자, 외국인노동자 등으로 다양하게 사용되는데 본 연구에서는 국적에 따른 차별을 포함하고 있다는 지적이 있으나 '외국인노동자'라는 표현으로 통일하여 사용하도록 한다.

국민들은 이들이 차별적 대상이 됨을 어느 정도 당연하게 인식할 수 있다. 때로는 이들을 차별하지 않음이 문제가 될 수 있다. 따라서 외국인노동자에 대한 차별 제거와 내국인과 동등한 법적 권리요구는 사회적으로 쉽게 수용되기 어렵다.

다른 소수자 문제는 궁극적으로 차별의 제거가 지향될 수 있지만, 외국인노동자 문제의 경우, '차별하되 정당한 차별수준을 찾는 것'이 지향되는 것이다. 장애인, 비정규직 등 다른 소수자의 경우, 차별의 제거가 궁극적 목적으로 이들 소수자운동에 대한 정서적 공감대가 형성될 수 있는 반면, 외국인노동자의 권리향상을 위한 운동은 넓은 정서적 지지를 쉽게 얻기 어렵다. 최근 다문화주의를 확산시킨 결혼이민자 문제도 이와 구별된다. 그들은 결혼을 통해 이 땅에서 국적을 취득하였기에 국민으로서의 자격을 얻었으며 따라서 국가는 이들의 사회적 불편과 차별을 해결할 적극적 의무를 지고 있다. 반면 임시 거주하는 외국인노동자는 비록 결혼이민자와 같이 타국가로부터 이주해왔다는 공통점은 있으나, 비국적자이기에 다문화주의 정책대상으로 적극적으로 포함되기 어렵다.

내국인의 권리를 보호하고 이익을 보장해야할 국가가 내국인노동자와 일자리를 두고 상충적일 수 있는 외국인노동자를 어느 정도 인정할 것이며 외국인노동자의 권리는 과연 어디까지 인정받을 수 있을지는 논쟁적일 수밖에 없다. 외국인에 대한 차별적 대우가 정당하다는 사회의 인식은 정부의 정책이 외국인노동자의 인권을 보장하는 방향으로 설정되기 쉽지 않게 만드는 등, 외국인노동자 정책의 문제적 상황을 야기하는 것이다.

## 2. 제한적이며 불안정한 법적 권리

외국인노동자의 권리는 주로 인권의 이름으로 주장된다. 그러나 권리가 실효성을 안정적으로 갖기 위해서는 헌법적 보장과 이를 실현하기 위한 명문화된 법률을 기반으로 해야 한다. 따라서 헌법적 보장이 모호하고 이에 대한 명문화된 구체적인 법이 존재하지 않는다면 인권의 이름으로 주장되는 권리는 당대 사회의 법해석과 합의를 통해서 그 범위와 정도가 정해지므로 법적 지위가 불안정할 수밖에 없다.

우리 헌법의 외국인의 기본권 보장 규정은 모호하며 또한 해석에 대한 논란이 존재한다. 현행 헌법 제10조는 '모든 국민은 인간으로서의 존엄과 가치를 가지며 행복을 추구할 권리를 가진다. 국가는 개인이 가지는 불가침의 기본적 인권을 확인하고 이를 보장할 의무를 진다'고 규정하고 있어 국적을 떠나 인간으로서의 기본적 권리(인권)를 인정한다고 해석되기도 하며 '국민' 규정으로 인해 국민자격이 없는 외국인의 인권은 부정하고 있다고 해석되기도 한다(안경환, 2009). 또한 헌법 제6조제1항 '헌법에 의하여 체결 공포된 조약과 일반적으로 승인된 국제법규는 국내법과 같은 효력을 가진다'에 의거, 한국 국회가 국제연합의 사회권 규약과 자유권 규약[3] 등을 비준・공포하였기에 외국인의 권리가 법률적 효력을 가진다고 주장되기도 한다. 그러나 이에 따라 바로 외국인에 대한 보편적인 법적 구속력을 가지거나 국내법적 효력을 갖는 것으로 볼 수 없다는 데 대체로 합의가 이뤄져

3) 국제연합은 여성, 아동, 소수민족, 외국인노동자 등 사회적 약자의 인권을 보장하기 위한 구체적인 인권기준을 확립하기 위해 경제적・사회적・문화적 권리에 관한 국제규약(사회권규약)과 시민적・정치적 권리에 관한 국제규약(자유권규약)을 채택하였다. 1990년 한국은 사회권 규약과 자유권 규약 각각을 비준・공포하였다.

있다(설동훈, 2003: 46). 일반적으로 외국인에 대한 일부 자유권은 인정하나 사회권은 프로그램적 규정으로서 국가의 구체적인 법률화를 통해서만 가능하다는 것이다(안경환, 2009).[4] 한국은 자유권적 기본권, 청구권적 기본권, 평등권은 인간의 권리로서 외국인에게도 인정하고 있지만 참정권, 재산권, 사회권적 기본권의 대부분은 국민의 권리로 규정하여 외국인에게 보장하지 않는다고 해석되는 것이다(설동훈, 2009: 54). 따라서 최근 논란이 되고 있는 외국인노동자의 직업선택의 자유 및 거주이전의 자유에 대한 정부 규제가 용인되는 것이다.

이런 점에서 외국인노동자의 인권 요구, 특히 사회권 요구는 사회적 갈등을 동반하기 쉽다. 헌법에 규정되어 있지 않더라도 성질상 인간의 기본권으로 인정받아야 할 권리가 무엇인지를 결정하는 것은 해당 사회의 법해석과 합의에 달렸기 때문이다. 곧 외국인에 대한 차별 여부는 국가마다 다르고 시기에 따라 다를 수 있는 제한적이며 불안정한 것이 된다.

### 3. 배타적 순혈의식의 존재

한국 사회의 배타적 순혈주의는 외국인노동자의 권리를 불안정하게 만드는 사회문화적 구조로 꼽힌다. 오랫동안 단일민족의 신화를

4) 설동훈(2003)은 이를 두고 국가주권, 국민기본권, 인권의 충돌이라고 말하고 있다. 국경통제는 내국인의 안전보장과 일자리 보호를 위해 필수불가결한 국민국가의 주권 영역이며 국가가 일정정도 외국인노동자의 직업선택과 거주이전의 자유를 규제하는 것은 국제적으로 용인된다. 직업선택의 자유가 외국인에게 주어질 때 내국인들과 일자리를 두고 서로 경쟁하는 관계가 될 것이며 외국인노동자의 사업장 이동의 자유를 제약하는 것은 내국인노동자의 고용기회 침식을 방지하기 위해 도입된 것이므로 정당화된다. 또한 미등록 외국인노동자(불법체류자)의 단속은 주권국가 고유의 권한으로 여겨진다.

공유한 한국 사회는 강한 동질의식을 나타내며 다른 것을 틀린 것으로 사고하며 이질적인 것에 대한 배타성과 소수자에 대한 편견을 키워왔다(윤인진, 2008). 한국과 같이 국가의 과잉, 민족의 과잉이 고질적인 사회(오경석, 2007: 53)에서는 외국인을 사회통합을 위협하는 존재로 인식하기 쉽다.5)

국가를 혈연집단으로 동일시하는 사회적 관념은 오랜 세월동안 받아들여져 지극히 당연하게 여겨졌으며 일제 지배 등 근현대 격변기는 우리에게 민족적 정체성을 더욱 각성시켰다. 그 결과, 외국인의 대량 유입이라는 사회현상에 대해 혈연적 순수성을 훼손할 것이라고 인식하거나 사회질서를 혼란시킬 타자로 외국인노동자를 구별 짓는 태도를 보이고 있다. 거기에 출신국의 발전수준에 따른 차별이 더해져서, 그들을 가난한 국가에서 온 불쌍한 노동자로 시혜적으로 바라보거나 권위주의적 태도로 하대하거나 범법의 의심 등을 나타내고 있다(전영평・한승주, 2006). 또한 직업위계의식이 더해져서 사회적으로 천대받는 직업인 저숙련 생산직에 주로 근무하는 외국인노동자들은 이중적 편견을 겪게 된다(Gray, 2004; 윤인진, 2008). 사회문화적으로 형성된 이러한 편견은 외국인노동자에 대한 각종 차별적 대우를 낳고 차별을 재생산하는 구조적 기반을 이루된 것이다. 실제 온라인상에서는 외국인노동자에 대한 원색적 비난과 차별적 표현이 점차 심해지면서 '사이버 인종주의'가 심각해지고 있다는 우려가 높아지고 있다.6)

요컨대, 위에 언급한 외국인노동자 문제의 근본속성은 한국 사회에

5) 한국인의 순혈주의의 위험에 대해 2007년 8월 10일에 UN인종차별철폐위원회는 '한국이 단일 민족을 강조하는 것은 한국 땅에 사는 다양한 인종들 간의 이해와 관용, 우호 증진에 장애가 될 수 있으므로 현대 한국 사회의 다인종적 성격을 인정하고 적절한 조치를 하라'고 권고하였다.

6) 뉴시스(2011.6.5). "나도 혹시 인종차별자? 사이버인종주의 갈수록 심각"

서 그들의 소수자적 특성을 보여주며 이들에 대한 사회 속 차별이 단기간 해결되기 어려운 장기적인 정책문제임을 나타내고 있다.

## Ⅲ. 옹호연합 간 갈등을 통한 고용허가제로의 정책변동

외국인노동자 문제에 대한 한국 사회의 정책대응은 옹호집단 간 갈등에 강한 영향을 받아 왔다. 한국의 공식적인 외국인력제도는 2004년 이전까지 '산업연수생제도'였으나 2004년 생산기능직 외국인노동자를 대상으로 하는 「외국인근로자의고용등에관한법률」의 시행으로 '외국인고용허가제도'가 되었다. 이러한 변화는 지난 20여 년간 외국인노동자 문제에 관해 상이한 시각을 가졌던 두 옹호집단 간 갈등의 결과로 볼 수 있다.

### 1. 옹호연합모형 적용

이러한 정책의 변화를 분석하기 위해 Sabatier와 Jenkins-Smith(1999)의 옹호연합모형(Advocacy Coalition Framework)을 적용하기로 한다. 이들은 정책변화가 어떻게 발생하는가에 관심을 두고, 특정 분야에서 정책에 영향력을 미치는 사람들의 집합인 정책하위체계(policy subsystem)에 주목하였다. 이 정책하위체계 내에서 비슷한 믿음과 가치를 공유하는 개인의 집합으로 구성되는 옹호연합(advocacy coalition)이 출현한다는 것이다. 이 옹호연합은 그들이 지닌 사회정치적 가치라는 여과장치가 작동하여 어떤 정보나 특별한 가치를 인정하지 않거나 특정

정보와 행위과정을 현저하게 중요한 것으로 여기게 만든다. 이 옹호연합의 신념체계(belief system)는 세 수준으로 구성되는데 근본적 믿음인 핵심신념(deep core belief), 근본적 믿음에 근거한 정책선호(policy core belief), 집행 및 적용에 관한 믿음인 이차적 측면(secondary aspects)으로, 이 신념체계는 공동의 믿음과 선호를 토대로 사람들을 결합시키는 역할을 한다. 핵심신념이 변화에 대해 매우 저항적인데 비해 정책선호와 이차적 측면은 상대적으로 변동가능하다고 주장한다.

여기서 정책변화란 옹호집단 간 경쟁을 통해서 힘의 균형이 변동하는 것이 된다.[7] 먼저, 정책변화의 추동력으로 상대적으로 안정적인 요인(relatively stable parameters)과 외부적 사건이라는 환경적 영향력을 강조한다. 상대적으로 안정적인 요인은 장기간에 걸쳐서 쉽게 변하지 않지만 정책대안의 범위를 한정하고 각 옹호연합의 재원과 신념에 영향을 미치는 요인으로, 문제영역의 기본속성, 자연자원의 기본적 분포, 근본적인 사회문화가치와 사회구조, 기본적인 법적구조가 포함되어 있다. 외부적 사건은 장기간에 걸쳐서 지속되는 영향요인으로 사회경제적 중요 변화, 지배 권력의 변화[8], 다른 행위자로부터의 정책

7) 1980년대 중반 Sabatier에 의해 본격적으로 발전된 옹호연합이론은 정책의 변동과정을 설명하기 위해 가치, 옹호연합 등의 개념을 도입한 정책모형으로 여러 학자들의 실증 및 수정을 거치고 있다. 핵심적인 개념을 보면 ① 정책하위체계(policy subsystem)를 분석단위로 하여, ② 경제적 이익뿐 아니라 다른 복잡한 목적을 가지는 개인은 시간과 정보 등의 제약 때문에 인지적 편견(perceptual filter)을 갖게 되고, ③ 구체적인 정책주장이 변화하는 중요한 원인으로 역동적 외부 환경(pertubation external)의 변화와 정책지향학습(policy-oriented learning)을 꼽는다. 또한 ④ 공적 영역과 사적 영역, 다양한 정부 단위 등을 막론한 행위자들이 집합을 이룬 옹호연합(advocacy coalition)이 형성되고 ⑤ 이들은 문제를 인지하고 해결하는 일련의 과정 속에 비슷한 가치판단을 하며 ⑥ 바로 이 공유된 가치인 신념체계(belief system)의 실현을 위하여 옹호연합이 활동한다고 본다.

8) Freudenburg & Gramling(2002)은 중요한 정책변동을 이끈 가장 중요한 외적

결정 등을 말한다. 이러한 외적 변수들의 변화가 행위자들을 제약하는 동시에 전략이 되기도 하며 정책변동을 추동한다. 또 다른 정책변화의 중요 통로는 옹호연합 사이의 정책지향학습(policy-oriented learning)으로 '정책목표의 달성 및 수정과 관련된 경험이나 새로운 정보로부터 연유되는 사고나 행동의 상대적으로 지속적인 변화'로 정의된다(Sabatier & Jenkins-Smith, 1999: 123). 옹호연합 간 갈등이 오래 지속되면서 점진적으로 정보의 축적을 통해 신념체계의 조정과 변화가 나타난다는 것이며 주로 핵심신념보다 정책선호 및 이차적 측면의 주장이 변화한다. 그 외 내적 충격, 협상된 동의(negotiated agreements) 등이 옹호연합모형에서 주장하는 정책변화의 경로로 검토되고 있다(김순양, 2010: 45-46).

옹호연합모형의 이러한 내용은 가치나 신념에 근거하기 쉬운 소수자 갈등을 분석하는 틀로 타당성이 높으며, 문제의 전개상황이 정책집행 및 변동단계에 있는 경우 적용의 적절성이 더욱 높아진다. 소수자 문제영역의 속성, 소수자가 놓인 권력적 열세 상황, 사회로부터의 차별적 인식 등은 옹호연합모형이 주장하는 정책의 외부적 환경에 해당할 수 있으며, 소수자 문제를 둘러싼 갈등은 옹호연합 간의 대립형태로 나타나기 쉽다. 이런 점에서 전영평(2009)은 소수자정책의 지형판별을 위한 중요한 기준으로 누가 어떤 이유로 어떻게 소수자집단을 옹호하는가를 보아야 한다고 주장한다. 약자인 소수자가 스스로 집단정체성, 저항성, 이슈 확산운동을 수행하는 것이 일반적으로 어려우므로 이를 지지하는 옹호연합의 존재가 이들의 문제를 정책 이슈화하는 데 결정적 영향을 주기 때문이다. 이에 따라 소수자옹호연합의 형

변수는 실제로 새로운 행정부의 변화였다고 주장하였다.

성정도와 반대옹호연합의 형성정도를 기준으로 4개의 소수자 정책영역을 도출하고 있는데 외국인노동자는 옹호연합과 반대옹호연합의 형성 정도가 매우 강하여 이익집단정치가 발생할 확률이 높은 정책갈등영역에 놓여 있다. 이 경우, 외국인노동자에 관한 정책획득은 이 두 옹호연합 간의 세력 갈등의 산물이 되는 것이다.

따라서 소수자로서 외국인노동자와 관련된 정책갈등은 외국인노동자의 인권을 옹호하는 집단과 중소기업가의 경영이익을 주장하는 반대옹호집단 사이의 갈등을 축으로 옹호연합모형의 중심개념을 적용함으로써 적절한 분석을 진행할 수 있을 것으로 판단하였다.

## 2. 옹호연합의 주요 행위자 활동과 신념체계의 대립

산업연수생제도에서 고용허가제도로의 변화 과정은 '외국인노동자의 법적인 노동자성을 인정할 것인가'를 둘러싼 갈등구조로 나타났다. 이 과정에서 형성된 두 옹호연합의 신념체계와 주요 등장인물 및 그 활동을 살펴보면 다음과 같다.[9)]

### 1) 인권옹호연합의 신념체계

외국인노동자 인권문제가 이슈화되면서, 외국인노동자 문제에 대해서 같은 가치를 공유하는 집단들은 서로 연대를 서서히 형성해나갔다. 1990년대 중반 인권보장 조치가 미흡하였던 산업연수생제도로 인해, 각종 인권침해 사례가 발생하자 외국인노동자의 인권을 보장할 것을

9) 본문 중 '외부적 사건의 발생과 정책변동' 부분과 '옹호연합의 신념체계' 부분은 전영평 · 한승주(2006) 연구의 일부를 요약 · 발전시킨 것임을 밝힌다.

주장하는 집단들이 등장하기 시작했다. 이들은 산업연수생이란 이름으로 외국인노동자를 들여와 중소기업의 부족한 일손을 메우면서도 법적으로는 노동자로 인정하지 않았기에 각종 인권침해가 발생한다고 비판하였다. 따라서 외국인노동자들을 연수생의 지위로 변칙 도입하지 말고, 법적인 노동자로 인정함으로써 문제를 해결하자고 요구하였다.

이들의 주장은 외국인노동자의 '인권'을 핵심적 가치로 하는 일정한 신념체계에 기반하는 것으로 보인다. 이들에게 외국인노동자는 노동인력이기보다 '노동자'로 강조되며 정부가 외국인노동자의 열악한 상황을 개선하고 이들의 '보호'를 위한 적극적 개입자로 역할을 할 것을 요구하였다.

외국인노동자 인권 옹호연합의 주장은 의외로 넓은 사회적 지지를 얻게 되었는데, 이들이 내세운 주요 논리를 보면, ① 산업연수생제도가 낳은 인권침해의 핵심 원인은 외국인노동자의 '법적 노동자성 부정(不定)'에 기인한다 ② 합법적 노동자로 인정한다면 내국인이 회피하는 일자리의 공백이 메워짐으로써 탄력적 노동공급이 이뤄지고 경제발전에 도움이 된다 ③ 내·외국인 구별을 막론하고 자유로운 노동권이 보장되어야 근본적인 문제가 해결된다는 점을 내세웠다. 또한 이러한 가치를 실현하기 위한 정책대안으로 고용허가제(혹은 노동허가제)를 주장하였다. 산업연수생제도를 폐지하고 외국인노동자를 합법적으로 도입하여 노동권과 임금·복지 등을 내국인노동자와 차별하지 말자는 것이다.

요컨대, 이들은 외국인노동자의 '인권보장'을 정책신념으로 하며 합법적 노동자로 인정하는 제도 도입을 정책주장으로 하는 신념체계를 보였던 것이다.10)

### 2) 인권옹호연합의 주요 행위자 활동

인권옹호연합에 포함되는 행위자들을 보면 시민단체 및 종교단체들, 그리고 전국단위 노동조합, 국제기구, 국가인권위원회 등이다. 이들은 공통적으로 외국인노동자의 인권향상을 주장하며 기업이익 옹호연합의 주장을 공격해나갔다.

① 인권옹호연합의 주도적 집단:
외국인노동자대책협의회 등 시민·종교단체

시민단체와 종교단체는 1990년대 초반부터 외국인노동자 인권문제 해결을 위한 모임을 만들었으며 이를 사회문제화 해나가는 주도집단으로 활동하였다. 초기에는 상담지원 정도의 역할로 시작하였으나 1994년에는 산업재해피해보상을 요구하는 경제정의실천연합 강당농성, 1995년 임금체불과 폭언·폭행 등의 부당대우에 항의하는 네팔인의 명동성당농성 등 일련의 사건을 거치면서 조직적 연대와 대응의 필요성에 공감하고 1995년 7월 외국인노동자대책협의회를 결성하였다. 민주노총, 외국인노동자 피난처, 시화일꾼의집, 한국교회여성연합, 경제정의실천불교시민연합의 외국인노동자마을, 성남외국인노동자피난처, 부천 외국인노동자의집 등 명동성당 농성 당시 결집된 38개 단체들 중 일상적으로 외국인노동자 지원활동을 하는 10여 개 단체와 네팔, 방글라데시, 중국, 스리랑카 등 외국인노동자 공동체가 연대하여 외국인노동자 인권을 위한 연대를 구축한 것이다(설동훈, 2004).

외국인노동자대책협의회는 외국인노동자 공동체의 활성화를 지원

10) 옹호연합모형은 세 층위의 신념체계를 말하고 있지만 여기서는 핵심적 가치와 정책주장의 두 층위로 나누어 살펴본다.

하면서 외국인노동자의 법적인 노동자 지위 획득을 핵심 목표로 하였다. 이를 위해 인권보장이 열악한 산업연수생제도를 '현대판 노예제도'라 비판하고 외국인노동자의 고용 및 인권보장에 관한 법률 제정을 위해 공청회와 서명운동, 입법청원 등을 전개하였다. 1995년 10월 25일 공청회를 개최하여 노동허가제를 중심으로 하는[11] 「외국인노동자보호법」의 입법지침을 발표하였고, 1996년 7월 5일 법조문을 완성하여 공청회를 통해 발표한 후 이를 입법청원하였다. 또한 2000년에도 같은 내용으로 「외국인노동자고용및인권보장에관한법률」을 제정 시도하는 등 옹호연합 내의 주도집단으로 활동하였다.

여러 시민, 종교단체들이 노동권 전면보장, 노동허가제도 등에 동일한 합의를 한 것으로 보기는 어렵지만 적어도 외국인노동자의 인권보호를 위해서는 법적인 노동자로 인정하고 정부가 외국인노동자의 복지 개선을 위해 적극 개입해야한다는 것을 공통적으로 요구하였다.

② 인권옹호연합의 지지집단:
전국단위노동조합, 국가인권위, 국제기구

몇 차례의 인권침해 사건들이 언론을 통해 확산되면서 인권옹호연합은 그 지지집단을 넓혀갔다. 1990년대 중반 민주노총, 한국노총 등 전국단위 노동조합들은 외국인노동자의 인권보호와 정당한 대우를 지지하며 연합에 진입하였다. 사실 노동조합은 1980년대 말부터 내국인노동자의 임금수준 및 노동조건의 악화가능성을 우려해 외국인노동자의 도입을 반대하였고,[12] 이에 정부가 절충안으로 내놓은 것

11) 노동허가제도는 시민사회단체 쪽에서 주장했던 정책주장이며 고용허가제도는 이후 노동부 쪽에서 제시하였던 정책안으로 외국인노동자의 법적 지위를 인정한다는 측면에서는 공통되지만 이들의 사업장 이전 및 체류기간 등의 자유를 주장하였다는 점이 고용허가제도와 다르다.

이 산업연수생제도였다.[13] 그러나 1994년 이후 외국인노동자 문제가 노동자의 인권이라는 측면에서 사회문제시 되자 한국노총과 민주노총은 각각 외국인노동자 문제를 공식적인 의제로 채택하는 전향적인 모습을 보였다.[14] 이들은 시민단체와의 연대집회, 성명서발표 등 다양한 활동을 통해서 인권옹호연합 내 지지집단으로 활동하였다. 일자리 대체 문제로 외국인노동자와 경쟁적 관계에 놓여 있다고 인식되던 노동조합의 이러한 입장변화는 인권가치를 우선시하는 옹호연합의 정책신념을 보여주었다.

또한, 국가인권위원회는 외국인노동자의 인권침해 실태를 조사하고 해당 기업에 시정 권고를 하는 등 외국인노동자 문제를 인권적 관점에서 해결하기 위한 활동을 벌였다. 국가인권위원회가 설립된 것이 외국인노동자 인권문제가 부각되어 해결책 마련 논의가 한참이었던 2001년이었기에 외국인노동자 인권문제의 사회이슈화에 주도적 역할을 했다고 보기는 어렵지만, 외국인노동자의 인권을 중요한 정책의제

---

12) 1991년 노동부 장관이 태백지역 탄광노동자 및 사용자대표와의 간담회에서 인력부족문제해결책으로 외국인노동자도입방침을 밝히자 광산노동자협의회는 즉각 반대운동을 전개하였고 당시 한국노동조합총연맹과 전국노동조합협의회 등도 이 반대운동에 동참하여 결국 광원수입을 무산시켰다(설동훈, 2005).

13) 노동조합은 정부가 합법적인 단순기능인력 수입금지 입장 아래 연수생을 단기간 수입하겠다는 정책을 내놓자 이에 동의하고 이후 외국인노동자정책에 특정한 입장표명을 나타내지 않았다.

14) 1998년 3월 한국노총은 고용안정협약 및 경영참가협약을 확정하면서 파견근로자 및 비정규근로자, 외국인노동자 등에 관련된 사항을 합의제로 의결하도록 함으로써 사용자측의 독단을 방지한다는 입장을 표명하여 외국인노동자정책에 대한 새로운 시각을 보여주었다. 민주노총 역시 외국인노동자의 조직화를 비정규 영세사업장, 여성노동자의 조직화문제와 단일선상에 있는 것으로 보았으며 2000년 4월 29일 민주노총 노동절집회에 외국인노동자 수백 명이 참여하여 인권탄압실태를 발표하고 외국인노동자보호법제정을 촉구하였다. 또한 2001년 5월 민주노총 산하 평등노조의 이주노동자지부를 공식 출범시켜, 외국인노동자들의 권리를 스스로 찾도록 조직화하였다(박강로, 2001).

로 삼고 정부 권위로 개입하였다는 점에서 상징성이 크다. 2003년에는 산업연수생제도 폐지와 노동3권 보장을 전제로 고용허가제의 조속한 도입을 국무총리에게 권고하였으며 2005년 4월에는 부산출입국관리소에 보호 중이던 외국인노동자가 가혹행위를 당한 사건을 조사하고 관계자를 형사고발조치 하는 등 불법체류 외국인노동자의 단속 및 강제추방과정의 인권실태조사와 수용환경 개선 활동을 하였다.

한편, 외국인노동자의 인권보장을 위한 옹호연합에는 국제적 수준의 압력도 존재하였다. 소위 부메랑 효과(boomerang pattern)[15)]로 불리는 방식으로, 인권운동사랑방 등 시민단체들과 민주노총 등은 외국인노동자 문제를 다루는 국제기구 및 단체들을 찾아 한국의 상황을 알리고 국제적 지지를 얻고자 하였다. 민주노총은 국제자유노련(ICFTU)과 공동으로 국제노동기구(ILO)에 국내 외국인노동자 인권침해 상황을 알렸으며, 2005년 5월 23일에는 국제자유노련 가이 라이더 사무총장이 이주노동조합 위원장연행과 관련해 정부에 항의서한을 공식 발송하였다.[16)] 또한 종교단체들은 세계성공회협의회에 국내 외국인노동자 인권문제의 심각성을 알려 켄터베리 대주교가 외국인노동자인권에 관해 김대중 전 대통령에게 의견을 전하기도 하였다(고유미, 2004). 국제엠네스티 역시 특별보고관을 파견하여 국내 외국인노동자 인권

---

15) 국내외 운동단체 간 연대를 통한 방식의 경우, 외국인노동자 문제 특징상 국가 간 연계와 협력이 필수적이어서 지원단체들이 국제협력의 필요성을 중요하게 인식하고 있으며 다양하게 협력방법을 모색하고 있다. 운동단체들이 타국의 운동단체를 매개로 자국정부에 간접압력을 넣으려는 것인데, 국내 상황을 개선하기 위한 노력이 정부정책이나 법·제도적인 벽에 부딪혀 더 이상 진전이 어려울 때 외부지지세력에게 정부에게 압박을 가해줄 것을 호소하는 방식을 부메랑 효과(boomerang pattern)라고 부른다(고유미, 2004).

16) 아누와르 서울경인지역이주노조 위원장의 연행에 대해 국제자유노련(ICFTU), 국제식품노련(IUF), 국제공공노련 한국지부(PSI-KC)와 같은 국제 산별노조들이 항의했다.

상황을 점검하고 보고서를 제출하며 인권개선 사항을 권고하였다. 국제연합은 한국이 가입한 국제조약의 이행정도를 점검하며[17] 「경제사회적문화적권리에관한국제규약」에 따른 1995년 1차 정부보고서에 대한 권고의견 속에 외국인노동자 차별근절을 포함하였고, '인종차별철폐협약'의 경우 1996년과 1999년 두 차례에 걸친 정부보고서에 대한 권고의견으로 불법거주 외국인노동자의 여건개선 및 그들의 상황을 합법화하기 위한 조치필요, 불법체류노동자에 대한 차별철폐 대책마련을 요구하였다.[18]

외국인노동자를 송출한 국가가 직접 한국 정부에 개선을 건의하는 형태로 국제적 압력이 행사되기도 하였는데 2000년 1월 주한 필리핀 대사가 노동부를 찾아 자국 노동자의 체불임금 해소와 산재처리를, 5월에는 스리랑카 노동부 장관이 노동부를 방문하여 자국 노동자에 대한 학대금지와 저임금해소를, 2001년 9월에는 인도네시아 노동부 차관이 노동부, 법무부 및 중소기업중앙회를 방문하여 산업연수생과 불법체류자 문제해결을 요청하였다. 이렇게 국제기구 및 단체 등은 외국인노동자에 대한 차별완화와 인권개선 요구를 지속적으로 정부에 제기하며 인권보장의 지지 세력으로 활동하였다.

---

17) 우리나라는 현재 6대 인권협약에 가입해 있으며 이 중 「경제사회적및문화적권리에관한국제규약」과 「인종차별철폐협약」이 외국인노동자 문제를 다루고 있다. 협약내용에 따라 정부는 협약이행여부에 대해 정기적인 보고서를 작성, 제출할 의무가 있으며, 협약이행정도에 대해 개선권고 의견을 받게 된다.

18) 이러한 국제협약 이행의무에 대한 국제적 수준의 압력을 위해 시민단체들은 UN의 「모든이주근로자와그가족의권리보호에관한국제협약」 비준운동을 벌이고 있다. 이 협약은 아직 우리가 가입하지 않은 협약으로 외국인노동자에 관한 가장 직접적 권리보장을 밝히고 있는 협약이다.

### 3) 기업이익옹호연합의 신념체계

한편, 산업연수생제도가 중소기업의 고용부담을 완화시켜주는 긍정적인 제도라고 주장하며, 외국인노동자를 합법적으로 인정하게 될 경우 기업이 받을 경제적 충격을 강조하는 연대가 활동하였다. 이들은 중소기업이 처한 자금난과 인력난은 심각한 수준이며 이러한 상황에서 외국인노동자를 합법화하여 임금상승 및 각종 복지를 제공할 경우, 중소기업의 부담은 크게 증가하고 경영효율성을 해친다고 주장하였다. 고용허가제는 기업경영의 차원, 국민부담의 차원, 사회안정의 차원 등에서 부담이 된다며 강하게 반발하였고 산업연수생제도의 긍정적 효과를 홍보하였다. 산업연수생제도는 중소기업과 외국인, 내국인노동자 모두를 위한 제도이며 외국인노동자의 권익은 충분히 보호되고 있다는 것이다.

이들의 주장은 중소기업의 경영효율성, 경제적 이익을 핵심적 가치로 하는 것으로 보인다. 외국인노동자는 중소기업의 경영부담을 줄이기 위해 도입된 '인력'이며 정부는 원활한 외국인력 수급의 의무, 중소기업 경영부담의 완화 의무를 우선적으로 갖고 있다는 것이다. 이 옹호연합은 주요 논리로 ① 고용허가제도로 인한 인건비의 가중[19]과 불안정한 노사관계의 발생[20]으로 기업경영의 효율성이 낮아지며 ② 사회안정 차원에서도 외국인노동자의 정주화로 인해 사회적 불안[21]과

---

19) 상여금, 퇴직금, 국민연금, 연월차수당 추가부담으로 외국인노동자 1인당 월 37만 원 이상이 추가적으로 발생하며, 경기상황에 따라 외국인력의 탄력적 도입이 불가능하다고 주장하였다(중소기업중앙회, 2003).

20) 노동3권 보장으로 노조설립, 집단행동 등 안정적인 기업활동이 저해된다는 것이다.

21) 내국인 실업증가는 외국인혐오증으로 연결되어 사회적 불안이 심화될 것이라고 주장하였다.

단일민족문화의 훼손이 우려되며 ③ 내국인노동자의 일자리를 대체함으로써 실업과 사회복지비용 증가 등 국민 부담이 높아질 것 등을 들고 있다. 그러나 외국인노동자를 필요로 하는 측이 중소기업임을 고려할 때, 외국인노동자의 도입이 사회 불안정 및 국민 부담을 증가시킬 것이라는 이들의 논리는 모순적이다(전영평 · 한승주, 2006). 사회불안정이나 국민부담 증가는 연수생의 자격으로 들어오든 합법적 노동자로 들어오든 외국인노동자의 증가 그 자체가 낳을 부작용이기 때문에 이러한 주장은 자연스럽지 못한 면이 있다.

또한 이들의 정책주장이었던 산업연수생제도는 인권옹호연합으로부터 인권침해와 불법체류자 양산의 온상이라며 공격받았지만 이들은 산업연수생제도와 인권침해는 무관하다고 반박하였다(중소기업중앙회, 2003). 인권침해는 주로 불법체류자에게 발생하며 불법체류자의 증가는 외국인노동자의 공급부족으로 인한 수급불균형과 정부의 단속미흡에 있다는 것이다.[22] 즉, 이들은 중소기업가의 이익을 중심으로 한 '기업이익', '경영효율성'을 정책신념으로 하고 '산업연수제도의 유지 · 확대'를 정책주장으로 하는 신념체계를 보였다.

### 4) 기업이익옹호연합의 주요 행위자 활동

중소기업의 이익보장을 우선적으로 주장하는 집단은 중소기업중앙회(구 중소기업협동조합중앙회)를 중심으로 한 경제단체들이었다. 이들은 산업연수생 제도의 유지를 위해 일련의 활동을 함께하면서 인권옹호연합과 갈등하였다.

22) 또한 내국인에 비해 낮은 임금(84%)은 그들의 생산성(76%)에 비할 때 오히려 높은 수준이라고 본다(중소기업중앙회, 2003: 4).

① 기업이익옹호연합의 주도적 집단: 중소기업중앙회

기업이익옹호연합의 가장 대표적인 참여자이며 직접적인 이해관계 집단은 중소기업중앙회였다. 1980년대 후반 중소기업의 극심한 인력난 해결을 위해 외국인노동자를 도입해야 한다는 요구는 각 부문별 중소기업협동회 단위에서 먼저 주장되었다. 1989년 5월 주택사업협회, 1989년 10월 석탄협회, 1990년 7월 전자공업협동조합, 1991년 한국선주협회 등은 외국인노동자 수입허용을 당시 상공자원부, 노동부 등 정부부처에 적극적으로 건의하기 시작했다. 산발적인 부문별 요구는 점차 중소기업중앙회로 단일화되었고 중소기업중앙회는 중소기업체를 대표하여 활동하게 되었다.[23]

중소기업중앙회가 주도적인 집단으로 부각되기 시작한 것은 1994년 중소기업중앙회 주관의 산업연수생제도가 시행되면서부터로 볼 수 있다. 중소기업중앙회가 산업연수생의 모집·알선·연수·사후관리를 독점적으로 운영하는 주체로 선정되면서 산업연수생제도에 특별한 이해관계를 갖기 시작한다. 중소기업중앙회의 주된 활동은 산업연수생 규모를 확대하고 고용허가제도 도입을 반대하는 등 산업연수생제도를 방어하는 것이었으며 이를 위해 국회 산업자원위원회와 당시 산업자원부, 중소기업청 등 관련 기관에 압력을 행사하였다. 또한 외국인노동자 합법화 논의가 높아지던 1990년대 후반에는 반대시위[24] 및 성명서 발표,[25] 입법반대 청원[26] 등을 벌이면서 고용허가제

23) 2000년 8월 16일 중소기업중앙회는 중소기업중앙회 1층에 '외국인고용허가제 반대추진본부'를 마련하기도 하였다.

24) 중소기업중앙회는 국회의 외국인 고용허가제 도입 무산을 위하여 2000년 11월 21일 국회 앞에서 장외집회를 개최하였다.

25) 2003년 4월 2일 성명서를 통해 중소기업중앙회는 고용허가제 도입에 대해 '장외집회, 탄원서 제출 등으로 강력하게 반대할 것이며 우선 100만 명을 목표로 도입반대 서명운동을 전개할 것'이라고 밝혔다.

도의 도입 무산을 위해 활발히 활동하였다. 2000년대 초반에 이르러, 외국인노동자 합법화 및 고용허가제 도입을 더 이상 막을 수 없게 되자 산업연수생제도의 병행실시를 조건으로 한 고용허가제 도입을 받아들였지만(설동훈, 2004), 이후에도 2007년 산업연수생제도의 완전 폐지되기까지 고용허가제도의 위헌성과 산업연수생제도의 필요성을 지속적으로 주장하였다.

② 기업이익옹호연합의 지지 집단: 전국단위사업자단체들

외국인노동자 도입에 대해 중소기업중앙회를 제외한 여타의 경제단체들은 초기에는 별다른 반응을 보이지 않았었다. 특히 한국경영자총협회(경총)나 전국경제인단체연합회(전경련) 등 대기업중심의 사업자 단체는 외국인노동자 도입에 대해서 소극적인 태도를 보였는데 이들은 중소기업에 비해 외국인노동력의 직접적 수요자가 아니었고 지나친 외국인노동력 유입으로 산업구조조정이 왜곡될 것을 우려하였다.

그러나 곧 경총, 전경련, 대한상공회의소, 한국무역협회 등 사업자 단체들은 중소기업중앙회와 입장을 함께하며 연대하였다. 1993년 정부의 불법체류외국인 출국조치 방침에 대해 경총은 대체인력 부재로 인한 생산중단 위기를 주장하며 출국조치연장을 법무부에 요청했고, 1995년 12월에는 '단순기능외국인력의 도입확대를 위한 건의'를 주장하는 등 공동성명서 발표[27]와 합동회의, 기자회견 등의 방식으로 국회에 상정된 외국인노동자 합법화 법안과 고용허가제도를 강하게 반

26) 2001년 3월 20일 중소기업중앙회 회장인 김영수 외 641인은 '외국인노동자고용및인권보장에관한법률제정반대에관한청원'을 제기하였다.

27) 2003년 2월 11일 '경제5단체 공동건의문'을 통해 경제5단체는 '정부와 국회 등에 고용허가제의 성급한 도입에 반대하고 외국인연수취업제의 유지로 기업의 인력난 완화를 호소한다'고 공동성명을 발표하였다.

대하면서 기업이익옹호연합의 지지집단으로 활동하였다.

## 3. 옹호연합의 상호작용

두 옹호연합의 충돌은 가치옹호집단(purposive groups)과 물질적 사익옹호집단(material groups) 간 갈등이라는 특징을 보인다. 인권옹호연합의 경우, 기업이익에 앞서 외국인노동자의 존엄가치를 우선시 하였다. 직접적인 이익을 추구하기보다 추상적인 인권 가치에 공감하는 시민사회단체 등 간접적인 행위자들이 외국인노동자의 법적 인정과 복지향상을 위해 연대하며 활동한 것이다. 반면 기업이익옹호연합의 경우, 외국인노동자의 인권을 경영효율성 뒤에 오는 가치 혹은 현실적인 기업경영 상황을 간과한 미사여구로 간주하며 중소기업들의 이익이 우선적으로 보장되어야 함을 강조하고 있다. 이들이 경제발전, 국민부담의 증가, 사회의 불안정을 이유로 들었지만 이것은 당사자의 사익을 사회적 가치와 연결시킴으로써 지지 범위를 넓히고 옹호연합의 논리를 구축하는 행태로 보인다.[28] 즉, 외국인노동자 문제를 둘러싼 두 옹호연합은 인권이라는 보다 추상적인 가치를 핵심적으로 추구

28) Sabatier와 Jenkins-Smith(1993: 223-225)는 옹호연합의 갈등이 주로 belief과 interests 사이의 갈등으로 나타남을 지적하면서, 이러한 갈등에서 사적이익을 주장하는 옹호집단의 신념체계를 어떻게 볼 것인지에 대해 논의하고 있다. 이 경우, 신념체계의 구성은 두 가지 가능성이 있는데, 우선 사익옹호연합은 핵심적 신념–정책선호–2차적 측면이라는 신념체계의 위계가 뒤바뀌어 작동할 수 있다는 것이다. 물질적인 사익추구가 추상적인 정책신념보다 우선시될 수 있다고 보았다. 가치추구연합에 비해 상대적으로 유동적인 태도를 취할 수 있으며 편의에 따른 연합(coalition of convenience)을 구성하여 활동할 가능성이 높다. 반면, 또 다른 가능성은 사익추구집단의 기본적 목적이 덜 추상적인 것이며 가치추구집단의 기본적 목적에 비해 좁은 범위에 그칠 뿐 신념체계의 위계적 구성은 그대로라고 본다. 즉, 추상적인 신념에는 구체적인 사익도 포함된다는 것이다.

하는 집단과 보다 사적 이익의 보호에 우선순위를 두는 집단 간의 충돌로 나타난 것이다.

이러한 두 옹호연합의 상호작용은 몇 가지 특징을 보인다.

첫째, 외국인노동자 인권옹호를 위해 비당사자 중심의 사회운동이 진행되었다는 점이다. 당사자 집단을 중심으로 지지 세력을 넓혀가는 활동은 일반적 현상으로 볼 수 있으나, 외국인노동자의 인권문제에 있어서 비당사자인 시민사회단체들이 당사자 집단보다 두드러진 활동을 보였다. 이것은 권력적 열세 및 언어적 제약 등으로 인해 정치적으로 대표되기 어려운 소수자집단의 운동 특징으로 볼 수 있다. 소수자운동은 해당 집단의 활성화보다 옹호세력의 구축과 지지 확보를 통하여 본격적으로 전개되는 경향이 있으며 옹호연합 형성에 성공할 때 지향하는 정책변화를 이끌 수 있다(전영평, 2009). 따라서 소수자운동은 당사자 집단만의 활동보다는 옹호연합이 등장하여 공방하는 형식으로 나타나는 경향을 보이며 외국인노동자 문제를 둘러싸고도 옹호연합을 통한 운동 방식이 나타난 것이다. 시민종교단체들이 중심에서 외국인노동자를 조직화하였고 현장의 인권침해 상황에 적극적으로 개입하여 이슈화하거나 생활상담과 복지지원을 하였다. 인권가치를 공유한 시민사회단체의 남다른 활동에 힘입어 외국인노동자를 조직화하는 것이 어느 정도 성공했고, 2000년대 이후에는 외국인노동자들이 종교모임과 동호회 같은 비공식적 형태부터 지역단위 노동조합(서울경기인천지역 이주노동자 노동조합)까지 결성하였다.

반면, 기업이익옹호연합은 이해관계의 당사자인 중소기업중앙회를 중심으로 자신들의 이익 방어를 위한 활동을 집중적으로 펼쳤다. 이를 위해 중소기업의 어려운 경영현실과 고용허가제도로 인한 경제적 부담을 경영효율성으로 가치화하면서 사업자단체 등 지지집단을 동

원하는 모습을 보였다.

둘째, 옹호연합 간 상호작용이 '귀머거리의 대화(dialogue of the deaf)'라는 특징을 보였다(Sabatier & Jenkins-Smith, 1993: 48). 두 옹호연합 간 공방은 각 옹호연합의 논리를 강화시키고 정책주장을 방어하는 과정이었을 뿐, 각각의 정책주장은 자발적으로 조정되거나 수렴되지 않았다. 기업이익옹호연합의 산업연수생제도 확대 주장은 2003년 국회에서 고용허가제가 통과된 이후에도 지속되었다. 중소기업중앙회는 연수생 형식을 통한 외국인력도입의 정당성을 계속 주장하였을 뿐 정책주장과 논리의 변화모습은 보이지 않았다. 인권옹호연합 역시, 초기부터 외국인노동자의 인권보장은 외국인노동자의 합법화를 통해야 한다고 일관되게 주장해왔다.

가치나 믿음에 기반한 옹호연합의 갈등은 근본적으로 조정과 타협이 쉽지 않고, 두 옹호연합 사이의 힘의 대치를 바꿀만한 외부적 영향력이 가해지기 전까지 옹호연합 상호 간에 이른바 '귀머거리의 대화' 방식이 경향적으로 존재한다. Sabatier와 Jenkins-Smith에 따르면 신념을 기반으로 한 옹호연합 간의 갈등은 서로 상대주장의 논리를 공격하고 자신을 방어하는 과정에서 기존 주장을 강화시키기 쉽다. 즉, 정책변동의 중요한 힘으로 작동할 수 있는 옹호연합의 정책지향학습이 두 옹호연합 상호 간의 조정형태로 나타나기보다는 옹호연합 내부의 신념 강화형태로 나타난다는 것이다.[29] 옹호연합모형에서는 신념 및 정책변동의 경로로서 정책지향학습을 강조한다. 이는

29) 그들이 말한 정책지향학습은 옹호연합 내부와 상호 간에 작동한다. 옹호연합 내부의 학습은 자신의 주장과 근거기반을 강화시키는 선에서 작동하는 반면, 옹호연합 상호 간의 학습은 정책신념이나 정책주장을 조정하는 것으로 갈등의 수준에 따라, 문제의 분석 용이성에 따라, 전문화된 포럼의 존재여부 등에 따라 영향을 받는다(Sabatier & Jenkins-Smith, 1993).

외적 요인과 신념체계가 비교적 안정되어 있어 급격한 변화가 어려운 서구의 경우에는 가능하지만, 상대에게 배타적이고 환경적 요인이 급격하게 변화하는 우리의 경우에는 정책지향학습을 통한 신념 및 정책의 변동발생이 흔하지 않을 수 있다(김순양, 2010: 64).

셋째, 기득권을 가진 연합과 이슈화를 이끄는 연합의 갈등으로 볼 수 있다. 외국인노동자 정책에 관한 참여 기회나 자원 등의 기득권은 기업이익옹호연합에게 주어져 있었지만, 10여 년간 외국인노동자 이슈를 만들고 적극적으로 확산시킨 이슈 리더는 비지배적 위치에 있던 인권옹호연합이었다. 일반적으로 기득권을 가진 측이 이슈를 형성하고 관리하기 상대적으로 쉬운 위치에 있지만 외국인노동자 문제에 있어서는 그들이 적극적인 이슈 프레임을 구축하지 못한 채, 인권옹호연합이 구축한 인권 프레임과 정책이슈를 방어할 뿐이었다. 기득권을 가진 집단과 이슈를 이끄는 집단이 동일할 경우 안정적인 지배연합(governing coalition)이 구축·유지되겠지만, 이렇게 상이할 경우 두 연합 간의 갈등은 첨예하게 나타나고 정책조정이 용이하지 않게 된다. 또한 소수자 옹호연합과 반대연합이 모두 강하게 활동하고 충돌하는 정책갈등에서는 정부도 소극적 중개자의 역할을 수행하게 된다.

요컨대, 외국인노동자 문제를 이끈 두 옹호연합 간의 상호작용은 자신의 신념체계를 방어하는 배타적 과정이었을 뿐, 서로의 정책적 가치나 정책대안이 수렴되거나 받아들여지는 학습과정으로 보기 힘들다. 인권친화적 정책전환을 시도하는 옹호연합과 기존에 구축된 이익을 방어하기 위해 정책전환을 막는 옹호연합 사이의 갈등구조가 첨예화되었고, 외국인노동자정책은 서로 간의 정책지향학습보다는 외적 환경변화의 영향에 의해 정치적으로 조정된 타협의 산물인 것이다.

## 4. 외부적 사건의 발생과 정책변동: 고용허가제의 도입

옹호연합 간의 갈등이 격화되고 상호 간의 자발적 조정으로 정책이 산출되기 어려운 상황일수록 외부적 사건의 영향력은 더욱 커진다. 2003년 국회가 고용허가제도의 도입을 의결할 수 있었던 것은 외국인노동자의 처우를 개선해야 한다는 여론이 사회적으로 고조되던 상황과 함께 외국인노동자의 인권이 새롭게 집권한 정부의 주요 관심사로 여겨졌던 상황이 영향을 준 것으로 보인다.

우선, 여론의 변화 측면에서 외국인노동자 처우개선 여론이 사회적으로 고조되던 상황이었다. 1987년 민주화 이후 국민의 기본권이 점차 신장되면서 억눌려왔던 소수자들의 목소리가 분출되었다. 그 수가 폭발적으로 증가한 노동단체, 시민단체 등은 1990년대 조직별로 특정 사업과 이슈를 가지고 감시와 통제의 기능을 사회적으로 담당하게 되었으며, 이들은 정치개혁과 경제민주화, 환경과 인권문제 등 각종 사회문제에 개입하여 이런 사회문제를 정책의제화하는 역할을 수행하였다. 외국인노동자의 개별적 인권침해를 상담하고 지원하는 단체들이 1990년대 초반부터 설립되기 시작하여 외국인노동자들이 많이 근무하고 있는 안양, 부천 등의 지역을 중심으로 급속도로 확산되었다. 외국인노동자 문제해결을 위한 이들의 활동을 통해서 외국인노동자의 열악한 처우가 알려졌고 인권보장에 공감하는 여론이 형성될 수 있었다.

한편, 지배적 권력의 변화도 정책에 영향을 미쳤는데, 참여정부의 등장은 외국인노동자의 인권친화적 환경을 형성하였다. 2002년 대통령선거에서는 노무현 후보와 이회창 후보 모두 선거공약으로 고용허가제도의 도입을 주요 정책과제로 내세우면서 실질적인 도입가능성

이 높아졌고 2003년 출범한 노무현 정부는 3월 29일 고용허가제 도입 방침을 공식적으로 밝힘에 따라 고용허가제도는 운동단체의 요구수준을 넘어서서 정책의제가 되었으며, 2004년 고용허가제 실시의 직접적 계기가 되었다. 대통령의 관심여부가 정책변화에 중요한 계기를 제공하는 한국적 맥락에서 노무현 전 대통령은 법무부에 혁신적인 외국인관리정책개발을 지시하는 등 외국인 인권보호에 관심을 보였고(윤인진, 2005), 법무부는 출입국관리국을 이민청과 같은 외국인이민정책 총괄기구를 만들고자하는 내부 목표를 달성하기 위해 출입국외국인정책본부로 확대 개편하였다. 또한 국무총리 산하에 외국인정책위원회가 만들어져 외국인 문제에 관한 기본계획을 수립하고 범부처간 정책조정을 담당하였다.

이러한 외부적 상황변화는 인권옹호연합에 긍정적인 환경을 제공하였다. 인권옹호연합은 지배권력의 관심과 긍정적 여론을 기반으로 외국인노동자의 인권 이슈를 확산하는 데 성공하였고 사회적으로 발생한 관련 사건에 대한 적극적인 현장 개입과 언론홍보를 통해서 정책변화의 필요성과 정당성을 확보하였다. 그 결과, 산업연수생제도를 기반으로 하였던 한국의 외국인력정책은 점차 외국인노동자의 합법적 노동을 인정하는 방향으로 흘러갔다. 2004년 8월, 한국은 고용허가제도 시행을 통해 외국인노동자의 권리를 법적으로 인정한 최초의 아시아 국가가 되었고, 현재 외국인노동자는 적어도 법적으로는 근로3권 등에서 내국인노동자와 유사한 수준의 권리를 보장받게 되었다고 평가된다.

## Ⅳ. 고용허가제 이후 갈등구조와 정부대응

2004년 고용허가제의 실시로 외국인노동자 정책은 인권옹호연합의 지향을 반영하는 변화로 일단락되었다. 그 이후, 외국인노동자 문제의 갈등구조는 이전과는 또 다른 특징을 드러내고 있는데, 첫째, 그동안 노동자성의 인정여부를 둘러싼 갈등이 '노동권의 인정범위'를 둘러싼 갈등으로 변화하고 있으며, 둘째, 인권옹호연합 내부에서도 이를 둘러싼 분화의 모습이 발견된다는 점 등이다.

한편, 정부의 대응을 검토할 때, 고용허가제 전까지 정부의 역할이 외국인력도입의 중개자, 외국인노동자 문제의 사후 조정자 등 소극적 모습에 그쳤다면, 고용허가제도하에서는 시장실패를 보완하는 장치로서 보다 적극적인 역할을 담당하는 것으로 보인다. 그러나 이전과 달라진 역할을 수행하는 정부의 대응모습은 이중적・분열적 특징을 보이고 있었다.

### 1. 갈등 구조의 변화: 노동권 인정범위를 둘러싼 분화

"외국인노동자의 노동권을 어디까지 보장해야 하는가?"라는 물음은 외국인노동자 문제의 특수성과 밀접하게 연결된다. 앞서 말한 대로, 외국인노동자 문제는 ① 비국적자에 대한 차별이 정당화되고, ② 추상적인 인권의 속성상 법적 권리가 사회적 합의에 따름으로써 불안정하며, ③ 한국 사회가 외국인노동자에 대한 사회문화적 배타성이 높다는 근본속성을 갖고 있다. 이러한 특성으로 인해 외국인노동자의 노동권을 내국인노동자와 동등하게 하자는 요구에는 논란이 있을 수밖에 없다.

### 1) 인권옹호연합의 구성변화: 분화의 모습

현재 외국인노동자의 권리에서 이슈가 되는 것은 사업장 이동의 제한(3회)과 체류기간의 제한(3년) 등이다. 내국인노동자의 일자리 보호와 중소기업의 고용안정을 위해 두고 있는 법적 제약이 문제가 되는 것이다.

인권옹호연합에 속하는 일부 시민단체들은 이러한 제도적 규제가 고용주에게 일방적인 고용권을 주고 있어 외국인노동자의 노동기본권을 침해하며 노동권 전반을 내국인노동자와 동등하게 완전히 보장하는 '노동허가제'로 이행할 것을 정책주장으로 내세우고 있다. 외국인노동자문제대책협의회, 이주노동자노동조합, 노동해방학생연대, 민주노총, 국제엠네스티 등 일부 단체들은 고용허가제가 그 본질은 산업연수생제도와 다를 바 없다고 비판하면서[30] 노동기본권의 완전보장과 불법체류자의 전면합법화를 통해서 문제를 원천적으로 해결해야 한다고 주장한다.[31]

이들이 노동허가제로의 전환 투쟁이 필요하며 이것이 궁극적 해결책이라고 여기는 반면, 인권옹호연합에 속하는 일부 단체들은 현재 수준의 규제의 정당성을 인정하고 노동허가제로의 전환보다는 고용허가제도가 현장에서 제대로 시행될 수 있도록 하는 관리문제에 주목한다. 제도획득 투쟁보다 현장의 인권실태를 관리·감독하며 실효성

---

30) 민주화를 위한 전국교수협의회, 전국교수노동조합의 성명서(2007.8.17). '미등록 이주노동자에 대한 단속·추방을 중단하고 이주노동자의 노동권·시민권 보장을 촉구한다'

31) 노동해방학생연대(2005). '이주노동자 해방을 위해: 어떻게 투쟁할 것인가' (http://www.nodong.com).
이주노동자노동조합(2005). '고용허가제 시행 1년에 파탄을 선언한다' (http://go.jinbo.net).

있는 처벌장치를 구축하는 것이 우선이라고 보는 것이다. 인권옹호연합은 고용허가제도가 외국인노동자에게 사업장 이동의 자유를 부여하지 않고 정부의 허가아래 옮기도록 한 것은 국내 노동시장 보호 등을 위해 어느 정도 필요성이 인정된다며 노동허가제도 도입에 대해서는 소극적 태도를 보이고 있다(이선옥, 2007; 설동훈, 2009; 윤인진, 2008). 그중에서도 종교단체 소속의 지역상담소 등은 외국인노동자를 위한 의료상담, 언어지원 등의 복지서비스를 제공하며 고용허가제도의 정착 및 불법체류자의 단속과정에서 벌어지는 인권침해 해결에 더욱 집중하고 있다.

즉, 법적 노동자성 획득을 위해 공동으로 투쟁한 단체들이 고용허가제 도입 이후, 외국인노동자의 노동자적 권리를 어디까지 보장할 것인가에 대해 이견을 보이고 있다.[32] 신념을 기반으로 한 옹호연합은 그 구성의 변화가 쉽지 않아야 함에도 이러한 분화모습이 발견되는 것은, 옹호연합이 외국인노동자의 합법성 획득이라는 정책주장에 성공한 이후 다음 정책주장으로 변화하는 과정에서 나타난 입장차이로 보여진다. 즉 신념체계 상의 핵심신념 차이라기보다 정책선호, 이차적 측면에 대한 내부적 차이를 보이는 것이다.

### 2) 기업이익옹호연합의 구성변화: 내국인노동자의 지지 움직임

기업이익옹호연합은 고용허가제 도입 이후에도 2007년 산업연수생제도가 폐지될 때까지 병행실시 기간 동안 꾸준히 산업연수생제도

32) 인권옹호연합의 이러한 분화는 소수자운동의 스펙트럼에 따른 분화로 보이는데, 노동허가제의 제도획득 투쟁을 중심에 두는 단체들의 경우 개량주의적 소수자운동 성향을, 복지혜택의 증가와 인권의 관리감독에 초점을 두는 단체들은 후견주의적 소수자운동의 성향을 갖는 것으로 볼 수 있을 것이다.

의 필요성을 역설하였다. 특히 고용허가제도의 법적 기반이 되는 「외국인근로자의고용등에관한법률」의 위헌확인소송(2005헌마766)을 통해서 '외국인근로자의 인권보호라는 미명하에 중소기업인력채용시장에 정부가 과도하게 개입하여 외국인근로자의 공급을 독점하고, 외국인근로자가 국내근로자에 비하여 생산성이 현저하게 떨어짐에도 획일적으로 동등한 대우를 하도록 강제하여 중소기업가의 직업의 자유, 평등권 등을 침해한다'고 주장하였다. 이는 헌법재판소의 기각으로 일단락되었으나 외국인노동자에 대한 복지혜택의 확산은 노동시장의 현실을 감안하지 않는 조치[33]이며 고용자의 부담을 높이고 있다는 내용의 성명서를 지속적으로 발표하고 있다.

한편, 산업연수생제도의 유지를 주장하고 외국인노동자의 노동권 확대에 반발하는 내국인노동자의 활동이 강화되고 있다. 그동안 같은 노동자로서의 권리보장이라는 차원에서 민주노총, 한국노총 등 전국 단위 양대 노총이 외국인노동자의 합법화에 찬성하면서 인권옹호연합이 지지세력으로 가담해왔다. 그러나 최근 건설업 및 서비스업에 종사하는 내국인노동자들을 중심으로 외국인노동자가 내국인의 일자리를 대체하고 임금수준을 하향 평준화시키고 있다며 이들에 대한 단속강화와 규제를 주장하는 목소리가 커지고 있다. 이들은 외국인노동자문제대책시민연대 등의 단체를 결성하여 성명서 발표, 시위주도, 불법체류자의 신고, 피해사례수집 등의 활동을 벌이고 있다.[34] 이들이

33) 경제5단체는 2006년 1월 17일 '국가인권정책 기본계획 권고안에 대한 경제계 입장'을 발표하며, "우리 노동시장의 현실을 감안하지 않고 지극히 이상적인 '노동인권'이라는 환상에 사로잡힌 발상으로서 산업현장에 갈등과 혼란만을 부추기는 결과를 초래할 것"이며 "외국인 불법체류자의 자녀에 대한 양육 받을 권리와 교육받을 권리를 보장하고 양육비와 의료비를 지원하는 사회복지체제를 구축하라는 주장은 장기 불법체류와 정주화를 조장하고 불법체류자를 양산하는 결과를 초래할 우려가 크다"라고 주장하였다.

궁극적으로 외국인노동자의 도입을 반대한다는 측면에서는 중소기업가들과 배치되는 입장에 서지만, 정책주장으로 외국인노동자의 합법화를 반대하고 산업연수생제도의 유지를 지지한다는 점에서 기업이익옹호연합과 공통적 정책주장을 펴는 것이다.35)

## 2. 정부 대응상의 특징

정부는 옹호연합 간 갈등을 조정하고 중재하는 대표적인 정책중재자이다. 지난 20여 년간 외국인노동자의 인권에 관한 정부의 역할변화를 살펴보면 적잖은 변화모습을 발견할 수 있다. 무전략적 혹은 사건대응적 방식을 보이던 정부는 유인 및 제재 등 통제수단을 보유하면서(김순양, 2010: 60) 현재 외국인노동자의 인권문제에 있어서 중립

34) 2008년 11월 30일, 외국인노동자들에 대한 탄압을 중단하라는 집회와 함께 이들에 대한 단속을 강화하라는 내국인노동자들의 집회가 동시에 열렸다. 이주노동자차별철폐를 위한 공동행동 회원 300여명이 서울역 광장에서 외국인노동자 탄압정책을 철회하라고 주장하면서 "지난달 9월 25일 국가경쟁력강화위원회에서 발표한 '비전문 외국인력 정책 개선안'은 외국인노동자들의 숙식비를 임금에 포함시켜, 실제로는 10만 원 정도의 임금이 삭감되는 것"이며 "외국인노동자들의 인권을 무시한 일련의 정책을 즉각 철회하라"고 촉구했다. 반면 외국인노동자대책 범국민연대 회원 50여 명은 같은 시각 대학로 마로니에 공원에서 집회를 열고 정부의 단속강화 조치를 환영하는 동시에 더욱 엄정한 대처를 촉구하는 집회를 가졌다. 이들은 "무분별한 외국인노동자 유입으로 인해 내국인들의 일자리가 위협받고 있다"면서 "23만여 명의 불법 체류 외국인을 본국으로 돌려보내 서민 일자리를 확보해야 한다"고 주장했다. 또 불법 체류자들의 강력 범죄로 인해 사회불안이 증폭되고 있다면서 대책 마련을 서둘러야 한다고 강조했다.

35) 실제로 외국인노동자시민연대의 창립선언문(2002.2.14)에는 "합법 산업연수생으로 자신에게 주어진 체류기간동안 제조업 현장에서 묵묵히 땀 흘리며 자국의 임금보다 10−30배 이상을 얻는 한국을 은혜의 나라로 여기며 감사하는 성실한 외국인노동자가 있음을 알고 있다"라며 연수생제도의 유지를 지지하고 있으며 "거대 종교, 노동단체는 그들 스스로 부끄러운 과오를 반성해야 할 것이다"며 외국인노동자의 합법화를 주장하는 중앙단위 노동조합에 대해 반발하고 있다.

적인 정책조정자 이상의 역할을 공식적으로 담당하고 있다.

### 1) 소극적 조정자에서 적극적 개입자로

두 옹호연합의 공방과 갈등심화 과정에서 정부의 역할은 어떠하였으며 정부가 외국인노동자의 인권 문제에 어떻게 대응해왔는가를 살펴보면, 고용허가제도 이전까지 정부는 이슈의 의도적 무시, 임시방편적 대응 등 무전략 혹은 소극적 조정자였다고 평가된다. 1990년대 외국인노동자 인권침해 사건이 언론을 통해 이슈화될 때마다 정부는 점진적인 개선조치를 내놓는 방식으로 대응하였다. 1992년 8월 이전에는 불법체류노동자를 근로기준법상의 근로자로 인정하여 산업재해보상법 뿐 아니라 근로기준법 등 노동관계법을 적용하였으나 그 수가 크게 증가하자 1992년 9월부터 노동관계법 적용 제외방침으로 변경하였다. 그로 인해 외국인노동자의 인권침해 사례가 폭증함으로써 정부의 의도적인 법적 · 제도적 공백이 인권침해를 점화시킨 것으로 비판되기도 한다. 이후 정부의 사건대응식 조치들을 보면, 1994년 경실련강당농성 이후 노동부는 불법체류노동자에게 산업재해보상보험의 전면적용을 발표했고 1995년 네팔인명동성당농성사건을 계기로 산재보험 및 의료보험의 적용, 근로기준 8개 조항의 적용, 산업안전보건법상의 안전 · 보건 · 건강조치 및 최저임금법을 적용하였다.[36] 또한 2000년에는 미등록노동자 자녀의 교육문제가 언론을 통해 이슈화되자 교육인적자원부는 2001년 초등학교 입학허용, 2002년 초중학교의 전 · 입학을 허용한다는 조치를 발표하였다(설동훈, 2004). 또한 1996년 인권옹호연합의 외국인노동자보호법 제정시도에 대해 정부는

36) 그러나 처벌조항이 없으므로 실효성은 거의 없었다.

1998년 소폭 개선된 '연수 후 취업제도'의 실시로 대응하였다.[37] 노무현 정권과 함께 다시 추진되던 2002년 고용허가제도의 시도는 중소기업의 반발무마를 위해 산업연수생제도와의 병행실시를 포함하여 제도화되었다. 즉, 정부는 이슈화된 사건에 대해 대통령지시 등을 통한 시혜적 사건해결 방식을 선택하였을 뿐 문제해결의 본질인 외국인노동자의 법적 지위 인정에 대해서는 적극적 모습을 보이지 않은 채, 정책갈등에 대응했던 것이다.

그러나 고용허가제도로의 전환은 정부역할의 패러다임을 공식적으로 바꿔놓은 것으로 보인다. 산업연수생제도 당시 중소기업중앙회에게 주었던 외국인노동자의 공급관리의 권한을, 고용허가제 아래에서는 정부가 독점적으로 관리하고 직접적으로 개입한다. 정부가 노동자를 송출하는 해당 국가와 양해각서를 체결하고 노동자 명단을 작성하여 중소기업고용주와 외국인노동자를 연결 짓는 과정을 직접 관리하면서 민간기업의 직접채용이나 민간전문기관의 위탁 및 관리를 전면 금지하고 있다.

이러한 제도설계는 정부가 이전 시기 시장에 맡긴 외국인력 도입 및 관리가 실패하였으므로 이를 보완하기 위해 적극 개입하는 '공공기관 모델'로 전환하였음을 의미한다. 실제로 고용허가제도의 위헌여부 판결과정에서 노동부 장관이 제출한 의견을 보면 '사업자 위주의 외국인력 공급체계 유지에 따른 부작용을 방지하고자 도입과정에서 영리를 추구하는 민간송출기관의 개입을 방지하고 국가 간 양해각서를 체결하여 구체적인 외국인구직자 선발조건을 규정하는 공공기관 도입모델을 취하였음'을 밝히고 있다.[38] 이를 통해, 외국인노동자 문

---

37) 2000년 이들의 재차 입법시도에 대해서 기업이익옹호집단의 반발로 지연하다 15대 국회종료로 자동 폐기되었다.

제에 있어서 정부가 자신의 역할을 시장실패 보완자로 설정하고 있음을 알 수 있다.

### 2) 이중적 · 분열적 대응

그러나 적극적 개입자의 역할을 한다는 것이 정부가 인권주의적 방식으로 외국인노동자 문제에 대응함을 의미한다고 보기 어렵다. 외국인노동자를 관리의 대상인 '노동력'으로 보면서도 '근로자'로서의 일부 권익을 보장받아야함을 인정함으로써 현재 외국인노동자에 대한 이중적 관점과 역할을 갖고 있다. 소기업을 보호해야 한다는 전통적인 정부역할 외에도 외국인노동자를 관리뿐 아니라 제한적으로 보호해야 하는 역할을 해야 하는 것이다.

이러한 이중적 관점은 외국인노동자 집단을 구별하는 분리대응으로 나타나고 있다. 합법체류 노동자에 대해서는 정부주도 다문화주의 부분적 주체로 인정하면서 그 권익보호를 위한 복지지원서비스를

---

38) 노동부 장관은 송출국가와 양해각서를 체결하고, 송출국가는 양해각서에 따라 외국인구직자를 모집하고 학력, 경력, 한국어능력시험 등 객관적 기준에 의해 외국인구직자를 선정하여 외국인구직자명부를 작성한 뒤 한국 정부 또는 공공기관에 송부한다. 비전문취업(비자유형 E-9) 체류자격을 가진 외국인근로자를 고용하려는 국내사용자는 우선 내국인 구인신청을 하여야 하고, 구인노력에도 불구하고 인력을 채용하지 못한 경우 직업안정기관에 외국인근로자 고용허가를 신청할 수 있다. 직업안정기관에서는 사용자에게 외국인구직자명부에 등록된 자를 추천해 주고 사용자가 이들 중에서 적격자를 선정하면 고용허가서가 발급된다. 사용자는 직접 또는 대행기관을 통하여 그 외국인근로자와 표준근로계약서에 따라 근로계약을 체결한다. 외국인근로자와 근로계약을 체결한 사용자는 외국인근로자를 대신하여 법무부 장관에게 사증발급신청서를 신청하고 발급받은 사증발급인정서를 그 외국인근로자에게 송부하며 외국인근로자는 재외공관에 이를 제출함으로써 사증을 발급받은 후 국내에 입국하게 된다. 외국인 근로자의 취업기간은 3년으로 사업장이동은 3회로 제한되어 있다.

노동부와 지방정부가 중심에서 제공하고 있다. 현재 합법체류 노동자에 대한 정부의 복지지원은 특히, 거버넌스적 양식으로 제공되고 있는데, 노동부 산하에 한국외국인근로자지원센터를 설립하여 시민사회단체에게 그 관리를 위탁하는 등 한국어교육지원, 문화가이드북, 인권매뉴얼 제작보급, 외국인노동자 전용문화의 집 조성, 외국인 밀집지역 도서관 내 외국인전용공간 조성, 문화체육축제, 외국인노동자 참여 방송프로그램 제작 방영 등 구체적인 서비스를 제공하고 있다.[39]

반면, 불법체류 중인 외국인노동자에 대해서는 '강력단속, 엄정대처'를 내세우며 법무부 출입국외국인정책본부를 중심으로 주기적인 합동단속을 통해 강제퇴거를 추진하며 이들에 대한 그 이외의 어떠한 공식적 개입도 인정하지 않고 있다. 결국, 외국인노동자는 합법인간과 불법인간으로 구분되고 불법체류자는 정부의 다문화주의로부터 철저히 배제된다. 합법체류자에게는 다양한 문화복지서비스가 제공될 때, 한편에서는 불법체류자에 대한 강력한 단속과 추방이 진행되는 분열적 모습을 보이는 것이다.[40]

더욱이 불법체류자에 대한 단속과 추방은 인권침해 문제를 다시 낳고 있다. 대표적으로 지난 2007년 2월 여수 외국인보호소 화재참사는 강제출국을 앞두고 보호소에서 수용 중이던 외국인노동자 10명이

39) 이는 외국인노동자의 복지지원에 정부가 전면적으로 나서는 데 따른 정치적 부담과 사회적 갈등으로부터 비껴나면서, 외국인노동자에 대한 지원요구를 간접적으로 대응할 수 있는 방식이라는 이유로 선호되는 것으로 보인다.

40) 한국 정부는 2008년 9월 불법체류자에 대해서는 강력 대처할 것이라고 발표하고 2012년까지 현재 22만 명으로 추산되는 미등록 외국인노동자를 절반으로 줄이겠다고 하였다. 정부 발표 이후 사업장, 길거리, 지하철 역, 시장, 외국인노동자 숙소에서 미등록 외국인노동자 단속이 급격하게 증가하였다. 이러한 단속으로 인해 2008년 미등록 외국인노동자 체포건수는 그 전해에 비해 50% 증가하였고 2009년 초부터 첫 5개월 동안에도 증가하여 매달 수천 명의 미등록 외국인노동자들이 구금되거나 강제출국 당했다.

숨지고 17명이 다친 사건으로 시민단체들의 거센 항의와 비판에 직면하였다. 2008년 남양주시 마석가구공단의 불법체류자 단속은 규정과 절차를 위반한 채 무리하게 진행됨으로써 인간사냥으로 비난받기도 하였다.[41] 2009년 3월 말 기준 국내 체류 중인 전체 외국인노동자 수는 69만 명이고, 그중에서 불법체류자로 불리는 미등록외국인노동자가 17만 명 이상으로 나타나 25.6%를 차지하고 있다. 이들은 현재 한국의 중소기업 현장에 노동력을 제공하는 주체이면서도 그 법적 지위로 인하여 인권침해적 상태에 놓여 있는 것이다. 적법한 지위를 갖지 못하는 자에게 행정서비스를 제공해야하는가의 논쟁(전영평, 2008: 25)은 존재하지만, 무리한 단속과 추방만으로 불법체류자의 수를 줄이려는 정부대응은 차별시비를 다시 불러일으킬 수 있다.

### 3) 제도와 현실의 괴리 묵인

고용허가제도의 도입으로 한국은 외국인노동자의 인권에 있어 어느 정도 선진적인 법제를 구축한 것으로 평가받고 있다. 그러나 현장에서의 목소리는 사뭇 다르게 나타난다. 일부 시민단체의 조사에 따

41) 국제엠네스티(2009)에 따르면, 2008년 9월, 부천에서 단속하는 과정에서 미얀마 출신의 외국인노동자가 체포되어 구금된 지 13시간 만에 사망한 사건이 발생하였다. 출입국관리사무소 직원들은 이 남성이 진단을 받는 동안에 통역을 지원하지 않았고 이 남성의 추가 치료요구도 거부하였다. 2008년 11월 마석에서는 출입국관리사무소 직원이 필리핀 여성에게 공공장소에서 소변을 보도록 하고 속옷차림의 필리핀 출신 여성 두 명의 머리채를 잡아끌었던 사건이 있었다. 또한 당시 한 방글라데시 남성은 다리골절 등의 부상을 입었지만 즉각적인 치료를 거부당하기도 했다. 2009년 4월 대전에서는 출입국관리사무소 직원이 중국 여성을 구타하는 장면이 비디오에 촬영되기도 하였다. 단속과정에서 출입국 공무원들은 제복 착용, 신분증 제시, 보호명령서 제시 등의 적법한 체포절차를 무시하고 있다고 보고했다.

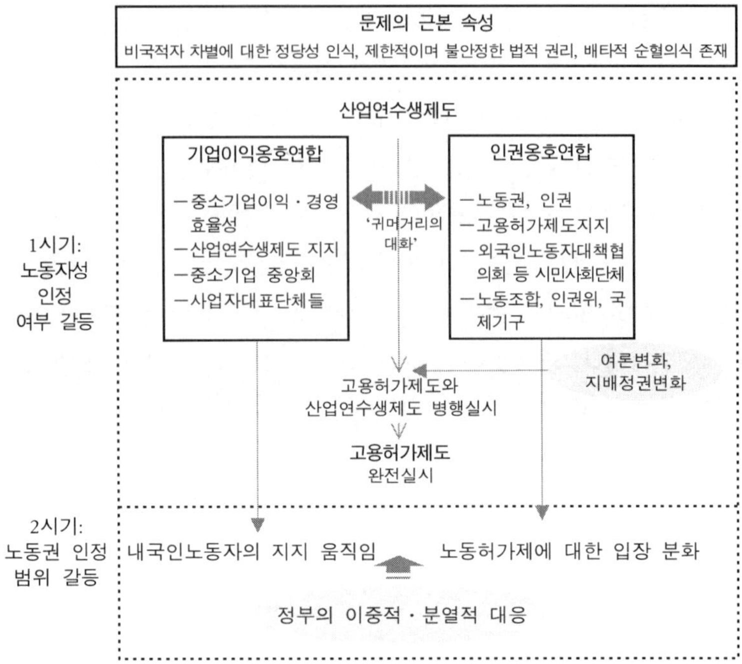


〈그림 6-1〉 외국인노동자정책 갈등의 구조와 흐름

르면 고용허가제도의 제도적 혜택을 현장의 외국인노동자들이 충분히 누리지 못하고 있다(외국인이주노동운동협의회, 2009)고 한다. 예를 들어, 산업재해보상보험은 보험료 인상을 두려워하는 사업주가 외국인노동자들에게 보험금 신청을 하지 못하도록 하고 개인적 치료를 권유하고 있으며, 불법체류노동자의 경우 보험급여를 받게 되면 법무부 출입국관리사무소에 그 사실이 통보되어 출국해야 하기 때문에 실제로 이를 신청하는 사례는 극히 적다는 것이다.

「외국인근로자의고용등에관한법률」 제22조는 '사용자는 외국인근로자라는 이유로 부당한 차별적 처우를 하여서는 아니된다'는 차별금

지 조항을 규정하고 있으나 위반 시의 규제조항이 없어 구체적 실효성은 낮다고 지적된다. 결국, 제도의 실질적 구현을 위하여 현장을 관리·감독하려는 정부의 적극성 부족, 규제 메커니즘의 부재가 제도와 현실의 괴리를 만들고 있으며, 이 괴리는 법적 보장에도 불구하고 외국인노동자의 인권이 여전히 문제가 되는 상황을 만들고 있다.

현재 정부는 제도와 현실의 괴리상황을 해결하려는 적극적 개입의 모습을 보이고 있지 않는데 이것은 정부가 지난 시기 정책갈등을 통해서 인권가치를 공식적으로 수용하였으나 실질적 보장과 실현에는 여전히 한계를 보이고 있음을 보여준다.

## Ⅴ. 나가며

한국 사회에서 외국인노동자는 소수자로 존재하면서도 다른 소수자집단과 달리, 그 차별의 제거가 정부에게 적극적으로 요구되기 어렵다. 국민국가는 속성상 비국적자의 권리실현에 소극적일 수밖에 없으며 외국인은 관리과 통제의 대상이 되기 마련이다. 인권의 이름으로 주장되는 그들의 권리는 당대의 정치사회적 타협을 통해 구현되므로 불안정하며 갈등을 동반한다. 더욱이 외국인노동자에 대한 배타적 인식이 강한 사회에서 그들의 권리보장은 옹호집단의 사회운동을 통해서 확장되므로 속성상 강한 사회갈등을 내포하고 있다. 따라서 국민국가의 정부는 외국인노동자의 인권을 적극적으로 보장하는 역할을 하기 쉽지 않고 차별의 적극적 제거 대신 사회적으로 정당한 차별의 수준을 찾는 데 그치게 된다.

지난 20여 년간 한국에서 벌어진 외국인노동자의 권리를 둘러싼 정책갈등은 이러한 근본적 속성 아래에서 심화되었다. 중소기업의 안정을 위하여 '규제와 관리가 요구되는 노동력'으로 취급하려는 집단과 '인권을 보장해야 할 합법적 노동자'로 여겨야 한다는 집단 사이 관점의 충돌이요, 배타적인 공방이었던 것이다. 인권옹호연합의 성공적인 사회이슈화는 정치사회적 변화와 맞물려, 고용허가제도로의 전환을 낳았다.

이제 외국인노동자 문제의 갈등구조는 외국인노동자의 노동자성 인정을 넘어서, 외국인노동자의 노동권을 어디까지 보장해야할 것인지로 나타나고 있다. 이는 앞으로 외국인노동자 문제를 둘러싼 논쟁이 커질 것임을 의미하며, 노동권 인정범위를 두고 인권옹호연합이 분화하고 있고 내국인노동자들 역시 외국인노동자들의 노동권 확장에 대해 조직적으로 반발하는 움직임을 강화하고 있음을 볼 때 더욱 그러하다. 정부는 '저렴한 노동력의 안정적 공급', '내국인노동자의 일자리 보존', '국적여부를 떠난 노동자로서의 권리보장' 등 충돌할 수밖에 없는 상이한 역할을 동시에 수행하면서, 앞으로 논란이 될 외국인노동자 갈등의 원만한 해결을 위한 방향을 설정해야할 상황에 놓여 있다.

현재 정부의 분리대응 기조는 여러 측면의 검토가 필요하다. 외국인노동자를 합법체류와 불법체류로 구별 짓고(엄한진, 2006: 35), 합법체류자는 다문화정책의 대상으로서 법적 보호와 복지서비스를 제공하면서도 불법체류자는 강력단속과 강제퇴거의 대상으로 분리하여 대응하고 있다. 그 모습이 분열적으로 보이는 것은, 분리대응 기조 그 자체라기보다 합법과 불법의 기준을 절대화하여 더 열악한 지위에 놓여 있는 불법체류자의 인권을 완전히 배제하려는 데 있다. 불법체류

를 이유로 정부가 이들의 인권보호 의무로부터 자유로워지는 것은 아니다. 중소기업의 노동력으로 똑같이 존재하면서도, 한편에서는 다문화주의의 한 주체로서 시혜적 대상으로 대우받고 다른 한편에서는 사회경제적 불안요소로 강제퇴거의 대상이 되고 있는 것이다.

외국인노동자 문제에 대해 정부의 정책적 대응은 근본적으로 많은 제약이 따르며 수동적일 수밖에 없으나, 인권주의적 관리를 실현하기 위한 적극적인 개입이 필요하다. 불법체류자의 단속과 퇴거과정에서도 인권을 고려해야 하고, 법제의 실효성 확보를 위한 현장의 관리·감독을 통해서 법과 현실의 괴리를 줄여야 한다. 소수자 문제에 있어 정부 역할이 형식성을 벗어나서 인권주의적 관리자로 설정되어야 할 것이다.

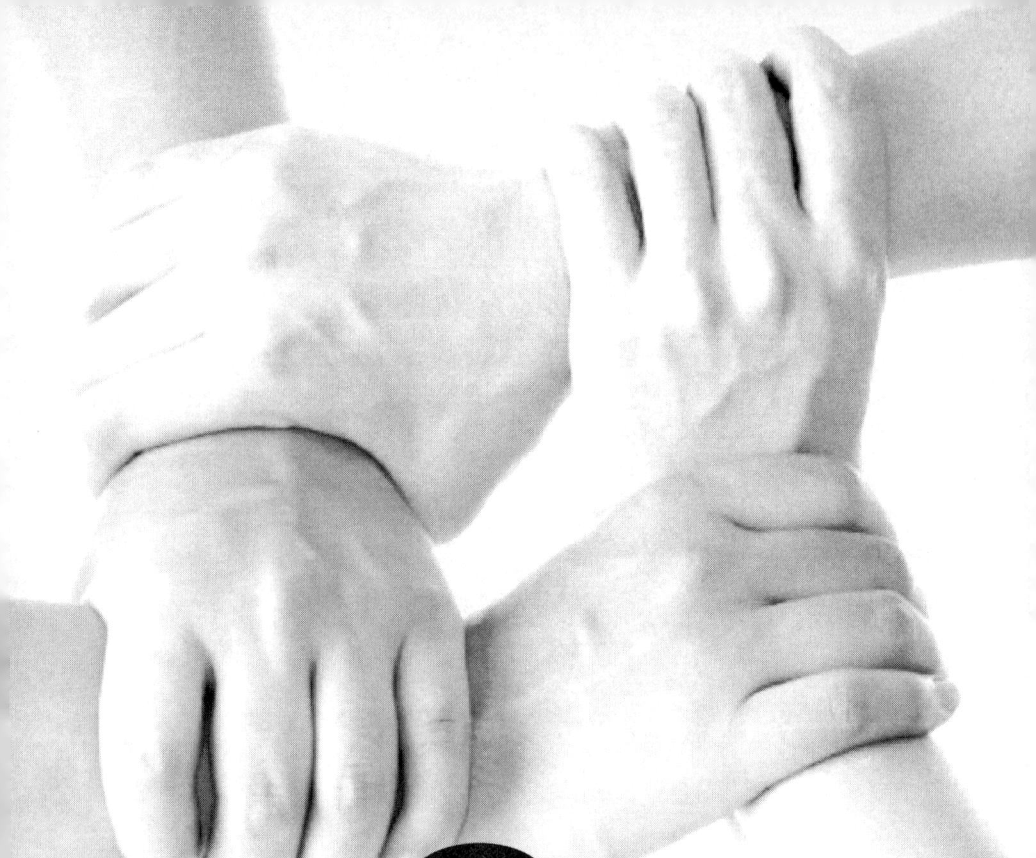

제7장

# 결혼이주여성 인권운동과 정책

Ⅰ. 왜 결혼이주여성인가?

Ⅱ. 결혼이주여성과 인권

Ⅲ. 결혼이주여성 인권운동

Ⅳ. 결혼이주여성정책

Ⅴ. 다문화사회를 향한 새로운 패러다임

# 제7장 결혼이주여성 인권운동과 정책

김선희

## Ⅰ. 왜 결혼이주여성인가?

### 1. 결혼이주여성[1)]의 등장

세계적으로 1년에 2억 명 정도의 인구가 생계유지나 새로운 일자리를 찾는 등의 경제적 이유로 자국의 국경을 넘어 이동한다. 이러한 이주의 70% 이상을 여성들이 차지하고 있으며 그중 국제결혼을 통한 여성의 이주는 경제적인 목적만이 아니라 새로운 삶을 개척하려는 젊은 여성들의 결단이라는 측면도 강하다. 하지만 이들은 결혼이주 과정에서 여러 가지 위험요소에 노출되어 있으며 상업화된 매매혼적 결혼, 가정폭력, 성적학대와 인격모독, 유기, 빈곤, 한국화 강요 등의 인권침해를 당하고 있는 실정이다(대구여성의 전화, 2008).

우리나라에 결혼이주여성이 등장한 배경으로는 1980년대 특정종

---

1) 한국남자와 결혼한 외국인 여성에 대한 정부의 공식적인 표현은 '여성결혼이민자'이며 '결혼이민여성', '국제결혼여성'이라는 표현도 있으나 이 글에서는 '결혼이주여성'으로 사용함. 자료 인용 시 저자의 의도를 해치는 등의 큰 문제가 없는 한 '결혼이주여성'으로 표현하였다.

〈표 7-1〉 결혼이주여성의 등장 과정

| 시 기 | 내 용 | 비 고 |
|---|---|---|
| 1980년대 | 특정종교를 통한 일본여성과의 국제결혼 시작 | |
| 1990년대 | 한·중수교 후 중국출신 여성과의 결혼 증가 | 지방정부가 추진한 조선족 여성과의 농촌총각 장가보내기 사업 |
| 2000년대 | 필리핀, 태국, 몽골 등으로 확대되다가 2000년 이후 베트남과 구소련계로 확장, 2004년 이후 캄보디아로 확대 | 국제결혼중개업체를 통한 상업적인 결혼으로 인한 문제점 증가 |

교를 통해 시작된 일본여성과의 국제결혼을 들 수 있으며 이후 1990년대부터 지방정부가 추진하기 시작한 '농촌총각 장가보내기' 사업은 국제결혼이 증가하게 되는 촉진제가 되었다. 1992년 한·중 수교 이후 중국출신 여성과의 결혼이 증가하였으며 이후 필리핀, 태국, 몽골 등으로 확대되다가 베트남, 캄보디아, 구소련계로 확장되었다.

국제결혼을 통해 우리나라로 이주하는 여성의 본적국은 2009년도 기준으로 127개국이며 이 중 1,000명 이상의 결혼이주여성이 유입된 나라는 10개국에 이른다.

법무부에 따르면 2010년 3월 현재 우리나라에 체류 중인 결혼이주여성은 117,414 명으로[2] 이들의 출신국적은 〈표 7-2〉와 같다.

결혼이주여성의 출신국적을 보면 베트남이 30,937명으로 가장 많으며, 중국과 더불어 한국계 중국인이 그 다음을 차지한다. 2007년 재중동포인 한국계 중국인이 31.9%를 차지하며 그 다음이 중국과 베트남으로 각각 23,976명, 22,513명으로 24.7%와 22.1%를 차지했던 사실과 비교해 볼 때 2년 사이 한국계 중국인의 비율이 낮아지고 중국과 베트남 출신의 비율이 높아졌으며 특히 베트남 여성의 수

2) 2010년 3월 현재 전체 결혼이민자는 134,841명이며 이 중 남자는 17,427명으로 13%이다.

〈표 7-2〉 결혼이주여성의 국적별 분포 (단위: 명, %)

| 출신국 | 인원 수(비율) | 출신국 | 인원 수(비율) |
|---|---|---|---|
| 중국 | 30,820(26.2) | 캄보디아 | 3,454(2.9) |
| 한국계 중국인 | 25,625(21.8) | 태국 | 2,391(2.0) |
| 베트남 | 30,937(26.4) | 몽골 | 2,371(2.0) |
| 일본 | 9,241(7.9) | 미국 | 545(0.5) |
| 필리핀 | 6,471(5.5) | 기타 | 5,559(4.7) |

기타: 구소련, 동유럽, 아시아 저개발국, 아프리카 등 포함.
자료: 법무부(2010.6).

가 크게 증가하였음을 알 수 있다.

## 2. 결혼이주여성의 증가

한국 사회에서의 국제결혼은 한국전쟁 이후 미군과 결혼한 한국인 여성들로 시작되었으며 이후 선진국 남성들과 결혼하는 방식으로 이행되었다. 이러한 국제결혼에 변화가 시작된 것은 1980년대 말 농촌 지역의 한국인 남성들이 외국인 여성을 아내로 맞아들이는 국제결혼이 시작되면서부터이다. 이 후 국제결혼 양상에 있어 전형적인 형태가 바뀌어 새로운 시기가 시작되었다. 이러한 한국인 남성과 외국인 여성의 결혼은 심각한 농어촌 청년들의 결혼문제를 해결하는 방편으로 '농촌총각 결혼시키기'사업으로 시작되어 2000년 이후 급격하게 늘어났다.

1990년 12월 조선족 동포와의 결혼을 시작으로 한·중수교 이후 지방자치단체가 여러 경로를 통해 조선족 동포와의 결혼을 주선하였으며 특정종교도 국제결혼을 권장, 1992년부터 2005년까지 10차례의 합동결혼식을 통해 4,924명의 필리핀 여성이 한국인과 결혼하였다(한건수·설동훈, 2006: 109).

〈표 7-3〉 국제결혼 건수와 비율 (단위: 건, %)

| 구 분 | 1990년 | 1995년 | 2000년 | 2005년 | 2007년 |
|---|---|---|---|---|---|
| 총 결혼 건수 | 399,312 | 398,494 | 334,030 | 316,375 | 345,600 |
| 국제결혼 건수 | 4,710 | 13,494 | 12,319 | 43,121 | 38,491 |
| 국제결혼 비율 | 1.2 | 3.4 | 3.7 | 13.6 | 11.1 |

자료: 통계청.

그동안 이루어진 국제결혼 건수는 〈표 7-3〉과 같다. 국제결혼 건수는 1990년 4,710건으로 전체 결혼 건수의 1.2%를 차지하고 있으나 2000년에는 12,319건으로 3배 정도 늘어났으며 2005년에는 43,121건으로 전체 결혼 건수의 13.6%에 이른다. 15년 동안 전체 결혼 건수가 줄어드는 가운데 국제결혼 건수는 9배 이상, 국제결혼 비율은 무려 11배 이상 늘어난 것이다.

이처럼 국제결혼에 있어서 소위 2기로 불리는 농촌이나 도시지역의 저소득층 한국인 남성과 외국인 여성 간의 결혼은 선진국 남성과 우리나라 여성 사이에 이루어졌던 전형적인 국제결혼과는 다른 성격을 가지고 있다. 이전에 주로 이루어졌던 한국인 여성과 외국인 남성 간의 결혼은 그 배우자들이 한국 사회에 정착하기보다는 여성들이 남성들의 국가로 이주하는 경우가 많았으나 최근에 급증한 한국 남성과 외국인 여성과의 국제결혼은 국내에 정착하는 결혼이주여성 규모의 증가를 가져왔다. 실제 외국인 여성과의 결혼은 1990년 619건이었으나 2000년 7,304건으로 늘어났으며 2005년에는 31,180건으로 대폭 증가하였다.[3)]

국제결혼이 이처럼 급증하게 된 이유는 1980년대 말 결혼을 하지

3) 한편, 외국인 남성과의 국제결혼은 1990년에 4,091건에서 1995년에 3,129건으로 줄어들었다가 2004년에 9,853건으로 늘어났으며 1995년 이후에는 이주배우자의 성비에 있어 외국인 여성 수가 외국인 남성 수를 능가하였다.

못해 삶을 포기하는 농촌총각들이 생겨나자 정부차원에서 '농촌총각장가보내기운동본부'를 결성하고, 전남, 경남 등을 비롯하여 지자체 차원에서 「농촌총각 혼인사업 지원조례」 등을 제정하여 결혼비용을 지원하였기 때문이다. 더구나 1998년에 결혼중개업이 허가제에서 등록제로 바뀌게 되면서 당시 77여 개이던 중개업소가 2005년에는 2,000개 이상으로 급증하는 등 국제결혼업체가 난립하여 결혼성사를 위해 정보를 조작하기도 하였으며 외국여성의 입국수단으로 위장결혼을 알선하는 행위도 일어나게 되었다.

결혼중개업자들이 관심을 가지고 결혼을 성사시키는 나라의 여성들이 우리나라에 대거 결혼이주여성으로 들어오게 된다고 해도 과언이 아닐 정도로 상업화된 중개업자가 국제결혼의 성혼에 있어서 주도권을 잡고 있는 실정이었다(김현미 외, 2008: 122). 이러한 상업적인 결혼성사과정은 결혼이주여성들이 결혼생활과정에서 겪는 문제와 직접적으로 연관되는데 특히 배우자에 대한 잘못된 정보는 가족 간의 갈등뿐만 아니라 가정파탄으로 이어지게 되었다.

## II. 결혼이주여성과 인권

### 1. 결혼이주여성 인권보호 규정

현재 우리나라 헌법은 인권을 기본권으로 천명하고 이를 위한 국가의 책임을 규정하고 있다. 인권의 보호와 향상을 위한 업무 수행을 담당하는 기관인 국가인권위원회의 설립의 목적과 실천방향을 규정

하고 있는 「국가인권위원회법」[4]은 "인권은 '헌법 및 기타 법률에서 보장하거나 대한민국이 가입·비준한 국제인권조약 및 국제관습법에서 인정하는 인간으로서의 존엄과 가치 및 자유와 권리를 말한다"(제2조제1항)고 헌법이 보장하는 인권에 관한 정의를 명시하고 있다. 이와 더불어 동법 같은 조항 제4항[5]에서는 평등권침해로 인한 차별 행위를 규정하고 있다.

결혼이주여성의 인권보호와 관련된 국제적 규정으로는 대표적으로 여성차별철폐협약과 인종차별철폐협약을 들 수 있다. 「여성에 대한 모든 형태의 차별철폐협약」[6]은 남성과 여성의 평등을 목적으로 여성의 권리보장을 중심으로 하는 차별금지를 목표로 하고 있다. 이를 위해 남녀평등과 여성의 발전을 확보할 국내입법의 의무화, 모성보호, 인신매매·매음의 금지, 투표권·공무담임권의 평등, 국적취득권의 동

4) 「국가인원위원회법」 제1조.
이 법은 국가인권위원회를 설립하여 모든 개인이 가지는 불가침의 기본적 인권을 보호하고 그 수준을 향상시킴으로써 인간으로서의 존엄과 가치를 구현하고 민주적 기본질서의 확립에 이바지함을 목적으로 한다.

5) 「국가인권위원회법」 제2조제4항.
"평등권침해의 차별행위"라 함은 합리적인 이유 없이 성별, 종교, 장애, 나이, 사회적 신분, 출신지역(출생지, 등록기준지, 성년이 되기 전의 주된 거주지역 등을 말한다), 출신국가, 출신민족, 용모 등 신체조건, 기혼·미혼·별거·이혼·사별·재혼·사실혼 등 혼인 여부, 임신 또는 출산, 가족형태 또는 가족상황, 인종, 피부색, 사상 또는 정치적 의견, 형의 효력이 실효된 전과, 성적 지향, 학력, 병력 등을 이유로 한 다음 각 목의 어느 하나에 해당하는 행위를 말한다. 다만, 현존하는 차별을 해소하기 위하여 특정한 사람(특정한 사람들의 집단을 포함한다. 이하 같다)을 잠정적으로 우대하는 행위와 이를 내용으로 하는 법령의 제·개정 및 정책의 수립·집행은 평등권침해의 차별행위(이하 "차별행위"라 한다)로 보지 아니한다.

6) 일명 여성차별철폐협약은 1979년 12월 18일 UN에서 만장일치로 채택되었으며 1981년 9월 3일 발효, 전문을 포함해 6부 30조로 구성되어 있다. 여성차별철폐협약은 여성의 권리에 대한 법적 보호를 확립하며 권한 있는 국내법정과 기타 공공기관의 여성에 대한 차별행위를 저지하고 동등한 인격체로 여성의 인권을 효과적으로 보호하기 위한 요구이다.

등 및 처의 국적독립권, 교육과 노동의 기회, 임금 등 평등, 혼인에서의 평등, 사회·경제권의 평등, 농촌여성의 개발이익 향유보장과 평등 확보, 재산관리 및 사법절차에서의 남녀평등, 여성의 법적 능력을 제한하는 계약·문서의 무효, 가사 책임에 관한 남녀 분담 등과 같은 내용들을 규정하고 있다.

「모든 형태의 인종차별철폐에 관한 국제협약」(인종차별철폐협약)은 UN헌장이 모든 인간에게 고유한 존엄과 평등의 원칙에 기본을 두고, 인종, 성별, 언어 또는 종교의 구별 없이 만인을 위한 인권과 기본적 자유에 대한 보편적 존중과 준수를 증진시키고 촉진함을 그 목적[7]으로 한다. 이 조약 제4조[8]에서는 세계인권선언이 선언하고 있는

---

7) 모든 형태의 인종차별철폐에 관한 국제협약 제1조.

1. 이 협약에서 "인종차별"이라 함은 인종, 피부색, 가문 또는 민족이나 종족의 기원에 근거를 둔 어떠한 구별, 배척, 제한 또는 우선권을 말하며 이는 정치, 경제, 사회, 문화 또는 기타 어떠한 공공생활의 분야에 있어서든 평등하게 인권과 기본적 자유의 인정, 향유 또는 행사를 무효화시키거나 침해하는 목적 또는 효과를 가지고 있는 경우이다.
2. 이 협약은 체약국이 자국의 시민과 비시민을 구별하여 어느 한쪽에의 배척, 제한 또는 우선권을 부여하는 행위에는 적용되지 아니한다.
3. 이 협약의 어느 규정도 국적, 시민권 또는 귀화에 관한 체약국의 법규정에 어떠한 영향도 주는 것으로 해석될 수 없다. 단, 이러한 규정은 어느 특정 국적에 대하여 차별을 하지 아니한다.
4. 어느 특정 인종 또는 종족의 집단이나 개인의 적절한 진보를 확보하기 위한 유일한 목적으로 취해진 특별한 조치는 그러한 집단이나 개인이 인권과 기본적 자유의 동등한 향유와 행사를 확보하는 데 필요한 보호를 요청할 때에는 인종차별로 간주되지 않는다. 단, 그러한 조치가 결과적으로 상이한 인종집단에게 별개의 권리를 존속시키는 결과를 초래하여서는 아니 되며 또한 이러한 조치는 소기의 목적이 달성된 후에는 계속되어서는 아니 된다

8) 모든 형태의 인종차별철폐에 관한 국제협약 제4조.

체약국은 어떤 인종이나 특정 피부색 또는 특정 종족의 기원을 가진 인간의 집단이 우수하다는 관념이나 이론에 근거를 두고 있거나 또는 어떠한 형태로든 인종적 증오와 차별을 정당화하거나 증진시키려고 시도하는 모든 선전과 모든 조직을 규탄하며 또한 체약국은 이 같은 차별을 위한 모든 고무 또는 행위를 근절시키기 위한 즉각적이고 적극적인 조치를 취할 의무를 지며 이 목적을 위하여

만인의 존엄과 권리를 천부적 권리로 자유롭고 평등함을 명시하는 것과 인종, 피부색 또는 출생지로 인한 차별을 금지하는 것을 근간으로 하여 차등과 차별의 모든 관행에 대한 규탄과 동시에 어떠한 종류의 인종차별도 정당화될 수 없음에 대한 명시와 더불어 인종 간의 이해를 증진시키기 위하여 인종주의자의 이론과 실제를 방지하고 격퇴시키며 모든 형태의 인종분리 및 인종차별이 없는 국제공동사회 구현을 추구하고 있다.

국제인권규약과 관련된 협약들은 세계회의에서 합의된 행동에 대해 후속조치를 보고하고, 해당 국가에 권고하여 시정 조치함을 바탕으로 하고 있다. 이에 UN인권위원회에서는 한국의 국제결혼과정에서의 인신매매적 성향의 국제결혼, 외국인여성의 인신매매, 가정 내 폭력과 여성에 대한 차별 등에 대한 개선 및 시정 조치를 권고하기도 하였다. 세계인권선언 제16조[9]에서는 결혼과 가정을 이룰 권리도 단

---

세계인권선언에 구현된 제 원칙 및 이 협약 제5조에 명시적으로 언급된 제 권리와 관련하여 특히 체약국은

(a) 인종적 우월성이나 증오, 인종차별에 대한 고무에 근거를 둔 모든 관념의 보급 그리고 피부색이나 또는 종족의 기원이 상이한 인종이나 또는 인간의 집단에 대한 폭력행위나 폭력행위에 대한 고무를 의법 처벌해야 하는 범죄로 선언하고 또한 재정적 지원을 포함하여 인종주의자의 활동에 대한 어떠한 원조의 제공도 의법 처벌해야 하는 범죄로 선언한다.

(b) 인종차별을 촉진하고 고무하는 조직과 조직적 및 기타 모든 선전활동을 불법으로 선언하고 금지시킨다. 그리고 이러한 조직이나 활동에의 참여를 의법 처벌하는 범죄로 인정한다.

(c) 국가 또는 지방의 공공기관이나 또는 공공단체가 인종차별을 촉진시키거나 또는 고무하는 것을 허용하지 아니한다.

9) 세계인권선언문 제16조.

1. 성년에 이른 남녀는 인종, 국적 또는 종교에 따른 어떠한 제한도 받지 않고 혼인하여 가정을 이룰 권리를 가진다. 이들은 혼인 기간 중 및 그 해소 시 혼인에 관하여 동등한 권리를 가진다.
2. 결혼은 양당사자의 자유롭고도 완전한 합의에 의하여만 성립된다.
3. 가정은 사회의 자연적이며 기초적인 구성단위이며, 사회와 국가의 보호를

순히 욕구 충족이나 자손을 위한 혼인이 아닌 한 개인이 살아가는 데 있어 생의 버팀목이 된다고 보고 있다. 즉 자신의 생명과 건강을 위협받게 될 경우 배우자나 가족이 돌봐줌으로써 혼인권도 결국은 자신의 생존과 정신적 및 사회적 안전을 지켜주는 권리와 직결된다고 보고 있는 것이다.

## 2. 소수자로서 결혼이주여성의 인권

결혼이주여성들은 한국 사회의 새로운 소수자로서 사회적 차별과 배제의 대상이라는 전형적인 특성을 가지고 있다. 결혼이주여성이 한국 사회의 적응과정에서 경험하는 갈등과 딜레마는 문화적 차이에서 야기되는 단순한 갈등의 차원이 아니라 사회적 차별의 문제이다. 특히 이들은 문화적 이질감으로 인하여 문화적 동질성을 갖는 사회적 다수에 의해 차별적 대우와 인권침해를 받는 전형적인 문화적 소수자이다. 문화적 소수자는 사회적으로 낙인찍히는 상황에 처하기 때문에 여타의 소수자보다 더 열악한 상황에 처하게 되는 경우가 많으며, 경제적 혹은 권력적 상황이 나아진다 하더라도 그들에 대한 사회적 차별과 편견이 개선되기 어렵다는 문제를 가지고 있다.

더구나 결혼이주여성은 다중적인 소수자로서 취약성을 가지고 있다는 점도 고려되어야 한다. 외관으로 구분되는 신체적 특성과 언어와 문화가 다른 외국인이라는 점, 위계적 국가 인식 차원에서 한국보다 지위가 낮은 약소국의 출신이라는 점, 한국의 낮은 사회적 지위에 있는 남성들의 혼인문제를 해결하기 위한 수단이었다는 점, 한국 사회의 전형적 소수자인 여성이라는 점, 그리고 집단 내 이질성으로 인

받을 권리를 가진다.

해 집단의식의 형성이 어렵다는 점 등에서 여타의 소수자와는 다른 복합적 어려움에 처해 있다고 할 수 있다. 이처럼 한국의 결혼이주여성의 상당수는 한국에서 인종, 성, 경제적 능력, 그리고 언어소통의 한계성 등으로 인해 한국 사회 내에서 다중의 인권침해를 받을 가능성이 무척 높은 사회적 약자이다.

## Ⅲ. 결혼이주여성 인권운동

### 1. 결혼이주여성 인권문제의 발생

지방자치단체의 적극적인 지원하에 이루어진 국제결혼이 결혼중개업체의 상술로 인해 거짓정보를 바탕으로 서둘러 진행되다보니 부부로서의 인격적 만남보다는 성적인 대상으로 어린 아내를 받아들이게 되는 경우가 빈번히 발생하였다. 그 결과 좀 더 잘 살아보겠다는 일념으로 한국으로 들어온 이들 결혼이주여성들은 말도 통하지 않는 가운데 도움을 청할 사람도 없이 무방비 상태로 언어적, 신체적 그리고 성적인 인권침해를 당하게 되었다.

이처럼 결혼이주여성들의 인권침해 사례가 빈번히 발생하고 2008년도에 UN의 국제이주기구(IOM)에서 국제결혼이 인신매매의 통로로 이용된다는 보고서가 나오자 캄보디아 정부는 국제결혼을 잠정 중단시키고 정부의 승인을 받아야만 외국인과 결혼할 수 있도록 하는 법률을 제정하기도 하였다. 하지만 국내업체들은 현지 브로커를 이용해 결혼에 필요한 서류심사와 면접을 대행하면서 법으로 금지된 집단 맞

선을 계속했다(경향닷컴, 2010년 6월2일). 2009년 9월 현지법으로는 금지된 집단맞선을 주선하여 한국인 남성 1명과 현지 여성 26명이 맞선을 보게 한 중개업체가 적발되자 현지 브로커는 징역 10년의 실형을 선고받았으며, 이 후 두 달 동안 한국인과의 결혼을 공식적으로 금지하기도 하였다. 이처럼 일부업체들의 불법행위로 인한 국제적 망신과 더불어 외국 여성들의 인권이 무참히 짓밟히는 사례가 빈번히 발생되고 있다.

## 2. 결혼이주여성 인권운동

결혼이주여성의 인권과 관련한 운동은 한국이주여성인권센터의 활동이 대표적이다. 한국이주여성인권센터는 2003년 이주여성관련 심포지엄을 실시, "이주여성문제, 어떻게 볼 것인가"라는 주제로 이주여성의 인권문제를 제기하였다. 이어 2004년 "이주의 여성화와 국제결혼"이라는 주제의 심포지엄을 개최하여 폭력피해 결혼이주여성의 인권문제를 전면적으로 부각시켰다. 2006년에는 "정부의 결혼이민자 정책 다시보기" 토론회를 개최하여 가족중심의 정부정책을 비판하고 10대 인권과제를 제시하였다. 당시 대대적으로 시행되기 시작한 결혼이민자가족정책을 비판하며 가족주의적 결혼이민자지원정책을 지양하고, 결혼이주자 인권지향적인 정책을 수립해야 하며 결혼이주자가 세력화(Empowerment)할 수 있도록 지지(Encourage)하는 정책을 수립할 것을 요구하였다. 더불어 입국 전 결혼이주자의 역량을 키우기 위한 정보제공 및 교육의 기회 제공, 결혼비자 발급 전 인터뷰 제도 및 초청자 심사 등을 통하여 결혼이주자 인권 보호 등과 함께 이주민 관련 관계 공무원 및 관련 종사자의 인권 및 다문화 감수성 향상 교

〈표 7-4〉 결혼이주여성 인권운동의 흐름

| 연 도 | 내 용 | 비 고 |
|---|---|---|
| 2003년 | -"이주여성문제, 어떻게 볼 것인가" 심포지엄 개최 | -한국 최초의 이주여성관련 심포지엄 |
| 2004년 | -"이주의 여성화와 국제결혼" 심포지엄 개최<br>-폭력피해 이주여성의 체류권과 관련한 과제 법무부 제안 | -2005년 결혼이민자가 한국에 2년 이상 거주할 경우 영주자격 부여<br>-한국인 배우자의 귀책사유로 혼인관계 중단 시 입증서류를 구비하거나, 미성년 자녀를 양육할 경우 체류허가 |
| 2006년 | -"정부의 결혼이민자가족정책 다시보기" 토론회 개최<br>-가부장적 가족중심의 정부정책 비판<br>-10대 인권과제 제시 | -"이주여성정책네트워크"구성, 인권 연대활동 시작 |
| 2006년 | -일간지에 게재된 성·인종차별적 국제결혼에 대한 기사에 대한 고발 기자회견<br>-이주여성을 상품화한 국제결혼 광고를 고발하는 "선의의 파파라치"운동 전개<br>-인신매매성 현수막 없애는 캠페인 전개 | -인신매매성 현수막을 걸도록 허용한 지자체를 국가인권위에 제소 |
| 2007년 | -지방자치단체의 "농어촌총각장가보내기 프로젝트" 반대캠페인 전개 | |
| 2008년 | -한국어와 한국 사회 이해 교육 의무화를 내용으로 하는 "사회통합이수제" 반대 캠페인 | -의무제에서 참여제로 전환 |
| 2009년 | -대구에서 발생한 "가정폭력 남편살해 캄보디아 여성 구명운동" 전개 | -1심에서 징역 4년, 현재 수감 중 |

육을 강화할 것 등을 요구하였다.

이와 함께 성차별적이고 인종차별적인 기사 및 국제결혼 광고를 고발하고 인신매매성 현수막을 없애는 캠페인을 전개하였으며 이를 걸도록 허용한 지자체를 국가인권위원회에 제소하기도 하였다. '베트남여성 절대 도망가지 않습니다'라는 알선 회사의 거리 현수막은 국제결혼이 인신매매 성격을 지닌다는 인상을 줄 수 있으며 실제 미국무부

인권보고서는 이를 부각시켜 동남아여성이 국제결혼 형식으로 인신매매되는 실태를 고발하기도 하였기 때문이다.

2007년에는 지방자치단체의 '농어촌총각장가보내기 프로젝트 반대 캠페인'을 전개하였으며 한국어와 한국 사회 이해교육 의무화를 내용으로하는 사회통합이수제를 반대, 결혼이주여성의 경우 의무제에서 참여제로 전환하게 하였으며 폭력에 저항하다 남편을 살해한 캄보디아여성 구명운동도 전개하였다.

이상의 결혼이주여성 인권운동을 정리하면 〈표 7-4〉와 같다.

## Ⅳ. 결혼이주여성정책

### 1. 정책의 형성

인권의 가치는 최대한 존중되어야 하지만 현실에서의 국가정책은 정치적 선택의 문제이다. 공동체 모두를 만족시키는 정책은 현실적으로 불가능하므로 정책 실현 과정에 관련자들의 정치적 선택에 의해 정책이 결정된다.

2003년 참여정부의 등장과 함께 국가인권위원회가 적극적인 활동을 함으로써 소수자, 특히 여성소수자문제에 대한 정치적 관심이 제고되었다. 2005년 8월 정부는 체류불안으로 인한 남편과 시댁의 부당한 억압을 예방하기 위해 안정적 체류지원, 생활정보 제공, 한국어와 한국문화 이해교육, 가족관계 증진 및 가정폭력 피해자 지원, 기초생활보장, 취업을 위한 교육·훈련 일자리 연계지원 등을 핵심으로

하는 정책을 입안하였으며 「출입국관리법시행령」을 개정하여 영주권 취득기준과 취업자격을 완화하였다. 같은 해 11월 정부는 생활안정 대책을 논의, 시·군·구별 결혼이민자지원센터를 구축하는 등 결혼 이민자 가족의 사회적응과 자녀양육을 지원하는 생활안정대책을 발표하였다.

2006년 4월 대통령 주재로 국무총리와 여성가족부, 보건복지부, 법무부 등 관계부처 장관과 빈부격차·차별시정위원회 위원 등이 참석한 가운데 사회통합과 열린 다문화사회 실현에 주안점을 두고 '여성결혼이민자가족의 사회통합지원대책' 및 '혼혈인 및 이주자의 사회통합기본방향'을 확정하였다.

여성결혼이민자가족에 대한 사회통합지원대책은 '여성결혼이민자의 사회통합과 열린 다문화사회 실현'을 정책비전으로 제시하며 '차별과 복지 사각지대의 해소'를 목표로 7대 정책과제가 제시되었다.[10)]

이처럼 결혼이주여성정책이 획기적으로 확대되는 배경은 우리사회가 맞이한 초유의 저출산·고령화 사회에 있다. 더구나 결혼이주여성 및 이들 자녀의 국내 부적응 사례가 언론에 소개되고 그 심각성이 확산되면서 이에 대한 해결책임이 정부로 전가되면서[11)] 이들에 대한 정

10) 7대 정책과제는 다음과 같다.

1. 탈법적인 국제결혼 방지 및 국제결혼 당사자 보호－국제결혼 중개업체 관리를 위한 법률 제정 및 결혼사증 발급심사 강화.
2. 가정폭력 피해자에 대한 안정적인 체류지원 강화－전용 핫라인 설치 등.
3. 한국 사회 조기적응 및 정착 지원시스템 구축.
4. 결혼이민자가족 아동의 학교생활 적응지원－다문화교육시스템 구축 및 교육과정에 다문화 교육요소 반영.
5. 결혼이민자가족의 안정적인 생활환경 조성－건강검진서비스 시범실시 및 방문보건사업 적용 등.
6. 여성결혼이민자에 대한 사회적 인식개선.
7. 결혼이민자 정책추진체계 구축－결혼이민자가족지원센터 운영 및 범정부차원의 총괄 추진체계마련.

부지원 사업이 폭증하였다.

그 결과 중앙정부 각 부처에서부터 지방자치단체에 이르기까지 각종 사업 및 프로그램을 통하여 결혼이주여성 및 그 가족에 대한 지원을 확산하고 있다. 하지만 이러한 지원의 확대는 과잉기대를 불러올 수 있으며 더구나 시혜적인 차원의 복지대책은 오히려 부작용을 낳을 소지가 많다. 보다 근본적인 문제는 결혼이주여성 지원에 대한 정부대책이 졸속적으로 마련되고 있을 뿐만 아니라 결혼이주여성 문제를 보는 관점이 제대로 정립되지 못하고 있어 합리적 정책경쟁이 이루어지기 힘들다는 것이다(김선희 · 전영평, 2008).

이 과정에서 이루어진 다양한 정책들의 경우 정책의 대상으로서 결혼이주여성은 결혼이민자가족을 이루고 있는 구성원이지 결혼이주여성 그 자체라고 보기는 힘들다. 우리에게 결혼이주여성은 아이의 손을 잡고 있는 여성인 것이다. 이처럼 결혼이주여성은 외국인, 소수자로서의 이미지와 함께 가족 구성원을 생산하는 어머니로서의 이중적인 이미지로 존재한다. 한국정부가 결혼이주여성을 정책의 대상자로 받아들이는 과정에서 외국인여성으로서 우리사회에서 당하는 인권적 차별에 관심을 가지는 소수자적 관점보다는 이주노동자, 결혼이주남성과는 달리 우리사회의 재생산을 담당하는 주체라는 부계혈통중심의 혈연적 관점이 크게 작용하였다. 그 결과 결혼이주여성 개인의 인권보호나 차별금지보다 가족구성원, 모성으로서의 지원과 수용에 더 많은 정책적 관심을 부여하였다. 이는 결혼이주여성정책의 성과이기도 하지만 동시에 이들의 인권과 관련된 본질적인 한계로 볼

---

11) 결혼이주여성에 관한 뉴스보도는 문제의 원인이나 양상이 아니라 해결책을 부각시키고 있으며 그 해결책으로는 정부기관이나 지자체가 주도하는 정책적 지원이 지배적이다. 언론은 결혼이주여성들이 겪는 어려움의 해결을 거의 대부분 정부의 몫으로 제시하고 있다(양정혜, 2007: 60-67).

〈표 7-5〉 다문화가족 사회통합 지원 추진계획

| 국제결혼의 체계적 관리 및 결혼이민자 인권보호 강화 |
|---|
| • 국제결혼 중개업 관리강화<br>–허위 · 과장광고 금지, 현지법령 준수 등 행위 위반 및 불법행위 단속 강화<br>• 결혼이민 예정자 입국 전 정보제공프로그램 실시<br>–한국인 예비배우자 결혼준비교육 체계화<br>• 가정폭력 피해자 보호 · 지원<br>–외국인 전용쉼터, 1366센터 운영 및 지원확대 |
| **결혼이민자의 조기정책 및 자립역량 강화** |
| • 결혼이민자 의사소통 지원강화<br>–한국어교육 다각화 · 전문화 / 통 · 번역요원 파견서비스 등 제공<br>• 다양한 생활정보 제공 및 문화이해 교육<br>–다국어판 정보 매거진 발간/ 방송매체 활용 정보제공 활성화<br>• 한국문화 교육 및 체험 / 남성교육을 통한 양성평등 이해 증진<br>• 결혼이민자 경제 · 사회적 자립역량 강화<br>–취업 · 창업 지원 강화/ 취업지원서비스 제공/ 농촌 정착 지원/ 사회연계 강화 |
| **다문화가족 지원사업 추진체계 구축 및 다문화사회 인식개선** |
| • 다문화가족 지원센터를 중심으로 지역사회 관련기관 간 연계강화<br>–센터 확충 및 전담인력 전문성 제고<br>• 다문화가족 실태조사 실시<br>• 다문화가족 활동가 '전국대회'개최<br>• 대국민 다문화 인식개선<br>–공무원 및 종사자 교육강화 및 전문강사 양성<br>–지역별 '다문화홍보대사'위촉 |

수 있다.

결혼이주여성들은 경제적인 목적만이 아니라 새로운 삶을 개척하려는 의지로, 즉 결혼을 해서 가정을 이루고자 하는 소망도 있지만 자신의 더 나은 삶을 향해서 이주를 결심했음을 주시해야 한다(한국염, 2006: 3). 빈곤에서의 탈피, 여유로운 생활, 일과 출신국 가족에 대한 경제적인 도움 등 보다 나은 삶을 위해 결혼이주를 택하지만 이들과 결혼하는 한국 남성들의 기대는 함께 미래를 설계하는 동등한 반려자라기보다는 성적 파트너로서 아이를 낳아 잘 키워주고, 집안살림을 하며 시부모를 잘 모시는 가부장적 성역할에 치우친다. 이러한 현실

은 결혼이주여성과 그 가족의 불화를 가져오게 되는데 여기서 문제는 정부가 결혼이주여성의 인권보다는 결혼이주여성가족의 유지를 위한 관점에서 정책을 결정하고 집행하기가 쉽다는 점이다.

2008년 말에 완성된 '제3차 여성정책기본계획'에 의하면 다문화가족 사회통합지원정책은 국제결혼의 체계적 관리 및 결혼이민자 인권보호 강화, 결혼이민자의 조기정책 및 자립역량 강화 그리고 다문화가족 지원사업 추진체계 구축 및 다문화사회 인식개선정책으로 대별된다. 자세한 내용은 〈표 7-5〉와 같다.

## 2. 정책의 집행

중앙정부와 지자체가 정책을 만들고 예산을 배정함으로써 서비스 체계는 양적으로 빠르게 확산되었지만 이들에 대한 서비스는 이주여성을 지원하는 민간단체에서 먼저 시작되었다. 그러다보니 정부는 정책을 집행하는 과정에 결혼이주여성들에 대한 복지서비스를 실시하기 위하여 여성단체를 비롯한 민간단체의 활동을 지원하거나 동원하지 않을 수 없었다. 이 과정에서 결혼이주여성 및 그 가족을 대상으로 하는 지원사업이 단기간에 양적으로 엄청나게 확산되다 보니 너도나도 지원을 받고자 결혼이주여성 관련 사업에 뛰어들게 되었다. 민간단체 중에는 정부가 관심을 갖지 않던 시기에 헌신적으로 사업을 선도해온 민간단체도 있지만, 민간부문이나 중앙과 지방정부의 지원이 시작되면서 우후죽순으로 만들어진 곳도 많다. 그러다보니 사업의 질을 담보할 수 없거나, 사업의 방향이 달라지기도 한다.

한 예로 건강가정지원법에 근거해 2005년에 설립된 건강가정지원센터가 2006년에 결혼이민자가족지원센터의 운영위탁약정을 체결하

는 등 결혼이민자 관련 사업을 진행하자 한국염(2006: 6-7)은 "이는 결혼이민자지원센터를 건강가족지원센터의 틀에 편입시키고자 하는 의도로 보인다고 하였다. 건강가족지원센터는 보건복지부에서 만든 건강가정지원법에 의해 추진되는 기구로 가정대학과 연계해서 설치하여 센터장의 의식에 따라 전형적인 가족센터로서의 기능을 하고 있으며 이주여성관련 사업은 한 번도 한 적이 없다. 이들로 하여금 결혼이민자를 위한 사업을 하도록 하는 것은 일거리를 주기 위함이 아니냐는 의혹의 시선도 있었다. 오로지 이주여성들을 위한 일만 해오고 있는 단체들이 있음에도 불구하고 그 단체들을 배제시키고 건강가족지원센터로 하여금 이 일을 수행하게 하는 것이 과연 옳은가?" 라고 반문하기도 하였다.

지방자치단체는 자체 사업을 진행하기도 하지만 지역 내의 민간단체에 사업을 위탁하고 관리·감독을 하기도 하는데 이런 역학관계 속에서 같은 지역에서 같은 정책 및 사업을 진행하다보니 '고객'을 일방적으로 빼 가거나 '영업을 방해'하는 불편한 관계에 놓이기도 한다. 한경구·한건수(2007)는 시민단체 활동가들은 정부가 예산을 무기로 시민단체의 기존 활동을 자신들의 직접사업으로 가져가면서 시민단체가 오랫동안 형성해 온 이주민과의 신뢰관계나 지역에서 이주민과 함께 만들어 나가는 '지역공동체'를 와해시킨다는 문제점을 지적하고 있다. 그러다보니 일부 시민단체들은 차라리 정부의 지원을 받지 않고 독자적으로 자신들의 사업을 진행하고 싶다는 의견을 제시하기도 하며 제발 정부가 조용하게 자신들의 사업을 집행했으면 좋겠다는 의견을 제시하기도 한다. 한편, 2006년 이후 정부의 지원이 폭증하고 우후죽순처럼 생겨난 많은 단체들이 우호적인 관점에서 수혜적인 지원서비스를 실시함에 따라 결혼이주여성들의 의존성은 심화

되고 있다.

사회문제 해결의 주체로서 정부는 소수자 문제를 해결함에 있어서 인권적 관점보다는 관리적 관점을 가지기 쉽다. 실제로 정부는 소수자 문제가 정치적 이슈로 부상할 경우 이에 대한 종합대책을 만드는 정도의 관리적 대응을 하게 된다. 이에 반해 인권주의적 대응양식은 소수자에 대한 '신체적 · 정신적 · 권력적 · 경제적 · 문화적 차별의 관점'에서 파악한다(전영평, 2008: 15-17). 결혼이주배우자에 대한 정부의 대책은 '저출산 문제를 해결할 수 있는 인구정책차원, 농촌총각의 결혼욕구 충족차원, 결혼이주여성의 인권침해에 대한 본국과의 외교정책차원'의 관리대책 중심이었다. 결혼이주여성정책이 형성되는 초기에는 이주여성에 대한 차별철폐에서 출발하여[12] 인신매매성 국제결혼과 이후의 가정폭력, 안정적인 체류 등의 인권문제를 해소하는 데 중점을 두었다. 하지만 저출산 · 고령화 사회에 대한 문제의식이 본격화되고 가족의 위기와 미래사회 노동력의 위기가 강조되면서부터 인구정책과 가족정책의 대상으로서 중요한 위상을 차지하게 되어 결혼이주여성 개인의 인권보다는 결혼이주여성가족의 적응에 정책의 초점이 맞추어지게 되었다.

여성가족부는 건강가정지원센터 산하의 80여 개에 달하는 결혼이민자가족지원센터를 주축으로 지원 사업을 진행하고 있으며 교육과학기술부는 결혼이주여성과 그 가족의 한국어회화 및 학습지원 등을, 문화체육관광부는 한국어교육과 문화체험 등의 지원사업을 실시하고 있다.

전국의 광역 및 기초자치단체와 여성회관, 종합사회복지관, 농업기

---

12) 참여정부는 12대 국정과제로 '국민통합과 양성평등'을 제시하였으며 5대 차별철폐영역으로 성, 학벌, 장애인, 비정규직, 외국인 근로자 등을 제시한 바 있다.

술센터 등 총 822개 기관을 대상으로 한 조사에 의하면(한국여성정책개발원, 2006: 207) 2005년에는 86개 기관(10.5%)이 결혼이주여성 관련 사업을 진행하였으나 2006년에는 242개 기관(29.4%)에서 사업을 시행하여 전년도의 3배에 해당하는 기관에서 결혼이주여성정책을 실시하였음을 알 수 있다. 2006년에 사회통합지원방안이 발표됨으로써 관련 사업이 폭주하였으며 전라도와 경상도의 경우는 전체 기관의 40% 이상이 결혼이주여성 관련사업을 시행해 왔다.

이처럼 결혼이주여성에 대한 정부의 지원이 짧은 기간 내에 폭증하고, 새로운 사업 주체들도 추가 합류하여 담론의 장은 커지는데 비해 사업의 주체가 불분명하여 부처 간 우위경쟁 및 사업의 중복이 일어나자 국무조정실(2006)에서는 부처 간 경쟁과 중복사업, 지방과 중앙정부의 역할구분 등 정책조절 기능의 개선이 필요하다는 의견을 제시하기도 하였다.

정부 각 부처의 정책은 관련 법률의 통과로 인해 실제적인 집행력을 가지게 되는데 2007년 4월 「재한외국인처우기본법」이 통과됨으로써 법무부의 사업영역이 커지고 있으며 2007년 12월 「결혼중개업의 관리에 관한 법률」과 「다문화가정지원법」이 통과됨으로써 결혼이주여성정책과 관련한 보건복지가족부의 사업영역이 확장되었다고 볼 수 있다.

하지만 지자체마다 경쟁적으로 이루어지고 있는 여성결혼이민자를 대상으로 하는 시혜나 기초적인 복지제공 수준의 지원사업은 이들의 과잉기대를 불러일으키는(양애경 외, 2007: 78) 폐해를 가져오고 있을 뿐만 아니라 결혼이주여성 및 그 가족에 대한 최근의 지원은 일반 빈곤가족이나 소외층에 대한 정책과의 형평성의 측면에서 역차별이라는 정서가 대두되고 있기도 하다(김민정, 2007; 김이선 · 황정미 · 이진영,

〈표 7-6〉 결혼이주여성정책의 전개과정

| 연 도 | 내 용 | 비 고 |
|---|---|---|
| 2004년 | • 국무조정실 주재, 국제결혼이주여성 대책마련 부처회의 | 민간단체 자문위원으로 참여 |
| 2005년 | • 여성부, 태평양화학에서 이주여성을 위한 기금 10억을 찬조받아(1년에 2억, 5년) 여성발전기금으로 넘겨 국제결혼이주여성을 위한 첫 사업 시작<br>－국제결혼이주여성을 위한 한국어교육과 모성보호 지원사업(이주여성인권센터 위탁, 5개권에서 실시) | 국제결혼이주여성에 대한 이슈 한국 사회에 부각 (결혼이민자 공식용어 채택) |
| 2005년 | • 대통령, 차별시정위원회에 외국인 이주여성과 자녀의 인권실태 및 차별개선 추진을 대통령 지시과제로 관리할 것 지시 | |
| 2005년 | • 보건복지부, 국제결혼이주여성실태조사결과 발표 | |
| 2005년 | • 사회문화장관회의에서 국제결혼이주여성을 위한 1차 지원대책 마련(체류자격 불안정 문제 중심)<br>－한국에 2년 이상 거주 시 영주자격, 자유로운 취업자격 부여<br>－한국인 배우자의 귀책사유로 혼인관계 중단 시 입증서류를 구비하거나 미성년자녀 양육 시 거주자격으로 체류 허가 | |
| 2005년 | • 차별시정위원회 주관으로 여성가족부, 보건복지부, 법무부 등 관계부처 협의회와 전문가 간담회 실시 | |
| 2005년 | • 여성결혼이민자 가족의 기초생활 보장을 위한 「국민기초생활보장법」 개정, 가정폭력 외국인 여성 전용쉼터 설치 | |
| 2006년 | • 베트남, 필리핀, 일본 등 국제결혼중개시스템의 현지실태조사 | |
| 2006년 | • 대통령 국정과제 자문회의 '여성결혼이민자 및 혼혈인 · 이주자 사회통합대책' 발표<br>－12개 부처 7개 과제 분담 시행, 여성가족부가 지원사업 총괄 | |
| 2006년 | • '제1회 외국인 정책회의' 개최<br>－외국인정책 기본방향 및 추진체계 심의 · 확정 | 결혼이민자와 그 자녀의 인권보호를 주축으로 하는 정책 발표 |
| 2006년 | • 「가정폭력방지법」 개정<br>－외국인여성 포함 | 이주여성쉼터 설립, 이주여성 가정폭력쉼터 입소 가능 |
| 2006년 | • 법무부, '공인된 여성단체 확인서'제도화<br>• 폭력피해 여성이 남편에게 귀책사유가 있음을 증명하기 힘드므로 이주여성이 상담한 결과를 | |

| | 입증자료로 인정 | |
|---|---|---|
| 2006년 | • 폭력피해 이주여성이 자국어로 상담받을 수 있는 '이주여성 긴급전화(1577-1366)' 개설 | 한국이주여성인권센터가 제안 |
| 2007년 | • 법무부 출입국 관리국<br>–출입국·외국인정책본부로 확대 | 외국인정책 총괄 부서 |
| 2007년 | • 「다문화가족지원법」 제정 | 결혼이민자 가족 관련 사항이 다문화가족이라는 용어로 대체되고 결혼이민자가족지원센터가 다문화가족지원센터로 명칭 변경 |
| 2007년 | • 결혼중개업의 관리에 관한 법률 제정 | 당사자 언어 정보제공<br>결혼희망자 정보제공 요구 |
| 2008년 | • 정부조직개편과 함께 보건복지가족부에 신설된 다문화가족과에서 다문화가족 지원정책 전담 | |
| 2008년 | • '제1차 외국인정책 기본계획' 확정 | |

2007). 실제로 결혼이주여성을 대상으로 하는 프로그램이 늘어남에 따라 이주여성노동자나 소외계층을 대상으로 하는 교육 및 체험 프로그램을 운영하던 단체가 결혼이주여성을 대상으로 하는 프로그램을 도입, 교육대상을 축소하거나 변경하는 경우가 많기 때문이다.

결혼이주여성을 대상으로 한 정책의 흐름을 보면 〈표 7-6〉과 같다. 이주여성에 대한 대책마련에서 시작하여, 2005년에 여성부가 첫 사업을 시작한 이래 2006년에는 대대적인 정책지원이 이루어졌으며 「다문화가족지원법」, 「결혼중개업의 관리에 관한 법률」 등이 제정되었다. 2008년 '제1차 외국인정책기본계획'이 확정됨으로써 다문화가족지원정책이 외국인정책에 근거하게 되었다.

## 3. 결혼이주여성정책의 특징

한국의 소수자로서 결혼이주여성정책은 소수자 권리증진이 오히려

다수자에 대한 역차별을 초래할 수 있다(전영평, 2011: 9 재인용)는 언급이 설득력을 가질 정도로 인권운동단체의 요구보다 정부의 대응이 오히려 앞서가기도 하였다.

결혼이주여성정책은 그 특성상 재배분정책(redistributive policy)의 특성을 가지고 있다는 점에 주목할 필요가 있다. Ripley와 Flanklin(1986)에 따르면 이런 류의 재배분정책의 경우, 정책의 집행은 여타의 정책유형—배분정책, 경쟁적 규제정책, 보호적 규제정책—보다 훨씬 갈등적이며 복잡한 과정을 거치게 되며, 사업에 대한 평가도 용이하지 않고, 정책의 성공 여부를 논의하기 어렵다는 특성을 가진다.

그들은 재배분 정책이 대체로 ① 대통령의 결단으로 출발하는 경향이 있으며, ② 일단 입법화되면—다양한 이해집단의 출현으로 인해—나눠먹기식 분배 정책화하는 경향이 있고, ③ 다수의 부처가 경쟁적으로 사업을 팽창시키며 ④ 사업에 대한 엄정한 평가를 요구하는 집단이 없다는 특성을 가지고 있다고 한다. 재분배정책의 집행과정에서 일반적으로 나타나는 이러한 특성은 한국의 결혼이주배우자 정책에서도 거의 그대로 나타나는 특징을 보이고 있다(김선희 · 전영평, 2008).

### 1) 보호대상에서 가족지원대상으로

결혼이주여성정책은 대통령의 지시에 의해 법무부가 주도하는 이민정책에서 여성가족부 주도의 가족정책으로 이동하며 여성부를 비롯한 보건복지가족부, 문화체육관광부, 교육과학기술부 등 다양한 정부 부처가 경쟁적으로 사업을 팽창시키고 이에 따라 다양한 이해집단이 출현하였다. 이 중에서도 대통령의 정책개입은 가장 영향력 있는 변수가 되었다.

실제 결혼이주여성과 관련된 정책은 이민정책의 일부로 다루어져 왔으나 2005년 4월 노무현 대통령이 보건복지 업무보고에서 '이민정책을 신중히 검토하여 저출산 · 고령화에 대한 근본대책을 세우라'고 지시한 이후 결혼이주여성을 대상으로 하는 정책이 법무부 주도의 이민정책에서 여성가족부가 주도적인 역할을 하는 가족정책으로 이동하게 되었다. 그리하여 2006년 4월 관련부처와 위원회 위원 등이 참석한 가운데 '여성결혼이민자 가족의 사회통합 지원대책'을 확정함으로써 여성결혼이민자를 위한 종합지원대책은 여성결혼이민자가족의 사회통합을 위한 지원대책으로 그 성격이 바뀌게 되었다.

2005년 12월 대통령 직속 빈부격차 · 차별시정위원회는 결혼이민자의 언어교육 등을 지원할 시 · 군 · 구 단위의 '결혼이민자지원센터'를 점차적으로 확대한다는 내용을 발표하였는데 초기 지원센터를 구상할 당시 '결혼이민자지원센터'였으나 정책형성과정에서 '결혼이민자가족지원센터'로 명칭이 바뀌었다.
여기에는 대통령자문회의인 '저출산과 고령화시대를 위한 미래위원회'의 시각이 담겨있는데(한국염, 2007; 김희정 2007: 67), 당시 사회적으로 문제가 되었던 저출산과 고령화시대에 대비하는 대책 및 사회불안방지의 일환으로 결혼이주여성가족에 대한 지원정책을 서둘러 실시하게 되었던 것이다. 여성결혼이민자에 대한 정책은 여성문제로 지적되었음에도 가족문제 차원에서 접근하여 가족업무로 다루어짐으로써 소수자로서의 외국인, 여성문제보다는 가족의 유지라는 차원에서 다루어지게 되었다.

결혼이주여성을 위한 정책은 2004년과 2005년에는 출입국관리법의 개정과 생활안정대책의 발표, 2006년에는 결혼이민자가족의 사회통합지원대책의 단계로 진행되었는데 이 과정에서 결혼이주여성정책

〈표 7-7〉 결혼이주여성정책 전개과정에서의 특징

| | 주요내용 | 특 징 |
|---|---|---|
| 1단계: 인권 보호 관점 | • 2004년<br>－가정폭력 이주여성을 위한 쉼터 개설<br>－「국적법」 개정<br>• 2005년<br>－이주여성실태조사<br>－「출입국관리법」 개정<br>－결혼이민자 지원센터 구축<br>－생활안정대책 발표 | 인신매매성 국제결혼과 가정폭력, 안정적인 체류 등 인권문제 제기 |
| 2단계: 가족 지원 관점 | • 2006년<br>－여성결혼이민자가족의 사회통합지원대책: 이민정책은 법무부, 결혼이주여성정책은 가족정책의 일환으로 여성가족부에서 주관<br>• 2007년－2009년<br>－결혼이주여성가족지원센터 및 시민사회단체의 지원사업<br>－결혼이주여성 및 그 자녀를 위한 다문화정책 | 저출산·고령화 문제의 대안으로 가족지원정책으로 편입<br>인적·물적지원의 대폭적인 증가<br>동화적인 다문화정책 |
| 3단계: 사회 통합 관점 | • 2010년 이후<br>－결혼이민자 인권보호 강화<br>－자립역량 강화<br>－다문화사회 인식개선 | 복지수혜자가 아니라 사회구성원으로서의 역할, 차별과 편견 없는 수용 요구 |

이 피해자, 결혼이주여성의 인권보호 및 차별방지 관점에서 결혼이주여성가족에 대한 통합지원의 관점으로 바뀌었음을 알 수 있다.

2단계를 거치면서 결혼이주여성관련 사업이 다양해지고 발전되었다는 점은 인정되나 결혼이주여성 개인보다 가족단위의 지원대책이 마련됨으로써 사업의 내용이 가족의 유지를 중심으로 이루어지고 있다. 이는 결혼이주여성을 사회적으로 문제가 되고 있는 도시빈민이나 농촌 남성들의 결혼문제와 한국의 저출산 문제해결의 주체로 인식하고 이들 가족의 사회통합지원을 정책목표로 인식하게 되었다는 것을 의미한다. 이 과정에서 개별 결혼이주여성이 겪는 여성문제는 가족문제로 다뤄지게 되었는데 이는 국민에게 어필하기 쉽다는 전략적인 이점이 있었으며(이혜경, 2007: 235) 당시 여성부가 여성가족부로 확대

개편되는 과정에서 영유아보육 및 가족업무를 이관 받은 점, 그리고 관련 위원회 간의 목표차이 등에 기인한다.

정부는 결혼이주여성(여성결혼이민자) 지원정책을 가족정책 차원에서 결혼이민자가족지원센터[13]를 중심으로 사업을 펼치고 있는데 문제는 가부장적 가치관으로 센터를 운영할 경우 가족의 유지와 결혼이주여성 개인의 인권이 양립할 수 없는 때에는 가족의 유지가 우선적으로 요구될 수 있다는 점이다. 더구나 결혼관계에 있거나 자녀가 있는 결혼이주여성은 차별적으로 우대하게 되는데 이는 상대적으로 자녀가 없거나 결혼관계를 지속하지 않는 결혼이주여성에 대한 차별로 이어질 수 있다. 결혼이주여성에 대한 지원대책이 가족지원과 함께하는 것은 여성정책의 확대라는 점에서 의미 있는 일이기도 하지만 여성 개인의 존엄성이나 인권보다 가족의 유지가 오히려 우선시 되어서는 안 될 것이다.

3단계는 결혼이주여성을 사회통합대상으로 인식하고 이들의 역량강화 및 사회참여에 관심을 갖기 시작하는 시기이다.

### 2) 다문화담론의 추동

결혼이주여성 정책의 특성과 더불어 주목할 만한 사안은 이 정책의 부수효과로 인하여 한국 사회에서 다문화[14]담론이 추동되었다는

---

13) 2006년에 설치되기 시작한 여성결혼이민자지원센터는 2008년 현재에는 80여 개가 있으나 센터의 역량에 따라 사업방향과 역할의 편차가 심하다(한국염, 2007).

14) 이때 다문화란 전영평(2008)에 의하면 협의의 정의에 해당되는데 외국인노동자가 아닌 결혼이주여성의 한국 유입과 그들의 정착을 기정사실화하는 과정에서 생겨난 시사적 용어이다. 이는 다문화를 '결혼이주 여성과 그 가족의 형성' 정도로 가장 협의로 이해하는 것이지만 한국 사회에서 보편적인 의미로 통용되고

것이다. 한국에서 다문화주의 담론이 일어나게 된 중요한 계기는 외국인 중 10% 정도에 지나지 않는 결혼이주여성들을 위한 정책이 만들어지면서 부터이다. 정부는 2006년 4월 결혼이민자 종합대책을 발표하면서 중앙정부 차원에서 다문화주의 정책에 대한 관심을 본격적으로 표방하기 시작하였다. 중앙정부가 추진한 다양한 정책은 지방자치단체의 자체 사업과 병행해서 다양한 프로그램을 양산해 내고 있는데 이러한 일련의 과정은 '국가가 주도하는 다문화주의'로 인식될 정도로 상당한 추진력을 보여주고 있다.

정부나 시민사회 모두 결혼이주여성의 문제를 한국 사회의 본질적인 문제로 인식하게 된 배경에는 부계혈통중심의 혈연적 민족주의 이데올로기가 작동하고 있는데 결혼이주여성을 연구한 대부분의 학자들은 이러한 해석에 동의하고 있다(김혜순, 2006). 결혼이주여성이 정책적 관심의 대상이 됨으로써 순혈주의, 단일민족주의 등과 같은 이념을 재고하는 사회적 분위기가 형성되었는데 이는 이주노동자와 달리 결혼이주여성은 가부장적 기반하에 가족의 재생산을 담당하는 존재라는 점에서 사회가 보듬어야 될 대상으로 쉽게 받아들여졌기 때문이다.

이러한 일련의 과정, 즉 한국 사회에서 결혼이주여성의 증가 및 결혼이주여성가족에 대한 적극적인 정책적 지원과정은 다문화담론을 추동하였는데, 결혼이주여성들은 임시로 일을 하다가 본국으로 돌아

---

있다는 점에서 그 의미가 크다. 지난 9월부터 시행되고 있는 「다문화가족 지원법」도 다문화가족을 결혼이민자가족으로 규정하고 있다. 참고로 다문화에 대한 중범위적 이해는 결혼이주여성뿐만 아니라 외국인노동자, 화교 등 외부에서 유입된 소수자들의 정체성과 문화적 다양성을 한국에서 정식으로 인정하는 것, 광의의 정의는 한 국가사회에 존재하는 다양한 소수자 세력이 표출하는 다양한 문화적 특성으로 이해하는 것이다.

갈 이주노동자와 달리 우리나라에 정착해 자녀를 낳아 키우며 한국의 가족제도를 유지시켜 주는 고마운 존재이기에 정부는 이들의 적응문제에 관심을 갖지 않을 수 없었던 것이다. 그리하여 2005년 이후 결혼이주여성의 가족, 특히 그 자녀의 부적응문제가 사회적으로 중요한 이슈로 제기되면서 다문화라는 용어가 광범위하게 사용되었다. 이런 점에서 한국 사회의 다문화논의에 있어 '다문화'란 '다양한 문화'라는 의미가 아니라 '다양한 민족'이라는 의미가 강하다.

중앙정부와 지방정부는 결혼이주 여성과 그 가족의 사회통합 방안을 내놓고 정부는 한국 사회의 저출산과 고령화 문제의 해법으로 국제결혼을 후원하고 결혼이주여성과 그 자녀의 사회통합 문제를 해결하기 위하여 '다문화가족'이라는 용어를 사용하기 시작하였다.[15] 이 과정에서 민간단체들이 정부의 위탁사업을 경쟁적으로 진행하고,[16] 언론이 온정적인 보도를 하면서 다문화주의는 '당연한 것'이 되었다.

다문화관련 시민단체들을 대상으로 실시한 전화조사 결과(윤인진, 2007: 270)를 보면 다수의 단체들이 상담과 한국어 교육을 주요 사업으로 진행하고 있으며 서로의 언어와 문화를 함께 배우고 공생의 방법을 모색하는 진정한 의미의 다문화주의사업은 미흡한 것으로 밝혀졌다. 실제 사회통합 지원대책은 다인종·다문화사회에 대비하기 위

---

15) 다문화가족이란 단어는 2003년에 문화운동단체인 '하이패밀'이 '혼혈아'라는 말이 인권을 침해한다는 진정서를 국가인권위원회에 제출, '다문화가족 2세'로 사용할 것을 제안한 이후 2006년 이후 정부에서도 적극적으로 사용하기 시작하였다.

16) 다문화주의가 한국 사회에서 소위 '붐'이 되면서 시민단체들이 위탁사업을 수령하려고 너도 나도 나서게 되자 시민단체 내에서 자성의 목소리가 나오게 되었다(윤인진, 2007: 267). 시민단체들이 돈이 되고 쉬운 사업만 하려고 하며 결혼이주여성의 문제를 다루기 위해서는 성인지적 관점과 다문화적 관점이 필요한데 여전히 가부장적이고 한국문화 중심적인 사고를 가진 사람들이 사업을 한다는 내용이다.

한 범정부적 종합대책으로 다문화교육을 교과서에 반영한다든지, 열린 다문화사회의 실현 등의 구상은 있으나 다문화가 무엇이지, 다문화사회의 모습이 어떤 것인지에 대한 내용은 없다. 소수문화의 특수성을 배제하고 다수문화의 보편성에 기초한 다문화주의는 문화적 차이를 차별화하는 근거가 될 수 있고 그 결과 결혼이주여성들의 보편적 인권을 보호하기 힘들다.

이러한 이유로 인하여, 현재 정부가 추진하고 있는 '다문화정책'의 내용은 다양한 민족에 대한 지원사업에 지나지 않는다는 비판을 받기도 한다. 현재의 다문화정책은 다문화로 포장된 한국민 만들기에 집중되어 있으며 정책들의 목표가 주로 한국 사회의 저출산 · 고령화 문제에 대한 대안으로써 결혼이주여성들을 지원하는 것이고 인종, 문화 간의 충돌을 해결하기 위해 한국 사회에 통합 · 흡수하려는 정책이 주를 이루고 있기 때문이다.

## Ⅴ. 다문화사회를 향한 새로운 패러다임

2000년 이후 결혼이주여성의 급격한 증가는 단일민족주의에 천착한 한국 사회에 적잖은 변화를 가져왔다. 처음 경험하는 문제로, 미처 준비되지 못한 상태로 맞이한 결혼이주여성문제는 다른 외국인들과는 달리 외국인, 소수자로서의 이미지와 함께 가족 구성원을 생산하는 어머니로서의 이중적인 이미지 즉 '다른 우리'로 받아들이려는 과정을 거쳐 왔다. 그러나 한국정부가 결혼이주여성을 정책의 대상자로 받아들이는 과정에서 외국인여성으로서 우리사회에서 당하는 인

권적 차별에 관심을 가지는 소수자적 관점보다는 우리사회의 재생산을 담당하는 주체라는 부계혈통중심의 혈연적 관점이 크게 작용하였다. 그 결과 결혼이주여성 개인의 인권보호나 차별금지보다 가족구성원, 모성으로서의 지원과 수용에 더 많은 정책적 관심을 부여하였다.

인권이 지켜져야 할 이유는 법이 아니라 나와 너가 서로 다르지 않다는 인간적인 감정의 진보 때문이다. 결혼이주여성은 우리나라의 일반적인 여성과 같은 욕구를 지니고 있다는 보편적인 차원에서 인권정책이 출발하여야 할 것이다.

앞에서 살펴보았듯이 현재 결혼이주여성 문제에 대한 정부의 정책관점은 '결혼이주배우자 및 그 가족'에 대한 차별시정 관점이 아니라, 결혼이주여성을 포함한 그 가족을 '다문화가정'으로 명명하며 이들의 사회적응에 초점을 맞추고 있다. 결혼이주여성의 정착, 특히 개별 가족의 틀 안에서 생활하는 이들의 적응에 초점이 맞춰짐으로써 여러 이유로 가족 밖으로 밀려날 수밖에 없는 여성들의 문제는 비가시화된다. 결혼이주여성은 결혼이라는 매개를 통해 이주하게 되었으므로 결혼 전・후의 상황에 대한 정책적 고려도 필요하다.

사회문제의 해결을 위하여 정부는 다양한 정책을 결정하고 집행하지만 행정의 영역은 기본적으로 정치와 입법의 후속영역이기에, 행정스스로가 시민사회의 요구를 적극적으로 받아들여 그에 반응하기 위한 적극적인 정책결정이나 집행을 하는 데는 일정한 한계를 가질 수밖에 없다(전영평, 2008: 9).

결혼이주여성에 대한 시각의 근저에는 국익을 위해, 장가 못가는 농촌총각을 위해 국제결혼이 불가피하다는 사고가 깔려있었으며[17] 이

17) 결혼이민자의 출신국 정부 역시 공식적으로는 규제방침을 밝히면서도 여성결혼이민자의 송출이 중요한 외화획득 수단이므로 우리와 마찬가지로 국익 차원에서

러한 사고의 저변에는 저출산·고령화 담론이 자리잡고 있다. 이와 관련하여 한국염 한국이주여성인권센터 대표는 2006년 4월 26일 발표된 여성 결혼이민자 지원대책에 대하여 '저출산과 고령화 시대를 위한 미래위원회'에서 출발했다는 점을 지적하면서 "한국의 저출산으로 인한 인구감소를 막기 위해 아시아 여성들을 데리고 와서 저출산 문제를 해결하겠다는 것과 이들의 문제를 방치할 경우 미래에 닥칠 사회불안을 미연에 방지하기 위해 이런 정책을 세운다는 발상 자체가 매우 불온하다"고 비판하기도 하였다(프레시안, 2006년 6월 13일 자).

결혼이주여성의 인권과 가족복지는 이분법적인 것이 아니라 상호 보완적인 것이지만 가족복지서비스에 주안점을 둘 경우 다음과 같은 두 가지의 문제가 발생한다. 첫째, 여성을 차별하는 기존의 담론이나 구조를 해소시키기보다는 성차별적인 위계화를 유지시키거나 재생산할 위험성이 크다. 이는 여성정책이 여성을 대상으로 하면서, 가족 내에서 보호받는 현모양처상을 강화하거나 그러한 성향을 확대시키는 역할을 할 수 있듯이 가족복지적 성향의 프로그램은 여성을 개인으로 보기보다는 가족 내의 아내, 어머니, 며느리로서의 정체성에 무게를 둔다. 가족의 유지와 여성의 인권이 상충하는 경우 어떤 상담이 가능하겠는가? 둘째, 여성을 시혜대상으로 보기 쉬워, 그들의 욕구를 파악하기보다는 일단, 물질적으로든 정신적으로든 주려고만 한다.[18)]

---

장려하고 있다. 그러나 한국 중개업체들의 무리한 알선과정은 이러한 동남아 정부들의 암묵적인 동조마저 어렵게 할 정도로 심각해 최근에는 베트남이나 중국에서 관련 입법과 규제가 강화되고 있는 실정이다.

18) 필자가 면담한 대구지역의 한 결혼이주여성은 "우리가 공짜 좋아한다고 생각하고 지원 많이 해주는데, 이왕 줄거면 뭐가 필요한지 물어보고 주세요"라며 돈이 되니까 지원해 주는 기관들에 대한 불편함을 표현하며 자신들의 욕구가 수용되어야 함을 주장하였다. 더불어 "우리는 친구가 제일 필요해요. 그리고 우리는 한국 며느리가 아니라 배우자예요. 그리고 방문사업 등 사업에 대한 평가에 우

이러한 류의 연민이나 동정은 이들을 무력한 대상으로 고정화할 수 있다는 위험성이 있다.

결혼이주여성정책이 해를 거듭해가면서 초기의 몇몇 인권문제의 제기 차원을 벗어나 대량적인 지원사업으로 전환함으로써 이들에 대한 접근 및 이해가 용이해진 것은 사실이다. 하지만 이제는 이들 구성원의 동질성을 전제하는 차원이 아니라 우리사회 구성원으로서 기본적인 권리를 누릴 수 있도록 하는, 시민으로서의 정체성을 갖도록 하는 지속가능한 정책적 지원이 요구된다.

결혼이주여성정책의 경우 전영평(2011: 18)이 제시하고 있는 인권연구 분석단계를 적용하기 어려울 정도로 정부가 다른 측면에서의 인권보호정책을 서둘러 시행해왔다. 이런 점에서 결혼이주여성인권정책은 이들이 더 이상 정책적 지원대상에 소극적으로 머무는 것이 아니라 지역사회에서 스스로 주체적인 삶을 영위할 수 있도록 하는 지원에서 출발하여야 할 것이다.

---

리도 포함되어야 해요"라며 자신들의 정체성에 대한 자각을 적극적으로 드러내기도 하였다.

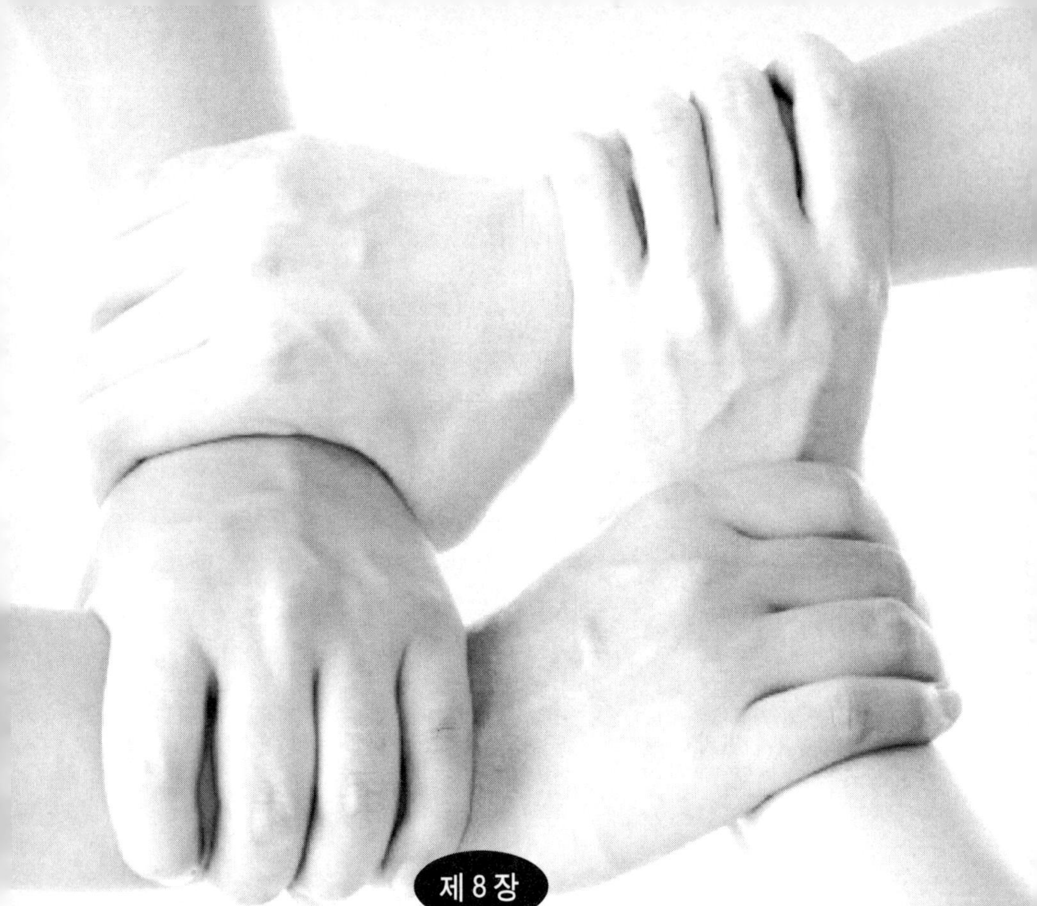

제 8 장

# 일본군위안부 인권운동과 정책

Ⅰ. 들어가며

Ⅱ. 일본군위안부피해자관련 소수자 인권운동의 전개

Ⅲ. 일본군위안부피해자에 대한 소수자 인권운동과 정부정책의 주요내용

Ⅳ. 일본군위안부피해자관련 소수자 인권운동과 정부정책의 적합성

Ⅴ. 나가며

# 제8장 일본군위안부 인권운동과 정책

전영평 · 서성아

## Ⅰ. 들어가며

우리나라는 일제 식민지 통치라는 어두운 과거를 가지고 있고, 이 경험으로 아직까지 적지 않은 사람들이 가슴 아픈 상처를 간직하고 있다. 그중에서도 종군위안부 문제는 나라 잃은 백성, 그것도 남성에 비해 여성이라는 상대적 약자가 일본의 전쟁수행의 수단으로 동원된 부끄러운 역사의 잔재라고 할 수 있다.

그러나 해방 후 이들에 대한 우리사회의 반응은 매우 냉담했다. 해방 후 거의 50여 년간 이들은 어떠한 관심도 받지 못한 채 자신의 아픈 과거를 숨기고 경제적으로 어려운 생활을 하고 있다. 50여 년에 가까운 세월이 흐른 후에야 일부 시민단체들이 관심을 가지기 시작했고 이들의 활동을 통해 정부가 미미하나마 반응을 보이는 모습을 하고 있다. 1990년대 초 시민단체 활동은 일본군위안부피해자에 대한 인권적 측면에서 그리고 복지적 측면에서 다양한 활동이 이루어진 반면, 이들에 대한 정부차원의 정책지원은 1993년에 이르러서야 이루어졌다. 이 해에 「일제하일본군위안부피해자에대한생활안정지원및기

념사업등에관한법률」 제정을 출발점으로 일본군위안부피해자들에 대한 생활안정지원과 기타 기념사업에 대한 정부지원이 시작되었고 인권적 측면에서는 이보다도 10여 년이나 지난 2004년에 「일제강점하강제동원피해진상규명등에관한특별법」 제정으로 뒤늦게 출발하는 모습을 보였다.

이러한 측면에서 그동안 시민단체를 중심으로 한 소수자 인권운동이 어떠한 모습으로 펼쳐져 왔으며, 또한 정부가 일본군위안부피해자들에 대해 어떠한 정책을 추진해왔는지를 살펴보는 것은 이 나라에서 살아가고 있는 국민들 특히, 약자들에 대한 정부역할의 방향성 설정에 있어 매우 의미 있는 작업이라고 생각된다.

이에 이 연구는 그동안의 일본군위안부피해자들에 대한 소수자인권운동의 전개과정을 살펴보고 이들의 활동이 정부정책으로 어떻게 연계되었는지 또한, 이러한 활동과 정책들이 과연 일본군위안부피해자들에게 실제로 얼마나 적정한 정책이었는지에 의문을 제기한다.

일본군위안부피해자에 대한 그간의 소수자 인권운동 과정들은 우선적으로 시민운동을 통해 일본군위안부피해자들이 소수자로서 인권의식을 형성하는 단계, 지속적이고 다양한 활동전개를 통해 집단정체성이 강화되고 저항운동이 이루어지는 단계, 관련 이슈가 국내외적으로 확산되는 단계, 이를 통해 정부정책이 획득되고 사후 정책 집행을 감시하거나 피드백이 이루어지는 단계로 파악해 볼 수 있다.

한편, 일본군위안부피해자 할머니들에 대한 인권운동과 정부정책은 크게 두 가지 측면에서 전개된 것으로 파악할 수 있다.

첫 번째 측면은 인권운동 그 자체가 추구하는 본원적 측면인 인권적 측면이다. 즉, 일본이라는 하나의 국가가 식민통치기간동안 전쟁수행의 수단으로 저지른 조직적이고 체계적인 인권유린에 대해 사죄

와 보상을 받고 이에 대한 명예회복을 얻고자 하는 것으로 소수자 인권운동은 주로 한국정신대문제대책협의회를 중심으로 한 시민단체들이 중심이 되어 추진해오고 있다. 정부의 정책은 2004년 3월 제정된 「일제강점하강제동원피해진상규명등에관한특별법」에 근거하여 추진된 바 있다. 두 번째 측면은 인권운동에서 추구하는 인권적 측면의 보완적 필요사항으로 복지적 측면을 들 수 있다. 일본군위안부피해자 할머니들에 대한 복지적 측면은 불교인권위원회에서 설립한 경기도 퇴촌면의 '나눔의 집'을 중심으로 한 시민단체의 활동에서 살펴볼 수 있다. 정부정책은 1993년 「일제하일본군위안부피해자에대한생활안정지원및기념사업등에관한법률」의 제정에 근거하여 인권분야에 비해서는 다소 앞서 생활안정지원대상자로서의 지원을 하고 있다.

이러한 사항들을 감안하여 이 연구는 소수자 인권운동의 전개를 단계별로 살펴보고, 소수자 인권운동과 정부정책의 그 내용을 중심으로 인권적 차원과 복지적 차원에서 분석한 후 관찰 및 면담자료를 통해 그 적정성 여부를 판단해 보고자 한다.

## II. 일본군위안부피해자관련 소수자 인권운동의 전개

### 1. 인권의식 형성

일본군위안부피해자 문제에 대해 처음 공식적으로 문제를 제기한 단체는 한국교회여성연합회로서, 이들은 1980년대 중반부터 원폭피해자들에 대한 보상과 일본인의 기생관광문제에 대한 반대운동을 펼

치고 있었다. 이러한 운동의 연장선상에서 일본군위안부피해자 문제에 대한 관심을 갖게 되었고, 한국교회여성연합회는 그 산하에 '정신대 연구위원회'를 설치하여 적극적인 활동을 펴나가기 시작했다. 이후 일본군위안부피해자에 대해 여성단체들이 관심을 표명하면서 여성운동조직들 간의 연대활동을 모색하게 되었다.

1990년 당시 노태우대통령의 방일을 계기로 하여 한국교회여성연합회, 한국여성단체연합, 여대생대표자협의회는 일본정부에 정신대문제에 대한 진상규명 및 사죄를 요구하는 성명서를 발표하고, 방일 중 외무장관이 강제연행자 명단작성에 협력을 요청하도록 하는 등 다양한 활동을 벌였다. 그러나 한국교회여성연합회 산하의 연구회만으로 일본군위안부피해자문제에 대응한다는 것에 많은 한계를 느끼게 되었고, 다른 단체들과의 보다 폭넓은 연대활동이 요청되게 됨에 따라 일본군위안부피해자문제만을 중점적으로 다루는 조직의 필요성이 제기되었다. 이에 한국교회여성연합회, 정신대연구회, 한국여성단체연합회 등 37개 단체가 모여 1990년 11월 '한국정신대대책협의회(약칭 정대협)'를 발족하였다.

## 2. 집단정체성 추구 및 저항운동

한국정신대대책협의회는 1991년 최초로 피해자 김학순 할머니의 기자회견을 시작으로 다양한 피해자 증언을 실시하는 한편, 매주 수요일 일본 대사관 앞에서 수요시위를 개최하는 등 다양한 활동을 펼쳐오고 있다. 또한, 한국정신대대책협의회의 활동 외에도 일본군위안부피해자 문제에 관심을 가지고 있는 많은 연구자들이 진상조사를 시작했고, 한국정신대대책협의회는 피해자 신고전화를 설치하여 피해자들

의 증언을 통해 군위안부제도의 실상을 조사했다. 이러한 진상조사활동은 곧 일본군위안부 문제를 국민들에게 알리는 활동과 연결되었다.

1992년 1월 8일부터 일본대사관 앞에서 시작한 '수요시위'는 다수의 시민단체들이 참여함으로써 더욱 확대·강화되는 모습을 보여왔다. 이 수요시위는 일본정부에 일본군위안부피해자 문제에 대해 항의하는 장인 동시에 국내적으로는 군위안부 문제를 알리는 역할을 하고 있다. 이 수요시위는 현재까지 계속되고 있으며, 한국정신대대책협의회의 주요활동 중 하나로 자리 잡고 있다.

생존자 복지사업은 일본군위안부 피해자의 신고를 접수하여 현황을 파악한 후 생존자들에 대한 기금마련 등의 활동을 통해 생존자들의 생활을 지원해주는 형식으로 이루어졌다. 생존자 복지사업은 여러 사회운동단체들의 연대활동으로 이루어졌는데, 한 예로 1992년 12월 1일에는 '정신대할머니 생활기금모금 국민운동본부'가 발족하였고, 불교인권위원회에서는 일본군위안부피해자 생존자들이 기거할 수 있는 생활공간을 마련해 주었다. 이 생활공간이 '나눔의 집'으로 일본군위안부피해자 할머니들에 대한 복지사업과 관련된 활동의 중심을 이루고 있고 한국정신대대책협의회와 많은 연대활동을 벌여오기도 하였다.

## 3. 이슈 확산

일본군위안부피해자와 관련한 시민활동은 국내뿐만 아니라 국외의 일본, 필리핀을 비롯한 아시아권, 더 나아가 UN과 국제 NGO와의 연대까지 확대되어 왔다.

일본에 있어서는 한국교회여성연합회에서 일본군위안부피해자 문제를 제기한 시기부터 여러 운동단체들이 이 문제에 대해 관심을 갖

기 시작하였다. 1973년 발족한 일본의 '매매춘문제에 대해 도전하는 회'(賣買春問題どどりぐす會)는 아시아 여성에 대한 성폭력문제에 대해 활동하였고, 그리스도교교풍회는 한국의 교회여성연합회와 연대해 기생관광에 대한 반대운동을 펼친 바 있다(이민아, 1998).

필리핀에 있어서는 릴라 필리피나(Lila-Philipina)를 중심으로 활동이 이루어졌는데, 이 단체는 '일본군위안부와 강간당한 후 살아남은 사람들, 그리고 필리핀의 일본군위안부들의 인권과 정의 및 배상요구를 지지하는 사람들의 조직'으로서 필리핀에 있는 일본군위안부피해자들의 운동을 지지하는 여러 조직들의 네트워크를 조정하는 단체이다. 이밖에도 대만, 인도네시아 등의 아시아 피해국들 간의 연대활동이 필요하다는 의견하에 '아시아 연대회의'가 마련되어 1992년에 서울에서 1차 회의가 있은 후, 도쿄, 마닐라 등에서 개최되고 있으며 2003년에는 서울에서 6차 회의가 열린 바 있다(이민아, 1998).

UN과 국제 NGO에서의 연대는 1992년 한국정신대대책협의회가 일본군위안부피해자 문제를 UN에 상정한 이후 1994년 1월에 열린 인권위원회에서 여성에 대한 폭력 특별보고자제도가 설치되고 1996년 2월 라디카 구마라스와미에 의해 '군사적 성적 노예제'에 관한 보고서가 공포되어 그 부속문서로 일본군위안부피해자 문제가 다루어졌다. 한국정신대대책협의회는 인권위원회가 공식적으로 이 문서를 인정할 것을 요구하여 4월 19일 인권위원회에 의해 공인받게 되었고, 이후에도 한국정신대대책협의회는 WCC(World Council of Churches)의 대표자격으로 인권위원회에 참석하여 다양한 활동을 하고 있다(이민아, 1998: 21). 특히, 2005년에는 국제사면위원회(Amnesty International, AI)가 전후 60주년을 맞아 추방해야 할 여성폭력문제로 일본군위안부피해자 문제를 선정하여 조사하고 그 보고서를 발표함으로써 일본

에 대한 국제적인 사죄 및 피해보상 요구를 더욱 강화하게 되었다. 이후 2007년 7월 미국하원 본회의에서 투표 없이 만장일치로 일본군위안부피해자 문제해결을 위한 결의안이 통과되었고, 이후 같은 해 12월까지 캐나다, 네덜란드, 유럽연합의회의 결의안 통과로 확산되는 큰 성과를 거두어왔다.

## 4. 정부정책 획득

일본군위안부피해자관련 소수자운동은 한국정부에 대해서도 일본군위안부피해자 범죄에 대한 진상규명을 위한 대책과 피해자들에 대한 지원대책을 마련하도록 지속적으로 요구해왔다. 우선, 일본군위안부피해자들이 당한 일본정부의 범죄에 대한 시민단체들의 진상규명 요구는 1992년 1월 구 외무부 내에 '한국정신대대책협의회 실무대책반'을 만들어 정부 각처가 문서자료를 조사하고 내무부와 대한적십자사를 통해 '정신대 피해자 신고'를 접수받도록 하는 성과를 가져왔다. 또한 피해자들에 대한 지원대책으로는 생활안정지원법 제정을 촉구하여 1993년 「일제하일본군위안부피해자에대한생활안정지원및기념사업등에관한법률」 제정을 이끌어냈다.

그밖에도 지속적인 일본군위안부피해자의 피해진상 규명과 인권회복에 대해 요구하는 활동을 펼친 결과 2004년 3월 일본군위안부피해자를 포함한 일제식민지시대에 강제동원에 따른 피해의 진상을 규명하도록 한 「일제강점하강제동원피해진상규명등에관한특별법」 제정을 이루어냈고, 정부에서는 이 법을 근거로 "일제강점하강제동원피해진상규명위원회"를 설치하여 활동에 착수하게 되었다.

## 5. 감시 및 피드백

일본군위안부피해자관련 정부정책에 대한 시민단체들의 감시와 피드백단계는 앞에서 논의된 저항운동단계, 이슈확산단계 및 정부정책 획득단계와 시기적으로 분리되어 있다기보다는 동시대적으로 이루어졌다고 할 수 있다. 즉, 저항운동과 이슈확산으로 인해 정부정책획득이 이루어졌다면 그에 대한 시민단체들의 감시 및 피드백은 정부정책이 있을 때마다 그때그때 대응적으로 이루어져 왔다. 특히, 인권적 측면에 있어서 우리정부의 미온적 태도와 그에 근거한 외교정책 특히, 대일정책의 입장이 대외적으로 드러나는 시점에서는 관련 시민단체들이 강력히 항의하고 정부의 보다 강력한 대처를 요구해 왔다. 이러한 항의와 요구는 수요시위의 성명서에 잘 나타나 있다. 매주 수요일마다 일본대사관 앞에서 열리는 수요시위에서 참석자들은 매번 성명서를 작성하여 낭독하고 있다. 2004년 이후 일본 고이즈미 총리의 신사참배를 비롯하여 일본의 역사교과서문제들이 제기될 때마다 시민단체들은 정부의 보다 강력한 항의를 요구해왔다.

특히, 2004년 '일제강점하강제동원피해진상규명위원회'를 통한 진상조사 성과가 미미해지자 시민단체들을 중심으로 일본군위안부피해자 생존자들은 2006년 11월 헌법재판소에 헌법소원심판청구서를 제출하였다. 그러나 헌법소원심판청구서에 대해 외교통상부는 답변서에서 '국민의 외교권 보호는 국가의 의무가 아닌 재량으로 국가의 이익에 따라 할 수도 있고 안할 수도 있다'는 입장을 밝혔고, 이러한 정부의 태도는 시민단체들의 항의운동을 더욱 거세게 하였다. 2009년 7월 현재까지도 시민단체들은 헌법소원 공개심리를 위한 서명운동을 지속적으로 진행하고 있고, 일본정부에 대해 일본군위안부피해자 제

〈표 8-1〉 소수자 인권운동의 변동

| 연도 | 주요사건 | 수요시위 | 소수자 정체성 표출 | 인권운동 및 정부정책의 변화 |
|---|---|---|---|---|
| 1990 | • 노태우대통령 방일 | —한국교회여성연합회 중심으로 활동시작: 대일본 진상규명 및 사죄요구 | | 인권의식 형성 |
| 1990 | • 한국정신대대책협의회 출범 | | | |
| 1991 | | | —故 김학순 할머니 등 피해자 3인 최초증언 | |
| 1992 | • 일본 관련 공문서 발견 | —수요시위 시작<br>—생활기금모금국민운동본부 발족 | —수요시위참석 및 증언 | 집단정체성 형성 및 저항운동 |
| 1993 | • "위안부"에 관한 일본정부 조사·발표 | | —일본군위안부 피해자 등록 | 이슈확산 및 정부정책 획득<br>—「일제하일본군위안부피해자에대한생활안정지원및기념사업등에관한법률」제정(1993)<br>—피해자 등록(1993)<br>—각종보상·지원(1993)<br>—「일제강점하강제동원피해진상규명등에관한 특별법」제정(2004)<br>—"일제강점하강제동원피해진상규명위원회" 발족(2004) |
| 1994 | • 아시아평화우호기금 마련 | —민간기금위로금 반대시위 | | |
| 1997 | • 일본이 "국민기금"을 비밀리에 한국피해자 7명에게 지급 | —"위안부문제"를 ILO전문가위원회보고서에 수록, 일본정부에 배상, 책임자처벌요구 | | |
| 1998 | | | —UN인권소위 증언 | |
| 2000 | • 국제여성법정기소, 유죄판결 | —국제법정성공기원 전국 릴레이 수요시위<br>—여성국제법정 보고회 | —국제여성법정에서 증언 | |
| 2004 | | —UN인권소위원회 일본군위안부문제 제출 | | |
| 2005 | • 국제사면위원회는 주요여성 폭력문제로 일본군"위안부" 문제를 선정, 보고서 발표 | —7월 UN갈등분쟁예방 국제회의 참석<br>—미국증언집회 개최 | —국제사면위원회회의 증언<br>—7월 UN갈등분쟁예방 국제회의 참석과 연계한 미국증언집회 참석·증언 | |

| | | | | |
|---|---|---|---|---|
| 2006 | • 위안부피해자 관련 결의안의 미하원 상정:<br>레인 에반스, 크리스토퍼 스미스(공화, 뉴저지) 공동제출(H.Res.759), 58명의 지지서명<br>• 미 하원 국제관계위원회(H.Res.759)에서 만장일치로 통과 | –3월 700차 수요시위 8개국 16개 도시 동시연대집회 개최 | –국가인권위원회 진정서 제출<br>–헌법소원심판 청구 | –'일본군"위안부" 피해자 사이버역사관' 구축(2005)<br>–피해자 간병인 지원 사업 시작(2006)<br>–'일본군위안부 피해자 e-역사관'확대・개편(2007) |
| 2007 | • 위안부피해자 관련 결의안 미하원 상정:<br>마이크혼다(민주, 캘리포니아) 의원 등 7명 공동 제출(H.Res.121), 옹호<br>• 미하원위안부 결의안 통과<br>• 네덜란드, 캐나다, 유럽연합의회의 위안부 결의안 통과 | –세계공동행동 선포식<br>–미하원결의안 통과보고<br>–유럽의회 결의안 채택보고 | –미의회 청문회 증언<br>–유럽연합의회 증언 | |
| 2010 | • 일 외상의 식민정책 합리화 발언 | | | 인권정책표출<br><br>–정부우려표명(2010.2.)<br>–군위안부문제관련 정부 해결의지 공식표명(2010.3.) |

자료: 전영평・서성아(2008). pp.788-789의 표를 조정함.

도에 대한 전모의 공개와 공식사죄 및 법적 배상을 요구하는 국제연대서명운동을 실시하고 있다.

# Ⅲ. 일본군위안부피해자에 대한 소수자 인권운동과 정부정책의 주요내용

## 1. 소수자 인권운동

일본군위안부피해자 소수자 인권운동은 주로 한국정신대대책협의회를 중심으로 '나눔의 집' 등 여러 관련단체들이 활동하며 오늘에 이르고 있다. 이 중 중심이 되는 한국정신대대책협의회는 기존의 한국교회여성연합회 등을 중심으로 이루어졌던 일본군위안부피해자 대책을 위한 시민운동을 보다 체계화하고 관련단체를 결집하고자 37개 여성단체와 개인이 모여 1992년 11월 결성하게 되었다. 현재는 20개 회원단체와 30여 개의 협력단체들로 구성되어 일본군위안부피해자 피해여성들의 명예회복과 인권회복을 요구하는 수요시위, 대 한국정부활동, 국제인권기구와의 연대 등 다방면에서 활발한 활동을 하고 있다.[1)]

### 1) 수요시위

수요시위는 한국정신대대책협의회의 활동 중 가장 대표적인 것으로, 1992년 1월부터 시작하여 매주 수요일 오전 12시에 서울의 일본대사관 앞에서 열리고 있다. 2011년 12월 14일 현재 기준으로 20년 가까운 기간 동안 계속되고 있으며, 총 1000회의 시위를 앞두고 있다. 한국정신대대책협의회는 일본군위안부피해자문제가 해결될 때까지 계속할 것임을 밝히고 있다.

1) http://www.womenandwar.net

이 시위의 운영은 22개 회원단체, 30여 개의 협력단체들이 돌아가면서 주관하고 있으며 회원단체뿐만 아니라 비회원단체들도 1년에 평균 2회씩 수요시위를 주관하고 있다. 회원단체이외에 수요시위를 주관하는 단체들로는 경실련, 전국연합, 전교조, 참교육학부모회 등으로 구성되어 국내 시민운동조직들 간 연대활동의 대표적 사례가 되고 있다.

### 2) 대 한국정부활동

한국정신대대책협의회를 중심으로 한 시민단체들은 한국정부에 대해서도 일본군위안부피해자 범죄에 대한 진상규명을 지속적으로 촉구해 오고 있다. 이러한 요청에 따라 지난 1992년 1월에는 구 외무부 내에 "한국정신대대책협의회 실무대책반"을 만들어, 정부 각처가 문서자료를 조사하고 내무부와 대한 적십자사를 통해 '정신대 피해자 신고'를 접수받도록 하였다. 복지적 측면에서도 대부분의 생존자들이 경제적으로 어려운 상황임을 파악하고 생활안정지원법 제정을 촉구하여 1993년에 「일제하일본군위안부피해자에대한생활안정지원및기념사업등에관한법률」 제정을 이끌어내 이들에 대한 정부의 생활지원이 가능하도록 하였다. 또한, 일본전범의 출입국을 금지하도록 관련 법안을 개정시키도록 노력하여 1997년 관련법안을 통과시켰다.[2)]

---

2) 1997년 12월「출입국관리법」 개정
제11조(입국의 금지 등)
① 법무부 장관은 다음 각호의 1에 해당하는 외국인에 대하여는 입국을 금지 할 수 있다.
7. 1910년 8월 29일부터 1945년 8월 15일까지 일본정부, 일본정부와 동맹관계에 있던 정부, 일본정부의 우월한 힘이 미치던 정부의 지시 또는 연계하에 인종, 민족, 종교, 국적, 정치적 견해 등을 이유로 사

특히 1998년 5월 법적배상을 회피하기 쉬운 수단으로 일본정부가 민간차원의 위로금인 '여성을 위한 아시아평화국민기금'을 지급하려는데 대응하여 민간차원에서 범국민모금을 두 차례(1997년, 1998년)에 걸쳐 실시하고 피해자들에게 위로금을 지급하는 동시에 한국정부로 하여금 한국정신대대책협의회 모금액에 정부예산을 추가하여 4300만원의 생활안정지원금을 지급하도록 하는 데 기여하였다.

그 밖에도 지속적인 일본군위안부피해자의 피해진상규명과 인권회복에 대해 요구하는 활동을 펼친 결과 2004년 3월에는 「일제강점하강제동원피해진상규명등에관한특별법」을 제정하고 '일제강점하강제동원피해진상규명위원회'를 설치하여 일본군위안부피해자를 포함한 일제식민지시대에 강제동원에 따른 피해의 진상조사에 착수하도록 하였다. 2006년 7월에는 헌법재판소에 국가로부터 외교적 보호를 받을 권리에 대한 헌법소원심판청구를 제출하였고, 2009년 현재 이와 관련된 서명운동을 지속적으로 펼치고 있다.

### 3) 국제인권기구와의 연대

한국정신대대책협의회는 1992년에 UN인권위원회에 일본군위안부피해자 문제를 상정함으로써 이 문제를 구체적인 인권유린의 문제로 확산시켰으며, 1996년 1월 인권위원회의 결의문에 의거하여 특별보고서를 작성하고 발표하도록 하였다. 이후 현재까지 UN인권소위원회, 여성차별철폐위원회, 국제법률가 협회, 국제노동기구(ILO) 전문가위원회는 일본정부가 일본군위안부피해자들에게 공식사죄하고 법적책임을 이행할 것을 권고하도록 역할을 수행하고 있다. 그 밖에도 1992

---

람을 학살·학대하는 일에 관여한 자.

년부터 네트워크화하기 시작한 아시아 피해국과 아시아연대회의를 결성하고, 남북한을 포함한 10여 개국의 피해국들로 구성된 '아시아 연대회(Asian Solidarity Conference)'를 통해 공동으로 일본군위안부피해자 문제해결을 위해 노력하는 한편, 세계에서 전쟁 중 여성에게 가해졌던 폭력에 대한 이슈를 부각하여 세계평화여성인권단체와 활발한 연대활동을 진행하고 있다.

2000년 12월 여성국제법정에서는 일본군성노예제도에 대한 전쟁범죄의 책임을 묻고, 가해자들에 대한 형사책임을 묻기 위한 상징적인 국제인권법정인 '2000년 법정'을 여는 한편, 2005년 10월에는 국제사면위원회(Amnesty International, AI)에서 전후 60주년을 맞아 추방해야 할 여성폭력문제로 일본군위안부피해자 문제를 선정하여 조사하고 그 보고서를 발표하도록 하고, 그 회의에 한국대표로 참석함으로써 일본에 대해 국제적인 사죄와 피해보상을 요구하는 자리를 마련하였다. 이후 미국 내 시민운동을 통해 2007년 7월에는 미국하원 본회의에서 투표 없이 만장일치로 일본군위안부피해자 문제해결을 위한 결의안이 통과되었고, 이후 같은 해 12월까지 캐나다, 네덜란드, 유럽연합의회의 결의안 통과로 확산되어 2007년 미국에서 이루어진 공감대를 전 세계적으로 확산시키고 있다.

### 4) 기타 복지차원의 활동

일본군위안부 할머니들의 복지차원의 지원은 주로 '나눔의 집'을 중심으로 이루어져왔고, 2004년부터 한국정신대대책협의회에서도 쉼터를 운영하고 있다. '나눔의 집'은 1992년 6월 불교인권위원회를 중심으로 결성되어 불교계 및 사회각계에 모금운동을 벌인 결과

1992년 10월 서울 마포구 서교동에서 처음으로 '나눔의 집'을 연 이후 명륜동, 혜화동을 거쳐 1995년 12월 한 독지가의 기증으로 현 경기도 퇴촌면에 독립시설을 마련하게 되었고 노인 주거복지시설로 등록되어 현재까지 운영되고 있다. 그밖에 '일본군위안부 역사관'을 운영하고 있다. 나눔의 집은 총 650여 평의 대지에 180여 평의 시설로 2개의 생활동에 할머니들의 방과 물리치료실, 거실 등이 있고, 여기에 2010년 현재 총 7명의 할머니들이 기거하고 있다. 나눔의 집이 가지는 주된 의의로는 전국에 흩어져 살고 있던 일본군위안부피해자 할머니들을 위한 공동생활의 터전을 마련하였다는 것이다. 나눔의 집 할머니들에 대한 지원은 구체적으로 주거지원과 의료지원으로 이루어진다. 주거지원의 특징으로는 할머니들에게 1인 1실로 방이 배정되어 있고, 각 방별로 TV 및 냉장고 설치가 기본적으로 갖추어져 있다. 의료지원으로는 많은 할머니들이 일본군위안부 생활로 인한 심한 신체적 · 정신적 후유증을 가지고 있어 이에 대한 물리치료와 정신상담치료 등이 이루어지고 있다. 특히, 할머니 대부분이 고령이어서 종합병원 통근치료가 일상사가 되어 있는 형편으로 이에 대한 지원도 이루어지고 있다. 이를 위하여 간호사 1명이 상주하고 있다.

한편, 한국정신대대책협의회에서도 할머니들을 위한 안식처인 쉼터 '우리집'을 마련하여 운영하고 있다. 한국정신대대책협의회에서 운영하고 있는 쉼터 '우리집'은 2004년 1월 서울 서대문에 개소하여 할머니들이 기거하고 있다.

## 2. 정부정책

### 1) 인권적 차원

과거 일본군위안부피해자들에 대한 정부입장은 상당히 이원적인 측면을 보여 왔다. 즉, 공식적으로는 일본과의 외교적 측면을 고려하여 일본정부의 국가책임 인정이나 개인별 보상문제로 인해 국가 간 분쟁이 일어나는 것을 원하지 않아 한일협정에 관한 법적 논쟁을 더 이상 벌이지 않겠다는 것이었다. 또 다른 입장으로 일본군위안부피해자 문제는 인권문제이므로 UN 등 국제무대에서 지지를 얻어내도록 시민단체 활동을 통해 지속적으로 활동을 벌여 나간다는 것이었다. 이러한 정부입장은 피해자들과 관련시민단체들로부터 상당한 비판에 직면해왔다. 즉, 국민을 보호할 의무가 있는 정부로서 일본정부에 보다 적극적으로 보상을 요구하고 교과서 문제, 신사참배 문제 등에 있어 보다 강력하게 대응해야 한다는 것이다. 이러한 시민단체들의 활동과 요구로 인해 2004년 「일제강점하강제동원피해진상규명등에관한특별법」이 제정되었고, 이 법에 근거하여 "일제강점하강제동원피해진상규명위원회"가 설치되고 이 위원회를 중심으로 각종 피해자들의 피해진상을 파악하고 조사하는 활동이 진행되고 있으나 그 성과는 미미한 상황이다.

그러나 최근 기존의 정부입장에 미미하나마 변화가 있음을 확인할 수 있는 몇몇 사례들이 나타나고 있다. 구체적으로 지난 2010년 외교부 대변인은 일본군위안부 피해자 사안에 대해 구체적인 정부의 입장을 밝힌 바 있다. "군대위안부문제는 일본이 아시아여성기금 조성을 시도했지만 정부가 받아들일 수 없었다"는 것을 밝히고, "1995년

무라야마 총리 이후 일본이 아시아여성기금을 만들었다가 무산된 경우가 있다"는 것, 그리고 "앞으로도 미진한 부분에 대해 우리정부는 계속 노력해 나갈 것이다"라고 입장을 분명히 한 바 있다(2010. 3. 15. 외교부 대변인 정례브리핑). 이러한 분명한 입장은 기존의 지지부진하고 불명확한 입장으로 일관했던 것에서 진일보한 것이라 하겠다.

### 2) 복지적 차원

일본군위안부피해자들에 대한 복지적 차원의 정부지원은 「일제하일본군위안부피해자에대한생활안정지원및기념사업등에관한법률」에 근거하여 실시되고 있다. 지원사항으로는 기본적으로 일시금과 월지원금으로 지급되고 있는 현금급여와 각종 의료보호, 장례 및 임대주택우선지원 등이 이루어지고 있다. 여기서는 현금급여를 중심으로 살펴보도록 하겠다.

일본군위안부피해자들에 대한 복지적 차원의 정부지원은 1993년 「일제하일본군위안부피해자에대한생활안정지원및기념사업등에관한법률」에 근거하여 피해자들의 등록신청이 이루어지면서 시작되었다고 볼 수 있다. 등록신청이 실시된 1993년에 가장 많은 153명이 등록한 이래 1994년에는 대폭 줄어들어 15명이 신청했고, 1995년에는 5명, 2000년에는 6명, 2004년에는 3명 등 매년 그 신청 인원이 감소하고 있다. 2005년에는 8명, 2006년에는 11명으로 늘어났으나 2007년 이후에는 신규신청이 없는 실정이다.

2009년 1월 현재까지 파악된 일본군위안부피해자로서 지원법의 적용대상으로 결정된 사례는 총 234명으로 이 중 141명이 노령이나 질병으로 현재 사망한 상태이다. 법 적용 대상자로 결정된 경우에는

〈표 8-2〉 연도별 등록현황

| 연 도 | '93 | '94 | '95 | '96 | '97 | '98 | '99 | '00 | '01 | '02 | '03 | '04 | '05 | '06 | 합계 |
|---|---|---|---|---|---|---|---|---|---|---|---|---|---|---|---|
| 등록 신청 수 | 153 | 15 | 5 | 6 | 6 | 5 | 4 | 6 | 6 | 1 | 5 | 3 | 8 | 11 | 234 |

자료: 『2006 여성정책연차보고서』, p. 130 및 www.hermuseum.go.kr의 자료를 취합정리(2007년도 이후에는 신규등록자가 없음).

〈표 8-3〉 지원등록대상자 현황 (단위: 명)

| 구 분 | 계 | 소 계 | 국 내 | 국 외 | 사 망 |
|---|---|---|---|---|---|
| 2004 | 215 | 118 | 114 | 4 | 97 |
| 2009 | 234 | 93 | 84 | 9 | 141 |

자료: http://www.hermuseum.go.kr/

국내 84명, 국외 9명으로 총 93명이며, 이 중 국내에 거주하는 84명에게 기초생활보호에 해당하는 각종 급여가 지원되고 있다. 이 수치를 2004년 기록과 비교해보면, 전체 등록대상자는 19명이 늘어났으나 사망자가 97명에서 141명으로 44명이나 늘어나 있는 상태이다. 현 생존자들도 전체 93명 중 72명이 80대로 사망자 수는 매년 증가할 것으로 보인다.

일본군위안부피해자지원은 1993년 일시금 5백만 원 지원에 월 15만 원을 지원하는 미미한 수준에서 출발하였다. 이것이 매년 증가하여 2001년에는 일시금 4천 3백만 원과 월 지원금 50만 원, 2005년에는 일시금 4천 3백만 원에 월 70만 원 지원으로 증가하였다. 이들에 대한 월 지원금액은 정부의 기초생활지원 수급자에게 지원하는 생계급여에 비교했을 때 상대적으로 높은 금액이다.

이는 「일제하일본군위안부피해자에대한생활안정지원및기념사업등에관한법률」의 적용에 따른 특례사항에 근거한 것으로 소득조사 및 소득평가액 산정 후 급여를 결정하도록 하고, 생활안정지원금 및 그

〈표 8-4〉 연도별 지원금 추이 (단위: 천 원)

| 구 분 | 1993 | 1994 | 1995 | 1996 | 1997 | 1998−2001 | |
|---|---|---|---|---|---|---|---|
| 월지원금 | 150 | 150 | 200 | 250 | 500 | 500 | |
| 일시금 | 5,000 | 5,000 | 5,000 | 5,000 | 5,000 | 5,000 | |
| 구 분 | 2002 | 2003 | 2004 | 2005 | 2006 | 2007 | ’08−’09 |
| 월지원금 | 500 | 535 | 640 | 700 | 740 | 780 | 80 |
| 일시금 | 43,000 | 43,000 | 43,000 | 43,000 | 43,000 | 43,000 | 43,000 |

자료: 『2006 여성정책연차보고서』, p. 130 및 www.hermuseum.go.kr의 자료 취합정리.

이자소득은 소득으로 산정하지 않도록 하고 있는 것에 따른다. 또한, 재산은 소득으로 환산하지 않고 있으며, 부양의무자가 있는 경우 월지원금을 조정하도록 한 기준을 적용하지 않고 있고, 피해자와 주거 및 생계를 같이하는 가구원은 별도가구로 처리하도록 하고 있다.

## Ⅳ. 일본군위안부피해자관련 소수자 인권운동과 정부정책의 적합성

### 1. 소수자 인권운동의 적합성

#### 1) 인권적 차원

일본군위안부피해자관련 소수자 인권운동의 적합성을 논함에 있어서는 이들 운동의 대표적 활동으로 수요시위를 살펴보았다. 수요시위는 한국정신대대책협의회에서 수요일마다 일본대사관 앞에서 열고 있는 시위로서 한국정신대대책협의회 활동의 중심을 이루며, 지난 17

년간 지속적으로 추진된 역사적으로 의미 있는 시위로 주목을 받고 있다. 또한, 국내 여러 시민단체들이 돌아가면서 주관하는 등 국내 시민운동에 있어서 연계활동의 주된 사례로도 제시되고 있다. 그러나 또 다른 측면 즉, 일본군위안부피해자 당사자들의 입장에서 이 시위는 어떠한 의미를 가지고 있는가를 살펴볼 필요가 있다.

매주 이 시위에는 나눔의 집에 계시는 할머니들과 기타 혼자 거주하시는 할머니 등 10여 분 내외의 할머니들이 매번 참석하여 시위의 중심이 되고 있다. 그러나 시위현장을 관찰한 결과 많은 할머니들이 참석하여 일본군위안부피해자 자신들의 문제 해결을 위해 활동하고 있음에도 불구하고, 할머니들의 시위참여가 수월하지 못한 실정임을 알 수 있었다.

(ㅇㅇ월 ㅇㅇ일 수요시위)

7명의 할머니들이 플래카드로 무릎을 덮으시고 여러 모양의 구호가 적힌 깃발을 들고 계신다. 주변에는 내외신 기자들이 취재하고 있고 뒤로는 스님 한 분과 외국인 수녀님 두 분, 한국인 수녀님 네 분, 외국인 신부님 두 분이 서 계신다. 대학생 10여 명이 팻말을 들고 이 분들을 에워싸고 그 주변을 전경들의 차들이 늘어서 있다.

사회자: 고이즈미 총리가 신사참배한 것을 두고 지금 아시아피해국들이 정말 분노가 높습니다. 그런데 고이즈미 총리는 다른 나라들이 간섭할 문제가 아니라고 하고 있습니다. 물론 일본내정간섭을 하고 싶은 생각 추호도 없습니다. 그러나 일본의 전쟁범죄는 일본 내부의 문제가 아닙니다. 전쟁범죄는 세계전체가 공동으로 대응하여 꼭 해결해야 할 문제입니다…중략…구호로 정리를 하겠습니다. 고이즈미 일본 총리는 전쟁범죄를 찬양하는 신사참배를 즉각 중단하라!

참석자: 중단하라! 중단하라! 중단하라!

7명의 할머니 중 세 분 정도가 손을 들고 구호를 제창하시고 나머지 할머니들은 손도 들지 않고 구호제창도 안한 채로 땅만 보고 계신다. 특히 ○○○ 할머니는 계속 땅만 보고 계시다 다리 밑에 두신 가방 속을 한번 확인하시고는 다리를 폈다 구부렸다 하신다.

사회자: 오늘은 기자 분들이 기념촬영을 하신답니다. 할머니들은 모여 주세요.

한 할머니는 기념촬영을 하지 않고 주섬주섬 짐을 챙겨 빠져 나가신다. 취재진들(연합통신 등)의 카메라는 할머니들에게 집중된다. 웃으시는 할머니, 들고 있던 작은 깃발을 흔드시는 할머니, 카메라를 외면하고 땅만 보시는 할머니 등 다양한 모습을 하고 계신다.

(○○월 ○○일 수요시위)

사회자: 오늘 이렇게 참석해 주신 여러분께, 특히 할머님들께 감사드립니다…오늘 수요시위는 경기민주운동시민연합과 수원시민신문에서 공동주관하여 주셨습니다. 구름까지 날려버릴 수 있는 함성으로 수요시위를 시작하겠습니다.

참석자: 와!

둘러선 일반 참가자들은 함성을 지른다. 할머니들 대부분이 가만히 앉아 계시고 몇 분은 땅만 보시고, 몇 분은 함성만 지르신다.

성명서 낭독자: 역사는 흐른다. 일본 제국주의가 아시아를 침략했

을 때에도, 그 전쟁에서 아시아 여성들을 조직적으로 강제연행하고 납치해 일본군의 성노예로 만들었을 때에도, 일본군위안부문제는 포함조차 되지 않은 한일협정서에 서약을 할 때에도 위안부임을 밝힌 100여 명의 할머니들이 일본 정부의 사죄조차 받지 못하고 한 많은 삶을 마감했을 때에도…중략…구호로 발언을 정리하겠습니다. 고이즈미 일본총리는 일본군위안부 범죄자를 처벌하라!

참석자: 처벌하라! 처벌하라! 처벌하라!

할머니들의 반 정도만 구호를 외치시며 주먹은 어깨 높이 정도로 들어 올리신다. 나머지 할머니들은 플래카드를 보시거나 만지작거리시거나 땅바닥만 쳐다보고 계신다.

면담결과에서도 일부 할머니들 중 시위참석을 어려워하시는 분이 계시다는 것을 알 수 있었다. 물론 다수 할머니들이 사명감을 가지고 참석하셨고 이 분들은 수요집회 참석에 큰 의미를 두고 계셨다.

면담자: 할머니 수요집회 가시기 어떠세요?
A 할머니: 마지못해 가…이젠 안 갔으면 좋겠어. 몸도 너무 아프고 만사가 귀찮아…
면담자: 지난번 수요시위에 참석했었습니다. 그런데 제가 잘못 느꼈는지 모르겠지만, 할머니들이 좀 힘들어 보이신다는 생각이 들었어요.
자원봉사자 1: 할머니들마다 다르기는 하죠. 그러나 다들 할머니들이 할 수 있는 유일한 일이라고 생각하고 계세요.
면담자: 수요집회 때 할머니들이 구호제창도 싫어하시는 것 같구요…. 사진찍는 것을 싫어하는 할머니들도 계시더라고요. 특히, ○○ 할머님이 그러시던데요.

자원봉사자 2: ㅇㅇ 할머니는 일본사람을 좋아해요. 위안부할머니들 중 일종의 친일파지요. 자신이 그렇게 당했어도 해방 후 한국으로 돌아오지 못하고 일본에서 오랫동안 살았어요. 일본에서 살 때 일본사람들한테 신세를 많이 졌다고 하더군요.

면담자: 할머니! 수요집회 하는 것 좋으세요?

K 할머니: 어쩔 수 없어서 하는 거지요…. 그거라도 안 하면 뭘 하겠어요? 정부가 이랬다저랬다 해서 믿을 수 없지만… 어쩌겠어? 그거라도 해야지….

면담자: 할머니들이 수요집회에 참석하는 것을 힘들어하시는 것 같던데요….

자원봉사자 2: 그래도 다들 중요한 일이라 생각하세요. 저희들이 하는 일 중 꼭 해야 하는 일이지요. 소극적인 분들도 있지만 열심히 하시려는 분들이 더 많아요.

수요시위는 할머니들의 인권회복 측면에서 매우 의미 있는 시위이며, 국내외적으로 일본군위안부피해자 문제를 알리는 데 있어 결정적인 역할을 해왔다. 그러나 할머니들의 시위참석이 이미 상당한 어려움에 직면해 있음을 알 수 있었다. 시간이 흐를수록 연로해지는 할머니들의 건강, 정서적 · 신체적 상태나 의사가 반영되어 대안적 형태의 집회마련이 이루어질 수 있어야 하겠다.

### 2) 복지적 차원

이제까지 일본군"위안부"피해자에 대한 복지적 차원의 시민운동은 주로 '나눔의 집'을 중심으로 이루어져온 것이 사실이다. 즉, 인권적 측면에서는 한국정신대대책협의회를 중심으로 이루어지고 복지적 측

면은 '나눔의 집'을 중심으로 이루어지는 이원적 체제를 보이고 있었다. 또한, 한국정신대대책협의회와 '나눔의 집'은 수요시위를 비롯하여 다양한 측면에서 두터운 유대관계를 보여 왔다. 그러나 2004년에 한국정신대대책협의회가 쉼터를 마련하고 그 활동영역을 넓혀가면서 양 단체 간의 갈등이 나타나고 있음을 알 수 있었다.

면담자: 수요시위에 참석하는 대부분의 할머니들은 나눔의 집 할머니들이신데, 국제사면위원회나 해외 의회에 참석하시는 할머니는 나눔의 집 할머니가 아닌 것이 이상하다는 생각이 듭니다.
자원봉사자 1: 나눔의 집이 완전히 소외된 거지요. 사실 2005년 국제사면위원회경우도 나눔의 집에 와서 모든 것을 조사해 갔어요. 엠네스티에서 여성폭력문제로 일본군위안부문제를 선정하게 된 데에는 나눔의 집 영향이 컸다고 봅니다. 그런데 회의참석 및 활동에서 완전히 배제되고 정대협 자기네들끼리 다하고 자기네들만 참석키로 결정한 겁니다. ILO 제소 건도 그렇습니다. 사실 할머니들의 복지지원은 나눔의 집이 먼저 시작했고, 지난 10년 넘게 나눔의 집에서 지속적으로 추진해온 것인데…2004년부터 정대협에서도 쉼터를 만들어가지고는 자기들도 위안부 할머니들 복지지원을 하겠다는 거예요. 물론 인권이나 명예회복차원에서는 정대협이 단연 앞서가고 있지요. 운동을 잘해요. 하지만 복지는 우리가 전문가지요. 사실, 2002년도에 일본군위안부단체들이 여성부에 모여 회의를 한 적이 있어요. 그때 정대협이 제안을 하나 하겠다는 거예요. 그게 나눔의 집에 있는 일본군위안부 역사관과 나눔의 집을 다 정대협으로 넘기라는 거예요. 자기네들이 다 관리하겠다는 거지요. 정말 기가 막혔습니다.

시민운동은 자발적으로 이루어지는 것이며, 해당 소수자 인권운동

과 관련된 다양한 다수의 시민단체들이 존재하여 활발한 상호 협력과 견제하에 움직이는 것이 바람직하다. 또한, 이는 민주주의하에서 시민운동이 자체적인 역량을 키우고 스스로 시민단체의 생명이라고 할 수 있는 투명성과 신뢰성을 유지하는 하나의 방편이 될 수 있다. 따라서 어느 한 시민단체에 활동이나 지원이 집중되기보다는 다양한 시민단체들이 존재하고 활동하는 것을 지향해야 할 것이다. 이러한 측면에서 그간 일본군위안부피해자의 소수자 인권운동과 관련된 정대협의 활동이 절대적이었으며, 그 중요성이 인정되는 것은 사실이나 특정 시민단체에 활동이나 지원이 집중되고, 이 단체가 거대화되는 반면 기타 시민단체들은 중소화되어 버리는 모습은 경계해야 하겠다.

## 2. 정부정책

### 1) 인권적 차원

그간 인권적 측면에서의 정부정책은 시도만 있었을 뿐 가시적인 성과는 거의 없었다고 판단된다. 일례로 일본군위안부 2004년 「일제강점하강제동원피해진상규명등에관한특별법」이 제정되어 이 법에 근거한 "일제강점하강제동원피해진상규명위원회"가 설치되었으나 일부 피해사실들을 조사하는 활동도 아직까지 끝나지 못하고 있고, 조사결과에 대한 처리도 미진한 상태이다. 더구나 이명박 정부가 들어서면서 해당 위원회가 통폐합되어 실질적인 업무추진에 어려움을 겪고 있는 상황이다(한국일보. 2010. 4. 25).

다만, 최근 외교부 대변인 성명에서 나타난 바와 같이 일본군위안부피해자 사안에 대한 정부의 공식적 입장에 미미하나마 긍정적인 변

화가 나타나고 있음은 고무적인 일이라 하겠다. 2010년 3월 외교부는 일본군위안부피해자 사안에 대해 일본정부의 미진한 부분에 대해서는 정부가 계속 노력할 것이라는 것을 분명히 하고 있다. 특히 일본정부가 제시한 여성기금에 대해 우리 정부가 받아들일 수 없었음을 밝히는 한편, 일본정부에 법적 책임을 추궁하고, UN인권이사회 및 미국과 캐나다 의회의 결의에 따라서 일본이 성의 있는 조치를 하도록 촉구하고 있는 등 해결노력을 기울이고 있음을 제시한 바 있다(2010. 3. 15. 외교부 정례브리핑).

### 2) 복지적 차원

일본군위안부피해자에 대한 정부지원은 1993년 제정된 「일제하일본군위안부피해자에대한생활안정지원및기념사업등에관한법률」 제정에 근거하여 이루어졌다. 1993년 당시 처음 시작되었을 때는 일시금 5백만 원에 한 달 15만 원으로 매우 적은 금액이었으나 점차적으로 늘어 2005년에는 일시금 4천 3백만 원에 한 달 70만 원 지원으로 상당한 수준에 이르고 있다. 그러나 이러한 현금지원이 할머니들의 실제 생활에 있어서 도움이 되는 경우가 대부분이기는 하지만, 일부의 경우 이 현금지원들이 정부의 지원목적과는 다르게 사용되고 있는 것이 확인되었다. 구체적으로 2001년 한국정신대대책협의회에서 실시한 설문조사에서 응답자의 84.9%인 절대다수가 정부지원에 의존하고 있는 것으로 나타난 바 있다.

그러나 일본군"위안부"피해자 지원 시민단체의 자원봉사자들과의 면담결과 설문조사와는 상반되는 의견들이 제시되었다. 즉, 일부 할머니들의 경우 정부지원금을 친인척들에게 빼앗기는 경우, 사기를 당

〈표 8-5〉 분야별 생활비 의존비율(복수응답)

| 정부지원 | 본인수입 | 가족지원 | 후 원 |
|---|---|---|---|
| 163 | 24 | 36 | 7 |
| 84.9% | 12.5% | 18.8% | 3.6% |

하는 경우 등이 발생하고 있는 것으로 파악되었다. 특히, 일부 치매 등의 질환을 가지고 있는 일본군"위안부"피해자 할머니들의 경우, 현금지원은 적절한 지원방법이 아닌 것으로 파악되며, 오히려 간호서비스, 재가복지시설 확충 등이 필요한 것으로 나타났다.

면담자: 보건복지부에서 여성가족부로 업무가 이관되었는데, 담당자분을 만나보셨나요?

자원봉사자 1: 작년까지는 몇 번 왔다갔었는데, 올해는 한 번도 안 왔어요. 업무담당자들도 수시로 바뀌는지라 업무의 연속성도 없어요. 할머니들에 대한 정책마련에 있어서도 완전히 탁상행정이에요. 할머니들한테 기초생활자금으로 매달 얼마씩 드리는 것이 실제로 할머니들한테는 전혀 도움이 되지 않아요. 통장으로 들어오는 그 돈들은 다 할머니들 돈이라고 볼 수가 없어요. 다들 친인척들한테로 새어나가지요. 할머니들 중엔 정부보상금을 지금까지 가지고 계신 분들이 거의 없어요. 사돈의 팔촌까지 나서서 다 뜯어가잖아요. 일부 치매이신 분들이 있는데, 그분에게 매달 60만 원씩 줘서 무슨 의미가 있겠어요. 그 분 돈 잘 몰라요. 관련단체들을 한데 모아서 할머니들에 대한 정책을 한번이라도 논의했더라면 할머니들에 대한 생활안정지원이 이런 식의 정책으로 지속되고 있지는 않았을 거예요. 할머니들한테 지금 가장 시급한 건 바로 요양소라고요. 노후에 편히 쉴 수 있는… 보세요. 지금 할머니들은 모두 각방을 쓰고 계세요. 화장실

갈 때도 열쇠로 잠그고 다니시잖아요. 하다못해 냉장고도 각방에 한 대씩 놔드려야 하잖아요…할머니들 서로도 못 믿어 하는 상황에서 시설을 더 늘리지 않고는 전국의 위안부 할머니들은 정말 대책이 없어질 거예요. 할머니들이 계속 연로해지고 계시잖아요…정말 앞으로 어쩌려는지 모르겠어요.

면담자: 할머니들이 사기를 당하시는 일이 있으셨나요?

자원봉사자 2: 좀 있었나 봐요. ○○○ 할머니는 일시금으로 받은 4천 3백만 원을 친척한테 모두 사기를 당해서 빼앗기셨대요. 지금은 거의 가진 돈이 없으신 것 같더라구요…. 그래서 한국 사람을 별로 안 좋아하지요.

정부정책은 정책환경이나 수혜대상자의 상황변화에 따라 적절히 변화되어야 한다. 2006년부터 간병인 제도를 도입하여 연로한 피해자들에 대한 정부지원서비스를 보다 확대해 오고 있으나 이 또한 전적인 지원이 아닌 한계를 보이고 있다. 면담결과에서도 나타났듯이 일본군위안부피해자 상당수가 독거노인인 점을 감안한다면 요양시설 마련과 희망자에 대한 거처마련이 오히려 보다 적정한 서비스임을 인식해야 할 것이다. 이러한 차원에서 단순한 금전적 지원을 지양하고 '나눔의 집'이나 정대협의 쉼터 '우리집'과 같이 시민운동 단체에서 제공하고 있는 요양시설을 보다 활성화하고 지원할 필요가 있다고 판단된다.

## V. 나가며

우리나라 일본군위안부피해자 할머니들에 대한 시민단체의 활동과 정부의 정책은 인권적 측면과 복지적 측면 모두 느리지만 점진적인 성과를 거두어 왔다. 구체적으로 소수자 인권운동에서는 일본군위안부소수자 인권운동의 핵심이 되어왔던 수요집회를 비롯한 그간의 일본군위안부할머니 대상 시민단체의 인권활동이 정부의 정책획득과 국제적 인식 확산에 있어 결정적인 역할을 해왔다는 것을 알 수 있다. 시민단체의 인권운동은 우선, 소수자로 하여금 소수자로서의 정체성을 형성하게 하고, 또한, 대외적으로 소수자의 인권확보의 필요성에 대한 인식을 확산시키고 상당한 성과를 일구어 냈다. 더 나아가 정부의 정책을 획득하고 소수자들이 정부차원의 서비스를 받아낼 수 있도록 하는 데 기여하였다. 그러나 다른 한편에서는 소수자들의 상황변화에 대해 보다 민감하게 반응하고 인권운동에 있어 적절한 변화를 도출해 나갈 필요성이 대두됨을 알 수 있다. 구체적으로 시간의 흐름에 따라 나타나고 있는 소수자의 신체적·사회적 변화, 인식의 변화가 있었다. 그러나 이러한 변화들이 인권운동에 반영되지 못하고 있는 현실을 볼 수 있었다. 소수자에 대한 인권운동은 소수자를 둘러싼 상황변화에 따라 변화되어야 함이 고려되어야 할 것이다.

정부정책에서는 우선적으로 일본군위안부피해자에 대한 그간의 정부지원이 복지차원에서는 지속적으로 확대된 반면, 인권적 측면에서의 지원은 이제 시작단계에 머물러 있는 실정임이 확인되었다. 따라서 정부의 보다 적극적인 정책추진의지가 필요하다고 생각하게 되었다. 다만 그동안 일본정부에 대한 미온적이던 태도가 조금씩 적극적

으로 변화하고 있는 것은 고무적이라 하겠다. 또한, 일본군위안부피해자에 대한 금전적 지원의 경우, 현재 대부분의 대상자가 고령 및 질병으로 현금관리가 불가능하다고 판단되기 때문에 오히려 이들에 대한 요양시설을 비롯한 복지시설의 확충 등으로 행정서비스를 전환할 필요성이 있음을 알 수 있었다.

시민단체의 지원에 있어서도 일부 시민단체 활동이 이들 간의 활발한 연대와 상호견제를 통해서 건전하게 전개될 수 있다는 점을 고려해 볼 때 이들에 대한 정부의 지원이 보다 균등하게 이루어져 일부 시민단체들로부터의 불만제기가 없도록 해야 할 것이다.

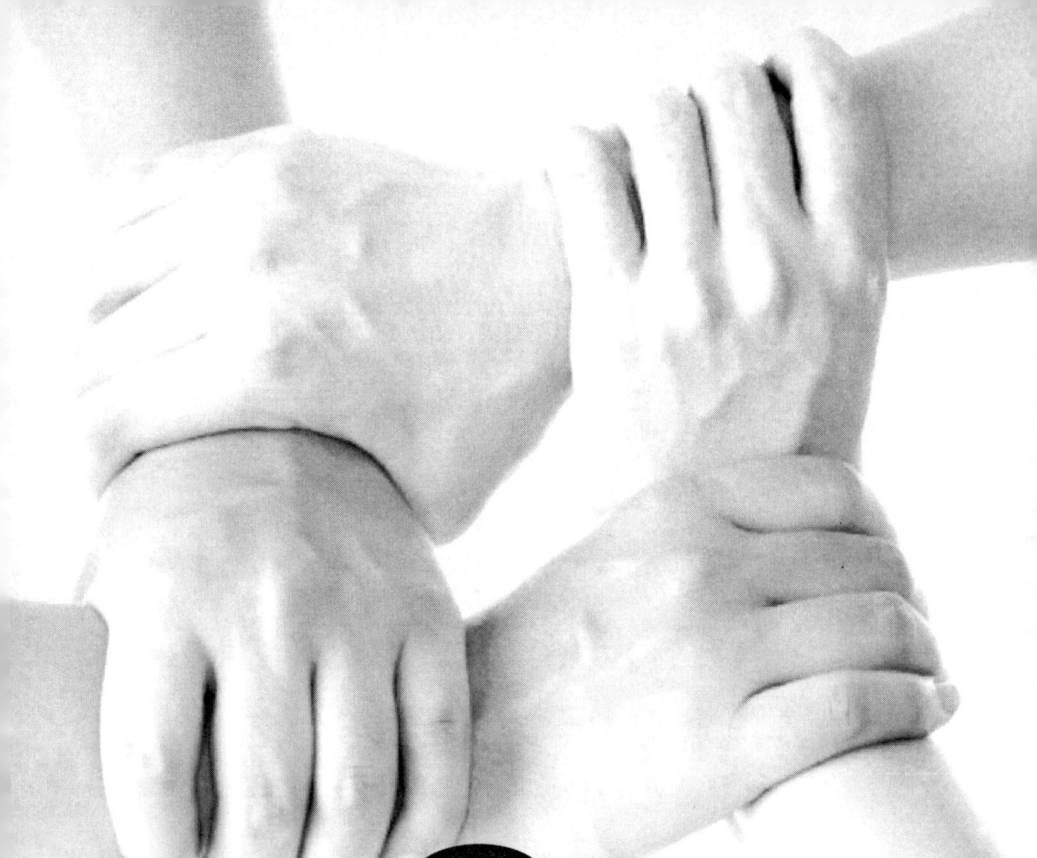

제 9 장

# 탈북자 인권운동과 정책

Ⅰ. 들어가며

Ⅱ. 탈북자의 정체성 변동

Ⅲ. 인권적 관점에서 본 탈북자의 실태

Ⅳ. 탈북자 인권운동의 성격과 범주

Ⅴ. 탈북자운동에 대한 정부의 대응 평가

Ⅵ. 나가며

# 제9장 탈북자 인권운동과 정책

장임숙 · 전영평

## Ⅰ. 들어가며

국내 입국 탈북자[1]가 2002년에 처음으로 연간 1천 명을 넘어서더니, 2010년 12월 현재는 2만여 명을 넘어서는 수준으로 증가했다. 수적인 증가세만큼이나 이들을 지칭하는 명칭도 탈북자를 비롯해 탈북동포, 북한이탈주민, 귀순자, 월남자, 망명자, 새터민 등으로 매우 다양한데, 이것은 탈북자의 정체성 혼란을 초래하는 요인이 되기도 한다. 특히 국내 입국 탈북자들은 한국 국적을 취득한 이후에도, 사회적 소외와 차별로 인해 한국인도 북한인도 되지 못하는 자아정체성 혼란에 빠질 뿐만 아니라, 사상적으로도 자유민주주주의와 공산주의 사이에서 혼란을 경험한다.

탈북자에 대한 사회적 차별은 한국 사회의 중심성과 주변성의 구별 짓기와 문화적 배타성에 기인하는 바가 크지만, 그 이면에는 탈북자문제를 정치논리에 의해 혹은 행정관리적 차원에서 풀어온 정부의

1) 본 연구에서 탈북자를 가리키는 다양한 명칭 중에서 '탈북자'라는 용어를 사용하는 이유는 탈북자의 집단적 정체성을 가장 잘 반영하는 명칭이라는 탈북자단체의 주장에 근거한다.

태도와 정책에도 원인이 있다. 한국 사회에서 탈북자의 성격은 시대적인 배경이나 정치적인 상황에 따라 정부에 의해 달리 규정되었기 때문에, 사실상 국내 탈북자의 삶은 정치사회적 상황에 억눌려 왔다고 해도 과언이 아니다. 특히 정부는 분단과 한국전쟁이라는 아픔의 역사위에 정치적으로 반공이데올로기를, 경제적으로 사회주의와 자본주의의 우열논리를 확산시켜 왔고, 이것은 탈북자에 대한 사회적 차별과 배제를 낳는 사회적 조건이 되었다.

1990년대 후반 들어 탈북자의 수가 급증하면서 탈북자들은 사회적 관심과 정책개선을 강력히 요구하며 조직화하는 움직임을 보이기 시작했다. 소수자로서 탈북자들은 남한 사회에서 자기정체성을 확보하기 위해, 그리고 사회적 차별에 대항하면서 집단적 이념을 확산시키기 위해 움직이기 시작했다. 보수적이고 폐쇄적인 사회구조가 이완되고 이데올로기적으로 개방된 사회공간이 형성되면서 탈북자운동이 자기목소리를 높이고 있지만, 사실상 정부의 대응은 소극적이다. 물론 정부는 사회통합을 위해 쟁점화된 문제에 대해서는 다소 수용적인 태도를 보이지만, 수용범위는 매우 제한적이다. 따라서 본 연구는 인권적 관점에서 탈북자의 실태를 파악하고, 탈북자 인권운동의 전개와 이에 대한 정부의 대응양식에 관해 논의하고자 한다.

## II. 탈북자의 정체성(identity) 변동

일반적으로 북한을 탈출하여 다른 나라에서 체류하는 모든 북한인들을 탈북자라고 하지만, 법적 용어로 '북한이탈주민'이라 하고, 정부

내 공식명칭으로 '새터민'이라는 용어를 사용하기도 한다. 이외에도 우리 사회에서 이들을 지칭하는 명칭은 탈북동포, 탈북주민, 남한이주북한동포, 귀순북한동포, 귀순자, 월남자 등으로 매우 다양하다. 이것은 탈북자를 지칭하는 명칭이 시대적 상황에 따라 변화하면서 탈북자의 정체성 혼란을 초래하는 요인으로 작용했다.

북한을 탈출한 사람들을 일컫는 말로 최초의 명칭은 '월남인'이라는 용어가 될 것이다. 해방이후 정치적·경제적인 이유로 혹은 일시적인 이유로 월남하여 남한에 정착한 집단을 월남인이라 불렀다. 해방이후 순수 탈북자는 약 100만 명 내외로 추정되는데, 해방직후 피난민 중 대다수는 만주 및 북한으로부터 남한의 고향으로 돌아오는 사람들이었으나, 그 후 수개월 동안의 유입인구는 친일파 정부관리, 지주, 의사, 변호사, 상인 등의 상류계급이었던 반면, 북한의 농업조건이나 식량사정 등의 계절적 요인에 의해 월남한 사람들도 있었다(Bruce Cumings, 1986: 523-524). 이후 한국전쟁 중 생존을 위해 탈북한 사람들이 생겨나면서 이들을 '월남피난민'이라 불렀고, 전후에는 일시적 체류가 아닌 남한 사회의 구성원으로서 분단의 아픔을 지닌 희생자의 이미지를 부각시킨 '실향민' 혹은 '이산가족'으로 지칭되었다(정병호, 2004: 384-385).

이후 군부 권위주의 정권에 의해 탈북자는 '귀순자' 혹은 '귀순용사'로 불리어지며, 북한체제와 비교해 남한체제의 우월성을 선전하고 체제안정화를 도모하는 역할을 수행하였다. '귀순자'는 1962년 4월 「국가유공자 및 월남귀순자 특별 원호법」에서 공식적으로 사용되기 시작했다. 당시 사용되던 '귀순'이라는 용어는 사전적 의미로 '적이 굴복하고 순종함', 혹은 '적이었던 사람이 반항심을 버리고 스스로 돌아서서 복종하거나 순종함'을 뜻한다. 당시 정부는 탈북자를 체제

경쟁의 선전도구이자 반공의 전도사로 활용하기 위해 '귀순자'라는 명칭을 사용한 것이었다.

1990년대 들어 사회주의국가의 몰락과 냉전체제의 붕괴, 북한의 경제난과 식량난의 심화, 한국의 경제발전과 정치사회 민주화 등의 대내외적인 환경변화로 인해 북한주민의 탈북현상이 급증하게 된다. 1993년 정부는 탈북자의 규모가 증가함에 따라 「귀순북한동포보호법」을 제정하여 탈북자의 지위를 하향조정하는데, 이 법률에 의해 탈북자는 일종의 '경제적 난민', 혹은 '생활보호대상자'로 인식되기 시작했다. 이후 1997년 「북한이탈주민보호 및 정착지원에 관한 법률」이 제정되면서 탈북자를 가리키는 용어가 '북한이탈주민'으로 바뀌게 된다. '북한이탈주민'이라는 용어도 북한을 이탈했다는 객관적인 사실만을 부각시킬 뿐, 아직도 남한사회의 정식 주민으로 정착하지 못하고 있는 주변인의 인상을 주었다(윤인진, 2000: 133).

한편 2000년 이후 기획탈북이 본격화되고 한국정부에 의해 대규모 탈북자 입국이 이루어지면서 탈북자 문제가 남북관계의 주요변수로 작용하게 되었다. 이에 따라 정부는 그동안 제기된 탈북자 명칭 문제를 재고하게 된다. 정부는 국민여론조사를 통해 탈북자 혹은 북한이탈주민을 대신할 공식명칭으로 '새터민'을 선정했다. 하지만 탈북자단체들의 반대로 인해 공식명칭으로의 사용이 중단되었다.

이처럼 북한을 탈출하여 남한에 입국한 이들에 대한 명칭과 개념은 시대적 배경이나 남북을 둘러싼 정치적 · 경제적 · 사회적 상황에 따라 달리 사용되면서 아직도 통일된 용어를 마련하지 못하고 있다. 윤인진 교수는 "용어란 그것의 대상이 되는 사람과 그것을 호칭하는 사람과의 관계를 규정짓는 특성을 갖고 있는데, 탈북자를 호칭하는 용어가 혼란스럽게 사용되고 있는 것은 탈북자와 남한주민과의 관계

가 그만큼 정립되지 못하고 있기 때문이고, 이것은 탈북자들의 정체성 혼란을 초래하는 요인으로 작용하고 있다"고 지적한다(윤인진, 2000: 134). 즉 탈북자를 지칭하는 이름의 다양성은 이들의 정체성 혼란을 야기하는 중요한 요인이 되고 있는 것이다. 결국, '귀순자', '북한이탈주민', '새터민' 등의 명칭이 담고 있는 뜻은 탈북자의 첫 번째 정체성이 되고, 이것은 남한사회에서 탈북자의 삶을 지배하는 하나의 조건으로 작용하게 된다.

## Ⅲ. 인권적 관점에서 본 탈북자의 실태

국내입국 탈북자의 수는 1990년대 초까지만 하더라도 연간 10명 내외에 불과했다. 1990년대 중반 이후부터 그 수가 늘어나더니 2001년에 1,000명을 넘어서 2008년 12월 현재는 15,057명을 기록했다. 1989년 이후부터 2008년 12월까지의 탈북자 입국현황 및 국내 거주 탈북자의 현황을 살펴보면 다음과 같다.

국내 탈북자가 만 명을 넘어섰지만, 여전히 한국 사회에서 탈북자는 정치적·사회적·경제적 권력에서 배제되고 사회적 차별과 인권침해를 받는 소수자의 위치에 놓여 있다. 국가인권위원회의 조사에 따르면, 탈북자의 절반가량은 인권이란 차별 없는 평등한 권리라고 응답했고, 그 다음으로 언론과 표현의 자유, 사회보장(최소한의 생계보장)이라고 응답했다(국가인권위원회, 2005: 86). 즉 탈북자들에게 있어 인권이란 차별받지 않고, 자유롭고, 인간답게 사는 것이다(국가인권위원회, 2005: 8).

〈표 9-1〉 탈북자 연도별 입국 현황 (단위: 명)

| 구 분 | -1989 | -1993 | -1998 | -2001 | 2002 | 2003 | 2004 |
|---|---|---|---|---|---|---|---|
| 남(명) | 562 | 32 | 235 | 563 | 506 | 469 | 626 |
| 여(명) | 45 | 2 | 71 | 480 | 632 | 812 | 1,268 |
| 합 계 | 607 | 34 | 306 | 1,043 | 1,138 | 1,281 | 1,894 |
| 구 분 | 2005 | 2006 | 2007 | 2008 | 2009 | 2010 | 합 계 |
| 남(명) | 423 | 509 | 570 | 612 | 666 | 604 | 6,377 |
| 여(명) | 960 | 1,509 | 1,974 | 2,197 | 2,261 | 1,819 | 14,030 |
| 합 계 | 1,383 | 2,018 | 2,544 | 2,809 | 2,927 | 2,423 | 20,407 |

자료: 통일부 홈페이지(http://www.unikorea.go.kr).

〈표 9-2〉 연령별 유형(2010.07 기준)

| 구 분 | 0-9세 | 10-19세 | 20-29세 | 30-39세 | 40-49세 | 50-59세 | 60세 | 계 |
|---|---|---|---|---|---|---|---|---|
| 누계(명) | 754 | 2,238 | 5,319 | 6,297 | 2,987 | 916 | 880 | 19,391 |
| 비율(%) | 4 | 12 | 27 | 33 | 15 | 4 | 5 | 100 |

〈표 9-3〉 지역별 거주 현황(2010.07 기준)

| 지 역 | 서울 | 경기 | 인천 | 부산 | 경남 | 충남 | 충북 | 대구 | 합 계 |
|---|---|---|---|---|---|---|---|---|---|
| 인원(명) | 5,514 | 4,752 | 1,658 | 736 | 679 | 627 | 525 | 606 | 18,153 |
| 지 역 | 대전 | 광주 | 강원 | 전남 | 전북 | 울산 | 제주 | 경북 | |
| 인원(명) | 427 | 482 | 453 | 420 | 353 | 205 | 116 | 600 | |

〈표 9-4〉 재북 직업별 유형(2010.07 기준)

| 구 분 | 무직 부양 | 노동자 | 관리직 | 전문직 | 예술/체육 | 봉사 분야 | 군인/공작원 | 계 |
|---|---|---|---|---|---|---|---|---|
| 인원(명) | 9,579 | 7,528 | 371 | 419 | 177 | 744 | 573 | 19,391 |
| 비율(%) | 49 | 39 | 2 | 2 | 1 | 4 | 3 | 100 |

한국 사회에서 탈북자가 경험하는 인권침해와 사회적 차별은 다양한 원인에 의해 발생한다. 이와 관련해 인권침해의 원인에 따라 소수자를 분류하는 전영평(2007)은 소수자의 유형을 ① 신체적 결함으로

인해 사회적 차별 대우와 인권침해에 노출되는 신체적 소수자, ② 열악한 권력적 지위로 인해 차별적 대우와 인권침해를 경험하는 권력적 소수자, ③ 열악한 경제적 지위로 인하여 차별적 대우와 인권침해를 받는 경제적 소수자, ④ 문화적 차이로 인하여 차별적 대우와 인권침해를 받는 문화적 소수자로 분류한다.

이 유형화를 기준으로 현실에서 나타나는 탈북자에 대한 사회적 차별과 인권침해의 실태를 살펴보면, 먼저 탈북자는 신체적인 결함으로 인해 사회적 차별을 받는 신체적 소수자에 해당하지 않지만, 열악한 권력적 지위로 인해 차별대우와 인권침해를 경험하는 권력적 소수자에는 해당한다. 이것은 주로 지배 권력에 의한 인권침해에 해당한다. 국가인권위원회의 조사에 따르면, 탈북자들이 느끼는 가장 심한 인권침해사례는 입국초기 조사기관과 교육기관에서 겪은 심한 말투인 것으로 나타났다(국가인권위원회, 2005: 9). 이에 관해 탈북자단체가 귀순조사과정에서 이루어진 가혹행위에 대해 문제를 제기한 경우도 있었다. 탈북자단체인 '자유를 찾아온 북한인협회'는 탈북자의 귀순조사과정에서 이루어진 관계당국의 가혹행위를 고발하고, 탈북자들에 대한 인권유린행위 중지 및 재발방지 촉구, 탈북자를 정보가치가 아닌 인격으로서 대할 것을 요구, 외국여행을 비롯해 남한 주민들과 동등한 시민권리 보장 등을 요구했다(http://www.nkchosun.com/). 다음의 국가인권위원회의 조사에서 이루어진 인터뷰 내용은 국가에 의한 인권침해를 잘 보여주고 있다.

> 여성들에 대한 조사과정에서 중국 체류 중 어떤 남자와 사귀었고, '같이 잤는지', '몇 명과 잤는지', '몇 번 했는데…, 어떻게…,어떤 방법으로' 등을 비롯한 성관계와 관련된 질문을 남성조사관들이 하는가

> 하면, 남성에 대해서는 '자위행위' 횟수라든가, '성관계는 언제부터 시작했는지' 등을 물으면서 거짓말을 할 경우 '거짓말탐지기로 조사하면 다 나온다'는 등의 언급에 대해 대부분의 탈북자들이 상당한 모욕감과 성적 수치심을 유발하는 행위에 대하여 도저히 이해할 수 없다고 했다(국가인권위원회, 2005: 96-97).

그리고 탈북자에 대한 국가의 편견과 차별도 문제가 아닐 수 없다. 다음은 하나원에서 발생하는 인권문제로서 탈북자에 대한 편견과 차별의식을 보여준다.

> 하나원에 있을 때 무슨 문제가 생기면 선생들이 이렇게 말합니다. '북한에서 못 먹고 살다가 여기 와서 먹고 살 수 있는 걸 다행으로 알면 되지, 어쩌고저쩌고' 정말 이렇게 입에서 힘든 말들이 많이 나와요. 이럴 때는 정말 화도 나고 모욕감도 들고 그렇습니다(국가인권위원회, 2005: 98)

정병호(2004)가 지적하듯이 통일부 직원들은 탈북자를 '귀순동포' 혹은 '북한이탈주민'으로 동정하다가, 동회에서는 '생활보호대상자' 혹은 '영세민'으로 취급하고, 노동부에서는 '실업자' 혹은 '무능력자'로 대하며, 경찰에서는 '감시대상자'이자 '보호관찰'이 필요한 사람으로 여기면서 때로는 '불평불만이 가득한 사고뭉치'로 여기거나, 학교에서는 탈북아동들을 '지진아'로, 그 부모들을 '이상한 학부모'로 여긴다(정병호, 2004: 392).

둘째, 탈북자는 열악한 경제적 지위로 인해 차별적 대우와 인권침해를 경험하고 있다. 2005년 통일부의 북한인권정보센터의 새터민 종합실태조사에 따르면, 응답자의 80.2%가 국민기초생활보장 수급대

상자로 나타났으며, 응답자의 77.7%가 국민기초생활수급자로 책정된 생계급여를 포함한 가족 월평균 소득이 100만 원 미만이며, 상당수의 탈북자들이 자신의 생활수준을 하류층(57.3%) 혹은 극빈층(27.5%)으로 인식하고 있어 남한사회에서 이들의 경제적 지위가 매우 낮은 수준임을 알 수 있다.

문제는 탈북자들이 낮은 경제적 지위로 인해 사회적 차별을 받을 뿐 아니라, 사회적 차별로 인해 경제적 열세를 면할 수 없는 악순환의 틀 속에서 벗어나지 못하고 있다는 점이다. 지역사회에서 탈북자라는 이유로 이들이 차별받는지의 여부와 어느 부분에서 차별이 심각한지를 알아보는 2007년 국가인권위원회의 조사에서 직업이나 직장 구할 때의 차별(52.1%), 같은 일을 해도 남한 사람들보다 돈을 적게 받는 임금차별(33.6%), 승진차별(30.2%) 등의 순으로 차별받고 있는 것으로 나타났고, 2005년 국가인권위조사에서도 탈북자에 대한 차별의 방식은 뚜렷이 차이 나는 소득, 정당한 이유 없는 비정규직 처우, 승진 차별, 직장 내 따돌림 등으로 다양한 것으로 나타났다(국가인권위원회 광주지역사무소, 2007: 79-80). 또한 사단법인 북한인권정보센터가 2005－2006년 탈북자 341명(1차), 265명(2차), 400명(3차)을 대상으로 표본 조사한 결과, 실업률이 각각 27%, 22.4%, 16.8%로 나타났는데, 각 조사 시기 일반국민의 실업률은 3.5%, 3.4%, 3.3%인 것과 비교할 때 탈북자의 실업률이 상당히 높다는 것을 알 수 있다. 결국, 한국 사회에서 탈북자들은 실업과 낮은 생활수준에서 벗어나기 힘든 경제적 소수자에 해당한다.

셋째, 탈북자는 언어와 문화적 차이로 인해 남한 사람들로부터 차별을 경험하게 된다. 윤인진 교수는 "북한식 말투는 탈북자들을 일반 남한사람들로부터 구별 짓는 신호로 작용한다."고 지적한다(윤인진, 2004:

404). 최근 조사에서 탈북자들은 남한 사람들을 대할 때 어려운 점으로 '탈북자에 대한 부정적 선입관'(58.5%), 남북한의 가치관 차이(46.6%) 등을 들었고,[2] 또 부산YMCA 새터민지원센터의 2006년 조사에서는, 부산에 정착한 새터민 10명 가운데 6명은 일상생활에서 상당한 스트레스를 받고 있는데, 가장 큰 이유로 외래어와 이질적인 표현 등 의사소통의 어려움을 들고 있어 탈북자들은 남한 사람과 같은 한민족임에도 불구하고 언어와 문화적 차이를 경험하고 있다(이수현, 2006)고 한다.

특히 탈북청소년의 경우 언어와 문화적 차이로 인한 부정적인 영향이 더욱 크다. 탈북청소년들은 입국초기에 주로 언어소통의 어려움을 느끼는데, 탈북청소년들의 특유의 억양과 상이한 단어사용으로 인해 남한 아이들이 탈북청소년의 말을 이해하지 못하는 경우가 많아서 탈북청소년들은 말을 할 때도 상대방의 시선을 계속 의식하게 되고, 그 결과 의사소통의 빈도가 줄어서 소외감과 자존감 상실 등을 경험하게 된다(장문강, 2008: 210). 국내 정착 탈북자 손정훈(가명) 씨의 이야기는 탈북청소년의 학교적응의 어려움을 보여준다.

"남한에 와서, 공부는 둘째 치더라도, '스트레스, 커리큘럼' 등과 같은 외래어를 전혀 알아들을 수 없었어요. 그러니 학교 친구들과 만나도 대화가 통할 리 없었죠. 그럴 때는 정말 죽고 싶은 심정이었어요. 학교에서 가르치는 역사에서부터 수학공식에서 사용하는 용어 등 모든 것이 나에겐 생소했고, 수업시간에 설명하는 거의 대부분의 내용을 이해하지 못했어요. 수업시간 동안은 정말 지루했고, 쉬는 시간에는 친구들이 놀아주지 않아서 심심했죠. 나는 학급 친구들보다 세 살이나 많은

2) 2007년 6월 "열린사회강서양천시민회"와 "시사저널"이 공동으로 실시한 실태조사의 결과이다.

형이었고, 북한에서 온 이방인이었고, 대화도 제대로 통하지 않는 외계인이었던 거예요. 나와 놀아줄 사람도, 나의 마음을 알아줄 사람도, 나의 눈물을 닦아줄 사람도, 대한민국 그 어디에도 존재하지 않았죠."(프레시안, 2008. 4. 24. 18: 26)

금명자 · 권해수 · 이희우(2004)의 연구에서 탈북청소년들은 남북한 간의 언어 차이뿐만 아니라, 컴퓨터용어, 채팅용어, 남한의 TV 매체의 방송용어 등에 대한 이해가 부족하여 또래 친구와 어울렸을 때 그들의 대화에 참여하지 못하고 소외감을 느끼는 경우가 많으며, 이것은 대안학교나 검정고시 등 개별적인 교육을 받는 탈북청소년에 비해 일반학교에서 남한 청소년들과 함께 생활하는 탈북청소년의 적응 스트레스가 더 높은 것으로 나타났다. 선행연구에서 나타나듯이 남한 문화와 북한 문화의 차이로 인해 탈북자들은 문화적 소수자로서 소외와 다양한 차별을 경험하고 있다.

결국 한국 사회에서 탈북자는 권력적 열세에 의해, 열악한 경제적 지위에 의해, 그리고 문화적 차이로 인해 차별적 대우와 인권침해를 경험하고 있어 권력적 소수자인 동시에 경제적 소수자이며 또한 문화적 소수자인 것이다. 탈북자에 대한 사회적 차별은 자본주의의 심화에 따른 물신주의적 풍토가 존재하는 한국 사회에서 북한은 경제적 후진국이며, 탈북자는 경제난민이라는 인식에서 비롯된다. 한국 언론을 통한 북한의 기아와 식량난의 이슈화는 한편으로 동포애와 인도주의 정신을 자극한 반면, 다른 한편으로 북한의 후진성을 부각시키고 탈북자를 '굶주린 떠돌이'로 대상화시키는 결과를 가져왔다. 지난해 6월에 있었던 '새터민 지원인력 양성을 위한 사회복지사 인식조사'에서 탈북자들에 대한 연상단어로 가난이나 이주민, 난민, 이질감, 이방

인, 고생 등과 같은 부정적인 단어들이 나왔다(데일리NK, 2007a). 한국 사회에서 탈북자가 영원한 아웃사이더로 전락하고 있다.

## Ⅳ. 탈북자 인권운동의 성격과 범주: 개량주의 · 후견주의적 운동

탈북자의 인권운동을 이끌어가는 운동집단에는 순수 탈북자들로 구성된 탈북자단체, 국내외 탈북자 지원 및 북한 인권개선운동을 펼치는 탈북자지원단체, 탈북자를 대상으로 선교활동을 전개하는 종교단체, 의사회 등의 직능단체 등이 있다. 여기서 국내 정착 탈북자의 인권운동을 주도하는 핵심주체는 다름 아닌 탈북자들의 자생조직인 탈북자단체라 할 수 있다. 소수자운동으로서 탈북자단체의 인권운동은 자기 존재의 본질을 인정받고, 또 인간으로서 누려야 할 기본적인 인권을 확보하며, 사회적 차별과 편견에 저항하는 데 역점을 둔다. 현재 탈북자 관련 기관 및 단체는 97개로서, 서울 63개, 경기 15개, 부산 8개, 대구 4개, 대전 3개, 울산 2개, 강원 1개, 전남 1개의 관련단체가 있다.[3] 관련 기관 및 단체의 현황은 〈표 9-5〉와 같다.

소수자운동은 급진주의, 개량주의, 후견주의라는 3가지 범주로 나눌 수 있는데(전영평, 2008), 먼저 '급진주의'는 마르크시즘 혹은 좌익 무정부주의적 이념을 토대로 국가 사회의 근본 구성을 바꾸려는 운동

3) 2009년 2월에 통일부 허가법인 중에서 선행연구 및 인터넷 홈페이지 등을 통해 탈북자 관련단체를 파악한 결과, 전국에 탈북자 지원사업을 수행하는 관련 기관 및 단체는 총 101개이고, 이 중에서 정확한 주소지를 가진 기관 및 단체는 총 97개로 조사되었다.

〈표 9-5〉 탈북자 관련 기관 및 단체의 현황

| 지 역 | 단체명 | 특 징 |
|---|---|---|
| 서울 | 북한이탈주민후원회 | 공식지원기관 |
| | 가양7종합사회복지관, 공릉종합사회복지관, 마들사회복지관, 방화6종합사회복지관, 태화기독교사회복지관, 평화종합사회복지관, 한빛종합사회복지관, 우양복지재단 | 복지기관 |
| | 굿피플, 꿈사리공동체, 대한적십자사 서울지사, 동북아평화연대, 두리하나선교회, 디펙터스비젼, 무지개재단, 북한민주화운동본부, 북한민주화네트워크, 북한민주화위원회, 북한인권개선운동본부, 북한인권시민연합, 사랑담는사람들, 새롭고하나된조국을위한모임, 서울YMCA, 숭의동지회, 새마을운동이북5도지부, 생명의전화, 서서울생명의전화, 열린사회강서양천시민회, 자유북한방송, 자유북한운동연합, 좋은벗들, 좋은씨앗, 천주교주교회의민족화해위원회, 탈북난민보호운동본부, 탈북단체총연합회, 탈북군인연합회, 탈북어린이돕기회, 탈북여성인권연대, 탈북인단체총연합, 탈북자동지회, 통일연구회, 통일을준비하는탈북자협회, 평화통일탈북인연합회, 피난처, 한국기독교총연합회, 한국기독교탈북민정착지원협의회, 한민족통일여성중앙협의회, NK인포메이션센터, NK지식인연대 | 민간단체<br>—탈북자 자생조직<br>—NGO<br>—종교단체 |
| | 공릉새터민정착지원센터, 새터민취업지원사이버센터, 교육복지연구원, 남북문화통합교육원, 셋넷학교, 여명학교, 하늘꿈학교, 한국인성개발연구원 | 기타<br>—정착지원센터<br>—학교 및 연구원 |
| 경기 | 경기 북한이탈주민정착지원사무소(하나원) | 공식지원기관 |
| | 갈산종합사회복지관, 군자종합사회복지관, 덕유사회복지관, 인천삼산종합사회복지관, 청솔종합사회복지관, 하안종합사회복지관, 한솔종합사회복지관, 우림복지재단 | 복지기관 |
| | 나르샤, 다리공동체, 새터민쉼터, 우리집, 인천새터민지원센터, 여럿이함께만드는학교, 한꿈학교 | 민간단체 |
| 부산 | 개금종합사회복지관, 몰운대종합사회복지관, 법동종합사회복지관, 부산종합사회복지관, 상리종합사회복지관, 학장종합사회복지관 | 복지기관 |
| | 부산YMCA새터민지원센터, 지구촌고등학교 | 민간 지원기관 |
| 대구 | 대구KYC, 대구YMCA, 자원봉사능력개발원 | 민간 지원기관 |
| 대전 | 백두한라회, 새터민회 | 민간단체 |
| 울산 | 중구종합사회복지관, 화정종합사회복지관 | 복지기관 |
| 강원 | 명륜종합사회복지관 | 복지기관 |
| 전남 | 목포종합사회복지관 | 복지기관 |

으로써 혁명적 성격을 가지므로 어떤 유형의 국가정책도 거부하는 반면, 대부분의 소수자운동을 포괄하는 '개량주의'는 국가사회를 인정하고 소수자에 대한 다수자의 차별, 혹은 약자에 대한 강자의 차별을 적극적으로 시정하는 운동으로서, 대부분의 소수자운동이 여기에 포함되는데, 운동집단은 탈근대주의자, 다원주의자, 신사회운동가, 인권 및 복지운동가 등으로 매우 다양하며, 궁극적으로는 국가의 적극적 정책 개입을 추동한다. 이에 비해, '후견주의'는 소수자에 대한 동정(pity), 후견(patron), 사회봉사 수준에서 소수자에 대한 지원, 적응 훈련, 자립 등을 통해 그들이 주류사회에 동화할 수 있도록 유도하는 활동을 전개하고, 운동집단은 종교단체, 자선단체, 사회복지단체, 직능단체, 적십자사, 로타리, 라이온스클럽, 관변단체 등이 포함되고, 기정사실화된 사회문제에 대해 인도적 차원의 봉사운동을 전개하거나 정책 집행과정의 보조자로서 개입(involvement)하는 것이 특징이라는 점에서 소수자 문제나 정책이 사회불안을 초래할 경우 이를 기능적으로 해결하는데 만족하는 운동이라고 할 수 있다(전영평, 2008: 4-5).

그렇다면 탈북자운동은 어떠한 범주에 포함되는가?

첫째, 대정부태도의 측면에서 보면, 탈북자운동은 북한체제를 거부하고 자유를 찾아 국경을 넘은 사람들이므로 자유민주주의체제인 남한 체제를 거부하는 체제전복적인 운동이라기보다는 오히려 체제옹호적인 성향을 보인다는 점에서 개량주의 혹은 후견주의적 성격을 보인다.

둘째, 운동의 주요목표에 있어서 탈북자에 대한 사회적 차별을 개선하고 자신들의 인권보호를 목표를 삼는다는 점에서 개량주의 운동에 해당하지만, 개량주의에 포함되는 탈근대주의 혹은 포스트모더니즘 소수자운동이 탈이데올로기적인 시대적 분위기를 반영하는 데 비

〈표 9-6〉 소수자운동의 주요 범주

| 구 분 | 급진주의 | 개량주의 | 후견주의 |
|---|---|---|---|
| 대정부태도 | 부인 및 거부 | 인정 | 보조 및 지지 |
| 주요 목표 | -국가폭력에 대한 투쟁<br>-권력 대항 | 소수자에 대한 차별시정 | 소수자에 대한 동정, 후견, 사회봉사 |
| 운동 주체 | -마르크시스트<br>-좌익 무정부주의자 | -탈근대주의자<br>-다원주의자<br>-신사회운동가<br>-인권운동가 | -종교 및 자선단체<br>-사회복지단체<br>-직능단체<br>-관변단체 |
| 특 징 | 체제 전복적 · 혁명적 | 국가의 적극적인 정책 개입 추동 | 인도적인 봉사활동 및 정책 집행 보조 |

해 탈북자운동은 이데올로기적 성향이 매우 뚜렷하고, 지배적인 가치를 거부하기보다는 오히려 보수주의적 성향이 강하고, 국가의 역할과 기능을 중요하게 생각한다는 점에서 개량주의 운동과 다소 차별화된다. 다른 한편으로 탈북자에 대한 지원, 적응, 자립 등을 통해 탈북자의 사회통합과 동화를 유도한다는 점에서 후견주의적 속성을 지니기도 한다. 후견주의적 운동단체는 탈북자에 대한 인권침해를 방지하고 사회적 차별을 철폐하기 위한 활동보다는 주로 사회적응훈련과 학습지원, 취업 · 결혼 · 교육 등에 관한 상담에 역점을 두고 있다.

셋째, 운동주체에 있어서 탈북자운동은 인권단체 및 시민단체, 탈북자 자생조직 등을 포함하는 NGO가 주도하고 있다. 인권단체나 시민단체의 주요 구성원이 탈근대주의자, 다원주의자, 신사회운동가, 인권운동가라는 점에서 탈북자운동은 개량주의적 특성을 보인다. 이들 단체는 국내 탈북자의 인권개선활동, 북한사회민주화, 통일운동, 제3국 탈북자지원, 연대활동 외에도 탈북자의 정착지원, 사회적응교육, 취업 등을 지원하고 있는데, 여기에 그루터기, 남북나눔운동본부, 북한민주화네트워크, 북한인권개선운동본부, 북한인권정보센터, 탈북

자인권과 구명을 위한 시민연대, 두레마을, 이북도민회중앙연합회, 민족건국회 등이 있다.

그리고 탈북자들의 자생조직인 탈북자단체는 주류사회에의 동화보다는 자기정체성을 인정받고 사회적 차별에 저항하기 위한 운동에 역점을 둔다. 탈북자단체들은 탈북자가 양적으로 증가하기 시작한 1990년대 후반부터 생겨나기 시작했는데, 최초의 단체는 1980년 11월에 설립한 숭의동지회이고, 이 외에도 1990년대 이후 설립된 최초의 자율조직인 자유를 찾아온 북한인협회, 1998년 진달래회(탈북여성모임), 1999년 통일을 준비하는 탈북자협회, 같은 해 2월에 결성된 탈북자동지회, 탈북지식인 주도의 한백회, 반북방송인 자유북한방송, 풍선삐라사업을 이끄는 북한민주화운동본부와 기독탈북인연합회, 북한군 특수부대출신 탈북자들이 결성한 '자유북한군연합', 서울과 평양의 소식을 있는 그대로 전하는 '서평방송', 탈북여성과 아동들의 인권보호를 위해 설립된 '탈북여성인권연대' 등이 있다.

반면에 후견주의적 속성을 가진 대표적인 단체로 북한이탈주민후원회를 들 수 있다. 북한이탈주민후원회는 「북한이탈주민 보호 및 정착지원에 관한 법률」 제30조에 의해 1997년에 설립된 특수법인으로서, 탈북자의 자립 및 정착지원을 통해 원활한 사회정착을 돕는 후견자이자, 민간의 지원활동을 조직화하여 민간의 자원역량을 강화하는 민간지원단체의 구심점인 동시에 체계적인 탈북자 지원을 위한 정부와 민간단체의 가교로서 기능한다(http://www.dongposarang.or.kr). 이 단체의 주요사업은 후견주의적인 속성을 담고 있는데, ① 북한이탈주민 생활안정 지원사업(불우자 생계비 지원, 경조사 지원 등), ② 북한이탈주민 사회적응 지원사업(사회적응프로그램, 자매결연사업 등), ③ 종합생활상담센터 운영(생활의 각종 애로사항 상담), ④ 북한이탈주민 실태파악 및 관

련자료 관리, ⑤ 민간프로그램 발굴 및 지원, ⑥ 해외탈북자 간접지원사업, ⑦ 북한이탈주민에 대한 대국민 캠페인 활동, ⑧ 기금조성사업(수익사업, 모금활동 등), ⑨ 북한이탈주민 지원 민간단체협의회 운영(사무국 역할), ⑩ 각종 후원 및 위로행사 개최 및 지원 등이다(http: // www.dongposarang.or.kr). 북한이탈주민후원회 민간단체협의회는 지역복지분과 21개 단체, 정착지원분과 19개 단체, 아동청소년분과 15개 단체, 해외분과 8개 단체로 구성되어 있다(김선화, 2007: 62). 이 외에도 종교단체에 의한 활동은 선교 및 결연, 해외탈북자구호, 정착지원 및 교육 등을 위한 자선 및 봉사활동에 주력하는데, 이들 단체로는 좋은벗들, 기독교윤리실천운동본부, 두리하나선교회, 조국평화통일불교협의회, 탈북난민보호운동본부, 천주교민족화해위원회 등이 존재한다.

결국 NGO나 탈북자단체 등의 운동은 탈북자의 인권개선 및 권익증대를 위해 정책을 개선하거나 새로운 제도를 마련하도록 요구하는데 집중한다는 점에서 개량주의적인 특징을 보이는 반면에, 북한이탈주민후원회나 종교단체 등은 정책 집행의 보조자 역할 혹은 인도주의적인 차원의 봉사활동에 주력한다는 점에서 후견주의적인 특징을 보인다는 점에서 차이가 있다.

이상의 논의를 종합하면, 탈북자운동은 남한사회를 인정하면서 탈북자에 대한 사회적 차별의 철폐와 인권보호에 목표를 둔다는 점에서 개량주의의 운동적 속성을 가지면서도 이데올로기적이고 보수성이 강하다는 독특한 특성을 가질 뿐만 아니라, 탈북자에 대한 지원, 적응, 자립 등을 통해 탈북자의 사회통합과 동화를 유도한다는 점에서 후견주의적 속성도 내포하고 있다.

## Ⅴ. 탈북자운동에 대한 정부의 대응 평가: 관리주의적 대응양식

자기정체성을 창출하고 사회적 차별에 저항하기 위한 탈북자운동은 주로 대정부활동에 집중한다. 탈북자에 대한 사회적 차별을 철폐하고, 이들의 인권을 보호하기 위해서는 정책적이고 제도적인 장치가 마련되어야 하기 때문이다. 이제까지 탈북자들의 정책 및 제도의 개선을 요구하는 목소리에 정부는 그다지 반응적이지 않았다. 하지만 최근 탈북자의 인권문제가 세계적인 관심사로 부각함에 따라 탈북자 문제에 대한 정부의 태도도 과거에 비해 전향적으로 바뀌고 있다. 그런데 문제는 관심의 상당부분이 재외탈북자와 북한 인권문제에 집중되고 있어 국내 정착 탈북자의 인권문제는 상대적으로 저조하다는 것이다. 현재 정부는 국내 정착 탈북자의 인권문제를 장애인, 이주노동자, 결혼이민자, 성적 소수자 등의 소수자 인권의 맥락에서 접근하고 있다.

이제까지 탈북자의 집단적 요구와 주장에 대해 정부는 어떻게 대응해왔는지를 검토해보고자 한다. 정부의 대응양식은 크게 ① 인권주의적 대응양식과 ② 관리주의적 대응양식으로 분류할 수 있는데(전영평, 2008), 여기서 인권주의적 대응양식은 소수자 문제를 '신체적·정신적·권력적·경제적·문화적 차별의 관점'에서 파악하고, 소수자에 대한 차별행위를 근절시키는 데 목표를 두면서 보편적 인권 원칙을 수용하는 반면, 관리주의 관점은 '소수자 문제를 기본적으로 여타 사회문제와 동등한 수준에서 보면서, 그 문제로 인한 사회적 위험과 갈등을 해결하는 수준에서 자원을 투입하여 해결하는 관점'이다(전영평, 2008: 5-8).

〈표 9-7〉 탈북자운동에 대한 정부의 대응양식

| 구 분 | 인권주의 | 관리주의 |
|---|---|---|
| 관 점 | 신체적 · 정신적 · 권력적 · 경제적 · 문화적 차별의 관점 | 여타 사회문제와 동등한 관점 |
| 목 표 | 차별행위 근절 | 사회적 위험과 갈등 해결 |
| 원 칙 | 보편적 인권원칙 | 효율적인 관리 원칙 |

이러한 기준을 적용하면, 한마디로 정부의 대응양식은 행정적인 맥락에서 탈북자를 관리의 대상으로 인식하고, 정책의 효율성을 강조하는 양상으로 전개되었다고 할 수 있다. 보다 구체화하면, 국가인권위원회가 조직 존립의 원리에 따라 소수자에 대한 인권침해 방지 및 제도적 권고를 하는 것을 주요 업무로 하는 반면, 중앙행정부서나 지방행정부서의 경우에는 인권주의 관점을 정책 집행에 적극적으로 반영할 동기가 별로 없다는 점에서(전영평, 2008: 7), 일반 행정기관과 국가인권위원회의 대응양식은 분리해서 이해해야 할 것이다.

먼저 국가인권위원회의 대응양식을 살펴보면, 국가인권위는 2005년 탈북자의 입국과정, 교육과정 및 정착과정을 포괄적으로 다룬 실태조사 보고서를 발간하고, 2006년 국가인권위는 탈북자에 대한 조사 · 교육 · 사회적응 등 일련의 과정에서 발생할 수 있는 인권침해 가능성을 예방하고자, 실태조사를 수행하고 나타난 인권침해 사례를 분석하여 필요 시 관련기관에 대해 직권조사 및 정책을 권고하였다. 그리고 2007년 인권위 10대 중점과제로 새터민 인권증진방안사업을 선정하였다.

2007년 국가인권위는 법제를 정비하여 탈북자의 인권을 보호하고 차별을 예방하여 한국 사회에 성공적으로 정착할 수 있도록 지원방안을 마련하였다. ① 탈북자들이 입국 초기에 조사과정과 사회적응 및

직업교육 등에서 관련 공무원들로부터 인권을 침해당하는 경우가 있어 담당 공무원의 인권교육을 실시하여 업무수행 과정에서의 인권침해와 차별을 해소하고자 하였고, ② 탈북자의 상당수가 실업상태이거나 혹은 단순노무직에 종사하고 있어 탈북자의 직업훈련 및 취업알선을 강화하고, 탈북자 고용업체에 대한 인센티브 제공 등을 통한 고용활성화를 추진하였으며, ③ 탈북 청소년의 경우 학교생활에서의 따돌림과 교과과정의 차이 등으로 적응에 어려움을 겪고 있으므로 탈북 청소년의 원활한 정착을 위한 교육지원 등의 대책을 마련하고, ④ 취약계층 탈북자의 취업·의료·교육 등의 보호대책이 미비하므로 이들에 대한 보호 대책을 마련하였으며, ⑤ 가족관계법령이 탈북자의 특성을 반영하지 못하고 있어서 북한에 배우자 등 가족이 있는 탈북자가 한국에서 새로운 가족관계를 형성할 수 있도록 가족관계법령을 정비하고, ⑥ 국민들의 탈북자에 대한 이해부족으로 직장과 지역에서 차별을 유발하고 있어 교육을 강화하는 등의 방안을 마련하였다. 그리고 2008년에는 북한 인권 개선을 위한 정책 활동 강화와 함께 국내 거주 탈북자의 직업생활, 학습 문제에 대한 조사를 진행하였다.

게다가 국가인권위의 지역사무소 활동도 활발하다. 지역사무소는 지역 인구대비 거주 탈북자의 규모에 따라 추진시책에 약간의 차이가 있으나, 일반적으로 탈북자의 인권증진, 인권교육망 구축, 유관기관과 협력체계 구축, 지역 내 인권 파악 및 예방활동 강화 등에 주력하고 있다. 그런데 인권위의 권한은 기본적으로 국가권력에 의한 인권침해 사안에 대한 조치를 권고하는 데 국한되기 때문에 대통령과 같은 고위 정치권이 인권위원회에 힘을 실어주지 않을 경우에는 인권에 관한 권고는 유명무실해질 가능성이 크지만, 국가인권위의 설치와 그간의 활동범위를 고찰할 때 인권위원회가 한국 사회 소수자에 대한 인권보

장을 위해 노력한 점은 크게 인정해야 한다(전영평, 2008: 16). 결국 국가인권위원회는 탈북자문제를 차별의 관점에서 접근하고, 보편적 인권의 원칙에서 벗어난 차별행위를 발견하고 이를 근절하기 위한 일련의 노력이 여러 가지 정책 활동으로 표출되고 있다.

한편, 일반적인 정부의 대응양식을 탈북자 관련정책을 중심으로 살펴본다. 먼저 정부는 국내 거주 탈북자를 위해 ① 정착금 지원, 공공임대아파트 알선 등의 주택지원, ② 취업보호담당관 지정, 취업장려금 지급, 취업보호제, 직업훈련 무상교육, 하나원 내 기초직업적응훈련 등의 취업 지원, ③ 북한 학력 및 자격 인정, 제반교육 편의 제공, 학비 전액 면제, 대학입학특례 적용 등의 교육지원, ④ 생계급여 지원, 의료보호지원, 국민연금 특례 등의 사회보장지원, ⑤ 정착도우미 활동 등의 지원책을 운용하고 있다. 이러한 지원정책은 탈북자의 효율적인 정착과 사회통합에 초점을 두고 있어, '소수자의 새로운 사회정착'이라는 지속적인 과정과 궁극적인 목표를 달성하기에는 한계가 있다. 정부의 탈북자정책은 관리주의에 역점을 두고 경제적 지원책에 치중하고 있어 인권주의적인 접근방식을 결여하고 있다. 정진경 · 조정아(2008)의 연구에 의하면, 남한사람들의 편견과 부당한 대우 때문에 탈북자들은 구조적 · 문화적 · 일상적 차별에 직면해있다고 인식하지만, 탈북자들이 남한사회에 대해 가지는 잘못된 편견이 오해와 갈등을 낳는 원인이라는 탈북자 신변보호담당관의 인터뷰를 통해 사회적 차별과 인권에 대한 관련기관의 태도를 엿볼 수 있다. 탈북자의 인권은 단순히 경제적인 지원책만으로는 해결될 수 없으며, 인권의 개념은 다양한 문제와 연계되어 논의되어야 하는데도 불구하고, 정부의 탈북자정책은 인권정책과 분리되어 수립 · 집행되고 있다.

정부의 관리주의적 대응양식은 탈북자 용어선정문제, 탈북자의 주

민번호문제, 여권발급문제 등의 구체적인 사례를 통해 잘 나타난다. 정부는 2000년대 이후 대량탈북현상으로 인해 탈북자문제가 남북관계에 중요한 변수로 작용하게 되면서 탈북자에 대한 명칭 변경을 시도하게 된다. 당시 '북한민주화운동본부'는 통일부가 정치적 색채를 바꾸려는 의도에서 '탈북자'의 용어변경을 추진했다고 주장하였다. 대다수 탈북자의 반대를 무시하고 '새터민'이라는 새로운 용어를 만들어 공식화하려는 정부의 태도는 남북관계라는 정치적 고려만 있을 뿐, 탈북자의 정체성과 밀접한 용어선정에 탈북자의 의견을 반영하지 않는 관리주의적 태도를 여실히 보여준다.

그리고 탈북자의 주민번호문제와 여권발급문제에 있어서도 정부의 대응방식은 관리주의적인 양상으로 나타났다. 탈북자를 식별할 수 있는 주민번호로 인한 피해가 속출하면서 탈북자들은 문제를 제기하며 반발했다. 이를 계기로 정부는 2007년에 거주지에서 직접 주민번호를 받을 수 있도록 변경했지만, 그 이전에 교육을 마친 탈북자 9천여 명의 주민번호 변경은 입법사항이라는 점에서 대책을 마련하지 못해 비판이 제기되었다. 그러다 주민번호 피해문제가 하나원 인근의 지역주민에게로 확산되어 지역주민들의 민원이 빗발치자, 지역 국회의원이 중심이 되어 법률 개정안을 발의하였다. 또 탈북자들의 여권발급 규제폐지 주장에 대해서도 정부의 초기 대응은 소극적이었다. 하지만 탈북자들이 인권위에 진정서를 제출하고, 손해배상청구소송을 제기하자, 정부는 여론이 악화되어 이슈화되기 전에 문제를 해결하고자 여권발급기준을 완화하고 복수여권을 확대하기로 했다.

두 가지 사례에서 정부가 탈북자들의 요구에 수용적인 태도를 보이기는 했지만, 탈북자들의 고충과 피해 정도를 감안할 때 정부의 대응은 인권적 차원보다는 관리적 차원에 머물렀고, 요구에 소극적으로

대응한 정부의 태도는 탈북자에 대한 사회적 편견과 차별을 지속시키는 결과를 가져왔다. 탈북자들의 반대가 사회문제로 확대되면서 사회갈등을 유발하고 사회통합을 저해하는 수준에 이르게 되자, 정부의제로 논의되었다는 점에서 우리 정부의 대응은 전형적인 관리주의적 대응양식에 해당한다. 물론 탈냉전시대에 접어들면서 정부의 대응양식이 인도주의적인 양식으로 전환된 측면이 없지는 않지만, 전반적으로 정부의 대응은 차별보다는 여타의 사회문제와 동등한 관점에서 사회적 위험과 갈등 해결을 위해 효율적인 문제해결방식을 동원하는 방식으로 이루어져 왔다. 이러한 관리주의적 대응양식은 국가중심의 관점에서 탈북자문제를 인식하는 공급자위주의 정책을 가져올 뿐 아니라, 다양한 이해관계를 제대로 반영하지 못하는 오류에 빠질 수도 있다.[4) ]탈북자문제에 대해 보다 합리적으로 대응하기 위해서는 국가 외에도 비국가적 행위자인 국제기구와 NGO, 그리고 시민사회의 역할이 매우 중요하다. 왜냐하면 국민적 정서가 재외탈북자와 북한의 인권문제에 대해서는 인도주의와 인류 보편적 가치를 지향하는 반면, 국내탈북자를 위한 지원에 있어서는 경제적 논리에 치중하는 경향이 있기 때문이다.

4) 관리주의적 대응양식의 부정적인 측면만 존재하는 것은 아니다. 관리주의 관점은 인권주의 관점에 비하여 진보적이지 못하다는 비판을 받을 수는 있으나, 소수자 문제 해결 과정이 상당부분 정부의 집행과 관련되어 있다는 점에서 볼 때 관리주의 관점의 효용도 존중될 필요가 있다(전영평, 2008).

## VI. 나가며

탈북자들은 우리의 민족과제인 남북통일을 준비하고 통일 후 남북한 주민의 사회문화적 통합을 이끌 사람들이라는 점에서, 탈북자에 대한 사회적 차별과 인권문제는 멀게는 통일 이전에, 가깝게는 북한 인권문제를 논의하기에 앞서 한국 정부와 사회가 해결해야 할 과제이다. 따라서 정부와 국가인권위원회는 사회적 소수자인 탈북자에 대한 차별철폐와 인권보호를 우선적인 정책과제로 삼아야 한다. 이 연구는 이러한 문제의식을 토대로 탈북자의 인권상황과 그에 대응하는 남한 정부의 정책개입의 특징을 평가하고자 시도되었다.

앞에서 자세히 논의한 바와 같이 탈북자는 권력의 열세, 낮은 경제적 지위, 언어 및 문화의 차이로 인해 상당한 수준의 사회적 차별과 인권침해를 받고 있다. 사회적 차별과 인권침해에 저항하는 탈북자운동은 차별에 대한 저항을 넘어서 자기정체성을 창출하고, 나아가 집단정체성과 이념을 사회적으로 확산시키기 위한 것이다. 탈북자가 주도하는 탈북자운동은 주로 사회적 차별을 초래하는 인권침해적인 정책 및 제도를 개선하는 데 초점을 두는 개량주의 운동인 반면에, 탈북자를 지원하는 시민단체나 종교단체에 의해 주도되는 탈북자운동은 탈북자의 사회적응과 통합을 유도하는 데 목적을 둔다는 점에서 후원주의 운동에 해당된다. 따라서 탈북자운동의 특징은 개량주의 운동과 후원주의 운동의 색채를 모두 가진다고 할 수 있다.

탈북자운동은 탈북자들을 옹호하는 이념집단에 의해 다양한 형태로 전개되고 있지만, 이에 대한 정부의 대응은 그리 적극적이지 못한 실정이다. 우리 정부는 탈북자문제를 인권적 관점에서 접근하기보다

는 사회통합과 동화를 위한 수준에서 대응하고 있다. 이러한 정부의 공급자 위주의 동화정책은 탈북자문제의 본질을 제대로 보지 못하고 효율성만을 강조하는 오류를 범하게 된다. 작금의 탈북자문제는 분단구조가 가져오는 구조적 문제인 동시에 역사적이고 정치적인 문제라는 점에서 정치경제적 논리에 의한 관리주의적 정책이 요구되기도 하지만, 다른 한편으로 사회적 배타성과 폐쇄주의에 의해 발생하는 소수자 인권문제라는 점에서 인권주의적 정책이 절실히 요구되고 있다. 따라서 탈북자문제의 바람직한 해결책은 정치경제적 차원의 관리주의적 정책 노력과 함께 인권주의적 정책 노력이 동시에 모색되어야 찾을 수 있을 것이다.

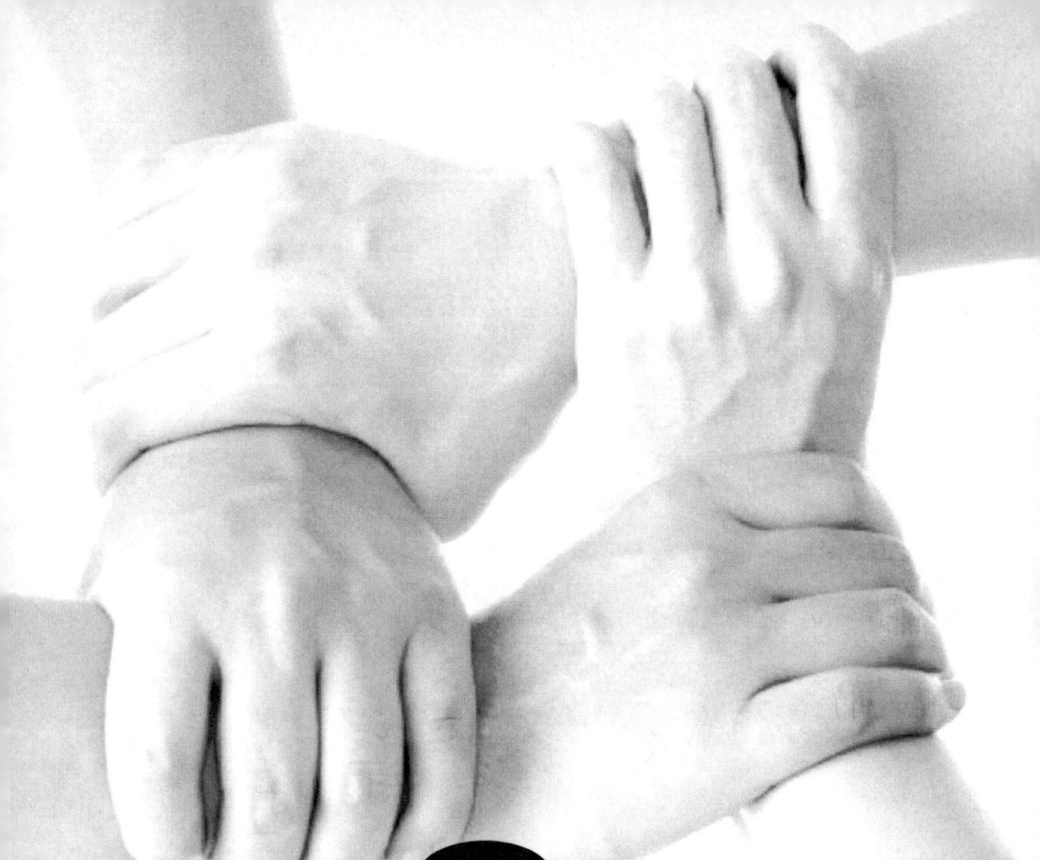

제 10 장

# 성적 소수자 인권운동의 전개와 정책적 대응: 가설적 논의

# 제10장 성적 소수자 인권운동의 전개와 정책적 대응: 가설적 논의

이병량

## Ⅰ. 들어가며

지난 2009년 6월 13일에 청계천에서는 제10회 퀴어퍼레이드가 열렸다. 천 명이 넘는 성적 소수자가 참여한 것으로 알려진 퀴어퍼레이드는 2000년에 시작된 퀴어문화축제의 핵심행사로 성적 소수자들이 스스로의 존재를 세상에 드러내는 출구가 되고 있다. 2009년에 10회를 맞은 이 행사는 한국에서 성적 소수자운동이 어느 지점까지 와 있는지를 보여주는 리트머스지로서의 의미를 지니고 있다.

2000년에 같은 행사가 처음 열렸을 당시의 참가자 50명의 약 30배에 달하는 약 1,500명의 참가자들은 먼저 한국의 성적 소수자운동의 양적인 성장을 보여주고 있다. 이러한 양적인 성장이 의미를 가지는 것은 그 속에서 성적 소수자운동의 내포와 외연의 확대가 동시에 이루어지고 있다는 점 때문일 것이다. 10회를 맞은 이번 행사는 이제껏 자신들의 목소리를 뚜렷하게 낸 적이 없는 청소년 성적 소수자들의 참여가 활발했다고 전해지고 있다. 이들은 독자적인 부스를 마련하는 등 스스로의 존재를 세상에 알렸다. 이 행사의 뒤를 이어 2009

년 6월 20일에 대구에서 열린 〈제1회 대구퀴어문화축제〉 역시 비록 참여자는 30여 명에 지나지 않았지만 한국의 성적 소수자운동의 성장을 보여주는 사례라고 할 수 있다.[1)]

이 같은 상황의 진전(에 힘입은 바 크겠지만)과 더불어 우리 사회도 성적 소수자를 어떤 의미에서는 자연스럽게 받아들이고 있는 것으로 보인다. 가령 이런 점은 동성연애자나 트랜스젠더로 스스로의 정체성을 밝힌 연예인의 활동이 어느 정도 수용되고 있는 상황이라든가, 동성애의 코드를 담고 있는 TV 드라마가 보기 드문 현상이 아니라든가, 혹은 비록 농담의 수준이지만 토크쇼 등의 연예프로그램에서도 동성애가 자연스럽게 이야기되고 있는 현실에서 잘 나타나고 있다.[2)] 어느 사이에 동성애를 비롯한 성적 소수자(혹은 소수의 성적 취향, 행위)들은 우리들 가까이에 와 있는 것이다.

이 연구는 1980년대 후반 이후에 이루어진 정치 · 사회 · 경제 · 문화적 환경의 변화에 힘입어 활발하게 진행된 한국 사회의 소수자 인권운동의 전개과정과 그에 대한 국가의 정책적 대응을 논의하고 분석하기 위한 연구의 한 부분으로 동성애자를 포함한 성적 소수자의 인권운동에 초점을 맞추고 있다. 그러나 이 연구는 성적 소수자에 관련

1) 제10회 퀴어문화축제와 제1회 대구 퀴어문화축제에 관해서는 각각 〈한겨레신문〉(2009.6.14)과 〈매일신문〉(2009.6.22)의 기사를 참조하였다.

2) 논문이 쓰이고 있는 2010년 4월 현재 공중파 드라마 가운데 두 편이 동성애 문제를 다루고 있다. 한 편은 한국의 방송 드라마 부문에서 최고의 작가 중 한 명으로 손꼽히는 김수현 극본의 SBS 드라마 〈인생은 아름다워〉이고, 다른 한편은 MBC의 수목드라마 〈개인의 취향〉이다. 이 가운데 김수현의 〈인생은 아름다워〉는 동성애를 본격적이고, 직접적으로 다루고 있어 논란을 낳고 있다. 진보적인 입장을 지닌 것으로 알려져 있는 성공회대학교의 최영묵 교수도 "상식과 미풍양속 원칙에서 규제받아야 하는 지상파 방송에서 동성애는 결코 적절한 소재가 될 수 없다"고 주장하고 있을 정도이다(인터넷 경향뉴스, "김수현의 동성애, 통할까?", 2010.4.5).

된 담론과 운동 그리고 그들의 존재 자체가 낯설지 않은 현실에서 이들이 스스로의 정체성을 확인하고, 이를 운동의 수준으로 발전시켜 온 과정을 쫓아가는 방식만을 취하지는 않는다. 또한 이들의 운동이 지향하는 지점이 현재와는 다른 보다 더 나은 상태라는 점이 자명하고, 이를 정부의 정책이라는 수단을 통해 확보하고자 하는 의도 또한 명확해 보이는 현 시점에서 이 연구는 이들의 문제에 대한 정부의 개입이 어떤 논리에서, 어떤 상호관계를 근거로 하여, 어떤 방식으로 이루어지는지를 일일이 확인하는 데만 초점을 맞추지도 않는다.

이 연구는 이와 같은 논의들을 몇 가지 가설적인 논의들을 바탕으로 이끌어가려고 한다. 이런 가설은 크게 두 방향에 걸쳐 제시될 수 있는데, 우선은 성적 소수자 인권운동과 같은, 혹은 좀 더 적나라하게는 성적 소수자와 같은 문제들이 지니고 있는 정책으로서의 성격이 어떠한 것인가라는 질문과 관련된다. 보다 구체적으로 말하자면 "성적 소수자의 문제는 정책의 문제일 수 있을까?", 과연 "그렇다면 이를 어떤 방식이나 틀로 이해해야 할 것인가?"와 같은 질문에 대답하는 과정에서 가설을 도출하고자 한다.

또 다른 방향에서 제시되는 가설은 이런 문제에 대응하는 정부의 방식과 관련된 것이다. 위에서도 언급했듯이 최근 십수 년 사이에 인권적 관점의 성적 소수자 운동은 매우 활발해졌고, 이들의 정부에 대한 정책적 개입의 요구도 꾸준히 제기되고 있는 것이 현실이다. 그리고 이에 대한 정책적 대응도 이루어지고 있다는 사실도 확인되고 있다. 그렇다면 "이러한 대응의 기저에는 어떠한 논리가 놓여 있을까?" 혹은 "그 가운데서 어떤 양상을 발견할 수 있지 않을까?" 하는 질문에 답을 할 필요가 있을 것이다. 이러한 두 번째의 가설은 그 과정에서 제시될 수 있을 것으로 기대된다.

이 연구는 이를 위해 한국의 성적 소수자운동이 인권적인 관점에서 정립되고 발전되기 시작한 1990년대 이후의 과정을 시간의 흐름에 따라 분석적으로 서술하는 방식을 취하고자 한다. 개별 사례에 대한 분석이 아닌 만큼 성적 소수자 인권운동의 역사적인 발전 과정의 맥락을 추적한다. 따라서 이에 대한 정부의 정책적 대응 역시 기본적으로는 시간의 흐름에 따라 서술될 것이다. 하지만 이러한 서술은 성적 소수자 인권운동의 문제를 정책의 문제로 정립하고, 이 문제의 정책적 성격을 가설적으로 제시하는 틀 속에서 이루어지게 될 것이다. 이 연구는 기본적으로 정부 및 관련 기관의 보고서, 결정례집, 판결문, 관련 논문, 수기, 기사 등의 문헌연구를 중심으로 이루어질 것이다. 또한 성적 소수자 인권운동의 전개와 관련해서는 관련 운동 단체의 인터넷 사이트에 공개되어 있는 자료들도 활용하고자 한다.

## II. 성적 소수자 문제의 정책적 성격

성적 소수자 문제가 만약 정책의 문제가 될 수 있다면 그것은 어떤 정책으로 규정할 수 있을까? 이 문제에 답하기 위해서 기존의 논의를 검토하는 한편 성적 소수자 문제의 성격에 대해서도 이해할 필요가 있을 것이다.

### 1. 소수자 문제의 정책 유형화를 위한 시도

성적 소수자 문제를 공적인 문제로 이해하고 분석하려는 시도는

비교적 최근의 일이라고 할 수 있다. 성적 소수자 문제를 정책의 관점에서 규정하고, 분석한 거의 유일한 논문인 정재진・전영평(2007)의 연구에서도 밝히고 있듯이 성적 소수자에 대한 연구는 주로 사회학이나 법학 분야에서 이루어진 담론 차원의 논문이 대부분이라고 할 수 있다. 이런 한계 때문에 정재진・전영평(2007)의 연구 역시 성적 소수자 문제를 정책의 차원에서 어떻게 규정해야 할 것인지의 문제에 대해서는 뚜렷한 입장을 제시하지 않고 있다. 다만 성적 소수자의 문제를 전체 소수자의 문제의 한 부분으로 규정하면서 소수자의 문제가 중요한 인권문제인 동시에 정책적인 문제이기 때문에 성적 소수자의 문제 역시 동일한 차원에서 보아야 한다는 것이 위 연구의 전제이다.

때문에 성적 소수자 문제의 정책적 성격에 관한 규정은 소수자정책의 유형화에 관한 논리를 통해 추론하는 것이 합당할 것으로 이해된다. 이러한 시도 역시 다양한 영역의 소수자정책 연구를 주도하고 있는 전영평(2007; 2008)에 의해 이루어지고 있다. 그는 정책대상으로서의 소수자를 집단화 여부에 따라 집단화된 소수자와 그렇지 않은 소수자로 먼저 구분한다. 집단화된 소수자는 공통된 지침을 구축하고, 이를 바탕으로 공통된 이익을 추구하며, 사회적 확산을 통해 정책에 참여하는 집단인 반면, 집단화되지 않은 소수자는 열악한 지위나 수치심으로 인해 개별적으로 분산되어 있고 다른 소수자로부터도 차별의 대상이 되는 집단이라고 정의한다.[3] 한편으로 그는 타자와의 관계 속에서 소수자의 유형을 신체적・권력적・경제적・문화적 소수자로도 구분한다. 이와 같은 그의 논리를 요약하면 〈표 10-1〉과 같은 방식으로 소수자 정책 영역을 유형화할 수 있을 것이다.

---

3) 예를 들어 전자는 장애인이나 외국인노동자, 성적 소수자 같은 집단이고, 후자는 노숙자나 AIDS 환자, 미혼모 등과 같은 집단이라고 한다(전영평, 2007).

〈표 10-1〉 소수자정책의 유형화

| | | 조직화 여부 | |
|---|---|---|---|
| | | 집단화 | 비집단화 |
| 소수자 특징 | 신체적 | 유형 1<br>(장애인) | 유형 2<br>(HIV/AIDS 감염인, 한센병 환자) |
| | 권력적 | 유형 3<br>(탈북자) | 유형 4<br>(양심적 병역거부자) |
| | 경제적 | 유형 5<br>(비정규직, 외국인노동자) | 유형 6<br>(노숙자) |
| | 문화적 | 유형 7<br>(성적 소수자, 일본군위안부) | 유형 8<br>(이주배우자, 미혼모) |

자료: 전영평(2008). "다문화시대의 소수자운동과 소수자행정: 담론과 과제", 『한국행정학보』 42(3).

그러나 그의 이와 같은 소수자정책의 유형화는 앞으로 이루어질 소수자 정책연구를 위한 사례 도출 기준으로서의 의미만을 가지고 있는 것으로 보인다(전영평, 2007: 115). 따라서 이러한 유형화를 통해 특정 소수자정책의 성격을 밝히기에는 한계가 있다.

이런 한계를 고려하여 대안적으로 제시할 수 있는 정책의 유형화 방식은 윌슨(Wilson)의 규제정치모형에 근거한 것일 수 있다. 〈표 10-2〉에 제시된 이 모형은 고려의 대상이 될 수 있는 규제에 대해 이익집단들이 실제의 혹은 느껴진 비용과 편익의 분포에 따라 규제의 정치적 상황을 유형화하고 있다. 그리고 그 가운데 경제적 규제와 구분되는 사회적 규제의 경우에는 대중정치(majoritarian politics)나 기업가적 정치(entrepreneurial politics)의 상황 속에서 규제의 내용과 수준이 결정되는 것으로 이해하고 있다(최병선, 1992: 125-126, 415).

성적 소수자에 가해졌거나 혹은 가해져서 그들이 받는 고통의 근원이 되거나, 혹은 그들을 보호하기 위해 사용되는 정부의 개입을 일종의 사회적 규제로 이해한다면, 성적 소수자와 관련된 규제의 정치

〈표 10-2〉 규제의 정치적 상황*

| | | 느껴진 편익(perceived benefits) | |
|---|---|---|---|
| | | 분 산 | 집 중 |
| 느껴진 비용 (perceived costs) | 분 산 | 대중정치 (majoritarian politics) | 고객정치 (client politics) |
| | 집 중 | 기업가적 정치 (entrepreneurial politics) | 이익집단정치 (interest-group politics) |

* 이 표는 Wilson(1986)의 *American Government: Institutions and Politics*(D.C. Heath and Co./Lexington, Mass.)와 최병선(1992)의 『정부규제론』을 참고하여 구성했다. 이하의 규제정치이론에 관한 일반적인 논의들은 "The Politics of Regulation"(*Social Responsibility and the Business Predicament*, edited by James W. McKie, The Brookings Institution/Washington, D. C, 1974)와 "The Politics of Regulation"(*The Politics of Regulation*, edited by James Q Wilson, Basic Books, Inc., Publisher/New York, 1980) 그리고 *American Government: Institutions and Politics*(D.C. Heath and Co./Lexington, Mass., 1986)를 참고하였다.

적 상황은 기업가적 정치이거나 대중정치의 한 부분으로 규정할 수 있을 것이다. 관련 정책의 특징도 이와 같은 맥락에서 도출할 수 있을 것이다. 이를 확인하기 위해서는 성적 소수자 문제의 성격을 확인해볼 필요가 있다.

## 2. 성적 소수자 문제의 성격: 인권의 문제? 정책의 문제?

"소수자가 누구인가?"라는 질문에 대한 보편적이고, 결정적인 대답은 존재하지 않는다. 상식적으로 생각했을 때 소수자(minority)라는 표현은 다수자(majority)에 대응한 개념이라고 할 수 있을 것이다. 이 세계는 다양한 유형의 인간들로 구성되어 있기 때문에 일정한 기준을 가지고 사람을 나누어 본다면 다수자와 소수자가 존재하게 된다. 가령 체중이라는 일정한 기준을 적용한다면 세계는 뚱뚱한 사람과 그렇지 않은 사람으로 나눌 수 있을 것이다. 여기서 그렇지 않은 사람에 비해 뚱뚱한 사람이 상대적으로 적다면 이들은 소수자라고 할 수 있

을 것이다. 이런 예는 수없이 찾을 수 있는데, 예를 들면 왼손잡이는 오른손잡이에 대한 소수자라고 할 수 있겠다.

그러나 소수자에 대한 많은 논의들은 소수자의 정의가 단순히 수적으로 소수인 것만을 의미하지 않는다고 한다. 사전적 정의에 따르면 소수자는 "육체적 · 문화적 특질 때문에 다른 사람들과 구별되는 불평등한 차별대우를 받아 집단적 차별의 대상이 되는 사람들"로 규정된다. 이런 정의를 소개하면서 전영평(2008)은 소수자 정의에서 핵심은 바로 이들이 다수자 혹은 주류집단에 의해 차별을 받고 있는 것이라고 지적한다. 이런 지적은 '소수집단'을 "다수집단과 다른 민족적 · 인종적 · 종교적 또는 언어적 특성을 공유하는 비주류적 개인들의 집단"이라고 정의하면서, 이런 소수집단의 권리(행사)에 개입되는 부정적인 영향으로서의 차별에 주목하고 있는 UN의 인권선언과도 맥락을 같이하고 있다(국가인권위원회, 2005a). 이런 논의의 연장선상에서 Anthony Dworkin & Rosalind Dworkin(1999)은 어떤 사람이나 집단을 소수자로 분류하기 위해서는 ① 신체적 또는 문화적으로 다른 집단과 구별할 수 있는 뚜렷한 차이가 있거나 그럴 것이라고 여겨져야 하고(식별 가능성), ② 정치적인 측면 뿐 아니라 경제적 · 사회적 측면에서의 권력에서 열세에 놓여있으며(권력의 열세), ③ 그 집단의 성원이라는 이유만으로 사회적 차별의 대상이 되고(차별적 대우의 존재), ④ 그 자신이 차별받는 소수자집단에 속한다는 것을 자각해야 한다(집단의식)는 네 가지 기준을 통과해야 한다고 말하고 있다.

이 연구의 대상이 되는 성적 소수자[4]는 이 기준을 통과하고 있을

4) 양현아(2002: 15)는 성적 소수자를 "정치적 뉘앙스가 강한 용어로서 이성애자를 제외한 다양한 성적 지향, 즉 동성애자, 양성애자, 트랜스젠더뿐 아니라 소아애자, 새디스트, 이성복장선호 등을 포함한다"고 정의한다. 또한 "성적 소수자

까? 논란의 소지가 없는 것은 아니지만, 일단 이 가운데 첫 번째와 네 번째의 조건은 충족한다고 전제해야 할 것이다. 이 점은 성적 소수자 운동의 존재 자체로 증명이 될 수 있다고 보기 때문이다. 그렇다면 질문은 두 번째와 세 번째 조건에 맞추어지게 된다. 성적 소수자는 과연 집단적 차별을 받고 있는가? 그리고 이러한 차별이 그들의 어떤 권리행사에 어떤 방식으로 부정적으로 개입되는가? 그들이 정치적인 측면에서 혹은 경제적 · 사회적 권력의 측면에서 열세의 상황에 놓여 있다고 할 수 있는 근거는 무엇인가? 어떤 측면에서 그들은 성적 소수자라는 이유만으로 살아가기에 불편한 정도의 차별을 받고 있는가?

성적 소수자에게 가해지는 주류집단의 차별의 내용에 대해 의문을 지니는 것, 혹은 그들이 사회적 약자임에 의구심을 품는 것은 정치적인 올바름(Political Correctness)이라는 현실 세계의 문명적(?) 기준에 비추어봤을 때 매우 위험한 것일지 모른다. 그러나 위에서 예를 든 뚱뚱한 사람이나 왼손잡이와 같은 소수자에게도 주류집단에 의한 문화적 · 관습적 · 제도적 차별이 행해지고 있음에도 불구하고 이들을 소

---

란 '정상적인' 성관계라고 생각되는 성적 지향과는 다른 성적 지향을 가진 집단으로서, 이로 인해 사회적으로 구별되고 차별받는 집단"이며, 그런 의미에서 "성적 지향의 차이가 단지 취향의 차이에 머물지 않고 한 사회가 받아들이는 지배적 규범에 의해 판단되는 일종의 여집합"이라고도 정의될 수 있다고도 한다. 그러나 이와 같은 범주의 성적 소수자를 모두 소수자의 범위에 포함시키는 것은 무리가 있다. 가령 소아애자, 새디스트의 경우를 생각해보면 될 것이다. 때문에 한채윤(2002: 46)도 성적 소수자의 범위를 "양적인 차원에서 수적으로 적은 사람들을 뜻하는 것이 아닌, 동성애자, 이반, 양성애자, 성전환자, 양성 생식기 소유자, 레즈비언, 게이, 바이섹슈얼, 트랜스젠더, 퀴어, 그리고 자신의 섹슈얼리티와 젠더에 대해서 궁금증을 가지고 있는, '다수'라는 논리 하에서 심리적 · 사회적 · 정치적 편견과 차별, 억압에 대상화된 모든 이들"로 언급하면서도, 실제로는 동성애자와 트랜스젠더로만 국한해서 성적 소수자의 권리에 대한 논의를 전개시키고 있다.

수자로 진지하게 인식하거나 이들의 문제를 인권의 차원에서 제기하는 경우가 거의 발견되지 않는다는 점을 고려한다면 성적 소수자들에 대해 위와 같은 질문을 던지는 것은 이 문제를 인권의 문제로 정립시키기 위해 반드시 거쳐야 할 최소한의 통과의례라고 볼 수 있다.[5)]

이와 같은 질문에 대한 대답은 대체로 다음과 같이 정리되고 있다. 즉 성적 소수자에 대한 차별은 ① 자신에 대해 알 권리에 대한 박탈, ② 드러내기에 대한 억압, ③ 드러냄에 대한 처벌, ④ 가족을 구성할 권리에 대한 무시 등으로 존재하고 있다는 것이다(한채윤, 2002: 53-63). 그러나 자세히 살펴보면 이와 같은 차별의 대부분은 국가나 국가가 행사하는 공권력에 의해 발생하는 것이라기보다는 관습적이고 문화적인 것으로 여겨진다. 성적 소수자로서 자신을 인식할 수 있는 권리는 대체로 이성애 이외의 성적 자아를 배제하는 관습에 의해 억압되고 있을 것이다. 당연히 이를 드러내고자 하는 의지를 억압하고, 이에 대해 제재를 가하는 것은 공권력이라기보다는 암묵적으로 형성된 사회적 관계일 것이다. 이러한 사회적 관계를 반영한 결과로 이들이 가족을 구성할 권리는 국가에 의해 고려되지 않고 있는 상황이라고 보아야 할 것이다. 다음과 같은 진술은 성적 소수자와 관련된 차별의 본질을 확인시켜주고 있다.

> "10년 동안(성 소수자를 둘러싼 환경이) 좋아진 것은 분명하죠. 하지만 체감할 수 있는 것이 그리 많지 않습니다…본래 우리 사회에서 성 소수자에 대한 차별이 직접적인 것이 아니라 간접적이었던 것이기 때문에, 간접적 수준에서 보자면 문제는 여전합니다…동성애 친목 모

---

5) UN의 인권선언이 인권에 관한 최종적이고 완전무결한 전거는 아니겠지만, 소수집단에 관한 UN의 인권해설의 어디에도 성적 소수자에 관한 언급은 발견되지 않는다(국가인권위원회, 2005a).

임의 수가 증가하고, 동성애가 사회 이슈의 한 영역을 차지하게 된 것은 성과이지만 가정, 직장, 동료 사이에서의 간접적 차별과 편견은 여전하기에 아직 갈 길이 멉니다."(〈한겨레신문〉 2009. 6. 15)

—한국성적소수자문화인권센터 대표 한채윤의 언론 인터뷰 내용을 대화체로 재구성함.

결국 인터뷰 내용에 따르면 성적 소수자에 대한 차별은 국가나 제도에 의한 직접적인 것이라기보다는 관습과 문화에 의한 간접적인 것이고, 따라서 사적인 인간관계를 통해 행해지는 일반적인 것이다. 이런 상황에서 국가를 향하는 성적 소수자들의 요구는 관습이나 문화적인 차별, 그리고 사적 인간관계에서 발생할 수 있는 차별을 해소할 수 있는 정책적—제도적 수단을 마련해달라는 것이라고 정리할 수 있을 것이다.

그러나 현재의 단계에서는 몇 가지 보다 근본적인 질문을 제기할 필요가 있다. 우선 국가권력에 의한 직접적인 차별이 아닌 문화적·관습적·간접적 차원의 차별이나 불편의 문제가 인권의 문제가 될 수 있는가 하는 점이다. 사실 인권이라는 문제는 전통적으로 국가권력(혹은 공권력)에 의해 침해되지 않는 개인의 권리로 정립된 개념이라고 할 수 있다.[6] 사실 문화적·관습적·간접적 차원에서 사적으로 이

6) 인권 개념의 핵심은 개인이나 집단을 권력남용으로부터 보호하기 위해 시작되었다고 한다. 모든 인간사회에는 권력구조가 존재하고, 권력남용이 일상적인 상황에 대한 우려가 인권이나 자연권 개념이라는 주장은 명시적이지는 않지만 국가권력과 인권과의 관계를 드러내주고 있다(Freeman, 김철효 역, 2005: 225). 이와 같은 해석은 Freeman(김철효 역, 2005: 38-40)이 같은 책에서 로크를 개인주의적 자연권 개념을 신봉한 이론가로 소개하면서 로크의 정치이론을 근대적—자유주의적 인권 개념의 완성으로 보고 있는 점과 일맥상통한다. 로크의 자연권 개념의 핵심은 바로 자연법을 집행하고 만인의 자연권을 보호해야 하는 정부의 역할과 이를 어기고 인민의 권리에 침해를 가하는 폭정을 행하는 정부의 권력에

루어지는 개인의 권리에 대한 침해나 차별은 일종의 불편의 문제이거나 혹은 범죄의 문제라고 보는 것이 더 정확할 것이다[7]. 물론 범죄가 행해진 경우에는 국가의 개입이 이루어지겠지만, 그것을 인권의 문제로 해석하는 것과는 다른 문제라고 해야 할 것이다. 더구나 어떤 개인이나 집단에게 행해지는 차별이 일종의 불편의 문제와 같은 것이라면 이에 대해 정부가 책임을 지거나 개입을 할 근거는 더더욱 존재하지 않을 것이다. 이런 문제를 인권의 문제로 혹은 정책의 문제로 정립하기 위해서 성적 소수자 운동은 어떤 방식으로 문제를 제기하고 있을까?

## 3. 성적 소수자 문제의 정책적 성격

성적 소수자의 존재 자체는 어제 오늘의 문제는 아니다. 최근 혐의가 제기되고 있는 소크라테스를 비롯한 서양의 고대까지 거슬러 올라가지 않더라도, 중국의 명청시대의 소설이나(송진영, 2005), 국문학계에서도 논의가 전혀 생소한 것만은 아니다. 특히 이광수 소설에서의 동성애적 요소(이희춘, 1988; 이성희, 2005) 문제 등은 성적 소수성이 최근의 우리 사회에서만의 문제가 되는 것이 아님을 보여준다. 비교적 가까이는 식민지 시대였던 1920−1930년대에도 존재했던 동성애의 문제(신지연, 2006)가 어느날 갑자기 사라졌다가 최근의 한국 사회에

---

대한 대립적 권리로서 자연권(인권)의 존재 가치를 정립한 데 있다고 볼 수 있다.

7) 조용환(1998: 164-165)은 이와 반대로 인권을 국가와의 관계뿐만 아니라 사회적 무관심이나 이중적 기준과 관련된 문제라고 한다. 그러나 그는 인권을 두 가지로 나누어 보면서 자연권은 그 가운데 국가와 개인의 관계에서 발생하는 정치적·시민적 권리라고 정의한다. 또한 그가 소개하고 있는 인권침해의 사례들 모두 국가와 개인의 관계에서 발생하는 권리 침해 문제이기도 하다.

재림했다고 생각하는 것도 이상한 일일 것이다.

정재진・전영평(2007)의 성적 소수자운동 및 정책변동에 대한 본격적인 연구나 최근 적지 않게 발견되는 성적 소수자운동가들의 회고 등에 소개된 바에 의하면 한국에서 성적 소수자운동은 1990년대 초반에 태동된 것으로 알려져 있다.[8] 그러나 이해솔(1999: 363-364)에 따르면 1970년대에 이미 "여자택시운전사회"라는 여성 중심의 성적 소수자 모임이 조직되어 있었다고 한다. 이 조직은 1980년대 중반까지 10여 년이나 존재하면서 성전환 수술 이후의 주민등록 변경과 같은 성적 소수자의 존재의 법적 인정을 위해 집단 민원을 청구하는 한편, 법적 제도 밖에서 동거 및 결혼, 이혼 등을 하고, 자녀를 입양하거나 재산을 상속하기도 한 것으로 알려져 있다.

그러나 이들의 역사는 한국의 성적 소수자 운동에서는 거의 고려되지 않고 있는 것이 현실이다.[9] 한국의 성적 소수자 인권운동은 위에서 언급된 대로 1990년대 이후 시작된 것으로 인정되고 있다. 그런데 1990년대 이후의 성적 소수자 인권운동의 성격은 이전의 성적 소수자운동과 달리 매우 지적이고, 문화적이고, 좀 더 과감하게 이야기하자면 엘리트적인 성격을 띠고 있는 것으로 평가할 수 있다[10]. 그

---

8) 일반적으로 한국 최초의 동성애자 인권운동의 효시는 1993년에 결성되었다가 2개월 만에 해체된 초동회로 보는 것 같다. 이 단체가 해체된 후 1994년에 남성 동성애자 인권운동 모임인 "친구사이"와 여성동성애자 인권운동 모임인 "끼리끼리"가 만들어졌다(끼리끼리, 2005: 112-118).

9) 그렇다면 왜 이해솔을 포함한 많은 성적 소수자 인권운동가(주로 성적 소수자 인권운동가들의 증언에 기초하였겠지만)들과 연구자들은 1990년대를 성적 소수자 인권운동의 개시기로 여기고 있는 것일까? 1990년대에 성적 소수자운동과 1970년대의 성적 소수자운동(혹은 모임) 사이에는 어떤 질적인 차별성이 존재하는 것일까? 스스로의 정체성을 인식하고, 모임을 형성하고, 국가를 상대로 집단적으로 의사를 표명한 것 이상의 또 다른 무엇이 있어야 그것을 인권운동이라고 할 수 있는 것일까? 또 다른 무엇은 구체적으로 어떤 내용을 담고 있는 것일까?

결과 성적 소수자 인권운동의 (문화적인) 한 부분은 퀴어영화제와 퍼레이드를 포함한 퀴어문화축제로 나타났고, 또 다른 부분은 소위 명문대로 지칭되고 있는 몇몇 대학을 시발로 결성된 대학별 성적 소수자모임으로 나타났다.[11] 정확하게 파악되고 있는 것은 아니지만, 성적 소수자의 수가 최소한 백만 명은 넘을 것이라는 추정되고 있는 상황(정재진 · 전영평, 2007)을 고려한다면 현재와 같은 성적 소수자운동의 양태는 매우 흥미로운 것이라고 하겠다.[12] 하지만 보다 중요한 것은 이 같은 성적 소수자 인권운동의 양상이 성적 소수자 문제를 매우 특징적인 방식으로 전개시키고 있다는 점이다.

일단 한국의 성적 소수자 인권운동의 가장 눈에 두드러지는 특징은 성적 소수자 문제를 인권의 문제로 환기시키면서 이를 (문화적) 다양성의 차원에서 이해시키고자 한다는 것이다. 이와 더불어 한국의 성적 소수자 인권운동은 자신들의 문제를 개인의 선택이나 취향의 자유, 그리고 그와 관련된 표현의 자유와 관련시키고 있는 특징도 보여주고 있다. 이는 구체적으로 퀴어문화제나 영화제 등을 통해서 표출

---

10) 이런 의미에서 1995년 당시 연세대학교 대학원생으로 재학 중이던 서동진의 커밍아웃은 한국 동성애 인권운동에서 중요하게 평가되고 있다(제갈룡, 1996). 서동진은 1996년 『누가 성정치학을 두려워하랴』라는 책을 출간하면서 동성애 문제를 성정치학과 문화연구의 한 부분으로 자리매김하고 있다. 그의 이와 같은 논의는 현재까지도 동성애 혹은 성적 소수자 문제와 관련된 담론이나 운동전략에 중요한 영향을 미치고 있는 것으로 보인다.

11) 창립 연도에 대해서 논란이 있으나 1995년에서 1996년 사이에 발족한 "한국동성애자인권운동협의회"의 발족과정에서도 1995년 즈음 다른 대학보다 먼저 시작한 연세대(컴투게더), 서울대(마음001), 고려대(사람과 사람) 동성애자 모임이 중요한 역할을 담당한 것으로 알려지고 있다(제갈룡, 1996; 정재진 · 전영평, 2007).

12) 오근숙(2005)에 따르면 청소년의 11% 정도가 자신의 동성애 성향에 대해 고민한 적이 있고, 7.9%는 동성과의 키스, 교제 등을 경험한 적이 있다는 연구 결과가 있다고 한다. 이러한 연구 결과를 받아들인다면 실제로 한국에 존재하는 성적 소수자의 수는 본문의 추정치보다 훨씬 많을 수도 있을 것이다.

되기도 하지만, 다른 한편으로 동성애 등과 관련한 성적 표현의 제한에 대한 국가의 규제를 거부하는 방식으로도 나타났다.[13] 이와 동시에 나타나는 성적 소수자 인권운동의 특징은 성적 소수자 간의 결혼이나 성전환자들에 대한 국가의 제도적 인정을 주장하는 입장으로도 나타나고 있다. 이러한 주장은 성적 소수자 인권운동 사이에서도 다분히 논쟁적인 것으로 보이기는 하지만, 현재 정치사회적 운동과 결합하여 성적 소수자 인권운동을 이끌고 있는 주류 운동의 유효한 목표로 제기되고 있는 것으로 보인다.[14] 구체적으로는 결혼을 제도적으로 인정받는 것을 통해 배우자 간의 재산상속이나, 의료보험이나 연말정산 등에 있어서 국가의 보호를 받고자 하는 것이 이들의 주장이다.[15] 혹은 성전환을 공식적으로 인정받음으로써 결혼의 권리를 얻거

13) 이러한 운동은 주로 청소년보호법 시행령 상의 심의기준 가운데 동성애를 청소년 유해물로 규정한 조항과 이를 적용하여 인터넷상의 동성애 사이트 등을 규제하는 정보통신윤리위원회의 조치 등에 초점이 맞추어져 있다. 대표적인 사건으로는 게이사이트인 엑스존을 청소년 유해매체로 지정한 사건이 있는데, 이 사건은 오랜 법적 판단과 국가인권위원회의 개입을 거쳐 2004년 4월 30일 청소년보호법 시행령의 유해매체물 기준에서 동성애를 삭제하는 것으로 결론이 났다(정재진 · 전영평, 2007). 그러나 이 문제는 여타의 표현의 자유와 관련된 논쟁과 마찬가지로 기준의 적용에 있어 완전히 객관적이고 합의할 수 있는 선이라는 것이 존재하지 않기 때문에 언제든지 논란의 대상이 될 수 있다. 최근에는 동성애영화인 〈친구사이?〉의 청소년관람불가 판정을 계기로 다시 이 문제에 대한 논쟁이 벌어지고 있다(동성애자인권연대, 2009; 한국게이인권운동단체 친구사이, 청년필름, 2010).

14) 한채윤(2007)은 성적 소수자라는 용어 자체가 활용가치와 외연확장이라는 동성애자 인권운동의 전략적인 차원에서 채택된 것이라는 점을 고백하면서도, 현실적인 운동의 영역에서 성적 소수자 인권운동이 '이성애주의'의 질서 안으로 재편될 위험성을 지적하고 있다. 동성애자의 결혼합법화나 성전환자의 호적 인정 등의 운동은 모두 국가가 제시하는 특정한 체계를 수용하도록 하는 결과를 낳을 수 있다는 것이다. 더 많은 보호와 배려를 받고, 성공한 소수자집단이 될수록 주류 사회에 길들여지는 아이러니가 발생할 수 있다는 것이 그의 우려이다. 비슷한 맥락이지만 이보다 훨씬 이론적인 논의로 서동진(2005)의 논문을 참고하라.

15) 예를 들어 박민선(1999)의 글과 같은 경우이다. 그의 글에는 다음과 같은 여성

나, 병역의 의무에서 발생하는 문제들을 해소하려는 주장도 제기되는 것이 현실이다.16)

이와 같은 성적 소수자 인권운동의 문제제기나 주장을 규제의 정치적 상황에 비추어 보면 어떻게 이해할 수 있을까? 간단히 말하자면 성적 소수자 인권운동은 특별히 느껴질만한 비용과 편익을 발생시키지 않은 이념적 논쟁의 문제로서는 대중정치의 상황으로, 성적 소수자와 관련된 표현의 제한과 같은 규제에 대한 비용을 집중적으로 감지하고 있다는 점에서는 기업가적 정치의 상황으로, 국가의 보호나 보장의 틀 안에 들어감으로써 이익을 누리려고 한다는 점에서는 고객정치의 상황으로 이해할 수 있을 것이다. 이처럼 복합적인 성적 소수자 문제의 정치적 상황은 물론 성적 소수자 문제가 어떤 의미에서 하나의 이름으로 묶이기에 힘든 복잡한 문제라는 것을 보여준다. 당연히 이 문제에 대한 정부의 접근도 명쾌한 방향을 가지기 힘들 것이다. 이 연구는 이러한 정책의 성격을 일단 "논쟁하고 싶지도 대응하고 싶지도 않지만, 논쟁하고 대응해야 하는 문제"로 정의하고자 한다.

---

동성애자의 고백이 실려 있다. "(결혼이 합법화되면) 우리도 인정받을 수 있는 하나의 증표가 될 수 있는 거잖아요. 그리고 이성애자가 누리는 자질구레한 이익을 우리도 누릴 수 있어야 해요. 세금 문제도 그렇고…." 한채윤(2002)이 정리한 바에 의하면 동성애 커플은 대외적으로는 노총각이나 노처녀로, 미혼자이기 때문에 회사 내 승진이나 주택자금 대출, 세금감면 등에서 혜택을 받지 못하고, 보통의 직장에서 인정해주는 가족수당, 결혼기념일 휴가, 본인 및 배우자 경조금, 의료보험 적용, 출산휴가, 연말정산 시 배우자 공제 등은 꿈을 꿀 수 없다는 것이다. 또한 국민연금의 경우도 배우자 사망 시 유족연을 받지 못하며, 자녀를 입양할 수 있는 권리도 없고, 유산상속권도 가지지 못한다고 되어 있다.

16) 남성에서 여성으로의 성전환은 병역의 의무를 덜 수 있는 기회가 되기도 하지만, 여성에서 남성으로의 전환은 병역의 의무를 지는 계기가 되기도 할 것이다. 이런 문제와 관한 선택에 대해서는 성적 소수자들 역시 일관된 태도를 보이고 있지는 않는 것 같다(성적소수문화환경을 위한 모임, 2008).

## Ⅲ. 성적 소수자 인권운동에 대한 정책 대응: 회피와 제도화

앞에서 성적 소수자의 문제를 정책의 관점에서 "논쟁하고 싶지도 대응하고 싶지도 않지만, 논쟁하고 대응해야 하는 문제"라고 규정하였다. 이와 같이 고약한 문제에 대한 정부의 정책적 대응은 어떤 방식으로 이루어질까? 이 문제에 대답하기 위해 이 연구는 우선 "논쟁하고 싶지도 대응하고 싶지도 않지만, 논쟁하고 대응해야 하는 문제"의 정책적 성격을 가설적으로 제시한다. 그리고 이에 근거하여 한국에서 성적 소수자 문제에 대한 정책적 대응이 어떤 식으로 이루어져 왔는지를 검토할 것이다.

### 1. "논쟁하고 싶지도 대응하고 싶지도 않지만, 논쟁하고 대응해야 하는 문제"의 정책논리

이미 언급했듯이 성적 소수자 문제는 기존에 논의되고 있는 규제의 정치적 상황 등으로 규정하기 힘든 복합적인 정책 문제이다. 그런데 이와 같은 문제가 복합적인 문제가 된 것은 근본적으로는 이념적인 논쟁의 문제로 어떤 특정한 집단에게도 구체적으로 비용을 발생시키거나 구체적 편익을 발생시키지 않아야 할 문제가 특정 집단에게 비용과 편익을 발생시키는 문제로 전환되었기 때문이라고 할 수 있다. 구체적인 특정 집단과는 관련 없는 이념적 대립을 중심으로 형성된 대중정치 상황의 문제들은 정책 의제로 전환될 가능성이 낮기도 하지만, 일단 논쟁이 발생하더라도 정부의 입장에서는 특정한 입장을 지지하기 보다는 논쟁의 과정을 제도화하는 절차적인 대안을 통해 문

제에 접근할 수 있다. 그러나 이러한 문제가 특정한 집단에 의해 구체적인 대안을 제시해야 하는 문제로 발전하게 된다면 정부의 역할은 매우 제한적이다. 왜냐하면 구체적 대안 그 자체가 결론적으로는 정부에게 논란의 소지가 존재하는 특정한 이념적 대립 가운데 하나의 입장에 손을 들어주는 것으로 여겨질 것이기 때문이다. 또한 정부는 이러한 문제의 해결과 선례도 가지고 있지 못하다. 따라서 정부의 입장에서는 이러한 문제를 될 수 있는 한 존재하지 않는 문제인 것처럼 취급하는 것이 우선적인 대안으로 등장할 것이다. 결국 이는 문제에 대해 대응을 하지 않는 것, 혹은 이에 대한 회피로 나타나게 된다[17].

그러나 성적 소수자 문제가 정책의제로 전환되는 단계에서 정부의 정책적 대응은 새로운 양상을 띠게 된다. 실제로 성적 소수자 문제의 경우도 성적 소수자 집단이 자신들의 정체성을 드러내는 것에 대한 사회적 억압을 피해로 인식하고, 이에 대한 구제를 집단적으로 요구하는 한편 국가의 보호나 보장의 틀을 통한 편익을 요구하는 상황이 전개되었다. 그러나 정부는 고개정치의 상황이나 기업가적 정치의 상황에서와 같이 비용이나 편익을 감지하는 소수 집단의 요구를 일차적으로 수용할 수는 없다. 여전히 이념적 대립이라는 근본적인 논쟁이 해소되지 않은 상태일 뿐만 아니라 당연히 성적 소수자집단에게 주어

17) 물론 정부(혹은 정권을 획득한 정당)가 소수자의 인권문제에 대해 뚜렷한 이념적 지향을 지니고 있는 경우에 정부의 대응은 좀 더 전향적일 수 있을 것이다. 한국의 경우도 진보정당으로서 이념적 지향을 뚜렷하게 제시하고 있는 민주노동당과 진보신당은 성적 소수자의 인권문제에 대해 “모두가 차별 없는 세상”을 지향하는 운동 혹은 정치적 관점에서 수용하고 있다. 이를 위하여 민주노동당은 “성소수자위원회”를, 진보신당은 “성정치위원회”를 두고 있다. 그러나 현실적 한국 정치 지형에서 집권세력이나 이에 가까운 기존의 보수 정당이 성적 소수자 문제에 대한 뚜렷한 이념적 지향을 제시하기는 무리가 있다. 이는 정책이나 이념의 수렴 현상이 뚜렷해지고 있는 현실에서 불가피한 것이기도 하다.

지는 편익의 증가나 비용의 감소가 사회적 비용의 증가나 편익의 감소로 이어질 것이라고 생각하는 기업가적 정치가에 의한 대항집단이 형성될 것이기 때문이다. 따라서 정부는 이러한 상황에 직면하더라도 가능한 한 직접적으로 대응하는 것은 피하려고 할 것이다. 그러나 이 상황에서 이루어지는 회피는 무대응으로서의 회피라기보다는 대안 제시의 회피라고 할 수 있을 것이다. 그러나 이미 정책의제화된 문제에 대해 정부가 대안 제시를 회피할 수 있는 방법은 많지 않다. 이 과정에서 정부에게 기회를 주는 것은 법원이다. 법원은 인권과 관련된 이념적 논쟁이나 갈등을 최종적인 심급에서 해석하고 판단하는 기관이기 때문이다. 정부는 법원의 뒤에서 법원의 판단이 내려지기 전까지 대안의 제시를 회피하려 한다.

이 단계가 지나면 정부 역시 더 이상 회피할 수는 없다. 구체적인 대안의 결정이 필요한 시점이 도래한다. 그렇지만 성적 소수자 문제와 같은 "논쟁하고 싶지도 대응하고 싶지도 않지만, 논쟁하고 대응해야 하는 문제"를 규정하고 있는 이념적 판단의 곤란성, 그 결과 발생하게 되는 옹호집단과 대항집단 간의 타협되기 힘든 대립이라는 근본적인 문제는 거의 해소되어 있지 않은 상황이다. 이러한 상황에서 정부가 택할 수 있는 전략은 드러내지 않고 처리하는 것이 될 수 있다. 그리고 정부는 어떤 상황이라도 이런 문제에 대한 대안의 제시가 정부 전체의 입장이나 대안으로 이해되지 않기를 바랄 것이다. 이를 위해 정부는 문제를 정부가 일괄해서 처리할 수 있는 것처럼 여겨지지 않는 혹은 정부의 의지가 들어있지 않는 것으로 여겨지는 제도나 기구를 만들거나, 혹은 이러한 제도나 기구를 활용하는 대안을 채택할 수 있다.

## 2. 성적 소수자 인권운동의 성장과 정책적 대응으로서 회피

한국에서 동성애와 성전환과 같은 소수적 의미의 성적 행위 자체는 공권력에 의해서 금지되거나 규제되지 않고 있다.18) 다시 말하면 정상성의 범위에서 이해하고 있는지 그렇지 않은지에 대한 논쟁은 있을 수 있을지라도 그것을 범죄나 죄악의 수준에서 다루지는 않는다는 것이다. 따라서 한국에서 성적 소수자에 대한 차별은 국가나 제도에 의한 직접적인 것이라기보다는 관습과 문화에 의한 간접적인 것이고, 따라서 사적인 인간관계를 통해 행해지는 것으로 이해되고 있다. 이런 상황은 일단 성적 소수자의 (인권)문제에 대한 이념적 논쟁에서 국가를 자유롭게 할 수 있는 근거가 되고 있다. 가령 이념적인 논쟁이 진행되더라도 최근에 유행이 되고 있는 문화적 다양성, 혹은 다문화의 논리를 통해 간접적으로 대응할 수 있다는 것이다.

### 1) 회피 I : 무대응으로서 회피

앞에서 지적한대로 1990년대 이후 진행된 성적 소수자 인권운동은 매우 지적이고 논리적이기 때문에 이들은 다양한 국면에서, 다양한 전략을 통해 차별의 실체를 이야기하고, 이를 통해 집단의 정체성

---

18) 현재 동성애와 같은 소수적 성행위는 군형법 92조에 의해 "계간 기타 추행"에 대한 처벌 규정으로 군대 내에서 금지되고 있다. 이에 대해서도 논쟁의 여지가 존재하고, 성적 소수자 인권운동의 한 활동 영역으로 군대 내의 성적 소수자 차별 문제가 다루어지고 있으나, 군대를 제외한 사회적 관계에서 동성애를 금지하고 있는 규정은 없다(허철호, 2005; 군대 내 성소수자 인권증진을 위한 프로젝트팀, 2008).

〈표 10-3〉 한국 성적 소수자운동의 성립 및 발전과정*

| 연 도 | 한국 성적 소수자 운동과정 |
|---|---|
| 1991 | –주한 외국인 레즈비언 모임인 "sappho"(사포) 결성<br>–SBS 〈그것이 알고싶다〉에서 '게이–성의 두 얼굴' 방영 |
| 1992 | –SBS 〈그것이 알고싶다〉에서 '게이–성의 두 얼굴' 방영 |
| 1993 | –〈국민일보〉 '동성연애 지식층서 성행 큰 충격–AIDS확산 위험집단 검사, 계몽시급' 기사 게재<br>–〈중앙일보〉에 '동성연애는 AIDS의 주범' 기사 게재<br>–장진석 · 전해성 등을 주축으로 국내 최초 동성애자 인권운동 단체인 "초동회"(草同會) 결성(공식 결성 1월 7일) |
| 1994 | –"초동회" 해체 후 한국 남성 동성애자 인권운동 단체인 "친구사이" 발족<br>–여성 동성애자 인권운동 모임인 "끼리끼리" 발족<br>–연세대학교 학보에 서동진이 동성애자회원 모집 광고를 냄(대학 동성애자 모임으로는 국내 최초) |
| 1995 | –연세대학교 동성애자 모임 "컴투게더" 발족(대표 서동진, 사회학 석사)<br>–SBS 〈그것이 알고 싶다〉에서 '제3의 성 동성애' 방영<br>–서울대학교 동성애자 모임 "마음001" 발족<br>–4개 단체 연합인 "한국동성애자인권운동협의회"(이하 동인협) 결성(기자회견)<br>–고려대학교 동성애자 모임 "사람과사람" 발족<br>–연세대학교에서 성정치 문화제 개최<br>–천리안에 정식 소모임으로 동성애자 모임 개설<br>–KBS 아침방송 〈독점여성〉에 '또 하나의 사랑 동성애'로 토론(이정우 · 서동진 출연) |
| 1996 | –"끼리끼리"에서 레즈비언 잡지를 표방하며 〈또다른세상〉 창간<br>–3개 대학모임 연합인 "대학동성애자인권운동협의회" 공식 발족<br>–대구 · 경북지역 동성애자 모임 "대경회" 발족<br>–서울지역 동성애자 153모임 "퀴어프랜드" 결성<br>–동성애자 기독교인 모임 "로뎀나무그늘" 발족 |
| 1997 | –"동성애자 연대투쟁위원회"의 '노동법과 안기부법 개악에 반대하는 노동자 연대투쟁'에 참여(2개월간 계속됨)<br>–전주 · 전북지역 동성애자 친목모임 "너와나" 결성<br>–"친구사이" 회원들 중심으로 "동성애자의료인모임" 발족<br>–원주 · 강원지역 동성애자 153모임 "거아사" 결성<br>–부산 · 경남지역 여성 이반 인권 모임 "안전지대" 발족<br>–한국 최초의 동성애자 인터넷 사이트 엑스존 http://exzone.com 오픈<br>–청주 · 충북지역 동성애자 모임 "푸른마을" 결성<br>–연세대학교 동문회관과 구청의 압력으로 제1회 서울 국제 퀴어영화제 개최 무산<br>–퀴어영화제 개최 무산을 항의하는 '동성애 탄압 반대와 표현의 자유를 위한 서명운동' 전국적 전개<br>–"대학동성애자인권연합"(이하 대동인) 출범<br>–"끼리끼리"가 각 대선 후보에게 동성애 관련 정책에 관한 공개질의서를 보냄(국민회의 답신) |

| | |
|---|---|
| 1998 | -주요 일간지에 '국내 동성애자 11만 명 추정, AIDS 문제 심각' 기사 게재<br>-KBS 〈뉴스파노라마〉에서 게이 사우나와 동성애자가 AIDS 전파의 주범으로 묘사<br>-"왜곡된 언론보도와 AIDS정책에 대항하는 범동성애자 비상대책위원회" 발족<br>-"한국에이즈퇴치연맹" 앞에서 '동성애자 차별적 AIDS정책의 철폐'를 촉구하는 시위<br>-대구·경북지역 여성 동성애자 모임인 "why not" 정식 발족<br>-인천 레즈비언 인권모임 "한우리" 발족<br>-23개 동성애단체의 협의체인 "한국동성애자단체협의회" 출범식이 종묘공원에서 열림<br>-"대동인"이 "동성애자인권연대(이하 동인련)"로 새롭게 출범<br>-제1회 서울퀴어영화제가 아트선재센터에서 개최 |
| 1999 | -부산지역 청소년 이반모임 "달팽이" 결성<br>-충북 동성애자 모임 "자루" 결성<br>-대전 여성동성애자모임 "우리들만의 세상" 결성<br>-"동성애자인권연대"가 교육부를 상대로 '동성애 왜곡 중고교 교과서 수정요구안' 제출 |
| 2000 | -엑스존(http://exzone.com)이 정보통신윤리위원회에 의해 청소년 유해 매체물로 고시<br>-제1회 퀴어문화축제 '무지개2000 퍼레이드'가 대학로에서 개최<br>-홍석천의 공식 커밍아웃<br>-"홍석천의 커밍아웃을 지지하는 사람들의 모임" 발족식 및 기자회견<br>-SBS 〈그것이 알고 싶다〉에서 '트랜스젠더-성(性)을 바꾸는 사람들' 방송 |
| 2001 | -동성애 관계로 감봉처분 받은 소방관 편씨가 서울행정법원에 낸 부당처분 취소 승소<br>-민수노동당학생그룹 주최 '홍석천과 함께하는 동성애 이야기' 강연회 개최<br>-하리수가 화장품회사의 TV광고 모델로 첫 등장<br>-「국가인권위원회법」 제30조 2항에 성적지향으로 인한 차별금지 조항 들어감<br>-인터넷내용등급제의 동성애 퇴폐 2등급 규정의 폐지와 「청소년보호법」 개정을 요구하는 동성애 사이트 공동파업 실시<br>-"동성애자 차별반대 공동행동"의 발족식과 기자회견<br>-엑스존(http://exzone.com)이 정보통신윤리위원회의 청소년유해매체물의 전자적 표시 명령 통보에 항의하자 사이트 무기한 폐쇄에 들어감<br>-'인터넷 내용등급제 폐지'와 '정보통신부 장관 퇴진'을 위한 1인 릴레이 60일 단식철야 농성에 6명의 동성애자 참여 |

* 한국성적소수자문화인권센터(http://kscrc.org) 홈페이지의 지식나눔란에 제공된 연도별 한국동성애커뮤니티 연대기의 내용을 바탕으로 정리하였다. 굵은 글씨체로 강조한 것은 성적 소수자의 인권문제가 국가권력과 접점을 가졌던 사건들이다.

을 확인하고, 사회적인 발언을 하면서 자신들의 이해를 관철시키려 노력해왔다. 그렇다면 한국의 성적 소수자 운동은 구체적으로 어떠한

과정을 통해 형성되고 발전되어 왔을까? 여기서는 한국의 성적 소수자 운동의 성립 및 발전과정을 살펴보면서 이 운동이 어떤 방식으로 자신들의 문제를 인권의 차원에서 국가와 연결시키려 해 왔는지를 살펴보고자 한다.

한국에서 성적 소수자운동의 시원은 1970년대까지 거슬러 올라갈 수 있다. 그러나 당시의 성적 소수자 운동은 현재의 성적 소수자 운동으로 연결되지 못하였다. 이러한 단절에는 여러 이유가 있겠지만, 당시의 문제제기가 사회적으로 수용될 수 있는 분위기가 아니었다는 점에서 그 이유를 찾을 수 있을 것이다. 잘 알다시피 1970년대의 한국은 선거와 같은 최소한의 민주주의적인 절차나 이에 참여할 수 있는 기본권이 전국민에게 제한되어 있었던 반이성적인 사회였다. 이런 분위기에서 성적 소수자들의 인권이라는 문제는 어떤 사회집단에게도 수용될 여지가 없는 것이었고, 이론적인 성숙과는 무관한 자생적 요구를 내세웠던 성적 소수자 운동 역시 자신들의 주장을 대중운동의 논리로 연결시키는 데는 한계가 있었을 것으로 보인다.

이런 단절 끝에 동성애 등의 소수적인 성적 취향의 문제가 한국사회에서 본격적으로 언급된 계기는 1985년 10월 2일의 할리우드 스타인 록 허드슨의 사망이었다고 할 수 있다. AIDS로 인한 오랜 투병 끝에 사망한 록 허드슨이 동성애자였다는 사실은 한국인들에게 동성애를 AIDS와 동치시키는 계기를 만들어 주었고, 그에 상응하여 동성애를 사회적 병리의 하나로 취급하게 하였다. 그 결과 1980년대 후반에서 1990년대 초반 사이 언론은 AIDS와 동성애에 대한 공포를 함께 생산해내는 다양한 보도를 하게 되었다. 그리고 이는 동성애 등의 소수적 성적 취향에 대한 집단적인 오해를 불러일으키게 하는 불씨가 되었다.

한국의 성적 소수자운동은 역설적으로 이와 같은 동성애에 대한 공포의 분위기가 낳은 산물이었다. 거의 관심의 대상이 되지 않거나, 호사가들의 해외 토픽 수준에서 다루어지던 동성애가 갑자기 인류를 위협하는 질환으로 취급되는 사회적 분위기는 그동안 잠자고 있던 동성애자들을 비롯한 성적 소수자들을 일깨웠다. 이들은 자신들의 정체성을 지켜내기 위한 결단을 요구받게 된 것이다. 거기다 1990년대 초반 이후 급속하게 쇠퇴하면서 이론적 · 실천적인 출구를 찾고 있었던 급진적인 운동들이 집단이 아닌 개인의 문제에서 대안을 발견하려고 했던 상황은 한국의 성적 소수자 운동이 태동할 수 있는 기초를 제공하였다. 그리고 한국의 성적 소수자 운동은 1993년에 최초의 동성애자 인권운동 단체라고 할 수 있는 "초동회"의 결성으로 닻을 올렸다.

한국 성적 소수자 운동의 성립 및 전개과정을 앞서 살펴보았듯이 1993년의 "초동회" 성립에 가장 큰 공헌을 한 것은, 혹은 적어도 가장 핵심적인 계기가 된 것은 동성애를 AIDS와 직접 연결시킨 언론의 자극적인 보도였다.[19] 이와 같은 "초동회"의 출범 과정은 이후에 전개될 한국의 성적 소수자 운동의 성격을 기본적으로 규정하게 된다. 정리된 내용에서도 볼 수 있듯이 한국의 성적 소수자 운동은 국가권력과 접점을 형성하기보다는 동성애나 성전환과 같은 문제에 대한 사회적 통념의 억압에 대한 투쟁의 양상을 더욱 뚜렷이 나타내고

19) 〈표 10-3〉에 설명된 1992년 SBS 〈그것이 알고싶다〉의 '게이—성의 두 얼굴'과 1995년 SBS 〈그것이 알고 싶다〉의 '제3의 성 동성애', 그리고 위의 표에는 언급되어 있지 않지만 1997년 SBS 〈추적 사건과 사람들〉의 '화장실 속의 함정들'의 담론을 비교한 백선기 · 김소라(1998)에 의하면 동성애는 언론을 통해 거의 일관되게 문란한 성행위, AIDS, 비행과 범죄, (정신적) 질병 등의 이미지로 규정되고 있다는 점을 지적하고 있다. 이들은 이를 동성애에 대한 지배적 이데올로기에 의해 생산된 지배담론으로 정의하고 있다.

있다. 그 때문에 성적 소수자로서의 정체성을 명확히 하고 이를 공개적으로 선언하는 커밍아웃(Coming-Out)이 운동의 핵심적인 부분이 되었고, 또 이와 같이 스스로의 정체성을 사회의 편견에 맞서 드러낸 사람들끼리 서로를 확인하고 연대하는 작업이 운동의 큰 줄기를 이루게 되었다.[20] 성적 소수자 인권운동의 이와 같은 전개 양식은 정부에게 이 문제를 대응하지 않음으로써 회피할 수 있는 조건을 제공하였다.[21]

### 2) 회피 II : 대안제시의 회피

성적 소수자 인권운동의 조직화가 진전되면서, 운동의 핵심이 커밍아웃에서 성적 소수자 집단의 사회적 권리의 보장과 확대 요구로 전

20) 장미경(2005)은 부당한 권력에 맞서는 소수자들의 투쟁을 시민권 정치라는 개념으로 설명한다. 그에 따르면 이와 같은 소수자의 시민권 정치에서 핵심을 이루는 것이 바로 자신이 속한 사회에서 자신의 정체성을 인정받는 것이라고 한다. 그런 의미에서 소수자의 시민권 정치는 '정체성의 정치'라고 정의할 수도 있다는 것이다. 그러나 소수자의 시민권 정치는 정체성에 대한 인정을 넘어서 권리에 대한 요구와 결합하는 과정에서 완성될 수 있다. 이런 기준을 놓고 분석할 경우 동성애자는 정체성의 정치는 활발하지만, 권리보장의 정치는 미약한 경우에 포함될 수 있다고 지적한다.

21) 물론 대응하지 않는 것은 전략적 의지가 부족한 상황으로 보일 수 있다. 그러나 성적 소수자 인권운동의 성립 및 초기 전개 과정에서 나타나고 있는 무대응으로서의 회피에는 정부의 전략적 의지가 어느 정도 발견된다. 구체적인 정책의제와 관련된 것은 아니지만, 1997년의 대통령 선거 과정에서 성적 소수자 인권운동 단체들이 동성애 관련 정책에 대해 대통령 후보들에게 질의서를 발송하는 정도의 상황이었다면 이 문제가 곧 다루어야 할 정책 쟁점이 될 수 있는 것이라는 점은 정부로서도 예측 가능했을 것으로 보인다. 또한 이 문제에 대한 언론보도도 이전에 비해 활발하게 이루어지고 있는 상황이었다. 정부는 이와 같은 상황에서도 2000년까지 이 문제에 대한 구체적인 언급을 하지 않고, 마치 존재하지 않는 문제처럼 대응하고 있었다.

환되었다. 이런 과정에서 성적 소수자의 인권문제는 정책의제의 영역으로 진입하게 되었다. 그 계기가 된 것은 엑스존(http://exzone.com) 사건이었다. 최초의 동성애자 인터넷 사이트였던 엑스존은 2000년 초반 정보통신윤리위원회에 의해 청소년유해물로 고시·지정되었다. 그러나 이는 특별히 동성애 등의 성적 소수 취향을 겨냥한 것이라기보다는 청소년보호법이 제정되고, 청소년보호위원회가 설립되면서 만화, 영화를 비롯한 문화 창작물 전반에 대한 규제가 강화되는 가운데 이루어진 일이었다. 그러나 성적 소수자 인권운동의 입장에서는 엑스존에 대한 정부의 조치는 소수의 성적 행위와 관련된 표현의 자유를 침해하는 동시에 자신들의 정체성을 부정하는 것으로 받아들여졌다. 따라서 성적 소수자 인권운동 단체들은 1990년대 이후 조직화된 역량을 발휘하여 정보통신윤리위원회를 상대로 한 투쟁을 벌이게 된다. 그 목표는 정보통신윤리위원회가 엑스존을 유해물로 고시하게 된 근거인 「청소년보호법」 상의 청소년유해물 기준에서 동성애 관련 조항을 삭제하는 것이었다.

그런데 〈표 10-4〉에서 볼 수 있듯이 이 문제에 대한 정부의 대응방식은 무척 단순하다. 우선 정보통신윤리위원회는 위원회의 조치와 관련된 성적 소수자 인권운동 단체의 문제제기에 대해 구체적인 반응을 전혀 보이지 않았다. 이 문제와 관련된 구체적인 대응은 관련법의 집행기관인 청소년보호위원회가 청소년 유해매체물 기준과 관련한 성적 소수자 인권운동 단체의 질의에 대해 응답을 한 것 이외에는 발견되지 않는다.[22] 이를 제외한 정부의 정책적 대응은 바로 모든 문제를

22) 청소년보호위원회(2002)는 2002년 10월 16일자 청소년보호법 관련 질의 답변에서 청소년유해매체물 심의기준에 동성애가 포함된 이유를 "청소년보호법이 제정되었던 1997년 당시의 국내사회의 일반적인 통념에 따라 청소년들이 건강

〈표 10-4〉 엑스존 사건의 전개과정

| 연 도 | 사 안 | 비 고 |
|---|---|---|
| 2000. 8. 25 | −엑스존을 청소년 유해매체물로 지정(동성애를 퇴폐 2등급으로 분류) | −정보통신윤리위원회 |
| 2001. 1. 31 | −정치권에서 동성애자 인권보호 규정을 명문화한 국가인권위원회법안 마련 | −한나라당과 민주당 |
| 2001. 11. 1 | −엑스존에 대해 청소년 유해매체임을 표시하지 않으면 형사처벌하겠다는 경고 | −정보통신윤리위원회 |
| 2001. 11. 16 | −경고장에 대한 항의로 사이트 폐쇄 및 검열에 반대하는 "차별반대 공동행동"이라는 사이트 운영<br>−등급제와 검열행위의 폐쇄요구 | −고려대 동성애모임 "사람과사람", "정보통신 검열반대 공동행동" |
| 2001. 12. 29 | −헌법에 보장된 표현의 자유를 침해하는 국가검열에 대한 헌법 소원 | −엑스존 사이트 운영자 |
| 2002. 1. 10 | −동성애자 차별법 철폐와 인터넷 내용 등급제 폐지를 위한 행정소송(서울행정법원에 제출) | −시민단체 "정보통신 검열반대 공동행동" |
| 2002. 2. 19 | −위법사실 자체를 광고토록 하는 것은 위헌이지만 위법으로 판정을 받아 시정명령을 받았다는 사실을 광고토록 하는 것은 위헌이 아님 | −헌법재판소 |
| 2002. 8. 14 | −피고들에 대한 사건의 청구는 모두 이유가 없으므로 원고 기각 | −서울 법원 |
| 2002. 8. 16 | −상소 | −시민단체 "정보통신 검열반대 공동행동" |
| 2002. 12. 12 | −인터넷상 동성애 사이트를 청소년 유해물로 규정한 청소년 보호법시행령은 위헌 소지가 있음 | −서울 고법 |
| 2002. 12. 22 | −청소년 유해매체물 결정 및 고 | −서울 고법 |

한 사회인으로 자라나기 위해 판단력이 완성되기 이전인 청소년기에 접촉을 제한할 필요가 있다고 판단되는 매체물"이라고 답하고 있다. 이 기준의 개정 가능성에 대해서는 "우리 사회 성적 소수자의 인권문제에 대한 논의에 대해서는 청소년보호위원회에서도 그 추이를 주시하고 있으며", "청소년 인권보호 체계를 확립하는 동시에 표현의 자유 등 여타 기본권과의 적절한 조화를 이루도록 계속해서 노력해 나갈 것"이라는 원론적인 대답을 내놓고 있다.

| | 시처분 무효확인 청구는 성문화 조장 우려가 있어 기각 | |
|---|---|---|
| 2003. 4. 2 | –청소년 유해매체물 개별심의기준에 동성애가 포함되는 것은 헌법에 위배되며, 동성애 사이트는 청소년 유해매체가 아님 | –국가인권위원회 |
| 2004. 1. 2 | –인터넷상 청소년 유해매체물에 전자 표시를 해 프로그램으로 차단할 수 있게 한 정보통신망 이용촉진 및 정보보호 등에 관한 법률은 합헌 | –헌법재판소 |
| 2004. 4. 26 | –인권위의 결정 및 동성애단체에 대한 재정적 지원에 반대 시위 | –기독교윤리실천운동<br>–나라사랑 네트워크 |
| 2004. 2. 5 | –청소년 유해매체물 심의기준에서 "동성애" 삭제입법예고 | –청소년보호위원회 |
| 2004. 4. 30 | –청소년 유해매체물 심의기준에서 "동성애"삭제 | –청소년보호위원회 |

자료: 정재진 · 전영평(2007). "동성애 소수자의 차별저항과 정책변동", 『한국행정연구』 15(4)

법원으로 가도록 내버려 두는 것이다. 정부는 이런 모든 문제가 궁극적으로 법적 판단의 대상이 되는 순간까지 별다른 개입의 의지를 보이지 않는다.[23] 결국 모든 문제는 소송을 통해 해결되도록 내버려지며, 정부는 소송을 통해 내려진 판결에 대해서만 수동적으로 반응하는 입장을 취하면서 직접적인 대응은 회피하고 있는 것이다.

정부가 문제를 이와 같이 회피하는 데에는 성적 소수자의 존재 자체를 부정하거나 이념적인 차원에서 이들의 존재를 용납할 수 없는 집단이 형성되고 있는 상황의 변화도 일조를 한 것으로 추정된다. 이들이 운동의 초기에는 이슈를 선점 당하면서 수세적이거나 방관적인 입장을 취하는 데 그칠 수밖에 없었겠지만, 성적 소수자운동이 정부

23) 이런 이유로 성적 소수자에 대한 차별 해소 대안을 제시하고 있는 한채윤(2002)의 글에서도 행정적 대안은 동성애 인권단체 및 문화행사에 대한 재정적 · 행정적 지원과 경찰, 검찰, 변호사, 판사 등에 대한 가이드라인 제작 정도만 언급되고 있다.

(혹은 정부의 정책적 개입)를 통해 자신들에게 행해진 차별을 계속적으로 확인받으려 한다면 이에 관한 본격적인 논쟁이 벌어지기 시작하는 상황을 계속 묵과하지는 않을 것으로 판단된다. 예를 들어 기독교나 유교 등의 종교단체가 중심이 된 집단이 성적 소수자운동의 이념적 대항세력으로 정부(혹은 그들을 통해 결정되고, 집행되는 정책)를 두고 경쟁하는 상황이 벌어질 수도 있을 것이다[24]. 이런 이유에서도 정부는 성적 소수자의 존재나 그들에 대한 차별의 여부를 놓고 벌어지는 이념적 논쟁은 어떤 방식으로든 회피하였던 것이다.

### 3. 성적 소수자 인권운동에 대한 정책적 대응으로서 제도화

전영평(2008)은 소수자운동에 대한 정부의 대응양식을 인권주의 관점과 관리주의 관점으로 구분하고 있다. 그에 따르면 소수자에 대한 인권적 차원의 배려가 없는 상황에서 여타의 사회문제와 동등한 수준에서 해결하고 관리하려는 관리주의 관점과 구분되는 인권주의 관점은 소수자 문제를 신체적 · 정신적 · 권력적 · 경제적 · 문화적 차별의 관점에서 파악한다고 요약된다. 그리고 그는 구체적으로 중앙 및 정부의 행정부서를 통해서는 관리주의 관점이, 국가인권위원회를 통해서는 인권주의 관점이 표출되고 있는 것으로 보고 있다. 그러나 정부

---

24) 성적 소수자 인권운동 단체에 비해 활동이 미미해보이지만, "동성애반대국민행동본부"(http://cafe.daum.net/antigay)가 조직되어 있고, 또 인터넷상에 동성애반대 카페로 "동성애의 실체"(http://cafe.naver.com/nomorehiv)가 활동하고 있기도 하다. 이들은 2007년 추진된 「차별금지법」의 입법과정에서 "동성애 차별금지법안 저지 의회선교연합"(국가조찬기도회, 성시화운동본부, 한기총과 KNCC) 등 보수기독교 단체들을 중심으로 세력을 형성하기 시작한 것으로 알려지고 있다(장서연, 2009).

전체의 관점으로 본다면 국가인권위원회가 소수자 문제를 관리하고, 제도화하기 위한 기관이 아닐까?[25)]

사실 전영평(2008)이 같은 논문에서 지적하고 있는 것처럼 중앙 및 지방의 일반 행정부서는 각종 업무에 짓눌려 소수자에 대한 인권적인 배려를 표출하기 힘든 상황이다. 근본적으로는 이들의 경우 구체적인 상황의 소수자 문제를 고려할 수 있는 기회를 거의 가지지 않을 것이라는 점을 고려해야 할 것이다. 따라서 이들에게는 문제를 일상적으로 대처할 수 있는 기준이나 규칙도 결여되어 있다. 하지만 정부는 전체적인 수준에서 소수자의 문제를 다루어야 한다. 이는 위에서 언급된 소수자 인권운동의 성장에 의한 것이기도 하고, 다른 한편으로는 다양한 측면에서 국제적 규범을 수용할 필요성이 생긴 환경 변화에 의한 것이기도 하다(서동진, 2005).[26)] 국가인권위원회는 이런 관점에서 정부에게는 난감한 문제를 한꺼번에 처리하고 관리하는 역할을 수행하고 있는 것으로 평가할 수 있다. 물론 이는 성적 소수자의 인권과 관련된 국가인권위원회의 활동이 바지못한 것이라거나, 충분치 않다거나, 의미가 없다는 이야기는 아니다. 국가인권위원회는 『국가인권정책기본계획권고안』(2006)에서 성적 소수자를 우리 사회의 중요한 사회적 약자 혹은 소수자집단으로 정의하고 이들의 인권을 보장하기 위한 인권정책을 제안하고 있다. 이를 위해서 『국가인권정책기본

25) 이 말은 국가인권위원회가 관리주의 관점으로 소수자의 문제에 접근하고 있다는 의미는 아니다. 국가인권위원회는 소수자 문제를 인권주의 관점에서 대응하고 있지만, 정부의 관점에서는 국가인권위원회가 소수자 문제라는 골치 아픈 문제를 한번에 쓸어 담아 처리하는 수단으로 이해될 수 있다는 것이다.

26) 이 점은 국가인권위원회가 스스로 밝히고 있는 설립목적에도 나타나 있다. 이에 따르면 국가인권위원회는 1960년 이래 UN에서 권장하고 있는 국가 차원의 인권기구 설립 요구와 이를 구체화시킨 1991년의 파리원칙의 영향을 받은 것으로 되어 있다(http://www.humanrights.go.kr/05_sub/body01.jsp).

〈표 10-5〉 국가인권위원회의 성적 소수자 인권침해의 진정에 대한 결정사례*

| 연 도 | 진정 내용 | 결정 및 조치 |
|---|---|---|
| 2003 | 동성애를 사회통념이 허용하지 않는 성 관계라고 할 수 있는지 여부와 동성애를 청소년유해매체물로 지정한 청소년보호법시행령의 청소년 유해매체물 심의기준에 대한 진정 | 동성애를 사회통념상 허용되지 않는 성 관계라 할 수 없으며, 청소년 유해매체물 심의기준으로 동성애를 포함시킨 것은 표현의 자유를 침해하는 것이므로 삭제를 권고함 |
| 2004 | 헌혈 문진 시 "동성이나 불특정 이성과 성접촉이 있었다"는 문항이 성적 지향을 이유로 한 평등권의 침해가 아닌지 여부에 대한 진정 | 동성애가 AIDS의 원인인 것처럼 간주되는 잘못된 편견을 낳을 수 있는 성적 취향을 이유로 한 평등권의 침해임. 따라서 문진 문항을 개정할 것을 권고함 |
| 2008 | 대법원의 「성전환자의 성별정정허가 신청사건 등 사무처리지침」의 세부조항이 인권을 침해하는지 여부에 대한 진정 | 사무처리지침이 인권침해 요소가 있으므로 이를 개정하고, 성전환자에 대한 비밀누설금지 조항을 신설할 것 등을 권고함 |

* 국가인권위원회의 『결정례집』 제1집과 제3집의 내용을 정리한 것이다.

계획 수립을 위한 성적 소수자 인권기초 현황 조사[27]』(2005b)를 실시하여 성적 소수자의 인권문제를 포괄적으로, 심도 있게 다루기도 하였다. 국가인권위원회의 이러한 조치들은 설립 당시 법무부의 시기상조론에도 불구하고, 성적 지향을 "평등권침해의 차별행위"의 하나로 명문화함으로써 가능할 수 있었다(임태훈, 2001).

이러한 관점에서 보다 구체적으로는 인권침해를 호소하는 성적 소수자들의 진정에 대해 구체적인 판단을 내리고 이에 근거한 조치를 취하기도 하였다.[28]

27) 이 연구에는 한채윤을 비롯하여 성적 소수자 인권운동가들이 참여하고 있는 점도 주목할 만하다.

28) 국가인권위원회는 법률상(「국가인권위원회법」 제30조) 원칙적으로 인권침해나 차별행위를 당한 사람이나 이를 알고 있는 사람의 진정을 통해 조사와 구제가 이루어질 수 있도록 되어 있다. 따라서 국가인권위원회의 성적 소수자 인권문제에 대한 대응은 진정이 들어온 사항에 대해 수동적으로 결정 사항을 의결하고, 일정한 조치를 권고하는 것으로 제한되고 있다.

이처럼 국가인권위원회는 정부조직이면서도, 성적 소수자 인권문제에 관한 전향적 지향을 보여주고 있는 인권운동단체와 같은 역할을 하고 있다고 평가할 수 있을 것이다.[29] 이런 의미에서 성적 소수자의 문제와 관련된 국가인권위원회의 정책적 대응은 정부조직 일부의 것이기는 하지만, 정부의 전체의 의지를 반영하지 않는 이질적인 것으로 이해될 여지를 가지고 있다.

이러한 국가인권위원회의 조직적(혹은 조직 정체성의) 특성[30]은 성적 소수자 인권운동이 제기하고 있는 것과 같은 "논쟁하고 싶지도 대응하고 싶지도 않지만, 논쟁하고 대응해야 하는 문제"에 대한 관리 혹은 제도화의 도구로서의 국가인권위원회의 성격을 더욱 뚜렷이 보여준다. 정부의 입장에서는 성적 소수자 인권운동이 제기하는 모든 문제를 국가인권위원회를 통하도록 함으로써 이와 관련된 대안을 제시하는 과정에서 발생할 수 있는 논쟁과 갈등을 최소화할 수 있게 된

29) 조성은(2009)은 국가인권위원회의 사회적 정체성을 분석한 논문에서 정부조직이면서 비정부조직(NGO)의 정체성을 가지고 있음을 지적하고 있다.

30) 이와 함께 권한과 업무의 제한성도 국가인권위원회를 성적 소수자 인권문제를 관리할 수 있는 적절한 기관이 되는 데 도움을 줄 것으로 생각된다. 국가인권위원회의 권한과 업무는 「국가인권위원회법」에 따르면 다음과 같다.
1. 인권에 관한 법령(입법과정 중에 있는 법령안을 포함한다)·제도·정책·관행의 조사와 연구 및 그 개선이 필요한 사항에 관한 권고 또는 의견의 표명, 2. 인권침해행위에 대한 조사와 구제, 3. 차별행위에 대한 조사와 구제, 4. 인권상황에 대한 실태조사, 5. 인권에 관한 교육 및 홍보, 6. 인권침해의 유형·판단기준 및 그 예방조치 등에 관한 지침의 제시 및 권고, 7. 국제인권조약에의 가입 및 그 조약의 이행에 관한 연구와 권고 또는 의견의 표명, 8. 인권의 옹호와 신장을 위하여 활동하는 단체 및 개인과의 협력, 9. 인권과 관련된 국제기구 및 외국의 인권기구와의 교류·협력, 10. 그 밖에 인권의 보장과 향상을 위하여 필요하다고 인정하는 사항(「국가인권위원회법」 제19조)
결국 국가인권위원회가 할 수 있는 일은 조사와 권고이다. 때문에 국가인권위원회가 제시하는 다양한 대안이나 조치들은 정부 전체의 것이 아닌 정부의 일부인 국가인권위원회의 문제로 국한될 수밖에 없는 것이다.

다. 결국 국가인권위원회는 성적 소수자 운동이 제기하는 다양한 이슈들을 하나의 창구로 집중시켜, 이 문제를 정부의 다른 부문이 상대하지 않아도 되게 해주는 한편 관련된 모든 문제를 관리할 수 있는 범위 안에 놓도록 하는 역할을 하고 있는 것이다.

## Ⅳ. 나가며

이 연구는 성적 소수자 인권운동의 성격과 그것이 제기하고 있는 주장을 통해서 이 문제가 정책의 문제가 될 수 있는지, 만일 그렇다면 그 성격이 어떤 것일지를 고민해보았다. 이에 대한 정책 대응의 성격에 대해서도 가설적인 주장을 제시하면서, 이를 성적 소수자 운동의 전개 및 발전과정과 이에 대한 정부의 대응 사례를 통해 논증하려 하였다. 우선 이 연구는 성적 소수자 인권운동이 제기하는 문제는 정부의 입장에서는 "논쟁하고 싶지도 대응하고 싶지도 않지만, 논쟁하고 대응해야 하는 문제"라고 규정할 수 있다고 보았다. 이에 대응하기 위하여 정부는 성적 소수자 인권운동이 형성되고, 성장하면서 제기하고 있는 여러 문제들을 일단 회피하는 것으로 나타났다. 물론 이는 초기 성적 소수자 인권운동이 기본적으로 개인의 정체성을 확인하기 위한 커밍아웃을 중심으로 이루어졌다는 점에 의해서 가능하기도 했다. 그러나 정부는 성적 소수자 인권운동이 조직적이고, 논리적으로 자신들의 문제를 제기한 후에도 별다른 대응을 하지 않았다. 결국 모든 문제를 법적인 판단에 맡기고 있는 것이 정부 대응의 가장 큰 특징이라고 할 수 있다. 또 다른 방향에서 정부는 성적 소수자 인

권운동(이나 이들이 제기하는 문제들)을 관리하고 있다. 관리의 수단으로 활용되는 것은 국가인권위원회였다. 국가인권위원회는 성적 소수자 인권운동과 정부와의 유일한 접점이 되고 있었다. 결국 모든 문제는 이 기관을 통해 제도화되고, 관리되고 있는 것이다.

그러나 성적 소수자 인권문제에 대한 정부의 이와 같은 대응은 장기적으로 재검토되어야 한다. 물론 정부의 입장에서 섣불리 대안을 제시할 수 없는 어려운 문제를 국가인권위원회가 적어도 관리할 수 있는 영역으로 끌어들이고 있다는 점은 일단 긍정적으로 평가할 수 있다. 그러나 정책결정과 집행의 권한이 없는 현재의 국가인권위원회는 결국 지속적으로 성적 소수자집단을 비롯한 다양한 소수자집단의 요구를 수용하거나 본격적으로 다룰 수 없을 것으로 판단된다. 당연히 이는 국가인권위원회에 대한 실망과 불신을 불러일으킬 것이고, 결국 직·간접적인 새로운 방식의 정부의 정책적 대응을 요구하는 움직임으로 이어질 것으로 보인다. 이런 문제를 감안한다면 현재와 같은 국가인권위원회의 애매한 위상에 대해서는 다시 한 번 검토할 필요성이 있다. 또한 근본적으로 사회 분화가 심화되면서 지속적으로 발생할 수밖에 없는 소수자 문제에 대한 정책적 대응의 방향과 방안에 대한 정부 차원의 논의도 함께 시작해야 할 시점이 아닌가 한다.

이와 같은 가설과 논의의 전개는 상당히 거친 주장들이라고 할 수 있다. 또한 이에 대한 논증도 과학적으로 정제된 것이라고 보기 힘들다고 생각한다. 그러나 이 과정을 통해 이 문제가 고려해야 할 많은 논쟁점을 부각시켰다고 본다. "논쟁하고 싶지도 대응하고 싶지도 않지만, 논쟁하고 대응해야 하는" 고약한 문제가 정부에게 시사하는 과제만큼이나 이 연구(나 이 분야의 연구)에 시사하는 점도 커 보인다.

제 11 장

# 해외유입소수자의 인권과 국가인권위원회의 대응

# 제 11 장 해외유입소수자의 인권과 국가인권위원회의 대응

전영평 · 장임숙

## Ⅰ. 들어가며

1980년대 이후 급속한 경제 성장에 힘입어 한국 사회는 정치, 경제, 사회, 문화의 모든 측면에서 종래에 경험하지 못한 변화를 맞이하였다. 이 중에서도 사회문화적으로 가장 주목할 만한 변화는 해외유입 이주노동자의 국내거주, 결혼이민 증가 국면이라 할 수 있다. 노태우 정권 이후 조선족의 국내 유입과 더불어 동남아시아 이주노동자의 지속적 유입, 탈북자의 국내유입, 90년대 이후 급격히 증가하고 있는 결혼이주여성이 그 대표적인 사례라 할 수 있다. 현재 이주노동자의 숫자는—불법체류자를 포함할 경우—약 100만 명 정도로 추산되고 있으며, 탈북자는 1만 명을 상회하고 있고, 결혼이주여성은 10만 명을 넘어서면서 농촌과 도시지역 일부에서 한국인의 배우자 역할과 후속세대의 생산 역할을 담당하고 있다. 이 세 부류의 해외인구의 유입은 한국 역사상 초유의 경험으로서 과거 빈곤의 시대와 약소국의 시대에는 상상도 하기 힘든 일이었다.

문제는 이들 세 부류의 해외유입인구들이 한국 사회에서 전형적인

소수자(혹은 약소자)의 모습으로 살아가게 된다는 것이다. 이들의 소수자성은 이들의 사회적·경제적·권력적 지위에서 극명하게 나타나게 되는 바, 이들을 보호할 수 있는 내생적·사회적 기반이 미비한 한국에서는 이들에 대한 차별이 정제되지 않은 채 표출되는 측면이 있었다. 즉 한국 사회의 구성원이 아직 유교주의적·성차별주의적·권위주의적·순혈주의적 문화 인식에서 벗어나지 못하고 있는 상황에서 해외소수자들의 유입에 대한 국민의 반응은 차별과 배제로 이어졌으며, 국가정책에 의한 인권 보호 장치가 미약한 현실에서 이들의 인권에 대한 논의는 거의 이루어 질 수 없었다. 주목할 것은 2001년 국가인권위원회가 출범하면서 이들 해외유입소수자에 대한 인권적 관점의 개입과 제도적 보장 장치가 마련되면서 이들에 대한 차별과 배제를 실질적으로 차단할 수 있는 기회가 마련되었다는 것이다. 특히 국가인권위원회의 설치 계기는 국제연합 및 해외 인권단체의 요청에 기인한 바 크며, 이러한 요청의 배후에는 한국 사회에서 이주노동자 차별 및 학대에 대한 문제 제기가 일조하였기 때문에, 국가인권위원회의 존재와 역할에 대한 조명은 해외유입소수자에 대한 그들의 성과를 중심으로 논의될 필요가 있다. 이 글에서는 일반적인 소수자와는 구분되는 해외유입소수자를 중심으로, 이들 소수자의 유형과 소수자성, 이들 소수자에 대한 인권침해의 양태, 국가인권위원회 설치 이후 이들 소수자에 대한 제도적·실체적 대응 양상, 해외유입소수자에 대한 국가인권위원회의 대응에 대한 평가와 과제에 대해 논의한다.

## II. 해외유입소수자: 종류와 소수자성 검토

해외유입소수자를 특별히 연구해야 할 이유는 이들이 원래 한국 국적을 갖지 못한 사람들일 뿐만 아니라 피부색, 사고방식, 언어, 습관 등에서 한국의 문화적 특성과는 상당히 구분되는 특성을 가지고 있어, 이들 소수자의 인권에 대한 보다 각별한 학술적 관심이 필요하기 때문이다. 이들 소수자는 약소국으로부터 유입된 '열등하고 이질적인 사람'으로 인식되어—한국내부의 소수자가 겪는 인권적 차별과 배제에 더하여—인권에 대한 사회적 배려와 국가적 관심을 받기 어려운 것이 사실이다. 이주노동자와 결혼이주여성의 경우, 언어와 사회적 지위의 열악함으로 인하여 '인간으로서 존엄성'이 심하게 침해된 경우도 있었으며, 탈북자의 경우 다양한 측면에서 제도적 · 사회적 차별의 대상이 된 적도 있었다. 이들 해외유입소수자의 공통된 특징은 이들의 인권(인간으로서의 존엄성) 침해에 문제의식을 가진 옹호집단의 도움 없이는 자신에 대한 인권보장을 요구하기 힘든 처지에 놓여 있다는 것이다. 이런 관점에서 볼 때, 이들 소수자의 인권에 대한 관심과 대책 마련을 국가, 사회, 언론에게 미룰 수만은 없으며, 행정학과 정책학의 차원에서 학술적 연구를 통해 소수자 인권의 보호를 위한 중요한 역할을 모색할 필요가 있다.

### 1. 해외유입소수자의 종류와 소수자성

이 연구의 대상이 되는 해외유입소수자로는 이주노동자, 결혼이주여성, 탈북자이다. 이 세 부류의 소수자는 유입의 역사와 숫자, 그리

고 사회적 의미에 있어서 대부분의 해외유입소수자를 포함하기 때문에 학술적으로나 실천적으로 매우 중요한 의의를 갖게 된다.

### 1) 이주노동자의 소수자성

이주노동자는 사용자에 따라 다양한 용어—이주노동자(foreign worker), 이주노동자(migrant worker), 미등록노동자(nonregistered worker)—로 표현된다. 국제협약인 '이주노동자권리보호협약'(1990)에서는 "국적국이 아닌 나라에서 유급활동에 종사할 예정이거나 이에 종사하고 있거나 또는 종사해 온 사람을 말한다"고 정의하고 있으며, 「외국인근로자의 고용 등에 관한 법률」에서는 "대한민국의 국적을 가지지 아니한 자로서 국내에 소재하고 있는 사업 또는 사업장에서 임금을 목적으로 근로를 제공하고 있거나 제공하고자 하는 자"로 표현하고 있다. 이주노동자는 그 규모와 역사에 있어 대표적인 해외유입소수자로서의 위상을 갖는다.

이주노동자를 소수자로 볼 수 있는 이유, 즉 이주노동자의 소수자성은 Dworkin & Dworkin(1999)의 소수자 분류법의 4가지 기준—식별가능성, 권력의 열세, 차별적 대우, 집단의식—을 적용할 때 분명히 드러난다. 먼저, 식별가능성이란 소수자집단이 어떤 신체적·문화적 특징에 의해 다른 집단과 구별되는 뚜렷한 차이를 갖고 있어 기존 사회가 이들 집단에 이질감을 느끼고 타자화하는 성향을 지칭한다. 이주노동자의 경우, 외모, 언어, 습관 등에 따라 외관적인 식별이 가능하고, 이로 인하여 인종적·문화적·차별적 대우와 시각이 생겨나게 된다.

둘째, 권력의 열세란 경제력, 사회적 지위, 정치적 권력 등 다양한

측면에서 실질적으로 열세에 있거나 자원을 동원할 수 있는 능력이 보다 열등한 위치에 있음을 의미한다. 이주노동자의 경우 전형적으로 고용, 임금, 노동여건 등에서 내국인노동자에 비해 열등한 위치에 놓이게 된다. 한국노동연구원의 2005년 연구보고서에 의하면, 300개 업체를 대상으로 내국인노동자와 비교한 이주노동자들의 근로시간, 임금수준 분석에서 근로시간은 내국인노동자에 비해 길고 임금수준은 낮은 것(85.1% 수준)으로 나타났다. 특히 미등록 이주노동자의 상황은 훨씬 더 심각한 수준이다. 미등록이라는 이유로 매우 열악한 근로조건을 강요받거나 노동에 대한 정당한 보상은 물론이고 기본적인 인권조차 구제받지 못하는 경우가 많기 때문이다.

셋째, 차별적 대우는 가시적이고 객관적인 차원에서의 차별이 존재하는가의 여부를 말한다. 이주노동자는 피부색, 언어가 다르고, 기피산업에 근무하는 저임금 하급 노동자라는 사회·문화·경제적 지위를 갖기 때문에 이들에 대한 차별적 대우는 현시적으로 나타나고 있다. 특히 미등록 이주노동자에 대한 차별은 개인이나 사회로부터의 차별을 넘어 국가권력에 의한 억압과 인권침해의 대상이 되고 있다는 점에서 한국인과의 차별은 물론이고 이주노동자 간의 차별이라는 이중적인 구조를 가진다.

넷째, 집단의식은 소수자가 집단 성원으로서 의식을 갖고 있는가의 여부를 의미한다. 이주노동자의 경우, 최초에는 서로 분리되어 열악한 작업장에서 혹독한 노동에 종사하였기 때문에 집단화되거나 집단의식을 공유할 기회를 갖지 못하였다. 그러나 시간이 흐름에 따라 이들의 인권을 옹호하는 집단의 도움을 통해 집단농성과 연대를 할 수 있게 되어 소수자로서 집단의식을 확보하게 된다. 1994년 경실련강당농성사건, 1995년 네팔인 명동성당농성사건은 집단의식 형성의 단

초가 되었다. 그러나 생계유지를 위해 하루 대부분의 시간을 일터에서 보내야 하는 이주노동자들의 열악한 경제적 지위와 더불어 국적, 피부색, 언어, 문화적 이질감 등에 대한 콤플렉스는 이들로 하여금 한국 사회를 '명시적이고도 잠재적으로 두려운 존재'로 인식하게 하며, 이런 '두려운 현실과 두려운 분위기의 지배'하에서 이들이 집단적 정체성을 갖고 집단적 저항을 통해 인권침해의 이슈를 확산시키는 것은 사실상 불가능하다.

### 2) 결혼이주여성의 소수자성

Dworkin & Dworkin(1999)의 네 가지 기준에 입각하여 결혼이주여성의 소수자성을 파악하면 다음과 같다. 먼저, 식별가능성 측면에서, 대다수의 결혼이주여성은 이미 외모에서 뚜렷하게 구분되고, 다른 언어와 다른 식생활 및 생활방식을 가지고 있다. 이러한 차이는 기존 한국 사회의 구성원들에게 이질감을 갖게 하고 '이방인'으로 취급하는 것을 당연시한다. 무엇보다 혈연을 강조하는 단일민족국가에서는 민족의 동질성 확보를 가장 중요한 문제로 간주하기 때문이다. 이러한 측면에서 우리 사회 내부의 이민족은 이질적 집단으로 규정되고 적대와 소외관계를 형성하게 되며, 결과적으로 이들에 대한 차별과 억압을 조장하게 되는 것이다(조성원, 2002: 108). 한국 사회에서 결혼이주여성들은 바로 이러한 신체적 차이로 인하여 사회의 많은 분야에서 차별 대우와 인권침해를 받기 쉬운 소수자가 된다.

권력의 열세 측면에서 볼 때, 국적을 떠나 한국 사회에서 삶을 영위하고 있는 '결혼이주여성'의 절대 다수가 기본적인 최저생활조차 유지할 수 없다는 점에서 경제적인 열등한 위치, 즉 권력의 열세에

놓여 있음을 알 수 있다. 더욱 심각한 것은 18세 미만인 아동이 있는 여성 결혼이민자 가구의 경우 절대 빈곤율은 전체의 절반을 넘는 57.5%에 이르고 있다는 점이다. 이처럼 결혼이주여성들의 절반 이상이 생활보호조치 대상이 되는 이유는 이들이 한국의 저소득층 남성과 결혼했기 때문이다. 한편, 결혼이주여성들은 언어를 통한 의사소통이 원활하지 않으므로 의사표현을 제대로 할 수 없어 자신의 욕구를 제대로 실현할 수 없다는 점도 권력의 열세로 작용한다. 이는 문화적 차이를 좁혀 나가거나 일상적인 가족생활을 순조롭게 이끌어 나가는 데 걸림돌이 되며 한국 사회에의 적응이 우선시 되는 현실 속에서 쉽게 가족들로부터, 지역사회로부터 외면당하게 된다.

차별적 대우의 존재 여부의 측면에서 볼 때에도, 한국보다 경제적으로 낙후된 국가의 여성들은 국가 간 위계적 인식에 따른 낮은 사회적 지위가 부여된다. 그리고 이들 국가의 여성과 결혼한 한국남성들은 국내여성과 결혼할 수 없는 결함이 있다는 사회적 낙인이 찍히고, 이들과 결혼한 이주여성들은 당연히 사회적으로 열등한 존재로 인식되는 것이다. 특히 국제결혼 중개업을 통한 한국인과의 결혼 방식은 인신매매의 통로로 악용되거나 여성의 착취와 학대로 이어지기도 한다. 실제로 상당수의 결혼이주여성들이 유입단계에서 사기나 잘못된 정보에 의해 결혼을 강요당하는 경우가 많으며, 이러한 문제는 가정에서의 인권침해로 이어지는 경우가 많다. 결과적으로 결혼이주여성들은 한국 사회의 구성원으로서 정당성을 인정받지 못하고 소외되는데 실제 다수의 결혼이주여성들은 기본적인 시민권도 보장받지 못하고 온정주의적 시혜의 대상이 되는 열등한 위치에 처해 있다.

마지막으로 집단의식의 존재 여부 측면을 검토할 수 있는데, 결혼이주여성의 경우 중국, 동남아시아, 유라시아 등지에서 각기 개별적

인 이주를 하였고—국적, 언어 등에 있어서 이질성이 크고—한국에 와서도 대부분 농어촌 지역에 흩어져 살고 있기 때문에 집단화가 힘들며, 이에 따라 집단의식의 진전이 매우 더디게 된다. 결혼 이주여성의 유입 역사가 길어지고 그 규모가 늘어나면서 다양한 형태의 이주여성 공동체가 생겨나기 시작했고, 최근에는 적극적인 활동을 전개하는 조직들도 늘어나고 있으며, 여성운동단체 및 인권단체와의 연대를 통해 이주여성운동의 확대 및 조직화를 도모하고 있다.

### 3) 탈북자의 소수자성

북한을 탈출하여 외국에서 체류하는 모든 북한인들을 탈북자라고 하지만, 법적 용어로 '북한이탈주민'이라 하고, 정부 내 공식명칭으로 '새터민'이라는 용어를 사용하기도 한다. 이 외에도 우리 사회에서 이들을 지칭하는 명칭은 탈북동포, 탈북주민, 남한이주북한동포, 귀순북한동포, 귀순자, 월남자 등으로 매우 다양하다. 탈북자를 호칭하는 용어가 혼란스럽게 사용되고 있는 것은 탈북자와 남한주민과의 관계가 그만큼 정립되지 못하고 있기 때문이다(윤인진, 2000: 134). 탈북자는 출신지역에 의해 다른 집단과 구별되지만 이주노동자, 화교, 해외교포 등의 다른 소수자와는 또 다른 특성을 가진다. 한국에서 이주노동자, 화교, 해외교포 등은 국적과 민족적 정체성에서 구별되지만, 국내 탈북자들은 북한인인 동시에 한국인이고 또 남한사람과 같은 한민족이라는 점에서 한국 국적을 취득한 조선족과 비슷한 지위를 가진다. 하지만 조선족과 달리 탈북자는 북한체제를 거부하고 자유를 찾아 탈출한 사람들로서 독특한 정체성을 가진다. 남한사회에서 탈북자는 반공주의를 지향하는 모습으로 나타난다. 결국 남한사회에서 탈북자는

북한인도 한국인도 아닌 무국적의 이주민에 불과하고, 자유를 선택한 공산주의자에 불과한 존재로 전락하면서 정체성의 혼란을 겪게 된다. 한 연구조사에 의하면, 실제로 탈북자들은 자신들을 남한 사람도, 북한 사람도 아닌, 조선 사람이라고 생각한다는 대답이 가장 많았다(전우택, 1997). 따라서 소수자로서 탈북자는 디아스포라적 정체성을 가진다고 할 수 있다.

소수자의 특성을 보다 구체적으로 명시하고 있는 Anthony Dworkin & Rosalind Dworkin(1999)은 소수자의 조건으로 ① 식별가능성, ② 권력의 열세, ③ 차별적 대우의 존재, ④ 소수자로서의 집단의식을 제시하고 있다. 이런 조건을 탈북자의 경우에 적용하면, ① 언어와 문화적 특징에서 남한사람들과 구별되고, ② 정치적 · 사회적 · 경제적 권력으로부터 소외되며, ③ 남한사람들의 사회적 편견과 차별로 사회경제적 적응에 어려움을 겪고, ④ 출신지역에 의해 한국 사회에서 차별받는다는 집단의식을 공유한다는 점에서 탈북자는 전형적인 소수자에 해당한다(윤인진, 2004: 404-405)

## 2. 해외유입소수자에 대한 인권침해 양태

해외유입소수자의 인권침해에 대한 관심을 가져야 할 이유를 보다 구체적으로 적시하면 다음과 같다.

첫째, 이들은 우리와는 문화적으로 서로 다른 국가의 국민으로서 특별한 사정에 의하여 한국에 이주하여 왔지만, 한국 사회의 구성원으로서 중요한 역할을 하면서 한국 사회에 영향을 주고 받으며 살아가는 엄연한 존재라는 점이다. 둘째, 해외유입소수자들은 수적으로도 이미 무시할 수 없는 중요한 부분이 되고 있을 뿐만 아니라, 경제

적·가족적·문화적으로도 우리사회의 중요한 일원이라는 점이다. 셋째, 탈북자와 조선족의 경우에 약간의 예외는 있겠지만, 한국인과 피부색, 언어, 체형, 습관 등이 다르다는 이유로 공공연히 차별과 배제의 대상이 되고 있는 것이 사실이기 때문에 이에 대한 근본적이 시정이 필요하다. 넷째, 결혼이주여성과 탈북자의 경우에는 정상적인 한국인으로서의 지위를 가지게 될 기회가 있지만, 이주노동자의 경우에는 그 숫자에 있어서나 한국경제에 대한 영향력에 있어서나 상당한 영향을 미치고 있음에도 인권의 영역에서는 차별과 배제를 경험하고 있는 것이 사실이다. 다섯째, 결혼이주여성은 한국 사회의 다문화담론을 추동한 존재였고, 이로 인하여 이주노동자, 탈북자와 같은 해외유입소수자를 다문화적인 관점의 소수자로 볼 수 있게 되었으며, 이는 우리사회의 세계화와 선진화를 위해서 매우 중요한 계기가 되고 있다. 여섯째, 그동안 이주노동자, 결혼이주여성에 대한 차별이 극심하여, 이러한 사실이 국제적으로 알려지게 되었고 이들에 대한 인권침해 방지를 위한 국제적 압력이 증가하고 있다.

부끄럽지만, 이들 해외유입소수자에 대한 차별과 학대는 국내외적으로 잘 알려져 있기 때문에 인권적 차원의 시정이 시급히 요청된다. 이들 해외 소수자에 대한 인권침해의 양태는 ① 신체적 차원의 인권침해, ② 경제적 차원의 인권침해, ③ 권력적 차원의 인권침해, ④ 문화적 차원의 인권침해로 구분할 수 있다. 신체적 차원의 인권침해는 직접적 폭력과 학대, 감금, 이동 금지, 성폭력 등을, 경제적 차원의 인권침해는 임금 체불, 임금착취, 고용거부를, 권력적 차원의 인권침해는 성희롱, 여권압수, 인사상의 불이익을, 문화적 차원의 인권침해는 멸시적이고 위압적인 태도, 발언, 집단 따돌림 등을 들 수 있다.

## Ⅲ. 해외유입소수자의 인권보장기제로서 국가인권위원회

### 1. 국가인권위원회의 설치: 소수자 인권보호의 보루

1993년 12월 UN총회 결의로 채택된 파리원칙(Paris principles)[1]에 의해 국가인권기구설립에 관한 기본준칙이 마련됨에 따라 우리나라에서 국가인권기구의 설치에 관한 사회적 논의가 시작되었고, 1997년 김대중 대통령의 '국가인권위원회 설립'이라는 대선 공약에 따라 국가인권위원회 설립을 위한 준비 작업이 본격화되었다. 준비과정에서 국가인권위원회의 지위와 권한 문제를 두고 관련 정부부처와 인권단체가 갈등을 빚기도 했으나 2001년 5월 「국가인권위원회법」이 제정·공포되고, 같은 해 11월 25일에 국가인권위원회가 출범하였다.

우리나라의 국가인권위원회의 설치 및 그 운용에 관한 내용은 인권위원회의 설립근거가 되는 국가인권위원회법과 그 시행령 등을 중심으로 살펴본다. 「국가인권위원회법」(법률 제6481호) 제1조에서 규정하는 국가인권위원회의 설립목적은 모든 개인이 가지는 기본적 인권을 보호하고 그 수준을 향상시킴으로써 인간으로서의 존엄과 가치를 구현하고 민주적 기본질서의 확립에 이바지하기 위한 것이다. 이러한 설립목적과 취지를 실현하는 데 있어서 무엇보다 중요한 것은 국가인권위원회의 지위와 독립성 확보이다. 「국가인권위원회법」 제3조제1항은 인권의 보호와 향상을 위한 업무를 수행하기 위해 국가인권위원회

1) 파리원칙(Paris principles)은 국가인권기구설립에 관한 국제사회의 보편적인 기본준칙으로서, "국가인권기구는 다른 국가권력으로부터 독립적 지위를 보장받기 위하여 그 구성과 권한의 범위를 헌법 또는 법률에 의하여 구체적으로 부여받아야 한다."는 것을 요구하고 있다(http://www.humanrights.go.kr).

를 둔다고 규정함으로써 국가인권위원회를 인권전담 국가기관임을 확고하고 있으며 동법 제3조제2항은 위원회 권한에 속하는 업무를 독립하여 수행하도록 규정함으로써 독립성을 보장하고 있다. 또한 직무의 독립성과 다양성을 보장하기 위해 동법 제5조는 위원회를 위원장 1인과 3인의 상임위원을 포함한 11인의 인권위원으로 구성하고, 인권문제에 관하여 전문적인 지식과 경험이 있고 인권의 보장과 향상을 위한 업무를 공정하고 독립적으로 수행할 수 있다고 인정되는 자 중에서 국회가 4인(상임위원 2인 포함), 대통령이 4인, 대법원장이 3인을 선출 혹은 지명하도록 명시하고 있다. 실제로 위원의 80% 이상이 법조인으로 구성되어 있는데, 인권위의 업무가 법적인 차원의 문제만은 아니므로 위원구성의 다양성이 요구된다.

현재 국가인권위원회는 위원장과 상임위원회, 그리고 침해구제 제1위원회, 침해구제 제2위원회, 차별시정위원회, 장애인차별시정위원회 등의 소위원회로 구성되며, 그 산하에 사무처와 하부조직(정책교육국과 조사국, 기획조정관)을 두며, 이와 별도로 조정위원회, 자문위원회, 징계위원회를 운영하고 있다. 조직규모는 본부에 146명과 3개의 인권사무소에 18명을 합쳐 총 164명의 조직원을 두고 있다(국가인권위원회 홈페이지).

국가인권위원회(이하 인권위)의 업무는 인권에 관한 법령·제도·정책·관행의 조사와 연구 및 그 개선이 필요한 사항에 관한 권고 또는 의견의 표명, 인권침해 행위에 대한 조사와 구제, 차별행위에 대한 조사와 구제, 인권상황에 대한 실태조사, 인권에 관한 교육 및 홍보, 인권침해의 유형·판단기준 및 그 예방조치 등에 관한 지침의 제시 및 권고, 국제인권조약에의 가입 및 그 조약의 이행에 관한 연구와 권고 또는 의견의 표명, 인권의 옹호와 신장을 위하여 활동하는

단체 및 개인과의 협력, 인권과 관련된 국제기구 및 외국의 인권기구와의 교류·협력, 그 밖에 인권의 보장과 향상을 위하여 필요하다고 인정하는 사항 등이다(「국가인권위원회법」 제19조).

법률에 규정된 업무를 중심으로 인권위의 주요 기능을 4가지로 요약할 수 있다.

첫째, 정책적 기능이다. 인권위는 2006년 장애인, 비정규직 노동자, 이주노동자 등 총 11개 영역의 사회적 약자 및 소수자를 위한 인권증진 개선방안과 인권관련 법령 및 제도개선 등의 인프라구축에 관한 국가인권정책기본계획 권고안을 제시하였고, 2003년 차별금지법안을 추진하였으며, 국가보안법 폐지 권고, 호주제 폐지에 대한 의견표명, 사회보호법 폐지 권고, 산업연수생제도 폐지 및 개선 방안 권고 등의 주요 인권정책에 대한 권고 및 의견을 표명하였다.

둘째, 조사·구제 기능을 들 수 있다. 인권위는 주로 공권력에 의한 인권침해를 구제하는 데 역점을 두는데, 경찰 가혹행위에 대해 고발 및 수사 의뢰, 군대 내 가혹행위에 대한 수사 의뢰, 미성년 피의자 조사과정에서의 인권침해 구제, 미등록 외국인 강제 단속 및 연행에 대한 법령 개정 권고 등의 사례가 이에 해당한다. 그리고 국가기관, 법인 및 사인 등에 의해 '평등권 침해의 차별행위'를 당한 피해자 또는 피해 사실을 알고 있는 사람이나 단체가 진정할 경우 그 내용을 조사하고 있다.

셋째, 교육·홍보 및 실태조사 기능이다. 인권위는 인권교육의 제도적 기반 마련 및 법제화, 학교 인권교육의 활성화 추진, 공공업무 종사자들에 대한 인권교육 추진 및 확대, 일반 시민사회 분야로 인권교육 확대, 사이버인권배움터 운영 등을 통해 인권교육의 기반을 마련하고, 영화·만화·사진 등 다양한 인권문화 콘텐츠를 통해 홍보활

동을 강화하고 있으며, 2009년 다문화가정 자녀의 인권 및 적응 실태조사, 2008년 사회적 약자 및 소수자 관련 조례 실태조사와 검토, 2005년 미등록 외국인 단속 및 외국인 보호시설 실태조사, 국내 탈북자의 인권상황 개선에 관한 연구, 2003년 국내 거주 화교 인권 실태조사, 2002년 국내 거주 이주노동자 인권 실태조사, 국내 거주 이주노동자 아동의 인권 실태조사 등을 수행하였다.

넷째, 인권위는 인권단체들이 추진하는 사업에 국가보조금 지원, 분야별 인권전문가 초청 간담회 개최 및 의견 수렴, 국제인권 현안에 대한 체계적인 자료 수집, 국제인권의 실상 모니터링, 연대 서한 발송 등 국제인권기구 및 인권 NGO와 상시적 협력 체제 구축 등을 통해 국내외 협력기능을 수행하고 있다.

이러한 기능을 수행하는 데 반드시 필요한 것이 재원이다. 최근 5년간 인권위의 예산 추이를 살펴보면, 2006년 20,406백만 원, 2007년 21,558백만 원, 2008년 23,349백만 원, 2009년 23,373백만 원으로 지속적으로 증가하다, 2010년 22,285백만 원으로 줄었다. 이것은 2008년부터 인권교육 프로그램 개발과 정보화 사업 등에 대해 실시한 내부 구조조정의 결과라 할 수 있다. 그러나 주목해야 할 것은 단순한 예산감소가 아닌 최근에 불거진 인권위의 조직축소 문제일 것이다. 인권위 조직축소에 대한 정치적 논쟁이 격화될수록 여론은 축소반대로 기울어졌는데, 그 배경에는 사회적 차별뿐만 아니라 공권력에 의한 인권침해를 구제하고 시정하는 데 주력하는 인권위의 역할에 대한 사회적 지지가 자리한다. 사실상 정권의 감시기관에 대한 인력감축과 예산삭감은 사회적으로 정당성을 획득하기 어렵다.[2] 특히 다

2) 이명박 정부 초기에 제기된 인권위 정부조직개편안도 비판여론에 일조하였다. 제17대 대통령직 인수위원회는 2008년 1월 16일 국가인권위원회를 대통령 직

문화사회로의 변화가 불가피한 한국 사회의 현실을 고려한다면, 인권 침해 행위와 평등권을 침해하는 차별 행위를 조사하고 이를 시정하는 인권위의 역할과 활동은 오히려 확대되고 중요성이 부각되어야 할 것이다.

## 2. 해외유입소수자에 대한 국가인권위원회의 개입: 제도적 측면

인권 옹호 및 증진을 위한 가장 포괄적인 제도로 국가인권정책기본계획을 들 수 있다. 인권위는 2006년 2월 인권과 관련된 법과 제도 및 정책을 포괄하는 범국가적인 인권정책종합계획인 국가인권정책기본계획[3]을 수립하여 정부에 권고안을 제출하였다. 이후 30개 관계부처 및 기관이 참여하는 국가인권정책협의회의 협의를 거쳐 2007

---

속기구로 전환시키는 정부조직 개편안을 발표했고, 이것은 인권·시민단체와 법학교수들, 그리고 국제사회의 반대여론에 의해 일단락되었으나, 정부가 2009년 3월 23일 법제처와 3월 26일 차관회의, 그리고 3월 30일 국무회의를 거쳐 국가인권위원회의 조직을 축소하는 직제 개정령을 통과시키면서 다시금 불거졌다. 인권위의 정원을 21% 축소하는 직제개정령이 4월 6일 관보에 게재되었고, 이후 행정안전부가 30%의 조직 축소안을 제기하자 반대 및 비판의 목소리가 커지면서 사회적으로 이슈화되었다.

3) 국가인권정책기본계획은 첫째, 인권 취약계층의 객관적 실태조사 강화와 사회적 약자·소수자에 대한 인식제고 및 인권증진방안 마련을 과제로 하는 사회적 약자·소수자의 인권증진, 둘째, 인권 관련 법령 정비 및 제도 개선, 인권침해와 차별의 구제 활동 강화, 국가의 다른 종합계획과 연계망 강화, 철저한 모니터링 및 평가체계 구축을 내용으로 하는 인권옹호·증진을 위한 범국가적 인프라 구축, 셋째, 정규/비정규 교육을 포함한 모든 교육단계에서 인권교육을 확산하기 위한 기반 구축, 국가 및 지방차원의 인권교육 프로그램 강화, 학습자를 고려한 인권교육 자료 개발, 대중매체를 적극 활용한 인권교육·홍보 강화를 과제로 하는 인권 친화적 문화 형성, 마지막으로 인권단체·국제사회와 인권 협력체제 구축으로 구성된다.

년 5월 4일에 '2007-2011 국가인권정책기본계획'(NAP: National Action Plan)이 수립되었는데, 각 소관부처는 NAP를 성실히 이행할 의무를 지며, 매년 소관부처에서 추진한 결과를 법무부가 국가인권정책협의회에 보고서로 제출하도록 되어있으나, 최근에 거의 보고가 이루어지지 않는 실정이라서 사문화된 정책이라고 할 수 있다. 또한 인권위는 2009년부터 2011년까지 추진할 중기전략계획에 해당하는 인권증진행동계획[4]을 수립하여 실행하고 있으나, 정부부처에서 관련된 권고내용을 제대로 이행하지 않고 있는 실정이다. 그리고 인권위는 정치·경제·사회 등 모든 영역에서 차별을 개선하고 차별의 의미와 판단 기준을 제시하며 적극적인 차별구제 및 예방을 위해 2003년 초부터 차별금지법 제정을 추진하고 있으며, 그 출발이 장애인차별금지법이라 할 수 있다. 해외유입 소수자가 지속적으로 증가하는 상황에서 인종차별금지법 등의 마련을 위한 사회적 관심과 인권위의 노력이

4) 인권증진행동계획은 위원회의 사업 및 활동 목표를 전략목표와 특별사업, 일반사업으로 배치하고, 전략목표의 달성을 위한 하위목표인 성과목표와 이의 달성을 위한 관리과제로 구체화하고 있다. 여기서 정책방향에 해당하는 전략목표는 5가지로 구분되는데, 기본적 자유의 실질적 보장, 아동·노인 인권 향상, 경제적 약자의 인권향상, 다문화 사회의 인권증진, 사회적 약자의 차별 시정 강화로 구성되고, 특별사업인 북한인권 개선활동을 강화할 계획이다. 첫째, 기본적 자유의 실질적 보장을 위해 신체의 자유 및 구금으로부터 자유, 표현의 자유 등 자유권 보장 강화, 국제인권규범의 국내이행 강화, 정보인권증진을 추진하고, 둘째, 아동·노인 인권 향상을 달성하고자 학생인권 개선, 취약계층 아동·청소년 인권개선, 스포츠 선수의 인권보호, 노인 인권보호 등에 주력하며, 셋째, 경제적 약자의 인권향상의 성과목표로 사회권 국제기준 준수 인프라 구축, 빈곤계층 인권보장, 노동취약계층 인권 개선에 두고, 넷째, 다문화 사회의 인권증진의 하위목표로 다문화 정책의 인권지향성 강화, 이주노동자 인권보호, 이주여성 인권증진, 다문화 가정의 아동 인권보장을 설정하며, 다섯째, 사회적 약자의 차별 시정 강화를 위해 고용에 있어서 차별 개선, 장애인차별 개선, 정신장애인 인권보호, 여성인권 향상을 추진하며, 마지막으로 특별사업인 북한인권 개선활동 강화를 위해 북한주민 인권상황 개선, 인도주의적 사안 해결노력 추진, 새터민(탈북아동) 인권개선 노력을 추진한다.

요구된다.

「국가인권위원회법」은 법의 적용범위를 대한민국 국민으로 한정하지 않고 대한민국의 영역 안에 있는 외국인에 대해서도 적용하고 있다. 외국인, 특히 해외유입소수자의 인권에 해당하는 이주인권 관련 법령・제도・정책에 대한 인권위의 권고 내용을 정리하면,[5] ① 2002년 8월 12일 산업연수생제도 폐지 및 고용허가제 등 합리적인 외국인력제도 마련을 위한 정부의 「외국인력제도 개선방안」에 대한 의견표명(국무총리, 불수용), ② 2003년 2월 10일 산업연수생제도 폐지 및 고용허가제 관련 법령 제정, 불법체류 이주노동자 단속과정의 인권보호, 출입국관리법의 통보의무조항 개정, 이주노동자 관리기관의 공공화, 여성이주노동자 인권보호 방안 강구, 이주노동자 인권보호 기본자료 제공 등의 내용을 담은 국내 거주 이주노동자 인권향상을 위한 정책권고(국회의장・국무총리, 부분 수용), ③ 2003년 7월 14일 외국인지문날인제도 관련 지문날인대상자 범위축소 및 불명확한 규정 삭제에 관한 「출입국관리법」 개정법률안에 대한 의견표명(법무부 장관, 불수용), ④ 2004년 5월 27일 입국 불허처분에 대한 외국인의 이의신청권 보장 제도화 권고에 관한 외국인 입국심사제도 개선 권고(법무부 장관, 불수용), ⑤ 2004년 10월 8일 보호외국인 기본권 최대보장의 원칙 명시, 보호외국인에 대한 계구 사용조건 및 방법, 종류의 명확화와 최소한으로 제한, 보호외국인 신체 및 소지품 검사 시 인격권 침해 소지 최소화, 보호외국인의 자유로운 전화・면회・서신 등 보장에 관한 「출입국관리법」 중 개정법률안에 대한 의견표명(법무부 장관, 부분 수용), ⑥ 2005년 5월 23일 권리구제방법 등을 보호외국인이 이해할 수

5) 이주인권관련 법령・제도・정책권고 내용은 2008년 이주인권팀 조사관을 위한 업무매뉴얼(국가인권위 차별시정본부 이주인권팀, 2008)에서 발췌한 것임.

있는 언어와 방식으로 고지, 보호외국인 위독 또는 사망 시 출신국 영사에게 신속 통보 의무화, 공동청원 금지조항 삭제, 격리보호 관련 규정 개선에 관한 외국인보호규칙 전부개정령(안)에 대한 의견표명(법무부 장관, 부분수용), ⑦ 2005년 5월 23일 보호의 개념을 명확히 정의할 것, 불법체류 외국인 등에 대한 강제 단속 및 연행의 권한과 요건 및 절차를 명확하고 엄격하게 규정할 것, 단속과 연행과정에서 외국인의 절차적 권리를 실질적으로 보장할 것, 출입국관리공무원의 권한행사, 특히 단속·연행·보호·긴급보호 등 신체의 자유를 심각하게 제약하는 조치에 대하여 형사사법절차에 준하는 수준의 실질적 감독체계를 마련할 것 등에 관한 강제단속 관련 「출입국관리법령」 개정 권고(법무부 장관, 검토 중), ⑧ 2005년 11월 21일 불법체류 외국인 강제 단속 시 주거 및 업소 등 건조물 진입 시 영장주의 원칙에 부합하는 방향의 입법 등 법적 근거 마련 권고(법무부 장관, 검토 중), ⑨ 「삼청교육피해자 명예회복 및 보상심의에 관한 법률」에 외국인피해자에 대해서도 동일한 기준으로 보상청구권을 인정하는 근거규정을 마련할 것을 권고하기로 하여 「국가인권위원회법」 제19조제1호의 규정에 따라 국회의장과 국방부 장관에게 권고(현재 법령 검토 중), ⑩ 2007년 1월 22일 고용허가제도로 일원화하는 데 있어 외국인근로자의 국내 도입창구는 한국산업인력공단으로 일원화하는 원칙을 유지하고(국무총리, 수용), 건설업 사용자의 현지 면접·선발을 제한적으로 허용한 외국인력정책위원회 결정을 철회할 것을 권고(국무총리, 불수용), 업무대행기관 지정 및 업무범위 등과 관련한 「외국인근로자의 고용 등에 관한 법률시행령」 개정 및 「노동부고시·예규」 제정 시 고용허가제 도입취지를 고려하여 업무범위를 정하되, 민간기관에 업무를 위탁 대행시킬 경우 본 결정문의 이유 부분을 반영하여 공공성을 최대한 확

보할 것을 권고(노동부 장관, 수용) 등에 관한 『외국인력제도 일원화 관련 고용허가제 세부 업무추진 방안』과 『외국인력제도 개선방안에 대한 의견표명』 등이다.

해외유입소수자 중에서 이주노동자와 결혼이주여성에 관한 이주인권분야의 정책권고는 주로 법적·제도적으로 기본권 보장이 취약한 이주노동자정책에 관한 권고가 대부분을 차지하고, 결혼이주여성에 관한 정책권고는 많지 않은 편이다. 인권위는 주로 공권력에 의한 인권침해에 대해 정책적 개선을 권고하게 되는데, 결혼이주여성의 인권침해는 주로 사인(私人)에 의해 발생하고 있기 때문에 인권위의 정책권고활동이 상대적으로 이주노동자정책에 집중되는 것이다. 또한 시기적으로 2004년 고용허가제가 시행된 이후에는 미등록노동자의 인권에 대한 정책권고가 상당수를 차지하는 것으로 보인다. 최근에도 미등록노동자의 단속과정에서 발생하는 인권침해와 보호시설에서의 처우 등에 대한 문제는 여전히 심각한 수준이라는 점에서 이에 대한 인권위의 정책적 기능의 확대가 요구된다.

그리고 탈북자의 경우, 인권위는 「북한이탈주민의 보호 및 정착지원에 관한 법률시행령」 개정안에 대한 의견을 2002년도에 제시한 바 있다. 2002년 5월 2일 「북한이탈주민의 보호 및 정책지원에 관한 법률시행령」 개정안 중 제42조제2항 후단의 신설규정은 위임입법의 한계를 벗어나므로 철회되어야 하고 모법에 해외여행 제한에 대한 규정을 두어 시행할 수 있으나 투명한 운영을 위해서는 법체계상 여권법이나 출입국관리법에 의하여 이를 제한하는 방식을 취하는 것이 타당하다는 내용의 「북한이탈주민의 보호 및 정착지원에 관한 법률시행령」 개정안에 대해 의견을 표명하였다(국가인권위원회, 2005: 371). 이외에도 거의 매년 북한 인권심포지엄, 새터민 정착과정 실태조사, UN

회의, 북한인권연구팀 구성 등을 통해 정책에 관여하고 있다.

## 3. 국가인권위원회의 해외유입소수자 피해 구제 사례

해외유입소수자로서 이주노동자, 이주여성, 탈북자(새터민)에 대한 인권침해에 따른 피해구제사례와 함께 인권차별행위에 대한 구제사례를 통해 소수자 인권에 대한 인권위의 대응을 파악해 본다. 먼저 이주노동자와 관련해 인권침해 행위에 대한 구제 사례를 살펴보면,[6] 첫째, 중국동포 및 이주노동자(또는 배우자) 입출국 관련 구제조치 권고의 사례로, 법률적·사실적 혼인관계의 진정성이 인정되는 국민의 배우자 혹은 재외동포와 그 아동 자녀에 대하여 입국 금지 해제, 사증 발급 등 권고 사례(법무부 장관, 권고수용)와 과거 불법체류 경력과 만주국 출신이라는 이유로 입국 규제된 국적회복대상자에 대한 사증 발급 권고 사례(권고 수용) 등이 있다.

둘째, 권리구제절차 종료 전 강제퇴거명령 집행정지 권고의 사례로, 폭행사건 등의 실질적 피해자이거나 민·형사, 행정소송 등 법적 절차가 종료되기 전에 강제퇴거명령에 처해진 외국인에 대한 강제퇴거 명령 집행정지 권고 사례가 있다(해당 출입국관리사무소장, 권고수용).

셋째, 불법체류 외국인 강제단속과정의 인권침해 개선 권고 사례로, 불법체류 외국인 단속과정에서 적법절차를 위반한 사건에 대해 현장 책임자 및 가스총 발포자 주의 조치, 전국 출입국관리사무소 소속 조사담당 직원의 정기적인 인권 교육실시 방안 마련, 출입국관리공무원의 경찰장비 사용 요건과 절차, 교육 및 감독 체계 마련 등 권

6) 피해구제 사례의 내용은 2008년 이주인권팀 조사관을 위한 업무매뉴얼에서 발췌한 것임(차별시정본부 이주인권팀, 2008: 45-48).

고(법무부 장관, 검토 중), 법적 근거가 미비한 상태에서 거주자 및 사업주의 동의 없이 주거지와 사업장에 무단 진입하여 불법 체류 외국인 강제단속을 실시한 출입국관리 공무원들에 대한 주의 조치 권고(법무부 장관, 검토 중), 단속된 불법 체류 외국인에게 동료 외국인들에 대한 정보 제공을 강요한 사건에 대해 재발 방지 대책 수립 및 담당 직원 경고 조치, 인권교육 등 권고(해당 출입국관리사무소장, 검토 중), 불법체류 외국인 단속 시 보호명령서 발부 권한이 없는 자가 보호명령서를 발부한 사례에 대해 위법한 방식의 보호명령서 발부 관행 시정 권고(해당 출입국사무소장, 검토 중) 등의 사례가 이에 해당한다.

넷째, 출입국관리공무원 등에 의한 외국인 폭행 사건 고발 및 징계 권고 사례로, 외국인보호시설에 근무하는 공익요원의 폭행사건에 대해 가해자 고발 및 책임자 징계 권고(법무부 장관 등, 권고 수용), 불법체류 외국인 강제 단속 시 폭행, 가혹행위, 부상자 방치 등에 대해 가해 공무원들을 징계 권고(해당 출입국관리사무소장, 권고 수용)한 사례 등이 있다.

다섯째, 외국인보호시설 내 처우 관련 개선 권고 사례로, 외국인보호시설 초과·과밀수용 방지, 운동권 보장, 여성외국인 보호업무의 여성 직원 수행, 화장실 등 시설환경 개선, 식사의 질 개선 등 권고(해당 출입국관리사무소장, 일부 수용, 일부 검토 중)와 외부 치료가 필요한 보호외국인에 대한 긴급구제조치 권고(해당 출입국관리사무소장, 권고수용) 등이다.

여섯째, 여수화재 직권조사에 따른 안전관리 관련 개선 권고 사례로, 화재 등 긴급 상황 발생 시 보호외국인들에 대한 안전대책 및 실질적인 훈련방안을 마련하고, 실질적으로 보호외국인들을 위한 안전대책이 되도록 관련규정들을 개정할 것을 권고, 경비·계호 인력에

대한 전문성 제고 및 인력 보강 등 개선 방안을 마련할 것을 권고, 외국인보호소의 칸막이벽과 깔개 등 설비를 가연성이 낮은 불연재로 설치할 것을 포함하여 시설전반의 화재와 관련한 안전성을 증진시킬 것을 권고, 강제출국 대상인 보호외국인들에 대하여 권리구제에 대한 충분한 설명을 하지 않고 출국 전 정신과 진료 없이 강제출국을 집행한 청주외국인보호소장에게 경고 및 재발방지 대책을 수립할 것을 권고, 보호외국인 수용 시 소방 및 안전에 대한 직원교육을 실시하고 보호외국인 사전안전대책을 수립하는 등 향후 이러한 사고가 발생하지 않도록 그 재발방지 대책을 마련할 것을 권고, 보호외국인에 대한 권리구제를 보호외국인이 이해할 수 있는 언어로 고지하여 보호외국인들이 알 권리를 침해당하지 않도록 제도개선 및 관련 직원에 대한 교육을 실시할 것을 권고한 사례 등이 있다.

결혼이주여성에 대한 피해구제 사례를 살펴보면,[7] 첫째, 결혼비자 발급불허에 따른 인권침해로서 한국인과 국내에 혼인신고 후 자녀를 출산한 이란인 배우자에 대하여 이란으로 다시 출국하여 사증발급을 신청하는 절차를 거치지 않고도 배우자자격의 사증을 발급할 것을 권고하였다(2005.8.31). 둘째, 한국인인 배우자의 귀책사유로 이혼소송 중 강제 퇴거된 중국동포에 대해 입국규제 해제 권고 사례(권고 수용)로, 중국동포인 진정인은 1992년 한국남성과 혼인하였으나 수년간 지속된 남편의 행방불명 상태로 혼인을 지속할 수 없어 변호사를 선임하여 이혼소송 중, 불법체류상태를 해소하기 위해 출입국관리사무소를 방문하다 단속되어 2004년 강제퇴거 된 진정에 대해 2004년 법원은 피해자 남편의 귀책사유를 이유로 이혼판결을 선고하였는데,

7) 이주여성에 대한 피해구제 사례는 '맞춤형 인권상담 매뉴얼'에서 일부 발췌한 것임(국가인권위원회 인권상담센터, 2008: 128-134).

혼인파탄의 귀책사유를 중요하게 여기는 「국적법」 제6조제2항제3호 규정의 취지에 비추어 피해자가 강제퇴거를 당하지 않았다면 위 판결을 근거로 피해자는 위 조항에 따른 귀화신청 자격요건을 충족하였다고 판단되므로 피해자가 이혼소송 중인 점과 체류자격연장을 위한 출입국사무소 방문 중 단속된 점 등을 고려하여 인도적 견지에서 보증금을 면제하거나 피해자가 감당할 만한 적정하고 명확한 금액을 제시하지 않고 1천만 원 이하 또는 1천만 원으로 명확하지 않게 안내를 함으로써 결과적으로 피해자가 보호일시해제를 신청하지 못한 상태에서 강제퇴거를 집행한 것과 현재 피해자가 국적법에 의한 귀화신청 대상자에 해당함에도 법무부 장관이 3년간 입국규제를 하여 귀화신청을 할 수 없게 한 것은 피해자에 대한 「헌법」 제10조가 보장하는 행복추구권을 침해한 것으로 위원회는 판단하였다.

이 외에도 인권차별행위에 대한 구제 사례로는 2002년 7월 25일 한국산업규격(KS)상의 크레파스 및 수채화 물감의 색이름 '살색'의 명칭 개선 권고(기술표준원장, 권고수용)와 2003년 3월 10일 이주노동자를 배제한 직업재활훈련 대상자 선정 제도 개선 권고(근로복지공단 이사장, 부분수용) 등이 있고(차별시정본부 이주인권팀, 2008: 48-49), 또 아프리카인의 이태원소재 레스토랑 출입제한에 대한 사례에 대한 개입 등이 있다(국가인권위원회 인권상담센터, 2008: 141).

탈북자의 경우, 국가기관에 의한 인권침해 사례는 주로 하나원에서 발생하는데, 거의 대부분이 시정 권고가 내려지기 전에 해결되는 경우가 많아서 현재까지 개별사건으로 처리된 것은 없다.

## Ⅳ. 평가와 과제

### 1. 평가

한국 사회의 대표적 해외유입소수자인 이주노동자, 결혼이주여성, 탈북자는 외국으로부터 유입된 소수자라는 공통점이 있으나, 이들 각자는 서로 별도의 고유한 특성을 가진 소수자이기도 하다. 특히 이들 소수자 간에는 동질성보다는 이질성이 더 크게 부각되는 특징이 있다. 단지 이들이 공통적으로 가지고 있는 속성인 '한국의 국적을 가진 사람이 아니라, 외국으로부터의 특별한 사정에 의해 유입된 사람'이라는 특성 때문에, 국가가 이들을 관리해야 할 필요성이 생기며, 동시에 이들에 대한 국가의 관리 형태가 어떻게 전개되고 있는가에 주목할 의의가 있게 되는 것이다.

대한민국의 정통성, 국민적 정체성, 국가의 안전과 국민의 복지향상을 책임져야 할 것으로 기대되는 대한민국 정부는 이들 소수자에 대하여 촉각을 세우지 않을 수 없으며, 이들에 대한 정치가, 경제인, 옹호집단, 반대옹호집단, 언론, 일반국민의 요구에 반응하여야 한다. 그런데 이들에 대한 정부관료제의 반응은 관료제의 속성상 더디거나 무반응적으로 보이게 된다. 왜냐하면 관료제는 기본적으로 자기 분야의 사무가 아닌 것에는 반응할 필요를 느끼지 못하기 때문이다. 따라서 이들에 대한 인권적 차원뿐만 아니라 거의 대부분의 차원에서 관료제의 적극적인 대응을 기대하는 것은 사실상 무리이다.

거의 모든 소수자의 경우에서 그러하듯이, 이들 소수자의 인권문제도 옹호집단과 언론의 문제제기와 이슈확산이 선행되고 나서, 이에

대한 정치가들의 반응이 생겨나고, 이후 정치적 배려하에서 제도와 조직이 생겨나야 비로소 이들 소수자에 대한 정부차원의 개입이 생겨나게 된다. 특히 대통령의 관심사가 될 경우에는 이들에 대한 종합적 대책마련이 생겨나게 되고 정부관료제의 협조와 분업체제가 만들어지게 된다. 이 경우 대부분의 정부대응책은 소수자에 대한 관리적 모드에 집중하게 된다. 이는 기존에 제기된 문제를 중심으로 각 부서가 별도로 관리 대책을 마련하여 시행하고 이에 대하여 보고하는 순서를 따르기 때문이다. 예컨대 교육부, 여성가족부, 노동부, 문화관광부, 지방자치단체 등이 대표적인 관리형 정부관료제가 될 것이다.

이런 상황에서 문제가 되는 것은 이들 소수자가 느끼는 혹은 경험한 인권분야에서의 대책이 부실할 가능성이 크다는 것이다. 인권과 관련한 부서로서 법무부가 있기는 하지만 법무부의 권위주의적 속성과 제한된 행정 범위의 한계로 인하여 이들에 대한 실질적 인권보장에 신속하게 대처하고 반응할 것을 기대하기는 힘들다. 이로 인하여 국가인권위원회의 역할에 주목하게 되는 바, 국가인권위원회는 입법, 사법, 행정으로부터 독립된 기구이며, 국내법에 의해 설립되었지만 국제인권법을 실현하고 구체화하는 국제기구적 성격을 가진다는 점에서 일반적인 정부기관과 다른 지위를 가진다. 또한 기능적으로 국가인권위원회가 인권보호와 향상, 인권침해의 예방과 구제를 달성하는 인권전문기구라는 점에서 소수자정책의 행정적·관리적 접근방식이 관행화된 관리형 정부관료제와 달리 인권주의적 접근방식에 몰입한다.

앞 장에서 논의한 바와 같이, 해외유입소수자에 대한 인권위의 대응은 크게 제도적·정책적 권고와 실질적 피해구제의 형태로 표출된다는 점에서, 제도적 차원과 실질적 차원의 개선 정도에 따라 대응의

〈표 11-1〉 해외유입소수자에 대한 국가인권위원회의 정책적 대응의 평가

| 평가 기준 | | 제도적 개선 정도 | | |
|---|---|---|---|---|
| | | 약 | 중 | 강 |
| 실질적 개선 정도 | 약 | 결혼이주여성 | 탈북자(모호) | · |
| | 강 | · | · | 이주노동자 |

차이를 〈표 11-1〉과 같이 구분할 수 있다. 잠재적으로 한국인이 될 수 있는 결혼이주여성이나 탈북자(새터민)에 비해 이주노동자의 경우 기본권과 시민권의 제도화 수준이 상대적으로 낮을 뿐 아니라, 제도적으로 보장되어 있는 권리조차 실제로 행사되지 못하는 경우가 많기 때문에 국가인권위원회의 정책권고와 실질적인 피해구제 활동이 왕성하게 이루어지고 있다. 특히 미등록 이주노동자의 경우 공권력에 의한 인권침해 사례가 빈번하게 발생하고 있어 인권위의 제도적·실질적 대응 활동이 활발하다. 반면에 결혼이주여성의 경우 인권침해가 주로 사적인 영역에서 발생하기 때문에, 결혼이주여성에 관한 제도적 개선을 위한 인권위의 대응활동은 상대적으로 저조하다. 인권위의 활동은 주로 공권력에 의한 인권침해에 대한 제도 개선 및 피해구제에 역점을 두고 있으며, 또 진정사건에 대해서만 조사 및 구제 활동을 전개하는데, 결혼이주여성의 경우 이러한 유형의 진정이 거의 없기 때문에 인권위의 활동이 저조한 수준에 머무르는 것이다. 게다가 결혼이주여성의 경우 귀화 및 국적 취득을 통해 한국인과 동등한 권리를 행사할 수 있는 기회를 제공받고 있으며, 현재 정부에 의해 추진하고 있는 다문화정책의 가장 큰 수혜자이자, 가장 중요한 정책대상이라는 점에서 사실상 기본권의 확보를 위한 서비스 및 자원에 대한 접근이 용이한 실정이다. 따라서 인권위의 활동은 정책적 권고보다는 정부정책에서 사각지대에 놓인 이혼한 이주여성이나 가정폭력으로

인해 가출한 이주여성과 같은 특수한 피해사례에 한정되는 경향이다. 그리고 탈북자의 경우, 현재까지 개별사건으로 처리된 것은 없으며, 단지 북한이탈주민 관련법에 대한 정책적 권고 사례만 찾을 수 있어 모호한 수준이다.

## 2. 과제

해외유입소수자의 인권보장과 관련한 국가인권위회의 권한 및 위상과 관련한 한계를 논의하면 다음과 같다.

첫째, 해외유입소수자의 인권보장과 관련하여, 국가인권위원회에 이 문제를 전문적이고, 균형감 있게 다룰 수 있는 인적 구성 및 인력 확보가 되어 있는가, 또 이에 대한 충분한 연구와 정보가 축적되어 있는가에 주목할 필요가 있다.

둘째, 국가인권위원회의 권고에 대한 실효성 확보와 관련한 문제가 발생할 수 있다. 국가인권위원회는 타 행정부서와는 달리 위원회 결정이 강제성을 수반하지 않는, 권고 방식을 사용하기 때문에 결정의 실효성을 확보하기 힘들다는 문제에 봉착하게 된다. 권고 받은 행정기관이 현재까지는 상당 부분 이를 수용하는 경향을 보이고는 있지만 주로 개별적인 사건 권고에 대한 수용의 성격이 크고, 정책 권고 등에 있어서는 수용률이 낮기 때문에 국가인권위원회의 결정사항을 강제할 수 있는 방안마련이 시급하다고 할 수 있다(박찬운, 2008: 276). 국가인권위원회가 권고의 권한만을 가질 뿐 권고에 따른 이행여부를 강제할 수 있는 법적 강제권한을 가지고 있지 않은 점이 한계로 남는다. 이는 국가인권위원회가 해외유입소수자에 대한 인권침해 방지 권고를 하더라도, 행정부가 이에 따른 구체적이고 실제적인 조치를 취

하지 않을 경우 이들의 인권이 실제적으로 보장받기는 어려울 것이라는 것을 반영하는 것이다. 이러한 한계로 인해 국가인권기구의 권고에 강제성을 부여하는 국가들도 있다. 우리나라의 경우, 권고의 강제성 부여 문제는 당초 인권위 설립과정에서도 논의된 것으로서, 권고에 강제성을 부여하게 되면 자칫 인권의 영역이 소송의 영역으로 변질될 수 있다는 우려와 가이드라인적 성격으로 인권활동 및 권고가 이루어져야 한다는 취지에서 권고에 강제성을 부여하지 않았다. 그러나 인권위 설립 이후부터 인권위 권고의 실효성 확보 문제가 계속적으로 지적되고 있어 이에 대한 개선방안이 모색되어야 한다.

셋째, 국가인권위원회의 법적 위상과 관련한 문제도 발생할 수 있다. 국가인권위는 현재 위원회법상 입법, 사법, 행정에 소속되지 않아 업무를 독립적으로 수행하고 있으나 예산, 조직 등에 대한 구체적인 언급이 없어 일반 행정부의 정부조직법에 따르고 있다. 이러한 문제로 인해 지난해 국가인권위원회가 행정안전부의 강제적인 구조조정에 직면하는 사례가 발생한 것이다. 당시 인권위는 행안부의 조직축소는 단순한 인력조정문제가 아닌 위원회의 독립성 침해의 문제라며 강하게 반발했으며(뉴시스, 2009.8.2), UN의 경제·사회·문화적 권리위원회가 인권위의 권한 축소에 대해 깊은 우려를 표명하기도 했다. 이것은 이미 몇 년 전부터 예견되었던 것으로 국가인권위원회를 헌법상의 독립기구인 헌법재판소나 선거관리위원회와 같이 기구의 독립성을 헌법에서 명시할 필요성을 제기한 것이다. 1993년 12월 UN총회에서 채택된 파리원칙에 따르면 국가인권기구는 다른 국가권력으로부터 독립적 지위를 보장받기 위하여 그 구성과 권한의 범위를 헌법 또는 법률에 의하여 구체적으로 부여받아야 한다. 이러한 국가인권위원회의 위상의 모호성으로 인하여 소수자 인권 구제에 대한 위원회의

개입의 범위와 수준이 동시에 모호해지는 일이 발생하고 있다. 특히 국내 소수자도 아닌 해외유입소수자의 경우, 국가인권위원회가 향후 어떠한 수위로 어떠한 개입을 추진할 것인가에 귀추가 주목된다.

# | 참고문헌 |


## 제2장 소수자 인권: 기초 담론

마이클 프리먼(2005). 김철효 옮김. 『인권: 이론과 실천』. 아르케.

문성원(1998). "현대성과 보편성(1): 인권, 자유주의 '배제의 배제'". 『철학』 54: 259-290. 한국철학회.

박래군(2006). "전환기 인권운동, 추상적보편성을 뚫고 민중생존권과 결합하라". 『노동사회』 3월호: 40-49.

심보선(2007). "온정주의 이주노동자 정책의 형성과 변화". 『담론201』 10(2): 41-76. 한국사회역사학회.

유명기(2004). "소수자, 그 무적의 논리". 『한국의 소수자, 실태와 전망』 pp. 9-20. 한울아카데미.

유주현(2007). "세계화시대에서의 인권의 정당화". 『범한철학』 47: 423-450.

유홍림(2001). "인권의 보편성 문제". 『민주주의와 인권』 1(1): 75-105. 전남대학교 5.18연구소.

윤수종 외(2005). 『우리시대의 소수자운동』. 서울: 이학사

윤인진(2004). "탈북자의 사회적응실태와 지원방안". 『한국의 소수자, 실태와 전망』 pp. 401-422. 한울아카데미.

이상면(1995). "인권의 보편성과 아시아적 인권의 특수성". 『사회과학연구』 4: 275-292. 서강대학교 사회과학연구소.

이봉철(1995). "인권의 현시대적 근거와 내용". 『한국정치학회보』 29(1): 397-423.

이준일(2002). "소수자(minority)와 평등원칙". 『헌법학연구』 8(2): 219-243.

이종범(2008). "다문화시대의 소수자 행정과 정책". 『한국행정학보』 42(3):

1-7.
장미경(2005). "한국사회 소수자와 시민권의 정치". 『한국사회학』 39(6): 159-182.
장은주(2000). "문화적차이와 인권: 동아시아의 맥락에서". 『철학연구』 49: 155-178.
이상훈(2005). "인권패러다임과 사회동학". 『시대와철학』 16(3): 214-242.
전영평(2008). "다문화시대의 소수자 운동과 소수자행정". 『한국행정학보』 42(3): 9-27.
전영평(2007). "소수자의 정체성, 유형, 그리고 소수자 정책 연구 관점". 『정부학연구』 13(2): 107-131.
전영평 · 서성아(2008). "일본군위안부 소수자 정책변동과정분석". 『한국행정논집』 20(3): 767-794.
전영평 · 한승주(2006). "소수자로서 외국인노동자: 정책갈등분석". 『한국행정연구』 15(2): 157-184.
전영평 · 박원수 · 김선희(2008). "소수자로서 양심적 병역거부자와 옹호집단간 정책갈등분석". 『한국행정논집』 20(4): 1209-1229.
전영평 · 장임숙(2008), "소수자로서 탈북자의 정책개입에 관한 분석". 『정부학연구』 14(4): 239-268.
전영평 외(2010). 『한국의 소수자문제: 담론과 사례』. 서울대학교 출판문화원.
전영평 · 한승주(2006). "소수자로서의 외국인노동자: 정책갈등분석". 『한국행정연구』 15(2): 157-184.
정영선(2000). "인권사상의 재인식과 인권의 보편성". 『한국동북아논총』 16: 207-225. 한국동북아학회.
진은영(2008). "다문화주의와 급진적 인권". 『철학』 95: 255-283. 한국철학회.
최성철(1999). "인권의 철학적배경에 관한 연구". 『한국정치외교사논총』 21(1): 85-122.
케스틴 셀라스(2003). 『인권, 그 위선의 역사』. 은행나무.

한상진 편(1998). 『현대사회와 인권』. 나남출판.

Eide, A.(1992). "The Sub-Commission on Prevention of Discrimination and Protection of Minorities". In P. Alston(ed.), *The United Nations and Human Rights: a critical appraisal* pp. 211-264. Oxford. Clarendon Press.

Elliott, C. & Schlaepfer, R.(2001). "The Advocacy Coalition Framework: Application to the Policy Process for the Development of Forest Certification in Sweden". *Journal of European Public Policy* 8(4): 642-661.

Jenkins-Smith, H. & Sabatier, P. A.(1993). "The Study of Public Policy Processes". In P. A. Sabatier and H. Jenkins-Smith(eds.), *Policy Change and Learning: An Advocacy Coalition Approach* pp. 1-11. Boulder, CO: Westview Press.

Kübler, D.(2001). "Understanding Policy Change with the Advocacy Coalition Framework: An Application to Swiss Drug Policy". *Journal of European Public Policy* 8(4): 623-641.

Sabatier, P. A. & Jenkins-Smith, H.(1999). "The Advocacy Coalition Framework: An Assessment". In P. A. Sabatier(ed.), *Theories of the Policy Process* pp. 117-166. Boulder, CO: Westview Press.

## 제3장 하버마스의 인권이론: 인도주의적 개입과 새로운 국제질서

나종석(2005). "하버마스인가 아니면 슈미트인가?: 인도주의적 개입과 근대 주권국가 사이의 긴장". 『사회와 철학』 9: 90.

박구용(2005). "법다원주의와 의사소통적 세계 민주주의". 『사회와 철학』 9: 169.

주광립(2004). "지구화시대의 인권과 국가주권: 코소보 사태에 관한 하버마스의 논의를 중심으로". 『철학사상』 19: 231.

장은주(2009). "인권의 보편성과 인도적 개입의 정당성". 『사회와 철학』 17: 316.

Habermas(1992). *Faktizität und Geltung: Beiträge zur Diskurstheorie des Rechts und des demokratischen Rechtsstaates.*

Habermas(1996). *Die Einbeziehung des Anderen. Studien zur politischen*

*Theorie.*
Habermas(1998). *Die postnationale Konstellation: Politische Essays.*
Habermas(2004). *Der gespaltene Westen: Kleine politische Schriften X: The Divided West.* 2006; 하버마스 『분열된 서구』. 장은주·하주영 옮김. 2009.
Habermas(2005). *Konstitutionalisierung des Völkerrechts und die Legitimationsprobleme einer verfassten Weltgesellschaft.* Kritische Justiz.
Habermas(1999). *Bestialität und Humanität: Ein Krieg an der Grenze zwischen Recht und Moral.* Die Zeit.
Kant, Zum Ewigen Frieden(1795). in: Sonderausgabe von Wilhelm Weischedel, Wissenschaftliche Buchgesellschaft Darmstadt (in 10 Bänden). Band IX. 1983.
Carl Schmitt(1963). *Der Begriff des Politischen.*
Kreide(2009). Preventing Military Intervention? John Rawls and Jürgen Habermas on a Just Global Order. *German Law Journal* 10 no.1: 93.
Cristina Lafont(2008). Alternative Visions of a New Global Order: What Should Cosmopolitans Hope for?. *Ethics & Global Politics* 1(1-2): 41-60.
Delahunty & Yoo, Kant(2010). Habermas and Democratic Peace. *Chicago Journal of International Law* 10 no.2: 1.
Karl Otto Apel(2001). On the relationship between ethics, international law, and politico-military strategy in our time: a philosophical retrospective to the Kosovo conflict. *European Journal of Social Theory* 4/1: 29-40.

## 제4장 장애인 인권운동의 정치와 정책

강민희(2008), "장애인차별금지법 제정의 장애담론 분석: 시행령 제정과정의 쟁점을 중심으로". 『보건사회연구』 28(2): 209-235.
고숙희(2008). "정부의 다문화사회 접근전략모색: 외국인 여성결혼이민자의 태도조사를 중심으로". 『현대사회와 행정』 18(1): 25-45.
고춘완(2005). "장애인운동의 전개과정과 그 특징: 2000년 이후 몇 가지 운동사례를 중심으로". 『진보평론』 26: 231-256.

국가인권위원회(2008). 『장애를 이유로 한 진정사건 접수 및 처리현황보고』. 국가인권위원회 차별시정본부 장애차별팀.
김도현(2007). "역사적 흐름을 통해 본 장애인운동과 국가". 『진보평론』 34: 47-61.
김범수(2009). "공동체주의 인권담론 연구: 권리향유자와 의무이행자의 범위설정 문제를 중심으로". 『정치사상연구』 15(1): 54-79
김비환(2007). "한국사회의 문화적 다양화와 사회통합: 다문화주의의 한국적 변용과 시민권 문제". 『다문화사회 한국 사회과학의 과제』 성균관대학교 동아시아지역연구소 심포지움 발표논문집: 61-88.
_____(2009). "가치다원주의시대의 인권규범 형성: 정치철학적 접근". 『정치사상연구』 15(1): 7-30.
김성재 외(2007). 『장애차별실태 분석 및 유형화에 관한 연구』. 양극화·민생대책위원회.
김정열(2005a). "장애인의 현실과 장애인 운동". 『경제와 사회』 67: 39-65.
_____(2005b). "한국의 장애인차별금지법의 제정운동과 향후 전망". 『2005 장애인정책 전망 토론회 자료집』 pp. 81-95.
남찬섭(2007). "장애인차별금지법 제정의 의의와 과제". 『보건복지포럼(2007.5)』 pp. 23-33.
린 헌트(2009). 전진성 역. 『인권의 발명』. 돌베개.
마르티니엘로(2002). 윤진 역. 『현대사회와 다문화주의』. 한울아카데미.
마이클 프리먼(2005). 김철효 역. 『인권: 이론과 실천』. 아르케.
박병섭(2006). "다문화적 소수자 문제에서 한국의 특수성". 『사회와 철학』 12: 99-126.
박수미·정기선(2006). "사회적 소수자에 대한 편견적 태도에 관한 연구". 『여성연구』 70: 5-25.
보건복지가족부(2009). 『장애인차별개선 모니터링체계구축을 위한 정책연구』.
유동철(2005). "장애인 차별철폐와 사회권 보장 방안". 『상황과 복지』 20: 13-57.

윤인진(2002). “소수자에 대한 사회적 인식과 거리감”. 『사회운동과 사회변동』. 나남출판.

이곤수(2006). “장애인고용정책의 문화이론적 분석”. 『장애인고용』 16(2): 49-70.

이승기(2007). “장애인차별금지법의 제정과정, 쟁점, 그리고 함의”. 『사회보장연구』 23(3): 227-250.

이숙진(2009). “차별금지 법제화 과정과 입법운동의 동학”. 『동향과 전망』 77: 422-454.

이종범(2008). “특별편집인의 서문: 다문화시대의 소수자 행정과 정책”. 『한국행정학보』 42(3): 1-7.

이철호(2008). “장애인차별금지법과 장애인의 인권”. 『한국콘텐츠학회논문지』 8(8): 158-175.

이헌규(2003). “장애와 차별”. 『특수교육저널: 이론과 실천』 4(1): 171-178.

전영평(2008). “다문화시대의 소수자운동과 소수자행정: 담론과 과제”. 『한국행정학보』 42(3): 9-27.

전영평·이곤수(2002). “항해와 정박효과의 은유를 통한 장애인고용정책 집행의 해석”. 『한국행정학보』 36(1): 59-76.

최무현(2005). 『한국의 Affirmative Action 정책 연구』. 한국학술정보.

______(2008). “다문화시대의 소수자정책 수단에 관한 연구: 참여정부의 ‘다문화정책’을 중심으로”. 『한국행정학보』 42(3): 51-77.

한국장애인단체총연맹(1999, 2001). 『장애인 인권백서』.

한상희(2004). “장애인 인권의 법적 기초에 대한 고찰”. 『국제인권법』 7.

홍태영(2009). “인권의 정치와 민주주의의 경계들”. 『정치사상연구』 15(1): 80-100.

CAFOD(2008). *Monitoring Government Policies*. London: CAFOD.

Douglas, M. and A. Wildavsky(1982). “Risk and Culture: An Essay on the Selection of Technological and Environmental Dangers”. London: University of California Press.

Dworkin, A. and R. Dworkin(1999). “The Minority Report: An Introduction to Radical, Ethnic, and Gender Relations”. New

York: Guilford Press.
Freeman, J.(1983). "Social Movement of the Sixties and Seventies". New York: Longman.
Putnam, Michelle(2005). "Conceptualizing Disability: Developing a Framework for Political Disability Identity". *Journal of Disability Policy Studies* 16(3): 188-198.
Hahn, H.(1985). "Toward a Politics of Disability: Definition, disciplines, and politics". *The Social Science Journal* 22(4): 87-105.
Hall, N. S. and V. Rhomberg(1995). "The Effective Curriculum". Nelson: Canada. International Thomson Pub.
McColl, M. A. and W. Boyce(2003). "Disability Advocacy Organizations: A Descriptive Framework". *Disability and Rehabilitation* 25(8): 380-392.
Meenaghan, T. M. and R. O. Washington(1980). "Social Policy and Social Welfare". London: The Free Press.
Schalock, L.(2004). "The Emerging Disability Paradigm and Its Implications for Policy and Practice". *Journal of Disability Policy Studies* 14(4): 204-215.
Scotch, Richard(1989). "Politics and Policy in History of the Disability Right Movement". *The Milbank Quarterly* 67: 380-400.
Shore, D. and S. Wright(1997). *Anthropology of Policy*. New York: Routledge.
Taylor, Charles(1992). "Multiculturism and The Politics of Recognition". Princeton: Princeton University Press.
Thompson, M, R. Ellis, and A. Wildavsky(1990). "Cultural Theory, Boulder". San Francisco: Westview Press.
Turner, R. H. and L. M. Killian(1987). *Collective Behavior*. Englewood Cliifs. NJ: Precitice-Hall.
Wildavsky, A.(1987). "Choosing Preferences by Constructing Institutions: A Cultural Theory of Preference Formation". *American Political Science Review* 81: 3-21.
Wirth, Louis(1943). "The Problem of Minority Groups". In Ralph Linton(ed.). *The Science of Man in the World Crisis*. New York: Columbia University Press.

## 제5장 소수자인 비정규직 근로자의 인권과 과제


강성태(2003). “미국법에서 비정규직의 규율”. 『노동법연구』 15: 67-93.

곽노현(2006). “국민인권위원회의 구성과 역할”. 한상진 편. 『현대사회와 인권』 pp. 511-518. 파주: 나남출판.

국가인권위원회(2005). 『국가인권위, ‘국민인권의식조사’ 실시』. 보도자료 (2005. 6. 27).

_______(2006a). 『2007−2011 국가인권정책기본계획 권고안』.

_______(2006b). 『청소용역 노동자의 인권상황 실태조사』.

_______(2006c). 『특수고용직 노동권 침해 실태조사』.

_______(2007). 『유통업 여성비정규직 차별 및 노동권 실태조사』.

_______(2008). 『무기계약직 근로자 노동인권상황 실태조사』.

_______(2009). 『임금차별 판단기준』.

김선수(2006). “노동기본권”. 한상진 편. 『현대사회와 인권』 pp. 201-211. 파주: 나남출판.

김연명(2001). “비정규 근로자에 대한 사회보험 확대 쟁점과 정책”. 『한국사회복지학』 45: 72-100.

김영대 · 전영평(2007). “소수자로서 납북자 가족의 정책 획득 과정 연구”. 『정부학연구』 13(1): 117-155.

김유선(2004). “비정규직 규모와 실태: 통계청 ‘경제활동인구조사 부가조사’(2004. 8) 결과”. 『노동사회』 93: 10-46.

_____(2005). “비정규직 규모와 실태: 통계청 ‘경제활동인구조사 부가조사’(2005. 8) 결과”. 『노동사회』 105: 10-49.

_____(2006). “비정규직 규모와 실태: 통계청 ‘경제활동인구조사 부가조사’(2006. 8) 결과”. 『노동사회』 115: 11-43.

_____(2007). “비정규직 규모와 실태: 통계청 ‘경제활동인구조사 부가조사’(2007. 8) 결과”. 『노동사회』 127: 4-36.

_____(2008a). “비정규직 규모와 실태: 통계청 ‘경제활동인구조사 부가조사’(2008. 8) 결과”. 『노동사회』 137: 132-169.

_____(2008b). “비정규직 남용과 차별 실태 연도별 추이: 경활부가조사

2001−2008년 분석결과를 중심으로". 『노동문제연구소 학술연구보고서』 pp. 1-16.
______(2009). "비정규직 규모와 실태: 통계청 '경제활동인구조사 부가조사'(2009. 8) 결과". 『노동사회』 144: 64-101.
김주환(2008). "노동의 희망을 여는 비정규직노동자들의 힘겨운 장기투쟁". 『노동사회』 10월호: 77-83.
남재량(2009). "KLIPS를 통해서 본 비정규근로의 동태적 특성". 『노동리뷰』 1월호: 86-92.
남재량 · 김태기(2000). "비정규직, 가교(BRIDGE)인가 함정(TRAP)인가?". 『노동경제논집』 23(2): 81-106.
노동부(2009). 『비정규직(법) 관련, 오해와 진실: 정부정책과 관련한 사항』.
류재우 · 김재홍(2001). "근래의 상용직 비중 변화에 대한 동태적 분석". 『노동경제논집』 24(1): 253-283.
박우성 · 박재용(2005). "비정규직의 활용과 노동조합의 역할: 실증분석과 시사점". 『산업관계연구』 15(2): 23-41.
박종희 · 강선희(2007). "비정규근로자에 대한 차별금지: 차별판단의 구조와 기준을 중심으로". 『산업관계연구』 17(1): 91-113.
배화숙(2005). "정규직과 비정규직 노동자의 기업복지 차이 연구: 한국노동패널(KLIPS) 6차 자료를 중심으로". 『사회복지정책』 21: 217-237.
서창적 · 안성혁(2004). "종업원의 서비스몰입과 고객지향성이 서비스품질에 미치는 영향: 정규직과 비정규직의 비교를 중심으로". 『서비스경영학회지』 5(3): 77-105.
서혁준 · 전영평(2006). "소수자로서의 비정규직 근로자와 정책변동: 정책옹호연합모형과 기회자집단의 적용". 『한국행정학보』 40(4): 277-302.
신승배(2009). "한국 노동시장에서 비정규직 노동자의 임금차별 영향분석". 『한국사회』 10(2): 93-123.
안주엽(2001). "정규근로와 비정규근로의 임금격차". 『노동경제논집』 24(1): 67-96.
안주엽 · 노용진 · 박우성 · 박찬임 · 이주희 · 허재준(2001). 『비정규근로의 실

태와 정책과제(I)』. 한국노동연구원.
안주엽 · 조준모 · 남재량(2002). 『비정규근로의 실태와 정책과제(II)』. 한국노동연구원.
원숙연(2008). "다문화주의시대 소수자 정책의 차별적 포섭과 배제: 외국인 대상 정책을 중심으로 한 탐색적 접근". 『한국행정학보』 42(3): 29-49.
유기철(2001). "취업형태의 지속성에 관한 연구". 『노동관리』 155: 52-63.
윤수종 외(2005). 『우리시대의 소수자운동』. 서울: 이학사.
윤수종(2005). "우리 시대 소수자운동의 특성과 함의". 윤수종 외. 『우리시대의 소수자운동』 pp. 11-31. 서울: 이학사.
_____(2009). "인권과 소수자, 그리고 욕망의 정치". 『진보평론』 42(겨울호): 140-162.
윤정향(2003). "비정규직 노동자의 사회적 보호 배제의 원인에 관한 시론적 고찰". 『사회보장연구』 19(1): 59-83.
윤인진(2004). "탈북자의 사회적응실태와 지원방안". 최협 외 엮음. 『한국의 소수자, 실태와 전망』 pp. 401-423. 서울: 한울 아카데미.
이영면(2003). "미국의 비정규직 근로자와 인사노무관리". 『임금연구』 11(2): 60-76.
이종범(2008). "특별편집인의 서문: 다문화 시대의 소수자 행정과 정책". 『한국행정학보』 42(3): 1-7.
이주희 · 이성균(2003). 『비정규직 노사관계』. 한국노동연구소.
이준일(2002). "소수자(minority)와 평등원칙". 『헌법학연구』 8(2): 219-243.
장임숙 · 전영평(2010). "해외유입소수자의 인권과 국가인권위원회의 대응". 『한국행정학회 춘계학술대회 발표논문집』.
전영평(2007). "소수자의 정체성, 유형, 그리고 소수자 정책 연구 관점". 『정부학연구』 13(2): 107-132.
_____(2008). "다문화시대 소수자운동과 소수자행정: 담론과 과제". 『한국행정학보』 42(3): 9-27.
전영평 · 한승주(2006). "소수자로서 외국인노동자: 정책갈등분석". 『한국

행정연구』 15(2): 157-184.

정이환 · 전병유(2004). "동아시아 고용체제의 특성과 변화: 한국, 일본, 대만의 고용안정성, 임금구조, 노동시장 분절성의 비교". 『산업노동연구』 10(2): 215-254.

정재진 · 전영평(2006). "동성애 소주자의 차별저항과 정책변동". 『한국행정연구』 15(4): 207-240.

차병직(2006). 『인권』. 파주: 살림출판사.

최균(2002). "한국 노동시장 구조의 분절과 기업복지 급여의 불평등: 이중노동시장론과 효율임금이론을 중심으로". 『동향과전망』 53: 172-206.

한준 · 장지연(2001). "정규/비정규 전환을 중심으로 본 취업력과 생애과정". 『노동경제논집』 24(특집호): 1-23.

허갑수(2004). "정규직과 비정규직 근로자의 노동조건 개선방안에 관한 연구". 『인적자원관리연구』 9: 81-93.

Allan, P.(2002). "The Contingent Workforce: Challenges and New Directions". *American Business Review* 20(2): 103-110.

Belous, R. S.(1995). "The Rise of the Contingent Work Force: The Key Challenges and Opportunities". *Washington and Lee Law Review* 52(3): 863-878.

Burdikin, B.(2006). "국민인권위원회는 왜 필요한가, 한상진 편, 『현대사회와 인권』 pp. 519-522. 파주: 나남출판.

Dau-Schmidt, K. G.(1995). "The Labor Market Transformed: Adapting Labor and Employment Law to the Rise of the Contingent Work Force". *Washington and Lee Law Review* 52(3): 879-888.

Donnelly, J.(1989). *Universal Human Rights in Theory and Practice*. Ithaca: Cornell University Press.

Dworkin, A. G. & R. J. Dworkin(1999). "The Minority Report: An Introduction to Racial, Ethic, and Gender Relations". Harcourt Brace College Publishers.

Freedman, A.(1985). "The New Look in Wage Policy and Employee Relations". Conference Report No. 865. New York: Conference Board.

Freeman, M.(2005). “Human Rights: An Interdisciplinary Approach”. 김철효 옮김. 『인권: 이론과 실천』. 서울: 아르케.
Howard, R. E. & Donnelly, J.(1986). “Human Dignity, Human Rights, and Political Regimes”. *The American Political Science Review* 80(3): 801-817.
Marger, M. N.(2005). *Social Inequality: Patterns and Processes*(3th edn.). New York: McGraw-Hill.
Polivka, A. E. & Nardone, T.(1989). “On the Definition of Contingent Work”. *Monthly Labor Review* 112(12): 9-16.
Polivka, A. E.(1996). “A Profile of Contingent Workers”. *Monthly Labor Review* 119(10): 10-21.
Porter, G. & Brown, J. W.(1991). “Global Environmental Politics: Dilemmas in World Politics”. Oxford: Westview Press.
Siebers, T.(2008). “Disability Theory”. University of Michigan Press.

## 제6장 외국인노동자의 인권과 정책갈등

고유미(2004). “한국의 이주노동자 지원단체의 국제협력”. 고려대학교 대학원 석사학위논문.
고혜원 · 이철순(2004). “외국인 고용허가제 도입과정”. 『한국정책학회보』 13(5).
국제엠네스티(2009). 『일회용 노동자: 한국의 이주노동자 인권상황』.
김순양(2010). “정책과정분석과 옹호연합모형: 이론적 · 실천적 적실성 검토”. 『한국정책학회보』 19(1): 35-66.
김지현(2005). “외국인근로자 고용정책변동에 관한 연구: 정책네트워크를 중심으로”. 고려대학교 대학원 석사학위논문.
박강로(2001). “외국인노동자정책의 정태성에 관한 연구”. 고려대학교 대학원 석사학위논문.
박경태(2008). 『소수자와 한국사회』. 서울: 후마니타스.
설동훈(2003). “외국인노동자와 인권: 국가의 주권과 국민의 기본권 및 인간의 기본권의 상충요소 검토”. 『민주주의와 인권』 5(2): 39-77.
_____(2004). “한국의 외국인운동, 1993−2004년: 이주노동자의 저항의

기록". 『한국의 소수자, 실태와 전망』. 파주: 한울아카데미.

_____(2005). "한국의 이주노동자 운동". 윤수종 외. 『우리시대의 소수자 운동』. 서울: 이학사.

_____(2009) "한국사회의 외국인 이주노동자: 새로운 '소수자 집단'에 대한 사회학적 설명". 『사림』 34: 43-76.

안경환(2009). 『법과 사회와 인권』. 파주: 돌베개.

엄한진(2006). 『전지구적 맥락에서 본 한국의 다문화주의 이민논의』. 한국사회학회.

오경석(2007). "어떤 다문화주의인가? 다문화사회의 논의에 대한 비판적 조망". 『한국에서의 다문화주의: 현실과 쟁점』 pp. 21-56. 파주: 한울아카데미.

외국인이주노동운동협의회(2009). 『고용허가제 시행 5주년 이주노동자 노동권 실태조사』. 5.18기념재단.

외국인정책위원회(2006). "외국인정책 기본방향 및 추진체계". 제1회 외국인정책회의 자료.

원숙연(2008). "다문화시대 소수자 정책의 차별적 포섭과 배제: 외국인 대상 정책을 중심으로 한 탐색적 접근". 『한국행정학보』, 42(3): 29-49.

유명기(2000). "한국의 '제3국인', 외국인노동자". 『우리안의 파시즘』. 서울: 삼인.

윤수종 외(2005). 『우리시대의 소수자운동』. 서울: 이학사.

윤인진(2008). "한국적 다문화주의의 전개와 특성: 국가와 시민사회의 관계를 중심으로". 『한국사회학』, 42(2): 72-103.

이선옥(2007). "한국에서의 이주노동운동과 다문화주의". 『한국에서의 다문화주의: 현실과 쟁점』 pp. 81-107. 파주: 한울아카데미.

이주인권연대(2010). "방문취업제 국내 및 현지 실태조사 보고서: 중국동포와 중국현지실태를 중심으로".

전영평(2007). "소수자의 정체성, 유형, 그리고 소수자 정책연구 관점". 『정부학연구』 13(2).

_____(2008). "다문화시대의 소수자운동과 소수자행정: 담론과 과제".

『한국행정학보』 42(3): 9-27.
_____(2009). "한국 소수자 정책의 지형: 정책상황의 유형화와 사례". 『한국행정논집』 21(3): 839-861.
전영평 · 한승주(2006). "소수자로서 외국인노동자: 정책갈등 분석". 『한국행정연구』 15(2): 157-184.
중소기업협동조합중앙회(2003). 『외국인연수취업제는 이렇습니다: 고용허가제는 어떤 문제가 있습니까』.
_______(2000). 『외국인고용허가제의 문제점』.
출입국외국인정책본부(2008). 『국적별 외국인노동자 현황』.
한건수(2004). "타자만들기: 한국사회와 이주노동자의 재현". 『한국의 소수자, 실태와 전망』. 파주: 한울아카데미.
한형서(2006). "정부의 외국인 고용정책에 대한 변화와 개선방안". 『한국거버넌스학회보』 13(2): 249-270.
Douglas, M.(1999). *Purity and Danger*. RoutledgeClassics.
Dworkin, A. & R. Dworkin(1999). "The Minority Report: An Introduction to Radical, Ethnic and Gender Relations". New York: Guilford Press.
Fenger, H. & P-J. Klok(1998). "Interdependency, Beliefs, and Coalition Behavior: A Contribution to the Advocacy Coalition Framework". University of Twente.
Freudenburg, W. & R. Gramling(2002). "How crude: Advocacy coalition, offshore oil, and the self-negating belief". *Policy Science* 35: 17-41.
Freudenburg, W. & R. Gramling(2002). "How crude: Advocacy coalition, offshore oil, and the self-negating belief". *Policy Science* 35: 17-41.
Gray, K.(2004). "계급이하의 계급으로서 한국의 이주노동자들". 『위기의 노동』. 서울: 후마니타스.
Ishay, M.(2005). 『세계인권사상사』. 서울: 프런티어 21.
Jenkins-Smith, H. & G. St. Clair(1993). "The Politics of Offshore Energy: Empirically Testing the Advocacy Coalition Framework". In P.Sabatier & H. Jenkins-Smith(eds.) *Policy Change and Learning* pp. 149-176. Westview Press.

Leon-Guerrero, A.(2004). "Social Problems". Pine Forge Press.
Sabatier, P. & A. Brasher(1993). "From Vague Consensus to Clearly-Differentiated Coalitions: Environment Policy at Lake Tahoe, 1964-85". In P. Sabatier & H. Jenkins-Smith(eds.). *Policy Change and Learning* pp. 149-176. Westview Press.
Sabatier, P. & H. Jenkins-Smith(1993). "Policy Change and Learning: An Advocacy Coalition Approach". Westview Press.
Sabatier, P. & H. Jenkins-Smith(1999). "The Advocacy Coalition Framework". *Theories of the Policy Process*. Westview Press.
Weible, C. & P. Sabatier(2009). "Coalitions, science, and belief change: comparing adversarial and collaborative policy subsystems". *The Policy Studies Journal* 37(2): 195-212.

## 제7장 결혼이주여성 인권운동과 정책

강휘원(2006). "한국 다문화사회의 형성요인과 통합정책". 『국가정책연구』 20(2): 5-34.
국무조정실(2006). "결혼이민자정책평가보고서", 국무조정실.
김남국(2005). "다문화시대의 시민: 한국사회에 대한 시론". 『국제정치논총』 45(4): 97-121.
김민정 외(2006). "국제결혼 이주여성의 딜레마와 선택: 베트남과 필리핀 아내의 사례를 중심으로". 『한국문화인류학』 39(1): 159-193.
김민정(2007). "한국이주여성인권센터 정기심포지엄 토론문".
김선희 · 전영평(2008). "결혼이주여성정책의 정체성분석". 『행정논총』 46(4): 305-330.
김오남(2006). "여성 결혼이민자의 부부갈등 및 학대에 관한 연구: 사회문화적 요인을 중심으로". 『한국가족복지학』 18: 33-76.
김이선 · 김민정 · 한건수(2006). "여성결혼이민자의 문화적 갈등경험과 소통증진을 위한 정책과제". 한국여성개발원 연구보고서.
김이선 · 황정미 · 이진영(2007). 『다민족 · 다문화사회로의 이행을 위한 정책 패러다임 구축(1): 한국사회의 수용현실과 정책과제』. 한국여성정책연구원.

김현미 · 김민정 · 김정선(2008). "'안전한 결혼 이주?': 몽골여성들의 한국으로의 이주 과정과 경험". 『한국여성학』 24(2): 121-155.
김혜순(2006). "한국의 다문화사회담론과 결혼이주여성: 적응과 통합의 정책마련을 위한 기본전제들". 『동북아 "다문화" 시대 한국사회의 변화와 통합』. 한국사회학회. 동북아시대위원회 용역과제 06-8: 1-41.
_____(2007). "한국적 다문화주의의 모색: 세계화시대 이민의 보편성과 한국의 특수성". 『한국적"다문화주의"의 이론화』. 한국사회학회. 동북아시대위원회 용역과제 07-7: 1-34.
김혜영(2006). "정책목표 모호성이 정책집행에 미치는 영향". 『국가정책연구』 20(1): 73-96.
김희정(2007) "한국의 관주도형 다문화주의: 다문화주의 이론과 한국적 적응". 『한국에서의 다문화주의: 현실과 쟁점』. (사)국경없는 마을 학술토론회 자료집: 32-40.
대구여성의 전화(2008). 『이주여성(다문화가족)전문상담원 양성교육 자료집』. 대구: 대구여성의전화.
문경희(2006). "국제결혼 이주여성을 계기로 살펴보는 다문화주의와 한국의 다문화 현상". 『21세기정치학회보』 16(3): 67-93.
법무부 외(2006). 『여성결혼이민자 가족의 사회통합 지원』. 서울: 법무부 외.
빈부격차 · 차별시정위원회(2006). "혼혈인 등 소수의 사회통합지원방향". 빈부격차 · 차별시정위원회.
설동훈(2005). 『국제결혼 이주여성 실태조사 및 보건복지지원 정책방안』. 보건복지부.
설동훈 · 이혜경 · 조성남(2006). 『결혼이민자 가족실태조사 및 중장기 지원 정책방안 연구』. 여성가족부.
양애경 · 이선주 · 최훈석 · 김선화(2007). "여성결혼이민자에 대한 지역사회의 수용성 연구". 『다민족 · 다문화사회를 향한 한국사회의 도전과 전망』. 한국여성정책연구원.
양정혜(2007). "소수 민족 이주여성이 재현: 국제결혼 이주여성에 관한 뉴스보도 분석". 『미디어, 젠더 & 문화』 7: 44-77.

엄한진(2006). “전지구적 맥락에서 본 한국의 다문화주의 이민논의”. 『동북아 “다문화” 시대 한국사회의 변화와 통합』. 동북아시대위원회 용역과제 06-8: 13-46.

엄한진(2008). “한국 이민담론의 분절성과 이데올로기적 배경”, 『평등정책 콜로키움 & 다문화사회 정책포럼 발제문』. 한국여성정책연구원.

여성부(2008). 『제3차 여성정책기본계획수정(판)』. 여성부.

유명기(2004). “소수자 그 무적(無籍)의 논리”. 최협 외. 『한국의 소수자, 실태와 전망』. 서울: 한울아카데미.

윤인진(2007). “국가주도 다문화주의와 시민주도 다문화주의”. 『한국적‘다문화주의’의 이론화』. 동북아시대위원회 용역과제 07-7: 251-290.

윤수종(2005). 『우리시대의 소수자운동』. 서울: 이학사.

이수자(2004). “이주여성 디아스포라: 국제성별분업, 문화혼성성, 타자화와 섹슈얼리티”. 『한국사회학』 38(2): 189-219.

이용일(2007). “이민과 다문화 사회로의 도전: 독일의 이민자 사회통합과 한국적 함의”. 『서양사론』 92: 219-254.

이혜경(2007). “이민정책과 다문화주의: 정부의 다문화 정책 평가”. 『한국적“다문화주의”의 이론화』. 한국사회학회. 동북아시대위원회 용역과제 07-7: 219-249.

전영평(2008). “다문화시대의 소수자 운동과 소수자 행정”. 『한국행정학보』 42(3): 9-27.

(2007). “소수자의 정체성, 유형 그리고 소수자정책연구 관점”, 『정부학연구』 13(2): 107-131.

전영평 편(2010). 『한국의 소수자문제: 담론과 사례』. 서울대학교 출판문화원.

전영평 · 한승주(2006). “소수자로서의 외국인노동자: 정책갈등분석”. 『한국행정연구』 15(2): 157-184.

정선애(2007). “일하고 싶은 결혼이주여성 vs 현모양처 이주여성정책”. “다문화트랜드시대, 이주여성 정책과 운동, 어디로 갈 것인가!”. 『한국이주여성인권센터 2007 정기 심포지엄 자료집』 pp. 1-17.

정정길 외(2005). 『정책학원론』. 대명출판사.

조석주(2007). “다문화공생을 위한 지방자치단체의 기능강화방안: 외국인 근로자 및 결혼이민자 사례를 중심으로”. 『지방행정연구』 21(3): 3-46.

조성원(2002). “한국사회의 또 다른 가족: 한국여성과 이주노동자와의 국제결혼”. 『민족학연구』 6: 105-133.

최협 외(2004). 『한국의 소수자, 실태와 전망』. 서울: 한울아카데미.

한건수(2006). “농촌지역결혼이민자여성의 가족생활과 갈등 및 적응”. 『한국문화인류학』 39(1): 195-243.

한건수·설동훈(2007). “이주자가 본 한국의 정책과 제도”. 『다민족·다문화사회를 향한 한국사회의 도전과 전망』. 한국여성정책연구원.

한경구·한건수(2007). “한국적 다문화사회의 이상과 현실”. 『한국적‘다문화주의’의 이론화』. 한국사회학학회. 동북아시대위원회 용역과제 07-7: 71-116.

한국여성정책연구원(2006). 『여성결혼이민자의 문화적 갈등경험과 소통증진을 위한 정책과제』, 한국여성정책연구원. 경제·인문사회연구회 협동연구 총서(2006. 2 27).

한국염(2006). “정부의 결혼이민자 가족지원정책 방향”. 『정부의 결혼이민자가족정책 “다시보기”, 기조발제문』 pp. 2-11.

_____(2007). 『참여정부여성정책평가』. 한국여성단체연합.

한국이주여성인권센터(2009). 『자·신·만·만: 이주여성 당사자 활동가 매뉴얼』. (사)한국이주여성인권센터.

황정미(2007). “다문화사회에 대한 한국인의 태도와 인종적 배제주의”. 『다민족·다문화사회를 향한 한국사회의 도전과 전망 토론회 자료집』. 한국여성정책연구원.

Douglas, M.(1966). *Purity and Danger.* RoutledgeClassics.

Dworkin, A. G. & R. J. Dworkin(1999). “The Minority Report: An Introduction to Racial, Ethic, and Gender Relations”. Harcourt Brace College Publishers.

Ripley, Randall B. & Franklin, Grace A.(1986). "Policy Implementation and Bureaucracy(2eds)".. Chicago, Illinois.: The Dorsey Press.
Wilson, J. Q.(1989). *Politics of Regulation*. New York: Basic Books.
한국이주여성인권센터(http://www.wmigrant.org/).
한국언론재단 카인즈(http://www.kinds.or.kr/).

## 제8장 일본군위안부 인권운동과 정책

강영심(2007). "종전 후 중국지역 일본군위안부의 행정과 미귀환". 『한국근현대사연구』 40: 140-174.
곽진영(2006). "동아시아거버넌스와 NGO연대: 일본군'위안부'문제해결을 위한 초국적 연대사례를 중심으로". 『국제 · 지역연구』 15(3): 31-62.
김정란(2004). "일본군 '위안부' 운동의 전개와 문제인식에 대한 연구: 정대협의 활동을 중심으로". 이화여대 여성학 박사학위논문.
보건복지부(2005). 『2005년 하반기 국민기초생활보장사업 안내』.
보건복지부(2005). 『2004년 국민기초생활보장 수급자 현황』.
윤향숙(1997). "일본군'위안부' 문제해결운동의 현주소". 『한국논단』 pp. 179-185.
여성가족부(2001). 『일본군'위안부'증언 · 통계자료집』.
________(2006). 『2006 여성정책연차보고서』.
________(2008). 『여성분야 국정과제 실천계획』.
________(2009). 『경제 어려움 극복 및 국민생활 안정을 위한 여성정책 실천계획』.
이민아(1998). "사회운동조직간의 연대형성과 변화에 관한 연구". 서울대학교 사회학과 석사학위논문.
이정선(1998). "일본군 '위안부'문제 해결운동의 전개과정에 관한 연구". 계명대학교 여성학과 석사학위논문
정순영(2003). 『국제여성발전전략으로서의 평화문화에 관한 연구』. 한국여성개발원.
정진성(1994). "일본군 위안부 정책의 본질". 『사회와 역사』 42: 172-201.

_____(2007). “미하원 일본군위안부 관련 결의안 논의과정에서 제기된 ‘협의의 강제성’과 그 역사적 진실”. 『사회와 역사』 pp. 49-55.
황은진(1998). “일본군 ‘위안부’피해자의 의식 변화 과정에 관한 연구”. 한양대학교 여성학과 석사학위논문.
한국일보. 2010. 4. 5. “일제강제동원 피해보상 차질 불 보듯”.
「출입국관리법」
「일제강점하강제동원피해진상규명등에관한특별법」
「일제강점하강제동원피해진상조사등에관한규칙」
「일제하일본군위안부피해자에대한생활안정지원및기념사업등에관한법률」
「일제하일본군위안부피해자에대한생활안정지원및기념사업등에관한법률시행령」
「헌법소원심판청구서」. 2006.
「외교통상부답변서」. 2006.
“외교부 대변인 정례 브리핑”. 2010. 3. 15.
보건복지가족부(http://www.mohw.go.kr).
저소득층복지정책(http://blss.mohw.go.kr).
여성부(http://www.moge.go.kr).
한국정신대대책협의회(http://www.womenandwar.net).
나눔의 집(http://www.nanum.org).

## 제9장 탈북자 인권운동과 정책

강권찬(2005). “북한이탈주민 지원정책 분석”. 『민족연구』 14: 35-63.
국가인권위원회(2005). “국내 탈북자의 인권상황개선에 관한 연구”. 『2005년도 인권상황실태조사 연구용역보고서』.
김선화(2007). “북한이탈주민의 이해를 위한 제반현황”. 『탈북 여성관련 전문가 간담회 자료집』. 국가인권위원회. 2007. 4.
윤인진(2000). “탈북자의 자립정착을 위한 자조모델: 자영업 기반형성을 중심으로”. 『아세아연구』 43(2): 143-187.
이수현(2006). 『우리옆의 약자』. 서울: 산지니.
이수연(2008). “새터민청소년의 학교적응에 관한 질적 분석”. 『청소년학연

구』 15(1): 81-113.
장문강(2008). "새터민 청소년의 학교적응에 관한 연구". 『청소년문화포럼』 19: 195-234.
전우택(1997). "탈북자들의 주요 사회배경에 따른 적응과 자아정체성에 관한 연구". 『통일연구』 1, 2(1997. 12): 109-167.
전영평(2007). "소수자의 정체성, 유형, 그리고 소수자 정책 연구 관점". 『정부학연구』 13(2): 107-132.
(2008). "다문화시대의 소수자운동과 소수자행정: 담론과 과제". 『새시대, 정부정책의 실천 과제: 한국행정학회 2008년 하계학술대회 논문집』.
정진경・조정아(2008). "새터민과 남한주민을 위한 문화통합교육의 과제". 『한국심리학회지: 사회문제』 14(1): 487-518.
국민일보. 2005. 4. 20. "탈북자들 대정부 투쟁 나섰다".
뉴시스. 2008. 8. 7. "시민사회단체들, 탈북자 보호정책 개정해야".
데일리 NK. 2007a. 10. 19. "탈북자 과반수 '차별 받고 있다' 취업 시 크게 느껴".
_______. 2007b. 5. 11. "통일부, '새터민' 명칭 사용중단 요구 거부".
_______. 2008. 8. 26. "국내정착 탈북자 제3국 망명시 처벌".
동아일보. 2005. 1. 4. "'정착금 축소 재검토하라' 탈북자지원단체 촉구".
세계일보. 2005. 4. 21. "'정착지원금 축소, 생존권 위협' 탈북자들 집단 반발 움직임".
연합뉴스. 2005. 1. 4. "정부, 민간단체 '탈북자정책'반발에 적극 대응".
_______. 2007. 11. 4. "탈북자 실업률 일반의 5－8배 수준".
_______. 2008. 1. 24. "탈북자 주민번호 변경 법 개정안 발의".
오마이뉴스. 2005. 1. 4. "정부가 탈북자 한국행 막으면 더 많이 데려올 것".
조선일보. 2008. 8. 8. "비보호탈북자에게도 정착지원을".
프레시안. 2008. 4. 24. "천국보다 낯선 나라, 남한".
「국가유공자 및 월남귀순자 특별 원호법」
「북한이탈주민보호 및 정착지원에 관한 법률」

북한이탈주민후원회 홈페이지(http://www.dongposarang.or.kr/).
통일부 홈페이지(http://www.unikorea.go.kr).
NKchosun 홈페이지(http://www.nkchosun.com).

## 제10장 성적 소수자 인권운동의 전개와 정책적 대응: 가설적 논의

강현석(1998). “뭉치면 죽고 흩어지면 산다”. 『사회평론 길』 4.
고길섶(1998). 『소수문화들의 정치학』. 문화과학사.
국가인권위원회(2004). 『차별시정분야 결정례집(제1집)』.
_______(2005a). 『유엔인권해설집: 소수집단의 권리(개정판)』. 국가인권위원회 국제협력담당관실.
_______(2005b). 『국가인권정책기본계획 수립을 위한 성적 소수자 인권기초 현황 조사』.
_______(2006). 『국가인권정책기본계획권고안』.
_______(2009). 『차별시정분야 결정례집(제3집)』.
군대 내 성소수자 인권증진을 위한 프로젝트팀(2008). “우리나라 군대는 동성애자를 어떻게 바라보는가”. 『군대와 게이, 불편한 관계 속에서 인권의 길을 찾다』. 동성애자 인권연대, 한국게이인권운동단체 친구사이 토론회 자료집. 2008. 11. 11.
권인숙(2009). “군대 섹슈얼리티 분석: 성욕, 남성성, 동성애 등을 중심으로”. 『경제와 사회』 여름호.
김선희 · 전영평(2008). “결혼이주여성정책의 정체성 분석: 인권보호인가? 가족유지인가?”. 『행정논총』 46(4).
김송혜숙(1999). “한국 여성동성애자운동과 페미니즘: 끼리끼리 활동을 중심으로”. 『여성과사회』 10.
_______(2002). “낯선 곳으로의 여행, 일상으로의 초대”. 윤수종 엮음. 『다르게 사는 사람들』. 서울: 이학사.
끼리끼리(2005). “한국 레즈비언 인권운동 10년사”. 윤수종 외. 『우리시대의 소수자운동』. 서울: 이학사.
문성훈(2005). “소수자 등장과 사회적 인정 질서의 이중성”. 『사회와 철

학』 9.
박경태(2008). 『소수자와 한국사회』. 후마니타스.
박민선(1999). "한국 레즈비언의 성과 삶". 한국성폭력상담소 엮음. 『섹슈얼리티 강의』. 동녘.
박효정(2006). "위풍당당 퀴어행진: 한국성적소수자문화인권센터대표 한채윤". 『초등 우리교육』 6.
백선기·김소라(1998). "지배담론과 대항담론: 동성애에 대한 '매스 미디어'와 '게이 커뮤니티'의 담론관계를 중심으로". 『한국커뮤니케이션학』 6.
서동진(1996). 『누가 성정치학을 두려워하랴』. 문예마당.
______(2005). "인권, 시민권 그리고 섹슈얼리티: 한국의 성적 소수자 운동과 정치학". 『경제와 사회』 67.
서현진(2003). "미국의 소수자 권리보호에 관한 연구: 동성애자 권리문제를 중심으로". 『국제정치논총』 43(4).
성적소수문화 환경을 위한 모임(2008). 『3xFTM 세 성전환 남성의 이야기』. 그린비.
송진영(2005). "명청소설에 묘사된 성적 소수자에 관한 시론". 『중국어문학지』 17.
신응철(2008). "바라보기·해석하기를 너머 수용하기로서의 다문화 현상: 동성애에 대한 기독교계의 찬·반 논쟁을 중심으로". 『철학탐구』 23.
신지연(2006). "1920-30년대 '동성(연)애' 관련 기사의 수사적 맥락". 『민족문화연구』 45.
양현아(2002). "성적 소수자: 법사회학적 쟁점과 전망". 한인섭·양현아 편. 『성적 소수자의 인권』. 서울대학교 BK21 법학연구단 기획. 인간사랑.
오근숙(2005). "보이지 않는 아이들: 성소수자 청소년들". 『중등 우리교육』 8.
윤수종(2005). "우리 시대 소수자운동의 특성과 함의". 윤수종 외. 『우리 시대의 소수자운동』. 서울: 이학사.
이성희(2005). "이광수 초기단편에 나타난 '동성애' 고찰". 『관악어문연

구』 30.
이소영(2007). “동성애혼인에 대한 법적 개입의 딜레마와 가족이데올로기 해체”. 『법철학연구』 10(1).
이용애(2006). “이반검열, 우리 학교에는 없을까”. 『중등 우리교육』 8.
이해솔(1999). “한국 레즈비언 인권운동사”. 한국여성의전화연합 엮음. 『한국여성인권운동사』. 한울아카데미.
이희춘(1988). “춘원소설의 동성애에 관한 고찰”. 『어문학』 49.
임태훈(2001). “한국 성적소수자의 이중적 인권침해를 견제해야”. 『복지동향』 11.
장미경(2005). “한국사회 소수자와 시민권의 정치”. 『한국사회학』 39(6).
장서연(2009). “한국 사회에서 성소수자의 법적 지위”. 『민주노동당 성소수자위원회 정치웹진 레인보友』 2009. 06. 08.
전영평(2007). “소수자의 정체성, 유형, 그리고 소수자 정책 연구 관점”. 『정부학연구』 13(2).
_____(2008). “다문화시대의 소수자운동과 소수자행정: 담론과 과제”. 『한국행정학보』 42(3).
정경운(2002). “여성 성적소수자의 가상공간 활동에 대하여”. 『진보평론』 14.
정재진 · 전영평(2007). “동성애 소수자의 차별저항과 정책변동”. 『한국행정연구』 15(4).
제갈룡(1996). “그냥 그가 살아가는 방식이죠”. 『사회평론 길』 12.
조성은(2009). “조직정체성의 사회적 구성: 국가인권위원회 사례를 중심으로”. 『한국행정학회 2009년 춘계학술대회 발표논문집』.
조용환(1998). “시민적 · 정치적 권리”. 한상진 편. 『현대사회와 인권』. 나남출판.
조화순(2005). “17대 총선과 소수집단의 사이버 액티비즘: 동성애집단의 온라인 정치참여”. 『의정연구』 11(2).
조희연(2009). “‘민주주의의 외부’와 급진민주주의 전략: ‘민주주의의 사회화’를 위한 새로운 연대성의 정치학을 위하여”. 『경제와 사회』 여

름호.

청소년보호위원회(2002). 『청소년보호법 관련 질의 답변서(동성애 전문잡지 『버디(Buddy)』 수신)』 2002. 10. 16.

한승옥(2003). "동성애적 관점에서 본 『무정』". 『현대소설연구』 20.

한인섭 · 양현아(2002). 『성적 소수자의 인권』. 서울대학교 BK21 법학연구단 기획. 인간사랑.

한채윤(2002). "성적 소수자 차별의 본질과 실제 그리고 해소방안". 한인섭 · 양현아 편. 『성적 소수자의 인권』. 서울대학교 BK21 법학연구단 기획. 인간사랑.

_____(2007). "성적다수자란 없다. 고로 나는 소수자다". 『소수성의 정치학』 창간호.

허철호(2005). "동성애자들을 위한 사회적 공간의 구축". 경기대학교 건축전문대학원 석사학위논문

황금희(1996). "결혼이데올로기에 저항하는 여자들: 동성애 부부도 가족이다". 『월간 말』 11.

동성애자인권연대. 2009. 11. 11. "영상물등급위원회는 청소년 보호를 빌미로 동성애혐오를 조장하는 〈친구사이?〉 청소년관람불가 판정을 시정하라!". 성명서.

한국게이인권운동단체 친구사이 · 청년필름. 2010. 2. 4. "동성애를 차별하는 '영등위'는 청소년 관람 불가 판정을 즉각 철회하라!". 기자회견문.

Dworkin, A. G. & R. J. Dworkin(1999). "The Minority Report: An Introduction to Racial, Ethic, and Gender Relations". Harcourt Brace College Publishers.

Freeman, Michael(2005). 김철효 역. 『인권: 이론과 실천(*Human Rights: An Interdisciplinary Approach*)』. 아르케.

Wilson, James Q.(1974). *The Politics of Regulation, Social Responsibility and the Business Predicament.* edited by James W. McKie. Washington, D.C.: The Brookings Institution.

_______(1980). *The Politics of Regulation, The Politics of Regulation.* edited by James Q. Wilson. New York: Basic Books, Inc., Publishers.

_______(1986). *American Government: Institutions and Politics*, D.C. Heath and Co: Lexington, Mass.
인터넷 경향뉴스. 2010. 4. 5. "'김수현의 동성애', 통할까".
고려대학교 성소수자모임(http://www.queerkorea.org).
군관련성소수자네트워크(http://www.gunivan.net).
동성애잡지 이버디(ebuddy)(http://www.buddy79.com).
민주노동당 성소수자위원회(http://lgbt.kdlp.org).
진보신당 성정치위원회(http://cafe.daum.net/sexpolitics).
서울대학교 이반동아리(Qis http://www.queerinsnu.com).
청소년성소수자커뮤니티(http://cafe.daum.net/Rateen).
친구사이 한국남성동성애자 인권운동단체(http://chingusai.net).
퀴어문화축제(http://www.kqcf.org).
퀴어영화제 SeLFF(http://selff.com).
한국레즈비언상담소(http://lsangdam.org).
한국성적소수자문화인권센터(http://www.kscrc.org).
동성애반대국민행동본부(http://cafe.daum.net/antigay).
동성애의 실체(http://cafe.naver.com/nomorehiv).

## 第11장 해외유입소수자의 인권과 국가인권위원회의 대응

국가인권위원회(2005). 『국가인권위원회 결정례집: 인권정책분야』 1.
_______(2006). 『2007－2011 국가인권정책기본계획 권고안』 1.
국가인권위원회 인권상담센터(2008). 『맞춤형 인권상담 매뉴얼』 12.
김선희 · 전영평(2008). "결혼이주여성의 정체성분석: 인권보호인가, 가족유지인가". 『행정논총』 46(4): 305-330.
김형수(2004). "되풀이되는 차별과 소외의 역사, 그 치밀함의 이중성". 최협 외, 『한국의 소수자, 실태와 전망』 PP. 64-81. 파주: 한울아카데미.
박찬운(2008). 『인권법』. 서울: 한울아카데미.
원숙연(2008). "다문화주의시대 소수자정책의 차별적 포섭과 배제: 외국인대상 정책을 중심으로 한 탐색적 접근". 『한국행정학보』 42(3):

29-49.
유명기(2004). "소수자, 그 무적의 논리". 『한국의 소수자, 실태와 전망』 PP. 9-20. 파주: 한울아카데미.
윤수종 외(2005). 『우리시대의 소수자운동』. 서울: 이학사.
윤인진(2004). "탈북자의 사회적응실태와 지원방안". 『한국의 소수자, 실태와 전망』 PP. 401-422. 파주: 한울아카데미.
이종범(2008). "다문화시대의 소수자 행정과 정책". 『한국행정학보』 42(3): 1-7.
차별시정본부 이주인권팀(2008). 『2008년 이주인권팀 조사관을 위한 업무 매뉴얼』. 서울: 국가인권위원회.
최무현(2008). "다문화시대 소수자정책 수단에 관한 연구". 『한국행정학보』 42(3): 51-77.
최협 외(2004), 『한국의 소수자, 실태와 전망』. 파주: 한울 아카데미.
한경구・한건수(2007). "다문화사회개념과 한국사회 다문화담론에 대한 성찰: 단일민족국가의 자승자박/환골탈태". 『한국사회학회 50주년 기념 특별 분과: 한국적 다문화주의의 이론화』 PP. 20-36.
한국사회학회(2007). 『한국적 다문화주의의 이론화』. 전기 사회학대회 자료집.
뉴시스. 2009. 8. 2. "흔들리는 국가인권위원회…국내・외 위상추락 위기".
오마이뉴스. 2009. 7. 9. "새 인권위원장은 누구? 대통령 마음대로".
국가인권위원회법(일부개정 2009.2.3 법률 제9402호).
Bardach, Eugene(1977). "Implementation Game: What Happens After a Bill Becomes a Law: Cambridge". M. A.: MIT Press.
Douglas, M.(1966). *Purity and Danger.* RoutledgeClassics.
Dworkin, A. G. & R. J. Dworkin(1999). "The Minority Report: An Introduction to Racial, Ethic, and Gender Relations". Harcourt Brace College Publishers.
Harmon, M. M. and R. T. Mayer(1986). "Organizational Theory for Public Administration". Boston: Little Brown.
Hall, Peter A.(1993). "Policy Paradigms, Social Learning and the

State: The Case of Economic Policymaking in Britain". *Comparative Politics* 25(3). 275-296.

Ingram, H, A. L. Schneider and P. Deleon(2007). "Social Construction and Policy Design". Paul. A. Sabatier(ed). *Theories of The Policy Process*(2nd ed.). Westview Press.

Pressman, J. L. & Aaron Wildavsky(1984) "Implementation"(3rd ed.). Berkeley: University of California Presss.

Ripley, R. B. and G. A. Franklin(1986). "Policy Implementation and Bureaucracy"(2nd ed.). Chicago: The Dorsey Press.

Sabatier, P. A. & H. Jenkins-Smith(1999). "The Advocacy Coalition Framework: An Assessment". In P.A. Sabatier(ed.). *Theories of the Policy Process* pp. 117-166. Boulder, Co: Westview Press.

# | 찾아보기 |

## 부록 1 세계인권선언문(1948.12.10.국제연합총회채택)

인류 가족 모든 구성원의 고유한 존엄성과 평등하고 양도할 수 없는 권리를 인정하는 것이 세계의 자유, 정의, 평화의 기초가 됨을 인정하며, 인권에 대한 무시와 경멸은 인류의 양심을 짓밟는 야만적 행위를 결과하였으며, 인류가 언론의 자유, 신념의 자유, 공포와 궁핍으로부터의 자유를 향유하는 세계의 도래가 일반인의 지고한 열망으로 천명되었으며, 사람들이 폭정과 억압에 대항하는 마지막 수단으로서 반란에 호소하도록 강요받지 않으려면, 인권이 법에 의한 지배에 의하여 보호되어야 함이 필수적이며, 국가 간의 친선관계의 발전을 촉진시키는 것이 긴요하며, 국제연합의 여러 국민들은 그 헌장에서 기본적 인권과, 인간의 존엄과 가치, 남녀의 동등한 권리에 대한 신념을 재확인하였으며, 더욱 폭넓은 자유 속에서 사회적 진보와 생활수준의 개선을 촉진할 것을 다짐하였으며, 회원국들은 국제연합과 협력하여 인권과 기본적 자유에 대한 보편적 존중과 준수의 증진을 달성할 것을 서약하였으며, 이들 권리와 자유에 대한 공통의 이해가 이러한 서약의 이행을 위하여 가장 중요하므로, 따라서 이제 국제연합 총회는 모든 개인과 사회의 각 기관은 세계인권선언을 항상 마음속에 간직한 채, 교육과 학업을 통하여 이러한 권리와 자유에 대한 존중을 신장시키기 위하여 노력하고, 점진적인 국내적 및 국제적 조치를 통하여 회원국 국민 및 회원국 관할하의 영토의 국민들 양자 모두에게 권리와 자유의 보편적이고 효과적인 인정과 준수를 보장하기 위하여 힘쓰도록, 모든 국민들과 국가에 대한 공통의 기준으로서 본 세계인권선언을 선포한다.

**제1조** 모든 사람은 태어날 때부터 자유롭고, 존엄성과 권리에 있어서 평

등하다. 사람은 이성과 양심을 부여받았으며 서로에게 형제의 정신으로 대하여야 한다.

**제2조** 모든 사람은 인종, 피부색, 성, 언어, 종교, 정치적 또는 그 밖의 견해, 민족적 또는 사회적 출신, 재산, 출생, 기타의 지위 등에 따른 어떠한 종류의 구별도 없이, 이 선언에 제시된 모든 권리와 자유를 누릴 자격이 있다. 나아가 개인이 속한 나라나 영역이 독립국이든 신탁통치지역이든, 비자치지역이든 또는 그 밖의 다른 주권상의 제한을 받고 있는 지역이든, 그 나라나 영역의 정치적, 사법적, 국제적 지위를 근거로 차별이 행하여져서는 아니된다.

**제3조** 모든 사람은 생명권과 신체의 자유와 안전을 누릴 권리가 있다.

**제4조** 어느 누구도 노예나 예속상태에 놓여지지 아니한다. 모든 형태의 노예제도 및 노예매매는 금지된다.

**제5조** 어느 누구도 고문이나, 잔혹하거나, 비인도적이거나, 모욕적인 취급 또는 형벌을 받지 아니한다.

**제6조** 모든 사람은 어디에서나 법 앞에 인간으로서 인정받을 권리를 가진다.

**제7조** 모든 사람은 법 앞에 평등하고, 어떠한 차별도 없이 법의 평등한 보호를 받을 권리를 가진다. 모든 사람은 이 선언을 위반하는 어떠한 차별에 대하여도, 또한 어떠한 차별의 선동에 대하여도 평등한 보호를 받을 권리를 가진다.

**제8조** 모든 사람은 헌법 또는 법률이 부여하는 기본권을 침해하는 행위에 대하여 담당 국가법원에 의하여 효과적인 구제를 받을 권리를 가진다.

**제9조** 어느 누구도 자의적인 체포, 구금 또는 추방을 당하지 아니한다.

**제10조** 모든 사람은 자신의 권리와 의무, 그리고 자신에 대한 형사상의 혐의를 결정함에 있어서, 독립적이고 편견 없는 법정에서 공정하

고도 공개적인 심문을 전적으로 평등하게 받을 권리를 가진다.

**제11조**

1. 형사범죄로 소추당한 모든 사람은 자신의 변호를 위하여 필요한 모든 장치를 갖춘 공개된 재판에서 법률에 따라 유죄로 입증될 때까지 무죄로 추정받을 권리를 가진다.
2. 어느 누구도 행위시의 국내법 또는 국제법상으로 범죄를 구성하지 아니하는 작위 또는 부작위를 이유로 유죄로 되지 아니한다. 또한 범죄가 행하여진 때에 적용될 수 있는 형벌보다 무거운 형벌이 부과되지 아니한다.

**제12조** 어느 누구도 자신의 사생활, 가정, 주거 또는 통신에 대하여 자의적인 간섭을 받지 않으며, 자신의 명예와 신용에 대하여 공격을 받지 아니한다. 모든 사람은 그러한 간섭과 공격에 대하여 법률의 보호를 받을 권리를 가진다.

**제13조**

1. 모든 사람은 각국의 영역 내에서 이전과 거주의 자유에 관한 권리를 가진다.
2. 모든 사람은 자국을 포함한 어떤 나라로부터도 출국할 권리가 있으며, 또한 자국으로 돌아올 권리를 가진다.

**제14조**

1. 모든 사람은 박해를 피하여 타국에서 피난처를 구하고 비호를 향유할 권리를 가진다.
2. 이 권리는 비정치적인 범죄 또는 국제연합의 목적과 원칙에 반하는 행위만으로 인하여 제기된 소추의 경우에는 활용될 수 없다.

**제15조**

1. 모든 사람은 국적을 가질 권리를 가진다.
2. 어느 누구도 자의적으로 자신의 국적을 박탈당하거나 그의 국적

을 바꿀 권리를 부인당하지 아니한다.

**제16조**

1. 성년에 이른 남녀는 인종, 국적 또는 종교에 따른 어떠한 제한도 받지 않고 혼인하여 가정을 이룰 권리를 가진다. 이들은 혼인 기간 중 및 그 해소 시 혼인에 관하여 동등한 권리를 가진다.
2. 결혼은 양당사자의 자유롭고도 완전한 합의에 의하여만 성립된다.
3. 가정은 사회의 자연적이며 기초적인 구성 단위이며, 사회와 국가의 보호를 받을 권리를 가진다.

**제17조**

1. 모든 사람은 단독으로는 물론 타인과 공동으로 자신의 재산을 소유할 권리를 가진다.
2. 어느 누구도 자신의 재산을 자의적으로 박탈당하지 아니한다.

**제18조** 모든 사람은 사상, 양심 및 종교의 자유에 대한 권리를 가진다. 이러한 권리는 자신의 종교 또는 신념을 바꿀 자유와 선교, 행사, 예배, 의식에 있어서 단독으로 또는 다른 사람과 공동으로, 공적으로 또는 사적으로 자신의 종교나 신념을 표명하는 자유를 포함한다.

**제19조** 모든 사람은 의견과 표현의 자유에 관한 권리를 가진다. 이 권리는 간섭받지 않고 의견을 가질 자유와 모든 매체를 통하여 국경에 관계없이 정보와 사상을 추구하고, 접수하고, 전달하는 자유를 포함한다.

**제20조**

1. 모든 사람은 평화적 집회와 결사의 자유에 관한 권리를 가진다.
2. 어느 누구도 어떤 결사에 소속될 것을 강요받지 아니한다.

**제21조**

1. 모든 사람은 직접 또는 자유롭게 선출된 대표를 통하여 자국의

통치에 참여할 권리를 가진다.

2. 모든 사람은 자국의 공무에 취임할 동등한 권리를 가진다.
3. 국민의 의사는 정부의 권위의 기초가 된다. 이 의사는 보통 및 평등 선거권에 의거하며, 또한 비밀투표 또는 이와 동등한 자유로운 투표 절차에 따라 실시되는 정기적이고 진정한 선거를 통하여 표현된다.

**제22조** 모든 사람은 사회의 일원으로서 사회보장제도에 관한 권리를 가지며, 국가적 노력과 국제적 협력을 통하여 그리고 각국의 조직과 자원에 따라 자신의 존엄성과 인격의 자유로운 발전을 위하여 불가결한 경제적, 사회적 및 문화적 권리의 실현에 관한 권리를 가진다.

**제23조**

1. 모든 사람은 근로의 권리, 자유로운 직업 선택권, 공정하고 유리한 근로조건에 관한 권리 및 실업으로부터 보호받을 권리를 가진다.
2. 모든 사람은 어떠한 차별도 받지 않고 동등한 노동에 대하여 동등한 보수를 받을 권리를 가진다.
3. 모든 근로자는 자신과 가족에게 인간적 존엄에 합당한 생활을 보장하여 주며, 필요할 경우 다른 사회적 보호의 수단에 의하여 보완되는, 정당하고 유리한 보수를 받을 권리를 가진다.
4. 모든 사람은 자신의 이익을 보호하기 위하여 노동조합을 결성하고, 가입할 권리를 가진다.

**제24조** 모든 사람은 근로시간의 합리적 제한과 정기적인 유급휴일을 포함한 휴식과 여가에 관한 권리를 가진다.

**제25조**

1. 모든 사람은 식량, 의복, 주택, 의료, 필수적인 사회역무를 포함

하여 자신과 가족의 건강과 안녕에 적합한 생활수준을 누릴 권리를 가지며, 실업, 질병, 불구, 배우자와의 사별, 노령, 그 밖의 자신이 통제할 수 없는 상황에서의 다른 생계 결핍의 경우 사회보장을 누릴 권리를 가진다.

2. 모자는 특별한 보살핌과 도움을 받을 권리를 가진다. 모든 어린이는 부모의 혼인 여부에 관계없이 동등한 사회적 보호를 향유한다.

**第26조**

1. 모든 사람은 교육을 받을 권리를 가진다. 교육은 최소한 초등기초단계에서는 무상이어야 한다. 초등교육은 의무적이어야 한다. 기술교육과 직업교육은 일반적으로 이용할 수 있어야 하며, 고등교육도 능력에 따라 모든 사람에게 평등하게 개방되어야 한다.
2. 교육은 인격의 완전한 발전과 인권 및 기본적 자유에 대한 존중의 강화를 목표로 하여야 한다. 교육은 모든 국가들과 인종적 또는 종교적 집단간에 있어서 이해, 관용 및 친선을 증진시키고 평화를 유지하기 위한 국제연합의 활동을 촉진시켜야 한다.
3. 부모는 자녀에게 제공되는 교육의 종류를 선택함에 있어서 우선권을 가진다.

**第27조**

1. 모든 사람은 공동체의 문화생활에 자유롭게 참여하고, 예술을 감상하며, 과학의 진보와 그 혜택을 향유할 권리를 가진다.
2. 모든 사람은 자신이 창조한 모든 과학적, 문학적, 예술적 창작물에서 생기는 정신적, 물질적 이익을 보호받을 권리를 가진다.

**第28조** 모든 사람은 이 선언에 제시된 권리와 자유가 완전히 실현될 수 있는 사회적 및 국제적 질서에 대한 권리를 가진다.

**第29조**

1. 모든 사람은 그 안에서만 자신의 인격을 자유롭고 완전하게 발전

시킬 수 있는 공동체에 대하여 의무를 부담한다.

2. 모든 사람은 자신의 권리와 자유를 행사함에 있어서, 타인의 권리와 자유에 대한 적절한 인정과 존중을 보장하고, 민주사회에서의 도덕심, 공공질서, 일반의 복지를 위하여 정당한 필요를 충족시키기 위한 목적에서만 법률에 규정된 제한을 받는다.

3. 이러한 권리와 자유는 어떤 경우에도 국제연합의 목적과 원칙에 반하여 행사될 수 없다.

**제30조** 이 선언의 그 어떠한 조항도 특정 국가, 집단 또는 개인이 이 선언에 규정된 어떠한 권리와 자유를 파괴할 목적의 활동에 종사하거나, 또는 그와 같은 행위를 행할 어떠한 권리도 가지는 것으로 해석되지 아니한다.

# Universal Declaration of Human Rights

## PREAMBLE

Whereas recognition of the inherent dignity and of the equal and inalienable rights of all members of the human family is the foundation of freedom, justice and peace in the world,

Whereas disregard and contempt for human rights have resulted in barbarous acts which have outraged the conscience of mankind, and the advent of a world in which human beings shall enjoy freedom of speech and belief and freedom from fear and want has been proclaimed as the highest aspiration of the common people,

Whereas it is essential, if man is not to be compelled to have recourse, as a last resort, to rebellion against tyranny and oppression, that human rights should be protected by the rule of law,

Whereas it is essential to promote the development of friendly relations between nations,

Whereas the peoples of the United Nations have in the Charter reaffirmed their faith in fundamental human rights, in the dignity and worth of the human person and in the equal rights of men and women and have determined to promote social progress and better standards of life in larger freedom,

Whereas Member States have pledged themselves to achieve, in cooperation with the United Nations, the promotion of universal respect for and observance of human rights and fundamental freedoms,

Whereas a common understanding of these rights and freedoms is of the greatest importance for the full realization of this pledge,

Now, therefore, The General Assembly, Proclaims this Universal Declaration of Human Rights as a common standard of achievement for all peoples and all nations, to the end that every individual and every organ of society, keeping this Declaration constantly in mind, shall strive by teaching and education to promote respect for these rights

and freedoms and by progressive measures, national and international, to secure their universal and effective recognition and observance, both among the peoples of Member States themselves and among the peoples of territories under their jurisdiction.

**Article** 1 All human beings are born free and equal in dignity and rights. They are endowed with reason and conscience and should act towards one another in a spirit of brotherhood.

**Article** 2 Everyone is entitled to all the rights and freedoms set forth in this Declaration, without distinction of any kind, such as race, colour, sex, language, religion, political or other opinion, national or social origin, property, birth or other status. Furthermore, no distinction shall be made on the basis of the political, jurisdictional or international status of the country or territory to which a person belongs, whether it be independent, trust, non-self-governing or under any other limitation of sovereignty.

**Article** 3 Everyone has the right to life, liberty and security of person.

**Article** 4 No one shall be held in slavery or servitude; slavery and the slave trade shall be prohibited in all their forms.

**Article** 5 No one shall be subjected to torture or to cruel, inhuman or degrading treatment or punishment.

**Article** 6 Everyone has the right to recognition everywhere as a person before the law.

**Article** 7 All are equal before the law and are entitled without any discrimination to equal protection of the law. All are entitled to equal protection against any discrimination in violation of this Declaration and against any incitement to such discrimination.

**Article** 8 Everyone has the right to an effective remedy by the competent national tribunals for acts violating the fundamental rights granted him by the constitution or by law.

**Article** 9

No one shall be subjected to arbitrary arrest, detention or exile.

**Article** 10

Everyone is entitled in full equality to a fair and public hearing by

an independent and impartial tribunal, in the determination of his rights and obligations and of any criminal charge against him.

**Article 11**

1. Everyone charged with a penal offence has the right to be presumed innocent until proved guilty according to law in a public trial at which he has had all the guarantees necessary for his defence.
2. No one shall be held guilty of any penal offence on account of any act or omission which did not constitute a penal offence, under national or international law, at the time when it was committed. Nor shall a heavier penalty be imposed than the one that was applicable at the time the penal offence was committed.

**Article 12**

No one shall be subjected to arbitrary interference with his privacy, family, home or correspondence, nor to attacks upon his honour and reputation. Everyone has the right to the protection of the law against such interference or attacks.

**Article 13**

1. Everyone has the right to freedom of movement and residence within the borders of each State.
2. Everyone has the right to leave any country, including his own, and to return to his country.

**Article 14**

1. Everyone has the right to seek and to enjoy in other countries asylum from persecution.
2. This right may not be invoked in the case of prosecutions genuinely arising from non-political crimes or from acts contrary to the purposes and principles of the United Nations.

**Article 15**

1. Everyone has the right to a nationality.
2. No one shall be arbitrarily deprived of his nationality nor denied the right to change his nationality.

**Article 16**

1. Men and women of full age, without any limitation due to race, nationality or religion, have the right to marry and to found a family. They are entitled to equal rights as to marriage, during marriage and at its dissolution.
2. Marriage shall be entered into only with the free and full consent of the intending spouses.
3. The family is the natural and fundamental group unit of society and is entitled to protection by society and the State.

**Article 17**

1. Everyone has the right to own property alone as well as in association with others.
2. No one shall be arbitrarily deprived of his property.

**Article 18**

Everyone has the right to freedom of thought, conscience and religion; this right includes freedom to change his religion or belief, and freedom, either alone or in community with others and in public or private, to manifest his religion or belief in teaching, practice, worship and observance.

**Article 19**

Everyone has the right to freedom of opinion and expression; this right includes freedom to hold opinions without interference and to seek, receive and impart information and ideas through any media and regardless of frontiers.

**Article 20**

1. Everyone has the right to freedom of peaceful assembly and association.
2. No one may be compelled to belong to an association.

**Article 21**

1. Everyone has the right to take part in the government of his country, directly or through freely chosen representatives.
2. Everyone has the right to equal access to public service in his country.

3. The will of the people shall be the basis of the authority of government; this will shall be expressed in periodic and genuine elections which shall be by universal and equal suffrage and shall be held by secret vote or by equivalent free voting procedures.

**Article 22**

Everyone, as a member of society, has the right to social security and is entitled to realization, through national effort and international co-operation and in accordance with the organization and resources of each State, of the economic, social and cultural rights indispensable for his dignity and the free development of his personality.

**Article 23**

1. Everyone has the right to work, to free choice of employment, to just and favourable conditions of work and to protection against unemployment.
2. Everyone, without any discrimination, has the right to equal pay for equal work.
3. Everyone who works has the right to just and favourable remuneration ensuring for himself and his family an existence worthy of human dignity, and supplemented, if necessary, by other means of social protection.
4. Everyone has the right to form and to join trade unions for the protection of his interests.

**Article 24**

Everyone has the right to rest and leisure, including reasonable limitation of working hours and periodic holidays with pay.

**Article 25**

1. Everyone has the right to a standard of living adequate for the health and well-being of himself and of his family, including food, clothing, housing and medical care and necessary social services, and the right to security in the event of unemployment, sickness, disability, widowhood, old age or other lack of livelihood in circumstances beyond his control.
2. Motherhood and childhood are entitled to special care

and assistance. All children, whether born in or out of wedlock, shall enjoy the same social protection.

**Article 26**

1. Everyone has the right to education. Education shall be free, at least in the elementary and fundamental stages. Elementary education shall be compulsory. Technical and professional education shall be made generally available and higher education shall be equally accessible to all on the basis of merit.
2. Education shall be directed to the full development of the human personality and to the strengthening of respect for human rights and fundamental freedoms. It shall promote understanding, tolerance and friendship among all nations, racial or religious groups, and shall further the activities of the United Nations for the maintenance of peace.
3. Parents have a prior right to choose the kind of education that shall be given to their children.

**Article 27**

1. Everyone has the right freely to participate in the cultural life of the community, to enjoy the arts and to share in scientific advancement and its benefits.
2. Everyone has the right to the protection of the moral and material interests resulting from any scientific, literary or artistic production of which he is the author.

**Article 28**

Everyone is entitled to a social and international order in which the rights and freedoms set forth in this Declaration can be fully realized.

**Article 29**

1. Everyone has duties to the community in which alone the free and full development of his personality is possible.
2. In the exercise of his rights and freedoms, everyone shall be subject only to such limitations as are determined by law solely for the purpose of securing due recognition

and respect for the rights and freedoms of others and of meeting the just requirements of morality, public order and the general welfare in a democratic society.

3. These rights and freedoms may in no case be exercised contrary to the purposes and principles of the United Nations.

**Article 30**

Nothing in this Declaration may be interpreted as implying for any State, group or person any right to engage in any activity or to perform any act aimed at the destruction of any of the rights and freedoms set forth herein.

## 부록 2 버지니아 권리선언(Virginia's Declaration of Rights, 1776)

버지니아 권리장전으로도 언급되는 버지니아 권리선언(Virginia Declaration of Rights)은 버지니아 식민지 제헌회의에서 1776년 6월 12일 채택한 시민의 천부인권을 선언한 문서를 말한다. 버지니아 권리장전(權利章典)은 조지 메이슨(George Mason)이 주로 기초한 것으로서 자유 시민의 제 권리에 대한 개인적 열망과 당시 버지니아 식민지 국민들의 이상을 담고 있다.

전원이 참석한 자유스런 의회에서 버지니아의 선한 인민들의 대표자들에 의하여 작성되었고, 통치의 기초와 근거로서 그들 자신과 그 후손들에게 연관된 제 권리의 선언.

1. 모든 인간은 날 때부터 동등하게 자유롭고 독립적이며 생득적(生得的) 여러 권리를 가진다. 이 중에서 재산을 획득하고 소유하며 행복, 안전을 추구하고 확보하는 여러 수단을 누리면서 생활과 자유를 향유할 여러 권리는 비록 인간이 사회 조직 속에 놓인다 해도 어떤 계약으로도 빼앗기거나 박탈당하지 아니한다.
2. 모든 권력은 국민에게 귀속되며 따라서 국민으로부터 나온다. 그러므로 관리는 국민의 위탁자요, 봉사자이며, 항상 국민에게 순종해야 한다.
3. 정부는 국민, 국가 또는 공동체의 공동 이익과 보호, 안전을 위해 존재하며, 또 마땅히 그러해야 한다. 또 정부의 여러 유형과 형태 중에서 최대의 행복과 안전을 제공하고, 악정의 위험에 가장 효과적으로 대응할 수 있는 정부가 최선의 정부이다. 그리고 어떤 정부가 이와 같은 여러 방법에 따라 그 정부를 개혁, 변경 또는 폐지할 권리를 가지며, 이 권리는 의심의 여지 없이 확실하고 결코 빼앗길 수 없으며, 또 파기될 수도 없다.

4. 어떤 개인이나 특정 집단도 공공 봉사의 이유에서가 아니면 특례적이고 개별적인 이득이나 특권을 누릴 수 없다. 이 이득과 특권을 대를 물릴 수 없으며, 행정 관리, 입법관, 재판관의 관직도 세습될 수 없다.
5. 나라의 입법권, 행정권은 사법권에서 분리, 구분되어야 한다. 입법권과 행정권을 행사하는 사람들은 (국민을) 억압해서는 안되며, 국민들의 어려움을 실감하고 거기에 동참하는 심정으로 일정 기간 후에는 사인(私人)으로 환원되어 원래 속했던 모체로 되돌아 와야 한다. 그리고 그 빈 자리를 채우기 위한 선거는 자주, 확실히 정기적으로 시행되어야 하며, 전임자들의 전부 또는 일부 재출마 여부는 법이 정하는 바에 따른다.
6. 국민의 대표자로서 의회에 나갈 의원들의 선거는 자유로워야 한다. 선거권은 공동체의 항구적 공동 이익과 공동체에 대한 충성심이 충분히 증명된 자들에게 주어지며, 이들 자신이나 이들이 뽑은 대의원들의 동의 없이는 공공 이익을 위하여 이들의 재산이 과세되거나 박탈당하지 아니하며, 마찬가지로 이들의 동의 없이는 공공의 선을 위하여 어떤 법률의 제약도 받지 않는다.
7. 국민의 대표자들의 동의 없는 모든 법률 보호권, 법률 집행권은 누가 그것을 행사하더라도 국민의 제 권리에 해가 되며, 따라서 결코 행사되어서는 안 된다.
8. 사형 또는 모든 형사 소송의 경우 당사자는 그 고발의 이유와 성격에 관한 (설명을) 요구할 권리, 고발자와 증인을 대면할 권리, 자신에게 유리한 증거를 제시할 권리, 공정 무사한 동네 배심원에 의한 신속한 재판을 요구할 권리를 가지며, 이 배심원들의 만장일치의 결의 없이는 유죄가 되지 않는다. 또 자신에게 불리한 증거 제시를 강요당하지 아니하며, 어떤 개인도 국법 또는 동료들의 판단에 의하지 않고는 그의 자유가 박탈되지 아니한다.

9. 과도한 보석 요청은 없어야 하며, 이와 함께 과도한 벌금의 부과 또는 상도에 어긋난 형벌이 있어서도 안 된다.

10. 관리 또는 집달리(執達吏)로 하여금 범행 사실에 대한 증거 없이 의혹이 가는 장소를 수색할 수 있도록 하거나, 이름이 명시되지도 않고 또 범죄에 대한 구체적 기록이나 증거의 뒷받침도 없이 어떤 개인이나 다수의 사람을 체포하게 할 우려가 있는 일반 구속 영장은 국민들의 원망을 살 억압적인 것이므로 결코 발급되어서는 안 된다.

11. 재산에 관련된 분쟁이나 개인 대 개인의 송사에 있어서는 고대의 배심 재판 제도가 다른 제도들보다 더 바람직하며, 따라서 신성하게 받아들여져야 한다.

12. 출판의 자유는 전체 자유를 지켜 주는 거대한 방파제의 하나이며, 독재 정부 이외에는 아무도 이를 제지할 수 없다.

13. 군사적 훈련을 거친 국민들로 구성된, 군기가 잘 잡힌 민병대(民兵隊)는 자유 국가에 가장 알맞고 자연스러우며 안전한 방위력이다. 평화시의 상비군은 자유에 위해가 되므로 이를 피해야 하며, 어떤 경우에도 군대는 민간 정부에게 엄격히 종속해야 하고, 또 그 통솔하에 있어야 한다.

14. 국민들에게는 정부를 조직할 권리가 있다. 따라서(국민들에 의하여 조직된) 버지니아 정부와 분리되어 있거나, 그로부터 독립된 어떤 정부도 버지니아 영내에 조직되거나 수립될 수 없다.

15. 어떤 자유정부 또는 자유가 가져다 주는 여러 가지 축복도 정의, 종용, 절제, 검소, 선행 등에 대한 국민들의 확고한 집착과 또 근원적 제 원리에 대한 빈번한 성찰 없이는 유지될 수 없다.

16. 종교, 달리 말해서 창조주에 대한 우리의 의무와 그 의욕의 구체적 시행 방법은 오직 이성과 확신이 지시하는 대로 따를 것이며, 결코 강제나 폭력으로 해서는 안 된다. 따라서 모든 인간에게는 양심의 지

시에 따라 자유로운 종교 생활을 누릴 평등한 권리가 있으며, 서로에 대하여 기독교적 관용과 사랑, 자선을 베푸는 것이 우리 모두의 상호적 의무이다.

# The Virginia Declaration of Rights

A DECLARATION OF RIGHTS made by the representatives of the good people of Virginia, assembled in full and free convention which rights do pertain to them and their posterity, as the basis and foundation of government .

**Section 1.** That all men are by nature equally free and independent and have certain inherent rights, of which, when they enter into a state of society, they cannot, by any compact, deprive or divest their posterity; namely, the enjoyment of life and liberty, with the means of acquiring and possessing property, and pursuing and obtaining happiness and safety.

**Section 2.** That all power is vested in, and consequently derived from, the people; that magistrates are their trustees and servants and at all times amenable to them.

**Section 3.** That government is, or ought to be, instituted for the common benefit, protection, and security of the people, nation, or community; of all the various modes and forms of government, that is best which is capable of producing the greatest degree of happiness and safety and is most effectually secured against the danger of maladministration. And that, when any government shall be found inadequate or contrary to these purposes, a majority of the community has an indubitable, inalienable, and indefeasible right to reform, alter, or abolish it, in such manner as shall be judged most conducive to the public weal.

**Section 4.** That no man, or set of men, is entitled to exclusive or separate emoluments or privileges from the community, but in consideration of public services; which, nor being descendible, neither ought the offices of magistrate,

legislator, or judge to be hereditary.

**Section 5.** That the legislative and executive powers of the state should be separate and distinct from the judiciary; and that the members of the two first may be restrained from oppression, by feeling and participating the burdens of the people, they should, at fixed periods, be reduced to a private station, return into that body from which they were originally taken, and the vacancies be supplied by frequent, certain, and regular elections, in which all, or any part, of the former members, to be again eligible, or ineligible, as the laws shall direct.

**Section 6.** That elections of members to serve as representatives of the people, in assembly ought to be free; and that all men, having sufficient evidence of permanent common interest with, and attachment to, the community, have the right of suffrage and cannot be taxed or deprived of their property for public uses without their own consent or that of their representatives so elected, nor bound by any law to which they have not, in like manner, assembled for the public good.

**Section 7.** That all power of suspending laws, or the execution of laws, by any authority, without consent of the representatives of the people, is injurious to their rights and ought not to be exercised.

**Section 8.** That in all capital or criminal prosecutions a man has a right to demand the cause and nature of his accusation, to be confronted with the accusers and witnesses, to call for evidence in his favor, and to a speedy trial by an impartial jury of twelve men of his vicinage, without whose unanimous consent he cannot be found guilty; nor can he be compelled to give evidence against himself; that no man be deprived of his liberty except by the law of the land or the judgment of his peers.

**Section 9.** That excessive bail ought not to be required, nor excessive fines imposed, nor cruel and unusual punishments

inflicted.

Section 10. That general warrants, whereby an officer or messenger may be commanded to search suspected places without evidence of a fact committed, or to seize any person or persons not named, or whose offense is not particularly described and supported by evidence, are grievous and oppressive and ought not to be granted.

Section 11. That in controversies respecting property, and in suits between man and man, the ancient trial by jury is preferable to any other and ought to be held sacred.

Section 12. That the freedom of the press is one of the great bulwarks of liberty, and can never be restrained but by despotic governments.

Section 13. That a well-regulated militia, composed of the body of the people, trained to arms, is the proper, natural, and safe defense of a free state; that standing armies, in time of peace, should be avoided as dangerous to liberty; and that in all cases the military should be under strict subordination to, and governed by, the civil power.

Section 14. That the people have a right to uniform government; and, therefore, that no government separate from or independent of the government of Virginia ought to be erected or established within the limits thereof.

Section 15. That no free government, or the blessings of liberty, can be preserved to any people but by a firm adherence to justice, moderation, temperance, frugality, and virtue and by frequent recurrence to fundamental principles.

Section 16. That religion, or the duty which we owe to our Creator, and the manner of discharging it, can be directed only by reason and conviction, not by force or violence; and therefore all men are equally entitled to the free exercise of religion, according to the dictates of conscience; and that it is the mutual duty of all to practise Christian forbearance, love, and charity toward each other.

## 부록 3 미국독립선언서(The Declaration of Independence, 1776)

인류의 역사에서 한 민족이 다른 한 민족과의 정치적 결합을 해체하고 세계의 여러 나라 사이에서 자연법과 자연의 신의 법이 부여한 독립, 평등의 지위를 차지하는 것이 필요하게 되었을 때, 인류의 신념에 대한 엄정한 고려는 우리로 하여금 독립을 요청하는 여러 원인을 선언하지 않을 수 없게 한다.

우리들은 다음과 같은 것을 자명한 진리라고 생각한다. 즉, 모든 사람은 평등하게 태어났으며, 조물주는 몇 개의 양도할 수 없는 권리를 부여했으며, 그 권리 중에는 생명과 자유와 행복의 추구가 있다. 이 권리를 확보하기 위하여 인류는 정부를 조직했으며, 이 정부의 정당한 권력은 인민의 동의로부터 유래하고 있는 것이다. 또 어떠한 형태의 정부이든 이러한 목적을 파괴할 때에는 언제든지 정부를 변혁 내지 폐지하여 인민의 안전과 행복을 가장 효과적으로 가져올 수 있는, 그러한 원칙에 기초를 두고 그러한 형태로 기구를 갖춘 새로운 정부를 조직하는 것은 인민의 권리인 것이다. 진실로 인간의 심려는 오랜 역사를 가진 정부를 천박하고도 일시적인 원인으로 변경해서는 안 된다는 것. 인간에게는 악폐를 참을 수 있는 데까지는 참는 경향이 있다는 것을 가르쳐 줄 것이다. 그러나 오랜 동안에 걸친 학대와 착취가 변함 없이 동일한 목적을 추구하고 인민을 절대 전제 정치 밑에 예속시키려는 계획을 분명히 했을 때에는, 이와 같은 정부를 타도하고 미래의 안전을 위해서 새로운 보호자를 마련하는 것은 그들의 권리이며 또한 의무인 것이다. 이와 같은 것이 지금까지 식민지가 견디어 온 고통이었고, 이제야 종래의 정부를 변혁해야 할 필요성이 바로 여기에 있는 것이다. 대영국의 현재 국왕의 역사는 악행과 착취를 되풀이한 역사이며, 그 목적은 직접 이 땅에

절대 전제 정치를 세우려는 데 있었다. 지금 이러한 사실을 밝히기 위하여 다음의 사실을 공정하게 사리를 판단하는 세계에 표명하는 바이다.

국왕은 공익을 위해 대단히 유익하고 필요한 법률을 허가하지 않았다.

국왕은 긴급히 요구되는 중요한 법률이라 할지라도 그가 동의하지 않으면 시행해서는 안 된다고 식민지 총독에게 명령했다. 이렇게 하여 시행이 안 된 법률을 허가할 수 없다고 했다.

국왕은 우리를 괴롭혀 결국은 그의 정책에 복종시키기 위하여 입법 기관의 양원을 공문서 보관소로부터 멀리 떨어진 유별나고 불편한 장소에 동시에 소집했다.

국왕은 인민의 권리를 침해한 데 대하여 민의원이 단호하게 반발하면 몇 번이고 민의원을 해산했다.

국왕은 민의원을 이렇게 해산한 뒤 오랫동안 대의원의 선출을 허가하지 않았다. 그러나 입법권이라는 것은 완전히 폐지할 수는 없으므로, 입법권은 결국 인민 일반에게 돌아와 다시 행사하게 되었지만, 그 동안에 식민지는 내우외환의 온갖 위협에 당면하지 않을 수 없었다.

국왕은 식민지의 인구를 억제하는 데에도 힘을 썼다. 이를 위하여 외국인의 귀화법에 반대했고, 외국인의 이주를 장려하는 법률도 허가하지 않았으며, 토지를 새로이 취득하는 데에도 여러 가지 조건을 붙여 까다롭게 했다.

국왕은 사법권을 수립하는 데 관한 법률을 허가하지 않음으로써 사법 행정에도 반대했다.

국왕은 판사의 임기, 봉급의 액수와 지불에 관해 오로지 국왕의 의사에만 따르도록 했다.

국왕은 우리들 인민을 괴롭히고 인민의 재산을 축내기 위하여 수많은 새로운 관직을 만들고, 수많은 관리를 식민지에 보냈다.

국왕은 평화 시에도 우리의 입법 기관의 동의 없이 상비군을 주둔시켰다.

국왕은 다른 기관과 결탁하여 우리의 헌정이 인정하지 않고 우리의 법률

이 승인하지 않는 사법권에 예속시키려 했고, 식민지에 대하여 입법권을 주장하는 영국 의회의 여러 법률을 허가했다. 즉, 대규모의 군대를 우리들 사이에 주둔시키고, 군대가 우리들 주민을 살해해도 기만적 재판을 해서 이들을 처벌받지 않도록 하고, 우리와 전 세계와의 무역을 차단하고, 우리의 동의 없이 세금을 부과하고, 수많은 사건에서 배심 재판을 받는 혜택을 박탈하고, 허구적인 범죄를 재판하기 위하여 우리를 본국으로 소환하고, 우리와 인접한 식민지에서 영국의 자유로운 법률 제도를 철폐하고, 전제적 정부를 수립하여 다시 그 영역을 넓혀 이 정부를 모범으로 삼아 이 식민지에도 동일한 절대적 통치를 도입하는 적절한 수단으로 하고, 우리의 특허장을 박탈하고, 우리의 귀중한 법률을 철폐하고, 우리의 정부 형태를 변경하고, 우리의 입법 기관의 기능을 정지시키고, 어떠한 경우든 우리를 대신하여 법률을 제정할 수 있는 권한이 있다고 선언하는, 이러한 법률을 허가한 것이다.

국왕은 우리를 그의 보호 밖에 둔다고 선언하고, 우리에게 전쟁을 벌임으로써 식민지에 대한 통치를 포기했다.

국왕은 우리의 바다에서 약탈을 자행하고, 우리의 해안을 습격하고, 우리의 도시를 불사르고, 우리들 주민의 생명을 빼앗았다.

국왕은 가장 야만적인 시대에도 그 유례가 없고 문명국의 원수로는 도저히 어울리지 않는 잔학과 배신의 상황을 만들고, 이와 더불어 이미 착수한 죽음과 황폐와 포학의 과업을 완수하기 위하여 이 시간에도 외국 용병 대부대를 수송하고 있다.

국왕은 해상에서 포로가 된 우리들 동포 시민에게 그들이 사는 식민지에 대하여 무기를 들거나, 우리의 벗과 형제자매의 사형을 집행하거나, 그렇지 않으면 그들의 손에 죽기를 강요했다.

국왕은 우리들 사이에 내란을 선동했고, 변경의 주민에 대하여는 연령, 남녀, 신분의 여하를 막론하고 무차별로 살해하는 것을 전쟁의 규칙으로 하는, 무자비한 인디언을 자기편으로 하려고 했다.

이러한 탄압을 받을 때마다 그때그때 우리는 겸손한 언사로써 시정을 탄원했던 것이다. 그러나 우리의 여러 차례의 진정에 대하여 돌아온 것은 여러 차례의 박해에 지나지 않았다. 이와 같이 그 성격이 모든 행동에 있어서 폭군이라는 정의를 내리지 않을 수 없는 국왕은 자유로운 인민의 통치자로서는 적합하지 않은 것이다. 우리는 또한 영국의 형제 자매에게도 주의를 환기시키는 데 부족함이 없었다. 우리는 영국 의회가 우리를 억압하려고 부당한 사법권을 넓히려고 하는 데 대하여도 수시로 경고를 했다. 우리는 우리가 아메리카로 이주하여 식민을 하게 된 제반 사정을 다시 한 번 상기시켰다. 우리는 그들의 타고난 정의감과 아량에 대하여도 호소한 바 있었다. 그리고 그들의 피를 같이 나누고 있다는 것에 호소하여 우리와의 연결과 결합을 결국에는 단절시키는 것이 불가피한 이러한 탄압을 거부해 줄 것을 탄원하기도 했다. 그러나 이들 또한 정의와 혈연의 소리에 귀를 기울이지 않았다. 그러므로 우리는 우리가 영국으로부터 독립해야 할 사정을 고발할 필요성을 묵묵히 받아들이면서 세계의 다른 국민에게 대하듯이 영국인에 대하여도 전시에는 적으로, 평화 시에는 친구로 대하지 않을 수 없다는 것을 주장하는 바이다. 이에 아메리카의 연합 제 주의 대표들은 전체 회의에 모여서 우리의 공정한 의도를 세계의 최고 심판에 호소하는 바이며, 이 식민지의 선량한 인민의 이름과 권능으로써 엄숙히 발표하고 선언하는 바이다. 이 연합한 제 식민지는 자유롭고 독립된 국가이며, 또 권리에 의거하고 자유롭고 독립된 국가여야 한다. 이 국가는 영국의 왕권에 대한 모든 충성의 의무를 벗으며, 대영제국과의 모든 정치적 관계는 완전히 해소되고 또 해소되어야 한다. 따라서 이 국가는 자유롭고 독립된 국가로서 전쟁을 개시하고 평화를 체결하고 동맹 관계를 협정하고, 통상 관계를 수립하여 독립 국가가 당연히 해야 할 모든 행동과 사무를 할 수 있는 완전한 권리를 갖고 있는 바이다. 우리들은 이에 우리의 생명과 재산과 신성한 명예를 걸고 신의 가호를 굳게 믿으면서 이 선언을 지지할 것을 서로 굳게 맹세하는 바이다.

# The Unanimous Declaration of The Thirteen United States of America

When in the Course of human events, it becomes necessary for one people to dissolve the political bands which have connected them with another, and to assume among the Powers of the earth, the separate and equal station to which the Laws of Nature and of Nature's God entitle them, a decent respect to the opinions of mankind requires that they should declare the causes which impel them to the separation.

We hold these truths to be self-evident, that all men are created equal, that they are endowed by their Creator with certain unalienable Rights, that among these are Life, Liberty, and the pursuit of Happiness. That to secure these rights, Governments are instituted among Men, deriving their just powers from the consent of the governed. That whenever any Form of Government becomes destructive of these ends, it is the Right of the People to alter or to abolish it, and to institute new Government, having its foundation on such principles and organizing its powers in such form, as to them shall seem most likely to effect their Safety and Happiness.

Prudence, indeed, will dictate that Governments long established should not be changed for light and transient causes; and accordingly all experience hath shown that mankind are more disposed to suffer, while evils are sufferable, than to right themselves by abolishing the forms to which they are accustomed. But when a long train of abuses and usurpations pursuing invariably the same Object evinces a design to reduce them under absolute Despotism, it is their right, it is their duty, to throw off such Government, and to provide new Guards for their future security.

Such has been the patient suffrance of these Colonies; and such is now the necessity which constrains them to alter their former Systems of Government. The history of the present King of Great Britain is a

history of repeated injuries and usurpations, all having in direct object the establishment of an absolute Tyranny over these States. To prove this, let Facts be submitted to a candid world.

He has refused his Assent to Laws, the most wholesome and necessary for the public good.

He has forbidden his Governors to pass laws of immediate and pressing importance, unless suspended in their operation till his Assent should be obtained; and when so suspended, has utterly neglected to attend to them.

He has refused to pass other Laws for the accommodation of large districts of people, unless those people would relinquish the right of Representation in the Legislature, a right inestimable to them and formidable to tyrants only.

He has called together legislative bodies at places unusual, uncomfortable, and distant from the depository of their Public Records, for the sole purpose of fatiguing them into compliance with his measures.

He has dissolved Representative Houses repeatedly, for opposing with manly firmness his invasions on the rights of the people.

He has refused for a long time, after such dissolutions, to cause others to be elected; whereby the Legislative Powers, incapable of Annihilation, have returned to the People at large for their exercise; the State remaining in the meantime exposed to all the dangers of invasion from without, and convulsions within.

He has endeavored to prevent the population of these States; for that purpose obstructing the Laws for Naturalization of Foreigners; refusing to pass others to encourage their migration hither, and raising the conditions of new Appropriations of Lands.

He has obstructed the Administration of Justice, by refusing his Assent to Laws for establishing Judiciary Powers.

He has made Judges dependent on his Will alone, for the tenure of their offices, and the amount and payment of their salaries.

He has erected a multitude of New Offices, and sent hither swarms of Officers to harass our people, and eat out their substance.

He has kept among us, in times of peace, Standing Armies without the Consent of our legislatures.

He has affected to render the military independent of and superior to the Civil Power.

He has combined with others to subject us to a jurisdiction foreign to our constitution, and unacknowledged by our laws; giving his Assent to their acts of pretended legislation.

For quartering large bodies of armed troops among us:

For protecting them, by a mock Trial, from Punishment for any Murders which they should commit on the Inhabitants of these States:

For cutting off our Trade with all parts of the world:

For imposing taxes on us without our Consent:

For depriving us in many cases, of the benefits of Trial by Jury:

For transporting us beyond Seas to be tried for pretended offenses:

For abolishing the free System of English Laws in a neighboring Province, establishing therein an Arbitrary government, and enlarging its Boundaries so as to render it at once an example and fit instrument for introducing the same absolute rule into these Colonies:

For taking away our Charters, abolishing our most valuable Laws, and altering fundamentally, the Forms of our Governments:

For suspending our own Legislatures, and declaring themselves invested with Power to legislate for us in all cases whatsoever:

He has abdicated Government here, by declaring us out of his Protection and waging War against us.

He has plundered our seas, ravaged our Coasts, burnt our towns, and destroyed the lives of our people.

He is at this time transporting large armies of foreign mercenaries to compleat the works of death, desolation and tyranny, already begun with circumstances of Cruelty & perfidy scarcely paralleled in the most barbarous ages, and totally unworthy the Head of a civilized nation.

He has constrained our fellow Citizen taken Captive on the high Seas to bear Arms against their Country, to become the executioners of their friends and Brethren, or to fall themselves by their Hands.

He has excited domestic insurrections amongst us, and has endeavored to bring on the inhabitants of our frontiers, the merciless Indian Savages, whose known rule of warfare, is an undistinguished destruction of all ages, sexes and conditions.

In every stage of these Oppressions We have Petitioned for Redress in the most humble terms: Our repeated Petitions have been answered only by repeated injury. A Prince, whose character is thus marked by every act which may define a Tyrant, is unfit to be the ruler of a free people.

Nor have We been wanting in attention to our British brethren. We have warned them from time to time of attempts by their legislature to extend an unwarrantable jurisdiction over us. We have reminded them of the circumstances of our emigration and settlement here. We have appealed to their native justice and magnanimity, and we have conjured them by the ties of our common kindred to disavow these usurpations, which would inevitably interrupt our connection and correspondence. They too have been deaf to the voice of justice and of consanguinity. We must, therefore, acquiesce in the necessity, which denounces our Separation, and hold them, as we hold the rest of mankind, Enemies in War, in Peace Friends.

We, therefore, the Representatives of the United States of America, in General Congress, assembled, appealing to the Supreme Judge of the world for the rectitude of our intentions, do, in the name, and by authority of the good People of these Colonies, solemnly publish and declare, That these United Colonies are, and of Right out to be Free and Independent States; that they are Absolved from all Allegiance to the British Crown, and that all political connection between them and the State of Great Britain, is and ought to be totally dissolved; and that as Free and Independent States, they have full power to levy War, conclude Peace, contract Alliances, establish Commerce, and to do all other Acts and Things which Independent States may of right do. And for the support of this Declaration, with a firm reliance on the Protection of Divine Providence, we mutually pledge to each other our Lives, our Fortunes and our sacred Honor.

## 부록 4 국가인권위원회법(타)일부개정 2009.2.3 법률 제9402호

### 제1장 총칙

**제1조(목적)** 이 법은 국가인권위원회를 설립하여 모든 개인이 가지는 불가침의 기본적 인권을 보호하고 그 수준을 향상시킴으로써 인간으로서의 존엄과 가치를 구현하고 민주적 기본질서의 확립에 이바지함을 목적으로 한다.

**제2조(정의)** 이 법에서 사용하는 용어의 정의는 다음과 같다.
〈개정 2005.7.29, 2005.8.4, 2007.5.17, 2009.2.3〉

1. "인권"이라 함은 「헌법」 및 법률에서 보장하거나 대한민국이 가입·비준한 국제인권조약 및 국제관습법에서 인정하는 인간으로서의 존엄과 가치 및 자유와 권리를 말한다.
2. "구금·보호시설"이라 함은 다음 각목에 해당하는 시설을 말한다.
   가. 교도소·소년교도소·구치소 및 그 지소, 보호감호소, 치료감호시설, 소년원 및 소년분류심사원
   나. 경찰서 유치장 및 사법경찰관리가 그 직무수행을 위하여 사람을 조사·유치 또는 수용하는 데 사용하는 시설
   다. 군교도소(지소·미결수용실 및 헌병대영창을 포함한다)
   라. 외국인보호소
   마. 다수인보호시설
3. "다수인보호시설"이라 함은 다수의 사람을 보호·수용하는 시설로서 대통령령이 정하는 시설을 말한다.
4. "평등권침해의 차별행위"라 함은 합리적인 이유 없이 성별, 종교,

장애, 나이, 사회적 신분, 출신지역(출생지, 등록기준지, 성년이 되기 전의 주된 거주지역 등을 말한다), 출신국가, 출신민족, 용모 등 신체조건, 기혼 · 미혼 · 별거 · 이혼 · 사별 · 재혼 · 사실혼 등 혼인 여부, 임신 또는 출산, 가족형태 또는 가족상황, 인종, 피부색, 사상 또는 정치적 의견, 형의 효력이 실효된 전과, 성적(성적) 지향, 학력, 병력(병력) 등을 이유로 한 다음 각 목의 어느 하나에 해당하는 행위를 말한다. 다만, 현존하는 차별을 해소하기 위하여 특정한 사람(특정한 사람들의 집단을 포함한다. 이하 같다)을 잠정적으로 우대하는 행위와 이를 내용으로 하는 법령의 제 · 개정 및 정책의 수립 · 집행은 평등권침해의 차별행위(이하 "차별행위"라 한다)로 보지 아니한다.

가. 고용(모집, 채용, 교육, 배치, 승진, 임금 및 임금 외의 금품 지급, 자금의 융자, 정년, 퇴직, 해고 등을 포함한다)과 관련하여 특정한 사람을 우대 · 배제 · 구별하거나 불리하게 대우하는 행위

나. 재화 · 용역 · 교통수단 · 상업시설 · 토지 · 주거시설의 공급이나 이용과 관련하여 특정한 사람을 우대 · 배제 · 구별하거나 불리하게 대우하는 행위

다. 교육시설이나 직업훈련기관에서의 교육 · 훈련이나 그 이용과 관련하여 특정한 사람을 우대 · 배제 · 구별하거나 불리하게 대우하는 행위

라. 성희롱 행위

5. "성희롱"이라 함은 업무, 고용 그 밖의 관계에서 공공기관의 종사자, 사용자 또는 근로자가 그 직위를 이용하거나 업무 등과 관련하여 성적 언동 등으로 성적 굴욕감 또는 혐오감을 느끼게 하거나 성적 언동 그 밖의 요구 등에 대한 불응을 이유로 고용상의 불이익을 주는 것을 말한다.

6. “공공기관”이라 함은 다음 각목에 해당하는 기관을 말한다.

가. 국가기관

나. 지방자치단체

다. 「초 · 중등교육법」 및 「고등교육법」 그 밖의 다른 법률에 의하여 설치된 각급 학교

라. 「공직자윤리법」 제3조제1항제12호의 규정에 의한 공직유관단체

7. “장애”라 함은 신체적 · 정신적 · 사회적 요인에 의하여 장기간에 걸쳐 일상생활 또는 사회생활에 상당한 제약을 받는 상태를 말한다.

**제3조(국가인권위원회의 설립과 독립성)**

① 이 법이 정하는 인권의 보호와 향상을 위한 업무를 수행하기 위하여 국가인권위원회(이하 “위원회”라 한다)를 둔다.

② 위원회는 그 권한에 속하는 업무를 독립하여 수행한다.

**제4조(적용범위)** 이 법은 대한민국 국민과 대한민국의 영역 안에 있는 외국인에 대하여 적용한다.

## 제2장 위원회의 구성과 운영

**제5조(위원회의 구성)**

① 위원회는 위원장 1인과 3인의 상임위원을 포함한 11인의 인권위원(이하 “위원”이라 한다)으로 구성한다.

② 위원은 인권문제에 관하여 전문적인 지식과 경험이 있고 인권의 보장과 향상을 위한 업무를 공정하고 독립적으로 수행할 수 있다고 인정되는 자 중에서 국회가 선출하는 4인(상임위원 2인을 포함한다), 대통령이 지명하는 4인, 대법원장이 지명하는 3인을 대통령이 임명한다.

③ 위원장은 위원 중에서 대통령이 임명한다.

④ 위원장과 상임위원은 정무직 공무원으로 보한다.

⑤ 위원 중 4인 이상은 여성으로 임명한다.

⑥ 위원의 임기가 만료된 경우에는 그 후임자가 임명될 때까지 그 직무를 수행한다.

**제6조(위원장의 직무)**

① 위원장은 위원회를 대표하며 위원회의 업무를 통할한다.

② 위원장이 부득이한 사유로 직무를 수행할 수 없는 때에는 위원장이 미리 지명한 상임위원이 그 직무를 대행한다.

③ 위원장은 국회에 출석하여 위원회의 소관 사무에 관하여 의견을 진술할 수 있으며, 국회의 요구가 있을 때에는 출석하여 보고하거나 답변하여야 한다.

④ 위원장은 국무회의에 출석하여 발언할 수 있으며, 그 소관사무에 관하여 국무총리에게 의안(이 법의 시행에 관한 대통령령안을 포함한다)의 제출을 건의할 수 있다.

⑤ 위원장은 위원회의 예산관련 업무를 수행함에 있어서 「국가재정법」 제6조의 규정에 의한 중앙관서의 장으로 본다.〈개정 2005.7.29, 2006.10.4〉

**제7조(위원장 및 위원의 임기)**

① 위원장 및 위원의 임기는 3년으로 하고, 1차에 한하여 연임할 수 있다.

② 위원이 결원된 때에는 대통령은 결원된 날부터 30일 이내에 후임자를 임명하여야 한다.〈개정 2005.7.29〉

③ 결원이 된 위원의 후임으로 임명된 위원의 임기는 새로이 개시된다.

**제8조(위원의 신분보장)** 위원은 금고 이상의 형의 선고에 의하지 아니하고는 그 의사에 반하여 면직되지 아니한다. 다만, 위원이 신체상 또

는 정신상의 장애로 직무수행이 현저히 곤란하게 되거나 불가능하게 된 경우에는 전체 위원 3분의 2 이상의 찬성에 의한 의결로 퇴직하게 할 수 있다.

**제9조(위원의 결격사유)**

① 다음 각호의 1에 해당하는 사람은 위원이 될 수 없다.〈개정 2005.7.29〉

1. 대한민국 국민이 아닌 자
2. 「국가공무원법」 제33조 각호의 1에 해당하는 자
3. 정당의 당원
4. 「공직선거법」에 의하여 실시하는 선거에 후보자로 등록한 자

② 위원이 제1항 각호의 1에 해당하게 된 때에는 당연히 퇴직한다.

**제10조(위원의 겸직금지)**

① 위원은 재직 중 다음 각호의 직을 겸하거나 업무를 할 수 없다.

1. 국회 또는 지방의회의 의원
2. 다른 국가기관 또는 지방자치단체의 공무원(교육공무원을 제외한다)
3. 그 밖에 위원회 규칙으로 정하는 직 또는 업무

② 인권위원은 정당에 가입하거나 정치운동에 관여할 수 없다.

**제11조 삭제〈2005.7.29〉**

**제12조(상임위원회 및 소위원회)**

① 위원회는 그 업무 중 일부를 수행하게 하기 위하여 상임위원회와 침해구제위원회, 차별시정위원회 등의 소위원회(이하 "소위원회"라 한다)를 둘 수 있다.

② 상임위원회는 위원장과 상임위원으로 구성하고, 소위원회는 3인 내지 5인의 위원으로 구성한다.

③ 상임위원회와 소위원회에는 심의사항을 연구·검토하기 위하여 성·장애 등 분야별 전문위원회를 둘 수 있다.

④ 상임위원회·소위원회 및 전문위원회의 구성·업무 및 운영과

전문위원의 자격 · 임기 및 위촉 등에 관하여 필요한 사항은 위원회의 규칙으로 정한다.〈전문개정 2005.7.29〉

**제13조(회의 의사 및 의결정족수)**

① 위원회의 회의는 위원장이 주재하며, 이 법에 특별한 규정이 없는 한 재적위원 과반수의 찬성으로 의결한다.

② 상임위원회 및 소위원회의 회의는 구성위원 3인 이상의 출석과 3인 이상의 찬성으로 의결한다.〈개정 2005.7.29〉

**제14조(의사의 공개)** 위원회의 의사는 공개한다. 다만, 위원회·상임위원회 또는 소위원회가 필요하다고 인정하는 경우에는 공개하지 아니할 수 있다.〈개정 2005.7.29〉

**제15조(자문기구)**

① 위원회는 그 업무수행에 필요한 사항의 자문을 위하여 자문기구를 둘 수 있다.

② 자문기구의 조직과 운영에 관하여 필요한 사항은 위원회의 규칙으로 정한다.

**제16조(사무처)**

① 위원회의 사무를 처리하게 하기 위하여 위원회에 사무처를 둔다.

② 사무처에 사무총장 1인과 필요한 직원을 두되, 사무총장은 위원회의 심의를 거쳐 위원장의 제청으로 대통령이 임명한다.

③ 소속 직원 중 5급 이상 공무원 또는 고위공무원단에 속하는 일반직공무원은 위원장의 제청으로 대통령이 임명하며, 6급 이하 공무원은 위원장이 임명한다.〈개정 2005.12.29〉

④ 사무총장은 위원장의 지휘를 받아 사무처의 사무를 관장하고 소속 직원을 지휘 · 감독한다.

**제17조(징계위원회의 설치)**

① 위원회 직원의 징계처분을 의결하기 위하여 위원회에 징계위원회를

둔다.

② 징계위원회의 구성, 권한, 심의절차, 징계의 종류 및 효력 그 밖의 징계에 관하여 필요한 사항은 위원회의 규칙으로 정한다.

**제18조(위원회의 조직과 운영)** 이 법에 규정된 사항외에 위원회의 조직에 관하여 필요한 사항은 대통령령으로 정하고, 위원회의 운영에 관하여 필요한 사항은 위원회의 규칙으로 정한다.

## 제3장 위원회의 업무와 권한

**제19조(업무)** 위원회는 다음 각호의 업무를 수행한다.

1. 인권에 관한 법령(입법과정 중에 있는 법령안을 포함한다)·제도·정책·관행의 조사와 연구 및 그 개선이 필요한 사항에 관한 권고 또는 의견의 표명
2. 인권침해행위에 대한 조사와 구제
3. 차별행위에 대한 조사와 구제
4. 인권상황에 대한 실태조사
5. 인권에 관한 교육 및 홍보
6. 인권침해의 유형 · 판단기준 및 그 예방조치 등에 관한 지침의 제시 및 권고
7. 국제인권조약에의 가입 및 그 조약의 이행에 관한 연구와 권고 또는 의견의 표명
8. 인권의 옹호와 신장을 위하여 활동하는 단체 및 개인과의 협력
9. 인권과 관련된 국제기구 및 외국의 인권기구와의 교류·협력
10. 그 밖에 인권의 보장과 향상을 위하여 필요하다고 인정하는 사항

**제20조(국가기관과의 협의)**

① 관계국가행정기관 또는 지방자치단체의 장은 인권의 보호와 향상에 영향을 미치는 내용을 포함하고 있는 법령을 제정 또는 개정하고자 하는 경우 미리 위원회에 통보하여야 한다.

② 위원회는 그 업무를 수행하기 위하여 필요하다고 인정하는 경우 국가기관 · 지방자치단체 그 밖의 공 · 사단체(이하 "관계기관 등"이라 한다)에 협의를 요청할 수 있다.

③ 제2항의 요청을 받은 관계기관 등은 정당한 사유가 없는 한 이에 성실히 응하여야 한다.

**제21조(정부보고서 작성시 위원회 의견청취)** 국제인권규약의 규정에 따라 관계 국가기관이 정부보고서를 작성할 때에는 위원회의 의견을 들어야 한다.

**제22조(자료제출 및 사실조회)**

① 위원회는 그 업무를 수행하는 데 필요하다고 인정하는 경우 관계기관 등에 필요한 자료 등의 제출을 요구하거나 사실에 관하여 조회할 수 있다.

② 위원회는 위원회의 업무를 수행하는 데 필요한 사실을 알고 있거나 전문적 지식 또는 경험을 가지고 있다고 인정되는 사람에게 출석을 요구하여 그 진술을 들을 수 있다.

③ 제1항의 규정에 의한 요구 또는 조회를 받은 기관은 지체 없이 이에 응하여야 한다.

**제23조(청문회)**

① 위원회는 그 업무를 수행하기 위하여 필요하다고 인정하는 경우, 관계기관 등의 대표자, 이해관계인 또는 학식과 경험이 있는 자 등에 대하여 출석을 요구하여 사실 또는 의견의 진술을 들을 수 있다.

② 제1항의 규정에 따라 위원회가 실시하는 청문회의 절차와 방법에 관하여는 위원회 규칙으로 정한다.

**제24조(시설의 방문조사)**

① 위원회(상임위원회 및 소위원회를 포함한다)는 필요하다고 인정하는 경우 그 의결로 구금・보호시설을 방문하여 조사할 수 있다.〈개정 2005.7.29〉

② 제1항의 규정에 의한 방문조사를 하는 위원은 필요하다고 인정하는 소속직원 및 전문가를 동반할 수 있으며, 구체적인 사항을 특정하여 소속 직원 및 전문가에게 조사를 위임할 수 있다. 이 경우 조사를 위임받은 전문가가 그 사항에 대하여 조사를 할 때에는 소속직원을 동반하여야 한다.

③ 제2항의 규정에 의하여 방문조사를 하는 위원, 소속직원 또는 전문가(이하 이 조에서 "위원 등"이라 한다)는 그 권한을 표시하는 증표를 지니고 이를 관계인에게 제시하여야 하며, 방문 및 조사를 받는 구금・보호시설의 장 또는 관리인은 즉시 방문 및 조사에 필요한 편의를 제공하여야 한다.

④ 제2항의 규정에 의하여 방문조사를 하는 위원 등은 구금・보호시설의 직원 및 구금・보호시설에 수용되어 있는 자(이하 "시설수용자"라 한다)와 면담할 수 있고 구술 또는 서면으로 사실 또는 의견을 진술하게 할 수 있다.

⑤ 구금・보호시설의 직원은 위원 등이 시설수용자를 면담하는 장소에 입회할 수 있다. 다만, 대화내용을 녹음하거나 녹취하지 못한다.

⑥ 구금・보호시설에 대한 방문조사의 절차와 방법 등에 관하여 필요한 사항은 대통령령으로 정한다.

**제25조(정책과 관행의 개선 또는 시정권고)**

① 위원회는 인권의 보호와 향상을 위하여 필요하다고 인정하는 경

우 관계기관 등에 대하여 정책과 관행의 개선 또는 시정을 권고하거나 의견을 표명할 수 있다.

② 제1항의 규정에 의하여 권고를 받은 기관의 장은 그 권고사항을 존중하고 이행하기 위하여 노력하여야 한다.

③ 제1항의 규정에 의하여 권고를 받은 기관의 장이 그 권고내용을 이행하지 않을 경우 그 이유를 위원회에 문서로 설명하여야 한다.

④ 위원회는 필요하다고 인정하는 경우 제1항의 규정에 의한 위원회의 권고와 의견표명 및 제3항의 규정에 의하여 권고를 받은 기관의 장이 설명한 내용을 공표할 수 있다.

**제26조(인권교육과 홍보)**

① 위원회는 모든 사람의 인권의식을 깨우치고 향상시키기 위하여 필요한 인권교육과 홍보를 하여야 한다.

② 위원회는 「초・중등교육법」 제23조의 규정에 의한 학교 교육과정에 인권에 관한 내용을 포함시키기 위하여 교육인적자원부장관과 협의할 수 있다.〈개정 2005.7.29〉

③ 위원회는 인권교육과 연구의 발전을 위하여 필요한 사항을 「고등교육법」 제2조의 규정에 의하여 설립된 학교의 장과 협의할 수 있다.〈개정 2005.7.29〉

④ 위원회는 공무원의 채용시험, 승진시험, 연수 및 교육훈련과정에 인권에 관한 내용을 포함시키기 위하여 국가기관 및 지방자치단체의 장과 협의할 수 있다.

⑤ 위원회는 「정부출연연구기관 등의 설립・운영 및 육성에 관한 법률」 및 「과학기술분야 정부출연연구기관 등의 설립・운영 및 육성에 관한 법률」에 따라 설립된 연구기관 또는 연구회의 장과 협의하여 인권에 관한 연구를 요청하거나 공동으로 연구할 수 있다.〈개정 2005.7.29〉

⑥ 위원회는 「평생교육법」에 의한 평생교육단체 또는 평생교육시설에 대하여 그 교육내용에 인권에 관하여 필요한 사항을 포함하도록 권고할 수 있다.〈개정 2005.7.29〉

**제27조(인권자료실)**

① 위원회는 인권자료실을 둘 수 있다.

② 인권자료실은 인권에 관한 국내외의 정보와 자료 등을 수집・정리・보존하여 일반인의 이용에 제공할 수 있다.

③ 인권자료실은 「도서관 및 독서진흥법」에 의한 도서관으로 본다.〈개정 2005.7.29〉

④ 인권자료실의 설치와 운영에 관하여 필요한 사항은 위원회의 규칙으로 정한다.

**제28조(법원 및 헌법재판소에 대한 의견제출)**

① 위원회는 인권의 보호와 향상에 중대한 영향을 미치는 재판이 계속 중인 경우 법원 또는 헌법재판소의 요청이 있거나 필요하다고 인정하는 때에는 법원의 담당재판부 또는 헌법재판소에 법률상의 사항에 관하여 의견을 제출할 수 있다.

② 제4장의 규정에 의하여 위원회가 조사 또는 처리한 내용에 관하여 재판이 계속 중인 경우, 위원회는 법원 또는 헌법재판소의 요청이 있거나 필요하다고 인정하는 때에는 법원의 담당재판부 또는 헌법재판소에 사실상 및 법률상의 사항에 관하여 의견을 제출할 수 있다.

**제29조(보고서 작성 등)**

① 위원회는 해마다 전년도의 활동내용과 인권상황 및 개선대책에 관한 보고서를 작성하여 대통령과 국회에 보고하여야 한다.

② 위원회는 제1항의 규정에 의한 보고 이외에도 필요하다고 인정하는 경우 대통령과 국회에 특별보고를 할 수 있다.

③ 관계기관 등은 제1항 및 제2항의 규정에 의한 보고에 관한 의견,

조치결과 또는 조치계획을 위원회에 제출할 수 있다.

④ 위원회는 제1항 및 제2항의 규정에 의한 보고서를 공개하여야 한다. 다만, 국가의 안전보장, 개인의 명예 또는 사생활의 보호를 위하여 필요하거나 다른 법률에 의하여 공개가 제한된 사항은 공개하지 아니할 수 있다.

## 제4장 인권침해 및 차별행위의 조사와 구제 〈개정 2005.7.29〉

### 제30조(위원회의 조사대상)

① 다음 각 호의 어느 하나에 해당하는 경우에 인권침해나 차별행위를 당한 사람(이하 "피해자"라 한다) 또는 그 사실을 알고 있는 사람이나 단체는 위원회에 그 내용을 진정할 수 있다.〈개정 2005.7.29〉

1. 국가기관, 지방자치단체 또는 구금·보호시설의 업무수행(국회의 입법 및 법원·헌법재판소의 재판을 제외한다)과 관련하여 「헌법」 제10조 내지 제22조에 보장된 인권을 침해당하거나 차별행위를 당한 경우
2. 법인, 단체 또는 사인(私人)에 의하여 차별행위를 당한 경우

② 삭제〈2005.7.29〉

③ 위원회는 제1항의 진정이 없는 경우에도 인권침해나 차별행위가 있다고 믿을 만한 상당한 근거가 있고 그 내용이 중대하다고 인정할 때에는 이를 직권으로 조사할 수 있다.〈개정 2005.7.29〉

④ 제1항의 규정에 의한 진정의 절차와 방법에 관하여 필요한 사항은 위원회의 규칙으로 정한다.

### 제31조(시설수용자의 진정권 보장)

① 시설수용자가 위원회에 진정하고자 하는 경우 그 시설에 소속된

공무원 또는 직원(이하 “소속 공무원 등”이라 한다)은 그 사람에게 즉시 진정서를 작성하는데 필요한 시간과 장소 및 편의를 제공하여야 한다.

② 시설수용자가 위원회 위원 또는 소속직원(이하 “위원 등”이라 한다) 면전에서 진정하기를 원하는 경우, 소속공무원 등은 즉시 그 뜻을 위원회에 통보하여야 한다.

③ 소속공무원 등은 제1항에 따라 시설수용자가 작성한 진정서를 즉시 위원회에 송부하고 위원회로부터 접수증명원을 발급받아 이를 진정인에게 교부하여야 한다. 제2항의 통보에 대한 위원회의 확인서 및 면담일정서는 발급 받는 즉시 진정을 원하는 시설수용자에게 교부하여야 한다.

④ 제2항의 규정에 의하여 통보를 받은 경우 혹은 시설수용자가 진정을 원한다고 믿을 만한 상당한 근거가 있는 경우 위원회는 위원 등으로 하여금 구금・보호시설을 방문하게 하여 진정을 원하는 시설수용자로부터 구술 또는 서면으로 진정을 접수하여야 한다. 이때 진정을 접수한 위원 등은 즉시 접수증명원을 작성하여 진정인에게 교부하여야 한다.

⑤ 제4항의 규정에 의한 위원 등의 구금·보호시설의 방문 및 진정의 접수에 관하여는 제24조제3항 및 제4항의 규정을 준용한다.

⑥ 시설에 수용되어 있는 진정인(진정을 하려는 자를 포함한다)과 위원 등과의 면담에는 구금・보호시설의 직원이 참여하거나 그 내용을 청취 또는 녹취하지 못한다. 다만, 보이는 거리에서 시설수용자를 감시할 수 있다.

⑦ 소속 공무원 등은 시설수용자가 위원회에 제출할 목적으로 작성한 진정서 또는 서면을 열람할 수 없다.

⑧ 시설수용자의 자유로운 진정서 작성과 제출을 보장하기 위하여

구금·보호시설에서 이행하여야 할 조치 및 그 밖의 필요한 절차와 방법은 대통령령으로 정한다.

**제32조(진정의 각하 등)**

① 위원회는 접수한 진정이 다음 각호의 1에 해당하는 경우에는 그 진정을 각하한다.〈개정 2005.7.29〉

1. 진정의 내용이 위원회의 조사대상에 해당하지 아니하는 경우
2. 진정의 내용이 명백히 거짓이거나 이유 없다고 인정되는 경우
3. 피해자가 아닌 자가 한 진정에 있어서 피해자가 조사를 원하지 않는 것이 명백한 경우
4. 진정원인이 된 사실이 발생한 날부터 1년 이상 경과하여 진정한 경우. 다만, 진정원인이 된 사실에 관하여 공소시효 또는 민사상 시효가 완성되지 아니한 사건으로서 위원회가 조사하기로 결정한 경우에는 그러하지 아니하다.
5. 진정이 제기될 당시 진정의 원인이 된 사실에 관하여 법원 또는 헌법재판소의 재판, 수사기관의 수사 또는 그 밖의 법률에 따른 권리구제절차가 진행 중이거나 종결된 경우. 다만, 수사기관이 인지하여 수사 중인 「형법」 제123조 내지 제125조의 죄에 해당하는 사건과 동일한 사안에 대하여 위원회에 진정이 접수된 경우에는 그러하지 아니하다.
6. 진정이 익명 또는 가명으로 제출된 경우
7. 진정이 위원회가 조사하는 것이 적절하지 아니하다고 인정되는 경우
8. 진정인이 진정을 취하한 경우
9. 위원회가 기각한 진정과 동일한 사실에 관하여 다시 진정한 경우
10. 진정의 취지가 당해 진정의 원인이 된 사실에 관한 법원의

확정판결이나 헌법재판소의 결정에 반하는 경우

② 위원회는 제1항의 규정에 의하여 진정을 각하하는 경우 필요하다고 인정할 때에는 그 진정을 관계기관에 이송할 수 있다. 이 경우 진정을 이송받은 기관은 위원회의 요청이 있는 때에는 지체없이 그 처리결과를 위원회에 통보하여야 한다.

③ 위원회가 진정에 대한 조사를 시작한 후에도 그 진정이 제1항 각호의 1에 해당하게 된 경우에는 그 진정을 각하할 수 있다.

④ 위원회는 진정을 각하 또는 이송한 경우 지체 없이 그 사유를 명시하여 진정인에게 통보하여야 한다. 이때 위원회는 필요하다고 인정하는 경우 피해자 또는 진정인에게 권리를 구제받는 데 필요한 절차와 조치에 관하여 조언할 수 있다.

**제33조(다른 구제절차와 이송)**

① 진정의 내용이 다른 법률에 정한 권리구제절차에 따라 권한을 가진 국가기관에 제출하고자 하는 것이 명백한 경우에 위원회는 지체 없이 그 진정을 그 다른 국가기관에 이송하여야 한다.

② 위원회가 제30조제1항의 규정에 의하여 진정에 대한 조사를 시작한 후에 진정의 원인이 된 사실과 동일한 사안에 관하여 피해자의 진정 또는 고소에 의하여 수사가 개시된 경우에는 그 진정을 관할 수사기관에 이송하여야 한다.

③ 제1항 및 제2항의 규정에 의하여 위원회가 진정을 이송한 경우 지체 없이 그 내용을 진정인에게 통보하여야 하며, 이송받은 기관은 위원회가 요청하는 경우 그 진정에 대한 처리결과를 위원회에 통보하여야 한다.

**제34조(수사기관과 위원회의 협조)**

① 진정의 원인이 된 사실이 범죄행위에 해당된다고 믿을 만한 상당한 이유가 있고 그 혐의자의 도주 또는 증거의 인멸 등을 방지하

거나 증거의 확보를 위하여 필요하다고 인정할 경우에 위원회는 검찰총장 또는 관할 수사기관의 장에게 수사의 개시와 필요한 조치를 의뢰할 수 있다.

② 제1항의 규정에 의한 의뢰를 받은 검찰총장 또는 관할 수사기관의 장은 지체 없이 그 조치결과를 위원회에 통보하여야 한다.

**제35조(조사의 목적)**

① 위원회의 조사는 국가기관의 기능수행에 지장을 초래하지 않도록 유의하여야 한다.

② 위원회의 조사는 개인의 사생활을 침해하거나 계속 중인 재판 또는 수사 중인 사건의 소추에 부당하게 관여할 목적으로 하여서는 아니 된다.

**제36조(조사의 방법)**

① 위원회는 다음 각호에 정한 방법으로 진정에 관하여 조사할 수 있다.

1. 진정인·피해자·피진정인(이하 "당사자"라 한다) 또는 관계인에 대한 출석요구 및 진술청취 또는 진술서 제출요구
2. 당사자, 관계인 또는 관계기관 등에 대하여 조사사항과 관련이 있다고 인정되는 자료 등의 제출요구
3. 조사사항과 관련이 있다고 인정되는 장소, 시설, 자료 등에 대한 실지조사 또는 감정
4. 당사자, 관계인, 관계기관 등에 대하여 조사사항과 관련이 있다고 인정되는 사실 또는 정보에 대한 조회

② 위원회는 조사를 위하여 필요하다고 인정하는 경우 위원 등으로 하여금 일정한 장소 또는 시설을 방문하여 장소, 시설, 자료 등에 대하여 실지조사 또는 감정을 하게 할 수 있다. 이때 위원회는 그 장소 또는 시설에 당사자나 관계인의 출석을 요구하여 진술을 들을 수 있다.

③ 제1항제1호의 규정에 의하여 진술서 제출을 요구받은 자는 14일 이내에 진술서를 제출하여야 한다.

④ 제1항 및 제2항의 규정에 의한 피진정인에 대한 출석요구는 인권침해행위나 차별행위를 행한 행위당사자의 진술서만으로는 사안을 판단하기 어렵고, 제30조제1항의 규정에 의한 인권침해행위와 차별행위가 있었다고 볼 만한 상당한 이유가 있는 경우에 한하여 할 수 있다.

⑤ 제2항의 규정에 의하여 조사를 하는 위원 등은 그 장소 또는 시설을 관리하는 장 또는 직원(이하 이 조에서는 "관계자"라 한다)에게 필요한 자료나 물건의 제출을 요구할 수 있다.

⑥ 제5항의 규정에 의하여 조사를 하는 위원 등은 그 권한을 표시하는 증표를 지니고 이를 관계자에게 제시하여야 한다.

⑦ 위원회가 자료나 물건의 제출을 요구하거나 그 자료·물건 또는 시설에 대한 실지조사 또는 감정을 하려고 하는 경우 당해 자료·물건 또는 시설이 다음 각호의 1에 해당한다는 사실을 관계 국가기관의 장이 위원회에 소명하고 그 자료·물건의 제출이나 그 자료·물건 또는 시설에 대한 실지조사 또는 감정을 거부할 수 있다. 이 경우 위원회는 관계 국가기관의 장에게 필요한 사항의 확인을 요구할 수 있으며, 요구를 받은 국가기관의 장은 이에 성실히 응하여야 한다.

1. 국가의 안전보장 또는 외교관계에 중대한 영향을 미치는 국가기밀사항인 경우
2. 범죄수사나 계속 중인 재판에 중대한 지장을 초래할 우려가 있는 경우

**제37조(질문·검사권)**

① 위원회는 제36조의 조사에 필요한 자료 등의 소재 또는 관계인

에 관하여 알고자 할 때에는 그 내용을 알고 있다고 믿을 만한 상당한 이유가 있는 사람에게 질문하거나 그 내용을 포함하고 있다고 믿을 만한 상당한 이유가 있는 서류 및 그 밖의 물건을 검사할 수 있다.

② 제36조제5항 내지 제7항의 규정은 제1항의 경우에 이를 준용한다.

**제38조(위원의 제척 등)**

① 위원과 제41조의 규정에 의한 조정위원(이하 이 조에서 "위원"이라 한다)은 다음 각호의 1에 해당하는 경우에는 진정의 심의 · 의결에서 제척된다.

1. 위원 또는 그 배우자나 배우자이었던 자가 당해 진정의 당사자이거나 그 진정에 관하여 당사자와 공동권리자 또는 공동의무자인 경우
2. 위원이 당해 진정의 당사자와 친족관계에 있거나 있었던 경우
3. 위원이 당해 진정에 관하여 증언이나 감정을 한 경우
4. 위원이 당해 진정에 관하여 당사자의 대리인으로 관여하거나 관여하였던 경우
5. 위원이 당해 진정에 관하여 수사, 재판 또는 다른 법률에 의한 구제절차에 관여하였던 경우

② 당사자는 위원에게 심의·의결의 공정을 기대하기 어려운 사정이 있는 경우에는 위원장에게 기피신청을 할 수 있으며 위원장은 당사자의 기피신청에 대하여 위원회의 의결을 거치지 아니하고 결정한다. 다만, 위원장이 결정하기에 상당하지 아니하는 경우에는 위원회의 의결로 결정한다.

③ 위원이 제1항 각호의 1의 사유 또는 제2항의 사유에 해당하는 경우에는 스스로 그 진정의 심의 · 의결을 회피할 수 있다.

**제39조(진정의 기각)**

① 위원회는 진정을 조사한 결과 진정의 내용이 다음 각호의 1에 해당하는 경우에는 그 진정을 기각한다.〈개정 2005.7.29〉

1. 진정내용이 사실이 아님이 명백하거나 사실이라고 인정할 만한 객관적인 증거가 없는 경우
2. 조사결과 제30조제1항의 규정에 의한 인권침해나 차별행위에 해당하지 아니하는 경우
3. 이미 피해회복이 이루어지는 등으로 별도의 구제조치가 필요하지 아니하다고 인정하는 경우

② 위원회는 진정을 기각하는 경우 진정의 당사자에게 그 결과와 이유를 통보하여야 한다.

**제40조(합의의 권고)** 위원회는 조사 중이거나 조사가 끝난 진정에 대하여 사건의 공정한 해결을 위하여 필요한 구제조치를 당사자에게 제시하고 합의를 권고할 수 있다.

**제41조(조정위원회의 설치와 구성)**

① 조정의 신속하고 공정한 처리를 위하여 위원회에 성·장애 등의 분야별로 조정위원회를 둘 수 있다.〈개정 2005.7.29〉

② 조정위원회의 위원은 위원회의 위원과 다음 각 호의 어느 하나에 해당하는 자 중에서 성·장애 등의 분야별로 위원장이 위촉하는 자가 된다.〈개정 2005.7.29〉

1. 인권문제에 관하여 전문적인 지식과 경험을 가진 자로서 국가기관 또는 민간단체에서 인권과 관련된 분야에 10년 이상 종사한 자
2. 판사·검사·군법무관·변호사의 직에 10년 이상 종사한 자
3. 대학 또는 공인된 연구기관에서 조교수 이상의 직에 10년 이상 종사한 자

③ 조정위원회의 회의는 다음의 자로 구성한다.〈개정 2005.7.29〉

1. 위원회의 위원인 조정위원 중 매 회의마다 위원장이 지명하는 1인
2. 제2항의 규정에 의한 분야별 조정위원 중 매 회의마다 위원장이 지명하는 2인

④ 조정위원의 위촉 및 임기, 조정위원회의 구성·운영, 조정의 절차 등에 관하여 필요한 사항은 위원회의 규칙으로 정한다.〈개정 2005.7.29〉

⑤ 위원회의 조정절차에 관하여 이 법 및 위원회의 규칙에 규정되지 아니한 사항은 「민사조정법」의 규정을 준용한다.〈개정 2005.7.29〉

**제42조(조정)**

① 조정위원회는 인권침해나 차별행위와 관련하여 당사자의 신청이나 위원회의 직권으로 조정위원회에 회부된 진정에 대하여 조정절차를 시작할 수 있다.〈개정 2005.7.29〉

② 조정은 조정절차의 개시 이후 당사자가 합의한 사항을 조정서에 기재한 후 당사자가 기명날인하고 조정위원회가 이를 확인함으로써 성립한다.

③ 조정위원회는 조정절차 중에 당사자사이에 합의가 이루어지지 않는 경우 사건의 공정한 해결을 위하여 조정에 갈음하는 결정을 할 수 있다.

④ 조정에 갈음하는 결정에는 다음 각호의 1의 사항을 포함시킬 수 있다.〈개정 2005.7.29〉

1. 조사대상 인권침해나 차별행위의 중지
2. 원상회복·손해배상 그 밖의 필요한 구제조치
3. 동일 또는 유사한 인권침해나 차별행위의 재발을 방지하기 위하여 필요한 조치

⑤ 조정위원회는 조정에 갈음하는 결정을 한 경우에는 지체 없이 그

결정서를 당사자에게 송달하여야 한다.

⑥ 당사자가 제5항의 규정에 의하여 결정서를 송달받은 날부터 14일 이내에 이의를 신청하지 아니하는 때에는 조정을 수락한 것으로 본다.

**제43조(조정의 효력)** 제42조제2항의 규정에 의한 조정과 제42조제6항의 규정에 의하여 이의를 신청하지 아니하는 경우의 조정에 갈음하는 결정은 재판상의 화해와 같은 효력이 있다.

**제44조(구제조치 등의 권고)**

① 위원회가 진정을 조사한 결과 인권침해나 차별행위가 일어났다고 판단하는 때에는 피진정인, 그 소속기관·단체 또는 감독기관(이하 "소속기관 등"이라 한다)의 장에게 다음 각호의 사항을 권고할 수 있다.〈개정 2005.7.29〉

1. 제42조제4항 각호에 정한 구제조치의 이행
2. 법령·제도·정책·관행의 시정 또는 개선

② 제1항의 규정에 의하여 권고를 받은 소속기관 등의 장에 관하여는 제25조제2항 내지 제4항의 규정을 준용한다.

**제45조(고발 및 징계권고)**

① 위원회는 진정을 조사한 결과 진정의 내용이 범죄행위에 해당하고 이에 대하여 형사처벌이 필요하다고 인정할 때에는 검찰총장에게 그 내용을 고발할 수 있다. 다만, 피고발인이 군인 또는 군무원인 경우에는 소속 군 참모총장 또는 국방부 장관에게 고발할 수 있다.

② 위원회가 진정을 조사한 결과 인권침해가 있다고 인정할 때에는 피진정인 또는 인권침해에 책임이 있는 자에 대한 징계를 소속기관 등의 장에게 권고할 수 있다.

③ 제1항의 규정에 의하여 고발을 받은 검찰총장, 군 참모총장 또는

국방부 장관은 고발을 받은 날부터 3월 이내에 수사를 종료하고 그 결과를 위원회에 통보하여야 한다. 다만, 3월 이내에 수사를 종료하지 못할 때에는 그 사유를 소명하여야 한다.

④ 제2항의 규정에 의하여 위원회로부터 권고를 받은 소속기관 등의 장은 이를 존중하여야 하며 그 결과를 위원회에 통보하여야 한다.

**제46조(의견진술기회의 부여)**

① 위원회는 제44조 또는 제45조의 규정에 의한 권고 또는 조치를 하기 전에 피진정인에게 의견을 진술할 기회를 주어야 한다.

② 제1항의 경우 당사자 또는 이해관계인은 구두 또는 서면으로 위원회에 의견을 진술하거나 필요한 자료를 제출할 수 있다.

**제47조(피해자를 위한 법률구조 요청)**

① 진정에 관한 위원회의 조사, 증거의 확보 또는 피해자의 권리구제를 위하여 필요하다고 인정하는 경우에 위원회는 피해자를 위하여 대한법률구조공단 또는 그 밖의 기관에 법률구조를 요청할 수 있다.

② 제1항의 규정에 의한 법률구조 요청은 피해자의 명시한 의사에 반하여 할 수 없다.

③ 제1항의 규정에 의한 법률구조의 요청의 절차・내용 및 방법에 관하여 필요한 사항은 위원회의 규칙으로 정한다.

**제48조(긴급구제조치의 권고)**

① 위원회는 진정을 접수한 후 조사대상 인권침해나 차별행위가 계속 중에 있다는 상당한 개연성이 있고, 이를 방치할 경우 회복하기 어려운 피해발생의 우려가 있다고 인정할 때에는 그 진정에 대한 결정이전에 진정인이나 피해자의 신청에 의하여 또는 직권으로 피진정인, 그 소속기관 등의 장에게 다음 각호의 1의 조치를 하도록 권고할 수 있다.〈개정 2005.7.29〉

1. 의료, 급식, 피복 등의 제공
2. 장소, 시설, 자료 등에 대한 실지조사 및 감정 또는 다른 기관이 하는 검증 및 감정에 대한 참여
3. 시설수용자의 구금 또는 수용장소의 변경
4. 인권침해나 차별행위의 중지
5. 인권침해나 차별행위를 일으키고 있다고 판단되는 공무원 등의 그 직무로부터의 배제
6. 그 밖에 피해자의 생명, 신체의 안전을 위하여 필요한 사항

② 위원회는 필요하다고 인정하는 때에는 당사자 또는 관계인 등의 생명 및 신체의 안전과 명예의 보호 또는 증거의 확보나 인멸의 방지를 위하여 필요한 조치를 하거나 관계인 및 그 소속기관 등의 장에게 그 조치를 권고할 수 있다.

**제49조(조사와 조정 등의 비공개)** 위원회의 진정에 대한 조사·조정 및 심의는 비공개로 한다. 다만, 위원회의 의결이 있는 때에는 이를 공개할 수 있다.

**제50조(처리결과의 공개)** 위원회는 이 장에 의한 진정의 조사 및 조정의 내용과 처리결과, 관계기관 등에 대한 권고와 관계기관 등이 한 조치 등을 공표할 수 있다. 다만, 다른 법률에 의하여 공표가 제한되거나 개인의 사생활의 비밀이 침해될 우려가 있는 경우에는 그러하지 아니하다.

## 제5장 보칙

**제51조(자격사칭의 금지)** 누구든지 위원회의 위원 또는 직원의 자격을 사칭하여 위원회의 권한을 행사하여서는 아니 된다.

**제52조(비밀누설의 금지)** 위원회의 위원·자문위원 또는 직원이나 그 직에 있었던 자 및 위원회에 파견되거나 위원회의 위촉에 의하여 위원회의 업무를 수행하거나 수행하였던 자는 업무처리 중 알게 된 비밀을 누설하여서는 아니 된다.

**제53조(유사명칭사용의 금지)** 위원회가 아닌 자는 국가인권위원회 또는 이와 유사한 명칭을 사용하지 못한다.

**제54조(공무원 등의 파견)**

① 위원회는 그 업무수행을 위하여 필요하다고 인정하는 경우 관계기관 등의 장에게 그 소속 공무원 또는 직원의 파견을 요청할 수 있다.

② 제1항의 규정에 의한 요청을 받은 관계기관 등의 장은 위원회와 협의하여 소속 공무원 또는 직원을 위원회에 파견할 수 있다.

③ 제2항의 규정에 의하여 위원회에 파견된 공무원 또는 직원은 그 소속기관으로부터 독립하여 위원회의 업무를 수행한다.

④ 제2항의 규정에 의하여 위원회에 공무원 또는 직원을 파견한 관계기관 등의 장은 위원회에 파견된 공무원 또는 직원에 대하여 인사 및 처우 등에 있어서 불리한 조치를 하여서는 아니 된다.

**제55조(불이익 금지와 지원)**

① 누구든지 이 법에 의하여 위원회에 진정, 진술, 증언, 자료 등의 제출 또는 답변을 하였다는 이유만으로 해고, 전보, 징계, 부당한 대우 그 밖에 신분이나 처우와 관련하여 불이익을 받지 아니한다.

② 위원회는 인권침해나 차별행위의 진상을 밝히거나 증거나 자료 등을 발견 또는 제출한 사람에게 필요한 지원 또는 보상을 할 수 있다.〈개정 2005.7.29〉

③ 제2항의 규정에 의한 지원 또는 보상의 내용, 절차 그 밖의 필요한 사항은 위원회의 규칙으로 정한다.

## 제6장 벌칙

**제56조(인권옹호업무방해)**

① 다음 각호의 1에 해당하는 자는 5년 이하의 징역 또는 3천만 원 이하의 벌금에 처한다.〈개정 2005.7.29〉

1. 위원회의 업무를 수행하는 위원회의 위원 또는 직원을 폭행 또는 협박한 자
2. 위원회의 위원 또는 직원에 대하여 그 업무상의 행위를 강요 또는 저지하거나 그 직을 사퇴하게 할 목적으로 폭행 또는 협박한 자
3. 위계로써 위원회의 위원 또는 직원의 업무수행을 방해한 자
4. 이 법 제4장의 규정에 의하여 위원회의 조사대상이 되는 타인의 인권침해나 차별행위사건에 관한 증거를 인멸, 위조, 또는 변조하거나 위조 또는 변조한 증거를 사용한 자

② 친족이 본인을 위하여 제1항제4호의 죄를 범한 때에는 처벌하지 아니한다.〈개정 2005.3.31〉

**제57조(진정서작성 등의 방해)** 제31조의 규정에 위반하여 진정을 허가하지 않거나 방해한 자는 3년 이하의 징역 또는 1천만 원 이하의 벌금에 처한다.

**제58조(자격사칭)** 제51조의 규정에 위반하여 위원회의 위원 또는 직원의 자격을 사칭하여 위원회의 권한을 행사한 자는 2년 이하의 징역 또는 700만 원 이하의 벌금에 처한다.

**제59조(비밀누설)** 제52조의 규정에 위반하여 업무처리 중 알게 된 비밀을 누설한 자는 2년 이하의 징역이나 금고 또는 5년 이하의 자격정지에 처한다.

**제60조(긴급구제조치방해)** 제48조제1항 또는 제2항에 의하여 위원회가

하는 조치를 방해한 자는 1년 이하의 징역 또는 500만 원 이하의 벌금에 처한다.

**제61조(비밀침해)** 제31조제6항 또는 제7항의 규정에 위반하여 비밀을 침해한 자는 1천만 원 이하의 벌금에 처한다.

**제62조(벌칙적용에 있어서의 공무원 의제)** 위원회의 위원 중 공무원이 아닌 자는 「형법」 그 밖의 법률에 의한 벌칙의 적용에 있어서는 이를 공무원으로 본다.〈개정 2005.7.29〉

**제63조(과태료)**

① 다음 각호의 1에 해당하는 자는 1천만 원 이하의 과태료에 처한다.

1. 정당한 이유 없이 제24조제1항의 규정에 의한 방문조사 또는 제36조의 규정에 의한 실지조사를 거부, 방해 또는 기피한 자
2. 정당한 이유 없이 제36조제1항제1호 또는 제2항의 규정에 의한 위원회의 진술서 제출요구 또는 출석요구에 응하지 아니한 자
3. 정당한 이유 없이 제36조제1항제2호 및 제4호 또는 제5항의 규정에 의한 자료 등의 제출요구 및 사실조회에 응하지 아니하거나 거짓의 자료 등을 제출한 자

② 제53조의 규정에 위반한 자는 300만 원 이하의 과태료에 처한다.

③ 제1항 및 제2항의 규정에 의한 과태료는 대통령령이 정하는 바에 따라 위원장이 부과한다.

④ 제3항의 규정에 의한 과태료 처분에 불복이 있는 자는 그 처분의 고지를 받은 날부터 30일 이내에 위원장에게 이의를 제기할 수 있다.

⑤ 제3항의 규정에 의한 과태료 처분을 받은 자가 제4항의 규정에 의하여 이의를 제기한 때에는 부과권자는 지체 없이 관할법원에 그 사실을 통보하여야 하며, 그 통보를 받은 관할법원은 「비송사건절차법」에 의한 과태료의 재판을 한다.〈개정 2005.7.29〉

⑥ 제4항의 규정에 의한 기간 이내에 이의를 제기하지 아니하고 과

태료를 납부하지 아니한 때에는 국세체납처분의 예에 의하여 이를 징수한다.

### 부칙 〈법률 제6481호, 2001.5.24〉

**제1조(시행일)** 이 법은 공포 후 6개월이 경과한 날부터 시행한다. 다만, 인권위원 및 소속 직원의 임명, 이 법의 시행에 관한 위원회규칙의 제정 · 공포, 위원회의 설립준비는 이 법 시행일 이전에 할 수 있다.

**제2조(인권위원의 임기개시에 관한 적용례)** 이 법에 의하여 최초로 임명된 인권위원의 임기는 이 법의 시행일부터 시작하는 것으로 본다.

**제3조(대통령령의 제정)** 위원장은 국무총리에게 이 법의 시행에 관한 대통령령안의 제출을 건의할 수 있다.

### 부칙 (민법) 〈법률 제7427호, 2005.3.31〉

**제1조(시행일)** 이 법은 공포한 날부터 시행한다. 다만, …생략… 부칙 제7조(제2항 및 제29항을 제외한다)의 규정은 2008년 1월 1일부터 시행한다.

**제2조** 내지 제6조 생략

**제7조(다른 법률의 개정)**

① 내지 ⑥ 생략

⑦ 국가인권위원회법 일부를 다음과 같이 개정한다.

제56조제2항 중 "친족, 호주 또는 동거의 가족"을 "친족"으로 한다.

⑧ 내지 〈29〉생략

**부칙 〈법률 제7651호, 2005.7.29〉**

이 법은 공포한 날부터 시행한다.

**부칙 (치료감호법) 〈법률 제7655호, 2005.8.4〉**

**제1조(시행일)** 이 법은 공포한 날부터 시행한다.

**제2조** 내지 제7조 생략

**제8조(다른 법률의 개정)**

① 내지 ⑥ 생략

⑦ 국가인권위원회법 일부를 다음과 같이 개정한다.

**제2조제2호** 가목을 다음과 같이 한다.

가. 교도소·소년교도소·구치소 및 그 지소, 보호감호소, 치료감호시설, 소년원 및 소년분류심사원

⑧ 및 ⑨ 생략

**부칙 (국가공무원법) 〈법률 제7796호, 2005.12.29〉**

**제1조(시행일)** 이 법은 2006년 7월 1일부터 시행한다.

**제2조** 내지 제5조 생략

**제6조(다른 법률의 개정)**

① 내지 ⑫ 생략

⑬ 국가인권위원회법 일부를 다음과 같이 개정한다.

제16조제3항 중 "5급 이상 공무원"을 "5급 이상 공무원 또는 고위공

무원단에 속하는 일반직공무원"으로 한다.

⑭ 내지 〈68〉생략

**부칙 (국가재정법) 〈법률 제8050호, 2006.10.4〉**

**제1조(시행일)** 이 법은 2007년 1월 1일부터 시행한다.〈단서 생략〉

**제2조** 내지 제10조 생략

**제11조(다른 법률의 개정)**

① 내지 ⑪ 생략

⑫ 국가인권위원회법 일부를 다음과 같이 개정한다.

제6조제5항 중 "예산회계법 제14조"를 "「국가재정법」 제6조"로 한다.

⑬ 내지 〈59〉 생략

**제12조** 생략

**부칙 (가족관계의 등록 등에 관한 법률) 〈법률 제8435호, 2007.5.17〉**

**제1조(시행일)** 이 법은 2008년 1월 1일부터 시행한다. 〈단서 생략〉

**제2조** 내지 제7조 생략

**제8조(다른 법률의 개정)**

① 내지 〈28〉 생략

〈29〉국가인권위원회법 일부를 다음과 같이 개정한다.

제2조제4호 본문 중 "원적지, 본적지"를 "등록기준지"로 한다.

〈30〉 내지 〈39〉 생략

**제9조 생략**

**부칙 (공직자윤리법) 〈법률 제9402호, 2009.2.3〉**

**제1조(시행일)** 이 법은 공포한 날부터 시행한다. 다만, 제4조제2항ㆍ제3항, 제14조의4제1항제2호, 제14조의7 및 제28조의2의 개정규정은 2009년 2월 4일부터 시행한다.

**제2조** 생략

**제3조(다른 법률의 개정)**

① 및 ② 생략

③ 국가인권위원회법 일부를 다음과 같이 개정한다.

제2조제6호라목 중 "「공직자윤리법」 제3조제1항제10호"를 "「공직자윤리법」 제3조제1항제12호"로 한다.

④ 생략

저자 소개

전영평(全永評) University of Georgia 행정학 박사
고려대학교 법과대학 행정학과 졸업
대구대학교 행정대학 학장/행정대학원장
한국정부학회 회장/한국규제학회 편집위원장
한국국제교류재단 정책보좌역
(현)서울대학교 행정대학원 겸임교수
(현)대구대학교 도시행정학과 명예교수
(저서)한국의 소수자정책(서울대학교 출판문화원, 2010) 외 10여 권
(논문)다문화시대의 소수자 운동과 행정(한국행정학보) 등 80편

박정관(朴廷官) 고려사이버대학교 초빙교수
이곤수(李坤洙) (재)동아시아연구원 거버넌스연구팀 팀장
서혁준(徐赫晙) 고려대학교 정부학연구소 연구원
한승주(韓勝朱) 고려대학교 정부학연구소 연구교수
김선희(金仙姬) 계명대학교 행정학과 외래교수
서성아(徐聖雅) 한국행정연구원 전문연구원
장임숙(張任淑) 부산대학교 사회과학연구소 전임연구원
이병량(李秉亮) 경기대학교 사회과학대학 행정학과 조교수

아산재단 연구총서 제326집

**한국의 소수자운동과 인권정책** 값 19,000원

2011년 12월 30일 1판 1쇄

저 자 전 영 평 외
발 행 인 임 동 규
발 행 처 **집 문 당**
주 소 413-756 경기도 파주시 교하읍 문발리 514-7(본사)
110-360 서울시 종로구 와룡동 95번지(서울사무소)
등 록 1971. 3. 23. 제406-2003-000039호
영 업 부 (02)743-3192～3 팩스(02)742-4657
전자우편 sale@jipmoon.co.kr
편 집 부 (02)743-3096～7 팩스(02)743-0227
전자우편 edit@jipmoon.co.kr
홈페이지 www.jipmoon.co.kr

ISBN 978-89-303-1541-8
978-89-303-1500-5(세트)

이 도서의 국립중앙도서관 출판시도서목록(CIP)은 e-CIP홈페이지(http://www.nl.go.kr/ecip)와 국가자료공동목록시스템(http://www.nl.go.kr/kolisnet)에서 이용하실 수 있습니다.
(CIP제어번호: CIP2011005330)

80 중소 소매점의 경쟁력과 소매성과
채명수 외 | 한국외대 무역학과

81 고령자를 위한 쾌적한 실내온도와 착의량의 설정
정운선 | 안동대 의류학과

82 지역문화 이벤트 PR
박종민 | 경희대 언론정보학부

83 인터넷 지역정보화의 실태와 전략
유평준 외 | 연세대 행정학과

84 여성 삶의 질 향상을 위한 사회교육 활성화 방안
김양희 | 중앙대 가족복지학과

85 벤처기업과 벤처금융
강대석 외 | 충남대 무역학과

86 구조조정기에 있어서 실업대책과 사회안전망 구축
박천익 | 대구대 경제학과

87 한국 유아의 조기교육
이명조 외 | 한국외대 교육대학원

88 남북한 경제공동체 형성전략
이상만 | 중앙대 경제학과

89 지방자치회계의 투명성과 주민의 알 권리
권찬태 외 | 경북대 경영학부

90 정치지도자의 정책리더십
이해영 | 경일대 행정학과

91 경제위기와 한국인의 복지의식
신광영 외 | 중앙대 사회학과

92 북한의 노동
김강식 | 한국항공대 경영학과

93 우리나라 중소기업의 정보기술 활용 현황과 경쟁력 강화를 위한 제안
정승호 | 부산외대 정보시스템학과

94 인간배아복제의 법적 · 윤리적 문제점과 그 해결방안
최병규 | 한경대 법학부

95 가치변화에 따른 투표행태
조찬래 외 | 충남대 정치외교학과

96 인터넷 경매에서의 계약체결과 소비자보호
이기수 외 | 고려대 법과대학

97 세계화시대 남북한 통합의 방향과 과제
윤민재 | 서울대 사회발전연구소

98 글로벌 시대 지방정부의 문화마케팅 전략
박흥식 | 중앙대 행정학과

99 대졸여성실업의 실태분석 및 대학-노동 시장 간 효율적 연계방안
이은우 외 | 울산대 사회과학부

100 그린 투어리즘의 분석
이응진 | 대구대 관광학부

101 지방자치단체장의 부정부패
오일환 | 한양대 아태지역연구센터

102 산업화가 유교체제하 중국여성의 지위에 미친 영향
천성림 | 배재대 사회과학연구소

103 움직이는 말하기
유혜숙 외 | 나사렛대 교양학부

104 장애학생을 위한 특수교육공학의 활용
김용욱 | 대구대 중등특수교육과

105 지식기반사회의 평생교육 이해와 평생교육 프로그램 개발
박성열 | 건국대 교육공학과

106 N세대의 미술교육
김동철 | 대구교육대 미술교육학과

107 노후계획과 투자
권택호 | 여수대 국제통상학과

108 영화산업
양영철 | 경성대 연극영화학부

109 동유럽의 변혁과 언론의 역할
정대수 | 경남대 정치언론학부

110 환율, 임금, 물가가 국제경쟁력 및 수출입산업에 미치는 영향
하인봉 | 경북대 경제통상학부

111 일본기업의 기술혁신 전략
위정현 | 중앙대 상경학부

112 노후보장정책과 역저당연금제도
조덕호 외 | 대구대 행정학과

113 유비쿼터스 라이프와 미래 사회
김석수 | 한남대 멀티미디어공학과

114 죽음과 관련된 생명윤리적 문제들
구인회 | 가톨릭의과대 인문사회과학교실

115 경제적 세계화와 빈곤문제, 그리고 국가
김준현 | 한일장신대 인문사회과학부

116 한국의 세계불교유산
김종명 | 한국학중앙연구원 한국학대학원

117 복지레저서비스론
고태규 | 한림대 국제학부

118 자생적 철학체계로서 인간중심철학
선우현 | 청주교대 윤리교육과

119 전략적 통합과 한반도 평화체제
김승채 | 고려대 정책대학원

120 환경사법론
전경운 | 경희대 법학부

121 인터넷 자료를 통해 본 한국의 이혼 문화와 사회복지
성정현 외 | 협성대 사회복지학과

122 유럽연합의 사회정책에 관한 연구
문진영 | 서강대 신학대학원 사회복지학과

123 여성건강의 통합적 관점
김혜원 | 관동대 간호학과

124 복잡계 네트워크 과학
강병남 | 서울대 물리천문학부

125 경제적인 3세대 전원주택 개발
박근준 | 호서대 건축공학과

126 사회복지와 인적자원개발
이상일 | 인제대 국제경상학부

36 유럽의 통합정치
최수경 외 | 충남대 정치외교학과

37 유기질폐기물을 이용한 고단백사료원인 조류의 생산공정
최정우 외 | 서강대 화학공학과

38 초고속정보통신망의 수용성과 정책방향
박영상 외 | 한양대 신문방송학과

39 중국의 강남사회와 한중교섭
조영록 외 | 동국대 사학과

40 세계화시대의 사회 · 문화의식
신행철 외 | 제주대 사회학과

41 국내 외국인 노동자의 문제와 대책
성규탁 외 | 연세대 사회복지학과

42 노인인력 활용정책과 프로그램
김정후 외 | 강원대 법과대학

43 한일간 학술교류 현황과 활성화방안
정홍익 외 | 서울대 행정대학원

44 계량모형에 의한 한일 경제관계의 이해
김명직 외 | 한양대 경제학부

45 직장인의 음주행태와 삶의 질
진기남 외 | 연세대 보건행정학과

46 유통정보 시스템의 구조와 설계
정용길 | 충남대 경영학과

47 남북통일 이후 사회통합을 위한 교육의 역할
안기성 외 | 고려대 교육학과

48 대중음악에 심취한 청소년들의 심리적 특성
김인경 외 | 연세대 인간행동연구소

49 밀티미디어 시스템을 활용한 교육환경의 개선방안
김한일 | 제주대 컴퓨터교육학과

50 탈냉전기 한일관계의 쟁점
최상룡 | 고려대 정치외교학과

51 자치시대 새로운 '삶의 질' 지표의 모색
김형기 외 | 경북대 경제통상학부

52 유럽통합의 역내외 협력과 갈등
이호재 외 | 고려대 정치외교학과

53 21세기를 대비한 신노사관계
김재원 | 한양대 경제학부항

54 대학의 시간제학생 등록제
안규철 외 | 전남대 교육학과

55 21세기에 대비한 방송통신정책
한진만 외 | 강원대 신문방송학과

56 주민참여를 통한 혐오시설 관리운영방안
박균성 외 | 경희대 법학부

57 여성의 정치적 권리인식과 정치참여
전경옥 외 | 숙명여대 정치외교학과

58 한국인 위장질환과 식생활 · 환경요인 및 *H. pylori* 감염과의 관계
이양자 외 | 연세대 식품영양학과

59 학생과 시민의 자원봉사활동
윤정일 외 | 서울대 교육학과

60 동북아 환경문제와 지역환경협력의 모색
신연재 외 | 울산대 정치외교학과

61 노인 자원봉사활동을 통한 사회통합 프로그램 개발
김동배 | 연세대 사회복지학과

62 물류정보 시스템
김태현 | 연세대 경영학과

63 전자식 문서교환을 이용한 항공화물 운송체계
민재형 | 서강대 경영학과

64 청소년과 성
이근후 | 이화여대 의과대학

65 민족통합과 무궁화호 위성의 남북한 공동활용방안
방정배 | 성균관대 신문방송학과

66 채식주의가 20대 여성의 영양상태와 에스트로겐 대사에 미치는 영향
성미경 | 숙명여대 식품영양학과

67 가상정보공간을 통한 지역개발 활성화 전략
유재천 외 | 한림대 언론정보학부

68 조산아 관리현황 및 정책수립 방안
박상기 외 | 조선대 의과대학

69 남북한관의 의식조사와 통일교육 개선방안
김동규 외 | 고려대 북한학과

70 동양 전통 자연사상 탐구
장동순 | 충남대 환경공학과

71 초고속정보망의 시뮬레이터 구현
한기준 | 경북대 컴퓨터공학과

72 유통원가 시스템의 유효성
정다미 | 명지대 경영학과

73 국악과 문화관광의 만남
정익준 외 | 동아대 국제관광통상학부

74 기업의 지식경영 활용사례
김창은 | 명지대 산업공학과

75 선진국과 한국의 직업교육 · 훈련제도의 특성과 한계
정주연 | 고려대 경제학과

76 제주지역 성인 여성의 자원봉사활동
이상철 외 | 제주대 사회학과

77 M&A와 문화충돌 관리
박원우 | 서울대 경영학과

78 폐금속광산 인근 주민들의 중금속 오염실태
정종학 외 | 영남대 의학과

79 북한 농촌 · 농업실태와 인력자원개발 시스템을 통한 북한 농민의 구호방안
박성열 | 건국대 교육공학과

# 아 | 산 | 재 | 단 | 연 | 구 | 보 | 고 | 서

1 한국인의 도덕성 연구
배해수 | 고려대 국문학과

2 산업화와 청소년 진로
이원호 | 울산대 교육학과

3 공동체의식과 시민운동
김영섭 | 한양대 행정학과

4 한국청년의 삶의 의미 충족도와 만족적 태도
안정수 | 경희대 철학과

5 중국조선족의 사회발전과 한·중관계의 위상
손장권 | 고려대 사회학과

6 해송림 "솔껍질깍지벌레"의 천적 및 주요 종의 생태
김규진 | 전남대 농생물학과

7 사회정의와 실천윤리
박종대 | 서강대 철학과

8 동구개혁의 영향
김달중 | 연세대 정치외교학과

9 한국청소년의 의식세계
김문조 | 고려대 사회학과

10 고강도 철근 콘크리트 구조의 실용화
정헌수 | 중앙대 건축학과

11 신기술의 연관형태 및 출현예측의 구조모형
권철신 | 성균관대 산업공학과

12 민간기업의 연구개발을 위한 조세정책
권영훈 | 한양대 경제학부

13 기술개발 활성화방안
송승구 | 울산대 화학공학부

14 부패의 현상과 진단
이문조 | 영남대 정치외교학부

15 연구투자의 지역적 편중화와 부산지역의 기초과학연구 활성화방안
윤웅찬 | 부산대 화학과

16 GATT의 신구 덤핑방지협정과 그 대응방안
전창원 | 동국대 무역학과

17 한국사회의 도덕성 제고를 위한 진단과 처방
황경식 | 서울대 철학과

18 새로운 노사관계 방향
이진규 외 | 고려대 경영학과

19 21세기 동북아 정세예측과 한국의 전략적 대응방안
최평길 외 | 연세대 행정학과

20 소련의 한국에 대한 정책목표분석
신승권 | 한양대 정치외교학과

21 메모리 커패시터용 $Pb(Zr_xTi_{1-x})O_3$ 강유전체 박막의 제작과 특성
장지근 외 | 단국대 전자공학과

22 러시아 국제법학의 전통
김용구 | 서울대 외교학과

23 유럽연합의 현황과 전망
김동현 외 | 성균관대 행정학과

24 중국의 정치동원
송영우 외 | 건국대 정치외교학과

25 산업적 활용을 위한 이동로보트 시스템의 개발
박민용 외 | 연세대 전자공학과

26 중국조선족의 정치사회화과정과 동화적 국민통합의 방향
전인영 외 | 이화여대 사회생활학과

27 공적부조의 이론과 실제
최일섭 외 | 서울대 사회복지학과

28 대외통상환경의 변화와 법제개편
서헌제 | 중앙대 법학과

29 기업금융의 국제화
최생림 | 한양대 경영학부

30 자동차부품공업의 노사관계
김호진 외 | 고려대 행정학과

31 산업화 과정에서의 한국가족의 실태와 전망
정창수 외 | 성균관대 사회학과

32 공무원 가치관 실태와 정립방안
배병룡 외 | 경상대 행정학과

33 해외귀국청소년의 국내적응연구
이장영 | 국민대 사회학과

34 초고속정보통신망에서 LAN서비스 제공방안
이재용 | 연세대 전자공학과

35 WTO체제의 정책적 대응
김병진 외 | 경희대 행정학과

282 지방정치와 동북아 도시거버넌스
박재욱 | 신라대 행정학과

283 노숙인 복지론
남기철 | 동덕여대 사회복지학과

284 유럽통합과정과 지역협력
이규영 | 서강대 국제대학원

285 사회복지재정 연구
지은구 | 계명대 사회과학대학 사회복지학과

286 지역사회 교육개혁을 위한 시민사회 조직의 참여
김영화 | 홍익대 교육학과

287 복지사회를 대비한 국민연금의 구조개혁
박영석 외 | 서강대 경영학부

288 한미 FTA 지재권 협상에 따른 의약품 분야 사회후생 변화
오근엽 | 충남대 무역학과

289 산업입지, 환경 그리고 지역경제
이기동 외 | 계명대 국제통상학과

290 감성지능 개발을 통한 삶의 질 향상
김경수 외 | 전남대 경영학부

291 교육복지론
이용교 외 | 광주대 사회복지학부

292 인간과 행복에 대한 철학적 성찰
박찬국 | 서울대 철학과

293 유럽연합의 사회통합 사례와 교훈
이무성 | 명지대 정치외교학과

294 민영화와 사회후생
이상호 | 전남대 경제학부

295 북한의 교육학 체계 연구
최영표 외 | 동신대 교육대학원

296 한국 지속가능발전의 구조와 변동
정대연 | 제주대 사회학과

297 우리나라의 공익 연계 마케팅에 관한 연구
임승희 | 전주대 경영학부

298 시각장애인복지론
김영일 | 조선대 특수교육과

299 그린에너지와 환경촉매
정석진 | 경희대 화학공학과

300 취약학교 초등학생을 위한 온라인 보건 교육 프로그램
박경옥 | 이화여대 보건관리학과

301 신탁제도를 통한 고령자의 보호와 지원
최수정 | 서강대 법학전문대학원

302 사회적 약자계층에 대한 실태분석 및 정책방안
이은우 외 | 울산대 경제학과

303 한류 문화와 동북아 공동체
최혜실 | 경희대 국어국문학과

304 노동유연화와 해고보호법
권혁 | 부산대 법학전문대학원

305 사회복지 위험관리의 이해
박미은 | 한남대 사회복지학과

306 의료기관의 회계와 세무
노준화 | 충남대 경영학부

307 여성인적자원의 전문성 확보를 위한 경력개발
백지연 | 이화여대 국제사무학과

308 정신병리
강선경 | 서강대 신학대학원

309 바다의 반란 적조
윤양호 | 전남대 해양기술학부

310 한국 장애인 복지 발달사
이성규 | 서울시립대 사회복지학과

311 서양예술 속의 동양 탐색
진상범 | 전북대 독어독문학과

312 한국인의 도덕성 발달 진단
문용린 | 서울대 교육학과

313 영국정치와 국가복지
고세훈 | 고려대 공공행정학부

314 인간학적 사유를 여는 중도 · 중복장애 교육학
이숙정 | 단국대 특수교육과

315 개별화 교육과정
이소현 | 이화여대 특수교육과

316 인간의 긍정적 성품
권석만 | 서울대 심리학과

317 지방자치와 지역여성의 전망
이혜숙 | 경상대 사회학과

318 한국 현대 노년소설 연구
전흥남 | 한려대 교양학부

319 정보격차 해소를 위한 창의적 정보교육 프로그램
이영준 외 | 한국교원대 컴퓨터교육과

320 한국 가족과 젠더
손승영 | 동덕여대 교양학부

321 한국의 복지혼합
김진욱 | 서강대 신학대학원

322 사회자본과 자원봉사
김태룡 외 | 상지대 행정학과

323 농촌교육복지연구
박삼철 | 단국대 교양학부

324 사회정체성 평가 차원에 대한 국제 비교조사
이명진 | 고려대 사회학과

325 캐나다 복지국가 연구
조영훈 | 동의대 사회복지학과

232 유비쿼터스 사회의 이해
안중호 외 | 서울대 경영학과

233 국제환경책임법론
박병도 | 건국대 법학과

234 한국의 선거와 민주주의
윤종빈 | 명지대 정치외교학과

235 한국 시민운동의 구조와 동학
조대엽 외 | 고려대 사회학과

236 또래관계
송영혜 | 대구대 재활심리학과

237 해외 한국기업과 현지인 노동자
석현호 외 | 에스코이이학술문화재단

238 독일 국가복지에서 민간복지단체의 역할과 의미
차성환 외 | 한일장신대 사회복지학부

239 청정공학
조정호 | 동양대 생명화학공학과

240 한국전통연희론
심상교 | 부산교육대 국어교육학과

241 정신장애와 가족
서미경 | 경상대 사회복지학부

242 빈곤통계의 작성과 활용
김주환 | 동국대 정보통계학과

243 인터넷과 한국정치
강원택 | 숭실대 정치외교학과

244 북한의 시장경제이행
정영화 외 | 서경대 법학과

245 시스템사고로 본 지속가능한 도시
문태훈 | 중앙대 도시및지역계획학과

246 실버산업과 유비쿼터스 컴퓨팅
고일상 | 전남대 경영학부

247 재활상담과 사례관리
나운환 | 대구대 직업재활학과

248 영유아교육기관에서의 장애 이해 교육
유수옥 | 우석대 유아특수교육과

249 장애의 사회적 의미와 사회통합
박수경 | 대진대 사회복지학과

250 경제분석의 수리적 기초
조인성 | 공주대 경제통상학부

251 비영리부문의 비교연구
김승현 | 서울산업대 행정학과

252 고등교육경제학
반상진 | 전북대 교육학과

253 과학윤리교육의 이론과 방법
조희형 | 강원대 과학교육학부

254 결혼이민자가족의 이해
김오남 | 대불대 사회복지학과

255 동아시아 국가의 공공부조
신동면 | 경희대 사회과학부

256 특수아동 진단 및 평가
이나미 | 대불대 특수교육과

257 계약형 사회복지와 권리옹호시스템
이명현 | 경북대 상주캠퍼스 사회복지학과

258 실내공기질 및 위해성 관리
양원호 | 대구가톨릭대 산업보건학과

259 충남 방언 문법
한영목 | 충남대 국어국문학과

260 교육권론
노기호 | 군산대 법학과

261 도시경관계획론
임승빈 | 서울대 조경 · 지역시스템공학부

262 교통의 새로운 패러다임
김형철 | 경원대 도시계획 · 조경학부

263 노인의 삶의 질 향상을 위한 주거환경 디자인
천진희 | 상명대 디자인대학 실내디자인전공

264 사회복지와 문화
박병현 | 부산대 사회복지학과

265 장애인복지의 이론과 실제
이선우 | 인제대 사회복지학과

266 창의성 개발을 위한 디자인교육 콘텐츠
김선영 | 인천가톨릭대 조형예술대학 환경디자인학과

267 구성주의 사회복지 실천 기술론
고미영 | 서울신학대 사회복지학과

268 장애아교육학
김기흥 | 부산교육대 유아교육과

269 지역사회복지와 자원부문
한상진 외 | 울산대 사회학과

270 환경관리회계
육근효 | 부산외국어대 회계학부

271 인권 관점에서 보는 장애인복지
유동철 | 동의대 사회복지학과

272 정신증상
송지영 | 경희대 의과대학병원 신경정신과

273 사이버공간의 사회심리학
이성식 외 | 숭실대 정보사회학과

274 노인에 대한 사회적 돌봄과 돌봄 서비스의 질 보장
최희경 | 신라대 가족노인복지학과

275 아동 심리치료의 실제
신현균 | 전남대 심리학과

276 사회복지와 위험관리
노충래 | 이화여대 사회복지전문대학원

277 국제 탄소시장의 이해
양승룡 | 고려대 식품자원경제학과

278 타자의 초상
신문수 | 서울대 영어교육과

279 한국정치와 환경정치
나정원 | 강원대 정치외교학과

280 북한이주민
윤인진 | 고려대 사회학과

281 음주의 사회경제적 비용
정우진 외 | 연세대 보건대학원

183 한국 평생교육의 사회철학적 과제
곽삼근 | 이화여대 교육학과

184 강점모델
정순둘 | 이화여대 사회복지학과

185 글로벌시대의 계약법
박영복 | 한국외대 법과대학

186 배심제와 시민의 사법참여
안경환 | 서울대 법학과

187 동북아공동체
김재한 | 한림대 정치외교학과

188 정치 참여와 탈물질주의
김욱 | 배재대 정치외교학과

189 퍼지전문가회로망을 이용한 금융기관의 사이버 기업여신결정 지원시스템의 개발
권혁대 | 목원대 경영학과

190 환경정책과 환경법
송인성 | 전남대 지역개발학과

191 포스트모던 시대의 평생교육학
한숭희 | 서울대 교육학과

192 현대 한국인의 세대경험과 문화
박길성 외 | 고려대 사회학과

193 서구의 근로연계복지
김종일 | 건국대 사회복지학과

194 사회복지운동론
현외성 | 경남대 사회복지학과

195 외국의 역모기지 사례
유선종 | 건국대 부동산학과

196 옛이야기와 어린이문학
이지호 | 진주교대 국어교육학과

197 노인사회복지관광의 정책과제와 방안
김창수 | 경기대 관광학부

198 복지서비스의 민간위탁 시스템 분석
김순양 | 영남대 행정학부

199 새로운 빈곤층의 대두와 정부의 정책과제
김진욱 | 건국대 경제학과

200 문화행정론
김정수 | 한양대 행정학과

201 스칸디나비아 노인용 코하우징의 계획과 적용
최정신 외 | 가톨릭대 생활과학부

202 북한의 자연생태계
공우석 | 경희대 지리학과

203 통계로 이해하는 러시아
전홍찬 | 부산대 정치외교학과

204 사회복지법인의 경영과 회계
이동규 | 충남대 회계학과

205 의약분업 정책과정
차흥봉 | 한림대 사회복지학과

206 지역공동체와 평생교육
오혁진 | 동의대 평생교육학부

207 아동보호서비스의 실제
한미현 | 백석대 사회복지학부

208 그린마케팅
박재기 | 충남대 경영학부

209 아동권리와 아동복지
이혜원 | 성공회대 사회복지학과

210 국제 이주와 인도인 디아스포라
김경학 | 전남대 인류학과

211 질병과 의료의 사회학
조병희 | 서울대 보건대학원

212 북한이탈주민의 사회통합을 위한 지역복지실천의 모색
이기영 | 부산대 사회복지학과

213 치매노인케어론
조유향 | 초당대 간호학과

214 노인상담입문
서혜경 외 | 한림대 대학원 사회복지학과

215 '통일 이후 통일과정'으로서의 독일 통일영화
이준서 | 이화여대 독어독문학과

216 중국의 사회보장
오정수 | 충남대 사회복지학과

217 환경자원의 경제적 가치와 환경오염의 사회적 비용
김재홍 | 울산대 사회과학부

218 사회복지프로그램의 경제적 평가방법
박창제 외 | 상주대 사회복지학과

219 자유의지와 결정론
안건훈 | 강원대 철학과

220 심리학자들이 쓴 행복한 결혼의 심리학
채규만 외 | 성신여대 심리학과

221 현대 해석학 강의
양해림 | 충남대 철학과

222 한국인의 주거 빈곤과 공공주택
하성규 | 중앙대 도시 및 지역계획학과

223 IMF 경제위기와 한국 출산력의 변화
김두섭 | 한양대 사회학과

224 동아시아의 영토분쟁과 국제법
이석우 | 인하대 법학부

225 독일 복지국가와 사회복지서비스
정재훈 | 서울여대 사회사업학과

226 사회복지사를 위한 실용 비모수통계
엄명용 | 성균관대 사회복지학과

227 피해자학 연구
이윤호 | 동국대 경찰행정학과

228 광고언어창작론
박영준 외 | 부경대 국어국문학과

229 환경규제 패러다임의 전환
한철 | 한남대 법학과

230 고령사회의 노동환경변화와 고용시스템의 문제점 및 법적 대응
고준기 | 국립군산대 법학과

231 세계화와 소득불평등
이성균 외 | 울산대 사회과학부

137 남북경제교류의 법적 문제
제성호 | 중앙대 법학과

138 경제위기와 청소년 발달
구인회 | 서울대 사회복지학과

139 생명과학기술의 응용과 기본권보호적 한계
정상기 외 | 한남대 법학과

140 경제발전과 정치환경의 한 · 일 비교분석
정갑영 외 | 연세대 동서문제연구원

141 한국 공교육의 진단
윤정일 외 | 서울대 교육학과

142 우리나라 지방자치 발전을 위한 자치단체장의 역할
정성호 외 | 경기대 사회과학부

143 의료보험제도의 개혁방안
권순원 | 덕성여대 경제학과

144 중등 도덕교육의 현실과 문제
손동현 외 | 성균관대 철학과

145 사이버공동체 발전론
이명식 | 상명대 경영학과

146 남북경협 확대에 대비한 북한 담보제도의 정비방안
박훤일 | 경희대 법과대학

147 한국 공무원 인사제도 개혁
김판석 | 연세대 행정학과

148 교사화법 교육
임칠성 외 | 전남대 국어교육과

149 세계화의 문화정치학
임혁백 외 | 고려대 정치외교학과

150 효과적인 e-SCM을 위한 의사결정 조정 시스템 모형
이원준 | 성균관대 경영학부

151 환경거버넌스
김종순 외 | 건국대 행정학과

152 자동차산업의 인적자원관리
이덕로 | 서원대 경영학부

153 한국과 영국 간 지식기반산업 비교
이명호 | 한국외대 경영학과

154 한국 벤처기업의 기술네트워킹 및 기술마케팅 전략
장영일 | 인제대 경영학부

155 회사변호사의 윤리
오승종 | 성균관대 법과대학

156 미디어교육론
이정춘 | 중앙대 신문방송학과

157 조선시대 서원과 양반
윤희면 | 전남대 역사교육과

158 환경문제와 철학
박찬국 | 서울대 철학과

159 노인보건복지 이론과 실제
김명 외 | 이화여대 보건교육학과

160 북한의 법체계
권재열 외 | 숭실대 법학과

161 생명공학기술의 안전성 확보에 관한 법적 고찰
이재협 | 경희대 법학부

162 청소년복지학
김성이 외 | 이화여대 사회복지학과

163 변화하는 세계, 변화하는 복지국가
조영훈 | 동의대 사회복지학과

164 의리의 윤리와 한국의 유교문화
김낙진 | 진주교대 도덕교육과

165 미국의 통상정책과 통상법
윤충원 | 전북대 무역학과

166 사회복지 프로그램 평가
김학주 | 경상대 사회복지학과

167 환경주의와 지속가능한 발전
정대연 | 제주대 사회학과

168 무역과 환경
김기홍 외 | 경기대 경제학부

169 산업계 유해폐기물의 위험과 관리
김금수 | 호서대 경상학부

170 백범 김구의 지적 계발과정 탐색
문용린 | 서울대 교육학과

171 태평양전쟁 발발 이후 일제의 인적 지배와 그리스도교계의 대응
윤선자 | 전남대 사학과

172 거버넌스 상황에서 갈등관리를 위한 대체적 분쟁해결제도
서순복 | 광주대 법정학부

173 시장경제의 유형과 민주주의
최배근 | 건국대 경상학부

174 일본고전소설 총론
김현정 | 국립한국전통문화학교

175 국어 교육을 위한 국어 문법론
이관규 | 홍익대 국어교육과

176 율곡의 군주론
전세영 | 부산교대 윤리교육과

177 동북아시아 환경협력
정서용 | 명지대 법학과

178 기후변화협약과 기후정책
신의순 외 | 연세대 경제학과

179 인터넷과 국제 학술정보 네트워크-하이퍼링크 분석
박한우 | 영남대 언론정보학과

180 국내 기업복지의 활성화 방안
최수찬 | 연세대 사회복지대학원

181 세계화와 인간안보
김우상 외 | 연세대 정치외교학과

182 세계문화유산 종묘 이야기
지두환 | 국민대 국사학과

# 아 | 산 | 재 | 단 | 연 | 구 | 총 | 서

1 전환기의 중국경제
김윤환 외 | 단국대 경제학과

2 폴란드 경제의 변천 개혁과 그 전망
김광수 | 숭실대 경제학과

3 재소한인
이광규 외 | 서울대 인류학과

4 소련산림과 임업
홍성천 외 | 경북대 임학과

5 아세안의 정치경제
김국진 외 | 외교안보연구원

6 태국의 사회변동과 경제발전
최석만 외 | 전남대 사회학과

7 중국의 사회경제 통계분석
신한풍 외 | 고려대 통계학과

8 중국의 정치와 경제
박두복 외 | 외교안보연구원

9 동유럽의 개혁과 시장경제의 도입
허만 외 | 부산대 사범대학

10 동유럽의 개혁운동
박영신 | 연세대 사회학과

11 현대 러시아 연구
기연수 외 | 한국외대 노어과

12 전략적 선택과 기업의 국제경쟁력
이장호 | 서강대 경영대학

13 협동사회의 정착과 정부의 역할
이종범 외 | 고려대 행정학과

14 한국 제조기업 생산성의 동적 분석
노부호 외 | 중앙대 경영대학

15 분배의 정의
변형윤 외 | 서울대 경제학과

16 도덕적 행동의 강화
이훈구 외 | 연세대 심리학과

17 관료부패와 통제
김해동 외 | 서울대 행정대학원

18 한국경제의 내실 있는 성장
정창영 외 | 연세대 경제학과

19 한국국민정신운동의 역사와 발전방향
박수명 외 | 부산대 사범대학

20 한국대학생의 가치성향과 상담효과
이영희 외 | 숙명여대 교육학과

21 가출청소년과 학교관리체제
안창규 외 | 부산대 교육학과

22 동북아 정세변화와 한・일관계
한승조 외 | 고려대 정치외교학과

23 언론과 부정부패
정대철 외 | 한양대 신문방송학과

24 한국의 고등학교 교육
이원호 외 | 부산대 교육학과

25 가족과 방송
김학수 외 | 서강대 신문방송학과

26 재정개혁의 전망과 재산세제의 개편 과제
오연천 | 서울대 행정대학원

27 청소년을 위한 전자게임 프로그램의 규제 및 평가체계 개발
박혜원 외 | 울산대 가정관리학과

28 정신장애자 가족의 사회심리적 특성
이근후 외 | 이화여대 의과대학

29 가족의 관계역동성과 문제인식
이광규 외 | 서울대 인류학과

30 현대인과 한국전통음식
승정자 | 숙명여대 식품영양학과

31 기업의 초고속정보통신망활용
안중호 | 서울대 경영학과

32 지역발전을 위한 교육자치제의 개선방안
김남순 | 조선대 사범대학

33 전환기의 공무원 가치관
조경호 | 울산대 행정학과

34 지방자치와 사회복지의 과제
김영모 | 중앙대 사회복지학과

35 WTO체제하의 지방중소기업 지원정책
최명주 외 | 계명대 통상학부

36 현대한국의 시민운동
이효선 | 중앙대 사회학과

37 기업 세계화의 단계 및 정도의 측정
허영도 외 | 울산대 경영학과

38 가족복지를 위한 가족주치의 시범사업의 효과
이혜리 외 | 연세대 가정의학교실

39 한국대학생의 삶의 만족도
김재은 외 | 이화여대 교육심리학과

40 지역경제와 지역산업구조의 개편방향
정기화 외 | 전남대 경제학부

41 중국기업의 소유형태별 경영특성
노철화 외 | 부산대 무역학과

42 남북한의 인성・사상교육
한승조 외 | 고려대 정치외교학과

43 연계적 뇌기능 조언을 위한 의료용 멀티미디어 시스템의 설계
유선국 | 연세대 의용공학교실

44 다민족국가의 민족문제와 한인사회
최협 외 | 전남대 인류학과

45 저소득층지역 청소년 여가문화와 소집단 활성화
박문수 외 | 서강대 사회학과

46 삶의 질의 국제비교와 지역간 비교분석
이재기 외 | 울산대 경제학과

**저자 소개**

조영훈(曺永薰) 연세대학교 정치외교학과 졸업
미국 UCLA 대학원 사회학 박사
현재 동의대학교 사회복지학과 교수

아산재단 연구총서 제325집

**캐나다 복지국가 연구** 값 15,500원

2011년 12월 30일 1판 1쇄

저 자 조 영 훈
발 행 인 임 동 규
발 행 처 **집 문 당**
주 소 413-756 경기도 파주시 교하읍 문발리 514-7(본사)
110-360 서울시 종로구 와룡동 95번지(서울사무소)
등 록 1971. 3. 23. 제406-2003-000039호
영 업 부 (02)743-3192~3 팩스(02)742-4657
전자우편 sale@jipmoon.co.kr
편 집 부 (02)743-3096~7 팩스(02)743-0227
전자우편 edit@jipmoon.co.kr
홈페이지 www.jipmoon.co.kr

ISBN 978-89-303-1539-5
978-89-303-1500-5(세트)

이 도서의 국립중앙도서관 출판시도서목록(CIP)은 e-CIP홈페이지(http://www.nl.go.kr/ecip)와 국가자료공동목록시스템(http://www.nl.go.kr/kolisnet)에서 이용하실 수 있습니다.
(CIP제어번호: CIP2011005231)